Georg Rothe

Die Gewerbeschule des Großherzogtums Baden als frühes Modell einer Teilzeitschule im dual-alternierenden System

Band 15
der Reihe Materialien zur Berufs- und Arbeitspädagogik
der Projektgruppe Vergleichende Berufspädagogik
Karlsruher Institut für Technologie (KIT)

Georg Rothe

Die Gewerbeschule des Großherzogtums Baden als frühes Modell einer Teilzeitschule im dual-alternierenden System

Einfluss der Polytechnischen Schule Karlsruhe auf die Entwicklung der badischen Gewerbeschule

Anstöße zur Beseitigung aktueller Defizite in der deutschen Berufsausbildung in Anlehnung an Empfehlungen der Europäischen Kommission

Mit vertiefenden und ergänzenden Beiträgen von:

Günter Besenfelder, Rolf Dörflinger, Wolfgang Heinz, Ulrike Maus, Josef Schermaier
Peter Schlögl, Rolf Sitzmann, Friedemann Stooß, Emil Wettstein

Herausgeber

Projektgruppe Vergleichende Berufspädagogik des Karlsruher Instituts für Technologie (KIT)
       Leiter: em. Prof. Georg Rothe Ord.
  Mitwirkende: Rolf Dörflinger
                Ulrike Maus
                Friedemann Stooß

Diese Untersuchung ist eingebunden in das Network of Excellent Retired Scientists, welches im Rahmen des KIT Zukunftskonzepts (Exzellenzinitiative) eingerichtet wurde.

Impressum

Karlsruher Institut für Technologie (KIT)
KIT Scientific Publishing
Straße am Forum 2
D-76131 Karlsruhe
www.ksp.kit.edu

KIT – Universität des Landes Baden-Württemberg und nationales Forschungszentrum in der Helmholtz-Gemeinschaft

KIT Scientific Publishing 2011
Print on Demand

ISSN 0177-4018
ISBN 978-3-86644-647-2

Geleitwort

Staatliche Initiativen zur Verbesserung der beruflichen Bildung verstanden sich im 19. Jahrhundert als Maßnahmen der Gewerbeförderung. Carl Friedrich Nebenius als maßgeblicher Bildungsreformer plädierte dafür, die handwerkliche Lehre durch Gewerbeschulen zu ergänzen. Diese sollten den Lehrlingen Kenntnisse und Fertigkeiten vermitteln, die sie zum „verständigen Betriebe dieses Gewerbes geschickt machen", wie es im Gründungserlass von 1834 heißt. Offensichtlich waren in jener Zeit die Anforderungen an die berufliche Qualifizierung so gestiegen, dass die Ausbildung im Lehrbetrieb allein nicht mehr genügen konnte.

Die badische Gewerbeschule verstand sich als Teilzeitschule mit besonderem Status und hob sich deutlich von den damals schon bestehenden Fortbildungsschulen ab. Bei seiner Planung stützte sich Nebenius auf Erkenntnisse aus Vergleichen mit Schulen im Ausland. Er lehnte sich an das Curriculum der berufsqualifizierenden Vollzeitschulen Frankreichs an und bezog sich hinsichtlich der Organisation als Teilzeitschule auf die in England bestehenden *Mechanics' Institutes*.

Die von der Projektgruppe Vergleichende Berufspädagogik vorgelegte Studie befasst sich mit dem vom badischen Innenministerium der Polytechnischen Schule Karlsruhe als Vorläuferin der Technischen Hochschule erteilten Auftrag, die Gewerbeschulen in ihrer Aufbauphase zu unterstützen.
Diese Aufgabe wurde bisher in den Beiträgen zur Entwicklung der Technischen Hochschule Karlsruhe noch nicht beschrieben, obwohl sie über mehrere Jahrzehnte hinweg wahrgenommen wurde und zu beachtlichen Ergebnissen führte.

Ebenso fehlen in der berufspädagogischen Literatur Hinweise auf den speziell in Baden beschrittenen Weg, die betriebliche Ausbildung über die gesamte Lehrzeit durch eine begleitende Teilzeitschule mit methodisch aufgebauten Lehrgängen zu ergänzen.

Es stellt eine Besonderheit dar, dass eine Bildungseinrichtung der oberen Ebene den Ausbau einer darunter liegenden mitgestaltet. Diese Konstellation hat insofern aktuelle Bezüge, als im Zusammenhang mit dem von der EU in jüngerer Zeit geforderten lebenslangen Lernen eine Strukturierung des Bildungsgesamtsystems nach Stufen unabdingbar ist.

Durch die Initiativen des Karlsruher Polytechnikums entstand ein effizientes Curriculum für Teilzeitschulen, das die Gesamtausbildung strukturierte und methodisch-didaktisch auch die systematische Ausbildung von Fertigkeiten – also Berufspraxis – einbezog. Dieses Vorgehen entspricht in seinen Grundzügen den Forderungen der dual-alternierenden Ausbildung gemäß der EU-Empfehlung aus dem Jahre 1979 und kann dazu beitragen, der derzeit prekären Lage mit fehlenden Ausbildungsplätzen und zunehmend größerem Fachkräftemangel zu begegnen.

Klaus von Trotha
Minister für Wissenschaft, Forschung und Kunst
des Landes Baden-Württemberg a. D.

Geleitwort

In einer groß angelegten Studie „Die Gewerbeschule des Großherzogtums Baden als frühes Modell dualer Berufsausbildung" hat sich Professor Georg Rothe der Reform des beruflichen Bildungswesens im Großherzogtum Baden gewidmet. Damals, als Karlsruhe noch eine junge Stadt war, wurde Baden unter Napoleon in der Zeit von 1803 bis 1810 neu geordnet. In diesen Jahren erhielt Baden auch den Status als Großherzogtum. Zu jener Zeit begannen Jahre umfassender Reformen. Das Land erhielt 1818 eine für jene Epoche sehr fortschrittliche liberale Verfassung und ein Zweikammerparlament in der Landeshauptstadt Karlsruhe.

An vorderer Stelle standen Reformen des Bildungswesens. Ausführliche Diskussionen galten der beruflichen Bildung auf höherer Ebene und auf der Ebene der Gewerbeförderung. Bereits 1825 wurden die Polytechnische Schule in Karlsruhe und 1834 die Gewerbeschulen gegründet. Ganz besonders aktiv wurde Staatsrat Nebenius, dessen Namen heute eine Schule in der Südstadt trägt. Das Besondere seiner Konzeption war die enge Verbindung der Polytechnischen Schule mit den Gewerbeschulen und dass Professoren des Polytechnikums die Aufgaben der Entwicklung von Curricula für diese Schulen, die Erstellung von Lehrbüchern sowie die Fachaufsicht übertragen waren. Zudem übernahm die Polytechnische Schule schon früh die Ausbildung für Gewerbelehrer. So entstand die in Deutschland erste systematische curriculare Konzeption für Gewerbeschulen. Später entwickelte Österreich die Teilzeitberufsschulen weiter, so dass dort das Karlsruher Modell weiterlebt. Professor Rothes Studie berücksichtigt aber auch das heutige Bildungssystem und gibt Antworten, welche Elemente der historischen Entwicklung Anstöße für Reforminitiativen in unserer Zeit geben können.

Es ist eine der wichtigsten Aufgaben einer Stadt, in die Bildung der Kinder und Jugendlichen und deren Berufsausbildung zu investieren. Sie sind die wichtigste Ressource, die wir besitzen. Deshalb tut die Stadt Karlsruhe alles in ihren Möglichkeiten stehende, als örtlicher Schulträger für ein optimales Lernumfeld inklusive moderner Betreuungsangebote zu sorgen.

Der Studie wünsche ich die ihr zustehende Aufmerksamkeit. Möge sie eine Basis für die Fortentwicklung und neuer Ideen für die Gewerbeschulen sein.

Heinz Fenrich
Oberbürgermeister der Stadt Karlsruhe

Vorwort

Es ist anerkannt, dass Untersuchungen zur deutschen Bildungsgeschichte des 18. und 19. Jahrhunderts die Entwicklungen in Nachbarländern einbeziehen müssen. Der Nationalstaat war in jenen Jahrhunderten in Deutschland noch nicht so verfestigt, wie er nach der Reichsgründung von 1871 und in den nachfolgenden Verfassungs- und Herrschaftsstrukturen in Erscheinung trat. Spätestens seitdem die Bundesrepublik Deutschland, zunächst als deutscher Teilstaat, danach als vereinigter deutscher Staat am europäischen Integrationsprozess mitwirkt, müsste der innereuropäische Vergleich wieder so selbstverständlich sein wie er in Bezug auf die angesprochene Zeit ist. Doch im Bereich der beruflichen Bildung und der Berufspädagogik spielen der innereuropäische Vergleich und der internationale Vergleich nach wie vor eine marginale Rolle.

Präsentiell vergleichende Untersuchungen und historisch vergleichende Arbeiten müssen aufeinander zu arbeiten. Vergleich bedeutet mehr als Informationen über Besonderheiten in Nachbarländern beizusteuern. Der methodisch angelegte Vergleich, der die Einzeltatsachen in Zusammenhänge einordnet, kann die langfristig wirksamen Unterschiede in den Bildungswesen aufzeigen und Einsicht in den aktuellen Handlungsbedarf im eigenen Land vermitteln. Das Desinteresse am Vergleich ist erstaunlich, weil zusätzlich zu nicht wenigen Universitätsprofessuren der Berufspädagogik das große Bundesinstitut für Berufsbildung, das auf Bundesebene Beratung, Dienstleistung und Forschung für die berufliche Bildung in Deutschland betreibt, seine wissenschaftliche Aufgabe ohne den innereuropäischen Vergleich nicht sachlich angemessen erfüllen kann.

Georg Rothe ist einer der wenigen deutschen Berufspädagogen, die sich intensiv mit Vergleichen befassen. Seit Jahrzehnten stellt er beharrlich die deutsche Berufsbildung in den Zusammenhang der Bildungsentwicklungen in den europäischen Nachbarstaaten. Die historischen Bezüge rücken dabei Österreich, die Schweiz, Frankreich und Großbritannien in den Mittelpunkt, auch Italien und Dänemark liegen im Blickfeld. Je mehr sich die Zielsetzungen konkretisieren, die Organe der Europäischen Gemeinschaften vorgeben, umso mehr entstehen objektive Bewertungsmaßstäbe. Rothes methodisch angelegte und detailliert recherchierte Arbeiten machen Fehlentwicklungen in der deutschen Berufsbildung sichtbar, denen gegengearbeitet werden kann, wenn Lösungen in Nachbarstaaten sorgfältig und abwägend studiert werden.

Die Untersuchung über die Gewerbeschulen Badens profitiert von der Verschränkung historischen und vergleichenden Arbeitens. Der vertikale Vergleich zeigt die innere institutionelle Entwicklung des badischen Gewerbeschulwesens über zwei Jahrhunderte auf, der horizontale Vergleich weist Einflüsse aus Nachbarländern nach und setzt unterschiedliche Systemlösungen in Beziehung zueinander. Vergleichendes Arbeiten im Bereich des beruflich-technischen und des beruflich-kaufmännischen Bildungswesens wurde bereits durch den Begründer des modernen technischen Unterrichtswesens in Baden grundgelegt, den Staatsrat Carl Friedrich Nebenius. Er erkannte durch das Studium der Neuerungen in wirtschaftlich und technisch voranschreitenden Staaten die Notwendigkeit eines organischen stufenförmigen Aufbaus des technischen Unterrichtswesens, von der Realschule und gewerblichen Fortbildungsschule über die Gewerbeinstitute, die in späterer Zeit Fachschulen hießen, bis zur „Polytechnischen Centralschule" in Karlsruhe, aus der später die Technische Hochschule und dann die Technische Universität hervorgingen. Rothe zeigt, wie die badische Konzeption des beruflichen Unterrichtswesens sich in der kritischen Aneignung französischer und österreichischer Lösungen klärte und stabilisierte und wie innerhalb Deutschlands einerseits württembergische Beispiele vorbildlich für Baden wurden, andererseits der preußische Weg im Bildungswesen besonders nach der Reichseinigung im Jahre 1871 es schwerer machte, badische Lösungen weiter zu verfolgen.

Rothes Arbeit zielt darauf ab, die im Weg der badischen Gewerbeschule liegenden Lösungsansätze weiter zu denken für die heutige Problemlage der beruflichen Bildung in Deutschland. Die Marginalisierung der beruflichen Teilzeitschulen und die Scheu gegenüber beruflichen Vollzeitschulen im gewerblichen Bereich waren im 19. Jahrhundert schon überwunden und sind auch in den Nachbarländern nicht so zur Geltung gekommen wie in Deutschland. Die EU-Konzeption der alternierenden Ausbildung, der der Autor mit Rücksicht auf die deutsche Struktur den Begriff der dual-alternierenden Ausbildung an die Seite stellt, liegt auf der Linie der schon im 19. Jahrhundert in Baden angegangenen Lösungen der Gleichwertigkeit von schulischer und Kammer-Prüfung, des Aufbaus von Schulwerkstätten mit Ausbildungsaufgaben, der Modularisierung im Interesse des lebensbegleitenden Lernens und einer Lehrerausbildung im Gleichgewicht von fachlicher und pädagogischer Vorbereitung. Die Untersuchung zeigt, wie beunruhigend fruchtbar die Verbindung des historischen und vergleichenden wissenschaftlichen Arbeitens im Bereich des Bildungswesens ausfallen kann.

Dietmar Waterkamp

Professur für Vergleichende Erziehungswissenschaft und europäische Bildungssysteme an der Technischen Universität Dresden

von 2002 bis 2005 Sprecher der Sektion
International und Interkulturell Vergleichende Erziehungswissenschaft
in der Deutschen Gesellschaft für Erziehungswissenschaft

Inhaltsübersicht

Zusammenfassung

Im Großherzogtum Baden wurden bald nach seiner Entstehung im Jahre 1806 Neuerungen in der beruflichen Bildung in Angriff genommen mit dem Ziel, die wirtschaftliche Prosperität zu steigern. Über Fragen dieser Art debattierte das badische Parlament recht intensiv. Angesprochen war dabei insbesondere die Ebene der handwerklichen Lehre sowie die Notwendigkeit, eine technische Ausbildung auf Hochschulebene einzurichten. Schließlich wurden im Jahre 1825 die Polytechnische Schule in der Landeshauptstadt Karlsruhe und 1834 in den badischen Städten die Gewerbeschulen in Teilzeitform zur Ergänzung der handwerklichen Lehre eingerichtet. Mit der Gestaltung der Gewerbeschule betrat Baden Neuland. Sie unterschied sich deutlich von anderen Teilzeitschulen wie den Sonntags- und Fortbildungsschulen, die nach der Entlassung aus der Pflichtschule zu besuchen waren, um elementare Kenntnisse zu festigen und auch die religiöse Erziehung zu fördern.

Die vorliegende Untersuchung zeichnet vor allem die Entwicklung der badischen Gewerbeschulen nach und geht darauf ein, dass die Polytechnische Schule Karlsruhe, die bald Hochschulstatus erlangte, eine Reihe wichtiger Aufgaben beim Auf- und Ausbau der Gewerbeschulen übernahm. Die badische Regierung hatte ihr die Erarbeitung von Lehrplänen und Lehrmitteln, die fachliche Aufsicht vor Ort sowie die Lehrerbildung für die Gewerbeschulen übertragen. Die so geschaffene Verbindung zwischen den beiden Bildungseinrichtungen war neuartig und erwies sich als äußerst wirkungsvoll.

Im Schlussteil der Studie geht es um notwendige Veränderungen im heutigen Zusammenwirken von Teilzeitschulen und Ausbildungsbetrieben. Es wird gezeigt, welche aktuellen Reformansätze aus dem Modell der badischen Gewerbeschule erwachsen können. Darüber hinaus sind Fragen der Lehrerbildung und dringende Reformen im Bereich der beruflichen Bildung insgesamt angesprochen, vor allem mit Blick auf die Realisierung des lebenslangen Lernens, das die EU als Grundprinzip für Bildung und Berufsbildung fordert.

Abstract

Soon after its creation in 1806, the Grand Duchy of Baden initiated innovations in the field of vocational training with the aim to increase economic prosperity. Questions of this kind were debated quite intensely in the parliament of Baden, in particular reforms on the level of craft apprenticeship as well as the need to offer technical education at university level. Finally, in 1825, the Polytechnische Schule (Polytechnical School) was founded in the capital of Karlsruhe and in 1834 the Gewerbeschulen (part-time vocational schools with the task of supplementing apprenticeship training) were set up in the towns of Baden. With the creation of the Gewerbeschule Baden was breaking new ground. It differed significantly from other part-time schools like Sunday schools and continuation schools which had to be attended after compulsory education to strengthen basic skills and also to promote religious education.

The present study traces the development of the Gewerbeschulen of Baden and deals with a number of important tasks which the Polytechnische Schule Karlsruhe, soon gaining university status, took over in the foundation and development of the Gewerbeschulen. The government of Baden had allocated to it the development of curricula and teaching aids, pedagogical supervision, and teacher training for the Gewerbeschulen. The connection created between the two educational institutions was innovative and proved to be extremely effective.

The final part of the study is about necessary changes in the way part-time vocational schools and training companies are cooperating today. It shows which current approaches to reforms can be derived from the model of the Gewerbeschule of Baden. In addition, questions of teacher training and urgent reforms in vocational training in general are addressed, especially with regard to the realization of lifelong learning. According to the EU, the latter should constitute the basic principle for education and vocational training.

Sommaire

Peu de temps après sa création en 1806, le Grand-duché de Bade a initié des innovations dans le domaine de la formation professionnelle avec l'objectif d'accroître la prospérité économique. Le parlement badois menait un débat assez intense sur ce genre de questions, en particulier concernant le niveau de l'apprentissage artisanal ainsi que la nécessité d'instaurer une éducation technique au niveau universitaire. Enfin, la Polytechnische Schule (École Polytechnique) était fondée en 1825 dans la capitale de Karlsruhe et en 1834 suivait dans les villes badoises l'établissement des Gewerbeschulen, écoles professionnelles à temps partiel destinées à compléter l'apprentissage artisanal. Avec la conception de la Gewerbeschule le pays de Bade a emprunté de voies nouvelles. Elle se distinguait nettement des autres écoles à temps partiel comme les écoles du dimanche et les écoles complémentaires à fréquenter à la suite de la scolarité obligatoire dans le but de renforcer les compétences de base et de promouvoir l'éducation religieuse.

Cette étude retrace le développement des Gewerbeschulen badoises et s'occupe des tâches importantes dans le domaine de la création et l'aménagement de ces écoles prises en charge par la Polytechnische Schule de Karlsruhe, qui obtenait bientôt le statut universitaire. Le gouvernement badois lui avait transmis l'élaboration des programmes scolaires et des matériels pédagogiques, la surveillance sur place et la formation des enseignants pour les Gewerbeschulen. Le lien ainsi créé entre les deux établissements d'enseignement était novateur et se révélait extrêmement efficace.

La dernière partie de l'étude traite les changements nécessaires en vue de la coopération actuelle entre les écoles professionnelles à temps partiel et les entreprises de formation. Il s'agit de montrer les approches de réforme qui se laissent déduire du modèle de la Gewerbeschule badoise. D'autres sujets adressés sont la formation des enseignants et des réformes urgentes dans le domaine de la formation professionnelle en générale, avant tout en vue de la mise en œuvre de l'éducation et la formation tout au long de la vie, exigée par l'UE comme principe de base pour l'éducation et la formation professionnelle.

Riepilogo

Nel Granducato di Baden, poco dopo la sua fondazione, nel 1806 vennero introdotte delle novità nel settore della formazione professionale al fine di incrementare la prosperità economica. Il parlamento di Baden ha dibattuto in maniera intensa su questi tipi di questioni. Particolarmente interessato è stato in questo caso l'apprendistato artigianale e l'esigenza di creare una formazione tecnica sul piano delle scuole superiori. Nel 1825 è stata quindi costituita la Scuola Politecnica nella capitale di Karlsruhe e nel 1834 nelle città di Baden le scuole professionali sotto forma di tempo parziale come completamento all'apprendistato artigianale. Con la formazione della scuola professionale Baden entro a far parte del Nuovo paese. La scuola si differenziò notevolmente dalle altre scuole a tempo parziale come le scuole domenicali e le scuole di aggiornamento che dovevano essere frequentate al termine della scuola dell'obbligo per approfondire le conoscenze elementari e favorire l'educazione religiosa.

La presente ricerca approfondisce soprattutto lo sviluppo delle scuole professionali di Baden e conviene con il fatto che la Scuola Politecnica di Karlsruhe, che ottenne presto lo stato di Università, si occupò di una serie di compiti importanti durante la realizzazione e l'ampliamento delle scuole professionali. La regione di Baden le aveva affidato l'elaborazione di piani di studio e mezzi di apprendimento, la supervisione specifica in loco e la formazione dei professori per le scuole professionali. Il collegamento creato tra le due istituzioni di formazione era innovativo e si dimostrò essere molto efficace.

Nella parte finale dello studio saranno trattate le modifiche necessarie nell'attività odierna delle scuole a tempo parziale e dei centri di formazione. Viene mostrato quali principi attuali di riforma possono sorgere dal modello della scuola professionale di Baden. Vengono inoltre trattate questioni relative alla formazione dei professori e le riforme urgenti nel settore della formazione professionale, soprattutto rivolgendosi alla realizzazione dell'apprendimento lungo tutto l'arco della vita che l'UE sostiene come principio di base per la formazione e la formazione professionale.

Vertiefende und ergänzende Beiträge

Im Jahre 1773 entstand in Böhmen die erste sogenannte Industrieschule, die Kindern neben dem Elementarunterricht verschiedene Handfertigkeiten vermittelte. Ihr Begründer war Ferdinand Kindermann, nach dessen Auffassung Unterricht und manuelle Betätigung in pädagogisch sinnvoller Weise zu verbinden waren, um Arbeitstugenden zu fördern und auf das praktische Leben vorzubereiten. Die Industrieschulen breiteten sich über die Grenzen Österreichs hinweg aus, auch in einer Reihe deutscher Länder.

Der Mitte des 17. Jahrhunderts in Nürnberg geborene Handelswissenschaftler Paul Jacob Marperger entwarf in einer im Jahre 1723 erschienenen Schrift ein Gesamtkonzept eines gestuften Berufsbildungssystems. Er machte Vorschläge für kaufmännische Bildungseinrichtungen sowie für sogenannte mechanische Werkschulen, die für angehende Handwerker bestimmt waren. Seine Anregungen können als Ausdruck eines für jene Epoche revolutionierenden bildungspolitischen Denkens gelten, fanden jedoch in der historischen Berufsbildungsforschung bislang nur geringe Beachtung.

Die Durlacher Gewerbeschule führt ihre Gründung auf einen markgräflichen Erlass vom Jahre 1767 zurück, der die Förderung des Geometrieunterrichts betraf. Es entstanden entsprechende Schulen und wenig später auch solche für Freihandzeichnen und architektonisches Zeichnen. Letztgenannte entwickelten sich zu Teilzeitschulen, die zunächst vorwiegend für Lehrlinge in Berufen des Bauhandwerks bestimmt waren. Doch bereits im Jahre 1831 wurde verordnet, dass die in der Stadt Durlach anwesenden Lehrlinge nahezu aller Handwerke die dortige Bauzeichenschule zu besuchen hatten. Die Durlacher Schule nahm schon 1831 die Bezeichnung Gewerbeschule an und galt als Musteranstalt.

Die Bruchsaler Gewerbeschule wurde im Jahre 1835 eröffnet. Eine Art Vorläufereinrichtung, 1809 als Freihandzeichenschule gegründet, musste nach zehnjährigem Betrieb wieder eingestellt werden. Die Gewerbeschule Bruchsal hatte in den ersten Jahrzehnten besonders unter unregelmäßigem Schulbesuch zu leiden, nahm aber ab den 1880er Jahren einen erheblichen Aufschwung.

Im Jahre 1850 wurde die Furtwanger Uhrmacherschule als erste Schule dieser Art in Deutschland eröffnet, um der Schwarzwälder Uhrmacherei neuen Auftrieb zu geben. Die Ausbildung erfolgte vollzeitschulisch. Im Jahre 1864 hob man die Schule auf, da der Bedarf an qualifizierten Uhrmacher befriedigt schien. Doch 1877 wurde sie wiedereröffnet. Vollzeitausbildungsgänge für Uhrmacher und einige weitere Berufe bilden noch heute den Kern der Anstalt, die inzwischen Robert-Gerwig-Schule heißt.

Die heutige „Goldschmiedeschule mit Uhrmacherschule Pforzheim" führt ihre Entstehung auf das Jahr 1768 zurück. Aus Frankreich und der Schweiz stammende Schmuck- und Uhrenfabrikaten erwirkten vom Markgrafen von Baden-Durlach die Genehmigung zu Errichtung einer Zeichenschule, um die in ihrer neu gegründeten Manufaktur vermittelte Ausbildung zu ergänzen. Aus der späteren Gewerbeschule spaltete sich Ende der 1880er Jahre die Kunstgewerbeschule ab, und 1905 die Goldschmiedeschule. Diese führte im Schuljahr 1920/21 erstmals eine Klasse mit Vollzeitunterricht, die Basis der heutigen Berufsfachschulzweige.

Alle (Rahmen-)Lehrpläne für die rund 250 reglementierten Lehrberufe in Österreich weisen Unterrichtsgegenstände aus, die dem fachpraktischen Unterricht zuzurechnen sind und hinsichtlich des Zielparagrafen des Schulorganisationsgesetzes die betriebliche Ausbildung fördern und ergänzen sollen. Im Beitrag wird überblicksmäßig für fünf ausgewählte Lehrberufe gezeigt, wie dies in der Stundentafel sowie in den entsprechend formulierten Bildungs- und Lehraufgaben zum Ausdruck kommt.

Dieser Beitrag hat ergänzenden Charakter, da das kaufmännische Schulwesen in der vorliegenden, auf die gewerblich-technische Ausbildung konzentrierten Studie nur gestreift werden soll. Die Einrichtung kaufmännischer Bildungsgänge in Baden setzte später ein als der Aufbau der Gewerbeschulen. Mit örtlich unterschiedlicher Ausprägung führte die Entwicklung hin zur Handelsschule bzw. zur Kaufmännischen Berufsschule. Der Beitrag zeigt dies beispielhaft anhand der Handelslehranstalten in Karlsruhe, Pforzheim und Emmendingen auf. Vom kaufmännischen Schulwesen ausgehend erweiterte sich das Bildungsverständnis durch die Anerkennung des Bildungswerts der Kulturbereiche Technik, Wirtschaft, Gesellschaft und Staat.

Der Teilzeitunterricht für Lehrlinge lässt sich in Österreich bis ins 18. Jahrhundert zurückverfolgen. „Christenlehre", Wiederholungs- und allgemeiner Fortbildungsunterricht, allgemein-gewerbliche und fachliche Fortbildungsschulen, Umgestaltung der Fortbildungsschule zur Berufsschule, Verfachlichung und Zentralisierung des Berufsschulunterrichtes sind Etappen der geschichtlichen Entwicklung. Der Beitrag vermittelt einen Überblick über die rechtlichen Grundlagen, Ziele und Inhalte der verschiedenen Formen des Teilzeitunterrichtes von der Maria Theresianischen Schulreform (1774) bis zur Gegenwart und beschreibt die heutige Situation sowie aktuelle Neuerungen.

Fortbildungsschule / Gewerbeschule, Berufsschule / Berufsbildungszentrum / Berufsfachschule – diese Bezeichnungen sind Marken auf dem Weg des beruflichen Unterrichts der letzten 150 Jahre. Fachzeichnen / Berufskunde / Fachtheorie / geschäftskundlicher Unterricht / allgemeinbildender Unterricht / Berufsmaturitätsunterricht bilden eine zweite Zeitreihe. Viel hat sich verändert beim Bemühen der Lehrpersonen um die Unterstützung von Lernenden in ihrem Bestreben nach Erwerbsfähigkeit und persönlicher Entwicklung.

Gliederung Seite

Anlagen

Vorbemerkungen

Die vorliegende Untersuchung geht auf ein Angebot des Prorektorats Forschung der Universität Karlsruhe (TH) zurück, das emeritierten Professoren die Möglichkeit gab, über einen besonderen Fonds bestimmte Projekte durchzuführen oder abzuschließen.

Das damit eingerichtete *Network of Excellent Retired Scientists* (NES) gehört zu den Initiativen des gemeinsamen Zukunftskonzepts der Universität in Verbindung mit dem Forschungszentrum Karlsruhe. Der definitive Zusammenschluss beider Institutionen als Karlsruher Institut für Technologie (KIT) erfolgte im Jahre 2009. Das Netzwerk fördert den Erhalt und Transfer des Wissensschatzes und der Erfahrung exzellenter emeritierter bzw. sich im Ruhestand befindender Wissenschaftlerinnen und Wissenschaftler.

Mein Interesse an dieser Initiative wurde durch die Publikation des Staatsrats Nebenius vom Jahre 1833 geweckt, in der er ein Zusammenwirken der Polytechnischen Schule Karlsruhe, gegründet 1825, mit den geplanten Gewerbeschulen initiierte. Daraus ergab sich für mich die Gelegenheit, eine bisher kaum beachtete Kooperation zwischen einer Berufsbildungseinrichtung auf mittlerer Qualifikationsebene mit einer anderen des tertiären Bereichs zu untersuchen und auf mögliche Schlussfolgerungen für die heutige Zeit hin zu prüfen.

In diese Problematik konnte ich Erfahrungen aus meiner Tätigkeit als Lehrkraft an einem Berufsschulzentrum und später als Mitglied des Lehrkörpers der Berufspädagogischen Hochschule Stuttgart und Leiter des dortigen Instituts für Lehrinhalte und Lehrmittelforschung einbringen, speziell durch die Übernahme eines im Auftrag des Stuttgarter Kultusministeriums durchzuführenden Forschungsvorhabens zur Vorbereitung des Schulentwicklungsplans II Baden-Württemberg (berufliche Bildung). Dort standen Untersuchungen zur Fachklassenbildung und zur Strukturierung der Berufsausbildung unter Einbeziehung von Grund- und Fachstufen im Mittelpunkt.

Parallel dazu hatte ich mich im Rahmen einer genehmigten Nebentätigkeit als Leiter des auf Initiative der Spitzenverbände der Deutschen Bauwirtschaft errichteten *Instituts für berufliche Bildung im Bauwesen an der Technischen Hochschule Stuttgart* mit den Konsequenzen der Verwandtschaft zwischen Einzelberufen und Berufsgruppen im Berufsfeld Bau samt curricularer Gestaltung auseinanderzusetzen.

Mit der sich aus der historischen Entwicklung zeigenden Übereinstimmung der Vorgehensweise in der badischen Gewerbeschule als Teilzeitschule mit den Empfehlungen der EU von 1979 und Festlegung der Aufgaben für Betrieb und Teilzeitschule ergab sich die Notwendigkeit der Durchführung von Vergleichen, und zwar im sowohl im Sinne einer horizontalen als auch vertikalen Komparation.

Das Interesse an Vergleichen geht auf meine ersten Jahre beruflicher Tätigkeit als Berufsschullehrer zurück. Damals erhielt ich von 1960 bis 1962 Gelegenheit, bei teilweiser Entlastung von der Lehrverpflichtung an einem Weiterbildungsprogramm der Hochschule für Internationale Pädagogische Forschung Frankfurt teilzunehmen. Meine Lehrer waren die Professoren F. Edding und W. Schultze. Vom Frankfurter Institut für Berufspädagogik lernte ich Prof. H. Abel kennen. Sei jenen Jahren gilt mein Forschungsinteresse primär der vergleichenden Erziehungswissenschaft.

Nach der Berufung an die Universität Karlsruhe im Jahre 1977 lag meine Aufgabe in der Ausbildung von Lehrkräften für berufliche Schulen; im Bereich der Forschung konzentrierte ich mich auf Vergleiche von Berufsbildungssystemen.

Eine besondere Aufgabe stellte sich mir durch die Berufung in eine vom Bundestag eingesetzte BIBB-Evaluierungskommission zur Prüfung der wissenschaftlichen und wirtschaftlichen Effizienz dieses Instituts.

Intensiv pflegte ich Kontakte zu Berufsbildungsexperten in den europäischen Nachbarstaaten und publizierte in systematischer Form strukturierte Vergleichsergebnisse. Von darüber hinausgehenden Initiativen sei hier exemplarisch ein in Verbindung mit dem baden-württembergischen Wirtschaftsministerium im Iran durchgeführtes Projekt zum Ausbau regionaler Berufsbildungszentren genannt. Zum anderen hatte ich im Jahre 1987 in Dalian, der Hafenstadt der Mandschurei, im „Management Kader Institut" vor Regierungsvertretern und Schulleitern aus zwölf chinesischen Provinzen über die Besonderheiten der europäischen Berufsbildungssysteme zu referieren und lernte Formen der dortigen Ausbildung in Fabriken kennen.

Historische Untersuchungen zur beruflichen Bildung im Königreich Württemberg hatte ich schon früher durchgeführt, so dass mit dem eingangs erwähnten Angebot Gelegenheit gegeben war, die Entwicklung im Nachbarland Baden einzubeziehen.

In Kenntnis der Situation in den beruflichen Schulen des Landes, in denen derzeit der größere Anteil der Lehrkräfte im so genannten *Übergangssystem* eingesetzt ist, beschäftige ich mich mit Defiziten im Ausbildungsplatzangebot. So kann ich nachempfinden, wie sich die Jugendlichen, denen es nicht gelang, ein Lehrverhältnis anzutreten, in Warteschleifen fühlen und welche Auswirkungen auf ihre Entwicklung und ihr Selbstwertgefühl der Jahre andauernde Status als *Altbewerber* hat. Fehlende Zukunftsperspektiven können dazu führen, dass sich junge Menschen als Außenseiter oder gar Versager betrachten. Viele von ihnen gelten allerdings als voll ausbildungsreif; andere hatten zuvor mit Erfolg die Realschule absolviert. Es handelt sich dabei also um ein die Gesellschaft insgesamt berührendes Problem von erheblicher Brisanz.

Es muss auffallen, dass sich die Öffentlichkeit wie auch die zuständigen Stellen mit diesen Problemen kaum befassen, obwohl hier Fragen des Grundrechts auf Ausbildung und Förderung im Jugendalter angesprochen sind. Im Einzelnen handelt es sich auch um Jugendliche mit Migrationshintergrund sowie solche aus sozialschwachen Familien. Daher bemühte sich die „Projektgruppe Vergleichende Berufspädagogik", den derzeitigen Problemen nachzugehen, um einen Beitrag zur Verbesserung der Situation zu leisten.

Mein Dank gilt allen, die an dieser Untersuchung mitwirkten und sie förderten, den Autoren der einbezogenen Beiträge, Herrn Dr. Nippert, Leiter des KIT-Archivs, dem Generallandesarchiv Karlsruhe sowie den konsultierten Stadt- und Schularchiven für ihre Unterstützung. Auch allen hier nicht speziell Genannten sei Dank für ihre Anregungen ausgesprochen.

Karlsruhe/Schömberg, im April 2011
Georg Rothe

Einführung

Schon bald nach der Konstituierung des Großherzogtums im Jahre 1806 befasste sich der badische Staat mit politischen Reformen und Neuerungen im Bildungssystem. Einen besonderen Schwerpunkt bildete damals die Weiterentwicklung der beruflichen Bildung, vor allem im gewerblich-technischen Bereich. Gewerbeförderung durch berufliche Bildung war in jener Zeit sowohl im badischen Stammgebiet als auch in den hinzugekommenen kurpfälzischen und vorderösterreichischen Territorien als Notwendigkeit erkannt worden. Die Errichtung neuer Institutionen der gewerblichen und technischen Ausbildung lässt sich in den größeren Zusammenhang des Gedankenguts der Aufklärung einordnen.

Mit der Verfassung vom Jahre 1818 erhielt das Großherzogtum Baden ein Zweikammerparlament, Landstände genannt. Diese boten eine Diskussionsplattform, die intensiv zur Erörterung des Ausbaus der beruflichen Bildung auf verschiedenen Stufen genutzt wurde. So entstanden im Jahre 1825 die Polytechnische Schule in Karlsruhe, Vorläuferin der späteren Technischen Hochschule, und im Jahre 1834 die Gewerbeschulen als Teilzeitschulen zur Ergänzung und Fundierung der betrieblichen Lehre.

Dabei ging es vor allem um in die in systematischer Form zu vermittelnden Inhalte, Kenntnisse und Fertigkeiten sowie um die Effizienz der betriebsgebundenen Ausbildung. Die Einrichtung einer besonderen Teilzeitschule unabhängig von parallel bestehenden Sonntags- und Fortbildungsschulen erfolgte auf Betreiben der badischen Regierung.

Das Besondere des Vorgehens in Baden lag von Anfang an in der engen Verbindung zwischen den Ebenen *Polytechnische Schule* und *Gewerbeschule*. Dem Polytechnikum oblag u. a. die Aufgabe, Lehrkräfte für die Gewerbeschulen auszubilden und in den ersten Jahren entsprechend vorgebildete Kräfte auszuwählen. Bereits mit dem Gründungserlass vom Jahre 1834 erhielten die Professoren der Polytechnischen Schule den Auftrag, Lehrpläne für die Gewerbeschulen zu entwerfen, Lehrmittel zu entwickeln und schließlich die Fachaufsicht über diese im Aufbau befindlichen Schulen zu übernehmen. Mit dem Ausbau von Schulwerkstätten zur systematisch-praktischen Unterweisung in den Bereichen, in denen die Ausbildungsbetriebe infolge ihrer Abhängigkeit von den jeweiligen Aufträgen dazu in vollem Umfang nicht in der Lage waren, übernahmen die Gewerbeschulen auch Grundlagen der praktischen Ausbildung in eigenständiger Funktion. So erhielt die berufliche Bildung in Baden schon Jahrzehnte vor anderen deutschen Ländern neue Impulse. Nach seinem Besuch in Karlsruhe empfahl der Münchner Stadtschulrat Georg Kerschensteiner dieses Modell zur allgemeinen Einführung.

Die badische Gewerbeschule entwickelte sich zu einem besonderen Modell der die Lehre im Betrieb begleitenden Teilzeitschule, indem ihr Curriculum in systematischer Form erarbeitet wurde. Das Curriculum ging bewusst vom Beispiel entsprechender Vollzeitschulen im Nachbarland Frankreich aus und wurde gezielt auf die Parallelität zur Lehre im Betrieb hin gestaltet.

Das badische Modell beruflicher Qualifizierung entspricht im Wesentlichen den Grundsätzen, die der Rat der Europäischen Union im Jahre 1979 den Mitgliedsstaaten empfohlen hatte. Die EU spricht von *alternierender* Ausbildung und versteht darunter die Verzahnung von Erfahrungslernen bei praktischer Mitarbeit im Betrieb mit der systematischen Unterweisung in schulischer Form. Der deutsche Terminus *Dualsystem* lässt nicht erkennen, inwieweit eine Gleichwertigkeit der beiden Partner sichergestellt ist. Da die EU *Alternanz* als den partnerschaftlichen Wechsel in der Durchführung der Ausbildung versteht, wird hier der Begriff *dual-alternierend* gebraucht.

Die badische Gewerbeschule erscheint durch ihre umfassende curriculare Konzeption als Teilzeitschule, die eigenverantwortlich Teilgebiete der Ausbildung übernimmt und damit den Ausbildungsbetrieb entlastet, so dass er auch bei steigenden Anforderungen in der Lage ist, Schulentlassene als Lehrlinge auszubilden und dabei mit der Teilzeitschule partnerschaftlich zusammenwirkt.

Die Entwicklung der badischen Gewerbeschule von der Gründung im Jahre 1834 bis in die 20er Jahre des vergangenen Jahrhunderts zeigt zweifelsfrei Parallelen zur EU-Initiative von 1979 und ist deshalb auch für die aktuelle Situation der beruflichen Bildung in Deutschland von Bedeutung. Damit erhält die Studie nach dem Schwerpunkt geschichtliche Entwicklung die zusätzliche Aufgabe, das Modell der badischen Gewerbeschule in Übereinstimmung mit der genannten EU-Empfehlung auf die derzeitige Situation des deutschen Berufsbildungssystems zu projizieren.

In Deutschland zeichnet sich nämlich seit den 1980er Jahren ein verspäteter Eintritt in die betriebliche Ausbildung ab. Er liegt derzeit beim durchschnittlichen Alter von 19,7 Jahren. Diese negative Entwicklung steht in engem Zusammenhang mit der Effizienz des eingeführten Dualsystems gemäß Berufsbildungsgesetz 1969. Infolge der Gestaltung der Lehre in Anlehnung an die frühe Weichenstellung durch die Novelle zur Reichsgewerbeordnung von 1897/1900 wurde die kontinuierliche Anpassung an sich verändernde Anforderungen versäumt. So weist Teil 9 dieser Untersuchung auf Ansätze hin, die zur Lösung der derzeitigen Probleme der betrieblichen Ausbildung in Deutschland beitragen können.

Nach Einführung in die territorialen Veränderungen im Südwesten Deutschlands sowie Initiativen der Berufsvorbereitung und Ausbildung in der Zeit der Aufklärung (Teile 1 und 2) folgt die Darstellung von Planung und Realisierung der badischen Gewerbeschule (Teile 3 bis 8), wobei auch die Entwicklung in Württemberg sowie Österreich und der Schweiz angesprochen ist. Damit schließt der historische Teil der Studie ab. Teil 9 stellt, wie bereits erläutert, den Gegenwartsbezug her. So ergibt sich folgende Gliederung:
– Territoriale Veränderungen im Südwesten Deutschlands bis 1806 (Teil 1)
– Berufsvorbereitung und Ausbildung in der Zeit der Aufklärung (Teil 2)
– Planung und Realisierung eines Bildungsgesamtsystems in Baden (Teil 3)
– Errichtung von Gewerbeschulen in den badischen Städten (Teil 4)
– Curriculare Gestaltung durch Professoren des Polytechnikums (Teil 5)
– Ausbau von Schulwerkstätten und ihre Bedeutung für die Ausbildung (Teil 6)
– Studiengänge und Prüfungen für die benötigten Lehrkräfte (Teil 7)
– Teilzeitschulen in ihrer Entwicklung zu Partnern der Ausbildungsbetriebe (Teil 8)
– Bedeutung der badischen Gewerbeschulen als Modell für die Weiterentwicklung des deutschen Berufsbildungssystems (Teil 9)

Mit den abschließend dargelegten Vorschlägen für notwendig erscheinende Reformschritte will die Studie dazu beitragen, die Zukunftsfähigkeit der beruflichen Bildung in Deutschland sicherzustellen.

1. Territoriale Veränderungen im Südwesten Deutschlands bis 1806

Staat und
Gesellschaft
im Umbruch

Gegen Ende des 18. Jahrhunderts ergab sich für den Südwesten Deutschlands im Gefolge übergeordneter politischer Entwicklungen und geistiger Strömungen eine durch staatliche wie auch gesellschaftliche Umbrüche geprägte Situation. Entscheidend waren einmal die territorialen Veränderungen, die auch die politische Landkarte des hier betrachteten Raums grundlegend umgestalteten. Auf der anderen Seite ist der Westeuropa insgesamt betreffende Wandel in den Gesellschafts- und Sozialstrukturen zu berücksichtigen, ausgelöst vor allem durch die Geistesbewegung der Aufklärung, die auch dem pädagogischen Denken eine grundlegende Neuausrichtung gab. Im Folgenden wird zunächst die territoriale Entwicklung Südwestdeutschlands aufgezeigt, die letztlich zur Entstehung das Großherzogtums Baden führte.

Vielfalt
südwestdeutscher
Kleinstaaten

Die politische Struktur Südwestdeutschlands bot Ende des 18. Jahrhunderts das Bild eines Flickenteppichs, bestehend aus etwa 600 Klein- und Kleinststaaten. Aufgrund des Fehlens einer dominierenden Territorialmacht konnte der deutsche Südwesten in der Zeitspanne zwischen dem Dreißigjährigen Krieg und der Gebietsneuordnung Anfang des 19. Jahrhunderts als Musterbeispiel deutscher Kleinstaaterei gelten.[1] Die verschiedenartigen Grafschaften, Fürsten- und Herzogtümer sowie geistlichen Besitztümer waren durch zahlreiche Exklaven noch weiter zersplittert; hinzu kamen die Reichsstädte und Reichsritterschaften (vgl. Anlage 1). Ähnliche Verhältnisse bestimmten zu jener Zeit die territorialen Gegebenheiten im alten Deutschen Reich insgesamt; um 1790 gab es noch etwa 1.800 Zollgrenzen.[2]

Infolge der Kriegs- und Bündnispolitik Napoleons entstanden im Südwesten Deutschlands bis zum Jahre 1806 das Königreich Württemberg und das Großherzogtum Baden. Als souveräne Kleinstaaten blieben lediglich noch die Fürstentümer Hohenzollern-Hechingen und Hohenzollern-Sigmaringen erhalten; sie gehörten ab 1850 als hohenzollerischer Teilstaat (Regierungsbezirk) zum Königreich Preußen.

Baden nach der
territorialen
Neuordnung

Im Vordergrund steht hier das Gebiet, das im Zuge der Neuordnung das Großherzogtum Baden bildete. Auch dieser Raum stellte ein heterogenes territoriales Gebilde dar. Bedeutende Teilgebiete sind Baden als Zusammenschluss von Baden-Durlach und Baden-Baden, die Kurpfalz sowie im Süden die zu Vorderösterreich gehörenden Landesteile mit den Städten Freiburg und Konstanz. Im Rückblick auf die Entwicklung des badischen Territoriums stellte E. Gutman fest:

> „Das heutige Baden ist hinsichtlich seiner Zusammensetzung wohl eines der merkwürdigsten Staatsgebilde innerhalb der deutschen Grenzen. Sein heutiger Bestand gründet sich nicht auf einen einheitlichen historischen Prozeß.

---

[1] Vgl. Weber, Reinhold; Wehling, Hans-Georg: Geschichte Baden-Württembergs. München 2007, S. 39f.

[2] Vgl. Seidel, Friedrich: Das Armutsproblem im deutschen Vormärz bei Friedrich List. In: Kölner Vorträge zur Sozial- und Wirtschaftsgeschichte. Heft 13, Köln 1971, S. 4

Nur der fünfte Teil seines Bodens entfällt auf die badischen Stammlande, die beiden Markgrafschaften. Vier Fünftel sind unter Napoleon I. als Zuwachs hinzugekommen, sodaß Baden gegen 150 Territorien des Heiligen Römischen Reiches ganz oder teilweise in seinen heutigen Grenzen vereinigt."[3]

Stammgebiete und Neuerwerbungen

Nachfolgend wird zunächst auf das badische Stammgebiet eingegangen und danach auf auf dessen Erweiterung und Aufstieg zum Großherzogtum. Auch die historische Entwicklung der Kurpfalz und Vorderösterreichs, die Gebiete an Baden abtraten, wird in knapper Form aufgezeigt.

Anl. 1: **Territoriale Struktur Südwestdeutschlands im Jahre 1789**

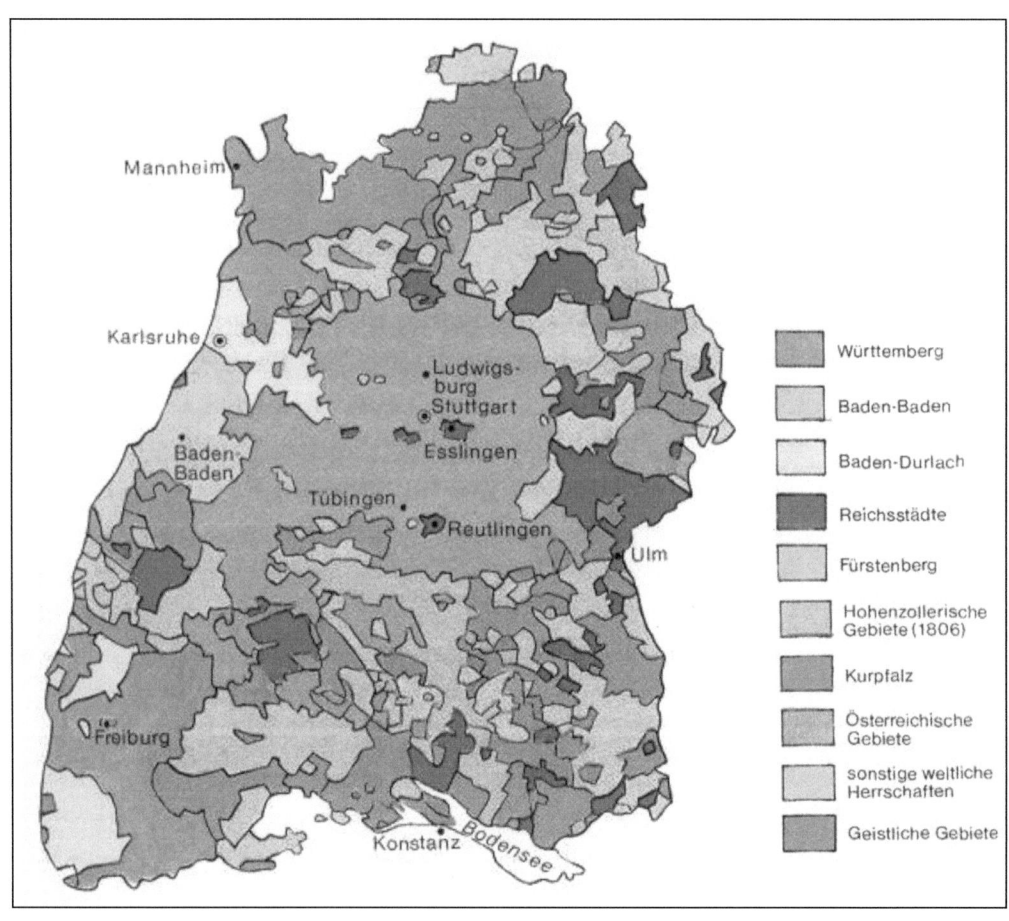

Quelle: http://www.s-line.de/homepages/m-ebener/KarteVII.html

---

[3] Gutman, Emil: Die Gewerbeschule Badens 1834/1930. Ihre Entwicklung und ihr gegenwärtiger Stand, im Zusammenhang mit der Geschichte ihres Lehrerstandes und des Verbandes badischer Gewerbeschulmänner dargestellt. Bühl-Baden 1930, S. 17

1.1 Baden-Baden und Baden-Durlach als Stammgebiete

Die Markgrafen von Baden bildeten eine Seitenlinie des Fürstengeschlechts der Zähringer. Diese stammten ursprünglich aus dem schwäbischen Raum und tauchten im 10. Jahrhundert im Breisgau auf. Ihr Stammsitz war die Burg Zähringen im heutigen Stadtgebiet Freiburgs.

Als erster Zähringer nannte sich Hermann II. Markgraf von Baden. Diese Bezeichnung leitet sich vom neuen Stammsitz, der um 1120 über der damaligen Stadt Baden, dem heutigen Baden-Baden, erbauten Burg Hohenbaden ab.[4]

Die herzogliche Hauptlinie der Zähringer starb bereits kurz darauf aus, während sich aus der Seitenlinie mit dem Markgrafen von Baden das Geschlecht der badischen Landesherren entwickelte.

Ursprünge Badens

Das Territorium der badischen Markgrafen war mit den ursprünglichen Besitzungen im Breisgau zunächst von geringer Ausdehnung; nur allmählich konnte es durch Heirat und Erbschaft vergrößert werden. Ihr Besitz konzentrierte sich anfangs des 12. Jahrhunderts um das weit östlich gelegene Backnang, das jedoch um 1300 an Württemberg fiel.[5] Um 1250 kamen die Städte Pforzheim, Durlach und Ettlingen zu Baden, im 14. und 15. Jahrhundert noch die Grafschaften Eberstein und Sponheim.

Zu Beginn des 15. Jahrhunderts erwarb Markgraf Bernhard I. die Markgrafschaft Hochberg und gliederte die badische Verwaltung in 13 Ämter. Markgraf Christoph I. (1475–1515) erweiterte die im Breisgau gelegenen Teile um Sausenberg.

Anwachsen des badischen Territoriums

Nach dem frühen Tod von Christophs Sohn Philipp ergaben sich für dieses Territorium ab 1535 durch Erbteilung zwei Gebiete, und zwar eine Markgrafschaft Baden-Baden und eine Markgrafschaft Baden-Durlach. In Baden-Durlach führte Markgraf Karl II. im Jahre 1556 den reformierten Glauben ein, während die Markgrafschaft Baden-Baden katholisch blieb.

Ab 1594 übte Baden-Durlach im Rahmen der so genannten oberbadischen Okkupation die Herrschaftsgewalt über Baden-Baden aus. Auslöser für die zwischenzeitliche Besetzung der Markgrafschaft Baden-Baden durch Ernst Friedrich von Baden-Durlach war die desolate Finanzlage des unter der Regentschaft von Eduard Fortunat stehenden Territoriums, dem aufgrund seiner Verschuldung die kaiserliche Zwangsverwaltung drohte. Diese Okkupation endete 1622, nachdem Markgraf Georg Friedrich in der Schlacht bei Wimpfen unterlegen war.

Im Pfälzischen Erbfolgekrieg wurden die beiden Residenzen Baden-Baden und Durlach zerstört. Markgraf Ludwig Wilhelm von Baden-Baden errichtete ab 1698 in Rastatt eine neue Residenz; im Jahre 1715 gründete Markgraf Karl Wilhelm von Baden-Durlach als neue Residenz die Stadt Karlsruhe.

Teilung und Wiedervereinigung

---

[4] Vgl. Schwarzmaier, Hansmartin: Baden. Dynastie – Land – Staat. Stuttgart 2005, S. 53
[5] Backnang gelangte um 1070 durch Heirat an Markgraf Hermann I. von Baden. Um 1300 heiratete die Tochter des Markgrafen Rudolfs I. von Baden einen württembergischen Grafen und brachte Backnang als Mitgift in diese Verbindung ein.

Im Jahre 1714 schlossen die beiden Teilmarkgrafschaften einen Vertrag, wonach ihre Linien wiedervereinigt werden sollten, falls eine von ihnen aussterben würde. Nach dem Aussterben der Linie Baden-Baden erfolgte im Jahre 1771 endgültig die Vereinigung dieses Landesteils mit Baden-Durlach unter der Regentschaft des Markgrafen Karl Friedrich (1738–1811).

Anl. 2:
Baden-Baden und Baden-Durlach in Gegenüberstellung zum Großherzogtum Baden ab 1806

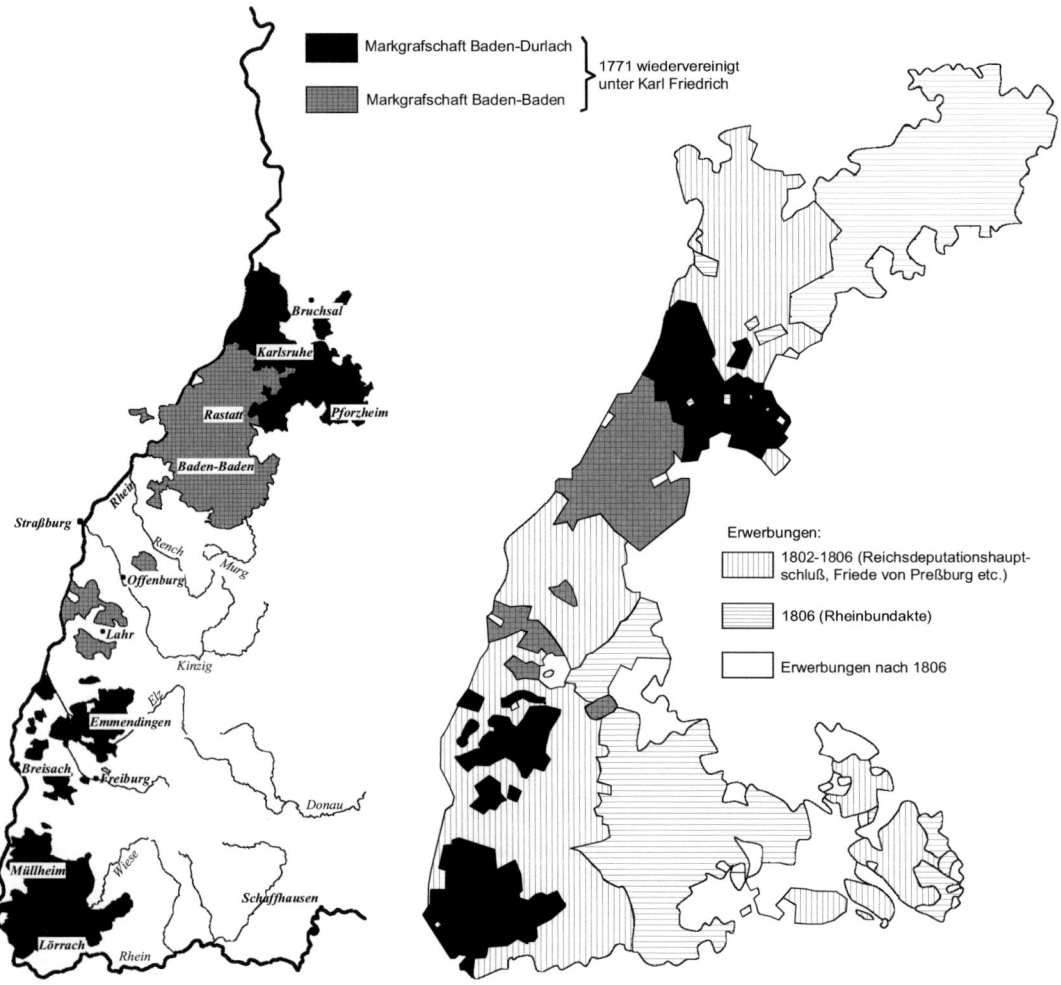

Quellen: Bender, Helmut: Baden. 1000 Jahre europäische Geschichte und Kultur. Konstanz 1977, S. 12 (Abb. links) u. Becker, Josef/Gall, Lothar u. a.: Badische Geschichte. Vom Großherzogtum bis zur Gegenwart. Hrsg.: Landeszentrale für politische Bildung Baden-Württemberg. Stuttgart 1979, S. 17 (Abb. rechts)

Entstehung des Kurfürstentums Baden Während der Französischen Revolution wurden auch badische Gebiete zum Kriegsschauplatz. Die badischen Besitzungen links des Rheins gingen verloren. Im Jahre 1801 legte der Frieden von Lunéville den Rhein als deutsch-französische Grenze fest. Nach dem Reichsdeputationshauptschluss vom Jahre 1803 wurde Baden Kurfürstentum. Für seine Gebietsverluste erhielt es eine reiche Entschädigung[6]; das badische Territorium erweiterte sich um

- Teile der rechtsrheinischen Kurpfalz (mit Mannheim und Heidelberg),
- den rechtsrheinischen Besitz der Bistümer Konstanz, Basel, Straßburg und Speyer,
- die Reichsstädte der Ortenau (Offenburg, Gengenbach, Biberach, Zell am Harmersbach) und des Linzgaus (Überlingen und Pfullingen) sowie Wimpfen, das jedoch unmittelbar darauf an Hessen-Darmstadt abgetreten wurde,
- die Gebiete vieler Abteien und Stifte, u. a. das Reichsstift Petershausen.

Unter dem Protektorat Napoleons wurde im Juni 1806 der Rheinbund gegründet. Er diente der Ausweitung und Festigung des französischen Machtanspruchs. Die Rheinbundfürsten als Vasallen Napoleons hatten im Kriegsfall Heereskontingente für Frankreich zu stellen. Im Gegenzug erhielten sie Rangerhöhungen sowie Gebietsvergrößerungen zulasten kleinerer Staaten und durch Säkularisierung kirchlicher Besitztümer. Im Jahre 1806 erhielt Baden den Status eines Großherzogtums, Württemberg und Bayern hingegen wurden Königreiche.[7]

Aufstieg Badens zum Großherzogtum

Anlage 2 zeigt links die territorialen Verhältnisse der beiden badischen Markgrafschaften und rechts die Gebietserweiterungen des Großherzogtums Baden.

Der Rheinbundakte gemäß erhielt das Großherzogtum Baden als Gebietszuwachs u. a.

Gebietszuwachs

- den größten Teil des fürstenbergischen Territoriums,
- das kurz zuvor errichtete Fürstentum Leiningen,
- den Teil der Grafschaft Wertheim links des Mains mit der Residenzstadt Wertheim sowie
- die Landgrafschaft Klettgau.

Im südwestdeutschen Raum bestanden nun zwei zusammenhängende Flächenstaaten: Im Westen das Großherzogtum Baden (15.070 km²), im Osten das Königreich Württemberg (19.500 km²). Badens Landesfläche dehnte sich um etwa das Vierfache aus; seine Bevölkerung nahm von ca. 175.000 (1803) auf rund eine Million zu.[8]

---

[6] Vgl. Boelcke, Willi A.: Wirtschaftsgeschichte Badens von den Römern bis heute. Stuttgart 1987, S. 164 sowie Braunger, Manfred: Baden. Hamm 1991, S. 12ff.

[7] Der badische Regent Karl Friedrich hätte im Hinblick auf den Königstitel gerne mit seinem württembergischen Konkurrenten gleichgezogen; Baden wurde aber als weniger bedeutsam als sein Nachbarland betrachtet und daher mit dem neu geschaffenen rangniedrigeren Titel Großherzogtum bedacht. Allerdings hatte der Großherzog gemäß der Rheinbundakte das Recht auf die Anrede „Königliche Hoheit". Vgl. Schwarzmaier, H., a.a.O., S. 173f.

[8] Gemäß dem Vertrag von Paris zwischen Württemberg und Baden 1810 vergrößerte sich Baden nochmals, u. a. um württembergische Gebiete im mittleren Schwarzwald (Hornberg, Schiltach, Gutach) sowie das württembergische Oberamt Stockach (frühere Landgrafschaft Nellenburg). Württemberg wurde für diese Gebietsabtretungen von Bayern entschädigt, dieses wiederum durch ehemals preußische Gebiete.

1.2 Kurpfalz und Vorderösterreich als Gebietserweiterung

Teilgebiet Kurpfalz Der *Pfalzgraf bei Rhein* Konrad von Staufen, Halbbruder von Kaiser Friedrich I., Barbarossa genannt, baute zu beiden Seiten des Rheins zwischen Mainz und Speyer ein Territorium auf, das sich bald zu einem wichtigen deutschen Staat entwickelte. Ende des 12. Jahrhunderts wurde der *Pfalzgrafschaft bei Rhein* die Kurwürde, also das Recht der Königs- bzw. Kaiserwahl verliehen.[9]

Verbindung zu Bayern Kaiser Friedrich II. übertrug im Jahre 1214 die rheinische Pfalzgrafschaft als Reichslehen an den bayerischen Herzog Ludwig I. von Wittelsbach. So waren die Pfalz und Bayern fortan unter Wittelsbacher Herrschaft miteinander verbunden.[10] Im Jahre 1255 teilten die Enkel Ludwigs I. den Wittelsbacher Besitz unter sich auf. Pfalzgraf Ludwig II. erhielt den westlichen Teil Bayerns mit München und die Pfalzgrafschaft; an Heinrich XIII., Herzog von Bayern, ging der östliche Teil mit Landshut. Nach dem Tod Ludwigs II. kam es zu Streitigkeiten zwischen seinen Söhnen Pfalzgraf Rudolf I. und Pfalzgraf Ludwig von Bayern. Dies führte schließlich zu der im Wittelsbacher Hausvertrag von Pavia 1329 festgelegen endgültigen Trennung zwischen Ober- und Niederbayern einerseits sowie der Pfalz mit der Oberpfalz als den Besitzungen am Bayerischen Wald andererseits. Im Falle des Aussterbens einer der beiden Linien sollte allerdings die andere das Erbe antreten.

Die Geschichte der Kurpfalz war auch weiterhin durch territoriale Veränderungen gekennzeichnet, auf die hier nur kurz eingegangen werden kann.

Konfessions-konflikte Für die Pfalz ergaben sich aus konfessionellen Auseinandersetzungen schwerwiegende Konsequenzen. Im Zuge der Reformation war sie zunächst protestantisch, dann calvinistisch; sie übernahm sogar die Führung der 1608 gegründeten Protestantischen Union. Deren Niederlage im Kampf gegen die Katholische Liga führte zur Aufteilung der Pfalz zwischen Bayern und Spanien; die Oberpfalz ging in bayerischen Besitz über. Die Kurwürde verlor die Pfalz an Bayern. Der Westfälische Friede 1648 brachte zwar die territoriale Wiederherstellung der Pfalz und war verbunden mit der Zuerkennung der neu geschaffenen achten Kurwürde; die Oberpfalz blieb danach allerdings bei Bayern.

Der Rheinbund löste sich 1813 nach dem Ausscheiden Bayerns auf. Nach der Niederschlagung der Napoleonischen Herrschaft konnte Baden auf dem Wiener Kongress 1815 den Bestand seines Territoriums wahren.

[9] Die Bezeichnung Kurpfalz erhielt die Pfalzgrafschaft jedoch erst später. In der Goldenen Bulle von 1356 wurde die pfälzische Kurwürde und die Unteilbarkeit des Kernlandes festgeschrieben, das von da an Kurpfalz genannt wird.
Vgl. Schweickert, Alexander (Hrsg.): Kurpfalz. Schriften zur politischen Landeskunde Bd. 25. Hrsg.: Landeszentrale für politische Bildung Baden-Württemberg. Stuttgart 1997, S. 32

[10] Vgl. Schweickert, a.a.O., S. 28

Anl. 3: Die Kurpfalz und Vorderösterreich im 16. Jahrhundert

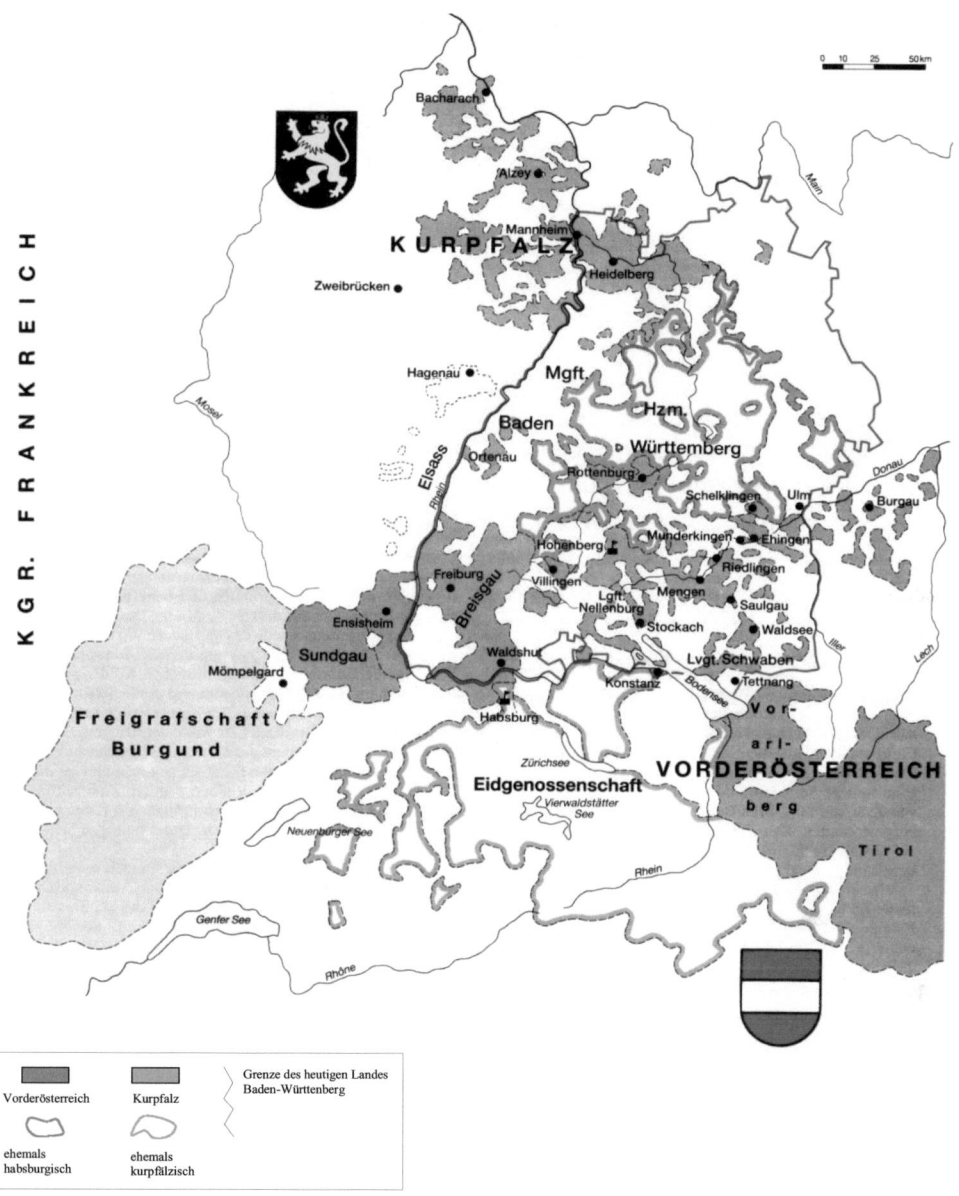

Quelle: http://www.pantel-web.de/bw_mirror/history/bwmaps/bw_300.jpg

Auch wenn sich die Wittelsbacher Linien unterschiedlich entwickelten, galt der **Vereinigung** Hausvertrag von Pavia noch über 400 Jahre nach seinem Abschluss, als Maximi- **der Wittelsbacher** lian III. von der Münchener Linie im Jahre 1777 kinderlos starb und Kurfürst **Besitzungen** Karl Theodor aus der Linie Pfalz-Sulzbach das bayerische Erbe antrat. Er über-siedelte 1778 mit seinem Hof und den Zentralbehörden von Mannheim nach München. Auf Karl Theodor folgte Max Joseph von Pfalz-Zweibrücken als ers-ter bayerischer König.

Nach dem Ende der Revolutions- sowie der Napoleonischen Kriege fiel der linksrheinische Teil der Kurpfalz an Frankreich, der rechtsrheinische an Baden und Hessen-Darmstadt.[11]

Teilgebiete Vorderösterreichs Von besonderem Interesse unter den territorialen Neuerwerbungen Badens im Zuge der Revolutionskriege sind die österreichischen Besitzungen am Oberrhein. Vorderösterreich umfasste zunächst den Breisgau mit Freiburg und das Oberelsass, Reste des alten Herzogtums Schwaben, die an die Habsburger gelangt waren, sowie die Städte Waldshut, Laufenburg, Säckingen und Rheinfelden; im Jahre 1548 kam Konstanz hinzu und 1550/1558 die Landvogteien Ortenau und Hagenau.[12] Anlage 3 zeigt Vorderösterreich und die Kurpfalz im 16. Jahrhundert.

Im Westfälischen Frieden von 1648 mussten die Habsburger ihre Besitzungen im Elsass an Frankreich abtreten. Die schwäbischen Besitzungen Österreichs Burgau, Hohenberg, Nellenburg und Tettnang wurden seit 1752 mit den so genannten Vorlanden verknüpft; Vorarlberg mit Bregenz diente dabei als Landbrücke zu den österreichischen Stammlanden.

Im Jahre 1799 verlor Österreich die Gebiete südlich des Rheins. Das Fricktal fiel zunächst als Protektorat an Frankreich, bildete ab 1802 einen eigenen Kanton in der Helvetischen Republik und wurde schließlich 1803 Teil des Aargaus.

Im Pressburger Frieden von 1805 verloren die Habsburger Vorderösterreich vollständig. Gewinner waren Bayern, Baden, Württemberg und Hessen-Darmstadt. In badischen Besitz fielen u. a. die Städte Freiburg und Konstanz.

---

[11] Nach dem Wiener Kongress 1815 fiel der linksrheinische Teil wieder an Bayern zurück.

[12] Vgl. Press, Volker: Vorderösterreich in der habsburgischen Reichspolitik des späten Mittelalters und der frühen Neuzeit. In: Maier, Hans/Press, Volker (Hrsg.): Vorderösterreich in der frühen Neuzeit. Sigmaringen 1989, S. 1–41

2. Berufsvorbereitung und Ausbildung in der Zeit der Aufklärung

Die Zeit des auslaufenden 18. Jahrhunderts ist im Bildungswesen geprägt durch die bis ins 19. Jahrhundert wirkende Geistesbewegung der Aufklärung. Ihr Ziel war, die herkömmliche feudalistische Ordnung, Despotismus und religiöse Intoleranz zu überwinden und die Menschen aus ihrer Unmündigkeit herauszuführen. In Deutschland fanden insbesondere die Schriften Jean-Jacques Rousseaus Aufmerksamkeit. Den nachhaltigsten philosophischen Einfluss hatte wohl Immanuel Kant. Sein Appell „Sapere aude! Habe den Mut, dich deines eigenen Verstandes zu bedienen!" wurde in jener Zeit zum Wahlspruch der Aufklärung schlechthin. *Ablösung überkommener Strukturen*

Mit der Aufklärung und ihrem Glauben an eine vernunftmäßige Durchdringung aller Kulturbereiche ergaben sich günstige Bedingungen für die Einrichtung von Schulen mit berufsbezogener Zielsetzung. Hierin spiegelt sich das Bestreben wider, die in Naturwissenschaft und Technik gewonnenen Erkenntnisse den verschiedenen Schichten der Bevölkerung ihren Bedürfnissen gemäß zugänglich zu machen. *Neuorientierung des Bildungsbereichs*

Der hier im Vordergrund stehende Zeitabschnitt deckt sich mit der Epoche, in der die Vertreter der Aufklärungspädagogik die Entwicklung und Ausgestaltung der Volksschulen vorantrieben sowie parallel dazu über ihre realistischen Bestrebungen richtungweisende Zielsetzungen für den Bereich der Berufsvorbereitung[1] verfolgten.

In diese Entwicklung war der deutsche Südwesten in besonderer Weise einbezogen. So erscheint es erforderlich, die in diesem Raum in den letzten Jahrzehnten des 18. Jahrhunderts einsetzende Entwicklung im Gesamtzusammenhang aufzuzeigen. In jene Zeit fallen ebenfalls die letzten Reformbestrebungen des alten Deutschen Reiches für den Bereich der zünftischen Berufsbildung, die auch die Entwicklung im Südwesten beeinflussten. *Differenziertes Bildungswesen im Südwesten*

Schon bald zeigte sich, dass sich Südwestdeutschland in der Zeit vor 1806 in Bezug auf Initiativen zur Umgestaltung des Bildungswesens als heterogen erwies und dass andererseits von diesem Raum in der Gesamtentwicklung wichtige Impulse ausgingen. Die verschiedenartigen Reformansätze bezogen sich auf die allgemein bildende Schule, neue Formen der Berufsvorbereitung und auch die Berufsbildung selbst.

---

[1] In dieser Untersuchung werden die heutigen Begriffe, die für Initiativen zur Vorbereitung der Jugend auf das Berufs- und Arbeitsleben üblich sind, verwendet. Umschreibungen, die der Situation im 18. oder gar im 17. Jahrhundert gerecht würden, müssten je nach Einrichtung, deren Träger und Zielsetzung stetig variiert werden. Zudem ist zu berücksichtigen, in welch hohem Maße die damaligen Verhältnisse von den heutigen pädagogischen Standards und Vorgehensweisen abweichen, insbesondere dort, wo schon vom Namen der Anstalten her von Arbeitshäusern oder gar Zuchthäusern die Rede ist oder es um Hilfe bei Bedürftigkeit, Betreuung durch Invaliden (ehemalige Soldaten) etc. geht.

Frühe Entwicklung im Tertiärbereich	Deutlich ist diese Vielfalt auch im Tertiärbereich mit den beiden Universitäten Heidelberg und Freiburg erkennbar. Die 1386 vom pfälzischen Kurfürst Ruprecht I. gegründete Universität Heidelberg gehört mit Prag und Wien zu den ältesten im mitteleuropäischen Raum. Die Albert-Ludwig-Universität Freiburg wurde vom österreichischen Erzherzog Albrecht VI. im Jahre 1457 gegründet.
Heidelberg	Im 15. Jahrhundert entwickelte sich die Universität Heidelberg zu einer Hochburg des Humanismus. Kurfürst Ottheinrich wandelte sie 1556 in eine evangelische Landeshochschule um. In der zweiten Hälfte des 16. Jahrhunderts wurde Heidelberg durch Kurfürst Friedrich III. zu einem Zentrum europäischer Wissenschaft und Kultur und zog als Hort undogmatischen Denkens Professoren und Studenten aus ganz Europa an.[2]
Freiburg	Freiburg war seit 1651 Regierungssitz des damaligen Vorderösterreichs. Unter Habsburger Hoheit stand die Stadt bereits seit 1368, als sich die Bürgerschaft von den Grafen von Freiburg loskaufte.[3] Nach Wien war die Universität Freiburg die zweite habsburgische Universität; ihr Einzugsbereich erstreckte sich auch auf das Elsass, die Schweiz und Österreich. Ihre endgültige Struktur erhielt sie durch die Theresianische Reform der Jahre 1765 bis 1767 als zentralistisch verwaltete staatliche Anstalt. Das Recht zur Berufung der Professoren lag fortan bei der Landesregierung. Die Studieninhalte wurden im aufgeklärt-absolutistischen Sinn umgestaltet, neue Fächer aufgenommen und die Lehrmethoden reformiert, u. a. durch Einführung des experimentellen Unterrichts in den Naturwissenschaften.[4] Gegen Ende des 18. Jahrhunderts war Freiburg Hauptsitz der süddeutschen katholischen Aufklärung.
Drei Regionen	Die Hochschullandschaft im Südwesten erhielt schon bald durch die Gründung der Polytechnischen Schule einen dritten Standort in Karlsruhe: So ergibt sich eine Dreigliederung des Raums: im Norden das ehemals kurpfälzische Territorium, das ursprünglich badische Gebiet mit Karlsruhe und das vormals vorderösterreichische Gebiet mit Freiburg. Schon an den beiden Universitäten wird erkennbar, welch enge wissenschaftliche Beziehungen mit anderen benachbarten Räumen bestanden.
Berufliche Bildung in den Teilgebieten	Baden gewann, wie in Teil 1 dargestellt, im Laufe der Zeit eine Reihe fremder Gebiete hinzu. So stellt sich die Frage, welche Ansätze beruflicher Bildung im badischen Stammland und in den später einbezogenen Gebieten vorhanden waren. Daher sind die drei Teilgebiete – Kurpfalz, Baden vor der Gebietserweiterung sowie Vorderösterreich – im Hinblick auf derartige Initiativen gesondert darzustellen. Dies erfolgt in den Kapiteln 2.1 bis 2.3.

---

[2]   Vgl. http://www.uni-heidelberg.de/univ/willkommen/geschichte.html
[3]   Vgl. Braunger, Manfred: Baden. Hamm 1991, S. 12
[4]   Vgl. Aurnhammer, Achim und Beßlich, Barbara: Freiburg als Zentrum der südwestdeutschen katholischen Aufklärung zwischen Josephinismus und Frühliberalismus. http://www.uniurb.it/Uborse/freiburg.doc

Mit dem aufgeklärten Absolutismus zeichnet sich um die Mitte des 18. Jahrhunderts eine veränderte Einstellung der Monarchen ab; sie begannen sich als erste Diener des Staates dem Gemeinwohl verpflichtet zu sehen. Als Vertreter dieser Staatsauffassung gelten Friedrich II. von Preußen, Maria Theresia und Joseph II. von Österreich. Die neue Rolle des Souveräns manifestierte sich ebenfalls im Wirken des Karlsruher Markgrafen Karl Friedrich.

Aufgeklärter Absolutismus

In der Zeit der Aufklärung fanden Kinder aus unterprivilegierten Bevölkerungsschichten besondere Aufmerksamkeit; oft handelte es sich auch um die Betreuung von Waisen. Diese karitative Fürsorge war mit dem Anliegen verbunden, mittels nützlicher Kenntnisse und Verhaltensweisen den späteren Broterwerb zu sichern. Daher wurden sie in speziellen Armenanstalten zumeist mit Arbeiten wie Landbau, Spinnen, Nähen etc. beschäftigt. Dabei hatte die Pflege von Arbeitstugenden einen hohen Stellenwert.

Karitative Ansätze und Pietismus

Schulgründungen dieser Art standen oft im Zusammenhang mit der gegen Ende des 17. Jahrhunderts entstandenen protestantischen *Reformbewegung des Pietismus*. Viele heute vom Staat getragene soziale Einrichtungen gehen auf pietistische Gründungen zurück. Die erste bedeutende Pietistengruppe bildete sich um den Elsässer Philipp Jacob Spener (1635–1705), der mit seiner programmatischen Schrift „Pia Desideria" die Grundlagen schuf. Dessen Schüler August Hermann Francke (1663–1727) wird als der eigentliche Pädagoge des Pietismus gesehen. Er eröffnete im Jahre 1695 in Halle eine Armenschule; 1698 kam ein Waisenhaus hinzu. Mit dem Ausbau von Internaten für bürgerliche und adelige Zöglinge, einer Lateinschule und weiteren Einrichtungen wuchsen die Franckeschen Stiftungen zu einer Art Schulstadt heran. Für die Entwicklung des Schulwesens bedeutsam ist, dass Francke auch praktische Lehr-/Lernbereiche mit handwerklicher Betätigung einbezog, u. a. Drechseln, Glasschleifen, Kupferstechen und Gartenbau. Er gab damit wesentliche Anstöße für die Weiterentwicklung des Volksschul- und des Realschulwesens.

Pietismus

In der zweiten Hälfte des 18. Jahrhunderts bildete sich mit dem *Philanthropismus* die Aufklärungspädagogik im engeren Sinne heraus; sie zielte insbesondere auf Lebens- und Erwerbstüchtigkeit ab. Zu den bedeutendsten Vertretern dieser pädagogischen Strömung, die auf den Unterrichtsprinzipien Anschauung, Lebensnähe und Eigenaktivität basierte, gehörten Johann Bernhard Basedow, Joachim Heinrich Campe, Ernst Christian Trapp und Christian Gotthilf Salzmann. Die Philanthropen richteten eine Reihe spezieller Erziehungsanstalten in Internatsform ein, so das Philanthropinum in Dessau, das Basedow im Jahre 1774 gründete. Sie maßen dem Sachunterricht (Realien) eine große Bedeutung bei. Zum Fächerkanon zählten auch Werkunterricht, moderne Sprachen und Leibesübungen.

Philanthropismus

Die gesellschaftlichen und geistesgeschichtlichen Veränderungen in der hier betrachteten Epoche prägten den mitteleuropäischen Raum nahezu in seiner Gesamtheit. So schuf die Aufklärung die Voraussetzungen dafür, dass sich eine Vielzahl von Initiativen zum Ausbau der beruflichen Bildung entwickeln konnte. Auch im Hinblick auf das Handwerk verlief die Entwicklung in Ländern mit

Übergeordnete Entwicklungen

traditionell vorherrschender Lehrlingsausbildung ähnlich. Eine weitere Gemeinsamkeit ist in den Ansätzen zur Einrichtung beruflicher Schulen in Vollzeitform in ihren unterschiedlichen Ausprägungen zu sehen. Daher ist in den nachfolgenden Abschnitten auch auf übergreifende und charakteristische Merkmale der Entwicklung in Deutschland und Österreich einzugehen, die den Hintergrund für die speziellen Beispiele aus den hier betrachteten Teilgebieten des späteren Großherzogtums Baden bilden.

2.1 Erziehung zur Erwerbsfähigkeit im Verbund mit Elementarbildung

Elementare Schulbildung mit Berufsvorbereitung

Die Aufklärungspädagogik bewirkte in allen Teilgebieten des späteren Großherzogtums Baden eine neue Orientierung von Bildung und Erziehung mit entsprechenden Initiativen. So entwickelte sich als breiter pädagogischer Konsens, die Jugendlichen zu allgemeinen Arbeitstugenden und zur Erwerbsfähigkeit hinzuführen. Ebenso verbreitete sich zunehmend die Zielsetzung, schon in die elementare Schulbildung Inhalte der Berufsvorbereitung einzubeziehen.

Teilgebiet: Kurpfalz

Mit dem Regierungsantritt von Kurfürst Karl Theodor im Jahre 1743 begann für die Kurpfalz eine bis zur Verlegung der Residenz von Mannheim nach München (1778) dauernde Blütezeit, die Wissenschaft und Kultur einschloss. So erhielt beispielsweise Mannheim eine Akademie der Wissenschaften sowie verschiedene naturwissenschaftliche Kabinette. In der Gewerbepolitik lag der Schwerpunkt auf der Entwicklung des Manufakturwesens.

Manufakturen in Frankenthal

Die kleine Stadt Frankenthal wurde zum Experimentierfeld merkantilistischer Gewerbeförderung. Vom Zunftzwang befreit und durch kurfürstliche Privilegien angelockt, siedelten sich dort rund 20 Manufakturen an. Die Einwohnerzahl stieg von rund 900 im Jahre 1764 auf ca. 4.000 im Jahre 1786. Die meisten Arbeitskräfte waren mit der Herstellung von Porzellan, Wolltuch und Seide befasst. Einrichtung und Leitung der 1755 gegründeten Porzellan-Manufaktur lagen zunächst in den Händen eines Straßburger Manufakturisten; auch die ersten Arbeitskräfte kamen aus Straßburg.[5]

Obwohl die volkswirtschaftliche Bedeutung der Manufakturen insgesamt eher gering war, da sie vorrangig Luxusartikel herstellten und weitgehend vom kurfürstlichen Hof abhängig waren, hatten sie dennoch eine erhebliche Bedeutung für die Verbreitung von neuen Arbeitstechniken und Arbeitstugenden. Frankenthal trat ferner durch ein Philanthropinum hervor, das der höheren Mädchenbildung diente.[6]

Physikal.-ökonom. Gesellschaft in Lautern

Im Jahre 1769 gründete der Apotheker und Zolleinnehmer Johann Riem die „Physikalisch-ökonomische und Bienengesellschaft zu Lautern". Deren Ziel war zunächst die Verbreitung der Bienenzucht als neue Erwerbsmöglichkeit für die

---

[5] Vgl. Budde, Kai: Wirtschaft. Wissenschaft und Technik im Zeitalter der Aufklärung. Mannheim und die Kurpfalz unter Carl Theodor 1743-1799. Ubstadt-Weiher 1993, S. 31

[6] Diese Einrichtung wurde 1780 gegründet. Sie erhielt 1782 durch den Kurfürsten ihre Anerkennung als staatliche Anstalt und war somit die erste staatliche Höhere Mädchenschule in Deutschland.

armen Bauern der Westpfalz. Unter dem Einfluss von Missernten fasste die Gesellschaft den Entschluss, ihre Tätigkeit auf alle Gebiete der Landwirtschaft auszudehnen. Zu ihren ersten Mitgliedern zählte Friedrich Casimir Medicus, der auch der Mannheimer Akademie der Wissenschaften angehörte. 1770 übernahm er die Leitung der Gesellschaft, die vom Kurfürsten finanziell unterstützt wurde. Die Vereinigung führte seitdem den Namen „Kurpfälzische physikalisch-ökonomische Gesellschaft". Sie legte u. a. in Sigelsbach ein Mustergut zur Schulung der Landbevölkerung an. Zudem gab sie instruierende Schriften zu landwirtschaftlichen Themen und zur ökonomischen Haushaltung heraus.[7]

Waisenausbildung in Mannheim und Frankenthal

Im Jahre 1748 ließ der Kurfürst in Mannheim ein so genanntes Zucht- und Arbeitshaus errichten, das auch Waisenkinder aufnahm. Im Zuchthaus standen Textilarbeiten und Strohflechten im Vordergrund. Ferner waren eine Kartenfabrik, eine Leinen- und Wollspinnerei sowie eine Weberei angeschlossen. Für die Waisen wurde ein getrennter Flügel für den Unterricht in Schulfächern und die Unterweisung in handwerklichen Tätigkeiten eingerichtet. Anlässlich der Entlassung aus dem Waisenhaus erhielten sie eine kleine Geldunterstützung.[8]

Im Jahre 1769 stifteten der Kurfürst und seine Gemahlin Elisabeth Auguste in Frankenthal das St. Elisabeth-Hospital, dem sich ein Armenhaus anschloss. In diesem gut dotierten Institut fanden Waisen, Alte, Witwen und sonstige Arme Aufnahme. Durch Spinnen konnten sich die Insassen einen kleinen Verdienst verschaffen. Die Waisen erhielten auch Unterricht in den Elementarfächern.[9]

Spitzen- und Nähfabrik Mannheim

Im Jahre 1749 erteilte der Kurfürst einem Unternehmer ein Privileg für eine Spitzen- und Nähfabrik in Mannheim. Diese sollte dem „verderblichen Müßiggang" junger Mädchen entgegenwirken. Falls sich nicht genügend Freiwillige meldeten, konnte ein kurfürstlicher Kommissar arme „herumstreunende" Mädchen – auch gegen den Willen der Eltern und unter Strafandrohung – zur Arbeit in der Fabrik heranziehen. Sofern sie in der christlichen Lehre noch nicht genügend unterwiesen waren, sollten die Mädchen in Religion unterrichtet werden. Bemittelte erhielten keinen Lohn; vielmehr mussten die Eltern ein Lehrgeld entrichten. Bei den Unbemittelten waren verschiedene Quellen zur Deckung des Lebensunterhalts vorgesehen: ein geringfügiger Lohn, Beihilfen vom örtlichen Hospital sowie Spenden aus öffentlichen Sammlungen in der Stadt.[10]

Teilgebiet: Baden-Durlach und Baden-Baden

Markgraf Karl Friedrich von Baden-Durlach, dessen Territorium – wie bereits erwähnt – bis zur Wiedervereinigung mit der Markgrafschaft Baden-Baden im Jahre 1771 als eigenständiger Teil des badischen Stammlandes bestand, beschloss 1755 die Einrichtung von Spinnschulen mit staatlicher Unterstützung. Er ordnete an, dass alle Bettler und Almosenempfänger, die in der Lage waren, Spinnarbeiten zu verrichten, entsprechend unterwiesen werden sollen, um sich

---

[7] Vgl. Budde, K., a.a.O., S. 33f.
[8] Vgl. Mörz, Stefan: Aufgeklärter Absolutismus in der Kurpfalz während der Mannheimer Regierungszeit des Kurfürsten Karl Theodor (1742–1777). Stuttgart 1991, S. 374f.
[9] Vgl. Mörz, a.a.O., S. 375
[10] Vgl. Mörz, a.a.O., S. 375f.

künftig ihren Lebensunterhalt selbst zu verdienen. In der Folgezeit wurden in Karlsruhe, Pforzheim und Durlach Spinnschulen eingerichtet, die auch die Abhängigkeit von Textilimporten mindern sollten. Der Erfolg war jedoch trotz ausgesetzter Leistungsprämien eher bescheiden. So sah sich der Markgraf im Jahre 1757 gezwungen, die Durlacher Spinnschule aufzulösen. Nach und nach mussten die anderen Anstalten ebenfalls aufgegeben werden.[11]

Wiederbelebung der Spinnschulen

Vermutlich angeregt durch die Industrieschulaktivitäten in Österreich, wurde einige Jahre später eine Wiederbelebung der Spinnschulen in Angriff genommen.[12] Im Oktober 1767 erging an die Ämter Pforzheim und Stein ein Reskript zur Errichtung derartiger Einrichtungen.[13] Danach sollten alle Kinder zwischen dem 6. und 14. Lebensjahr die Wollspinnschule und ab dem 8. Lebensjahr zusätzlich noch die Hanf- oder Flachsspinnschule besuchen, und zwar vorwiegend im Winter. Als Lehrkräfte waren die Ehefrauen von Schulmeistern vorgesehen. Als Räumlichkeiten sollten die gewöhnlichen Schulstuben dienen; wo dies nicht ausreichte, das örtliche Rathaus. Die Anschaffungskosten für die Gerätschaften gingen zu Lasten der Gemeinden. Nach der Entlassung aus den Spinnschulen sollten die Kinder jährlich eine gewisse Menge Wolle, Flachs oder Hanf verspinnen, um das Erlernte nicht zu vergessen.

Die Bevölkerung stand den Spinnschulen teilweise ablehnend gegenüber. Dessen ungeachtet setzte Karl Friedrich bis zum Jahre 1785 die Einrichtung von Spinn-, Näh- und Strickschulen in der gesamten Markgrafschaft durch. Allerdings wurde die Schulbesuchspflicht darauf beschränkt, den Kindern in vier- bis achtwöchigen Kursen das Spinnen beizubringen und sie nach ihrer Schulentlassung zu einer regelmäßigen Auffrischung ihrer Kenntnisse anzuhalten. Die Mehrzahl der Schulen hatte nur geringen Erfolg, was u. a. auf unzureichend qualifizierte Lehrkräfte und minderwertiges Arbeitsmaterial zurückzuführen war.[14]

Gewerbhaus in Karlsruhe

Eine recht günstige Entwicklung verzeichnete hingegen das in Karlsruhe im Jahre 1777 entstandene *Gewerbhaus*, das auf einen Vorschlag der fürstlichen Rentkammer zurückging. Diese wollte bedürftigen Einwohnern helfen, die mangels Arbeit und Verdienst häufig um Unterstützung nachsuchten, besonders um Brennholz. Es sollte eine Einrichtung entstehen, in der die Bedürftigen bereitgestellten Hanf zu etwas mehr als dem gewöhnlichen Lohn verspannen. Der Vorschlag wurde noch im gleichen Jahr genehmigt, und das Gewerbhaus nahm mit rund 160 Personen seinen Betrieb auf.[15] Bald kam eine Weberei unter der Leitung eines Webermeis-

---

[11] Vgl. Reuß, Albert: Die Industrieschulen um die Wende des achtzehnten Jahrhunderts. Beiträge zu ihrer Geschichte unter besonderer Berücksichtigung ihrer Entwicklung in Baden und Hessen. Lampertheim a. Rh. 1926, S. 56

[12] In Österreich war im Jahre 1765 das *Spinnschulen-Aufrichtungsgesetz* verabschiedet worden, das die Einrichtung von Spinnschulen für Kinder von sieben bis fünfzehn Jahren gebot. Vgl. Reuß, a.a.O., S. 58

[13] Vgl. Hasfeld, Robert: Berufsausbildung im Großherzogtum Baden. Zur Geschichte des „dualen Systems" im Handwerk. Köln 1996, S. 126

[14] Vgl. Hasfeld, R., a.a.O., S. 127

[15] Vgl. Gutman, Emil: Die Gewerbeschule Badens 1834/1930. Bühl: Konkordia 1930, S. 60

ters hinzu. Im Jahre 1785 konnte ein eigenes Haus bezogen werden. Im gleichen Jahr gelang es, einen Spinnmeister einzustellen und den Bestand an Spinnrädern und Webstühlen zu erhöhen. Im Jahre 1790 konnte dieser Einrichtung eine Schule angegliedert werden.

Das Karlsruher Gewerbhaus wurde 1800 mit der 1798 im Rastatter Militärhospital eingerichteten Spinnschule organisatorisch in Verbindung gebracht. Die Rastatter Schule erhielt Einrichtungsgegenstände und einen jährlichen Zuschuss vom Karlsruher Gewerbhaus.[16]

In Pforzheim eröffnete man im Jahre 1718 im ehemaligen Dominikanerinnenkloster ein Waisen-, Zucht- und Krankenhaus. Nach dem Willen des Markgrafen Karl Wilhelm sollten die Waisen in den Elementarfächern und Religion unterrichtet, zu nützlichen Handwerken angeleitet und vor allem an das Arbeiten gewöhnt werden. Es wurde u. a. eine Tuchmacherstube, eine Leinen- und eine Strumpfweberei eingerichtet. Die Kinder erhielten schon im Alter von fünf Jahren Anleitung zu Textilarbeiten. Der Unterricht in den Elementarfächern dürfte etwa zwei Stunden täglich beansprucht haben. Die Textilarbeit diente sowohl dem Eigenbedarf der Anstalt als auch dem Verkauf. Sie blieb jedoch eher unrentabel. **Waisenhaus in Pforzheim**

Größerer Erfolg war einer anderen Initiative in Pforzheim beschieden. Der französische Uhrenfabrikant Jean François Autran erhielt im Jahre 1767 von der markgräflichen Regierung ein „Privilegium" zur Einrichtung einer *Uhren- und feinen Stahlfabrik* im Sinne einer staatlichen Manufaktur im Waisenhaus. Autran musste sich zur Ausbildung von jährlich 20 Knaben und vier Mädchen aus der Anstalt verpflichten. Die Ausbildung begann frühestens mit dem 12. Lebensjahr und erstreckte sich auf sechs Jahre. Neben Arbeit und Ausbildung war Unterricht in den Elementarfächern eingeplant. Zulasten des Staates gingen u. a. Kost und Logis der Waisen, Bereitstellung von Arbeitsräumen sowie eine Kleinstausstattung an Werkzeugen.[17] **Einbezogene Manufaktur**

Unterstützt von zwei Schweizer Kompagnons, konnte die Produktion schon bald auf *Bijouteriewaren* ausgedehnt werden. Die Manufaktur stellte ausländische Fachkräfte ein, die als Vorarbeiter – so genannte Kabinettmeister – fungierten und auch die Waisen ausbildeten. Schweizer und französische Hugenotten brachten die Uhrmacherei und die kunstgewerbliche Bijouterie aus den damaligen Haupterzeugungsländern mit, englische Arbeiter die Technik der feinen Stahlarbeit (Quincaillerie). Die Erzeugnisse wurden hauptsächlich im Ausland abgesetzt.

Im Jahre 1768 spaltete sich die Pforzheimer Manufaktur in einen Zweig für Uhrenherstellung und einen mit Schwerpunkt Schmuck und Stahlwaren. Uhrmacherei und Quincaillerie mussten jedoch bald aufgegeben werden. Die Schmuckherstellung entwickelte sich recht gut, hatte aber unter Veruntreuungen durch Autran und anderen Unregelmäßigkeiten zu leiden. **Schwerpunkt Schmuckherstellung**

---

[16] Vgl. Gutman, E., a.a.O., S. 61
[17] Vgl. Maschke, Erich: Die Pforzheimer Schmuck- und Uhrenindustrie. Beiträge zur Wirtschaftsgeschichte der Stadt Pforzheim. Pforzheim 1967, S. 83f.

Schließlich ging die Leitung der Manufaktur im Jahre 1776 an den unbescholtenen Buchhalter Ador über. Gleichzeitig gewährte der Markgraf Gewerbefreiheit für diesen Wirtschaftszweig, sodass weitere Betriebe gegründet werden konnten. Im Jahre 1788 zählte man in Pforzheim bereits 16 so genannte Kabinette. Im Gefolge der Französischen Revolution geriet die Schmuckherstellung zwar in eine Krise; andererseits kam es zum Rückzug der ausländischen Unternehmer. Im Jahre 1802 waren in Pforzheim bei insgesamt rund 5.000 Einwohnern ca. 1.000 Personen in der Schmuckherstellung beschäftigt.[18]

Unterricht in Handfertigkeiten Als Industrieschulen bezeichnete man Volksschulen mit angegliederten Arbeitsklassen, in denen die Kinder neben den üblichen Fächern auch Unterricht in Handfertigkeit erhielten. In erster Linie wurde in diesen Einrichtungen der Nachwuchs für die Heimindustrie, das Verlagswesen, die Manufakturen sowie die Landwirtschaft unterrichtet; dabei handelte es sich nicht um eine gezielte Vorbereitung auf die Fabrikarbeit. Der Terminus „Industrie" verstand sich als Fleiß bzw. Betriebsamkeit. Die Kinder sollten zu Arbeitstugenden erzogen und vor Müßiggang bewahrt werden. Zugleich sollten sie Geld verdienen, um das Schulgeld bestreiten zu können. Ferner war der Erlös der Schülerarbeit zum Kauf von Schulmaterialien bestimmt.

F. Kindermanns Industrieschulen Österreich war auf dem Gebiet der Industrieschulen besonders aktiv. Ferdinand Kindermann (1740–1801) gilt als Begründer der Industrieschulbewegung (vgl. Beitrag S. 22f.). Die erste derartige Schule gründete er im Jahre 1773 bei Budweis. Die Industrieschulen breiteten sich weit über die Grenzen des österreichischen Territoriums hinweg aus, so auch in einer Reihe deutscher Länder. Hier setzte die Industrieschulbewegung im letzten Drittel des 18. Jahrhunderts ein und erreichte um 1800 ihren Höhepunkt im nord- und westdeutschen Raum, in Schlesien sowie in einigen süddeutschen Ländern etwas später. Heinrich Phillip Sextro, der u. a. in Göttingen als Professor der Theologie und als Armenadministrator tätig war, verfasste mit seiner 1785 erschienenen Abhandlung „Über die Bildung der Jugend zur Industrie" eine programmatische Schrift zur Industrieschulkonzeption und initiierte eine Reihe weiterer Industrieschulgründungen.

Armutsbekämpfung und Arbeitsgewöhnung Zur Eindämmung der Armut und damit verbundener sozialer Probleme initiierte Maria Theresia eine Reformpolitik, bei der die Gewöhnung von Armen-, Waisen- und Soldatenkindern an produktive Arbeit eine erhebliche Rolle spielte. Für diese Kinder wurden eigene Häuser eingerichtet oder zumindest separate Abteilungen in so genannten Zucht- und Arbeitshäusern. Um die Kosten für den Staat niedrig zu halten, wurden die Kinder möglichst gegen Lohn zu einfachen Tätigkeiten in Manufakturen oder im Haus angehalten.

Eine kaiserliche Entschließung vom Jahre 1761 wies die Direktoren der Waisenhäuser darauf hin, dass die Spinnereien Interesse hätten, arme Kinder zu beschäftigen. Noch weiter ging ein Erlass von 1764, wonach in den Waisen-, Armen-, Zucht- und Arbeitshäusern Mustermanufakturen für neuartige Produk-

---

[18] Vgl. Rücklin, Rudolf: Die Pforzheimer Schmuckindustrie. Stuttgart 1911, S. 7f.

tionszweige eingerichtet werden sollten. Auch wenn diesen Initiativen insgesamt wenig Erfolg beschieden war, machte die Gewöhnung der Jugend an ein arbeitsames Leben erhebliche Fortschritte.[19]

Für die Aufklärungspädagogik in Österreich können als Beispiel die Vorstellungen des Pädagogen Franz Michael Vierthaler (1758–1827) angeführt werden, der in seiner „Erziehungskunde" die Erziehung zum Beruf als Aufgabe der Schule bezeichnete, weshalb der Unterrichtsstoff so weit wie möglich aus dem Berufsleben zu nehmen sei.[20] Er setzte sich auch dafür ein, die Unterrichtsgegenstände nicht zentral festzulegen, sondern in den Stadt- und den Landschulen verschiedenartige Schwerpunkte zu setzen, die den Schülern eine Vorbereitung auf die realen Anforderungen des Lebens ermöglichten.[21]

Aufklärungspädagogik

Kaiserin Maria Theresia erließ im Jahre 1774 die „Allgemeine Schulordnung für die deutschen Normal-, Haupt- und Trivialschulen in sämtlichen k. k. Erbländern". Diese ist im Wesentlichen ein Werk des schlesischen Abtes Johann Ignaz Felbinger (1724–1788) und bildete mit der Einführung der Unterrichtspflicht vom 6. bis 12. Lebensjahr die Grundlage einer einheitlichen Organisation des Volksschulwesens in Österreich.

Allgemeine Schulordnung 1774

Die Bezeichnung Trivialschulen für die Elementarschulen leitet sich ab aus dem Unterrichtsstoff, dem klassischen Trivium von Lesen, Schreiben und Rechnen. Zudem wurde Religion unterrichtet. Die Trivialschulen waren ein- bis zweiklassig. Hauptschulen (drei- oder vierklassig) und Normalschulen[22] (vierklassig) hatten zum großen Teil einen gemeinsamen Lehrplan. Neben der Weiterführung der Unterrichtsgegenstände der Trivialschule wurden zusätzliche Lehrinhalte vermittelt, die verschiedenen Berufen galten; an den Normalschulen waren sie verpflichtend, an den Hauptschulen nur nach Möglichkeit anzubieten. Dazu zählte auch eine Einführung in die lateinische Sprache für Apotheker und Wundärzte oder auch für jene, die in ein Gymnasium übertreten wollten. Hinzu kam eine Anleitung zum schriftlichen Aufsatz sowie Grundlagen der Haushaltung und der Landwirtschaft, Naturlehre, Geschichte, Geografie, Anfangsgründe des Feldmessens, der Baukunst und der Mechanik sowie Zeichnen.[23] Die Normalschulen dienten auch der Ausbildung der Lehrer.

Vorbereitung auf den Beruf

---

[19] Vgl. Engelbrecht, Helmut: Geschichte des österreichischen Bildungswesens. Bd. 3: Von der frühen Aufklärung bis zum Vormärz. Wien 1984, S. 173
[20] Vgl. Vögele, Karl: Geschichte des österreichischen Schulwesens unter besonderer Berücksichtigung des berufsbildenden Schulwesens. Bundesministerium für Unterricht und Kunst, Wien 1971, S. 9
[21] Vgl. Engelbrecht, H., a.a.O., S. 214
[22] Die Bezeichnung Normalschule leitet sich ab von der Aufgabe dieser Schulen, Normen für einen gleichförmigen Unterricht im ganzen Land zu geben. Sie sollten Richtschnur aller übrigen Schulen in einer Provinz sein, wie es in der Schulordnung heißt (vgl. Abdruck der Allgemeinen Schulordnung von 1774 in Engelbrecht, H., a.a.O., S. 491ff.).
[23] Vgl. Engelbrecht, H., a.a.O., S. 104

Armenfürsorge

Für Vorderösterreich als drittem Teilgebiet des späteren Großherzogtums Baden ergab sich mit dem Wechsel der habsburgischen Regentschaft von Maria Theresia zu Joseph II. eine noch stärkere Ausrichtung der Armenfürsorge auf Erziehung und Disziplinierung. Die Grundsätze von Joseph II. zur Reform der Armenfürsorge sind in den „Direktivregeln zur Einrichtung von Spitälern und Versorgungshäusern" dargelegt, die der vorderösterreichischen Regierung und Kammer in einem Hofdekret vom 24.5.1781 mitgeteilt wurden.[24] Auf dieser Grundlage entstand ein Plan, ganz Vorderösterreich mit einem Netz von Fürsorgeanstalten unterschiedlicher Funktionen zu überziehen, der allerdings vor allem aus Geldnot bald aufgegeben werden musste. So wurde 1786 angeordnet, lediglich die bestehenden Anstalten nach den neuen Bestimmungen umzugestalten. Den Städten Konstanz und Freiburg kam bei den Reformbestrebungen eine spezielle Bedeutung zu; neue Konzepte sollten vor ihrer eventuellen Übertragung auf ganz Vorderösterreich zuerst hier erprobt werden.

Spinnschule in Freiburg

In der Armenordnung von 1781 nahmen Arbeitsbeschaffungsmaßnahmen einen besonders breiten Raum ein. So wurde der Freiburger Stadtmagistrat dazu verpflichtet, arbeitswilligen Einwohnern Spinnräder und andere für das Spinnen notwendige Werkzeuge zur Verfügung zu stellen. Die Freiburger Armenanstalt mietete Räume in einem Zunfthaus an, wo eine eigens zu diesem Zweck angestellte Lehrmeisterin kostenlosen Spinnunterricht erteilte und bedürftige Frauen Baumwolle verarbeiten konnten. Das Material stellte ein Unternehmer zur Verfügung. Einige Jahre zuvor hatte es in Konstanz ähnliche Versuche gegeben, doch im Jahr 1787 bezeichnete man diese Freiburger Spinnschule als einzige „freiwillige Arbeitsanstalt" in Vorderösterreich.[25]

Geistliche Besitzungen

Im Raum, aus dem das Großherzogtum Baden hervorging, bestanden neben den weltlichen Territorialgewalten zahlreiche geistliche Besitztümer, die auch wirtschaftliche Bedeutung hatten. So waren beispielsweise die Klöster nicht nur Stätten der Kontemplation, sondern auch eigenständige Wirtschaftsbetriebe mit teilweise ausgedehnten Ländereien und eigenen Werkstätten. Die Ordensgemeinschaften nahmen Aufgaben der allgemeinen Bildung auf allen Ebenen wahr und hatten aufgrund ihrer vielseitigen wirtschaftlichen Tätigkeiten darüber hinaus Bedeutung für die Vermittlung beruflicher Kenntnisse. Beispielhaft wird nachfolgend auf Salem eingegangen.

Reichsabtei Salem

Das Kloster Salem am Bodensee wurde 1137/1138 vom Zisterzienserorden gegründet und entwickelte sich zur einer bedeutenden reichsunmittelbaren Abtei. Papst Alexander III. erhob es im Jahre 1178 zur Konsistorialabtei, womit es direkt dem Heiligen Stuhl unterstellt war. Anfang des 14. Jahrhunderts verzeichnete das Kloster mit rund 130 Mönchen und 180 Laienbrüdern die größte Bewohnerzahl.[26]

---

[24]   Vgl. Klein, Alexander: Armenfürsorge und Bettelbekämpfung in Vorderösterreich 1753–1806. Freiburg/München 1994, S. 193ff.

[25]   Vgl. Klein, Alexander, a.a.O., S. 211

[26]   Vgl. Kaiser, Jürgen: Klöster in Baden-Württemberg. Stuttgart 2004, S. 122

Salem betrieb u. a. Getreide- und Obstbau, Viehzucht, Fortwirtschaft und Fischzucht; von besonderer Bedeutung war der Weinbau. Unter den zahlreichen Laienbrüdern befanden sich u. a. Müller, Weber, Schneider und Tischler, die in klostereigenen Werkstätten arbeiteten. Besonders hohes Ansehen genossen jene Laienbrüder, die als leitende Bauhandwerker in der Klosterbauhütte arbeiteten. Im unmittelbaren Klosterbezirk waren daneben auch weltliche Handwerker tätig und wohnhaft, die ihren Beitrag zur relativ autarken Klosterwirtschaft leisteten.[27]

Im Jahre 1802 wurde von einer außerordentlichen Reichsdeputation beschlossen, die geistlichen Reichsstände aufzulösen. Markgraf Karl Friedrich von Baden nahm Salem noch im selben Jahr in Besitz, und durch den Reichsdeputationshauptschluss von 1803 wurde dieser Schritt offiziell legitimiert.[28] Insgesamt gingen rund 100 Klöster in den Besitz des badischen Staates über.[29]

In den drei Teilgebieten des späteren Großherzogtums Baden lassen sich durchaus ähnliche Initiativen zur Förderung grundlegender *industriöser* Arbeitstugenden im Sinne von Gewerbefleiß und Betriebsamkeit sowie zur Vermittlung beruflicher Fertigkeiten nachweisen. Es ging gleichermaßen um das Rüstzeug zur eigenständigen Sicherung des Lebensunterhalts wie die Erschließung neuer Erwerbsquellen und damit auch neuer Einkünfte für den Staat, z. B. im Rahmen der Manufakturen. Vielfach standen dabei die untersten Bevölkerungsschichten im Vordergrund der Bemühungen.

Übergreifende Zielsetzungen

---

[27] Vgl. Schneider, R. (Hg.): Salem. 850 Jahre Reichsabtei und Schloss. Konstanz 1984, S. 70
[28] Karl Friedrich übergab Salem seinen Söhnen. Die Anlage, nun Schloss Salem genannt, diente jedoch nur gelegentlich als Sommersitz der großherzoglichen Familie. Nach dem Ersten Weltkrieg richtete der ehemalige Reichskanzler Max von Baden im Schloss seinen ständigen Wohnsitz ein. Er veranlasste im Jahre 1920 die Gründung der heute noch bestehenden, reformpädagogisch ausgerichteten Internatsschule.
[29] Vgl. Hug, Wolfgang: Geschichte Badens. Darmstadt 1998, S. 197

Ulrike Maus
Ferdinand Kindermann und die Industrieschulbewegung

Kindermann wurde 1740 im nordböhmischen Königswalde geboren. Sein Vater war ein als Handwerker tätiger so genannter Häusler, d. h. ein Dorfbewohner mit eigenem kleinen Haus, aber ohne bzw. nur geringem Besitz an Ackerfläche und Vieh. Kindermann musste von früher Jugend an durch Verrichtung von Spinnarbeiten zum Lebensunterhalt der Familie beitragen. Dessen ungeachtet war er äußerst lernbegierig und konnte als Chorknabe des Saganer Chorherrenstiftes das dortige Gymnasium besuchen.

Kindermann studierte Philosophie und Theologie in Prag, erhielt 1765 die Priesterweihe und erwarb ein Jahr später den Doktortitel. Danach wirkte er zeitweise als Katechet in Prag und anschließend in Südböhmen als Hauslehrer beim Grafen Buquoy, der ihn 1771 zum Pfarrer seiner Patronatspfarrei in Kaplitz berief.

Kindermann sah seine seelsorgerische Aufgabe aufs Engste mit erzieherischen Anliegen verbunden. Da er als Pfarrer einen relativ selbständigen Wirkungskreis hatte, war er nun bestrebt, seine pädagogischen Vorstellungen in die Praxis umzusetzen. In seinen „Schulnachrichten" stellte er rückblickend fest: „Da ich die Reihe der Pflichten überdachte, die mir oblägen, so fiel mir unter den Grundlinien, die ich zu dem Plane meiner Seelsorge zog, jene von der Erziehung der Jugend und von der Verbesserung der Schulen vorzüglich in die Augen."

Nach Kindermanns Auffassung wurde die herkömmliche Elementarbildung der breiten Bevölkerung nicht gerecht, da sie die eigentlichen Bildungsbedürfnisse nicht hinreichend berücksichtige. Kindermanns Ziel war, Lehrinhalte und -methoden so zu reformieren, dass die Schule in eine möglichst direkte Verbindung mit dem praktischen Leben gebracht werden konnte. Die damalige Realitätsferne der Elementarschulen und die Vorteile einer Verbindung von Unterricht und manueller Betätigung zur Entwicklung von Arbeitsfleiß und Disziplin brachte er wie folgt zum Ausdruck:

„Bei näherer Betrachtung der Volksschulen nahm ich wahr, daß man in selbigen die Jugend gerade mit dem, was sie zeitlebens am meisten bedurfte und brauchte, am wenigsten beschäftigte, daß man darin viel Unnützes und beinahe Alles auf eine verkehrte Art lernte. Ja ich sah hierin die Quelle des Müßiggangs, der Bettelei, der seichten Religionskenntnis ... und mehreren Untugenden. ... Ich hatte es nur dahin zu bringen, daß es die Jugend vergnügte und die Eltern interessierte, frühzeitig arbeitsam zu sein. Das Vergnügen entstand aber für die Jugend

a) aus der Abwechslung der Lehr- und Arbeitsstunden;
b) aus der Gesellschaft, in welcher sie, sich selbst zur Arbeit überlassen, sich auch mit Gesprächen und anmuthigen Gesängen unterhalten;
c) aus dem Gewinn, den sie wöchentlich aus ihrer Arbeit ziehen konnten."

Um die praktische Schularbeit kennen zu lernen, trat Kindermann in Kontakt mit Johann Ignaz von Felbiger, den Kaiserin Maria Theresia mit der Leitung des deutschen Schulwesens in Österreich betraut hatte.

Im Jahre 1773 richtete Kindermann in Kaplitz eine erste Industrieschule ein, die sich rasch zu einer Art Musterschule entwickelte.

Im Jahre 1774 erfolgte in Österreich die Einführung der allgemeinen Schulpflicht vom sechsten bis zum zwölften Lebensjahr. Im selben Jahr wurde Kindermann Volksschul-Oberaufseher von Böhmen. 1775 übernahm er auch die Leitung der neu gegründeten Normalschule zur Volksschullehrerbildung.

Aufgrund seiner vielfältigen Verdienste wurde Kindermann im Jahre 1777 in den Adelsstand erhoben, und zwar mit dem Titel „Ritter von Schulstein". 1789 erhielt er das Amt des Oberdirektors des neu entstandenen Armeninstituts in Prag. In dieser Funktion rief er sämtliche Seelsorger der Stadt dazu auf, in den Armen- und Waisenanstalten Industrieschulen einzurichten. Im Jahre 1790 wurde er Bischof von Leitmeritz, seiner Heimatdiözese.

Kindermanns Verdienst war es, der Volksschule zum Durchbruch zu verhelfen. Zu Beginn seiner Tätigkeit war der Gedanke der allgemeinen Volksbildung noch wenig verbreitet; es bestanden lediglich gelehrte Schulen und Kirchenschulen. Auch hat Kindermann den Stand des Volksschullehrers durch pädagogische Bildung gehoben.

Als Vorformen der Industrieschulen lassen sich Waisen- und Armenhäuser, Kinderzuchthäuser und manche Armenschulen, wie sie bereits im 16. Jahrhundert bestanden, betrachten. Innovativ an dem im ausgehenden 18. Jahrhundert entstandenen Industrieschulkonzept war die Zielsetzung, Elementarbildung und praktische Arbeit in pädagogisch sinnvoller Weise zu verknüpfen. Erwerbsfähigkeit und -tüchtigkeit sollten gefördert, Industriösität erzeugt und verinnerlicht werden.

Ein wichtiges Element war auch die Umorientierung auf das Prinzip der Ökonomie von Kraft und Zeit, also einen gegenüber der herkömmlichen handwerklichen Arbeitsweise rationelleren Umgang mit den Ressourcen. Hinzu kam die Förderung der Bereitschaft, sich neue Arbeitsverfahren zu eigen zu machen, was beim traditionellen Handwerk ebenfalls wenig ausgeprägt war.

Im Unterschied zu den Arbeits- und Waisenhäusern des 17. und 18. Jahrhunderts sollte in den Industrieschulen der Unterricht eine größere Bedeutung haben. Lernen und Arbeiten im Wechsel war die angestrebte Organisationsform. Konzeptionell stand nicht der Ertrag der Schulproduktion im Mittelpunkt. Nicht *was* geleistet wurde, sondern *dass* und *wie* die Kinder sich betätigten, war ausschlaggebend: Arbeitseifer, Pünktlichkeit, Ordnungsliebe und möglichst fehlerfreie Ausführung. Da die Industrieschulen sich selbst tragen sollten, rückte jedoch oftmals die produktive Arbeit in den Vordergrund.

Im Zuge der Industrialisierung verlagerte sich die Kinderarbeit allerdings in die neuen Großbetriebe. Um die Mitte des 19. Jahrhunderts gingen die Industrieschulen teils in Fabrikschulen, größtenteils jedoch in das sich ausbreitende Elementarschulwesen über. Wo jedoch das Verlagssystem noch bestehen blieb, wie z. B. im sächsischen Erzgebirge, gab es noch um das Jahr 1870 Industrieschulen.

Diese wurden vorwiegend dort eingerichtet, wo wegen des Bevölkerungswachstums die landwirtschaftliche Erzeugung um gewerbliche (Neben-)Produktion erweitert werden musste. Textilarbeiten standen an der Spitze der schulischen Arbeitstätigkeiten, gefolgt von auf Gartenbau und Landwirtschaft ausgerichteten Schulen. In einigen Industrieschulen spielte die „Lokalindustrie" (zum Beispiel Strohflechten, Besenbinden, Holzarbeiten) die Hauptrolle.

Nach dem Auslaufen der Industrieschulbewegung blieben zunächst weitere Initiativen des Handfertigkeitsunterrichts aus. In der Volksschulbildung entstanden erst gegen Ende des 19. Jahrhunderts neue Formen schulischer Werkstattarbeit, und zwar im Zusammenhang mit der Kunsterziehungsbewegung sowie der Knaben- bzw. Mädchenhandarbeit. Die Knabenhandarbeit erforderte eine fachlich breitere und dabei schülergemäße Ausstattung der Schulwerkstätten. Im Zusammenhang mit diesem neu konzipierten Werkunterricht wurden vornehmlich Gegenstände des täglichen Gebrauchs hergestellt. Hierfür wurden auch spezielle Lehrgänge ausgearbeitet.

Von dieser Art der Werkstattarbeit vollzog sich schließlich der Übergang zur Arbeitsschulbewegung. Diese geht als Reformbestrebung weit über den manuellen Bezug hinaus: Als Unterrichtsprinzip sollen danach die Schüler zur selbstständigen Erarbeitung von Wissen angeleitet werden.

Die Idee der Arbeitsschule wurde u. a. von Georg Kerschensteiner aufgegriffen. So wurde ab 1900 in München in den letzten Volksschulklassen Unterricht in Holz- und Metallbearbeitungswerkstätten mit jeweils sechs Stunden pro Woche eingeführt. Ein kontinuierlicher Erfolg blieb dem Arbeitsunterricht im Sinne einer praktischen Betätigung in Schulwerkstätten wie auch in anderen Maßnahmen zur Erleichterung des Übergangs von der Schule zur Arbeitswelt jedoch versagt.

Quellen:

Hamann, B.: Geschichte des Schulwesens. Werden und Wandel der Schule im ideen- und sozialgeschichtlichen Zusammenhang. Bad Heilbrunn 1993, S. 88f.

Herder Lexikon der Pädagogik, Freiburg i. Br. 1913, S. 36–39

Enzyklopädie Erziehungswissenschaft. Bd. 8: Erziehung im Jugendalter – Sekundarstufe I. Teil 2: Lexikon. Hrsg.: Skiba, E.-G./Wulf, Ch./Wünsche, K. Stuttgart/Dresden 1995, S. 451–454

Jeismann, K.-E./Lundgreen, P.: Handbuch der deutschen Bildungsgeschichte, Bd. II 1800–1877. München 1987, S. 124

Allgemeine deutsche Biographie & Neue deutsche Biographie (Digitale Register), Bd. 15, Leipzig, 1882 (http://daten.digitale-sammlungen.de/~db/bsb00008373/images/index.html)

Rothe, G.: Werkstattarbeit in gewerblichen Schulen. In: Jahresbericht 1981/82 des Instituts für Berufspädagogik der Universität Karlsruhe (TH), S. 19ff.

2.2 Berufsausbildung in der Spätzeit der Zünfte

Integration der Jugendlichen in den Berufsstand Historisch betrachtet fällt die Epoche der Aufklärung in die Spätzeit der Zünfte. Lehrverhältnisse dienten der Ausbildung, aber gleichzeitig auch der Erziehung und Integration des Jugendlichen in den betreffenden Berufsstand. Der Lehrling lebte demzufolge in drei Gemeinschaften: der Familie des Meisters, der Werkstatt in Zusammenarbeit mit Meister und Gesellen sowie im Berufsstand der betreffenden Zunft.

Im überkommenen handwerklichen Lehrlingswesen bestand die Heranbildung des Nachwuchses eher in einer erzieherischen Funktion als in zielgerichteter Qualifizierung. Die Lehrlinge waren in den Haushalt des Meisters eingebunden und seiner Obhut unterstellt. Gehorsam und Fleiß, Sittlichkeit und Frömmigkeit zählten zu den vorrangigen Erziehungszielen. Die zeremonielle Lossprechung der Handwerkslehrlinge nach absolvierter Lehrzeit verlangte noch keine Prüfung der erworbenen Kenntnisse und Fertigkeiten. Für die Freisprechung war vielmehr der Nachweis erforderlich, dass der Lehrjunge ordnungsgemäß *eingeschrieben* worden war und die festgelegte Lehrzeit in Übereinstimmung mit dem vorgegebenen Verhaltenskodex absolviert hatte.[30]

Erfahrungslernen allein unzureichend Während innerhalb der ständischen Gesellschaft mit ihren fest gefügten Strukturen die traditionellen Wege der Heranbildung des handwerklichen Nachwuchses ihre Aufgabe durchaus erfüllten, traten im Zuge der politischen und gesellschaftlichen Entwicklungen in der Spätzeit der Zünfte Unzulänglichkeiten dieses Berufsbildungsmodells immer deutlicher hervor. Einmal verlor das vom Lehrmeister gelenkte Hineinwachsen in die vom Stand her vorgegebene Stellung in dem Maße seine Bedeutung, wie „die bestehende Ordnung fragwürdig und die statische Gesellschaftsstruktur durch eine dynamische abgelöst wurde".[31] Zum anderen erwies sich das Erfahrungslernen parallel zur praktischen Arbeit im Betrieb als unzureichend; bestimmte in immer stärkerem Maße erforderliche Fähigkeiten, wie z. B. das Zeichnen und das Lesen von Zeichnungen, lassen sich nur in systematischer Form erlernen.

Grenzen des Imitatio-Prinzips Stellungnahmen zeitgenössischer Betrachter wie auch späterer Autoren betonen, dass das Zunftwesen „in öden, inhaltslosen Formen und Formeln" erstarrt war; die Zunftgenossenschaften verloren „die Kraft und damit das Recht, die Berufsausbildung des jungen Handwerkers zu bestimmen, lange bevor die Einführung der Gewerbefreiheit ihre äußere Lebensfähigkeit unterband".[32]

---

[30] Vgl. König, Karlheinz: Zur Reform der Lehrlingsausbildung im Handwerk von den Anfängen bis zum Jahre 1806. Darmstädter Beiträge zur Berufspädagogik Bd. 9. Alsbach 1985, S. 88

[31] Stratmann, Karlwilhelm: Die Krise der Berufserziehung im 18. Jahrhundert als Ursprungsfeld pädagogischen Denkens. Ratingen 1967, S. 11

[32] Stocker, August: Das allgemeine und fachliche Fortbildungsschulwesen in Baden in seiner geschichtlichen Entwicklung, nebst einer Sammlung der maßgebenden gesetzlichen und verordnungsmäßigen Bestimmungen. Lahr/Baden 1916, S. 39

So kann die Forderung nach einer Verbesserung der Lehrlingsausbildung als das zentrale berufspädagogische Problem jener Epoche gelten. Angesichts des Niedergangs des von den Zünften tradierten Imitatio-Prinzips forderte beispielsweise der Leipziger Kameralist Georg H. Zincke (1692–1768), die Ausbildung nach rationalen Gesichtspunkten zu analysieren und neu zu ordnen. Damit verwies er auf die Grenzen der Methode „Vor- und Nachmachen" oder die Funktionsfolge *Zusehen – Nachahmen – Helfen.*

Mit dem Ausgang des 16. Jahrhunderts entwickelte sich der Gedanke der absoluten Herrschaft des Staates mit Lenkung aller Staatsangelegenheiten durch den Souverän. So waren die Landesherren bestrebt, auch die wirtschaftlichen Verhältnisse zu reglementieren. Aus der städtischen Gewerbepolitik erwuchs eine staatliche Aufgabe.

Absolutismus und Reaktion der Zünfte

Insbesondere der Zunftzwang erwies sich nun als Hemmschuh der wirtschaftlichen Entwicklung und führte zu einer Überteuerung der Erzeugnisse. Da Arbeitsweise und eingesetzte Hilfsmittel reglementiert waren, konnten neue Fertigungstechniken nur begrenzt Eingang finden. So wurden die Zünfte zu *Bewahrungsanstalten der Mittelmäßigkeit.*

Mit Reformen der zünftischen Ordnung waren zum einen die Landesregierungen angesprochen, auf der anderen Seite gab es auch Initiativen auf nationaler Ebene, die eine reichseinheitliche Reglementierung zum Ziel hatten. Dies geschah über Beschlüsse des Reichstags, in Form von *Reichsabschieden* als Verträgen zwischen dem Kaiser und den Reichsständen formuliert und vom Kaiser ratifiziert. Die Zuständigkeit des damaligen Reichstags erstreckte sich auf die Rechtspflege, die Verteidigung des Reiches gegen äußere Feinde sowie die innere Ordnung, insbesondere Polizeiordnung, Münzedikte sowie die Regelung von Handel und Handwerk.[33]

Reichstag und Handwerksrecht

Vom 16. Jahrhundert ab wurden Bestrebungen zur Regulierung des Handwerks über die Reichsgesetzgebung vor allem durch die Absicht bestimmt, Missbräuchen entgegenzuwirken. Darunter fielen zum einen unzulässige Handlungen wie Körperverletzung bei der Bestrafung von Lehrlingen, zum anderen aber Erscheinungen, die auf Veränderungen im Verhalten der Meister und der Gesellen infolge des allgemeinen geistigen, gesellschaftlichen und wirtschaftlichen Wandels zurückzuführen waren. Zu den vielfältigen Missständen im Zunftwesen gehörten u. a. folgende Erscheinungen:

Beschlüsse gegen Handwerksmissstände

– Unangemessenheit der beim Aufdingen und Lossprechen von Lehrjungen sowie der Zulassung von Gesellen zur Meisterschaft geforderten persönlichen, sachlichen, geldlichen und formalen Leistungen;
– Handhabung der Selbstverwaltung und des Zunftzwanges sowie Regelung der Arbeitsplatzvermittlung;
– Neigung zur Exklusivität und zur Abschließung der Innungen;

---

[33] Vgl. Fürnrohr, Walter: Der immerwährende Reichstag zu Regensburg. Das Parlament des alten Reiches. Regensburg 1963, S. 31

– Zwistigkeiten bezüglich der Zuständigkeitsgrenzen zwischen den verschiedenen zünftischen Arbeitsverrichtungen sowie

– Anspruch von Zünften und Gesellenvereinigungen auf eigene Gerichtsbarkeit.[34]

Die vom Reichstag initiierten Handwerksgesetze können im Sinne eines einheitlichen Mindestprogramms für die kleingewerbliche Wirtschaftsregulierung verstanden werden, denen auch unabhängig von ihrem tatsächlichen Vollzug eine richtungweisende Bedeutung zukam.[35] Von Belang sind in diesem Zusammenhang vor allem die Reichstagsbeschlüsse der Jahre 1672, 1731, 1771 und 1772.[36] In ihnen spiegelt sich nach K. Abraham „die Veränderung der handwerklichen Welt in dem sowohl für die Erziehungsgeschichte als auch für die Wirtschafts- und Sozialgeschichte sehr wichtigen Jahrhundert zwischen 1672 und 1771 wider."[37]

Reichsgesetz von 1731
Der wichtigste und umfangreichste dieser Beschlüsse ist das „Reichsgutachten wegen der Handwercker-Missbräuche" von 1731. Es kann als Gewerbeordnung des alten Deutschen Reiches gelten und hat die Gewerbegesetzgebung der einzelnen deutschen Länder erheblich beeinflusst.

Aus der Präambel geht hervor, dass auch dieses Gesetz die „Abstellung derer bey denen Handwerckern insgemein sowohl, als absonderlich mit denen Handwercks-Knechten, Söhnen, Gesellen und Lehr-Knaben, eingerissener Missbräuche" anstrebte.[38] Zu diesem Zweck wurden aber nicht nur Verbote erlassen, sondern auch neue Regelungen vorgeschrieben, die geeignet erschienen, die Anlässe und Möglichkeiten bestimmter Missbräuche zu unterbinden.

Attestierung der Wanderschaft
So wurde bestimmt, dass der Lehrling zu Beginn der Lehre einen Geburtsbrief einzureichen hatte und ihm am Ende der Lehrzeit ein Lehrbrief auszustellen war. Eine Abschrift dieser Urkunde musste dem Gesellen ausgehändigt werden, damit er die ordnungsgemäß absolvierte Lehre auf der Wanderschaft belegen konnte. Dem Gesellen war ferner ein „Attestat" mit vorgeschriebenem Text auszustellen. Es enthielt neben einer Personenbeschreibung die Bestätigung der abgelegten Lehrzeit und ein Leumundszeugnis und musste von zwei Obermeistern und dem Lehrmeister des Gesellen unterzeichnet werden. An jedem Ort, an dem der Geselle während der Wanderschaft arbeitete, war wiederum ein neues Attestat auszufertigen, das angab, bei wem und wie lange der Geselle gearbeitet hatte.[39] Die Legitimierung mittels Attestat war völlig neuartig; traditionell hatte sich der Geselle

---

[34] Vgl. Proesler, Hans: Das gesamtdeutsche Handwerk im Spiegel der Reichsgesetzgebung von 1530 bis 1806. Berlin 1954, S. 24

[35] Vgl. Proesler, a.a.O., S. 27

[36] Vgl. Abraham, Karl: Betriebspädagogik. Grundfragen der Bildungsarbeit der Betriebe und der Selbstverwaltungsorgane der Wirtschaft. Berlin 1978, S. 71f.

[37] Abraham, a.a.O., S. 72

[38] Zitiert nach Proesler, a.a.O., S. 56

[39] So konnte der Geselle mittels der Attestate einen lückenlosen Nachweis über die Verwendung seiner Gesellenzeit führen. Außerdem konnte die Obrigkeit kontrollieren, wo er sich aufgehalten und mit wem er Umgang gehabt hatte.

auf der Wanderschaft nur durch einen bestimmten Losungsspruch oder auch einzelne Erkennungsworte ausgewiesen, die nur den Angehörigen eines bestimmten Handwerks bekannt waren.

Das Gesetz von 1731 brachte darüber hinaus u. a. folgende Neuerungen:

- Handwerkszusammenkünfte dürfen nur im Beisein von Vertretern der Obrigkeit abgehalten werden;
- ohne obrigkeitlichen Konsens beschlossene Innungsartikel sind ungültig;
- interne Gerichtsbarkeit des Handwerks wird untersagt;
- ungebührliche Bräuche bei der Lossprechung von Lehrjungen werden verboten;
- überzogene Forderungen bezüglich der Herstellung des Meisterstücks sind unzulässig;
- willkürliche Vorschriften betreffend die Zulassung von Jungmeistern werden untersagt, z. B. das Erfordernis des Einkaufens in die örtliche Zunft;
- Preisabsprachen werden verboten.

Dieses Reichsgesetz beschnitt zwar die Autonomie des Handwerks in wesentlichen Bereichen; doch gelang es nicht, mit Hilfe der in erster Linie gegen Missbräuche gerichteten Reglementierungen eine funktionsfähige Neugestaltung der Handwerksverhältnisse in die Wege zu leiten.[40] Zudem bereitete es erhebliche Schwierigkeiten, dem Reichstagsbeschluss überhaupt Geltung zu verschaffen, u. a. da die Zünfte in ihrer Entwicklung teilweise Privilegien unmittelbar von den Kaisern erhalten hatten und die Reichsstädte diese nicht antasteten.[41]

Die Beschlüsse der Reichstage wurden in den deutschen Territorialstaaten unterschiedlich umgesetzt. Die Kurpfalz z. B. war recht intensiv bestrebt, die Autonomie der Zünfte einzuschränken und schrieb bereits seit 1728 die Bestätigung aller Zunftordnungen durch die Regierung vor. Ab 1736 durfte dort ohne Anwesenheit eines obrigkeitlichen Deputierten keine Zunftversammlung mehr stattfinden. Zunftbücher und Zunftprotokolle waren einmal jährlich der Obrigkeit vorzulegen. Auch beanspruchte die Regierung das alleinige Recht der Dispensierung vom Anfertigen von Meisterstücken sowie von der Ableistung der Gesellenwanderjahre.[42]

Zusammenfassend kann festgehalten werden, dass die staatliche Obrigkeit die wachsende Kritik an den Zünften im 17. und 18. Jahrhundert zum Anlass nahm, regulierend einzugreifen und die Zunftautonomie zu beschneiden, wie es auch der absolutistischen Staatsauffassung entsprach.

---

[40] Vgl. Greinert, Wolf-Dietrich: Berufliche Breitenbildung in Europa. Die geschichtliche Entwicklung der klassischen Ausbildungsmodelle im 19. Jahrhundert und ihre Vorbildfunktion (Cedefop Panorama Bd. 114). Luxemburg 2005, S. 40

[41] „Von den Schwierigkeiten in den Reichsstädten das Reichsgesetz vom 16. Aug. 1731 wegen der Misbräuche bey den Zünften zu vollziehen". Zitiert nach Stürmer, Michael: Der Herbst des alten Handwerks. München 1986, S. 102–105

[42] Vgl. Mörz, Stefan, a.a.O., S. 273f.

Die Unzulänglichkeit der handwerklichen Berufsbildung führte auch zur Erarbeitung verschiedenartiger spezieller Reformkonzepte, die zwar größtenteils
die traditionellen Strukturen der Meisterlehre nicht antasteten, aber innerhalb
dieses Rahmens Neuerungen anstrebten, um eine Verbesserung der Situation zu
bewirken. Zu nennen sind in diesem Zusammenhang beispielsweise Justus
Christian Prudentius und der bereits erwähnte Georg Heinrich Zincke.

Prudentius kritisierte vor allem die Vernachlässigung der Ausbildungspflicht
durch die Lehrmeister und überlange Lehrzeiten, wobei von einer eigentlichen
Ausbildung nicht selten erst im letzten halben Jahr der Lehre gesprochen werden
konnte. So forderte er zu Beginn des 18. Jahrhunderts u. a., dass die Ausbil-
dungsverpflichtung der Meister festgeschrieben werden müsse und der Lehrabschluss an den Nachweis der erworbenen Fertigkeiten mittels Arbeitsproben zu
knüpfen sei.[43] Er appellierte an die Landesherren, entsprechende Vorschriften zu
erlassen.

Zincke erarbeitete mit seinen Vorschlägen zur Neuordnung der Lehrlingsausbildung aus dem Jahre 1742 ein detailliertes Reformprogramm, das sich in folgenden Punkten zusammenfassen lässt[44]:

1. Sicherstellung der fachlichen Qualifikation des Meisters, womit er sich
   gegen die Vergabe des Meisterstatus nach vorwiegend wirtschaftlichen Kriterien wandte.
2. Forderung nach einer pädagogischen Eignung des Meisters; hierbei ging
   Zincke sogar so weit, dass er das Ausbildungsrecht des Meisters vom Nie-
   derlassungs- und Berufsausübungsrecht trennen wollte.
3. Gewährleistung des Vorhandenseins von Gesellen, die in der Lage waren, bei
   der Lehrlingsausbildung vorbildhaft zu wirken, sowohl im Hinblick auf stan-
   desgemäßes Verhalten als auch auf fachliches Können.
4. Schaffung eines handwerklich-zünftischen Standesbewusstseins im Geiste
   der Verpflichtung zu redlicher Aufgabenerfüllung.
5. Begünstigung einer Elitebildung unter den Lehrlingen durch Auswahl und spezielle Förderung besonders befähigter Bewerber. Diese Lehrlingselite sollte
   mittelfristig das Qualifikationsniveau unter Gesellen und Meistern heben.

Derartige Vorschläge waren in der damaligen Zeit zwar noch nicht umsetzbar,
verweisen aber deutlich auf dringenden Handlungsbedarf.

Erforderlich wurde die Ergänzung der Ausbildung im Betrieb durch Unterricht
in bestimmten Fächern und Lehr-/Lernbereichen. Zu den Inhalten dieser Art
zählte schon bald auch die *Fachkunde* und schließlich die *lehrgangsmäßige
Unterweisung* in berufspraktischen Teilbereichen.

„Der Handwerker muß die verfügbaren Konstruktionselemente gedanklich
auf ihre aufgabengemäße Anwendbarkeit hin prüfen und auswählen, dabei
gleichzeitig einen Arbeitsplan entwerfen und die Reihenfolge der in sich

---

[43] Vgl. König, a.a.O., S. 203ff.
[44] Vgl. König, a.a.O., S. 212ff.

komplexen Arbeitsvorgänge so durchdenken und ordnen, daß ein zügiges Fortarbeiten möglich ist ... Dies alles setzt eine bis zur Kombinationsfähigkeit gesicherte Beherrschung der einzelnen Handgriffe und Fertigkeiten voraus, die in mehr oder weniger mühevoller und langwieriger Übung angeeignet wurden, jetzt aber ... eine mehr dienende Rolle spielen und auf die konkrete Aufgabe hin abgewandelt werden müssen."[45]

Initiativen zur Einrichtung von Lehrgängen oder Teilzeitkursen lassen sich in einer Reihe von Städten auch des südwestdeutschen Raums anführen. Nachstehend werden Beispiele aus der Vielzahl derartiger Modelle in den drei Teilgebieten herausgegriffen.

Ergänzung der Meisterlehre

In Mannheim ist zunächst eine Einrichtung im künstlerischen Bereich hervorzuheben. Diese Bildhauer-Akademie wurde 1760 neu organisiert und als „Zeichnungsakademie" für Bildhauer, Maler und Kupferstecher eingeweiht.[46]
In einer Jubiläumsschrift der Gewerbeschule Mannheim wird erwähnt, dass eine den Zeichnungsschulen in vielen badischen Städten ähnliche Einrichtung bestehe. „Der hiesige Baumeister Dyckerhoff erteilt einigen Zöglingen Unterricht in architektonischem Zeichnen, jedoch ohne dafür eine Unterstützung oder Vergütung aus Staatsmitteln zu beziehen."[47]
In Heidelberg bot ein Bürger jungen Leuten berufliche Vorträge und die Möglichkeit zum Übungszeichnen in seinen Räumlichkeiten.[48] Aufgrund wachsender Inanspruchnahme dieses Angebots stellte die Stadt hierfür ein Schullokal zur Verfügung. Aus dieser Initiative ging im Jahre 1834 die öffentliche Gewerbeschule hervor.

Beispiele aus der Kurpfalz

Frühe Initiativen zur Ergänzung der Meisterlehre gab es auch in Baden. So wurde bereits im Jahre 1763 in der Stadt Karlsruhe erwogen, ob Maurergesellen, die um Befreiung der vorgeschriebenen drei Wanderjahre ersuchten, nicht zur Auflage gemacht werden sollte, während des Winters bei Hofmaurer Berckmüller am Zeichenunterricht teilzunehmen. Berckmüller selbst hielt jedoch die Wanderjahre für dringend erforderlich, um den Gesichtskreis der Gesellen zu erweitern. Durch eine Verordnung vom 16. März 1765 wurden die Maurer- und Zimmermannsgesellen allerdings angehalten, sich während der Wanderjahre Zeichenfertigkeiten anzueignen.[49]

Beispiele aus Baden

[45] Stratmann, Karlwilhelm, a.a.O., S. 242
[46] Vgl. Budde, Kai: Wirtschaft, Wissenschaft und Technik im Zeitalter der Aufklärung. Mannheim und die Kurpfalz unter Carl Theodor 1743–1799. Hrsg.: Landesmuseum für Technik und Arbeit in Mannheim. Ubstadt-Weiher 1993, S. 39
[47] Vgl. hierzu und zu den folgenden Ausführungen „150 Jahre Gewerbeschule Mannheim. Zur Jubiläumsfeier am 11.10.1985." Hrsg.: Stadt Mannheim – Schuldezernat. Mannheim 1985
[48] Vgl. hierzu und zu den folgenden Ausführungen „150 Jahre Gewerbeschule Heidelberg." Heidelberg 1978
[49] Vgl. Kuhn, Karl Friedrich: Die Gewerbeschule der Landeshauptstadt Karlsruhe in Vergangenheit und Gegenwart. Hg. v. d. Stadt Karlsruhe. Karlsruhe 1927, S. 2

Autenrieth'sche Zeichenschule	Die Gründung der Autenrieth'schen Zeichenschule oder „Freyen Hand-Zeichnungs-Schule" in Karlsruhe im Jahre 1770 ging auf eine Initiative des Markgrafen Karl Friedrich zurück. Sie sollte von jungen Leuten aller Stände besucht werden und der Förderung der Kunst wie auch der künstlerischen Gewerbe dienen. Als Lehrkräfte wurden Kunstmaler gewonnen; die Bezeichnung Autenrieth'sche Zeichenschule geht auf den gleichnamigen an der Schule wirkenden Maler zurück. Im Jahre 1784 erfolgte die Verbindung dieser Schule mit dem Hofmalerei-Institut und 1799 die Unterstellung unter das Bauamt.[50]
Zeichenschule Durlach	Die im Jahre 1768 in Durlach eingerichtete Zeichenschule unterschied mehrere Abteilungen, eine geometrische, eine architektonische und eine Handzeichenschule. Die landesherrliche Verfügung vom 28.4.1769 legte fest, dass „keiner derer Zimmer-Leute, Maurer, Steinhauer, Schlosser, Hafner, Schreiner und Glaser künftighin, so viel Durlach betrifft, das Meisterrecht erlangen, auch kein Lehrjung gedachter Handwerker ledig gesprochen werden solle, er habe dann die etablierte geometrische, wie auch Handzeichnungs- und architektonische Zeichnungsschule besucht und sich desshalb zuvor legitimiert".[51] Die Vergütung der Lehrer erfolgte anfangs aus dem Gymnasiumsfonds, dann aus Kirchenmitteln, schließlich aus der Stadtkasse.[52] Es bestand Schulpflicht; der Unterricht fand allerdings vornehmlich in den Wintermonaten statt.[53]
Architektonische Zeichenschule Karlsruhe	Die Karlsruher Architektonische Zeichenschule kann als direkter Vorläufer der späteren Gewerbeschulen angesehen werden. Sie wurde im Jahre 1768 auf Veranlassung von Markgraf Karl Friedrich gegründet. Der Baudirektor und fürstliche Kammerjunker Albert Friedrich von Kesslau war mit dem Aufbau dieser Schule betraut. Ihre Aufgabe war die Vermittlung „... der architektonischen Wissenschaften für die in Karlsruhe und Durlach befindlichen einheimischen Gesellen und Lehrjungen, deren Handwerke bei dem Bauwesen einschlagen".[54] Zur Veranschaulichung waren im Unterricht Gipsmodelle anzufertigen. Der Unterricht war freiwillig.

Die Stadt Karlsruhe stellte für die Architektonische Zeichenschule zunächst einen Unterrichtsraum samt Ausstattung im Rathaus zur Verfügung; später siedelte die Schule in das Akademiegebäude um. In seinem Gutachten über die Gründung der Architektonischen Zeichenschule ging von Kesslau bereits von einem sehr umfangreichen und fundierten Unterricht aus. Arithmetik, Geo-

---

[50] Vgl. Gutman, E., a.a.O., S. 48f.

[51] Zitiert nach Gutman, E., a.a.O., S. 38f.

[52] Unterrichtsräume wurden von der Stadt gestellt. Zeitweise wurden auch private Räume genutzt. Vgl. Gutman, E., a.a.O., S. 39

[53] Diese Schule wurde bereits ab 1832 als Gewerbeschule bezeichnet und ihr Ausbildungsniveau im badischen Landtag im Jahre 1833 lobend erwähnt. Vgl. Haverkamp, F.: Staatliche Gewerbeförderung im Großherzogtum Baden. Unter besonderer Berücksichtigung der Entwicklung des gewerblichen Bildungswesens im 19. Jahrhundert. Freiburg/München 1979, S. 20f.

[54] Vgl. Gutman, E., a.a.O., S. 27

metrie, Materialkunde und Mechanik sollten ebenso einbezogen sein wie Architektur und Kostenberechnungen.

Beginnend mit dem 18. und insbesondere im 19. Jahrhundert rückte Österreich ebenfalls von der ständisch organisierten Form der beruflichen Nachwuchsqualifizierung ab. Von Bedeutung in der Frühindustrialisierung waren neue Formen der beruflichen Nachwuchsbildung.

Der Staat wollte allerdings die handwerkliche Lehre nicht gänzlich abschaffen, sondern sie durch begleitende Maßnahmen effektiver gestalten. So wurde im Jahre 1787 die Sonntagsschule geschaffen; sie war der Normalschule angegliedert und sollte Lehrlingen sowie Gehilfen einen Wiederholungsunterricht bieten.[55] Dieser Sonntagsunterricht kann als Vorläufer der späteren Fortbildungsschule angesehen werden.

Als weiteres Beispiel aus Vorderösterreich sind die Freiburger Stiftungen von Heinrich Sautier anzuführen. Als Jesuit und Gymnasialprofessor gründete er im Jahre 1800 eine Stiftung zur „Ausbildung und Ausstattung" bedürftiger Bürgertöchter, bei der Armenfürsorge und Ausbildung verbunden waren. Im Jahr darauf folgte eine gleichartige Stiftung für Bürgersöhne. Aufgenommen wurden auch in ein Lehrverhältnis eingetretene Knaben. Der Begriff „Bürger" ist dabei nicht als Standesbezeichnung zu verstehen, sondern als Oberbegriff für alle Einwohner der Stadt.[56] Sautiers Stiftungen standen allen sozialen Schichten offen; Voraussetzung für die Aufnahme war allein die Bedürftigkeit, überprüft von der Stiftungskommission.

Die Frage einer Ergänzung der Handwerkslehre wird bei Sautier nicht explizit angesprochen; vielmehr ging es ihm um die Vermittlung von Kenntnissen wie *Messen* und *Zeichnen*, die jedem nützlich sind, wenn auch insbesondere dem Handwerker. Diese Kenntnisse sollten ebenso die Gesellen befähigen, auf der Wanderschaft nützliche Maschinen aller Art korrekt aus freier Hand abzuzeichnen und damit das eigene Fortkommen wie auch die allgemeine Weiterentwicklung zu fördern.[57]

Sautiers Grundanliegen verstand sich als präventive Armutsbekämpfung durch Erziehung. Unter dem Eindruck der Französischen Revolution ging es Sautier auch um die Stabilisierung der bestehenden Ordnung.

Den Mädchen sollten Tugendsamkeit, Arbeitseifer, eine erweiterte elementare Schulbildung sowie Kenntnisse zur Führung eines Hausstandes, einschließlich weiblicher Handarbeit, vermittelt werden. So erhielt auch jedes Mädchen bei der Aufnahme in die Stiftung ein Spinnrad und durfte einige Kleidungstücke für den

---

[55] Vgl. Vögele, Karl, a.a.O., S. 9

[56] Vgl. Sautier, Heinrich: Die Stiftung zur Ausbildung und Ausstattung dürftiger Bürgersöhne. Freiburg im Breisgau 1801, S. 8

[57] Vgl. Sautier, H.: Der Geist der Stiftung zur Ausbildung und Ausstattung dürftiger Bürgersöhne. Samt der Nachricht vom ersten Jahre des Lehrkurses. Freiburg im Breisgau 1802, S. 7

eigenen Bedarf anfertigen. Unterrichtet wurden sie sonntags sowie an einem Nachmittag der Woche.

Bei den Knaben ging es neben der sittlichen Erziehung um eine so genannte wissenschaftliche Bildung, worunter Sautier gemeinhin nützliche und für viele Berufe unentbehrliche Vorkenntnisse der Rechen-, Mess-, Werkzeug-, Bau- und Zeichenkunst verstand.[58] Dies sollte der Vermehrung „tüchtiger Künstler und Handwerker" dienen.[59] Das Aufnahmealter lag bei zehn bis fünfzehn Jahren; der Lehrkurs umfasste vier Jahre. Die Knaben erhielten fachliche Unterweisungen an Sonntagen. Ob die Knaben bereits in einer Lehre standen oder der Lehreintritt später erfolgte, blieb ohne Belang. In jedem Fall ging Sautier davon aus, dass auch Lehrlinge die nötige Zeit zum Zeichnen erübrigen sollten, und dies ohne Nachteil für den Lehrmeister.

Ausstrahlung der Freiburger Stiftungen Sautiers Stiftungen fanden bald Anerkennung über die Grenzen Vorderösterreichs hinaus. Kaiser Franz II. unterstützte sie auch finanziell. In Innsbruck wurde eine ähnliche Stiftung gegründet. Diese Anerkennung bestätigte Sautier in seiner Überzeugung, dass die Grundsätze seiner Stiftungen überall angewandt werden sollten. So schrieb er im Jahre 1802 an den Kaiser über die Knabenstiftung:

„Man verbreite dieselbe Anstalt auf dem Land, man verlege in jedes größere Dorf einen braven und geschickten Invaliden, der unter der Aufsicht des Amtes, des Pfarrers und Gerichtes, an Sonn- und Feiertagen nach dem Gottesdienste, die schulgerechten Jungen in Messen und Zeichnen übe, und jährlich authentische Proben von allen in die Hoheschule des Landes zur Bestimmung ansehnlicher Belobungen einsende."[60]

In den folgenden Jahrzehnten entwickelten sich die Sautierschen Stiftungen zu einem Kernstück des Freiburger Schul- und Ausbildungswesens.[61]

Weitgehende Übereinstimmung Die Gründung erster Teilzeitschulen mit Unterricht im Zeichnen und anderen Fächern erfolgte in allen drei Teilgebieten des späteren Großherzogtums Baden. Besonders hervorzuheben sind die Einrichtungen aus Baden-Durlach, die vor dem Lehrabschluss verpflichtend zu besuchen waren.

---

[58] Vgl. Sautier, H., 1801, a.a.O., S. 7

[59] Vgl. ebd., S. 19

[60] Stadtarchiv Freiburg, Abteilung C 1, Stiftungen 42, Schreiben Sautiers an Franz II. vom 3.2.1802. Zitiert nach Klein, Alexander, a.a.O., S. 233

[61] So wird berichtet, die Stiftungen hätten bis zum Jahr 1838 insgesamt 263 Mädchen und 143 Jungen ausgebildet. „Viele Stiftungsjünglinge arbeiten schon als Familienväter in ihrer eigenen Werkstätte; einige leben als Künstler in fremden Städten; andere ertheilen in Erziehungshäusern Unterricht. Aus der Mädchenanstalt sind schon Lehrerinnen für hiesige und fremde Lehrinstitute hervorgegangen; vielen ist die Leitung fremden Hauswesens anvertraut; andere fanden bei vornehmen Familien lebenslängliche Dienste; und mehrere leben glücklich als Familienmütter ...". Quelle: Schreiber, Heinrich: Freiburg im Breysgau mit seinen Umgebungen. Fr. i. Br. 1838, S. 386

2.3 Staatliche Lehrwerkstätten und Vollzeitschulen gefordert

Merkantilistische Bestrebungen

Im Zentrum merkantilistischer Wirtschaftsauffassung des 17. und 18. Jahrhunderts stand die Mehrung des nationalen Reichtums durch Förderung der Güterproduktion und des Außenhandels. Die Begünstigung des Exports und die Einschränkung des Imports sollten durch verschiedenartige protektionistische Maßnahmen erreicht werden, wie z. B. durch niedrige Zölle auf Rohstoffimporte, Schutzzölle auf Fertigwaren, Aufbau staatlicher Manufakturen sowie Vergabe von Monopolrechten an Betriebe. Im Zuge der merkantilistischen Hinwendung zum Erwerb praktisch-nützlicher, also „realistischer" Kenntnisse sind im Sinne der Gewerbeförderung frühe Initiativen zur Errichtung berufsbildender Schulen hervorzuheben.

In Frankreich setzte sich der Merkantilismus in Form des Colbertismus am konsequentesten durch. In den dortigen Manufakturen konnte dank arbeitsteiliger Organisation eine erhebliche Produktivitätssteigerung erreicht werden. In Deutschland entwickelte sich insbesondere die Kameralistik, die staatliche Finanzwissenschaft.

Staatsnutzen

Für die Merkantilisten bzw. Kameralisten hatten berufsbildende Schulen, die sich an den Interessen der Gewerbetreibenden und Kaufleute orientierten, eine erhebliche Bedeutung. Das wirtschaftliche Interesse des Staates an der Erziehung unter Einfluss des Merkantilismus formulierte K. Iven wie folgt:

> „Die Wirtschaft, die ja ganz im Dienste der territorialen Machtpolitik stand, wird hier – zum ersten Mal in der abendländischen Welt – aufs Engste mit der Erziehung in Zusammenhang gebracht, und zwar unter dem typisch merkantilistischen Gesichtspunkt des Staatsnutzens."[62]

Ein herausragender deutscher Vertreter des Merkantilismus war Johann Joachim Becher (1635–1682), der 1675 in Wien das „Kaiserliche Kunst- und Werck-Hauß" gründete, das als Staatsfabrik gekoppelt mit einer staatlichen Lehrwerkstätte – wohl die erste ihrer Art – bezeichnet werden kann. Johann Friedrich v. Pfeiffer (1718–1787) sprach sich für Schulen aus, die stärker als die bestehenden Realschulen die berufliche Qualifizierung anstreben sollten.[63]

Niedergang des berufsständischen Erziehungsmodells

Der Niedergang des traditionellen berufsständischen Erziehungsmodells war im 18. Jahrhundert bereits weit fortgeschritten. Als Reaktion auf diese Krise hatten sich zu jener Zeit schon neue Erziehungseinrichtungen herausgebildet: Ritterakademien, Philanthropine, mathematisch-ökonomische Realschulen und erste in stärkerem Maße berufsbildende Vollzeitschulen.[64] Beispiele für frühe Real-

---

[62] Iven, Kurt: Die Industrie-Pädagogik des 18. Jahrhunderts. Eine Untersuchung über die Bedeutung des wirtschaftlichen Verhaltens für die Erziehung. Berlin/Leipzig 1929. Abgedruckt in: Koneffke, Gernot (Hrsg.): Zur Erforschung der Industrieschule des 17. und 18. Jahrhunderts. Schriften von Hermann Brödel, Kurt Iven, August Gans u. Robert Alt. Vaduz 1982, S. 129

[63] Vgl. Thyssen, Simon: Die Berufsschule in Idee und Gestaltung. Essen 1954, S. 35f.

[64] Vgl. Greinert, Wolf-Dietrich: Realistische Bildung in Deutschland. Ihre Geschichte und aktuelle Bedeutung. Hohengehren 2003, S. 17

schulen des 18. Jahrhunderts sind die ab 1709 in Halle kurzzeitig bestehende Mathematische und Mechanische Realschule, gegründet von Christoph Semler, sowie die von Johann Julius Hecker im Jahre 1747 in Berlin eingerichtete ökonomisch-mathematische Realschule. Ziel derartiger Schulen war allerdings nicht Qualifizierung für einen bestimmten Beruf, sondern die Vorbereitung auf das Erwerbsleben durch Unterricht in Elementarfächern, Naturwissenschaften und Fremdsprachen.

Marpergers Vorschlag 1723 Seiner Zeit weit voraus, entwarf Paul Jacob Marperger 1723 ein Gesamtkonzept für ein Berufsbildungssystem und Gliederungsvorschläge für Berufsbildungsgänge. Sein im Schwerpunkt merkantilpädagogisches Hauptwerk[65] enthält sowohl Vorschläge zur Einrichtung einer Kaufmannsakademie und eines Kollegs für Kommerzialwissenschaften als auch mechanischer *Werkschulen*. In den letztgenannten Schulen sollten die angehenden Handwerker Mathematik-, Mechanik- und Zeichenunterricht erhalten. Marperger gliederte diese Einrichtungen nach den verschiedenen Arbeitsmaterialien, z. B. Schulen des Textilgewerbes oder der Eisen- und Stahlbearbeitung (vgl. Beitrag von Friedemann Stooß auf S. 36ff.). Er entwarf also ein System, in dem berufsqualifizierende Schulen neben die herkömmliche Lehre treten.

Auch wenn im Titel seiner Schrift insbesondere die Kaufmannschaft angesprochen ist, beinhaltet der rund 360 Seiten starke Band doch zum weitaus größten Teil Ausführungen zum gewerblich-technischen Schulwesen, die aber von der historisch orientierten Berufspädagogik bisher noch kaum beachtet worden sind.

Realschulen in Baden In den hier unterschiedenen drei Teilgebieten des späteren Großherzogtums Baden gab es vor 1806 eine Reihe von Ansätzen zur Gründung beruflicher Vollzeitschulen. Der Realschulgedanke führte auch in Baden zu entsprechenden Schulgründungen. Als ersten Versuch zur Errichtung einer badischen Schule mit realistisch-gewerblichem Charakter bezeichnet E. Gutman eine Anstalt in Lörrach, die auf Betreiben des Theologen J. G. Wolf gegründet wurde. Wolf legte 1760 einen Entwurf zur Schaffung einer Realschule vor, in der junge Leute in ein bis eineinhalb Jahren zu geschickten Professionisten, Fabrikanten und Kaufleuten vorbereitet werden sollten, die weniger Lehr- und Wanderjahre brauchen als andere. Diese Schule hatte allerdings nur wenige Jahre Bestand; sie blieb daher ohne unmittelbaren nachhaltigen Einfluss auf die weitere Entwicklung des Gewerbeschulwesens in Baden.[66]

Im letzten Viertel des 18. Jahrhunderts wurden im Pädagogium Durlach, das als Ersatz für das nach Karlsruhe verlegte dortige Gymnasium entstanden war, so genannte Realkurse für angehende Handwerker eingerichtet.[67] In organisatori-

---

[65] Marperger, Paul Jacob: Trifolium Mercantile Aureum oder Dreyfaches Güldenes Klee-Blat der werthen Kauffmannschafft. Nachdruck der Ausgabe Dresden und Leipzig 1723. Hrsg.: U. A. Michelsen u. K. F. Pott. Darmstadt 1990

[66] Vgl. Gutman, a.a.O., S. 21ff.

[67] Vgl. hierzu und zu den folgenden Ausführungen Gutman, a.a.O., S. 20ff.

scher Verbindung mit dem Karlsruher Gymnasium entstand 1774 eine Realschule, die 1825 in die neu errichtete Polytechnische Schule integriert wurde. An dieser Schule fand der Unterricht in drei Klassen statt, teils gemeinsam mit den Gymnasiasten, teils davon getrennt in speziellen Fächern wie Buchhaltung und kaufmännisches Rechnen.

Kaiserin Maria Theresia regte in Österreich die Gründung von staatlichen berufsbildenden höheren Schulen an. Die Monarchin gründete im Jahre 1758 als erste staatlich-gewerbliche Schule im deutschen Sprachraum die *Commerzial-Zeichnungsakademie*, später *Manufakturzeichnungsschule* genannt. Diese Einrichtung war Vorläufer der *Höheren Technischen Lehranstalt für Textilindustrie*.[68]

Berufsbildende Vollzeitschulen meist zweijähriger Dauer als Alternative zur betrieblichen Lehre entstanden in der Habsburger Monarchie erst in der zweiten Hälfte des 19. Jahrhunderts.[69]

Beide in Vollzeitform durchgeführten Bildungsgänge wurden später in staatlicher Regie in der gesamten österreichisch-ungarischen Monarchie ausgebaut.

Im Jahre 1754 legten die Piaristen in Prag einen „Entwurf eines Seminarii Politici für diejenige Jugend, welche vom 9. bis in das 17. Jahr des Alters zu Hof-, Staats-, Kriegs-, Handlungs- und Wirtschaftsdiensten tauglich und fertig sein sollen" vor, doch konnte diese Schulform nicht realisiert werden.[70] 1759 genehmigte Kaiserin Maria Theresia die Errichtung einer Real-Handlungsakademie in Wien. Der Plan hierzu stammte von einem in Halle ausgebildeten Mathematikprofessor. Diese Schule sollte ursprünglich drei Abteilungen umfassen: Realakademie, Realschule und Werkschule. Sie nahm ihren Lehrbetrieb erst 1770 in stark reduzierter Form auf. Die Real-Handlungsakademie hatte die Aufgabe, auf die Führung von Handelsgeschäften vorzubereiten. Unterrichtsgegenstände waren: praktische Handlungswissenschaft, Naturalien- und Warenkenntnis, doppelte Buchführung, Geometrie, Mechanik, Naturlehre, Korrespondenz, Historie der Handlung und Künste, Fremdsprachen, Naturrecht sowie Handelsrecht. Die Schüler traten mit 15 Jahren ein und absolvierten eine zweijährige Ausbildung.[71]

Staatliche Initiativen in Österreich

Realschulen in Österreich

---

[68] Diese Schule sollte hauptsächlich Musterzeichner für die Seidenindustrie heranbilden. Vgl. Festschrift anlässlich 125 Jahre Technologisches Gewerbemuseum. Höhere Technische Bundeslehr- und Versuchsanstalt. Hrsg.: Verband der Technologen, Wien 2004, S. 20

[69] Vgl. Grüner, Gustav (Hrsg.): Quellen und Dokumente zur Entwicklung der österreichischen Staats-Gewerbeschulen. Ein Beitrag zur Geschichte der berufsbildenden höheren Schulen Österreichs und einschlägiger Schulen osteuropäischer Staaten. Köln/Wien 1987, S. 6

[70] Vgl. Schermaier, Josef: Geschichte und Gegenwart des allgemeinbildenden Schulwesens in Österreich. Wien 1990, S. 125

[71] Die Real-Handlungsakademie wurde im Jahre 1815 mit dem Wiener Polytechnikum vereinigt und ist Vorläuferin der Handelsakademie. Vgl. Festschrift anlässlich 125 Jahre Technologisches Gewerbemuseum, a.a.O., S. 21

Friedemann Stooß

Das Berufsbildungskonzept des Paul Jacob Marperger (1656–1730)

Nach dem Trifolium Mercantile Aureum oder Dreyfaches güldenes Klee-Blat der werthen Kaufmannschafft, Nachdruck der Ausgabe Dresden u. Leipzig 1723. Hrsg.: U. A. Michelsen u. K. F. Pott, Darmstadt 1990

l. Anmerkungen zur Vita Marpergers

Marperger wurde 1656 in Nürnberg als Sohn eines Offiziers geboren. Er wollte eigentlich Rechtswissenschaft studieren; sein Vater drängte ihn jedoch dazu, sich dem Handel zu widmen. In Lyon lernte Marperger die Schriften Jacques Savarys zur Kaufmannschaft und zum Außenhandel kennen, die er 1709 in freier Bearbeitung und Übersetzung publizierte. Den Lehrjahren in Frankreich und später Österreich folgten Aufenthalte in einer Reihe deutscher Länder und europäischer Staaten. In dieser Zeit publizierte er zahlreiche Schriften, die ihn weithin bekannt machten. Im Jahre 1713 ließ er sich in Dresden nieder und folgte damit einem Angebot des Königlich-Polnischen und Kurfürstlich-Sächsischen Hofes, Spiritus Rector einer neu einzurichtenden Kommerziendeputation zur Förderung des sächsischen Handels und Gewerbes sowie Kommerzien- und Hofrat zu werden. Bis zu seinem Tod im Jahre 1730 lebte er dennoch in ärmlichen Verhältnissen.

2. Bewertung seines Schaffens

Marpergers Schriften behandeln in großer Breite ökonomische Themen; hinzu kommen Fragen der Baukunst, der Geographie, Geschichte oder auch der Hygiene.

Das Lexikon der Pädagogik des Jahres 1914 (Herder, S. 1144) sieht im „Trifolium mercantile aureum" Marperger als Anreger der „eigentlichen Handelsschulen". Er habe die Notwendigkeit der Handelsschulen für kleinere Städte dargelegt, für größere Handelsstädte Handelsakademien gefordert, die auf dem Besuch der Handelsschulen aufbauen sollen, sei aber mit seinen Plänen, selbst eine Handelsakademie zu errichten, bei der Regierung nicht durchgedrungen.

Für Michelsen, der zusammen mit K. F. Pott im Jahre 1990 mit dem Reprint den Text des „Trifoliums" im Original zugänglich gemacht hat, ist das Werk „Ausdruck eines für die damalige Zeit umfassenden, detaillierten und revolutionierenden bildungspolitischen Denkens" (a.a.O., S. 56). Er bezieht sich dabei auf Erich Dauenhauer, der im Jahre 1965 seine Darstellung von Leben und Werk Marpergers unter dem Titel „Die Begründung der deutschen Berufspädagogik durch Paul Jakob Marperger" publiziert hat.*

Nachstehend wird aus dem Original des „Dritten Klee-Blättlein, Nemlich Unserer zu projectirenden Mechanischen Werck-Schul" (Reprint Seiten 74–323) Marpergers Konzeption der gewerblichen Berufsbildung – samt Textauszügen – vorgestellt.

3. „Das Dritte Klee-Blaetlein: Die zu projectirende Mechanische Werck-Schul"

Gleich eingangs (ab S. 74) betont Marperger, Kenntnisse mechanischer Wissenschaften seien dem „vollkommenen Staats- und Buergers-Mann ... hoechst ruehmlich, nuetzlich und ersprießlich". Er wendet sich gegen die damals wohl anzutreffende Meinung, handwerkliches Wissen sei minderen Ranges. Bildende Künstler und Handwerker betrachtet er als gleichrangig. Auf einen Vorschlag zur Errichtung von Handwerkerschulen kann sein Konzept also keinesfalls reduziert werden.

„Mechanic" bedeutet bei Marperger jedwedes Verfahren des Be- und Verarbeitens von Material mittels Geräten, Werkzeugen, Maschinen, sowohl in der freischaffenden Kunst als auch in der Fertigung von Waren aller Art.

Dessen ungeachtet sind die Werkschulen nicht allein für Gewerbetreibende und Fachkräfte der Güterproduktion und des Bauwesens gedacht, sondern auch für Kaufleute. Die Vorteile für die Kaufleute sieht er darin, „damit sie sich nicht auff die, ihnen vor Geld, arbeitende Handwercks-Leut allein verlassen doerfen, sondern mit ihnen raisoniren, und wo diese gefehlet, solche korrigiren ... koennen" (S. 95). Zudem könnten sie auf ihren Reisen anderwärts angewandte neue Techniken erkunden und dazu beitragen, diese im eigenen Land einzuführen.

Bei den Handwerkern sieht Marperger die Werkschule als Einrichtung zur Vermittlung eines fundierten Wissens in ihrem Fachgebiet. Er beklagt, es fehle ihnen an „Fundamental-Deduction oder Beweißtum ..., warum sie dieses oder jenes aus Mechanischen Prinzipiis herruehrendes und zu ihrem Handwerck gehoeriges so und nicht anders machen ..." (S. 96). Dies resultiere daraus, dass sie „nicht anders thun, als was sie in ihren Lehr-Jahren von ihren Meistern gesehen ..." und „daß es jenen, welche nur bei der alten Leyer bleiben, ... an tüchtiger Anweisung in ihrer Jugend gefehlet haben muesse ..." (S. 97)

3.1 Konzeption der „Mechanischen Werck-Schulen"

Mit seiner umfassenden Beschreibung des Konzepts der mechanischen Werkschule weist sich Marperger als hervorragender Kenner des Wirtschaftslebens seiner Zeit aus. Seine Beschreibungen der Gewerbe zeigen, dass er weit über die merkantilistischen Denkweisen hinaus die Berufswelt genau erkundet hatte. Er entwickelt zehn Schultypen, die er nach Berufsfeldern vorstellt. Sie seien hier zur Gänze referiert, und zwar mit heute gängigen Begriffen und im Auszug aus dem „Trifolium", S. 109ff.

Übersicht: Marpergers Konzept zur Errichtung „Mechanischer Werck-Schulen"

1. Die Akademie der freischaffenden Künstler für Maler, Bildhauer, Architektur etc.

„Die Academien der Mechanischen Künste und Wissenschafften, in welchen die Mahler und Bildhauer, die Kupfferstecher, ingleichen diejenige, welche Archecturam Civilem & Militarem erlernen sollen / item die Optici und Glaeser-Schleiffer, Stein-Schneider und Polirer/die Mechanici und Geometrische Instrumentenmacher, ferner die Wachs-Posirer ..."

2. Die Marine- und Schiffsbau-Akademie

„Eine Marinen- u. Schiffbauer-Academie auffgerichtet werden moechte, ... zu welcher hernach die Segel- und Compaßmacher und andere bey der Schiffarth benoethigte Handwercker mehr gehoeren."

3. Die Lehr- und Werkschule der Holzbearbeitung

„Die dritte Mechanische Lehr- u. Werck-Schul wäre der Tischer, Zimmerleut und Drechsler, item der Wagener oder Rademacher und anderer in Holtz arbeitender Handwercker ihre, ..."

4. Die Werkschule der Eisen-/Stahlbearbeitung und -verformung

„Die vierdte Mechanische Werck-Schul koenten die in Eisen arbeitende ausmachen, als da seynd die Grob- und Klein-Schmiede oder Schloessers, die Ancker-Schmiede, Drahtzieher, Messer-Schmiede, Schwerdfegers, Waffen-Schmiede, Rüst-, Hebzeug- und Windenmachers etc."

5. Die Werkschule der Buntmetallbearbeitung, -formgebung

„Die Fuenffte, die in Kupffer, Zinn und Messing arbeitende, als die Kupffer-Schmiede und Rothgiesser, die Stuecken- und Glockengiesser, die Blech- und Becken-Schläger, Zinn- oder Kannengiesser."

6. Die Werkschule der Edelmetall-, Edelstein-Bearbeiter, Graveure, Uhrmacher etc.

„Die Sechste, die Gold- und Silberschmiede, Goldschlaeger und Spinner, Juwelierer, Pitschierstecher, Stein und Siegelgraber, Uhrmacher, Muentzmeister, Probirer, Gold und Silberdreher"

7. Die Werkschule des Textilgewerbes

„Die Siebende, die mit Wollen-, Seiden- und Leinen-Manufacutren umgehende, als die Samt und Seiden, auch Wollen und Leineweber, Hutmacher, Posementirer, Struempffstricker, Seidensticker ..."

8. Die Werkschule der Ledererzeugung und -verarbeitung

„Die Achte, die in Leder arbeitende, als Roth und Weiß-Gaerber/Corduan und Pergamentmacher, Taeschner, Riemer, Sattler etc."

9. Die Werkschule des Mühlenbetriebs und des Wasserbaus

„Die Neundte, die mit allerhand Maschinen und Muehlen-Wercken umgehende, wozu gehören die Müller unterschiedlicher Arten, als die Oel- und Waick, Schleif, Papier- und Polier-Müller, die Bergwercks-Maschinenmacher, die Orgel-Bauer, Röhren- oder Wasser-Kunst Meister etc."

10. Die Werkschule für das Apothekenwesen, der Laboranten und Destillateure etc.

„Die Zehende, die in Chymischer und Destillir-Arbeit begriffene, als da sind, die sich auff Alchymiam oder andere Chymische in denen Apotheken und Laboratoriis vorkommenden Arbeiten legen, die Brandwein ... und Wasserbrenner, sonst auch Laboranten genannt; die Pulvermacher, Saltz- und Salpeter-Sieder, die Gold- und Silber-Scheider und was von Bergwercks-Sachen zu wissen vorkommt."

3.1.1 Organisation und Unterrichtsgegenstände

Dieser Teil ist weniger präzise ausgearbeitet. Teils wird dargelegt, welche Defizite in den Berufsfeldern bestehen. Teils wird er konkreter, zum Beispiel beim Marine- und Schiffbauer-Collegium (Werkschule 2) mit dem Vorschlag, einen geschickten Professor Rei & Artis Nauticae zu engagieren und des weiteren Mathematiker, Seeoffiziere „oder andere inventieuse Koepffe" zu beteiligen (S. 115f.). Mit Schulen im heutigen Sinne haben auch Vorschläge für Werkschulen der Handwerker i. e. S. wenig gemein. Er beschreibt eher erste Schritte zur Verbesserung der Situation, wenn er z. B. fordert,

– dass für Tischler (Werkschule 3) „auf ihrer Herberg oder bei ihren Aeltesten" pro Woche mehrmals ein Unterweisungs-Collegium eingerichtet werden solle und auch für Zimmerleute, Wagner etc. „collegialischer Unterricht" angeboten werden soll, u. a. damit die Meisterstücke nicht so langweilig ausfielen (S. 120);

– oder dass bei den „in Eisen arbeitenden Handwercker, desgleichen „die in Zinn, Kupffer und Meßing Arbeitende" (Werkschulen 4 und 5) die geschicktesten Meister auszuwählen seien, die wöchentlich ein- oder zwei Mal Lektionen abhalten und dabei auch neue, ungewöhnliche Werkstücke behandeln sollen (ebd., S. 120f.).

3.1.2 Curricula der Werkschulen

Auf den Seiten 125–193 beschreibt Marperger, welche Lehrstoffe in den Werkschulen behandelt werden sollen. Seine Lehrpläne zielen darauf ab, das in der betrieblichen Praxis vermittelte bzw. erworbene Können zu fundieren und so zu erweitern, dass die Absolventen eine gehobene Fachbildung in den jeweils relevanten wissenschaftlichen Disziplinen erwerben. Als Beispiele für die vorgeschlagenen Lehrgebiete seien herausgegriffen

a) der Schiffsbau (unter Werkschule 2) mit Fächern wie Geometrie, Mathematik, Mechanik, Aufrisse und Bemaßung, Konstruktionslehre nach Schiffstypen, Werkstoffkunde;

b) die Tischler, Zimmerer etc. (Werkschule 3) mit Fachgebieten wie Geometrie (Berechnung von Dreiecksformen, Rechtecke, Rhomben, Trapez, Parallelogramme) und Körperberechnungen (u. a. Pyramiden, Prismen, Tetra-, Octa-, Hexaeder, dazu Statik, Zeichnen, Modellieren;

c) die Mühlenbauer (Werkschule 9) mit Gebieten wie Hebelgesetze, Berechnen von Zahnrädern, Getrieben, Seilzügen, Rollen, Geometrie, Mathematik, Konstruktion von Saug-, Druck-, Schlagwerken, Wasserschraube, Paternoster-Schöpfwerke.

3.1.3 Lehrbücher, Lehrmittel und Lehrstücke

Marperger führt hier (S. 193–303) – für jede der projektierten Werkschulen – im Einzelnen auf,

– welche Fachliteratur zu seiner Zeit verfügbar war und welche Aspekte, die die jeweiligen Autoren behandeln, für die Werkschulen relevant sein können, und

– welche Lehrmittel und Lehrstücke er jeweils für hilfreich erachtet.

Zum Beispiel führt er für die Marineschule Seekarten aus den verschiedenen Weltgegenden auf (S. 226ff.). Als Lehrmittel folgt (S. 232f.) die Liste der gängigen Instrumente, wie Kompass, Quadranten etc. Auch sollten alle Marineschulen ein eigenes Observatorium haben. Der Anschauung sollten Schiffsmodelle dienen.

Sein besonderes Interesse gilt der Mechanik als Wissenschaft, die nach seiner Auffassung damals sehr im Argen lag. Dazu Marpergers Fazit von Seite 273: „Daß, also das Wort Mechanic, wie wir es hier brauchen, eine grosse Menge Wissenschafften und Kuenste erfordert, und also ein Mechanicus, wo es moeglich waere, meist alle Kuenste und Wissenschafften, wo ja nicht pracitice, dennoch wenigstens theoretice, inne haben sollte, wozu aber ein divinum Ingenium, lange Lebens-Zeit, und ein unermuedeter Fleiß und Arbeit, absonderlich gute Anleitung, wie auch grosse Unkosten noethig sind, welche Stuecke aber denen meisten mangeln, und selten beysammen sind."

Dem Mangel will Marperger selbst abhelfen mit seinem „Theatri Machinarum Universalis", dessen Konzeption er (S. 282–292) nach 18 Kapiteln inhaltlich vorstellt. Beispielsweise soll das 18. Kapitel als Kompendium der Jugend Gelegenheit bieten zu erfahren, was Handwerker und Künstler an Maschinen, Instrumenten und Werkzeugen gebrauchen.

3.1.4 Finanzierung der Werkschulen

Die Mittel für die Errichtung und Unterhaltung der Schulen sollen (S. 303ff.) aufgebracht werden:

– aus den Mitteln („Fundis"), die das Land und die Städte zur Wirtschaftsförderung und zu Bildungszwecken ausweisen;

– aus Stiftungen und Vermächtnissen derer, die Künste und Wissenschaften fördern wollen;

– aus Schenkungen, die den Werkschulen gemacht werden;

– aus Eigenmitteln der Werkschulen, u. a. aus „Handel und Gewerb, aus Ausstellungen, die die Schulen veranstalten" (S. 311), aus Schul-/Lehrgeldern oder eigenen Publikationen;

– aus Einnahmen, die den Schulen zugewiesen werden, u. a. aus Strafgeldern, Mieten, Zinsen und Hörergebühren, aber auch aus Beratung von Betrieben oder aus Gutachten.

3.1.5 Kuratorien, Direktorate, Lehrkräfte

Marperger unterscheidet, ohne klar zu trennen zwischen Kuratoren, Schulleitung und Lehrkräften, beim Personalkörper (S. 313–323) „4 Classes" (S. 313) „...also daß

– die Erste und oberste die hohe Land und Stadt-Obrigkeit selbst,

– die andere einer jeden Mechanischen Werck-Schul aelteste Mitglieder,

– drittens die Societaeten der Wissenschafften, und

– vierdtens die Commerien-Collegia, wo solche établiret seyn, seyn muesten."

Im Zentrum stehen die Sozietäten der Wissenschaften, denen zum einen in einem Landes-Kollegium die „Ober-Inspection und Direction" zukäme, zum anderen – zusammen mit dem Handels-Kollegium und den fähigsten Handwerken – die Festlegung der Lehrpläne, dann die Schulvisitation, die Anstellung der Lehrer bzw. die Vergabe der Lehraufträge zu den einzelnen Themen (S. 318). Auch Forschung wird als eine Aufgabe der Werkschulen (ebd., S. 318f.) vorgeschlagen.

---

* Vgl. Dauenhauer, Erich: Die Begründung der deutschen Berufspädagogik durch Paul Jacob Marperger (1656–1730). In: Paedagogica Historica. Internationale Zeitschrift für Geschichte der Pädagogik, Jg. 5, Gent 1965, S. 5–15 und ders.: Paul Jacob Marpergers Plan einer „Mechanischen Werck-Schul" (1723). In: Die berufsbildende Schule, Jg. 18 (1966), H. 2, S. 111–113.

3. Planung und Realisierung eines Bildungsgesamtsystems für Baden

Das System des Rheinbunds brachte für die einbezogenen Staaten einen erheblichen Modernisierungsschub. Anstöße für Reformen in den deutschen Staaten gaben um die Jahrhundertwende auch das zentral verwaltete Staatswesen Frankreichs und die dort verwirklichten Freiheitsrechte. Vor allem die Länder mit Gebietsgewinnen standen vor der Aufgabe, ihr neues Staatsgebilde zu konsolidieren und eine eigene staatliche Identität zu schaffen.

Im Großherzogtum Baden wurde als erster Schritt im Jahre 1809 die Verwaltungsstruktur erneuert und auf die hinzugekommenen Gebiete ausgedehnt. In Anlehnung an den Code Napoléon folgte im Jahr darauf die Einführung des Zivilgesetzbuches mit der Bezeichnung *Badisches Landrecht*.

Nach der Niederlage Napoleons in der Völkerschlacht von Leipzig im Jahre 1813 löste sich der Rheinbund auf. Auf dem Wiener Kongress wurde 1815 der Deutsche Bund als lockerer Zusammenschluss deutscher Fürstentümer und einiger freier Städte ins Leben gerufen. Dessen Gründungsakte sah gemäß Art. 13 vor, dass in den Bundesstaaten eine landständische Verfassung eingeführt werden sollte. Zu den ersten Verfassungen zählte u. a. die von Schaumburg-Lippe 1816; Baden und Bayern folgten 1818, Württemberg ein Jahr danach.

Die vom badischen Großherzog Carl im August 1818 unterzeichnete badische Verfassung gilt als wichtige Etappe auf dem Weg zu einem neuen und einheitlichen Staatswesen; sie setzte deutlich liberale Akzente.[1] Ihre Formulierung basierte auf dem Entwurf von Staatsrat C. F. Nebenius.[2] Danach wurde das Großherzogtum eine frühe Form konstitutioneller Monarchie mit einem als Landstände bezeichneten Zweikammerparlament. Der Großherzog ernannte die Regierung und behielt die obersten Befugnisse.

Zu den wichtigsten Kompetenzen der Landstände gehörte das Budgetrecht. Mindestens alle zwei Jahre hatte der Großherzog beide Kammern zusammen zur Verabschiedung des Haushalts einzuberufen. Die Abgeordneten bzw. die Kammern als Ganzes besaßen allerdings kein Recht auf direkte Gesetzesinitiativen. Nur über *Motionen* konnten sie die Regierung veranlassen, Gesetzesvorschläge einzubringen, die dann in beiden Häusern eine Mehrheit finden mussten, um nach Unterzeichnung durch den Großherzog rechtskräftig zu werden.[3]

Dessen ungeachtet boten die beiden Kammern eine breite Diskussionsplattform und stellten damit ein Element der Demokratisierung dar. Auch die verbürgten staatsbürgerlichen Rechte reichten relativ weit; sie umfassten u. a. Schutz von Eigentum und persönlichen Freiheiten (§ 13), unabhängige Gerichtsbarkeit (§ 14) sowie Gewissens- und Religionsfreiheit (§ 18). In Anlage 4 sind die wesentlichen Bestimmungen zu den im Großherzogtum gewährten staatsbürgerlichen und politischen Rechten wiedergegeben.

Marginalien:
Innere Konsolidierung Badens

Verfassung von 1818

Kompetenzen der Landstände

---

[1] Vgl. Haebler, Rolf Gustav: Badische Geschichte. Nachdruck der Ausgabe Karlsruhe, Braun 1951. Bad Liebenzell 1987, S. 91

[2] Zur Verfassung allgemein vgl. Bräunche, Ernst Otto/Schnabel, Thomas (Hrsg.): Die Badische Verfassung von 1818. Südwestdeutschland auf dem Weg zur Demokratie. Ubstadt-Weiher 1996

[3] Vgl. Hug, Wolfgang: Geschichte Badens. Darmstadt 1998, S. 212f.

Anl. 4:

Staatsbürgerliche und politische Rechte gemäß der badischen Verfassung von 1818

§ 7

(1) Die staatsbürgerlichen Rechte der Badener sind gleich in jeder Hinsicht, wo die Verfassung nicht namentlich und ausdrücklich eine Ausnahme begründet.

(2) Die großherzoglichen Staatsminister und sämmtliche Staatsdiener sind für die genaue Befolgung der Verfassung verantwortlich.

§ 8

Alle Badener tragen ohne Unterschied zu allen öffentlichen Lasten bey. Alle Befreyungen von directen oder indirecten Abgaben bleiben aufgehoben.

§ 9

(1) Alle Staatsbürger von den drey christlichen Confessionen haben zu allen Civil- und Militärstellen und Kirchenämtern gleiche Ansprüche.

(2) Alle Ausländer, welchen Wir ein Staatsamt conferiren, erhalten durch diese Verleihung unmittelbar das Indigenat.

§ 10

Unterschied in der Geburt und der Religion begründet, mit der für die standesherrlichen Familien durch die Bundesacte gemachten Ausnahme, keine Ausnahme der Militärdienstpflicht.

§ 11

Für die bereits für ablöslich erklärten Grundlasten und Dienstpflichten und alle aus der aufgehobenen Leibeigenschaft herrührenden Abgaben soll durch ein Gesetz ein angemessener Abkaufsfuß regulirt werden.

§ 12

Das Gesetz vom 14. August 1817, über die Wegzugsfreyheit, wird als ein Bestandtheil der Verfassung angesehen.

§ 13

Eigenthum und persönliche Freyheit der Badener stehen für alle auf gleicher Weise unter dem Schutze der Verfassung.

§ 14

(1) Die Gerichte sind unabhängig innerhalb der Grenzen ihrer Competenz.

(2) Alle Erkenntnisse in bürgerlichen Rechtssachen müssen von den ordentlichen Gerichten ausgehen.

(3) Der großherzogliche Fiscus nimmt in allen aus privatrechtlichen Verhältnissen entspringenden Streitigkeiten Recht vor den Landesgerichten.

(4) Niemand kann gezwungen werden, sein Eigenthum zu öffentlichen Zwecken abzugeben, als nach Berathung und Entscheidung des Staatsministeriums, und nach vorgängiger Entschädigung.

§ 15

(1) Niemand darf in Criminalsachen seinem ordentlichen Richter entzogen werden.

(2) Niemand kann anders als in gesetzlicher Form verhaftet und länger als zweymal 24 Stunden im Gefängniß festgehalten werden, ohne über den Grund seiner Verhaftung vernommen zu seyn.

(3) Der Großherzog kann erkannte Strafen mildern oder ganz nachlassen, aber nicht schärfen.

§ 16

Alle Vermögens-Confiscationen sollen abgeschafft werden.

§ 17

Die Preßfreyheit wird nach den künftigen Bestimmungen der Bundesversammlung gehandthabt werden.

§ 18

Jeder Landeseinwohner genießt der ungestörten Gewissensfreyheit und in Ansehung der Art seiner Gottesverehrung des gleichen Schutzes.

§ 19

Die politischen Rechte (der drey christlichen Religionstheile) sind gleich.

§ 20

Das Kirchengut und die eigenthümlichen Güter und Einkünfte der Stiftungen, Unterrichts- und Wohlthätigkeitsanstalten dürfen ihrem Zwecke nicht entzogen werden.

§ 21

Die Dotationen der beyden Landesuniversitäten und anderer höherer Lehranstalten, sie mögen in eigenthümlichen Gütern und Gefällen oder in Zuschüssen aus der allgemeinen Staatscasse bestehen, sollen ungeschmälert bleiben.

§ 22

(1) Jede, von Seite des Staats gegen seine Gläubiger übernommene Verbindlichkeit ist unverletzlich.

(2) Das Institut der Amortisationscasse wird in seiner Verfassung aufrecht erhalten.

§ 23

Die Berechtigungen, die durch das Edict vom 23. April 1818 den dem Großherzogthum angehörigen, ehemaligen Reichsständen und Mitgliedern der vormaligen unmittelbaren Reichsritterschaft verliehen worden sind, bilden einen Bestandtheil der Staatsverfassung.

§ 24

Die Rechtsverhältnisse der Staatsdiener sind in der Art, wie sie das Gesetz vom Heutigen festgestellt hat, durch die Verfassung garantirt.

§ 25

Die Institut der weltlichen und geistlichen Witwencasse und der Brandversicherung sollen in ihrer bisherigen Verfassung fortbestehen und unter den Schutz der Verfassung gestellt seyn.

Die Landstände hatten demzufolge nur begrenzte Kompetenzen; sie konnten auch vom Landesherrn aufgelöst werden. Gemäß § 50 durften sie „sich nur mit den nach gegenwärtigem Grundgesetz zu ihrer Berathung geeigneten oder vom Großherzog besonders an sie gebrachten Gegenständen beschäftigen."

Zusammensetzung der Landstände

Nach § 27 der Verfassung des Großherzogtums bestand die erste Kammer aus

Erste Kammer

1. den Prinzen des großherzoglichen Hauses,
2. den Häuptern der standesherrlichen Familien,
3. dem Landesbischof und einem vom Großherzog auf Lebenszeit ernannten protestantischen Geistlichen mit dem Range eines Prälaten,
4. acht Abgeordneten des grundherrlichen Adels,
5. zwei Abgeordneten der Landesuniversitäten,
6. den vom Großherzog, ohne Rücksicht auf Stand und Geburt zu Mitgliedern dieser Kammer ernannten Personen.

Die Abgeordneten der zweiten Kammer wurden von der männlichen Bevölkerung in indirekter Wahl gewählt. Im Einzelnen bestimmte die Verfassung hierzu:

Zweite Kammer

„Die zweite Kammer besteht aus 63 Abgeordneten der Städte und Aemter nach der dieser Verfassungsurkunde angehängten Vertheilungsliste." (§ 33)
„Diese Abgeordneten werden von erwählten Wahlmännern erwählt." (§ 34)

Das Wahlrecht zur zweiten Kammer versteht sich als fortschrittlicher Zug der Verfassung. Auch wenn die Wahl nur indirekt erfolgte, blieben Standesunterschiede bei der Bildung dieser Kammer unerheblich. Das aktive Wahlrecht zur zweiten Kammer besaßen Männer ab 25 Jahren; zudem war es an den Besitz des vollen Gemeindebürgerrechts gebunden, was u. a. Wanderarbeiter ausschloss. So stand etwa 35 % der männlichen Bevölkerung bzw. 17 % der Bevölkerung insgesamt das aktive Wahlrecht zu. Dies stellte allerdings für die damalige Zeit einen beachtlichen Wert dar.[4] Die Abgeordneten mussten mindesten 30 Jahre alt sein, einer christlichen Konfession angehören sowie über ein bestimmtes Einkommen bzw. Vermögen verfügen.

Erstmals traten die badischen Landstände in Karlsruhe im April 1819 zusammen; die Eröffnung nahm Großherzog Ludwig als Nachfolger des Ende 1818 verstorbenen Großherzogs Carl wahr. Wie H. Schwarzmaier hervorhebt, wurde die Verfassung der Funktion gerecht, einigende Klammer aller badischen Staatsbürger zu sein.[5]

Auch wenn die Verfassung berufliche Bildung expressis verbis nicht anspricht, stellt dieser Sektor in jener Zeit ganz im Sinne der Erziehung zur *Industrialität* einen bedeutenden Bildungsschwerpunkt dar. Emil Gutman spricht in diesem

Erziehung zur Industrialität

---

[4] Vgl. Klein, Winfried: Liberal oder rückständig? Die Bedeutung der badischen Verfassungsentwicklung für das Domänenvermögen und die Handschriften der Badischen Landesbibliothek. Vortrag in der Badischen Landesbibliothek am 21.11.2006.
[5] Vgl. Schwarzmaier, Hansmartin: Baden. Dynastie – Land – Staat. Stuttgart 2005, S. 205

Zusammenhang von einer „Grundeinstellung zu allen erziehlichen Maßnahmen" und nennt als Merkmal: „Wirtschaftlichkeit als Grundlage für den Aufbau eines gesunden, produktiven ... Volkscharakters ... Dieser Einstellung entsprang in der Folgezeit auch die planvolle und zielbewußte Weiterförderung des gewerblichen Bildungsgedankens, der schließlich in der badischen Gewerbeschule seine Verwirklichung gefunden hat."[6]

Förderung des gewerblichen Mittelstandes
Im Großherzogtum Baden verstand sich der Auf- und Ausbau des gewerblichen Bildungswesens als elementarer Bestandteil staatlicher Gewerbepolitik. Die Hebung des Bildungsniveaus in den einzelnen Gewerbszweigen sollte die ökonomische Basis des Mittelstandes stärken und zudem der Stabilisierung der politischen und gesellschaftlichen Strukturen im Großherzogtum dienen. In anderen Territorialstaaten setzten Aktivitäten bezüglich des Auf- und Ausbaus eines niederen gewerblichen Bildungswesens zumeist erst in wesentlich späterer Zeit ein. Dieser erste Schwerpunkt war hingegen in Baden ebenso wie im benachbarten Württemberg bereits zu Beginn des 19. Jahrhunderts feststellbar.[7]

3.1 Berufliche Bildung als Element staatlicher Gewerbeförderung

Neue Erwerbsmöglichkeiten
Die in Baden staatlicherseits initiierte Gewerbeförderung verfolgte vornehmlich das Ziel, außerhalb der Landwirtschaft neue Erwerbsmöglichkeiten zu schaffen und damit für bestimmte Bevölkerungsgruppen zusätzliche Wege zur Sicherung des Lebensunterhalts zu erschließen. Statt direkter Eingriffe konzentrierte sich die Gewerbepolitik des Großherzogtums auf die Schaffung günstiger Rahmenbedingungen für die ökonomische Entwicklung, beispielsweise durch den Ausbau von Verkehrswegen wie auch durch die Regulierung des Rheins.

Eindämmung der Emigration
Gleichzeitig galt es, die damals stark ausgeprägte Emigration einzuschränken. In fast allen Territorien Südwestdeutschlands waren nämlich um die Wende zum 19. Jahrhundert erhebliche Auswanderungsverluste zu verzeichnen. Aufgrund von Missernten kam es in den Jahren 1816/17 zu einer verheerenden Hungersnot; daraufhin wanderten rund 40.000 Einwohner Badens und Württembergs aus. Emigration verstand sich in jenen Jahren teilweise auch als Weg, um ein Gleichgewicht zwischen Bevölkerung und Kapazitäten der Nahrungsmittelerzeugung an der Schwelle zur Industrialisierung herzustellen.[8] Dessen ungeachtet nahm die Bevölkerung Badens im Zeitraum von 1810 bis 1900 von 974.000 auf 1.868.000 zu, die Einwohnerzahl Württembergs von 1.379.000 auf 2.169.000.[9]

---

[6] Gutman, Emil: Die Gewerbeschule Badens 1834/1930. Konkordia A.-G. für Druck und Verlag, Bühl-Baden 1930, S. 64

[7] Vgl. Hasfeld, Robert: Berufsausbildung im Großherzogtum Baden. Zur Geschichte des „dualen Systems" im Handwerk. Köln 1996, S. 182

[8] A.a.O., S. 165f.

[9] A.a.O., S. 96, S. 165 u. S. 215

Bald setzte sich parallel dazu die Überzeugung durch, dass neue Produktivkräfte über staatliche Unterstützungsmaßnahmen für das Bildungswesen gefördert werden müssten. So waren die ersten Jahrzehnte des 19. Jahrhunderts durch rege Diskussionen um Bildungsfragen und insbesondere der Errichtung gewerblich-technischer Schulen gekennzeichnet. Weitgehender Konsens bestand darüber, zur Förderung des Gewerbestandes neue Wege beruflicher Bildung auszubauen und dabei verschiedene Berufsbildungsebenen zu unterscheiden.

Bereits in sehr konkreten Bahnen bewegten sich die Vorstellungen des Heidelberger Ökonomen Karl Heinrich. Er bezeichnete in seiner Göttinger Preisschrift „Ueber das Zunftwesen und die Folgen seiner Aufhebung" aus dem Jahre 1816 die Bildung geschickter Arbeiter als einen Gegenstand, dem die Regierung ihr besonderes Augenmerk widmen solle, und empfahl eine Ergänzung der traditionellen Zunftlehre über spezielle, teilzeitig zu besuchende Bildungsanstalten.[10]

Als Ergänzung der Ausbildung im handwerklichen Betrieb entwickelten sich in den deutschen Territorialstaaten ab dem späten 18. Jahrhundert Teilzeitschulen verschiedenster Art und auch berufsqualifizierende Vollzeitschulen mit der Aufgabe, die Qualifizierung des beruflichen Nachwuchses auf mittlerer Ebene zu übernehmen. Regional erfolgte dies allerdings nach sehr unterschiedlichen Strukturmustern.

Nach dem beträchtlichen Gebietszuwachs infolge des Reichsdeputationshauptschlusses war die badische Regierung schon 1803 bestrebt, dem Staatswesen eine einheitliche Ordnung zu geben. So wurden verschiedene Organisationsedikte erlassen, um u. a. Landesverwaltung, Gerichtsbarkeit sowie Militärangelegenheiten zu regeln. Eines dieser Edikte enthielt Bestimmungen für die gemeinen und wissenschaftlichen Lehranstalten. Die Schulpflicht wurde für Knaben vom siebten bis zum vierzehnten und für Mädchen vom siebten bis zum dreizehnten Lebensjahr festgelegt.

> Den Schulen in kleinen Landstädten, „welche sich nur vom Landbaue und gemeinen Handwerk größeren Teils nähren", sollten „zur geometrischen Zeichnung und zur architektonischen Handzeichnung Unterrichtsanstalten" angegliedert werden. „In größeren Städten, die sich hauptsächlich mit Gewerbe- und Kunstfleiß beschäftigen, reicht jene Bildung nicht hin ... Es muß hier vollständig für die vorgedachten beiden Gattungen des Zeichenunterrichts gesorgt werden. Dabei soll man weiter in Hauptstädten sein Augenmerk dahin richten, daß auch ein technologischer Unterricht aufgestellt werden könne, worin die Schüler die Vorkenntnisse sammeln können, die ihnen zu einstigem reifen Nachdenken über die Hantierung und deren Vervollkommnung notwendig sind."[11]

---

[10] Vgl. Hasfeld, R., a.a.O., S. 182 ff.
[11] XIII. Organisationsedikt vom 13. Mai 1803, zitiert nach Kuhn, Karl Friedrich: Die Gewerbeschule der Landeshauptstadt Karlsruhe in Vergangenheit und Gegenwart. Karlsruhe 1927, S. 8

Für die größeren Städte bedeutete dies also die Möglichkeit der Einrichtung eigenständiger gewerblicher Lehranstalten mit Unterricht im Zeichnen und in technologischen Fächern.

Verordnung
1808

Die landesherrliche Verordnung vom 9. Februar 1808 regelte die Wanderschaft der Zunftgenossen. Danach sollte niemand durch Erteilung eines Lehrbriefes zum Wandern befähigt werden, der nicht im Lesen, Schreiben und Rechnen elementare Kenntnisse erworben hatte. Die Meister sollten daher keine Lehrlinge aufnehmen, die nicht die „Fundamente gedachter Schulwissenschaften" besitzen. Darüber hinaus wurden die Meister verpflichtet, die Lehrlinge zur Übung in den Schulwissenschaften und zur Benutzung der etwa vorhandenen Hilfsunterrichtsanstalten, also beispielsweise Zeichenschulen, anzuhalten.[12]

Diskussion
um Aufhebung
des Zunftzwangs

Hinsichtlich der Aufhebung des Zunftzwangs beschritt Baden zunächst einen Mittelweg zwischen der überkommenen Zunftordnung und der Einführung der Gewerbefreiheit. So fasste im Jahre 1822 eine Kommission der badischen Landstände Beschlüsse zu den Prinzipien, nach denen die Gewerbeordnung reformiert und entsprechende Gesetzentwürfe vorgelegt werden sollte[13]:

– Aufhebung der Zünfte in ihrer Funktion als öffentlich-rechtliche Korporationen.
– Unterstellung des Gewerbewesens unter die Aufsicht der Gemeinderäte. Zusammen mit Handwerksmeistern sollten diese den Gewerberat bilden, dem die Überwachung der Lehrkontrakte obliegen sollte.
– Beibehaltung der Lehrlingsausbildung mit Lehrzeit, Wanderpflicht und Meisterprüfung sowie die Möglichkeit zum privatrechtlichen Zusammenschluss. Es sollten allerdings Ausnahmen von dem ordnungsgemäßen Ausbildungsgang gestattet sein.
– Abschaffung der Beschränkung der Meister-, Gehilfen- oder Lehrlingszahl.
– Beseitigung aller Unterschiede zwischen Stadt und Land; auch der Handel mit eigenen Produkten müsse innerhalb des Landes frei sein.
– Gewährung des Rechts für Fabrikanten, alle Arbeiten, die zur Herstellung ihrer Produkte nötig sind, auch wenn sie in den Bereich verschiedener Handwerke fallen, selbst auszuführen.
– Erhaltung des Zunftvermögens und dessen vorrangige Verwendung zur Unterstützung kranker Handwerksgenossen.

Vorbehalte gegen
eine Neuordnung

In den Landtagsberatungen erwiesen sich jedoch Vorbehalte gegen eine weitgehende Freigabe des Gewerbewesens mit Abschaffung des Zunftzwangs gegenüber den liberalen Stimmen als stärker. Als bezeichnend kann die Stellungnahme des Staatsrats und Abgeordneten Winter gelten:

„Wenn ich meiner inneren Überzeugung ungestört folgen könnte, würde ich unbedingt Gewerbefreiheit in Vorschlag bringen ... Nur zwei Dinge halten

---

[12] Vgl. Kuhn, K. F., a.a.O., S. 8f.
[13] Vgl. Fischer, Wolfram: Der Staat und die Anfänge der Industrialisierung in Baden 1800–1850. Berlin 1962, S. 73

mich davon ab: Das Volk ist nicht vorbereitet genug, und der Übergang aus der Beschränkung in die Freiheit wäre mit einer augenblicklichen Verwirrung verbunden, die unstreitig für die gegenwärtige Generation von Nachteil wäre. Mag die Gewerbefreiheit der Zukunft Vorteile bringen; auch die Gegenwart hat ihre Rechte, und sie kann verlangen, daß die Zukunft ihre Wohlfahrt nicht auf ihre Kosten erkaufe."[14]

Die damit umrissene Haltung bestimmte weitgehend auch die Debatten der folgenden Jahre. Regierung und Landstände zögerten also noch, eine grundsätzliche Neuordnung des Gewerbewesens vorzunehmen.

Intensive Diskussionen zur handwerklichen Nachwuchsqualifizierung ergaben sich im Jahre 1822 auch in der zweiten Kammer der badischen Landstände.[15] Gegner wie Befürworter einer freiheitlicheren Gewerbeordnung waren darüber einig, dass eine mit der Gewerbefreiheit verbundene Deregulierung des handwerklichen Ausbildungswesens erst ins Auge gefasst werden könne, wenn sich das handwerkliche Qualifikationsniveau verbessert habe. Breiter Konsens herrschte allerdings darüber, dass bis auf Weiteres die Ausübung eines Handwerks von einer ordnungsgemäß absolvierten Lehre abhängig bleiben solle.

Voraussetzung für die Aufhebung des Zunftzwangs

Auch in der Folgezeit wurden im Rahmen der gewerbepolitischen Auseinandersetzung Fragen der Berufsbildung diskutiert, denn das als unzureichend angesehene Qualifikationsniveau schien sich zu einem Hemmschuh für die Einführung der Gewerbefreiheit zu entwickeln.

Der badische Staatsrat Nebenius knüpfte die Einführung der Gewerbefreiheit explizit an einen Ausbau von Formen des Gewerbeunterrichts sowie an entscheidende Verbesserungen des gewerblichen Bildungsniveaus insgesamt. „Wenn die Freiheit eintritt", so argumentierte Nebenius, „gewinnt jeder ebensoviel, als er verliert; er verliert an Schutz, gewinnt aber dadurch, daß er seine Industriekräfte nach allen Seiten wirken lassen kann".[16] Doch dafür schienen die Voraussetzungen zunächst noch nicht gegeben.

Im Vergleich zu England mit dem Wachstumsmotor Textilindustrie war Deutschland Ende der 1830er Jahre eher unterentwickelt und zudem von starken regionalen Unterschieden geprägt.[17] Zu Beginn des 19. Jahrhunderts galten Fabriken im öffentlichen Bewusstsein als Rand- und Ausnahmeerscheinung in einer von den Zünften beherrschten gewerblichen Gesellschaft. Sie bedurften in Württemberg sogar bis zur Gewerbeordnung von 1828 der Betriebserlaubnis durch ein landesherrliches Privilegium. In Baden bestand der Konzessionszwang für Fabriken seit dem Übergang zur gemäßigten Zunftverfassung vom Jahre 1808;

Anfänge der Industrialisierung

---

[14]   Zitiert nach Fischer, W., a.a.O., S. 74
[15]   Vgl. Hasfeld, R., a.a.O., S. 177ff.
[16]   Zitiert nach Fischer, W., a.a.O., S. 75
[17]   Vgl. Kocka, Jürgen: Arbeitsverhältnisse und Arbeiterexistenzen. Grundlagen der Klassenbildung im 19. Jahrhundert. Bonn 1990, S. 68f.

der Konzessionspraxis mangelte es allerdings an klaren, plausiblen Zuständigkeitsregelungen.[18]

Der eigentliche Durchbruch kam ab 1835 mit dem Eisenbahnbau. In Baden wie auch in Württemberg stieg der Industrialisierungsgrad zunächst bis zur Mitte des 19. Jahrhunderts nur wenig an. Die Industrie besaß anfangs nur eine schwache Lobby; in der Frühphase fehlten vornehmlich finanzielle Start- und Überbrückungshilfen, technische Unterstützung, Marktchancen und Risikoabsicherung.[19]

Die Förderung der beruflichen Qualifizierung und die Verbesserung der Infrastruktur hatten Vorrang gegenüber einer direkten Förderung der Industrie. Seit der Einführung der Gewerbefreiheit in Baden und ebenso in Württemberg 1862 entwickelte die Industrialisierung allerdings eine stärkere Dynamik.[20]

Von einer staatlichen Förderung profitierte die Textilindustrie Württembergs am stärksten; sie wurde zur führenden Branche des Landes. So war hier im Jahre 1810 bereits die erste mechanische Baumwollspinnerei eröffnet worden. Ihr Gründer hatte eine mechanische Spinnmaschine aus England eingeschmuggelt. Die Zahl der installierten Dampfmaschinen stieg in Baden von 24 im Jahre 1847 auf 223 im Jahre 1861; 1869 betrug sie dann schon 489 und 1875 bereits 923.[21] Schließlich entwickelte sich in Deutschland im letzten Drittel des 19. Jahrhunderts die Elektrotechnik zum Leitsektor der Hochindustrialisierung.

3.2 Errichtung einer Hochschule mit technischer Ausrichtung

Wissenschaftliche Fachbildung mit Anwendungsbezug

Seit Ende des 18. Jahrhunderts mehrten sich in Baden Stimmen, dass ein zunehmender Bedarf an einer technischen Bildungseinrichtung auf Hochschulebene bestehe. Der Aufschwung technischer Fabrikationszweige erfordere eine wissenschaftliche Fundierung der Fachausbildung auf höherer Ebene gekoppelt mit speziellen Anwendungsbezügen. Weitgehend stimmte man überein, dass sich eine solche Aufgabe in den bestehenden Universitäten nicht realisieren lässt.

Neben der industriellen Entwicklung war in jener Zeit auch die intensive Auseinandersetzung mit Fragen des Ingenieurbauwesens, vornehmlich des Wasserbaus, Triebfeder für die Gründung technischer Institute auf Hochschulebene. Oberst Johann Gottfried Tulla (1770–1828), dem 1803 von der badischen Regierung die Aufsicht über den Flussbau am Rhein und dessen Nebenflüssen übertragen worden war, argumentierte wegen der Notwendigkeit der Rheinregulierung für eine solche Anstalt. Gleiche Beweggründe hatten mit Blick auf die Regulierung der

---

[18] Boelcke, Willi A.: Die Erfolgsgeschichte der Wirtschaftsförderung von Steinbeis bis heute – „Glück für das Land". Stuttgart 1992, S. 29

[19] Vgl. Boelcke, Willi A.: Wirtschaftsgeschichte Badens von den Römern bis heute. Stuttgart 1987, S. 31

[20] Vgl. Stratmann, Karlwilhelm/Pätzold, Günter/Wahle, Manfred: Die gewerbliche Lehrlingserziehung in Deutschland. Modernisierungsgeschichte der betrieblichen Berufsbildung. Bd. II: Vom Ende der ständischen Epoche bis zum Beginn der Hochindustrialisierung (1806–1878). Frankfurt a. M. 2003, S. 112

[21] Ebenda, S. 113f.

Donau im Jahre 1795 zur Errichtung einer technischen Schule in Budapest als Vorläuferin der späteren Technischen Universität geführt.

Höhere technische Lehranstalten entstanden in mehreren deutschen Ländern bereits um die Mitte des 18. Jahrhunderts; so wurde z. B. in Braunschweig am dortigen Collegium Carolinum im Jahre 1745 eine technische Abteilung für Forstwesen, Bergbau und Metallurgie gegründet. Die erste Hochschule im engeren Sinne war die im Jahre 1765 gegründete Bergakademie in Freiberg in Sachsen; sie gilt als die älteste montanwissenschaftliche Hochschule der Welt. Im Jahre 1775 kam die Bergakademie Clausthal im Harz hinzu. International wurde als früheste technische Spezialschule 1747 die *Ecole des Ponts et Chaussées* für Brücken- und Straßenbau in Paris eröffnet.

Vorläufer der Polytechnika

Der Begriff *polytechnische Bildung* wird heute als umfassende naturwissenschaftlich-technische Ausbildung verstanden.[22] Zurückführen lässt sich dieser Terminus auf die Ausbildung an der Pariser *Ecole Polytechnique*, die bei der Planung der Karlsruher Polytechnischen Schule als Vorbild diente.[23] Der Mathematiker Gaspard Monge (1746–1818), Hauptinitiator und zeitweiliger Direktor der Pariser Ecole Polytechnique, war bei seinen Überlegungen zum didaktischen Konzept seiner Schule zur Überzeugung gelangt, Technik sei vornehmlich als angewandte Mathematik und Physik zu begreifen, weshalb sich die Ingenieurausbildung auf diese Fächer stützen solle. Der Mathematik und den Naturwissenschaften allgemein wurde eine *Polyvalenz* in dem Sinne zugesprochen, dass sie alle Phänomene der materiellen Welt durchschaubar und diese so beherrschbar machen würden. Die Ecole Polytechnique sollte gleichsam als polyvalente Vorbereitung auf den späteren Besuch von Spezialschulen dienen, z. B. für Bergbau, Brücken- und Straßenbau. Sie verwirklichte das Prinzip einer gemeinsamen theoretischen Bildungsgrundlage für alle Zweige der Technik in beispielhafter Weise. Im Rahmen der Mathematik kam der von Monge entwickelten „darstellenden Geometrie" (géométrie descriptive) große Bedeutung zu.

Bedeutung des Terminus „polytechnisch"

Die Ecole Polytechnique in Paris war im Jahre 1794 unter der Bezeichnung *Ecole centrale des travaux publics* gegründet und im Jahr darauf in „Ecole polytechnique" umbenannt worden. Sie diente der Heranbildung von Zöglingen für verschiedene Fachschulen, welche Ingenieure für die technischen Zweige des Staatsdienstes ausbildeten. Napoleon sagte von ihr: *C'est ma poule aux oeufs d'or. Sie ist meine Henne, die goldene Eier legt.*[24] Zu ihren Besonderheiten ge-

Ecole Polytechnique Paris

---

[22] In diesem Zusammenhang wird polytechnische Bildung als eine Erziehung betrachtet, die die allgemeinen wissenschaftlichen Grundsätze aller Produktionsprozesse vermittelt und zugleich in die Handhabung der elementaren Instrumente aller Geschäfte einführt. Vgl. Brockhaus, Ausgabe 1972

[23] Vgl. Greinert, Wolf-Dietrich: Realistische Bildung in Deutschland. Ihre Geschichte und aktuelle Bedeutung. Hohengehren 2003, S. 20ff.

[24] Vgl. Trefzer, Matthias: Die Gewerbeschulen im Großherzogthum Baden. Versuch einer auf die Natur der Sache gegründeten Darstellung der Lehrgegenstände und des Unterrichts an diesen Anstalten. Offenburg 1833, S. 9

hörte u. a., dass die Zöglinge kaserniert waren und militärischer Zucht unterstanden. Die Anstalt selbst unterstand dem Kriegsminister und berücksichtigte vor allem die Bedürfnisse des Militärs sowie im weiteren Sinne des öffentlichen Dienstes.

Die Ecole Polytechnique lehrte in einem zweijährigen Kurs die höheren mathematischen Wissenschaften und Naturwissenschaften als gemeinschaftliche Grundlage der höheren technischen bzw. teilweise militärischen Fachschulen, in die die Absolventen übertraten. Spezialschulen dieser Art waren die *Ecole d'Application d'Artillerie et de Génie Militaire* in Metz, die schon erwähnte *Ecole des Ponts et Chaussées* in Paris, die *Ecole des Mines* in Paris, die *Ecole Spéciale de Génie Maritime* in Brest und die Kriegsakademie in Paris.[25]

Organisation der Ausbildung Der Unterricht an der Ecole Polytechnique begann auf einer relativ hohen Stufe und schloss sich an den Besuch der gelehrten Mittelschulen an, die eigens zur Vorbereitung der Aspiranten der Ecole Polytechnique einen Spezialkurs für die mathematische Wissenschaft anboten. Für den Eintritt in die Ecole Polytechnique wurden u. a. Kenntnisse in Latein, freier Handzeichnung, Arithmetik, Elementargeometrie, Algebra, Trigonometrie und Statik verlangt. Die Bewerber wurden über Auswahlprüfungen, die in Paris und anderen größeren Städten Frankreichs stattfanden, rekrutiert. Das durchschnittliche Eintrittsalter lag bei 18 Jahren.

Nach der zweijährigen wissenschaftlichen Vorbildung entschieden sich die Zöglinge für eine der genannten Fachschulen und wurden der jeweils angestrebten Spezialisierung entsprechend weiter ausgebildet. Der Übergang zur Fachschule selbst war nochmals mit einem Auswahlverfahren verbunden. Als Beispiel für den Abschluss der Ausbildung in den Fachschulen sei die *Ecole des Ponts et Chaussées* angeführt. Sie umfasste drei Ausbildungsjahre, jeweils geteilt in einen Winterkurs zum theoretischen Studium und einen praktischen Sommerkurs, der auf entsprechenden Baustellen des Brücken- und Straßenbaus zu absolvieren war.

Tullas Erfahrungen aus Frankreich Der badische Landesherr hatte den bereits erwähnten Wasserbauingenieur Tulla beauftragt, in Frankreich den Wasser-, Teich- und Schleusenbau „so weit kennen zu lernen, als davon in den hiesigen fürstlichen Landen ein nützlicher Gebrauch zu machen ist".[26] Sein Besuch der Ecole Polytechnique hinterließ einen außerordentlich günstigen Eindruck. Während seines Aufenthalts in Frankreich vom Juli 1801 bis zum Januar 1803 kam er auch nach Blois und an den Kanal von Briare. So gelang es ihm nach seiner Rückkehr, einen Gesamtplan für die Rheinregulierung zu erstellen.

Danach bot ihm die Universität Heidelberg eine Professur für Mathematik an. Er lehnte dies jedoch ab, da er eine eigenständige Einrichtung für die Ingenieurs-

---

[25] Vgl. Schnabel, Franz: Die Anfänge des technischen Hochschulwesens. Aus der Festschrift anläßlich des 100jährigen Bestehens der Technischen Hochschule Fridericiana zu Karlsruhe. Karlsruhe 1925, S. 13

[26] Zitiert nach Schnabel, a.a.O., S. 27

ausbildung als dringend erforderlich betrachtete. Diese Auffassung dürfte im Hinblick auf die generelle Trennung von Technischen Hochschulen und Universitäten eine nicht unwesentliche Rolle gespielt haben.[27] So legte Tulla im Jahre 1805 einen Plan für die Errichtung einer Ingenieurschule nach dem Vorbild der Ecole Polytechnique vor. Diese Schule wurde im Jahre 1807 eröffnet. Zentraler Ausbildungsinhalt war die „géométrie descriptive". Seine Erfahrungen mit der Bewältigung strömungstechnischer Probleme bei der Begradigung des Oberrheins ab dem Jahre 1812 bestätigten ihn in dieser Einschätzung.[28] Der Eintritt in Tullas Ingenieursschule erfolgte im Alter von 13 bis 16 Jahren; die Ausbildung dauerte drei Jahre und schloss auch praktische Tätigkeiten während der Sommermonate ein. Im Jahre 1817 wurde Tulla mit der Oberdirektion des Wasser- und Straßenbaus betraut und zum Oberst befördert.

Nach dem Vorbild der Ecole Polytechnique entstanden im mitteleuropäischen Raum noch vor der Polytechnischen Schule Karlsruhe das Ständische Polytechnische Institut in Prag (1806), hervorgegangen aus einer Ingenieurkammer der böhmischen Stände, die seit 1717 bestand. Im Jahre 1815 wurde das k. k. Polytechnische Institut in Wien eröffnet. Direkter Vorläufer dieser Wiener Einrichtung war die 1770 in der Residenzstadt gegründete k. k. Realhandlungsakademie. Nach seiner Aufgabenstellung sollte das Wiener Polytechnische Institut drei Bereiche abdecken: **Pariser Anstalt als Vorbild für Prag und Wien**

– technische Lehranstalt mit wissenschaftlichem Anspruch,
– Konservatorium für Wissenschaften und Künste mit technologischer Schausammlung sowie
– Verein zur Förderung der Nationalindustrie.

Das Institut umfasste eine technische und eine kommerzielle Abteilung; zuvor war eine zweijährige Realschule zu besuchen.

Die Errichtung der Polytechnischen Schule Karlsruhe wurde durch eine dafür 1808 konstituierte Generalstudienkommission vorbereitet. Dieser gehörten u. a. F. Weinbrenner und J. G. Tulla an. Auch gab es damals eine Diskussion, ob die Polytechnische Schule nicht in Anlehnung an die Pariser Ecole Polytechnique ebenfalls für den militärischen Bereich zuständig sein sollte, was schließlich nicht zur Realisierung kam. **Vorbereitung der Karlsruher Gründung**

In einem Gutachten des Jahres 1808 setzte sich Weinbrenner mit dieser Problematik auseinander und sah es als zweckmäßig an, nur eine Lehranstalt zu errichten, in der Baumeister und Ingenieure wie auch Maler, Bildhauer, Kupferstecher, Fabrikanten und Handwerker ausgebildet werden.[29] Das Finanzministe-

---

27 Vgl. Die Technische Hochschule Fridericiana Karlsruhe. Festschrift zur 125-Jahr-feier. Karlsruhe 1950, S. 90
28 Vgl. Neumeier, G.: Vom Polytechnikum zur Universität (FH). In: Universität Karlsruhe (Hrsg.): Die Technische Universität an der Schwelle zum 21. Jahrhundert. Festschrift zum 175jährigen Jubiläum der Universität Karlsruhe (TH). Berlin/Heidelberg/New York 2000, S. 12
29 Vgl. Kuhn, K. F. 1927, a.a.O., S. 28

rium teilte allerdings diese Auffassung nicht und vertrat den Standpunkt, die bestehenden Elementar- und Zeichenschulen würden in verbesserter Form für die Ausbildung von Handwerkern genügen.[30]

Zum Zweck der Klärung der Konzeption für die in Karlsruhe zu errichtende Polytechnische Schule diente auch eine Reihe von Studienreisen badischer Experten zu bereits bestehenden technischen Lehranstalten in Österreich, Frankreich und England. Die Gründungsaufgabe erwies sich als besonders schwierig, da die bei der großherzoglichen Oberdirektion des Wasser- und Straßenbaus bestehende Ingenieurschule, die Privatarchitekturschule des Oberbaudirektors Weinbrenner und der von Privatlehrern erteilte Unterricht in Freihand- und Architekturzeichnen in die neu zu gründende Anstalt integriert werden sollten.[31]

Polytechnisches Institut Freiburg In der letzten Phase vor Errichtung der Polytechnischen Schule stand ferner die Frage zur Diskussion, ob nur eine polytechnische Zentralanstalt für Baden oder mehrere Lokalanstalten zu gründen seien. Ausgelöst wurde diese Debatte im Jahre 1822 durch einen Antrag des Freiburger Abgeordneten Schmidt in der zweiten Kammer der badischen Landstände. Er beantragte für das 1818 gegründete und mit privaten Mitteln unterhaltene Freiburger Polytechnische Institut eine staatliche Unterstützung. Das Institut war von Gustav Friedrich Wucherer, evangelischer Stadtpfarrer und Professor für Physik und Technologie an der Universität Freiburg, gemeinsam mit einer Reihe Freiburger Bürger und weiteren Universitätsprofessoren eingerichtet worden.[32] Es umfasste eine Abteilung für „niedere bürgerliche Gewerbe" und eine für den „höheren bürgerlichen Verkehr".

Wie in der dazu geführten Diskussion betont, hätte Freiburg eigentlich als begünstigter Industriestandort mit Bodenschätzen, Holzreichtum und Wasserkraftressourcen auch beste Voraussetzungen als Standort einer höheren technischen Bildungsanstalt geboten. Die obersten Behörden des Landes mit Sitz in Karlsruhe fällten die Entscheidung schließlich zugunsten einer solchen Anstalt in der Residenzstadt selbst.[33]

Professor Wucherers Gutachten In der Endphase der Beratungen gingen die entscheidenden Anstöße von Wucherer aus. Das badische Ministerium des Innern, dem seinerzeit die Schulangelegenheiten unterstanden, beauftragte ihn im Jahre 1824, ein entsprechendes Gutachten

---

[30] Die entsprechende Begründung des Ministeriums ist im Wortlaut abgedruckt bei Kuhn, K. F. 1927, a.a.O., S. 32f.

[31] Vgl. Lang, Heinrich: Geschichte der Gründung der Polytechnischen Schule. Sonderabdruck aus der Festschrift der Technischen Hochschule zu Karlsruhe zum 40jähr. Regierungsjubiläum Seiner Kgl. Hoheit d. Großherzogs Friedrich von Baden. Karlsruhe 1892, S. 3

[32] Vgl. Fischer, Wolfram, a.a.O., S. 162ff.

[33] Vgl. Hoepke, Klaus-Peter: Geschichte der Fridericiana. Stationen der Geschichte der Universität Karlsruhe (TH) von der Gründung 1825 bis zum Jahr 2000. Karlsruhe 2007, S. 31

zu erstellen. Wucherers Plan sah eine Gliederung der Polytechnischen Schule in drei Klassen vor: eine allgemeine Klasse, eine Ingenieurklasse (auch mathematische Klasse genannt) sowie eine Handels- und Gewerbsklasse.

In der abschließenden Phase der Planung spielte die Berücksichtigung der im Karlsruher Raum bestehenden Anstalten eine entscheidende Rolle. Nach Gesprächen mit Tulla, der sich zunächst dagegen wandte, seine Ingenieurschule in der künftigen mathematischen Klasse der neuen Einrichtung aufgehen zu lassen, wurde das endgültige Konzept erarbeitet.[34] Einzubeziehen war auch die ehemalige architektonische Zeichenschule für Handwerker, so dass damit eine vierte Klasse hinzukam, nämlich die Fachschule für Baugewerbe.[35] Sie stand unter der Leitung des Architekten Johann Anton Ferdinand Thierry (1766–1833) und widmete sich der bürgerlichen Baukunst „als Gegenstand des Gewerbes, mithin für Zimmerleute, Maurer, Schreiner, Schlosser, Häfner, sodann für Decorations-Maler, Stukator usw."[36] Auch die 1770 gegründete Autenrieth'sche Zeichenschule ging in der Polytechnischen Schule auf.

(Marginalie: Einbeziehung bestehender Anstalten)

Im Jahre 1822 kam es schließlich zu einer Einigung zwischen dem Finanzministerium und den Generalstudienkommissionen dahingehend, dass in den unteren Klassen auch niedere Techniker ausgebildet werden sollten. So wies die Verordnung zur Errichtung der Polytechnischen Schule vom 7. Oktober 1825 ihr u. a. die Ausbildung von Gewerbetreibenden wie Zimmerleuten, Maurern und Schreinern zu, um diese zu befähigen, „mit den kleinsten Mitteln die größten Wirkungen hervorzubringen". Zugleich sollte sie die Bedürfnisse jener Fachkräfte befriedigen, „welche sich mathematische und naturwissenschaftliche Kenntnisse nicht zur wissenschaftlichen Ausbildung aneignen, sondern diese Wissenschaften zum künftigen Gebrauch in dem Leben und für das Leben studieren, es sey nun zur Baukunst, oder zum Wasser- und Straßenbau, oder zum Bergbau, oder zur Forstkunde, oder wie die auf diesen Wissenschaften ruhenden Gegenstände des öffentlichen Dienstes heißen mögen."[37] Die Eröffnung der Polytechnischen Schule fiel auf den 1. Dezember 1825. Zum ersten Direktor ernannte das Ministerium G. F. Wucherer. In Anlage 5 sind die wichtigsten Bestimmungen aus dem Gründungserlass wiedergegeben.

(Marginalie: Errichtung des Polytechnikums 1825)

---

[34] Tullas Ingenieurschule gab nur die Unterstufe an die Neugründung ab und behielt sich mit ihrer obersten Klasse die eigentliche Fachausbildung vor. Weinbrenners architektonische Schule blieb zunächst auch eigenständig. Erst später gingen beide Einrichtungen doch noch in der Polytechnischen Schule auf. Vgl. Hotz, Joachim: Kleine Geschichte der Universität Fridericiana Karlsruhe (TH). Karlsruhe 1975, S. 22

[35] Vgl. Hotz, a.a.O., S. 16ff.

[36] Vgl. Landesherrliche Verordnung vom 17. Oktober 1825, a.a.O., Beilage I, S. 156

[37] Vgl. Gründungserlass der Polytechnischen Schule Karlsruhe. In: Großherzoglich-Badisches Staats- und Regierungs-Blatt vom 17. Oktober 1825, S. 154

Anl. 5:
Aus dem Gründungserlass der Polytechnischen Schule Karlsruhe

I.

In unserer Haupt- und Residenzstadt Carlsruhe wird eine Polytechnische Schule als eine allgemeine Landes-Anstalt errichtet. Es wird derselben der linke Flügel des Lyceums-Gebäudes zur Benutzung zugewiesen, soweit solcher für das Lyceum nicht gebraucht wird. Die Anlagen 1., 2. und 3. enthalten die Abtheilungen, in welche solche zerfällt, die Lehrgegenstände jeder derselben, die Namen der Lehrer, die vorläufigen Bestimmungen der Aufsichtnahme und die Art, wie diese Schule im ganzen oder einzelnen benutzt werden kann, so wie des jährlichen Honorars.

II.

Die seither unter dem Ingenieur-Departement jedoch vereinzelt gestandene Ingenieur-Schule wird mit der polytechnischen Schule in dermaße vereinigt, dass sie die mathematische Vorbildung an erstere abgiebt, und künftig als besondere Fachschule fortbesteht. Auf gleiche Weise geht die seither neben dem Lyceum bestandene Real-Schule in die allgemeine Abtheilung der polytechnischen Schule über.

III.

Der Besuch dieser Anstalt steht auch den Ausländern offen, doch müssen sie sich den Gesetzen des Instituts unterwerfen.

VI.

Da die erforderlichen Vorbereitungen größtentheils getroffen sind, so soll diese Landes-Anstalt den 1ten Dezember d. J. eröffnet werden. Indem Wir hierdurch Unser wohlgemeyntes Bestreben an den Tag legen, wahre und darum wohlthätige Aufklärung und gemeinnützige Bildung unter allen Ständen zu verbreiten, haben Wir zu sämmtlichen Lehrern das Vertrauen, dass sie den von Uns bezeichneten Zweck dieser Anstalt bey ihrem gesammten Unterricht unverrückt im Auge behalten, und solchen immer auf das im Leben anwendbare und brauchbare richten, oder wenigstens immer darauf beziehen, dabey aber sowohl verderbliche Oberflächlichkeit als blos äußeren Glanz und Schein vermeiden, dagegen auf innere Tüchtigkeit, als auch das Wesentliche was Noth thut, hinarbeiten werden.

Gliederung der Anstalt und Lehrgegenstände führt die Beilage zum Gründungserlass auf:

Beylage I.

Die polytechnische Schule theilt sich in drey Klassen, jede Klasse in zwey Abtheilungen:
1. Allgemeine Klasse, als Vorschule, für die, welche in einer der folgenden Klassen übergehen wollen.
2. Mathematische Klasse.
3. Handels- und Gewerbs-Klasse.

Sodann bestehen besondere Fachschulen.
1. Für das Ingenieur-Fach.
   Diese steht wie bisher unter dem Ingenieur-Departement, aber in unmittelbarer Verbindung mit dem polytechnischen Institut.
2. Für die bürgerliche Baukunst, als Gegenstand des Gewerbes, mithin für Zimmerleute, Maurer, Schreiner, Schlosser, Häfner, sodann für Decorations-Maler, Stukator u.s.w. Diese bildet einen Theil des polytechnischen Instituts.

Beispielhaft für die Lehrgegenstände der Fachschule für bürgerliche Baukunst sind nachfolgend die Unterrichtsgebiete für die Zimmerleute und Maurer/Steinhauer aufgeführt:

A. Allgemeine Einleitung, sodann insbesondere.

B. Für Zimmerleute.
1. Beschlagung und Bezeichnung des Holzes.
2. Künstliche Zusammensetzung, wenn das Holz von Natur a. zu schwach, b. zu kurz, oder c. in einer anderen Richtung, als in der geraden gebraucht wird.
3. Lehre der ... Verbindungen des Holzes.
4. Die Dachzerlegung
5. Construction ganzer Werksätze, so wie auch
6. Construction von Dachstühlen, Kuppeln, Thürmen etc.
7. Lehre der Treppen.
8. Zeichnung ganzer Gebäude.
9. Brücken, sowohl einfache als auch künstlich gesprengte.
10. Maschinerien, Schlagwerke, Mühlen etc.

C. Maurer und Steinhauer.
1. Construction aller Arten Gewölbbogen.
2. Zerlegung und Berechnung der Gewölbe.
3. Verband der Quatermauern.
4. Verband der Backsteinmauern.
5. Verband durch rauhe Bruchsteine.
6. Verband durch verzierte, künstlich gestaltete Steine.
7. Die Bedeckungsarten der Dächer.
8. Die Lehre der Treppen.
9. Die Lehre der geraden und schiefen Brücken.
10. Die Lehre der Gesimse in Hinsicht auf Solidität, Klima und Material.
11. Zeichnen ganzer Gebäude.

(Beilage II. stellt ein „Verzeichnis der Lehrer und der Haupt-Gegenstände ihres Unterrichts" dar).

Quelle: Landesherrliche Verordnung vom 17. Oktober 1825, Bad. Staats- u. Regierungsblatt vom 17. Oktober 1825, Nr. 23, Beilage I, S. 153–164

Aufgrund veränderter Anforderungen erwies es sich als erforderlich, die Polytechnische Schule schon nach wenigen Jahren zu reorganisieren und zu erweitern. Die erste, aber entscheidende Reform führte Staatsrat Nebenius durch. Hierbei ging er von der Gesamtkonzeption aus, die er in etwa zeitgleich auch in einer Denkschrift herausstellte.

Reorganisation durch Nebenius ab 1832

Für Schüler, die den allgemeinen Schulunterricht durchlaufen haben, aber die Vorbildung zum Eintritt in die Polytechnische Schule noch nicht besitzen, sollte in Verbindung mit der Polytechnischen Schule eine Vorbereitungsschule in zwei Abteilungen und eine niedere Gewerbeschule eingerichtet werden.[38] Die niedere Gewerbeschule war Ausbildungsstätte für Bauhandwerker, Lehrlinge/Gesellen und Meister aller Handwerke. Neben rein technischen Lehrinhalten sollte die Untere Gewerbeschule auch künstlerische Bildung für handwerklich Tätige vermitteln. Der Reorganisationsvorschlag von Nebenius fand am 6. September 1832 die allerhöchste Bestätigung durch Großherzog Leopold. Demzufolge erhielt die Polytechnische Schule einen zweistufigen Aufbau:

Vorbereitungsschule und niedere Gewerbeschule

- Vorschule zur Vermittlung von Grundkenntnissen sowie
- fünf darauf aufbauende Fachschulen als Ingenieurschule, Bauschule, Höhere Gewerbeschule, Handelsschule und Forstschule.[39]

Die Vorschule umfasste zwei Klassen, in denen elementare Mathematik, Physik und Zeichnungslehre als allgemeine Grundlagen der nachfolgenden Fachbildung unterrichtet wurden. Als Ergänzung waren auch allgemein bildende Unterrichtsgegenstände vorgesehen, und zwar Deutsch, Französisch, Geschichte und Naturlehre.

Vorschule als Unterbau

Die *Ingenieurschule* im Sinne einer Fachschule umfasste sämtliche Zweige des zivilen Ingenieurwesens. Jene Zöglinge, die sich auf den Staatsdienst vorbereiteten, hatte eine dreijährige Fachausbildung zu absolvieren. Wer hingegen einen bürgerlichen Beruf wie Maschinist oder Mühlenbauer anstrebte, durchlief eine verkürzte Ausbildung.

Fachschulen als obere Stufe

Die *Bauschule* für die bürgerliche Baukunst diente zur Ausbildung von Werkmeistern und Architekten. Die *Höhere Gewerbeschule* war zur Ausbildung all jener bestimmt, die ein Gewerbe ausüben wollten, das vorwiegend naturwissenschaftliche Kenntnisse erforderte. Sie bot auch Ausbildungsmöglichkeiten für das Hüttenwesen und den Bergbau, bei denen zusätzlich Vorlesungen der Ingenieurschule besucht werden mussten.

Die *Handelsschule* zur Ausbildung von Kaufleuten umfasste lediglich eine einjährige Ausbildung. Die *Forstschule* schließlich war auf Betreiben der badischen Regierung hinzugetreten, insbesondere des Finanzministeriums, das in der Her-

---

[38] Vgl. Hotz, a.a.O., S. 24

[39] Vgl. Nebenius, Carl Friedrich: Über technische Lehranstalten in ihrem Zusammenhange mit dem gesammten Unterrichtswesen und mit besonderer Rücksicht auf die Polytechnische Schule zu Karlsruhe. Karlsruhe 1833, S. 131 sowie Lang, H., a.a.O., S. 19

anbildung kompetenter Forstleute die Voraussetzung für die wirtschaftliche Nutzung des umfangreichen staatlichen Waldbesitzes sah.

Zwischenzeitliche Stufung Die an die Polytechnische Schule angegliederte niedere Gewerbeschule erwies sich nur als Übergangslösung, denn es zeichnete sich immer mehr der Wille und die Notwendigkeit ab, selbständige Gewerbeschulen auf Ebene unterhalb der Polytechnischen Schule, auch im Sinne des von Nebenius geforderten technisch-gewerblichen Unterrichts, zu gründen. Zusätzliche entscheidende Bewegung kam in die Weiterentwicklung der selbständigen Gewerbeschule durch die Schriften und Anträge des Freiherrn von Wessenberg sowie die Gutachten der Professoren der Polytechnischen Schule Thierry und Schreiber, die im Auftrag des Karlsruher Gewerbevereins erstellt wurden (vgl. Abschnitt 3.3).

Lehrkräfte Unter den Lehrkräften der Polytechnischen Schule Karlsruhe befanden sich zu jener Zeit schon renommierte Persönlichkeiten. Hierzu zählten beispielsweise Franz Keller, ab 1837 Professor für Bauwesen, sowie der Architekt Heinrich Hübsch als Schüler Weinbrenners, nach dessen Plänen auch das heute noch bestehende Hauptgebäude errichtet wurde.[40] Die Professoren hatten jeweils das gesamte Wissensgebiet ihrer Fachschule abzudecken. Ihre Vorlesungen wurden durch praktische Übungen und Exkursionen ergänzt.

Angestrebtes Fakultätssystem Der wissenschaftliche Stand der einzelnen Fachschulen war allerdings ungleich. Am weitesten fortgeschritten waren Bauschule und Ingenieurschule. Die Forstschule als Teil des Polytechnikums galt als Novum und hing mit der damaligen Neuorganisation des badischen Forstwesens zusammen. Den geringsten Entwicklungsstand wiesen Technologie und Maschinenbau auf, die noch rein handwerksmäßig betrieben wurden.[41] Dessen ungeachtet war der Schritt zur systematischen fachlichen Gliederung eine entscheidende Neuerung und Grundlage für den weiteren Ausbau des Polytechnikums. Die organisatorischen Bestimmungen von 1832 galten für die Polytechnische Schule bis zum neuen Organisationsstatut von 1865 weitgehend unverändert.

Die Breitenwirkung bzw. der Multiplikatoreffekt des Karlsruher Polytechnikums erwies sich als beträchtlich. 1832/33 zählte die Anstalt beispielsweise 276 Studierende.[42] Ihre späteren Wirkungsstätten waren zunächst in erster Linie die badischen Bau-, Forst- und Bergbehörden und bald auch die Eisenbahngesellschaften.

Redtenbachers Wirken Der Österreicher Ferdinand Redtenbacher führte die Reformbestrebungen von Nebenius fort. Er folgte im Jahre 1841 dem Ruf nach Karlsruhe und übernahm die Leitung der Höheren Gewerbeschule. Diese war die am geringsten entwickelte Abteilung der Polytechnischen Schule. Ihr Unterricht bewegte sich vor al-

---

[40] Vgl. Neumeier, a.a.O., S. 13

[41] Der immense industrielle Vorsprung Englands berührte in der Tat vor allem diesen Zweig der Technik. Vgl. Schnabel, a.a.O., S. 42

[42] Vgl. Boelcke, 1992, a.a.O., S. 39

lem in der Werkstatt und in handwerksmäßigen Formen; sie umfasste mit der mechanischen und der chemischen Technik die verschiedensten Unterrichtsgegenstände. Auf Redtenbachers Veranlassung wurde die Höhere Gewerbeschule im Jahre 1847 in einen mechanisch-technischen und einen chemisch-technischen Teilbereich untergliedert; der erstgenannte hieß ab 1860 Maschinenbauschule.

Durch Redtenbachers Wirken entwickelte sich der Maschinenbau in Deutschland zu einer wissenschaftlichen Disziplin. Als Redtenbachers Gesamtverdienst kann gelten, die Polytechnische Schule zu einer Lehranstalt geformt zu haben, an der die Studierenden zum selbstständigen wissenschaftlichen Arbeiten angeleitet wurden. Forschung und Lehre traten nunmehr in eine enge Wechselbeziehung.[43]

Ein für sein Fachgebiet ähnlich bedeutsamer weiterer Wissenschaftler am Polytechnikum in der Mitte des 19. Jahrhunderts war der aus St. Petersburg stammende Chemiker Carl Weltzien. Er richtete ein beispielgebendes Labor ein, dank dessen sich das Niveau der Ausbildung erheblich erhöhte.[44]

Auf Redtenbacher folgte Franz Grashof, dank dessen Initiativen die Polytechnische Schule 1865 Hochschulrang erhielt. Er war Mitbegründer und langjähriger Hauptgeschäftsführer des Vereins Deutscher Ingenieure (VDI), der die höheren technischen Lehranstalten bei ihren Bemühungen um Gleichstellung der Ingenieure mit den klassischen akademischen Professionen unterstützte.

Das Hochschulstatut von 1865 brachte ein höheres Maß an Selbstverwaltung sowie Lehr- und Lernfreiheit. Drei Jahre später erhielt das Polytechnikum auch das Habilitationsrecht für die Fächer Mathematik, Naturwissenschaften, Maschinenbau und Ingenieurwissenschaften.[45] Die offizielle Bezeichnung *Technische Hochschule* führte das Polytechnikum jedoch erst ab 1885.[46] Vollendet wurde die Gleichstellung mit den Universitäten durch die Verleihung des Promotionsrechts im Jahre 1899.[47]

Schritte zur Gleichstellung mit den Universitäten

---

[43] Vgl. Hoepke, Klaus-Peter, a.a.O., S. 52
[44] So wurde im Jahre 1860 in Karlsruhe auch der erste internationale Chemikerkongress veranstaltet. Vgl. Neumeier, a.a.O., S. 15
[45] Hoepke, a.a.O., S. 185
[46] Anlässlich des 50-jährigen Regierungsjubiläums verlieh Großherzog Friedrich von Baden ihr im Jahre 1902 die Bezeichnung „Technische Hochschule Fridericiana".
[47] Davon ausgenommen waren die Fächer Mathematik und Physik, auf die das Promotionsrecht im Jahre 1924 ausgeweitet wurde (vgl. Hoepke, a.a.O., S. 185 u. 186).

3.3 Anstöße zum Ausbau niederer gewerblich-technischer Bildungsgänge

Wichtige Impulse für den Ausbau der beruflichen Bildung unterhalb der Polytechnischen Schule gingen von Ignaz Heinrich Freiherr von Wessenberg aus. Er
hatte sich dem Theologiestudium an verschiedenen Universitäten gewidmet und
wurde 1802 Generalvikar des Konstanzer Bischofs. Im Jahre 1817 übernahm er
das Amt des Bistumsverwesers, das er bis zum Erlöschen des Bistums im Jahre
1827 ausübte.

Die reichsunmittelbaren hochstiftlichen Lande des Bischofs von Konstanz pfleg-
ten immer enge Verbindung zu Österreich. Im Jahre 1803 gingen sie ebenso wie
wenig später die Stadt Konstanz in badischen Besitz über. Wessenberg war aufgrund seiner Herkunft aus einer breisgauischen Adelsfamilie von vorderösterreichischen Einflüssen geprägt; auch das Elternhaus vermittelte ihm eine tiefe geis-
tige Bindung an Österreich.[48] Sein Bruder Johann Philipp war enger Mitarbeiter
Metternichs auf dem Wiener Kongress.[49]

Als Bistumsvorstand gehörte zum Verantwortungsbereich Wessenbergs auch die
Ausbildung von Priestern. In diesem Zusammenhang führte er an der Universität
Freiburg für Theologiestudenten obligatorische Vorlesungen in Pädagogik ein.[50]
Für Wessenberg waren Priester Freunde der Lehrer. Vor allem sollten sie mit-
helfen, dass Primarschulen in jenen Gemeinden entstanden, die noch nicht über
derartige Einrichtungen verfügten.[51] Darüber hinaus galt Wessenbergs Interesse
auch Fragen der Volksbildung sowie der Bildung für Gewerbetreibende.

Als Vertreter der katholischen Kirche gehörte Wessenberg der ersten Kammer
der badischen Landstände an. In einem von ihm 1822 gefertigten Kommissions-
bericht hatte er vor dieser Kammer über die gewerbliche Bildung in Baden referiert. Dabei ging es um die schon erwähnte Übernahme des Polytechnischen Instituts in Freiburg durch den Staat (vgl. Abschnitt 3.2).Wessenberg trat in diesem Zusammenhang dafür ein, dem Gewerbestand im Sinne des Gesamtwohls
größere staatliche Aufmerksamkeit zu widmen. An der Spitze des gewerblichen
Unterrichtswesens sollte eine höhere polytechnische Anstalt stehen. Als Vorbe-

---

48 Wessenberg kann als Vertreter des aufgeklärten Katholizismus gelten und fühlte sich
    den Anschauungen Josephs II. verbunden. Dieser lehnte u. a. rein kontemplative Or-
    den und Klöster ab und hob sie wie im ganzen Habsburger Reich auch in Vorderös-
    terreich auf. Das waren rund ein Drittel der klösterlichen Gemeinwesen. Nach
    Wessenbergs Auffassung sollten Klöster nützlichen Zwecken dienen, sei es der Seel-
    sorge, der Krankenpflege oder der Bildung. So unterstützte er alle Bemühungen, die
    auf eine Überführung von Klöstern in Schulen gerichtet waren. Vgl. Müller, Wolf-
    gang: Wessenberg und Vorderösterreich. In: Maier, Hans/Press, Volker (Hrsg.): Vor-
    derösterreich in der frühen Neuzeit. Sigmaringen 1989, S. 199–207; hier S. 200f.
49 Vgl. Müller, W., a.a.O., S. 200
50 Vgl. Müller, Johann Baptist: Ignaz Heinrich von Wessenberg, ein christlicher Päda-
    goge. Ein Beitrag zur Geschichte der Pädagogik im 19. Jahrhundert. Inaugural-
    Dissertation, Philosoph. Fakultät der Universität Würzburg. Paderborn 1916, S. 172
    u. 174
51 Vgl. Müller, W., a.a.O., S. 202

reitung darauf sprach sich Wessenberg für die Schaffung entsprechender Schulzweige mit realistischen Unterrichtsgegenständen aus.[52]

Die von ihm vorgeschlagene polytechnische Anstalt sollte allerdings nicht die gleichen hohen Ansprüche erfüllen wie die Pariser Ecole Polytechnique; vielmehr dachte Wessenberg an eine Art höherer Fachschule, gegliedert in zwei Klassen, eine für mechanische Künste und Gewerbe sowie eine stärker spezialisierte für Forstwesen, Bauwesen und höhere Künste.[53]

Einen umfassenden Plan zur Gestaltung des gewerblichen Erziehungswesens brachte von Wessenberg im April 1831 als *Motion* in die erste Kammer der Badischen Landstände ein, der er nach Auflösung des Bistums Konstanz als Vertreter des grundherrlichen Adels angehörte.

Wessenbergs Motion vor der Ersten Kammer

In diesem Zusammenhang stellte er *Gewerbeschulen* als Zubringer der Polytechnischen Schule in den Vordergrund und beantragte 10.000 Gulden Staatszuschuss zur Gründung und zum Unterhalt derartiger Einrichtungen.

Mit Gewerbeschule bezeichnete er Vollzeitschulen und nicht Teilzeitschulen für Lehrlinge.[54] Allerdings wollte Wessenberg bestehende Sonntagsschulen für Lehrlinge mit der neuen Gewerbeschule „in Verbindung bringen".

Gewerbeschulen der von ihm vorgeschlagenen Art sollten in allen gewerbereichen Städten errichtet und aus der Staatskasse finanziell unterstützt werden.

Insbesondere stellte er folgende Beweggründe heraus:

- Die neuen Schulen sollten über die Einbeziehung von Realienfächern die Berufsvorbereitung durch Kenntnisse fördern, die für alle Arten von Gewerben vorteilhaft waren.
- Den Jugendlichen war eine Alternative zum Besuch so genannter gelehrter Schulen zu bieten, damit sie zu einer das gesellschaftliche Gefüge stabilisierenden Bildungsweg- und Berufswahl veranlasst würden. Es galt, die bürgerlichen Berufe prestigemäßig aufzuwerten, um dem seiner Meinung nach zu hohen Zustrom zum höheren Staatsdienst entgegenzuwirken.
- Die neuen Gewerbeschulen sollten zur *Polytechnischen Schule* im gleichen Verhältnis stehen wie die Gymnasien zur Universität. Damit würde den Gewerbeschulen als Zubringer für die Zentralanstalt, das Karlsruher Polytechnikum, eine wichtige Funktion im Gesamtkonzept des Bildungssystems zugewiesen.[55]

---

[52] Vgl. Müller, J. B., a.a.O., S. 134

[53] Vgl. Moser, Arnulf: J. H. v. Wessenberg und die Berufsbildung. In: Freiburger Diözesanarchiv (FDA) 98, 1978, S. 540–554, hier S. 542

[54] Inhaltlich wie terminologisch könnte Wessenberg durch das Konstanzer Beispiel angeregt worden sein. Dort hatte der Dekan Straßer Ende des Jahres 1829 eine „Real- und Gewerbeschule" begründet. Es handelte sich um eine vom Lyceum unabhängige Vollzeitschule für zwölf- bis fünfzehnjährige Knaben mit allgemein bildenden und naturwissenschaftlichen Fächern. Die erste Klasse hieß Realschule, die zweite und dritte jedoch Gewerbeschule. Vgl. Moser, A., a.a.O., S. 544

[55] Vgl. Hasfeld, R., a.a.O., S. 200f.

Errichtung von Gewerbeschulen Bei Wessenberg selbst bleiben allerdings Details zu Organisation und Curriculum der Gewerbeschule noch unklar. Zur Behandlung von Wessenbergs Antrag setzte die erste Kammer eine Kommission unter dem Freiherrn von Türkheim ein, die daraufhin einen differenzierten Vorschlag vorlegte und auch nähere Aufschlüsse zu Wessenbergs Vorstellungen gab. Demnach war die Gewerbeschule in erster Linie für diejenigen Jugendlichen gedacht, welche sich nach beendigtem Elementarunterricht vor dem Eintritt in einen praktischen Berufsstand noch einige Zeit dem Besuch einer solchen *Mittelschule* widmen könnten.

Die Bezeichnung *Gewerbeschule* wäre demnach im Grunde nur dadurch gerechtfertigt, dass diese Schule von angehenden Gewerbetreibenden besucht werden sollte. Unterrichtsgegenstände sollten sein: angewandte Mathematik und Mechanik, populäre Technologie, Naturgeschichte, Naturlehre, Chemie, Erd- und Völkerkunde, Linearzeichnen und freies Zeichnen sowie Unterricht in Sprachen, insbesondere in Französisch. Einen speziellen praktischen Unterricht in einzelnen Gewerbezweigen sah v. Türckheim lediglich in den Gebieten des Landes vor, wo sich spezielle Industriezweige herausgebildet hatten, welche davon in besonderem Maße profitierten. Für alle anderen Jugendlichen, die unmittelbar nach Abschluss der Elementarschule in eine Handwerkslehre eintraten, wären zweckmäßig eingerichtete obligatorische Sonn- und Feiertagsschulen in Teilzeitform mit einem geringeren Unterrichtsprogramm auszubauen.

Die Kommission kritisierte allerdings diese Vorschläge als „ständigen Ruf nach dem Staat" und befürwortete lediglich 5.000 Gulden Zuschuss, und zwar ausschließlich für die neuen Gewerbeschulen. Bezüglich der anderen Schulformen verwies sie auf private oder kommunale Initiativen.[56]

Ganztags- oder Teilzeitschulen Die Beratungen in der zweiten Kammer bewegten sich – bezogen auf die zu errichtenden Gewerbeschulen – im Wesentlichen in den Bahnen der Vorschläge Wessenbergs. Vor dem Plenum forderte der Abgeordnete Kröll dieselben Lehrgegenstände und zusätzlich noch Buchhaltung. Er sah zwei Jahreskurse vor. Nach den Protokollen bleibt offen, ob Kröll Ganztagsschulen oder Teilzeiteinrichtungen im Auge hatte. Als Lehrkräfte sah er sowohl Handwerksmeister als auch Absolventen der Polytechnischen Schule vor. Die staatliche Unterstützung der Gewerbeschulen sollte sich auf 3.000 Gulden belaufen.[57] Diese Summe wurde letztlich bewilligt.

Gewerbeschulkommission Bis März 1833 entwickelte die Regierung allerdings noch keine nachhaltigen Aktivitäten. Schließlich berief man eine Gewerbeschulkommission unter Einschluss von Vertretern der Karlsruher Polytechnischen Schule ein. Von Seiten der Regierung konnte man sich offensichtlich nur schwer für das Konzept gewerblicher Vollzeitschulen mit Realschulcharakter begeistern. „In der Tat mußte es mehr als fragwürdig erscheinen, ob eine derartige Anstalt, die auf

---

[56] Vgl. Moser, Arnulf, a.a.O., S. 545

[57] Vgl. Kuhn, K. F., 1927, a.a.O., S. 44

dem Prinzip des freiwilligen Schulbesuchs basierte und in deren Mittelpunkt keineswegs der gewerbespezifische Fachunterricht stand, wirklich einen nachhaltigen Beitrag zur Hebung des handwerklichen Qualifikationsniveaus leisten konnte."[58]

In gleicher Angelegenheit richtete Wessenberg im Mai 1833 eine zweite Petition an beide Kammern der Landstände. Im selben Jahre publizierte er eine Denkschrift, in der er mit großer Gründlichkeit alle Fragen, die die Gewerbeschule berühren, erörterte.[59] In dieser Schrift setzt sich Wessenberg mit der Notwendigkeit eigener Unterrichtsanstalten für den Gewerbe- und Handelsstand und auch mit polytechnischen Schulen und Hochschulen auseinander. Gewerbeschulen in den „vorzüglicheren Städten" Badens sind nach seiner Auffassung eine dringende Notwendigkeit und Bestandteil eines gestuften Systems gewerblich-technischer Lehranstalten, das wie folgt gegliedert sein sollte[60]:

Denkschrift zur Bildung der Gewerbetreibenden

Untere Stufe: 1. Wiederholungs- oder Feiertagsschulen
2. Arbeitsschulen (für gewisse Zweige der Industrie, z. B. Nähen, Stricken, Korb- und Strohflechten)
3. Realschulen
4. Gewerbeschulen

Obere Stufe: 1. Polytechnische Schulen
2. Polytechnische wissenschaftliche Hochschulen

Nach Wessenbergs Konzeption dienen die von ihm auch als „untere Unterrichtsanstalten für den Gewerbs- und Handelsstand" bezeichneten Gewerbeschulen einer allgemeinen Vorbereitung auf gewerbliche Tätigkeiten, also der eigentlichen Ausbildung vorangestellt. Sie sollten stark auf charakterliche Festigung und Erziehung zur rechten staatsbürgerlichen Gesinnung abheben (vgl. Anlage 6).

In seiner Schrift zur Volksbildung vom Jahre 1835 legte er seine pädagogischen Vorstellungen in ähnlicher Weise dar.[61]

Zusammenfassend kann Wessenberg als Fürsprecher des berufsbildenden Schulwesens in der ganzen Breite betrachtet werden. Als sein Hauptverdienst gilt, dass er konkrete Vorstellungen zu einer stufenförmigen Gliederung der gewerblichen Erziehung entwickelte und diese bewusst als Alternative zur humanistischen Schulbildung, zum theoretischen Studium sowie zum höheren Staatsdienst konzipierte.[62]

---

[58] Hasfeld, R., a.a.O., S. 204

[59] Kuhn, K. F., 1927, a.a.O., S. 40

[60] Wessenberg, Ignaz Heinrich v.: Über die Bildung der gewerbetreibenden Volksklassen überhaupt und im Großherzogtum Baden insbesondere. Konstanz 1833, S. 4

[61] Wessenberg, I. H. v.: Die Elementarbildung des Volkes in ihrer fortschreitenden Entwicklung und Ausdehnung. Konstanz 1835

[62] Vgl. Moser, Arnulf, a.a.O., S. 554

Gewerbeschule nach Trefzer

Im Jahre 1833 setzte sich der Offenburger Lehrer Mathias Trefzer in einer Schrift ebenfalls mit der Errichtung von Gewerbeschulen auseinander.[63] Seine Vorstellungen weisen weitgehende Parallelen zu Wessenberg auf. Knaben und Jünglinge sollen danach zu brauchbaren Bürgern gebildet werden, ohne sie jedoch auf einen besonderen Beruf unmittelbar vorzubereiten. Als Lehrgegenstände vorgesehen waren Religion und Sittenlehre sowie - unter besonderer Berücksichtigung des für das Gewerbe Nützlichen - Deutsch und Französisch, Mathematik, Naturgeschichte, Naturlehre oder Physik, Geographie und Zeichenkunst.

Trefzers Vorschläge fanden allerdings bei den Ständekammern keine besondere Beachtung. Im Mittelpunkt des Interesses standen die Schrift von Wessenberg (vgl. Anlage 6) sowie insbesondere die von Staatsrat Nebenius im selben Jahr vorgelegte Denkschrift zur Konzeption technischer Lehranstalten.

Denkschrift von Nebenius 1833

Die von Nebenius vorgelegten exakt strukturierten Pläne waren letztlich für die Gestaltung der badischen Gewerbeschulen maßgeblich. Zugute kam ihm, dass er sich einen detaillierten Überblick über in jener Zeit in Nachbarstaaten schon bestehende gewerblich-technische Ausbildungsmöglichkeiten verschafft hatte und sich mit diesen kritisch auseinandersetzen konnte. Schließlich begründete er seine ins Detail gehenden Vorschläge auch mit Verweisen auf die Effizienz bestimmter im Ausland kennengelernter Wege beruflicher Bildung. Seine hierzu veröffentliche Denkschrift trug den Titel:

„Über technische Lehranstalten in ihrem Zusammenhange mit dem gesammten Unterrichtswesen und mit besonderer Rücksicht auf die Polytechnische Schule zu Karlsruhe"[64]

Diese als Entwurf eines Gesamtkonzeptes gewerblich-technischer Ausbildungsmöglichkeiten verstandene Schrift unterschied folgende Kapitel:

I. Historische Notizen über die Fortschritte des technischen Unterrichts
II. Von dem Bedürfnis technischer Unterrichtsanstalten und dem Nutzen derselben
III. Von dem Zusammenhange der technischen Unterrichtsanstalten mit dem gesammten Unterrichtswesen
IV. Von den niederen technischen Lehranstalten (Handwerksschulen)
V. Von den höheren technischen Lehranstalten
VI. Die polytechnische Schule zu Karlsruhe

Der Anhang behandelt „Das Programm der polytechnischen Schule zu Karlsruhe mit vergleichender Rücksicht auf einige andere höhere technische Lehranstalten".

---

[63] Trefzer, Mathias: Die Gewerbeschulen im Großherzogthum Baden. Versuch einer auf die Natur der Sache gegründeten Darstellung der Lehrgegenstände und des Unterrichts an diesen Anstalten. Offenburg 1833

[64] Erschienen in Karlsruhe, Verlag der Chr. Fr. Müller'schen Hofbuchhandlung

Anl. 6:

Freiherr von Wessenberg zur gewerblichen Bildung

„Für verschiedene Klassen im Volke hat die fortschreitende Civilisation allmählich eigene Bildungsanstalten veranlaßt. Nur die große, zahlreiche und höchst schätzbare Klasse des Gewerbe- und Handelsstandes entbehrt noch mehrentheils solcher Anstalten, wo die jungen Leute, die sich in Zukunft dem Handel oder irgend einem Gewerbe widmen wollen, die ihrem Berufe angemessene Vor- und Grundbildung zu erhalten Gelegenheit finden. ... Seit kurzem erst haben in einigen Staaten die Hauptstädte in ihrem Schoße zweckmäßige polytechnische Schulen entstehen lassen. ... so wurde hier das obere Stockwerk der Gewerbsbildung zuerst ausgeführt, bevor an die feste Begründung und passende Einrichtung des unteren Stockwerks war Hand gelegt worden. ... Diese technischen Schulen müßten zur polytechnischen ungefähr in gleichem Verhältnisse stehen, wie im Gebiete der gelehrten Bildung das Gymnasium zur Universität." (S. 30f.)

„Was aber die Begründung und Verbreitung der Kenntnisse betrifft, die insbesondere zur zweckmäßigen Betreibung und Vervollkommnung der Gewerbe erforderlich sind, so kann hierin von den gewöhnlichen Real- und Wiederholungsschulen ... wenig geleistet werden. Dazu sind durchaus eigene Anstalten nothwendig, wo an allen Werktagen ein fortlaufender und zusammenhängender Unterricht erteilt wird." (S. 6)

„Im allgemeinen sind ... für eine gute Gewerbschule ... folgende Lehrgegenstände unerläßlich: 1) Das Zeichnen, vorzüglich die Linearzeichnung. 2) Die Grundlehren, wo nicht der Algebra, doch der Arithmetik ... sodann ... der Geometrie ... ferner der Meßkunst und endlich der Mechanik, alles mit dem steten Gesichtspunkt der Anwendbarkeit auf die Gewerbe. 3) Die Grundlehren der Chemie ... 4) Das Wichtigste der Natur- und Länderkunde ... 5) eine technologische Übersicht der Gewerbe, nebst der Geschichte der ... Erfindungen und Erfinder; 6) Fortgesetzte Übungen in der deutschen Sprache; endlich 7) der Unterricht in der französischen Sprache wegen ihrer (relativen) Nützlichkeit in den Gewerben ..." (S. 8f.)

„Ohne solche Anstalten können die Gewerbe nicht wohl bedeutende Fortschritte machen, und auf den gebührenden Grad von Vollendung gehoben werden, indem die Lehrjahre und die Wanderjahre dies nur dann bewirken können, wenn die Lehrlinge vorher mit guten Realkenntnissen ausgerüstet wurden. Die Bestimmung und Aufgabe der Gewerbeschulen bestünde nämlich darin, daß sie den aus der Elementarschule Entlassenen, die sich einem Gewerbe widmen wollen, Gelegenheit darböten, diejenigen Kenntnisse zu erwerben, die zur zweckmäßigen, geschickten Betreibung aller Gewerbe ... von Vortheile sind". (S. 7)

„Daß für den Religionsunterricht der Gewerbschüler gesorgt werden müsse, versteht sich von selbst. Sie sollten aber auch über die Landesverfassung und ihren Werth und über die Pflichten des Staatsbürgers eine besondere Belehrung erhalten, die geeignet ist, sich ihrem Gemüth einzuprägen." (S. 9)

„Nicht nur Solchen, die ein Gewerbe oder ein Handwerk zu treiben bestimmt sind, auch für die vielen unteren Angestellten im Staate (Schreiber, Verrechner, Polizeiagenten, Forstaufseher ...) bieten die Gewerbschulen Gelegenheit zu angemessener Bildung dar." (S. 12)

Quelle: Ignaz Heinrich v. Wessenberg: Über die Bildung der gewerbetreibenden Volksklassen überhaupt und im Großherzogtum Baden insbesondere. Konstanz 1833

Nebenius richtete sein Augenmerk vor allem auf die Einbindung der technischen Unterrichtsanstalten ins Gesamtsystem des Bildungswesens, was er unter dem Gesichtspunkt sozialer Gerechtigkeit ebenso wie auch aus ökonomischen Erwägungen für unerlässlich hielt. Hierzu führt er in Kapitel III u. a. aus: **Soziale und ökonomische Erwägungen**

> „Wenn die technischen Lehr-Anstalten, als Bestandtheile eines, das gesammte Unterrichtswesen umfassenden organischen Ganzen, die gleichen

Ansprüche aller productiven Classen auf verhältnismäßig gleiche Weise befriedigen, so entsprechen sie nicht nur dem Princip der Gerechtigkeit und dem Bedürfnis einer gleichförmigen Entwicklung der productiven Kräfte eines Volkes, sondern werden im Verhältnis zu dem Nutzen, den sie stiften, auch minder kostspielig seyn. Ein wohl durchdachter Plan wird den Unterricht bei den verschiedenen Lehr-Anstalten auf eine Weise ordnen, die in dem stufenweisen Fortschreiten der Schüler ... keine Lücke läßt, während eine isolierte Behandlung der einzelnen Zweige des Unterrichts leicht die nachtheilige Folge hat, daß ... die zur Beförderung der Volksbildung disponiblen Mittel auf nutzlose Weise zersplittert werden.“[65]

Verschiedenartigkeit des Bildungsbedarfs

Eingehend setzt sich Nebenius mit unterschiedlichen Bildungsbedürfnissen einzelner Schichten der Bevölkerung auseinander. Auf der unteren Stufe unterscheidet er einerseits die große Mehrheit der ackerbauenden Bevölkerung, die seiner Ansicht nach keinen über die Elementar- oder niederen Volksschulen hinausgehenden Unterricht benötigt, und andererseits die „niederen Gewerbe“, die mehr „praktische Gewandtheit“ als „wissenschaftliche“ Bildung erfordern, also die entsprechenden Handwerkszweige.[66] Auf einige der in seinem IV. Kapitel dargelegten Vorstellungen wird nachfolgend eingegangen. Besonders hervorzuheben ist, dass er auch auf Wechselbeziehungen zwischen den Bildungsstufen verwies, so z. B. mit der Feststellung:

„Die großherzogliche Regierung hat aus Gründen, die jedem Sachkundigen einleuchtend sind, die Organisation der polytechnischen Schule der Gründung der niederen technischen Lehranstalten vorausgehen lassen; sie hat in jener ... Maßregel, mit Recht die ... Bedürfnisse der niederen Gewerbe erblickt, indem sie die polytechnische Schule als eine Pflanzschule für die Lehrer an den niederen technischen Anstalten ausdrücklich bezeichnete.“[67]

Gewerbeschule im Stufensystem

Für die meisten Gewerbe, insbesondere die des Bauwesens, hielt Nebenius ein gewisses Maß rationeller Kenntnisse für notwendig bzw. in hohem Maße nützlich. So sprach er sich dafür aus, Ausbildungsmöglichkeiten für bestimmte Handwerke zur Pflicht zu machen. Seiner Meinung nach sollte dieser Unterricht in zwei- oder dreijährigen Kursen die Elementargeometrie und Mechanik mit ihren Anwendungen auf die Gewerbe umfassen. Hinzu kommen die Fächer Zeichnen, Modellieren und eine angemessene Anleitung zur industriellen Geschäftstüchtigkeit. Umfang und Methode des Unterrichts sollen der Vorbildung der Zöglinge angemessen sein, also dem mit Entlassung aus der Volksschule erreichten Bildungsstand.

Bei Schülern, die Defizite in den elementaren Kenntnissen im Lesen, Schreiben und Rechnen aufweisen, sei zunächst für die Vervollständigung ihrer notdürftigen Vorbildung zu sorgen, gegebenenfalls in den bereits bestehenden Sonntags-

---

[65] Nebenius, a.a.O., S. 62f.
[66] Nebenius, a.a.O., S. 75f.
[67] Nebenius, a.a.O., S. XIII

schulen. Die betreffenden Jugendlichen würden dann zunächst nur zum Zeichenunterricht an den Handwerksschulen zugelassen. Hier ist also eine Stufung der zu besuchenden Teilzeitschulen angesprochen, und zwar einerseits Einrichtungen mit allgemeinen Fächern zur Schließung der Lücken in den elementaren Kenntnissen und andererseits Schulen mit gewerblich-technischer Ausrichtung. Jugendliche, die erfolgreich längere Zeit die allgemein bildende Schule besucht hatten und beispielsweise aus wohlhabenden Handwerkerkreisen stammten, sollten an den Handwerksschulen Unterricht in anspruchsvollen Lehrgegenständen wie physikalisch und technisch-chemische Kenntnisse, Maschinenlehre und Buchhaltung erhalten.

Bemerkenswert ist ferner, dass zu den Gewerbeschulen sowohl Jugendliche als auch Erwachsene Zutritt haben sollten, um sich ganz im Sinne des heute als aktuelle Forderung herausgestellten lebensbegleitenden Lernens fortzubilden.

Besonderes Gewicht legte Nebenius auf die Erstellung zweckmäßiger Lehrbücher, die dem Schüler eine Repetition des vom Lehrer vorgetragenen Stoffs ermöglichen. Als ebenso wichtig sah er angemessene Instruktionen für die Lehrer an. Auswahl und Aufbereitung des Lehrstoffs für die niederen technischen Lehranstalten sollten seiner Meinung nach Lehrkräfte höherer technischer Lehranstalten übernehmen. Ferner kam es ihm darauf an, dass der Unterrichtsstoff sich soweit wie möglich an den lokalen Bedürfnissen orientieren solle. Hier sprach Nebenius bereits die spätere amtlicherseits festgelegte Mitwirkung der Professoren der Karlsruher Polytechnischen Schule bei Aufgaben dieser Art an. **Lehrbücher**

Hinsichtlich der mit dem Ausbau und dem Unterhalt dieses Schulzweiges entstehenden Kosten schlug er vor, dass die Städte als Schulträger fungieren. Die Funktion des Staates sollte darin bestehen, über den Fortgang des Unterrichts, die Resultate der Prüfungen und die periodischen Visitationen Aufsicht zu führen. Außerdem habe der Staat den allmählichen Einfluss der Unterrichtsanstalten auf den Zustand der Gewerbe zu beobachten. Hierbei sollte die höhere technische Zentralanstalt dem Staat die Mittel zu einer wirksamen Ausübung der obersten Aufsicht und Leitung bieten. Für die unmittelbare Schulaufsicht hingegen schlug er vor, besondere Lokalkommissionen zu bilden. **Unterhalt und Aufsicht**

Technische Bildung, die vornehmlich mechanische Geschicklichkeit und Fertigkeit und keine zusammenhängenden wissenschaftlichen Studien erfordert, sollte sich an bereits in der Lehre oder in Arbeit stehende Jugendliche richten. Erziehungsanstalten, die hauptsächlich allgemeine Bildungszwecke verfolgen, bräuchten derartige technische Unterrichtsfächer nicht einzubeziehen. Das Kapitel schließt mit dem Hinweis auf Nachteile und Gefahren, die mit der Vernachlässigung der spezifischen Bildungsbedürfnisse der niederen Gewerbe verbunden sind: **Betonung der Bildungsbedürfnisse niederer Gewerbe**

> „Daß aber für die niederen Gewerbe durch zweckmäßige Bildungs-Anstalten gesorgt werde, ist vor Allem nothwendig, weil es den Angehörigen dieser Classen gerade am schwersten fällt, sich durch Privatunterricht die

ihnen nützlichen Kenntnisse zu erwerben. Bleibt dieses Bedürfnis unbefriedigt, so werden höhere technische Lehranstalten ihren Nutzen nicht stiften, und selbst in gewissen Beziehungen Nachtheile hervorbringen. Die Production wird von der höheren Bildung der Techniker höheren Ranges den erwarteten Nutzen nicht ziehen, wenn es an tüchtigen Handwerkern und Arbeitern fehlt; der Mangel an Gelegenheit zu einer dem Bedürfnis der niederen Gewerbe angemessenen Bildung wird Manche, die sich mit einer solchen Bildung begnügt hätten, leicht veranlassen, die höhere technische Anstalt zu besuchen, wo sie wissenschaftliche Kenntnisse erwerben, die ihr wahres Bedürfnis überschreiten, während sie die rechte Zeit zur Erlangung der erforderlichen practischen Geschicklichkeit für ihr Gewerbe versäumen."[68]

Orientierung an Frankreich
Nach Abschluss seiner juristischen Studien und nach ersten Berufserfahrungen als Rechtsanwalt in der Präfektur von Besançon hatte Nebenius Einblick in die Besonderheiten der französischen Verwaltung erhalten. Gleichzeitig lernte er in Frankreich auch gewerblich-technische Schulen kennen. Mit diesen setzte er sich in seiner Denkschrift eingehend auseinander:

Nebenius führt am Beispiel Châlons-sur-Marne in Kapitel IV aus, dass die französischen Schulen, die theoretische Kenntnisse und praktische Fertigkeiten zugleich vermitteln, sich zwar auf eine kleine Schülerzahl beschränken, aber dennoch im Sinne von Multiplikatoren einen vorteilhaften Einfluss auf das Gewerbe insgesamt ausüben. Anstalten dieser Art würden jedoch hohe Kosten verursachen.

Für zweckdienlicher hält es Nebenius, die knappen staatlichen Mittel nicht für auf eine Minderheit von Zöglingen bezogene Schulen zu verwenden; vielmehr sollten Lehranstalten zu Gunsten einer großen Zahl angehender Gewerbetreibender geschaffen werden.

Als weiteres Argument gegen nach französischem Vorbild eingerichtete Schulen führt er an, sie seien nicht geeignet, die Kunst der Sparsamkeit, also den rationellen und ökonomischen Einsatz der Mittel zu lehren:

„Wenn die Zöglinge, welche in den Unterrichtswerkstätten zugelassen werden, auch in Beziehung auf Kunstfertigkeit die practischen Schulen mit großem Nutzen besuchen, so erwerben sie in solchen Anstalten doch höchst selten eine für die producirende Classe höchst wichtige Kunst, nämlich die Kunst jener Sparsamkeit, welche die Zwecke der Production mit dem möglichst geringen Aufwande und Verluste zu erreichen strebt, und nichts zu gering achtet, was die Kosten der Hervorbringung zu vermindern geeignet ist. Hierin ist das arbeitsame Leben in den Privatwerkstätten die beste Schule."[69]

---

[68] Nebenius, a.a.O., S. 99
[69] Nebenius, a.a.O., S. 97

Zudem wendet er sich gegen die Neigung zur Ausdehnung des theoretischen Unterrichts über das erforderliche Maß hinaus, was zu einer Abwertung des Werkstattunterrichts führen könne und die Schüler in falsche Bahnen lenke. Am Beispiel der oben genannten Schule führte dies zur Überbetonung des Unterrichts in theoretischer Mathematik, so dass für den Werkstattunterricht nur noch ein Drittel der Unterrichtszeit zur Verfügung stand.[70]

Als Ziel der vom Staat getragenen Gewerbeschulen sieht Nebenius die Aufgabe, Fachkräfte heranzubilden, welche mit der Übung in mechanischen Arbeiten die zur verständigen Ausführung erforderlichen theoretischen Kenntnisse verbinden.[71] Als Unterrichtsfächer nannte er: französische Sprache, Arithmetik, Geometrie und Trigonometrie, darstellende Geometrie mit ihren Anwendungen auf Zimmermannsarbeiten und Maschinenkonstruktion, Physik und Chemie in ihrer Anwendung auf hervorbringende Arbeiten sowie die Lehre von der Stärke und Widerstandskraft der Baumaterialien.

Zielsetzung der Staatsgewerbeschulen

Hinsichtlich der praktischen Arbeiten verwies er auf die Verrichtungen des Wagners, Zimmermanns, Schreiners, Schmieds, Schlossers und Ajusteurs im Drehen von Holz und Metall, im Zusammensetzen von Maschinen, im Modellieren sowie im Gießen von Eisen und Kupfer. Die Schüler blieben in der Regel vier Jahre in diesen Anstalten. Die beiden Schulen, die Nebenius besucht hatte, unterrichteten insgesamt 600 Schüler. Die Hälfte der Zöglinge entrichtete ein Schulgeld; die übrigen wurden ganz oder teilweise auf Kosten des Staates unterhalten.

Über die von Nebenius besuchten Schulen berichteten später auch andere deutsche Autoren. So lässt sich die frühe Entwicklung dieser Einrichtungen wie in Anlage 7 wiedergegeben zusammenfassen.

Nebenius befasste sich intensiv mit ausländischen Lösungsversuchen der gewerblichen Bildung und setzte sich insbesondere mit den Verhältnissen in Frankreich „in polemischer Weise" auseinander. Die französischen Staatsgewerbeschulen fanden sein Interesse, aber nicht die volle Zustimmung des badischen Staatsmannes. Trotz wesentlicher Fortschritte betrachtete Nebenius die Gesamtheit der gewerblich-technischen Unterrichtsanstalten in Frankreich kritisch, da das dortige System noch keinen die verschiedenen Bedürfnisse in angemessener Abstufung befriedigenden, das gesamte Unterrichtswesen umfassenden Plan erkennen lasse.

Kritik an französischen Schulen

Ganz in diesem Sinne führte Simon Thyssen folgende Punkte an, die – wie bereits dargestellt – bei Nebenius auf Kritik stießen: „die Vornahme auch der praktischen Ausbildung in Schulen, die geringe Breitenwirkung der gewerblichen Schulbildung in Frankreich und schließlich das große Ausmaß der dortigen theoretischen Belehrung".[72]

Einschätzung durch Thyssen und Grüner

---

[70] Vgl. Nebenius, a.a.O., S. 98
[71] Vgl. Nebenius, a.a.O., S. 5f.
[72] Thyssen, Simon: Die Berufsschule in Idee und Gestaltung. Essen 1954, S. 54

Anl. 7:
Simon Thyssen: Die Staatsgewerbeschulen Frankreichs

„Es war schon von der Schule des Herzogs La Rouchefoucauld-Liancourt die Rede. In dieser Schule, die 1788 auf dem Gut La Montagne des Gründers entstand, wurde neben dem allgemeinen Unterricht eine Ausbildung im Handwerk vorgenommen. Mit der Aufhebung der Zünfte (1791) suchte man in Frankreich nach einem geeigneten Ersatz für die Meisterlehre, und hier erhielten Schulen (außer den Staatsgewerbeschulen wurden um diese Zeit auch andere Schulen gegründet) bald eine neue Aufgabe. Die oben erwähnte Schule wurde 1799 nach Compiègne verlegt und verstaatlicht. Sie nahm nun Knaben im Alter von 8 Jahren auf, die bis zum 13. Lebensjahr Unterricht in den Elementarfächern erhielten. Dann begann man mit Werkstattunterricht (es waren Werkstätten für Metallarbeiter, Zimmerer, Tischler, Holzdreher und Stellmacher vorhanden) und theoretischem Unterricht in Mathematik, darstellender Geometrie, allgemeinem Zeichnen, Maschinenzeichnen und Mechanik. 1806 wurde die Schule nach Châlons-sur-Marne verlegt. Nach 1836 mußten die zugelassenen Schüler 14–15 Jahre alt sein und in einer Aufnahmeprüfung den Besitz ausreichender Elementarkenntnisse nachweisen. Zwei Drittel des Tages wurden mit Werkstattarbeit verbracht, ein Drittel mit theoretischem Unterricht. Der Kursus dauerte 3 Jahre. 1804 wurde eine ähnliche Schule in Beaupréau errichtet, die 1815 nach Angers verlegt wurde. 1843 wurde eine dritte Schule dieser Art in Aix eröffnet. Damit war der Grund zu den französischen Staatsgewerbeschulen gelegt, deren Aufgabe es war, tüchtige Aufseher, Vorarbeiter und Werkmeister auszubilden ...“

Quelle: Die Berufsschule in Idee und Gestaltung. Essen 1954, S. 54

Nach Gustav Grüner löste Nebenius aus dem Gesamtcurriculum der französischen Ecoles des arts et métiers die kognitiven Elemente heraus und wies sie der Teilzeitschule zu: Handzeichnen, Arithmetik, Geometrie, industrielle Wirtschaftslehre.[73] Zusammengefasst entsteht nach Nebenius bei den berufsqualifizierenden Vollschulen ein zu hoher finanzieller Aufwand, weshalb sie nicht mit der angestrebten Breitenwirkung zu realisieren wären; zudem betrachtete er sie als zu wenig praxisorientiert.

Orientierung an Großbritannien Auf die Situation in Großbritannien geht Nebenius in seiner Denkschrift nur kurz ein. In England beschritt man andere Wege als in Frankreich und Deutschland. Man wandte sich vorwiegend an bereits im Wirtschaftsleben als Handwerker, Gewerbetreibende und Industriearbeiter tätige Personen, also bei weitem nicht ausschließlich an Berufsanfänger. Die Meisterlehre behält die Aufgabe der praktischen Ausbildung von Berufsanfängern in den Betrieben. Es wurde aber dafür Sorge getragen, dass Lehrlinge und Gesellen ihre Ausbildung durch freiwillig zu besuchende Kurse ergänzen konnten. Jedoch wurden kaum beruflich orientierte Schulen eingerichtet; vielmehr konzentrierten sich die Bemühungen auf die Errichtung von Bibliotheken und die Durchführung freiwilliger Vortragsveranstaltungen für den genannten Personenkreis.

---

[73] Vgl. Grüner, Gustav: 150 Jahre badische Gewerbeschule. Erbe und Auftrag. In: Bundesverband der Lehrer an Beruflichen Schulen, Landesverband Baden-Württemberg e. V. (Hrsg.): Gewerbeschulen 150 Jahre in Baden 1834–1984, 75 Jahre in Württemberg 1909–1984. Stuttgart 1984, S. 9–15; hier S. 11

Im 19. Jahrhunderts erhielt unter der Bezeichnung „Mechanics' Institute Movement" eine auf das 17. Jahrhundert zurückgehende Bewegung in Großbritannien großen Aufschwung und wurde von Thyssen mit den deutschen Arbeitervereinen verglichen. Im Jahre 1841 bestanden in Großbritannien 216 solcher Institute mit fast 26.000 Mitgliedern. Die Bewegung griff auch auf Amerika über. Durch Bereitstellung von geeigneter Literatur in Bibliotheken und Einrichtung von Leseräumen, durch Sammlung von Maschinen, Modellen, Mineralien usf., durch Vorträge über praktische Mechanik, Chemie etc. wollte man die Bildung der arbeitenden Klasse heben. Zusammengefasst betrachtet waren in Großbritannien freiwillige und private Bildungsveranstaltungen für diese Schicht weit verbreitet, während Fachschulen für die mit höheren Funktionen betrauten Personen nicht in demselben Umfange geschaffen wurden.[74]

Mechanics' Institutes

Nebenius befasst sich auch mit den Versuchen der Privatwirtschaft, den Mangel an staatlicher Fürsorge für den gewerblichen Unterricht in Großbritannien zu ersetzten. Er führt die Aktivitäten von Vereinen zur Förderung nützlicher Kenntnisse an, die unter den arbeitenden Klassen „Elementarwerke" und Zeitschriften verbreiten, und spricht auch von Schulgründungen in größeren Städten. Ferner nennt er als Vorbild für jene Schulgründungen den seit Anfang des 19. Jahrhunderts von George Birkbeck in Glasgow erteilten Unterricht und verweist darauf, dass die besseren Schulen dieser Art zugleich Lehrkräfte ausbildeten.[75]

Weitere Initiativen

Eine weitere Erwähnung erfährt Großbritannien mit Blick auf die Erstellung von Lehrbüchern für niedere technische Schulen. Der Brite Henry Brougham veröffentlichte 1825 eine später auch ins Deutsche übersetzte Schrift mit dem Titel „Practical observations on the education of people", aus der Nebenius zitiert, das Gelingen der Aufgabe der Abfassung von Elementarbüchern der Mathematik, der Naturwissenschaft etc. sei ein Ziel, das selbst den größten Ehrgeiz zu befriedigen vermöge, denn in der heutigen Zeit könne die erhabenste Wissenschaft nicht höher streben, als die Kräfte der großen Massen der Menschheit zu entwickeln und zu veredeln.[76]

Erstellung von Lehrbüchern

Bei der Erörterung der Frage nach den Kosten für Einrichtung und Unterhalt von Handwerkerschulen verweist Nebenius auf eine englische, von einem Verein gegründete Unterrichtsanstalt und führt deren Kostenaufwand gegliedert nach Miete des Unterrichtslokals, Lehrerhonorar usf. auf, wobei er betont, die Kosten seien nicht so bedeutend, dass die Städte sie nicht alleine oder einschließlich mäßiger staatlicher Zuschüsse aufbringen könnten.[77]

Kostenaufwand

Brougham und Birkbeck waren diejenigen, die den Mechanics' Institutes neuen Auftrieb gaben, so Thyssen. Broughams Schrift führte zur Gründung zahlreicher Institute dieser Art. „Es kann als ziemlich sicher gelten, daß auch das englische

Synthese der ausländischen Schulmodelle

---

[74] Vgl. Thyssen, a.a.O., S. 51 u. S. 114ff.
[75] Vgl. Nebenius, a.a.O., S. 13
[76] Vgl. Nebenius, a.a.O., S. 82f.
[77] Vgl. Nebenius, a.a.O., S. 86

Vorgehen Nebenius in seiner Absicht bestärkt hat, Einrichtungen für die Bildung der ‚produktiven Klassen' in Baden zu schaffen."[78] Diese Aussage ließe sich dahingehend unterstreichen und präzisieren, dass Nebenius von den Mechanics' Institutes den Teilzeitcharakter als Vorbild für die Organisationsform der badischen Gewerbeschulen 1834 übernahm, während er sich hinsichtlich der Lehrstoffe an die Curricula der berufsqualifizierenden Vollzeitschulen Frankreichs anlehnte.

Auch Fritz Blättner weist darauf hin, Nebenius habe sich in der Auseinandersetzung mit englischen und französischen Beispielen „theoretische Klarheit" über den Auftrag der gewerblichen Schulen erworben.[79]

---

[78] Thyssen, a.a.O., S. 55

[79] Vgl. Blättner, Fritz: Die Aufgaben der Berufsschule. In: Blättner, F.; Kiehn, L. u. a. (Hrsg.): Handbuch für das Berufsschulwesen, Heidelberg 1960, S. 3

4. Errichtung von Gewerbeschulen in den badischen Städten

Nach der Intention von Nebenius sollte für Lehrlinge bestimmter Gewerbe der Besuch von Handwerkerschulen als verbindlich erklärt werden.[1] Damit setzte er sich für ein Ausbildungssystem ein, das praktische Arbeit im Betrieb mit begleitendem Unterricht in gewerblichen Schulen verbindet. Die „Unterweisung wird am fruchtbarsten, wenn sie jungen Leuten erteilt wird, welche bereits in die Werkstätten eingetreten sind, die Arbeiten kennen, auf die sie die in der Gewerbeschule erlangten rationellen Kenntnisse anwenden sollen, und jeden Tag die Anwendung des Erlernten zu machen Gelegenheit finden".[2]

Aufgabe der Gewerbeschule nach C. F. Nebenius

Nebenius vertrat die Auffassung, dass für die meisten Gewerbe, insbesondere die Bauhandwerke, derartige Kenntnisse notwendig bzw. in hohem Maße nützlich seien und dass man zur deren Vermittlung keiner Abteilungen in verschiedenen Fachschulen bedürfe, sondern einer „Vervielfältigung" der diesen Bedürfnissen entsprechenden Bildungsgelegenheiten. So hob er hervor: „Sollen diese Schulen ... nicht ungenügend bleiben, so dürfen sie nicht ausschließlich auf Sonn- und Feiertage beschränkt ..." sein.[3] Nach den Plänen des Staatsrats hat sich der Unterricht zeitlich so anzupassen, dass „kein Tag für die Thätigkeit des Lehrers verloren gehe".[4] Das bedeutet die Ausnutzung der Wintermonate für den Unterricht in den Gewerbezweigen, in denen dann die Arbeit ruht, sowie die Einbeziehung der Abendstunden im Sommer.

Die neun Jahre zuvor gegründete Polytechnische Schule Karlsruhe war mit den Anforderungen aufstrebender Gewerbezweige eng verbunden; sie unterschied sich darin von der französischen polytechnischen Tradition, die bei geringerer Anwendungsorientierung die mathematisch-naturwissenschaftlichen Grundlagen betonte. So wurden in der frühen Entwicklung dieser Einrichtung – wie hervorgehoben – „die Voraussetzungen geschaffen für die rasche Beförderung des industriellen und gewerblichen Aufschwungs mittels Entwicklung einer Ingenieurwissenschaft, die Probleme der Fertigung und industrieller Arbeitsprozesse zum Gegenstand hatte".[5]

Verschränkung von Gewerbe und Wissenschaft

Staatsrat Nebenius wies in seiner Denkschrift darauf hin, dass ohne zweckmäßige Bildungseinrichtungen für die niederen Gewerbe die höheren technischen Lehranstalten ihren Nutzen nicht in vollem Umfang stiften können, da tüchtige Handwerker sowie Fachkräfte zur Förderung der Produktivkräfte unerlässlich sind. Ferner warnte er vor dem übermäßigen Zustrom zu höheren technischen Berufen von Seiten jener Jugendlichen, die allein mangels eines Angebots geeigneter niederer gewerblicher Bildungseinrichtungen in diese Richtung fehlgeleitet würden.[6]

---

[1] Vgl. Nebenius, a.a.O., S. 78
[2] Nebenius, a.a.O., S. 92
[3] Nebenius, S. 78
[4] Ebd.
[5] Brechmacher, R.; Gerds, P.: Grundmodelle der Gewerbelehrerbildung im historischen Wandel. Ein Beitrag zur Geschichte gewerblich-technischer Fachrichtungen. In: Bannwitz, A.; Rauner, F. (Hrsg.): Wissenschaft und Beruf. Berufliche Fachrichtungen im Studium von Berufspädagogen des gewerblich-technischen Bereichs. Bremen 1993, S. 44
[6] Vgl. Nebenius, a.a.O., S. 99

Kurz vor der Gründung der Gewerbeschulen im Jahre 1834 wurde auch der Karlsruher Gewerbeverein aktiv. Er bemühte sich um sachverständige Stellungnahmen zur Gewerbeschulfrage, u. a. von den Professoren Carl Thierry und Guido Schreiber vom Karlsruher Polytechnikum. Eingehend befasste sich Thierry mit den Lehrstoffen für bestimmte Berufe:

> Für Zimmerleute beispielsweise hielt er die Vermittlung von Kenntnissen über die verschiedenen Holzarten, die Anleitung zur Konstruktion von Dachstühlen, hölzernen Brücken und das Zeichnen von Schiftungen sowie aller Arten von Treppen für erforderlich. Steinhauer und Maurer sollten die Eigenschaften der verwendeten Steinarten und Bindemittel sowie die Konstruktion aller Arten von Mauern, von Bögen und Gewölben, steinernen Treppen usw. kennen lernen.

Bemerkenswert am Gutachten von Prof. Thierry ist, dass er sich für eine Einteilung der Gewerbeschüler in zwei Klassen aussprach, und zwar diejenigen, die später Meister werden wollen, sowie solche, die dies nicht anstreben. Besonders begabte Schüler sollten nach Absolvierung der Gewerbeschule die Polytechnische Schule besuchen können. Außerdem schlug er vor, begabte und strebsame Schüler mit Prämien auszuzeichnen, die auch als Zuschüsse für Reisen zwecks Weiterbildung gewährt werden könnten.[7]

Professor Schreiber nannte in seinem Bericht an den Gewerbeverein als vorzusehende Unterrichtsfächer Arithmetik, Leseübungen, Freihandzeichnen und geometrisches Zeichnen. Er schlug vor, im Fach Zeichnen mit geometrischen Figuren wie Winkel und Kreisbögen zu beginnen und dann zum Zeichnen von Ornamenten überzugehen. Im Freihandzeichnen fortgeschrittene Schüler sollten geometrisches Zeichnen nach Grund- und Aufriss in Angriff nehmen.

Der Gewerbeverein bezog ferner auch Gutachter ein, die nicht der Polytechnischen Schule angehörten, so z. B. den Münzwardein[8] Kachel. In seinem Bericht war die Einführung von Zeichenunterricht in der Volksschule als Pflichtfach von besonderem Interesse, da er das Zeichnen als das beste Mittel zur Bildung des Anschauungsvermögens betrachtete. Ebenso wie die übrigen Gutachter nannte er als wesentliche Lehrgegenstände der Gewerbeschulen neben Zeichnen die Grundlagen der Arithmetik, der Messkunst und Mechanik, der Experimentalphysik und der technischen Chemie sowie als fakultative Lehrgegenstände Natur- und Länderkunde und ferner einen technologischen Überblick über die Gewerbe einschließlich der Geschichte der wichtigsten Erfindungen.[9]

Auf diese Gutachten gestützt, äußerte sich der Gewerbeverein dann selbst über Zweck und Notwendigkeit solcher Schulen und sprach sich für Freiwilligkeit des Besuchs aus; schließlich betonte er noch, dass auch die Einführung des Faches Modellieren, also praktischer Unterricht erforderlich sei.[10]

---

[7] Vgl. Kuhn, Karl Friedrich: Die Gewerbeschule der Landeshauptstadt Karlsruhe in Vergangenheit und Gegenwart. Karlsruhe 1927, S. 48f.

[8] Diesem Beamten oblag die Untersuchung der für Münzen verwendeten Legierungen.

[9] Vgl. Kuhn, a.a.O., S. 50

[10] Vgl. Kuhn, a.a.O., S. 53

4.1 Schulgründungen vor und nach 1834

Initiativen in Baden-Durlach

Zur Ergänzung der handwerklichen Lehre im Meisterbetrieb wie auch zur Vermittlung zeichnerischer Kenntnisse an einen weiter gefassten Adressatenkreis waren im südwestdeutschen Raum – wie bereits in Kap. 2.2 dargestellt – in der zweiten Hälfte des 18. Jahrhunderts verschiedenartige Zeichenschulen gegründet worden. In diesem Zusammenhang entfaltete die Markgrafschaft Baden-Durlach besonders intensive Aktivitäten zur Einführung von Zeichenunterricht für Lehrlinge und Gesellen.

Wie aus einer Verfügung des Landesherrn vom 16.3.1765 hervorgeht, bestand in jener Zeit vielerorts ein Mangel an „tüchtigen Meistern des Maurer- und Zimmer-Handwerks", dem dadurch abgeholfen werden sollte, dass die Gesellen während ihrer Wanderjahre nicht bei Meistern in Dörfern, sondern solchen in größeren Städten in Dienst traten, wie unter anderem in Stuttgart, Mannheim, Würzburg, Dresden und Berlin oder auch in Karlsruhe, das in diesem Zusammenhang „so gut als außer dem Lande erstandene Wanderschaft" galt.[11]

Wer dies befolgte, sollte bei Erlangung des Meisterrechts nur die Hälfte der vorgeschriebenen Gebühren entrichten müssen. Der Erlass beinhaltete außerdem die Anweisung, dass diese Lehrjungen sich darum bemühen sollten, „wie sie einen guten Unterricht in dem Zeichnen, als wozu das Oberamt die daselbst zu treffenden Anstalten sogleich gütächlich einzuberichten hat, erlangen mögen".

Einführung des Zeichenunterrichts

Obligatorischen Unterricht in geometrischem Zeichnen ordnete Markgraf Karl Friedrich bereits im Jahre 1767 an. Mit der Umsetzung dieses Erlasses wurde auch die Grundlage der Gewerbeschule der Stadt Durlach gelegt. Durlach war ab dem Jahre 1565 Residenzstadt und stellte zahlreiche Bauhandwerker für das im Jahre 1715 gegründete Karlsruhe, das wenig später als markgräfliche Residenz diente. Die Durlacher Zeichenschule trug bereits im Jahre 1831 offiziell die Bezeichnung *Gewerbeschule* und kann als Mustereinrichtung für Baden betrachtet werden. Die Entwicklung der Gewerbeschule Durlach wird in einem vertiefenden und ergänzenden Beitrag (S. 78ff.) beschrieben.

Reglementierung des Unterrichtsbesuchs

Der Landesherr war bestrebt, durch spezielle Verfügungen den ordnungsgemäßen Besuch der neuen Unterrichtszweige sicherzustellen. Die große Bedeutung des Durlacher Zeichenunterrichts belegen verschiedene markgräfliche Verordnungen, die dessen Absolvierung für bestimmte Berufsgruppen reglementierten. Im Oberamt Durlach wurden schon 1768 die Lehrjungen und Gesellen der Schlosser, Zimmerer, Maurer, Steinhauer, Hafner, Glaser, Schreiner und Müller zum Besuch dieses Unterrichts verpflichtet. Am 28.4.1769 erging ein Erlass, wonach in den genannten Berufen die Lossprechung der Lehrlinge sowie die Erlangung des Meisterrechts an den nachgewiesenen Besuch der Zeichenschule gebunden waren.[12] Nur die Müller erwähnte dieser Erlass nicht mehr.

Der Markgraf wirkte sogar darauf hin, dass Maurer- und Zimmergesellen, die ihr Handwerk nicht in Durlach gelernt hatten, vor Antritt der Wanderschaft dort

---

[11] Zitiert nach Ortloff, Johann A.: Corpus iuris opificiarii, oder Sammlung von allgemeinen Innungsgesetzen und Verordnungen für die Handwerker. Erlangen 1804, S. 258
[12] Zitiert nach Gutman, Emil: Die Gewerbeschule Badens 1834/1930. Bühl 1930. S. 38f.

eine Arbeit aufnahmen, um sich parallel dazu noch Zeichenkenntnisse anzueignen. Hierzu erging am 29.06.1769 folgender Erlass:

„Es wird hierdurch verordnet, daß alle die, so das Maurer- und Zimmer-Handwerk lernen, wann dieses in Carlsruhe oder Durlach geschiehet, die daselbst errichteten Zeichnungs-Stunden ohnfehlbar frequentieren, und auch wenn sie an einem andern Orte im Lande lernen, gehalten seyn sollen, ehe sie aufs Wandern gehen, sich ein Jahr anhero oder in Durlach in Arbeit zu begeben, um in solcher Zeit noch das erforderliche der Zeichnungs-Kunst erlernen zu können. Dieses ist daher denen Zunft-Vorstehern gedachter Handwerker mit dem Anhang bekannt zu machen, daß hierob sträflich gehalten werden solle."[13]

Entwicklung in Ettlingen

Als weiteres Beispiel für eine aus einer Zeichenschule hervorgehende, schon vor dem Jahre 1834 bestehende Gewerbeschule kann der Standort Ettlingen angeführt werden. Die dortige Gewerbeschule entwickelte sich aus der um 1817 gegründeten Zeichenschule, an der ein Werkmeister und ein Regierungsrat unterrichteten.[14] Diese Schule bot allerdings vom Jahre 1822 bis 1831 keinen Unterricht an. In einem Schreiben vom September 1830 forderte daher das Direktorium des Murg- und Pfinzkreises mit Sitz in Durlach das Bezirksamt in Ettlingen auf, am Ort wieder eine „Architektonische Handwerkszeichnungsschule" einzuführen. Die Wiedereröffnung der Ettlinger Schule erfolgte im Februar 1831.[15] Anfänglich erhielten 38 Schüler am Sonntagvormittag von 6 bis 9 Uhr Unterricht im geometrischen Zeichnen von Linien und Körpern, im Konstruieren und Modellieren. Nach einem Beschluss des Kreisdirektoriums vom 22. April 1831 wurde der Besuch dieser Schule für alle in der Stadt Ettlingen anwesenden Lehrlinge sämtlicher Handwerksberufe zur Pflicht gemacht. Eine Ausnahme bildeten die Lehrlinge der Bäcker, Metzger und Schuhmacher, denen die Teilnahme freigestellt war. Außerdem stand die Schule allen Gesellen zum unentgeltlichen Besuch offen. Der Ausbau der Ettlinger Handwerkszeichnungsschule zu einer Gewerbeschule im Sinne der landesherrlichen Verordnung erfolgte schließlich im Jahre 1834. Professor G. Schreiber vom Karlsruher Polytechnikum besprach diese Angelegenheit im Auftrag des Ministeriums des Inneren mit der Lokalbehörde. Dem ersten Gewerbeschulvorstand gehörten der Bürgermeister, der Stadtpfarrer, ein Fabrikinhaber, ein Apotheker, ein Kaufmann sowie ein Zimmermeister an. Der der Gewerbeschule zugeteilte Lehrer unterrichtete auch an der höheren Bürgerschule.

Errichtung der Gewerbeschulen ab 1834

In der curricularen Ausrichtung der badischen Gewerbeschule sollten Gewerbe und Wissenschaft auf einem Niveau und in einer Weise verschränkt werden, die es ermöglichten, angehende Handwerker zum „verständigen Betriebe dieses Gewerbes geschickt [zu] machen" (§ 2 des Gründungserlasses). Die wesentlichen Bestimmungen des großherzoglichen Gründungserlasses vom 15. Mai 1834 sind in Anlage 8 wiedergegeben.

---

[13] Zitiert nach Ortloff, a.a.O., S. 259f.
[14] Vgl. Bericht über den Stand der Gewerbeschule mit Handelsabteilung zu Ettlingen im Schuljahr 1910–11. Ettlingen 1911, S. 3. Es dürfte sogar bereits im Jahre 1777 eine Zeichenschule in Ettlingen eingerichtet worden sein; allerdings fehlen Hinweise auf deren weitere Entwicklung (vgl. Die Geschichte der Gewerbeschule Ettlingen, http://www.aes-ettlingen.de/Geschichte_der_Aes.pdf).
[15] Vgl. http://www.aes-ettlingen.de/Geschichte_der_Aes.pdf

Anl. 8:

Kernelemente des Gründungserlasses der badischen Gewerbeschule vom 15. Mai 1834

Art. I. Errichtung der Gewerbschulen.

§ 1. In allen gewerbreicheren Städten des Großherzogtums sollen Gewerbschulen errichtet werden.

Art. II. Zweck der Gewerbschulen.

§ 2. Die Gewerbschule hat den Zweck, jungen Leuten, die sich einem Handwerke oder einem Gewerbe widmen, welches keine höhere technische und wissenschaftliche Bildung erfordert, und die sie praktisch zu erlernen bereits begonnen haben, diejenigen Kenntnisse und graphischen Fertigkeiten beizubringen, die sie zum verständigen Betriebe dieses Gewerbes geschickt machen.

Art. III. Unterrichtsgegenstände.

§ 3. Der Unterricht in der Gewerbschule begreift in der Regel:

Handzeichnen geometrischer Figuren und Körper und Ornament-Zeichnen,

Arithmetik und algebraische Grundbegriffe,

Geometrie, mit Einschluß des geometrischen Zeichnens,

Industrielle Wirtschaftslehre, mit Anleitung zur einfachen Buchhaltung.

Mit dem Unterrichte sind Übungen der Schüler in schriftlichen Aufsätzen und im mündlichen Ausdruck zu verbinden. ...

Art. IV. Aufnahme in die Gewerbschule.

§ 6. Die Gewerbschule nimmt als ordentliche Schüler alle jungen Leute auf, welche das vierzehnte Lebensjahr zurückgelegt haben, bei einem Meister zur Erlernung eines Gewerbes in die Lehre getreten sind, oder in der nächsten Zeit in die Lehre zu treten beabsichtigen, und die erforderlichen Vorkenntnisse besitzen. ...

Art. V. Unterrichtszeit.

§ 12. In der Regel sollen an jedem Sonn- und Feiertage (die hohen Festtage ausgenommen) von Ostern bis November, zwei bis zwei und eine halbe Stunde, und vom 1. November bis Ostern eine bis eine und eine halbe Stunde, sodann an Wochentagen in den Feierabendstunden eine Stunde täglich dem Unterrichte gewidmet werden. ...

§ 16. Die Bürgermeister und Zunftvorsteher haben darauf zu wachen, daß die Meister die ihnen durch die Verordnung vom 9ten Februar 1808 (Die Wanderschaft der Zunftgenossen betreffend, Regierungsblatt Nro. V.) auferlegten Verpflichtungen gewissenhaft erfüllen, wonach sie ihre Lehrlinge zur Nutzung der vorhandenen Unterrichtsanstalt anhalten sollen.

Art. VI. Zahl und Einteilung der Curse.

§ 19. Die Gewerbschule hat in der Regel einen dreijährigen, mindestens zweijährigen Kurs. Die Beschränkung auf einen zweijährigen Kurs tritt nur ein, wo die Mittel zur vollständigen Ausführung des Lehrplans fehlen. ...

§ 21. Die Teilnahme der Gewerbschüler an dem gesamten Unterrichte wird nach den Bildungsbedürfnissen der verschiedenen Hauptzweige der Gewerbe, insbesondere der Bauhandwerke und solcher Gewerbe, welche technisch-chemische Kenntnisse erfordern, bestimmt. ...

Art. VII. Prüfungen.

§ 23. In jeder Gewerbschule sollen jährliche öffentliche Prüfungen, und zwar am Schlusse des Wintersemesters, stattfinden. ...

Art. VIII. Lehrer der Gewerbschule.

§ 25. In der Regel sollen die Lehrer der Gewerbschulen aus den Angehörigen des Gewerbestandes gewählt werden.

§ 29. Die polytechnische Schule ist ermächtigt, solchen aus der Bauschule, Ingenieurschule oder höheren Gewerbeschule austretenden Zöglingen, welche sich einem bürgerlichen Gewerbe widmen und sich vorzügliche Kenntnisse erworben haben, Fähigkeitszeugnisse auszustellen, welche ihre Tauglichkeit zur Übernahme einer Lehrerstelle bei einer städtischen Gewerbschule unter Bezeichnung der Lehrfächer, wofür sie sich vorzugsweise gebildet haben, beurkunden.

Diejenigen, welche solche Zeugnisse erlangt haben, können nach dreijähriger praktischer Übung in ihrem technischen Zweige ohne weitere Prüfung als Lehrer angestellt werden. ...

Art. X. Unterhalt der Gewerbschule.

§ 35. Die Kosten der Gründung des Unterhalts der Gewerbschulen werden von der Gemeinde bestritten ...

Art. XI. Aufsicht. Schulvorstand.

§ 40. Die Gewerbschule steht unter Aufsicht eines besondern Schulvorstandes. ...

Art. XII. Oberaufsicht.

§ 50. Die Kreisregierungen haben die Oberaufsicht über sämtliche Gewerbschulen ihres Kreises. ...

§ 54. Jeder Kreisregierung wird aus der Zahl der bei einer höheren Unterrichtsanstalt angestellten Professoren oder der im Kreise angestellten technischen Beamten ein Sachkundiger zur Berathung in allen den Unterricht, die Vollziehung der Lehrpläne, die Verbesserung derselben und die Wahl der Lehrer betreffenden Fragen beigegeben.

§ 55. Über die Anstellung der Lehrer entscheidet das Ministerium auf den Vorschlag der Kreisregierung, nach erhobenem Gutachten einer aus Lehrern der polytechnischen Schule für das Gewerbschulwesen gebildeten Commission.

§ 56. Die Commission für das Gewerbschulwesen hat über die Festsetzung und Abänderung der Lehrpläne, über die Wahl der Lehrbücher und über die Anschaffung der Hülfsmittel des Unterrichts zu berathschlagen und ihre Vorschläge hierüber dem Ministerium des Innern vorzulegen. ...

§ 58. Mit der Commission für das Gewerbschulwesen können die Kreisregierungen in Allem, was den Vollzug der über den Unterricht und dessen Hülfsmittel ertheilten Vorschriften betrifft, in unmittelbare Correspondenz treten.

Quelle: Großherzoglich Badisches Staats- und Regierungsblatt Nr. XXVII vom 21. Juni 1834, S. 217–224

Die vollständige Verordnung findet sich in Anhang B 1. Anlage 9 führt die Vollzugsbestimmungen auf, die das Innenministerium als „Bekanntmachung zu der großherzoglichen Verordnung über die Errichtung von Gewerbschulen" am 30. Mai 1834 veröffentlichte.

Im Gründungserlass wird die „Nothwendigkeit eines besonderen öffentlichen Unterrichts für jene jungen Leute, welche sich einem Gewerbe oder Handwerke widmen, und in früher Jugendzeit in Arbeit und Lehre treten" betont, also die qualifikatorische Funktion der neuen Schulgattung. Die Gewerbeschule soll ihnen die erforderlichen „Kenntnisse und graphischen Fertigkeiten" vermitteln. Angesprochen waren Handwerke oder Gewerbe, welche „keine höhere technische oder wissenschaftliche Bildung" erfordern" (§ 2).

Aufnahme-bedingungen Gemäß § 6 des Gründungserlasses nahm die Gewerbeschule alle jungen Leute auf, die das vierzehnte Lebensjahr vollendet hatten, bei einem Meister zum Erlernen eines Gewerbes in die Lehre eingetreten waren oder dies in nächster Zeit beabsichtigten und die erforderlichen Vorkenntnisse besaßen. Darunter wurde das in der allgemeinen Volksschule vermittelte Wissen verstanden. Waren die Kenntnisse im Lesen, Schreiben und Rechnen nicht hinreichend, so sollten die betreffenden Lehrlinge zum Besuch der Sonntags- oder Fortbildungsschule angehalten werden und bis zum Aufholen ihres Kenntnisrückstands lediglich am Zeichenunterricht der Gewerbeschule teilnehmen.

In die Gewerbeschulen aufzunehmen waren außer den Lehrlingen die „in Arbeit stehenden Gesellen" sowie auch jedermann, „der sich für ein nicht zünftiges Gewerbe durch den Besuch einzelner hierzu dienlicher Vorträge nützliche Kenntnisse erwerben will" (§ 10). Bemerkenswert ist ferner die hervorgehobene Möglichkeit, an den Orten, deren Volksschulen keinen Unterricht im Zeichnen erteilten, auch diesen Schülern den Besuch des Zeichenunterrichts der Gewerbeschule zu gestatten.

Sicherung des Schulbesuchs Die Überwachung des Schulbesuchs sollten Bürgermeister und Zunftvorsteher wahrnehmen. In diesem Zusammenhang wurde auf die Einhaltung der in Abschnitt 3.1 erwähnten landesherrlichen Verordnung vom 9. Februar 1808, die Wanderschaft der Zunftgenossen betreffend, verwiesen. Danach waren die Meister unter anderem aufgefordert, die Lehrlinge zu weiteren Übungen der elementaren Schulkenntnisse und auch zur Nutzung etwa vorhandener „HülfsUnterrichtsAnstalten als ZeichenSchulen, Modelier-Anweisungen u. dgl." anzuhalten.

Unterrichtszeit Die Unterrichtszeit war in Art. V, §§ 12 bis 18 geregelt: Danach sollen in der Regel an jedem Sonn- und Feiertag von Ostern bis November zwei bis zweieinhalb Stunden und von November bis Ostern ein bis eineinhalb Stunden unterrichtet werden und außerdem an den Wochentagen in den Feierabendstunden eine Stunde täglich. Je nach örtlichen Verhältnissen waren andere Einteilungen zulässig, aber insgesamt sollte pro Woche ein mindestens sechsstündiger Unterricht erteilt werden.

Anl. 9:
Vollzugsbestimmungen zum Gründungserlass der Gewerbeschulen

§ 1. Von der zur Gründung von Gewerbschulen bewilligten Summe wird jedem Regierungsbezirke nach Verhältnis seiner Bevölkerung eine Rate zugetheilt, jedoch ohne Berechnung der Einwohner von Carlsruhe für den Mittelrheinkreis und unter Ausscheidung einer Summe von jährlichen Eintausend Gulden, welche dem Oberrheinkreise zum Voraus zugeschieden und mit dem erforderlichen weitern Zuschuß aus der, diesem Kreise zugetheilten Rate zu einer Gewerbschule in der Mitte des Schwarzwaldes verwendet werden soll.

§ 2. Die bis zur eintretenden Verwendung für laufende Ausgaben bereits erwachsenen oder noch erwachsenen Aktivreste werden, unter Vorbehalt eines jährlichen Zuschusses, als allgemeiner Reservefond für die erste Ausstattung der Gewerbschulen oder andere einmalige Ausgaben verwendet und der etwaige Überschuß für spätere ausserordentliche Bedürfnisse bestimmt.

§ 3. Bei der Vertheilung der Zuschüsse sollen diejenigen Städte vorzugsweise berücksichtigt werden, welche einen zahlreichen Gewerbstand haben, und welche weder in der Lage sind, einen beträchtlichen Theil der Kosten aus eigenen Mitteln zu bestreiten, noch zu diesem Zweck Localstiftungen besitzen.

§ 4. Jede Stadt, welche einen Zuschuß aus Staatsmitteln erhält, muß wenigstens für ein angemessenes Local, dessen innere Einrichtung und für die Reinigung und Feuerung sorgen.

§ 5. Wo die Errichtung einer Gewerbschule sich als nothwendig erweist, aber zur Zeit noch keine tauglichen Lehrer gefunden werden, soll vorerst die Errichtung der Schule noch unterbleiben, gleichwohl aber der betreffenden Stadt ein angemessener Antheil an dem Staatszuschuß zugetheilt und bei derselben bis zur eintretenden Verwendung verzinslich angelegt werden.

§ 6. In solchen Fällen kann der jährliche Staatsbeitrag ganz oder zum Theil als Unterstützung für talentvolle junge Leute, die sich einem Baugewerbe widmen, verwendet werden, um sie in den Stand zu setzen, sich bei der polytechnischen Schule die zur Übernahme einer Lehrerstelle erforderlichen Kenntnisse zu erwerben.

§ 7. Eine solche Verwilligung setzt voraus, daß der Competent das angeborne Bürgerrecht in der betreffenden Stadt besitzt, oder von dem Gemeinderath die Zusicherung der bürgerlichen Annahme erlangt hat, daß er von der polytechnischen Schule günstige Zeugnisse über seine Fähigkeiten und Kenntnisse beibringt, und sich zum Rückersatz für den Fall verpflichtet, daß er nach Vollendung seiner Bildung aus eigenem Verschulden nicht in eine Lehrerstelle eintritt.

§ 8. Unter mehreren Competenten soll bei genügenden Fähigkeiten derjenige den Vorzug erhalten, der bereits practische Übung besitzt, und zur Vervollständigung seiner theoretischen Kenntnisse und graphischen Fertigkeit die polytechnische Schule besucht, oder der, beim Mangel practischer Übung, in Kenntnissen schon weiter vorgerückt ist. Im letztern Fall kann die Unterstützung für die Dauer von Reisen und der practischen Übung verlängert werden.

§ 9. Das Großh. Ministerium des Innern wird aus der Zahl der Lehrer der polytechnischen Schule einen oder zwei Commissäre in sämtliche Kreise abordnen, welche über die erste Einrichtung der Schulen, über deren Ausstattung, über die Anstellung der Lehrer oder die deßfalls zu treffenden Einleitungen, sowohl mit den Kreisregierungen, als an Ort und Stelle mit Local-Autoritäten, unter Zuziehung ausgezeichneter Gewerbsleute zu berathschlagen, die erforderlichen Vorschläge zu machen, und die durch besondere Instructionen bezeichneten Anordnungen zu treffen haben.

§ 10. Die Kreisregierungen haben zu diesem Zwecke unverweilt alle dienlichen Materialien zu erheben, insbesondere eine genaue Darstellung über die bereits bestehenden Schulen für Handwerker, ihre Lehrmittel und Fonds, sodann über die Mittel, welche einzelne Stände aus ihren eigenen Einkünften zum Unterhalt neu zu errichtender oder bereits bestehender, einer Verbesserung und Erweiterung bedürftiger Schulen zu bestimmen bereit sind, endlich über die, diesem Zweck speziell gewidmeten Localstiftungen und über die ohne Verletzung der Stiftungszwecke hierzu verwendbaren Überschüsse anderer Local- und Bezirks-Stiftungen.

Quelle: Großherzoglich Badisches Staats- und Regierungsblatt Nr. XXVII vom 21. Juni 1834, S. 215f.

Bezüglich der Unterrichtsgegenstände unterschied der Gründungserlass Regel- und Ergänzungsfächer. Regelfächer waren:

Regel- und Ergänzungsfächer

- Handzeichnen geometrischer Figuren und Körper sowie Ornamentzeichnen,
- Arithmetik und algebraische Grundbegriffe, Geometrie mit Einschluss des geometrischen Zeichnens,
- industrielle Wirtschaftslehre mit Anleitung zur einfachen Buchhaltung.

Besonders hingewiesen wurde darauf, dass mit diesem Unterricht „Übungen der Schüler in schriftlichen Aufsätzen und im mündlichen Ausdruck zu verbinden" sind (§ 3).

Als Ergänzungsfächer waren aufgeführt:

– Naturkunde: einfache Erklärung der wichtigsten Naturerscheinungen und für einzelne Handwerke und landwirtschaftliche Gewerbe nützliche Kenntnisse aus der Naturgeschichte und aus der technischen Chemie.

– Mechanik, angewandt auf die Gewerbe, mit Beschreibung, Konstruktion und Berechnung einzelner Maschinen.

Diese Fächer waren laut Gründungserlass anzubieten, sofern „das Bedürfnis hierzu vorhanden ist und so weit die gegebenen Mittel reichen (§ 4)". Ferner konnte gemäß § 5 Gründungserlass nach „Verschiedenheit der gewerblichen Verhältnisse in einer Stadt und ihren Umgebungen" ein spezieller Unterricht für einzelne Gewerbe oder für einzelne Hauptzweige von Gewerben angeboten werden.

Unterrichts-richtlinien Ein fest umrissener Lehrplan für die Gewerbeschulen bestand bis zum Jahre 1881 nicht. Es wurden lediglich allgemein gehaltene Richtlinien aufgestellt, die den Gewerbeschulvorständen und Lehrern wiederholt in Erinnerung gebracht wurden. Ein Erlass vom 9. April 1844 besagte beispielsweise zum „Zeichnungsunterricht", der sich in Freihandzeichnen, geometrisches Zeichnen und Fachzeichnen gliederte, dass alle Schüler mit dem Freihandzeichnen beginnen sollten, zunächst an der Tafel, dann auf Papier. Zum Unterricht in Geometrie und Rechnen hieß es: Die Berechnung von Linien, Flächen und Körper sei für den Gewerbsmann am wichtigsten. Ferner sollen die Lehrer dabei, wann immer es sich anbietet, wichtige Sätze aus der Naturlehre und Mechanik berühren.[16]

Prüfungs-reglement Nach Art. VII des Gründungserlasses war jedes Jahr zu Ende des Wintersemesters eine öffentliche Prüfungen durchzuführen, und zwar für Lehrlinge obligatorisch, für Gesellen und andere Schüler fakultativ. Den Jahresberichten der Gewerbeschule Karlsruhe, die zugleich – wie schon im Titel ausgewiesen – als „Einladung zur öffentlichen Prüfung" dienten, kann man Gegenstände und Umfang der Prüfung entnehmen. Der älteste im Stadtarchiv Karlsruhe verwahrte Jahresbericht stammt aus dem Schuljahr 1859/60, das mit einer öffentlichen Prüfung am 24. Mai 1860 schloss. Diese umfasste Geschäftsaufsätze, Arithmetik, Geometrie, Stereometrie, Buchführung, technisches Zeichnen und Mechanik. Die Dauer der Prüfung betrug zumeist eine Stunde pro Fach.[17]

Nach abgelegter Prüfung erhielten die Schüler „welche nach Kräften mit Fleiß und Fortschritt bei gutem Betragen den Unterricht besucht und je nach Bedürf-

---

[16] Vgl. Gutman, E., a.a.O., S. 234ff.

[17] Bericht über den Stand der Gewerbeschule der Residenzstadt Karlsruhe vom 10. Juni 1859 bis 24. Mai 1860 als Einladung zur öffentlichen Prüfung am Donnerstag den 24. Mai 1860. Karlsruhe 1860, S. 2

nis die drei Klassen zurückgelegt haben, ihre Entlassungszeugnisse und diese können sofort ausgeschrieben und zu Gehilfen aufgenommen werden".[18] Die Übrigen hatten den Unterricht so lange weiter zu besuchen, bis das Versäumte nachgeholt war.

Am 15. Mai 1834 wurde parallel zur Gründung der Gewerbeschulen eine Verordnung „über Einrichtung der Volksschulen im allgemeinen und die Aufsichtsbehörden" erlassen. Unterrichtsgegenstände in den Volksschulen waren danach (§ 1): a) Religion, b) deutsche Sprache, c) Schreiben d) Rechnen, e) Gesang und f) andere gemeinnützige Kenntnisse aus der Naturgeschichte, Naturlehre, Erdkunde, Geschichte, Gesundheitslehre, Landwirtschaft und Geometrie. Hinzu kam, wo die Mittel reichten, g) Zeichnungsunterricht. „Jedoch die beiden letzteren Gegenstände nur insofern und insoweit, als der unter a) bis e) bezeichnete, für Volksschulen notwendigste Unterricht nicht darunter leidet."

§ 3 dieser Verordnung besagt: „Neben den Volksschulen im engeren Sinne bestehen für die der Schule entlassenen Knaben und Mädchen noch besondere Fortbildungsschulen, in welchen der in § 1 erwähnte Unterricht noch weiter verfolgt und geübt wird."[19] Hierbei wurden Sonntagsschulen und Werktags-Fortbildungsschulen unterschieden. Letztere sollten im Winterhalbjahr abgehalten und von den Knaben besucht werden, „die weder eine höhere Bürgerschule noch eine Gewerbeschule oder eine höhere Bildungsanstalt besuchen" (§ 20). Nach den Bestimmungen des Ortsschulvorstandes sollte der Unterricht wöchentlich ein- oder zweimal jeweils zwei Stunden gehalten werden (§ 21). Die Sonntagsschulen hingegen waren für beide Geschlechter gemeinsame Erziehungseinrichtungen für weltlichen wie religiösen Unterricht.

Nachstehend wird als Beispiel für eine Schulgründung vor 1834 im Beitrag von Wolfgang Heinz die Gewerbeschule Durlach dargestellt, die als Mustereinrichtung für Baden galt und ihre Gründung auf einen markgräflichen Erlass vom Jahre 1767 zurückführt. Darin ordnete der Landesherr Unterweisung in der „geometrischen Wissenschaft" an, um den „Wohlstand" der Jugend zu fördern. Bereits ein Jahr darauf erfolgte die Einführung von Unterricht in Freihandzeichnen und architektonischem Zeichnen.

Diesem Beitrag folgt die von Rolf Dörflinger dargestellte Entwicklung der Gewerbeschule Bruchsal, die ein Jahr nach Publikation des großherzoglichen Gründungserlasses eröffnet wurde. Zwar hatte es in Bruchsal eine Vorläufereinrichtung in Form der 1809 gegründeten Freihandzeichenschule gegeben, doch wurde diese nach zehnjährigem Bestehen wieder aufgelöst.

Neue Curricula für Volksschulen

Beispiel für Schulgründungen vor 1834

Beispiel für Schulgründungen ab 1834

---

[18] Ebenda, S. 13

[19] Zitiert nach Stratmann, Karlwilhelm: Probleme der Berufsschule im 19. Jahrhundert. Materialien zur Entwicklung des beruflichen Schulwesens für gewerbliche Lehrlinge. In: Archiv für Berufsbildung, Jahrbuch 1967, Braunschweig 1967, S. 89–107, hier S. 97f.

Wolfgang Heinz
Geschichte der Gewerbeschule Durlach

Baden-Durlach im 18. Jahrhundert

Die Bestrebungen, den Gewerbetreibenden eine den Bedürfnissen ihres Berufes angepasste besondere Ausbildung durch schulartige Einrichtungen zukommen zu lassen, reichen in Baden weit zurück. Ihr Anfang findet sich in der Markgrafschaft Baden-Durlach in der zweiten Hälfte des 18. Jahrhunderts unter der Regierung des Markgrafen Karl Friedrich (1738–1811).

Sein Territorium umfasste zu jener Zeit etwa 29 Quadratmeilen mit ca. 90.000 Einwohnern. Durch Aussterben der Baden-Badischen Linie im Jahre 1771 erhielt Baden-Durlach einen Gebietszuwachs von 51 Quadratmeilen mit 200.000 Einwohnern.

Karl Friedrich war Anhänger des Physiokratismus, der unter anderem auf größere wirtschaftliche Freiheit für die Bevölkerung abzielte. Dies sollte auch zur Hebung des allgemeinen Wohlstands beitragen, denn die ökonomischen Verhältnisse waren äußerst bescheidenen.

Der Markgraf und spätere Großherzog gilt als vorbildlicher Vertreter des aufgeklärten Absolutismus und weit blickender Förderer von Landwirtschaft, Handel und Gewerbe. In der Erkenntnis, dass wirtschaftliches Fortkommen eng verbunden ist mit dem Bildungsstand des Volkes, war er vor allem bemüht, das Schulwesen weiterzuentwickeln.

Das Gewerbe war in Karlsruhe im 18. Jahrhundert ziemlich stark vertreten. Im Jahre 1720, also fünf Jahre nach Gründung der Stadt, fanden sich unter 2.000 Einwohnern 112 Gewerbetreibende, darunter 74 Handwerker. Unter den Handwerkern dominierten das Nahrungsmittel- und das Bekleidungsgewerbe. 1760 hatte Karlsruhe rund 2.600 Einwohner und ca. 100 Handwerksbetriebe. Allerdings waren alle Handwerke und Gewerbe übersetzt, während der Hof sich meist von Fremden versorgen ließ.

Reskript von 1767 zum Zeichenunterricht

Am 6. November 1767 ordnete ein Erlass des Markgrafen die Einführung von obligatorischem Unterricht in geometrischem Zeichnen für alle Schüler „der ersten Ordnung" während der Winterzeit an. Er begründete dies damit, dass die „geometrischen Wissenschaften" allen Untertanen und besonders den „Professionisten" von großem Nutzen seien und er den künftigen Wohlstand der Jugend durch „guten Un-terricht" fördern wolle. Der Bildungsstand des Volkes war zu jener Zeit äußerst dürftig. Es gab noch keine planmäßigen pädagogisch ausgebildeten Volksschullehrer.

Das General-Reskript von 6.11.1767 kann als Gründungsschreiben der späteren Gewerbeschule Durlach betrachtet werden. Es hat folgenden Wortlaut:

Carl Friderich von Gottes Gnaden Marggrav zu Baden und Hochberg ...

Unser Grus, Edler, Hochgelerte, Würdiger, Liebe Getreue!

Da die geometrische Wissenschaft nicht nur überhaupt einem jeden zu mehrerer Uebung im Rechnen und zu Schärfung des Verstandes dienen, sondern auch in mehreren Betrachten sowohl allen Landsleuten als insbesondere denen Profeßionisten vielen Nuzen verschaffen kann und Unsere gnädigste Absicht dahin gehet, den künftigen Wohlstand der in Unseren Fürstlichen Landen befindlichen gesamten Jugend durch guten Unterricht in denen Schulen bestmöglichst zu fördern: also verordnen Wir hiermit, daß in allen denenjenigen Land-Schulen, wo entweder der Schulmeister oder Provisor des Ortes die Geometrie kann, oder wo, in so ferne von beeden keiner die Geometrie verstehet und durch eine gleichbaldige, niemand nachtheilige Verwechselung derer Provisorum nicht zu helfen stehet, der Pfarrer des Orts zu deren Lehre guten Willen und Tüchtigkeit hat, die Docierung der mehr besagten geometrischen Wissenschaft nicht nur gleichbalden veranstaltet und solche diesen Winter über allen in jeder Schule sich befindenden Schülern der ersten Ordnung, es mögen deren Eltern solches wollen oder nicht wollen, ohnentgeltlich wenigstens 4 Stunden die Woche hindurch gelehret, in Ansehung dererjenigen Orte aber, wo solches dermalen auf obbeschriebene Art nicht gleich thunlich ist, gleichbalden und längst innerhalb 4 Wochen der Bericht sowohl unter Bemerkung derer Anstände als Befügung deren die Sache möglich machenden Vorschläge an Unser nachgesetztes Fürstliches Consistorium erstattet werden soll.

Gleichwie Wir euch nun die uhnverzügliche Veranstaltung dieses Unterrichts andurch auftragen und Uns dero bestmöglichste Besorgung ohnehin versehen: Also verbleiben Wir euch mit Gnaden fernerhin wohl beigethan.

Dieser ersten Verordnung folgten wenige Monate später auf Vorschlag des Baudirektors Albrecht Friedrich von Keßlau vom 17. Juli 1768 weitere Anordnungen des Markgrafen zur Einführung auch eines Freihand-Zeichenunterrichts und eines architektonischen Zeichenunterrichts, die im Laufe des Jahres 1768 in Durlach begonnen wurden. Erster Lehrer war von 1768 bis 1774 der Werkmeister Johann Martin Zöller aus Durlach. Die Geometrischen Schulen, in denen bald auch Unterricht in Arithmetik und Mechanik erteilt wurde, und die Freihand-Zeichenschulen mündeten später mehr oder weniger in die Realschulen ein, die sich von 1760 an zu entwickeln begonnen hatten und die besonders für „Professionisten, Fabrikanten und Kaufleute" gedacht waren. Dagegen wurde die „architektonische Zeichenschule" vorwiegend eine Einrichtung für Bauhandwerker.

Im Oberamt Durlach wurden schon 1768 die Lehrjungen und Gesellen der Schlosser, Zimmerer, Maurer, Steinhauer, Hafner, Glaser, Schreiner und Müller zum Besuch dieser Bau-Zeichnungsschule verpflichtet. Dies belegt ein Schreiben an dieses Oberamt, in dem es hieß:

„Das Oberamt Durlach hat den Schreiner Pfester und den Zimmermann Langenbach allda wegen nachlässiger Schickung ihrer Söhne in die daselbst errichteten Geometrischen- und Zeichnungsstunden 2 mahl 24 Stund bei Wasser und Brot alsogleich eintürmen zu lassen, und anbei dem Langenbach anzubefehlen, wie er seinen Sohn noch nicht auf die Wanderschaft schicken, sondern vorher in der Zeichnungs-Schule und bei dem Diacono Gerwig in der Geometrie und Mechanik gehörig unterrichten lassen solle,- auch dem Pfester zu eröffnen, dass sein Sohn bei seiner Rückkehr nicht eher als Meister werde angenommen oder zum Bürgerrecht gelassen werde, er habe denn nach der Hand diese Stunden noch Jahr und Tag besucht und seine Tüchtigkeit in diesen Wissenschaften durch hinlängliche Probestücke vermehrt!"

Beweggründe des Markgrafen zur Einrichtung dieser neuartigen Schulen und solch strenger Disziplinierung hinsichtlich der Schulpflicht waren einmal sein Bestreben, dem Volk zu höheren Leistungen im Beruf und damit zur Mehrung des eigenen und des allgemeinen Wohlstandes zu verhelfen, und zum anderen der Ausbau der jungen Stadt Karlsruhe sowie der zwischen 1748 und 1785 erfolgende Umbau des Karlsruher Schlosses zum heutigen Barockbau. Ein großer Teil der benötigten Handwerker hatte seinen Wohnsitz im Durlacher Raum, wo die Steinbrüche lagen. Dies erklärt auch, weshalb die Lehrer, die den architektonischen Zeichenunterricht erteilten, über Jahrzehnte hin den Bauhandwerken angehörten.

Mit der Oberaufsicht über die Einrichtung seiner Handwerkerschule beauftragte der Markgraf im Jahre 1768 den Baudirektor Albrecht Friedrich von Keßlau, der auch verantwortlich für den Umbau des Schlosses war. Als praktischer Ratgeber sowohl dem Markgrafen wie auch den sonst ganz auf sich gestellten Lehrern gegenüber übte er von Anfang an den entscheidenden Einfluss auf die Gestaltung dieser neuartigen Unterrichtsanstalt aus.

Gewerbeschule

Der architektonische Zeichenunterricht wurde mit Rücksicht auf die Schüler – Gesellen und Lehrlinge – nur während der Wintermonate abgehalten. Zwei Männer waren es, die sich in der Zeit um 1830 um den Unterricht in diesen Schulen besonders verdient machten: Hofdiskonus Fesenbeck und Kreisrat von Stockhorn. Insbesondere der als Schulrespizient der Regierung des Mittelrheinkreises tätige Stockhorn ließ sich die Förderung der Schulen in jeder Hinsicht angelegen sein. Von Stockhorn war selbst auf dem Gebiet des Zeichnens und Malens sachverständig; er stellte der Architektonischen Zeichenschule mehrere eigenhändig gezeichnete Vorlagen zur Verfügung (Grabsteine, einen römischen Altar, Rosetten usw.). Die Förderung der gewerblichen Jugend war ihm ein persönliches Anliegen. Von allgemeiner Bedeutung ist, was er über den Wert des Zeichenunterrichts sagte: „Durch den Zeichenunterricht, wenn er, wie es sein muss, recht eifrig nach dem Bedürfnis des Gewerbestandes eingerichtet ist, wird das Schönheitsgefühl gebildet, das Augenmaß geschärft, Aufmerksamkeit und Scharfsinn geübt, Kunstsinn und Erfindungsgeist gelehrt, eine Menge von Anschauungen dem Begriffe zugeführt, eine geübte Hand verschafft und Ordnung und Reinlichkeit gefördert."

Der Unterricht in der Architektonischen Zeichenschule wurde zuerst im Rathaus, später in der Wohnung des Werkmeisters Jung und schließlich im Pädagogium (Lateinschule) erteilt. Zur weiteren Ausgestaltung der Architektonischen Zeichenschule wurde dem Stadtrat der Vorschlag gemacht, sie auch während des Sommers zu unterhalten und den Unterricht dann sonntags von 7 bis 9 Uhr vormittags zu erteilen, wie dies bereits in Rastatt und Baden-Baden geschah. Der Stadtrat hielt dem entgegen, dass sich kein einziger Zögling zur Teilnahme gemeldet hätte. Dabei gab es in Durlach damals 21 Zünfte, und zwar für Nagel- und Kettenschmiede, Schneider, Weber, Huf- und Waffenschmiede, Zimmerleute, Schlosser, Büchsen- und Windenmacher, Sattler, Dreher mit Sieb- und Kammmacher, Bäcker und Müller, Metzger, Steinhauer und Maurer, Rotgerber, Glaser, Färber, Hutmacher, Seiler, Schreiner, Wagner, Küfer und Schuhmacher.

Auch der Stadtrat selbst war dem Vorschlag wenig geneigt. Es scheint sogar, dass er auf die Meister eingewirkt hat, ihre Lehrlinge vom Besuch der Schule fernzuhalten. Er teilte dem Großherzoglichen Oberamt nämlich mit, beinahe sämtliche Meister hätten erklärt, ihre Lehrlinge wollten den Unterricht nicht besuchen, und einige Meister (Metzger, Bäcker, Hufschmiede, Rot- und Weißgerber, Seiler, Färber, Schuhmacher usw.) hätten überdies bemerkt, für ihre Lehrlinge sei der Unterricht nicht notwendig.

Der Stadtrat wehrte sich auch dagegen, dass auswärtige Lehrlinge und Gesellen auf Kosten der Stadt ausgebildet werden sollten. Dies sei Sache der betreffenden Heimatgemeinden, es sei denn, dass die Kosten für die Erweiterung der Schule als Landesanstalt von der Staatskasse getragen würden. Die Pflicht der Stadt gehe nur so weit, für Einrichtung der Schulräume und Heizung Sorge zu tragen.

Im November 1830 ging die Leitung der Architektonischen Zeichenschule an den Werkmeister Christian Wilhelm Hengst über. Beachtenswert ist, dass das Großherzogliche Oberamt Durlach sich schon damals für die Übertragung des Unterrichts an einen wissenschaftlich gebildeten Lehrer aussprach. Mit Hengst hatte man indes einen guten Griff getan. Die Schule nahm einen raschen Aufschwung. im Jahre 1831 meldeten sich 40 Schüler zur Aufnahme, 1832 betrug die Zahl der Schüler 48. Die Schule hieß auch jetzt nicht mehr Architektonische Zeichenschule, sondern Gewerbeschule Durlach. Das Durlacher Wochenblatt vom 22.5.1831 gab u. a. bekannt:

„Dem Oberamt Durlach wird eröffnet. Die etablierte Gewerbeschule muss von allen in der Stadt jeweils anwesenden Lehrjungen sämtlicher Handwerker unentgeltlich, aber auch regelmäßig in den bestimmten Stunden an den Sonn- und Feiertagen, und außerdem von den Lehrjungen der Bauhandwerker und Gärtner Winters auch in den dazu bestimmten Stunden an Werktagen besucht werden.

Nur den Lehrjungen der Bäcker, Metzger und Schuhmacher ist der Besuch der Anstalt in ihre freie Wahl gelegt, da sie dieses Unterrichts nicht so sehr bedürfen.

Ebenso steht allen Gesellen der Professionen die Anstalt zum unentgeltlichen Besuch in den festgesetzten Stunden jederzeit offen.

Lehrjungen und Gesellen haben für diesen Besuch bloß von Zeit zu Zeit eine gute Zeichnung und auch seiner Zeit einige Modelle in die Sammlung der Anstalt zu liefern.

Bei zehn Reichstaler Strafe ist es den Zunftobermeistern untersagt, einen Lehrling als Gesell auszuschreiben, wenn er hiernach die Anstalt hätte besuchen sollen, und nicht zuvor ein Zeugnis des Lehrers der Gewerbeanstalt über den erfolgten regelmäßigen Besuch derselben, und die darin gemachten guten Fortschritte der fälligen Prüfung, sowie über tadellose Aufführung beibringen kann.“

Mit dem Anstieg der Schülerzahl reichten der Schulraum im Pädagogium nicht mehr aus. Kreisrat von Stockhorn schlug vor, die Schule im Rathaus unterzubringen. Der Stadtrat sträubte sich dagegen, so dass man die Räume im Pädagogium erweiterte.

Die Schüler stammten zumeist aus Durlach, aber auch aus anderen Städten; sogar solche aus dem „Auslande“ befanden sich darunter.

Die 34 Lehrjungen verteilten sich wie folgt auf die einzelnen Berufe: acht Maurer, sieben Steinhauer, fünf Schneider, vier Schuhmacher, zwei Blechner sowie je ein Zimmermann, Schreiner, Seiler, Hafner, Kaminfeger, Wagner, Zeugschmied und Hufschmied. Unter den Gesellen, die die Schule besuchten, waren sechs Maurer, fünf Steinhauer, zwei Schlosser sowie jeweils ein Zimmermann, Schreiner, Blechner, Kaminfeger, Gärtner, Gold- und Waffenschmied.

Der Unterricht beschränkte sich hauptsächlich auf die Wintermonate Dezember bis März; nur der Sonntagnachmittagsunterricht fand ganzjährig statt. Neben Hengst wirkte noch der Freihandzeichenlehrer Keim an der Schule. Hengst unterrichtete zudem fast jeden Abend eine Anzahl freiwilliger Schüler unentgeltlich in Geometrie.

Die Prüfungen erbrachten überaus befriedigende Ergebnisse. Die Schüler wiesen in allen Fächern ausgezeichnete Kenntnisse auf. Die Geometrie wurde nicht nur theoretisch, sondern auch praktisch durch Aufnahmen im Freien, z. B. des Schlossgartens, des Turmberges, durch Messen der Breite von Flüssen usw., betrieben. Die Messinstrumente hatte Hengst auf eigene Kosten beschafft. Durch Modelle von Brückenbögen, Wohnhäusern, Dachstühlen etc. wurde den Schülern das Verständnis erleichtert.

Insgesamt stand die Schule für damalige Verhältnisse auf einer achtbaren Höhe. Dem Lehrer Hengst wurde deshalb von der Prüfungskommission höchstes Lob gezollt. Auch in der Zweiten Kammer der badischen Landstände erwähnte der Abgeordnete Kröll in der Sitzung vom 24. September 1833 lobend den hohen Stand der Schule. Die Anerkennung fand ihre praktische Auswirkung in einer Gehaltserhöhung für Hengst.

Das Unterrichtsmaterial der Schule war für jene Zeit ziemlich reichhaltig. So hatte die Schule 193 Vorlageblätter (Grabsteine, Hauspläne, Öfen, Dachzerfallungen, Gesimse, Holzkonstruktionen verschiedener Art, Stiegenkonstruktionen usw.) und 17 Modelle (Dachstühle, Stiegen, Häuser, Steinschnitte in Gips von geraden und schrägen Gewölben usf.). Einen großen Teil der Vorlageblätter hatte Hengst selbst gezeichnet; andere stammten, wie bereits erwähnt, von Kreisrat v. Stockhorn, von Keim und anderen.

Entwicklung nach 1833

Die nächsten Jahre brachten einen weiteren Anstieg der Schülerzahl der Gewerbeschule Durlach, die als Anstalt für „Vervollkommnung und Veredelung der bürgerlichen Gewerbe und für die allgemeine Bildung der Schüler" bezeichnet wurde. Der Schulbesuch kann als regelmäßig betrachtet werden. Die meisten Versäumnisse betrafen solche Schüler, die wegen Armut der Eltern einem Verdienst nachgehen mussten. Die große Zahl der Schüler, 1833 waren es 82, machte die Raumfrage dringlich, ohne dass sich eine baldige Lösung fand.

Die Prüfungen, denen als technischer Sachverständiger Bauinspektor Schwarz aus Karlsruhe beiwohnte, erbrachten nur gute Ergebnisse. Die Gewerbeschule war eine Musteranstalt. Auch das Ministerium des Innern, dem die Zeichenproben vorgelegt wurden, sprach sich äußerst anerkennend über die Schule aus. Dieser Erfolg war hauptsächlich das Verdienst des Lehrers Hengst und des Kreisrats von Stockhorn. Lehrer Hengst wurde dem Landesherrn zur Verleihung der silbernen Verdienstmedaille vorgeschlagen.

Auch ein neuer Lehrplan wurde aufgestellt, mit dessen Inkraftsetzung jedoch gewartet werden sollte, bis die Einrichtung von Gewer-

beschulen für ganz Baden angeordnet war. Vorgesehen war ein dreijähriger Pflichtbesuch der Anstalt, der sich in der Hauptsache auf die Sonntage beschränkte.

Ungeachtet ihrer positiven Entwicklung und Anerkennung stieß die Durlacher Gewerbeschule bei den Meistern auf Widerstand. Sie versuchten den Schulbesuch dadurch zu hintertreiben, dass die Lehrlinge von den Zünften schon nach zwei Jahren zum Gesellen erklärt wurden. Auch die den Schulbesuch nicht gerade fördernde und die Zünfte wenig ehrende Tatsache, dass diese auf ein gediegenes Meisterstück geringen Wert legten, ist zu erwähnen. Die Forderung, das Meisterstück in der Schule herstellen zu lassen, erscheint deshalb begreiflich.

Im Jahre 1834 beklagte sich Hengst über die höchst mangelhaften Vorkenntnisse, die die Schüler aus den Elementarschulen mitbrächten. Sie könnten nicht orthographisch schreiben und würden sich in den Grundrechnungsarten kaum auskennen. Der Unterricht in der Geometrie leide unter diesen Umständen besonders Not, weil auf höhere Anordnung der Lehrer den Schülern alles diktieren müsse, wodurch zu wenig Zeit für das Erklären verbleiben würde.

Erfreulich war der Fortschritt im Modellieren. So wurden von Maurergesellen und -lehrlingen ein Tonnengewölbe mit doppelter Wiederkehr, in der Mitte auf einem Pfeiler ruhend, mit einem Kellerhals und zwei Kellerlichtern, ein Kreuzgewölbe, auf vier Pfeilern ruhend, und ein dreieckiges Gewölbe, auf drei Pfeilern ruhend, gefertigt. Zimmergesellen lieferten ein Modell einer gesprengten Brücke für 92 Fuß Sprengweite, ein rechtwinkliges Dachwerk mit einem Walmen, Schreinerlehrlinge ein Türchen mit vier Füllungen und eine gestemmte Brustlamperie.

Im Jahre 1834, als der Großherzog für die gewerbereichen Städte des Landes die Errichtung von Gewerbeschulen verfügte, waren es 68 Schüler, die sich ihr Rüstzeug für ihren späteren Beruf in der Anstalt holten. Die meisten Schüler stellten die Maurer mit 10, die Steinhauer mit 13, die Zimmerleute mit 5, die Schreiner mit 6 und die Schuhmacher mit 7 Besuchern.

Die Lösung der Raumfrage wurde immer dringlicher. Die Gemeinden hatten verordnungsgemäß ein angemessenes Lokal zur Verfügung zu stellen. In Durlach sollte nun zur Raumbeschaffung die Holzremise des Pädagogiums umbaut werden. Da dies aber erhebliche Kosten verursacht hätte, bat die Stadt, die Entscheidung noch ein

Jahr zu verschieben. Dem stimmte der neu gebildete Gewerbeschulvorstand zu.

Schulentwicklung nach 1860 bis zum Jahre 1930
Die Schüler der Gewerbeschule waren bis 1860 in zwei Klassen eingeteilt. Da die Schülerzahl sich jährlich vergrößerte, wurde die Einstellung eines weiteren Lehrers erwogen und die Einrichtung einer dritten Klasse immer dringlicher. Im Schuljahr 1860/61 besuchten 82 Schüler die Gewerbeschule; ein Jahr später stieg die Schülerzahl auf 90. Die Bauhandwerker hatten alle Unterrichtsfächer zu besuchen; Schneider, Schuhmacher, Metzger und Bäcker waren vom geometrischen Zeichnen, vom Fachzeichnen und von der Geometrie befreit.

Im Mai 1862 nahm Prof. Lang von der Polytechnischen Schule Karlsruhe als großherzoglicher Prüfungskommissar die Abschlussprüfung vor. Bei dieser Gelegenheit kritisierte er vermehrte Schulversäumnisse, sinkenden Fleiß sowie mangelnde Einsicht in den Nutzen des Schulbesuchs bei Meistern wie Lehrlingen und stellte fest, manche hofften sogar, die Gewerbefreiheit werde zugleich die Gewerbeschulfreiheit bringen.

Im Jahre 1857 wurde die Oberaufsicht über die Gewerbeschulen dem Badischen Gewerbeschulrat übertragen, einer dem Ministerium des Innern unterstellten Behörde, der vorwiegend Professoren der Polytechnischen Schule angehörten.

Durch Beschluss des Bezirksrates vom 29. Januar 1873 wurde der Gewerbeschulzwang, der in den Kriegsjahren 1870/71 aufgehoben war, wieder eingeführt.

Im September 1878 wurde die Schule im dritten Stockwerk der Schillerschule untergebracht, wo sie bis 1901 verblieb. In diesem Jahr konnte sie einen dreistöckigen Neubau beziehen. Wegen Platzmangel an der Volks- und an der Mädchenbürgerschule wurden die Räume der neuen Gewerbeschule Durlach derart beschnitten, dass man bis zur Grenze der Möglichkeiten gekommen war. Unter Bürgermeister Dr. Reichardt erkannte die Stadtverwaltung der sich rasch entwickelnden industriellen Stadt Durlach die Unhaltbarkeit dieser Zustände und entschloss sich zum Ausbau des Gewerbeschulgebäudes.

Durch eine landesherrliche Verordnung vom 16. September 1893 wurde dem Gewerbeschulrat auch die Leitung des kaufmännischen Fortbildungsschulwesens (Handelsschule) übertragen. Die Gewerbeschule Durlach wurde im Jahr 1911/12 durch Einführung von Fachzeichenkursen für Gesellen weiter ausgebaut. Die wachsende Schülerzahl machte weitere Fachabteilungen nötig. An Ostern 1913 zählte die Gewerbeschule Durlach 379 und die Handelsschule 67 Schüler. Die Handelsabteilung wurde 1922 in eine selbständige Handelsschule umgewandelt.

Die schwierigen wirtschaftlichen Verhältnisse, die der Erste Weltkrieg und die Nachkriegszeit mit sich brachten, hemmten naturgemäß auch die Entwicklung der Schule. Der Unterrichtsbetrieb konnte nur mit äußerster Anstrengung notdürftig aufrechterhalten werden. Das Gewerbeschulgebäude wurde gleich nach Kriegsausbruch zu einem Militärlazarett umgewandelt und der Unterricht bis Februar 1918 ausgelagert.

Mit Beginn des Schuljahres 1926 trat gemäß Verfügung vom 21.3.1925 ein neuer Lehrplan für die Gewerbeschule Durlach in Kraft. Der Unterricht hatte nun wöchentlich 10 Stunden zu betragen und basierte auf systematisch gegliederten Lehrgängen, den Erfordernissen des Gewerbes und der Industrie entsprechend. Erteilt wurde er in drei Jahresklassen und folgenden Fächern: Religion, Deutsch mit Schriftverkehr, Staatskunde, Werkstofflehre mit technischer Chemie, Werkzeug- und Maschinenlehre, Naturlehre, Geometrie, Projektionslehre, Freihandzeichnen, Technisches Skizzieren und Zeichnen, Modellieren, Werkstattunterricht, Rechnen mit Preisbildung und Buchführung. Allerdings hemmte die schwierige wirtschaftliche Lage mit Betriebsstilllegungen und steigender Arbeitslosigkeit zeitweise die weitere Entwicklung der Schule. Die Schülerzahl, Ende des Schuljahres 1923/24 noch 641, 1924/25 dagegen 569, ging zu Beginn des Schuljahres 1929/30 auf 530 zurück.

Ab 1920 wurden Abendkurse, Kurse zur Vorbereitung auf die Meisterprüfung und zum Eintritt in das Staatstechnikum Karlsruhe durchgeführt. Der Werkstattunterricht für Lehrlinge erfuhr einen weiteren Ausbau.

Heutiger Stand
Im August 1994 konnte die Gewerbeschule Durlach nach über 225 Jahren erstmals ihren Betrieb in einem eigenen Gebäude aufnehmen. Heute zählt sie ca. 1.000 Schüler und bietet neben Teilzeitunterricht, hauptsächlich für Lehrberufe des Nahrungsmittelbereichs und des Modellbaus, Berufsvorbereitung sowie zur Fachhochschulreife führende Bildungsgänge.

Quelle: Geschichte der Gewerbeschule Durlach, Stand Januar 2009, http://www.gsd.ka.schule-bw.de/html/ueber_uns/hengst.h

Rolf Dörflinger
Errichtung der Gewerbeschule Bruchsal

Vorgeschichte

In Bruchsal dauerte es etwas länger als in Karlsruhe, Pforzheim und Durlach, bis eine Freihandzeichenschule entstand. Im Jahre 1809 war eine solche Schule, die man als Vorläufer der Gewerbeschule bezeichnen kann, aufgrund des markgräflich-badischen Edikts von 1803, das „die Notwendigkeit eines besonderen öffentlichen Unterrichts" für alle jungen Leute feststellte, „welche sich einem Gewerbe oder Handwerk widmen und in früher Jugendzeit in Arbeit und Lehre treten", gegründet worden. Diese „Freihandzeichenschule" für Lehrlinge und Handwerksgesellen wurde in den Räumen des Bruchsaler Gymnasiums untergebracht.

Schon 1819 wurde sie wegen der Kriegsunruhen und „wegen vermehrter Dienstgeschäfte des Bezirksbaumeisters Schwarz", der den größten Teil des Unterrichts erteilte, wieder eingestellt. Bemühungen zur Wiederaufnahme im Jahre 1819 scheiterten an Kostengründen; „die Wiedereinführung der öffentlichen Zeichenschule für die Handwerker auf städtische Kosten bis auf bessere Zeiten zu verschieben", lautete die Begründung. Mehrere weitere Versuche, diese Schule wieder anzustoßen, scheiterten.

Erst 1834, nach der Verkündung der Errichtungsverordnung für die Gewerbeschulen, ließ sich endlich der Plan der Einrichtung einer Gewerbeschule in Bruchsal verwirklichen.

Gründung der Gewerbeschule

Am 24. Juli 1834 wurde auf dem Rathaus der für die Schulaufsicht zuständige Schulvorstand gebildet. Er bestand aus folgenden Mitgliedern: Bürgermeister Ursini, Dekan Welzer, Hofdiakon Wölfel, Gymnasiumspräfekt Prof. Kupferer, Bezirksbaumeister Lumpp, Maurermeister Meffert, Schreinermeister Tröger, Kaufmann Engelhard, Lithograph Schott und Straßenmeister Biedermann.

Diese Zusammensetzung entsprach den Vorgaben der Errichtungsverordnung (Bürgermeister, Geistliche beider Konfessionen, mindestens drei Gewerbemänner und zumindest ein technischer Beamter). Der Schulvorstand musste zunächst die Frage der Unterbringung der Schule lösen. Nach der Verordnung hatte die Gemeinde „für das Local, für die innere Einrichtung der Schule, für Schulrequisiten (Tische, Bänke), für den Unterhalt und die Reinigung des Locals und für die Feuerung zu sorgen".

Da kein geeigneter städtischer Raum für die Gewerbeschule zur Verfügung stand, die frühere Zeichenschule im Gymnasiumsgebäude aber noch voll eingerichtet war, wurde beschlossen, den Unterricht in den Räumen der Zeichenschule zu erteilen, „jedoch in jenen Stunden, in welchen dieses Schulzimmer von den Gymnasiasten selbst nicht gebraucht wird". In der Festschrift „100 Jahre Gewerbeschule Bruchsal 1835–1935" ist hierzu zu lesen:

„Die Lehrer des Gymnasiums waren der Ansicht, ‚das Ansehen des Gymnasiums sowie die moralische Bildung der Schüler desselben' könnten durch das ‚nicht immer zu vermeidende Zusammentreffen mit jungen Leuten aus allen Gewerben und von der verschiedenartigsten moralischen Bildung' zu sehr beeinträchtigt werden."

Die Katholische Kirchensektion gab ihre Einwilligung mit der Einschränkung, dass „der Unterricht der Gewerbeschüler erst dann anfange, wenn jener der Gymnasiasten geendet sein wird und daß von seiten des Vorstands der Gewerbeschule ein besonderer Aufseher aufzustellen sei, der immer, solange der Unterricht dauert, zugegen sein muss, und in Gemeinschaft mit dem Gymnasiumsdiener die Ordnung zu erhalten hat".

Hinsichtlich der Lehrkräfte war es selbstverständlich, dass über keine vorgebildeten Lehrer für die neue Schulart verfügt werden konnte. Der Schulvorstand beschloss die Meldung folgender Lehrpersonen:

a) „Dem Straßenmeister und Geometer Biedermann wird auf Grund der hinlänglich nachgewiesenen Qualifikation der Lehrunterricht der Arithmetik und algebraischen Grundbegriffe nebst Geometrie mit Einschluß des geometrischen Zeichnens gegen ein jährliches Honorar von 100 Gulden übertragen, das aus dem von der Staatskasse zu leistenden Zuschuß bestritten werden soll.

b) Die Übungen im Handzeichnen geometrischer Figuren und Körper sowie das Zeichnen von Ornamenten übernimmt vorerst für ein Jahr unentgeltlich Lithograph Schott, dessen Befähigung hinlänglich bekannt ist. (Ab 1.1.37 erhielt er eine Vergütung von 75 fl. im Jahr).

c) Zum Sprach- und Schreibunterricht mit Übungen im deutschen Stil erbietet sich unentgeltlich Herr Decan Welzer."

Diese Vorschläge wurden von der großherzoglich badischen Regierung des Mittel-Rheinkreises in Rastatt im September 1834 genehmigt. Nach mehreren Anordnungen über organisatorische Maßnahmen äußerte am 29. Januar 1835 das Oberamt Bruchsal die Erwartung, „daß die neue Gewerbeschule innerhalb 8 Wochen ins Leben getreten ist". Am Sonntag, den 1. März 1835, erfolgte die Eröffnung der Gewerbeschule mit einer Feier im Rathaus. Sämtliche Zunftvorstände, Lehrmeister und Gewerbsleute waren eingeladen.

Für Schüleraufnahme und Unterrichtsbetrieb galten folgende Regeln:

Aufgenommen werden konnten alle Lehrlinge, die das 14. Lebensjahr zurückgelegt hatten. Vorausgesetzt waren dabei die Kenntnisse der allgemeinen Volksschule. Lehrlinge, die diese Kenntnisse nicht besaßen, waren zum Besuch der allgemeinen Fortbildungsschule anzuhalten. Sie durften nur den Zeichenunterricht an der Gewerbeschule besuchen.

Der Unterricht sollte nach folgendem Stundenplan durchgeführt werden:

„Sonntags von 3 – 5½ nachmittags: Zeichnen, insbesondere Freihandzeichnen

Dienstags von 5 – 7 abends: Arithmetik und Geometrie

Donnerstags von 5 – 7 abends: Schön- und Rechtschreiben, Geschichte der Entstehung der Gewerbe, ferner Erd- und Menschenkunde, Aufsätze pp."

Von der Erhebung von Schulgeld wurde zunächst Abstand genommen. Nach dem Gesetz waren bis zu 20 Kreuzer pro Monat erlaubt.

Mängel der Anfangszeit und Kämpfe um die Erhaltung der Schule

Gleich mit Beginn der Schule musste an verschiedenen Fronten gekämpft werden. Es ergab sich die Notwendigkeit, die Unterrichtszeit mehrmals zu wechseln, wobei ein Grund sicher darin bestand, dass die Schüler zu dieser Zeit an den Sonntagnachmittagen lieber etwas anderes unternahmen, als in die Schule zu gehen. Ab etwa 1840 wurde für lange Zeit der Unterricht an Sonntagen von 6 bis 9 Uhr vormittags durchgeführt.

Unter keinem guten Stern stand von Beginn an das Schullokal, das mehrfach gewechselt werden musste.

Neben diesen Fakten – behelfsmäßige Unterbringung der Klassen, unzureichende sachliche Ausstattung und Lehrermangel – war das größte Problem der unregelmäßige Schulbesuch. So erschienen beispielsweise von den 120 angemeldeten Lehrlingen nur etwa 30 tatsächlich zum Unterricht. Eine Erklärung war damals die unverständlich feindselige Einstellung von Teilen des Handwerks gerade der Einrichtung gegenüber, die ihm zum Wohl und zu seiner Förderung geschaffen wurde. Leider hat dieser Kampf sehr lange angehalten, der z. B. schon im Mai 1835 deutlich wurde, als alle Zunft- und Lehrmeister aufgefordert wurden, „ihre Zöglinge zum Besuch der Schule an den bestimmten Tagen und Stunden mit Nachdruck bei Vermeidung von Zwangsmaßregeln anzuhalten". Gleichzeitig war aber festzustellen, dass die finanziellen Mittel der Schule für das Lehrpersonal und für die sachliche Ausstattung nicht ausreichten.

Mit steigender Schülerzahl und wachsenden Anforderungen wurden die Nebenlehrer durch ausgebildete Gewerbelehrer abgelöst, d. h. durch Absolventen der Polytechnischen Schule in Karlsruhe. Allerdings erfolgte erst 1898 die feste Anstellung eines dritten Gewerbelehrers.

Lange Zeit bewegte sich die Schülerzahl nur zwischen 30 und 50. So besuchten 1856 nur 54 Schüler in drei Jahreskursen die Schule, 32 im ersten Jahr, 12 in der zweiten und 10 in der dritten Klasse. In diesen Jahren galt immer noch die Verordnung von 1840, die nur die Lehrlinge des Baugewerbes verpflichtete, die gewerbliche Unterrichtsanstalt zu besuchen und den übrigen Lehrlingen den Besuch freistellte.

In den folgenden Jahren wurde durch gesetzliche Regelungen der Schulzwang ganz aufgehoben. Das Gewerbegesetz von 1862 stellte den Eintritt in die Gewerbeschule in das freie Ermessen der Eltern der Lehrlinge, die allein auch für die Anmeldung zur Schule zuständig waren.

In diesen Anfangsjahren konnte in Bruchsal aus verschiedenen Gründen, die zuvor angedeutet wurden, nicht von einem Erfolg gesprochen werden.

Ein Bericht der Direktion der Polytechnischen Schule vom 25. Juni 1838 enthält u. a. folgende Aussagen:

„Es gebricht der Schule an allem. Auch hier finden sich weder Geld, Lehrer noch guter Wille der Zünfte. Ein Lehrer gibt dort an zwei Abendstunden wöchentlich deutsche Sprache, Gewerbskunde, Geographie und Geschichte, d. h. wohl nichts von Allem. Für das Zeichnen ist nicht einmal ein Local vorhanden."

Die Probleme hielten auch danach an; so steht noch 1848 in einem Bericht:

„An wenigen Orten ist dies (die Interesselosigkeit der Lehrmeister) in so hohem Grade der Fall als zu Bruchsal, wo die Lehrmeister ihre eigenen Söhne auswärts in die Lehre schicken, um die Gewerbeschule zu umgehen."

Die Lehrmeister wurden nur verpflichtet, ihren Lehrlingen, soweit sie zum Besuch der Gewerbeschule angemeldet waren, die erforderliche Zeit zu gewähren. Sie mussten die Lehrlinge aber nicht mehr zum Besuch anhalten.

Die Konsequenz war, dass die einem krassen Eigennutz entspringende und von vollständiger Unkenntnis des Wertes einer guten Bildung zeugende Einstellung der Lehrherren zur Schule der Hemmschuh einer positiven Entwicklung blieb.

Das Kriegsjahr 1870/71 und die Jahre bis 1875 brachten keine wesentliche Änderung.

Aufschwung und Jahre einer steigenden Bedeutung von 1875 bis 1914

Zwei gravierende gesetzliche Änderungen brachten in den folgenden Jahren eine schrittweise Erhöhung der Schülerzahlen und einen geregelteren Schulbesuch. Außerdem war der wirtschaftliche Aufschwung im letzten Jahrzehnt des 19. Jahrhunderts auch günstig für die Schule. Zum einen bedeutete die Einführung des obligatorischen Besuchs der Fortbildungsschule im Jahre 1874 eine Aufwertung der Gewerbeschule, da eine Reihe von Schülern dann doch die Gewerbeschule vorzog. Diese Veränderung hatte auch positive Auswirkungen auf die Leistungen der Schule. Visitationsberichte von 1878 und 1879 verdeutlichen diese Aufwertung:

„... daß die Gewerbeschule Bruchsal sich in wohl befriedigendem Zustand befindet und sich in den letzten Jahren sichtlich gehoben hat, daß, dank der Unterstützung der Gemeindebehörde, der Schulbesuch ein ganz geordneter ist und daß man dem Fleiß und den Leistungen der Lehrer verdiente Anerkennung zollt. Ebenso ist der in den Arbeiten bewiesene Fleiß der Schüler zu loben."

Der entscheidende Schritt für die erfolgreiche Entwicklung der Gewerbeschule war das Ortsstatut, das 1880 in der Folge der 1872 für das ganze Deutsche Reich in Kraft getretenen Gewerbeordnung einen dreijährigen „Schulzwang" für alle in Bruchsal beschäftigten Lehrlinge festlegte. In besonderem Maß galt dies für Lehrlinge der Gewerbe, bei denen das Zeichnen unentbehrlich war, also z. B. Maurer, Steinhauer, Zimmerleute, Schreiner, Glaser, aber auch Maschinenbauer und Mechaniker. Allein zwischen 1875 und 1894 stieg die Schülerzahl von 60 auf 180, 1897 wurden 200 Schüler erreicht, 1900 stieg die Schülerzahl auf 246, 1903/04 auf 310 und 1908 auf 371.

Die in den 1880er Jahren vorgenommenen amtlichen Prüfungen stellten auch durchweg bessere Leistungen der Schule fest.

Das stetige Anwachsen der Schülerzahl brachte eine Reihe von Problemen mit sich, und zwar hinsichtlich der Unterrichtserteilung wie auch in der Unterbringung der Schüler. Gleichzeitig mit dem Anstieg der Schülerzahlen konnte die wöchentliche Stundenzahl erhöht werden. Ab 1886 betrug sie 7 Stunden, allerdings für das Bäcker-, Metzger und Friseurgewerbe nur 4½ Stunden. Ab 1900 erfolgte eine Erhöhung von 7 auf 8 Wochenstunden. Erst damit erreichte Bruchsal ungefähr den Standard der badischen Gewerbeschulen.

In dieser Zeit erfolgte durch den damaligen Rektor Huber ein Ausbau des Fachunterrichts. Parallel zur Zunahme der Schülerzahl und der Erhöhung der Stundentafel ergab sich zunächst wieder eine Steigerung der Versäumnisse.

Im Jahre 1907 sorgte eine landesherrliche Verordnung für eine weitere Erhöhung der Stundentafel auf 9 Wochenstunden; Bruchsal hatte dies schon 1906 eingeführt.

In dieser Zeit starken wirtschaftlichen Aufschwungs erfolgte 1907 auch die Einführung des Werkstattunterrichts von zwei bis vier Stunden wöchentlich. Der gesamte Unterricht durfte grundsätzlich nur werktags stattfinden.

Das Lehrziel stellte der Schule die Aufgabe, die Schüler soweit zu fördern, dass sie bei der Entlassung aus der Schule den Anforderungen des Berufs gewachsen sind und der fortschreitenden Entwicklung der Technik folgen können.

Parallel zu dieser positiven Entwicklung wurde den Gewerbeschulen ein neues Aufgabenfeld erschlossen. Mit der im Handwerkergesetz von 1897 erfolgten Einführung des Meistertitels nach erfolgreicher Ablegung einer Meisterprüfung wurde an der Gewerbeschule Bruchsal der erste Meisterkurs eingerichtet.

Als Meilenstein für die Gewerbeschule Bruchsal nach den Jahrzehnten mit mehreren Wechseln der Schulgebäude und immer wiederkehrender Raumnot konnte die Gewerbeschule 1912 endlich in einem Neubau ein eigenes Schulgebäude beziehen.

Der Unterricht wurde in dieser Zeit von sechs Lehrkräften erteilt, aber bereits 1913/14 war die Schülerzahl auf 472 angestiegen, so dass schon wieder räumlich neue Strukturen erforderlich waren. Dies wurde noch verstärkt, da ab 1914 auch weibliche Lehrlinge den Unterricht der Gewerbeschule besuchen mussten. Bisher waren Lehrmädchen weiblicher Lehrberufe nicht berufsschulpflichtig gewesen.

Dieser Phase eines stetigen Aufschwungs bereitete der Erste Weltkrieg ein abruptes Ende, da bis auf eine Ausnahme alle Lehrkräfte mit Kriegsbeginn eingezogen wurden. Das Schulgebäude wurde im Jahre 1917 Reservelazarett.

Nach dem Krieg und den Revolutionstagen 1918 konnte im September 1919 der Schulbetrieb wieder aufgenommen werden. Dabei waren allerdings sofort weitreichende neue Probleme zu lösen. Steigende Schülerzahlen, eine auf zehn Wochenstunden erhöhte Stundentafel, zusätzlich zwei Wochenstunden Werkstattunterricht, Wegfall des Schulgeldes für Gewerbeschüler und Fremdbelegungen im Schulgebäude verhinderten einen völlig geregelten Schulbetrieb. Der volle Unterricht konnte nicht erteilt werden.

Die weitere Entwicklung der beruflichen Schulen bis heute hat zu einer völlig veränderten Situation geführt.

In Bruchsal bestehen heute zwei gewerbliche Schulen in einem gewerblichen Schulzentrum mit zahlreichen Vollzeitschularten bis zur Hochschulreife und vielen Schülern in Berufsvorbereitung. Beschult werden etwa 2.500 Schülerinnen und Schüler.

Weiterhin weist Bruchsal eine Handelslehranstalt und eine Berufs-, Berufsfach- und Fachschule mit Beruflichem Gymnasium auf; beide Schulen mit deutlich höherem Vollzeitschüleranteil als beruflichen Teilzeitschülern.

Literaturhinweise:
100 Jahre Gewerbeschule Bruchsal 1835-1935
Gewerbeschule Bruchsal 1835-1985 – Festschrift

4.2 Auftretende Schwierigkeiten und erste Erfolge

Beim Vorhandensein einer Reihe architektonischer Zeichenschulen oder Freihand-Zeichenschulen sowie ähnlicher Einrichtungen wurde mit der Errichtung der badischen Gewerbeschulen – wie in Kap. 4.1 dargestellt – nur teilweise Neuland betreten. In einigen Fällen entwickelten sich die nun einheitlich bezeichneten *Gewerbeschulen* organisch aus bestehenden Vorläuferanstalten. Die Errichtung der neuen Schulen, nachfolgend am Beispiel einer Reihe von Standorten aufgezeigt, vollzog sich verhältnismäßig rasch, auch wenn in der frühen Phase nicht allen ein kontinuierlicher Bestand gesichert war. Als Schulstandorte kamen zunächst die als „gewerbereich" betrachteten Städte Karlsruhe, Mannheim, Freiburg, Heidelberg, Pforzheim, Rastatt, Konstanz, Lahr und eventuell noch Waldshut, Offenburg und Überlingen in Betracht. Die badischen Landstände erweiterten diese Liste um eine Reihe weiterer Orte, darunter auch Bruchsal, Bretten und Sinsheim.[20]

Aufbau auf bestehenden Einrichtungen

Angesichts der knappen finanziellen Mittel auf Seiten des Staates und der Gemeinden, der Widerstände seitens der Gewerbetreibenden sowie des Mangels an geeigneten Lehrkräften waren die Voraussetzungen für die Entwicklung der badischen Gewerbeschulen insgesamt nicht als optimal zu betrachten. So konnten die errichteten neuen Lehranstalten die in sie gesetzten Erwartungen zunächst nur zum Teil erfüllen.[21] Als Hauptproblem erwies sich der unzureichende Schulbesuch aufgrund der mangelnden Akzeptanz der neuen Schulen durch Betriebe des Handwerks. Daher wurde bereits im Jahre 1837 eine Verordnung erlassen, die den Lehrmeistern Geldstrafen androhte, falls sie ihre Lehrlinge vom Schulbesuch abhielten. Diese Maßnahme zeigte allerdings kaum Erfolg.

Schwierigkeiten in der Frühphase

Am 7. November 1840 wurde eine Verordnung erlassen, wonach die Lehrlinge als Bedingung zur Aufnahme als Geselle und Erhalt ihres Wanderbuchs den erfolgreichen Besuch der Gewerbeschule nachzuweisen hatten, falls sie ihre Lehre ganz oder zeitweise an einem Ort mit einer solchen Schule absolviert hatten (vgl. Anlage 10). Zunftvorständen, die einen Lehrling ohne derartigen Nachweis als Gesellen aufnahmen, drohte eine Geldstrafe. Wiederum waren Strafklauseln gegen Lehrherren enthalten, die ihre Lehrlinge am Besuch der Gewerbeschule hinderten.

Verordnung zum Gewerbeschulbesuch von 1840

Zugleich räumte diese Verordnung – die Baugewerbe ausgenommen – Möglichkeiten zur Befreiung vom Schulbesuch insgesamt oder zur Freistellung von bestimmten Unterrichtsfächern ein. Die Kreisregierungen konnten entsprechende Regelungen treffen. Dies bedeutete eine Dreiteilung der Gewerbe, je nachdem, ob man den Gewerbeschulbesuch als unerlässlich, nützlich oder unnötig betrachtete.

---

[20] Vgl. „100 Jahre Gewerbeschule Bruchsal". (Chronik aus dem Jahre 1935). Kapitel I, S. 4
[21] Vgl. Gutman, E., a.a.O., S. 179

So wurde eine differenzierte und sicher auch pragmatischere Schulbesuchsregelung festgeschrieben, die die Regierung als leichter umsetzbar erachtete und von der man eine gewisse Beständigkeit des Schulbesuchs erwartete.

Anl. 10:
Gewerbeschulverordnung von 1840

Zum Vollzug des § 44 der höchsten Verordnung vom 15. Mai 1854 (Regierungsblatt Nr. XXV, und nach Ansicht der §§ 20, 21 und 23 des Gesetzes über die Wanderschaft der Zunftgenossen vom 9. Februar 1808, Reggs.-Bl. Nr. V wird in Gemäßheit höchster Entschließung aus Großh. Staatsministerium vom 5. November 1840, Nr. 1890, verordnet:

„§ 1. Die Kreisregierungen sind ermächtigt, den Lehrlingen einzelner Gewerbe, bei welchen die Kenntnisse, welche durch den Unterricht in den Gewerbeschulen verschafft werden sollen, weniger nothwendig oder nützlich sind, die Befreiung von dem Besuche der Gewerbeschule, oder von der Theilnahme an dem Unterrichte über einzelne Lehrgegenstände zu bewilligen.

§ 2. Diese Befreiung von dem Besuche der Gewerbeschule ist bei denjenigen, welche sich einem Baugewerbe widmen, nicht zulässig, also namentlich nicht hinsichtlich der Lehrlinge der Maurer, Steinhauer, Zimmerleute, Schreiner, Schlosser, Blechner, Glaser, Hafner und Anstreicher.

Auch soll sie nur aus besondern und dringenden Gründen gestattet werden für die Brunnenmacher, Buchbinder, Büchsenmacher, Dreher, Gold- und Silberarbeiter, Graveure, Gürtler, Instrumentenmacher aller Art, Kammmacher, Lakierer, Mechaniker, Müller aller Art, Pflasterer, Possamentiere, Sattler, Schiffbauer, Schmiede aller Art, Schornsteinfeger, Sesselmacher, Steindrucker, Stukkateure, Tapezierer, Uhrenmacher, Wagner, Weber aller Art und Zinngießer.

§ 3. Einzelne Lehrlinge kann der Gewerbeschulvorstand von dem Besuch der Gewerbeschule befreien, wenn sie die vier ersten Jahreskurse einer gelehrten Schule oder einer höheren Bürgerschule mit Erfolg besucht haben, oder sich durch eine bei dem Schulvorstande zu erstehende Prüfung ausweisen, daß sie die Kenntnisse besitzen, welche in dem vierten Jahreskurse der höheren Bürgerschule erworben werden.

§ 4. Die sogenannten Handlanger sind zum Besuche der Gewerbeschulen nicht anzuhalten.

§ 5. Kein Lehrling der von dem Besuch der Gewerbschule nicht befreiten Gewerbe, der seine Lehrzeit ganz oder theilweise an einem Orte zubrachte, an welchem sich eine Gewerbeschule befindet, kann als Geselle aufgenommen werden, wenn er sich nicht durch ein Zeugnis des Gewerbeschulvorstandes ausweist, daß er die Gewerbeschule, so lange er sich an einem solchen Orte als Lehrling aufhielt, regelmäßig und mit Erfolg besucht hat, oder in Gemäßheit des § 3 von dem Besuche der Schule befreit war.

In der Urkunde über die Aufnahme als Geselle ist dieser Zeugnisse ausdrücklich Gewährung zu thun.

§ 6. Zunftvorstände, welche gegen die Bestimmung des vorhergehenden Paragraphen einen Lehrling als Gesellen aufnehmen, verfallen in eine vom Bezirksamt zu erkennende Strafe von 5 bis 30 Gulden.

Die geschehene Aufnahme wird für ungültig erklärt.

§ 7. Die Bezirksämter sind angewiesen, nur auf Vorlage des Gewerbschulvorstandes über den Besuch der Gewerbschule während der im § 5 bezeichneten Zeit und auf Vorlage der Urkunde über die Aufnahme als Geselle (§ 5) einem zu den vom Besuch der Gewerbeschule nicht befreiten Gewerben gehörenden Gesellen ein Wanderbuch auszustellen.

§ 8. Gegen Lehrmeister, welche ihre Verbindlichkeit, ihre Lehrjungen zum Schulbesuche anzuhalten, nicht gehörig erfüllen, hat der Bürgermeister und beziehungsweise das Bezirksamt nach den Bestimmungen der §§ 14 und 15 der höchsten Verordnung vom 15. Mai 1834, Regierungsblatt Nr. XXV, strafend einzuschreiten."

Quelle: Großherzoglich Badisches Staats- und Regierungsblatt 1840, Nr. 37, S. 296–298

Ein großer Teil der nach 1834 eingerichteten Gewerbeschulen baute auf Vorläuferanstalten auf. Nachfolgend wird anhand einer Reihe von Schulgründungen auf positive wie negative Entwicklungen verwiesen. An den einzelnen Standorten waren meist ähnliche Schwierigkeiten u. a. infolge mangelnden Verständnisses für den Nutzen des Schulbesuchs zu überwinden.

Seit dem Jahre 1822 erteilte in Mannheim ein Baumeister auf privater Basis Unterricht im architektonischen Zeichnen.[22] Die neu errichtete Gewerbeschule nahm ihren Betrieb im August 1835 auf. Zunächst war der Schulbesuch schwankend; erst nach der Verordnung vom November 1840 trat eine gewisse Kontinuität ein. Der erste Jahresbericht weist für das Schuljahr 1842/43 268 Schüler aus. Erster Leiter der Anstalt war Prof. Eisenlohr.

Aus dem Jahre 1859 liegt ein weiterer Jahresbericht vor, in dem eine Rede des Schulvorstands abgedruckt ist, die u. a. eindringlich für die Ablösung des Sonntags- und Abendunterrichts durch Tagesunterricht plädiert, zumindest für das Bauhandwerk in den Wintermonaten.

Im Oktober 1859 wurde in Mannheim eine gewerbliche Vorschule gegründet, um Knaben, die einen gewerblichen Beruf zu erlernen beabsichtigen, vor dem Eintritt in die Lehre eine entsprechende Vorbereitung zu geben. Der Eintritt erfolgte frühestens nach der fünften Klasse der Volksschule. Der Lehrplan umfasste 26 Wochenstunden mit den obligatorischen Fächern Religion, Deutsch, Geschichte, Geographie, Geometrie, Freihandzeichnen und geometrisches Zeichnen sowie freiwillig Modellieren und Französisch. Mit der Errichtung der achtklassigen Volksschule im Jahre 1870 wurde der Unterrichtsbetrieb der gewerblichen Vorschule allerdings eingestellt.

Auch die Gewerbeschule in Heidelberg geht auf eine private Initiative zurück. Ab dem Jahre 1828 bot ein Heidelberger Bürger jungen Leuten fachkundlichen Unterricht und Zeichnen in seinen Räumlichkeiten.[23] Aufgrund wachsender Inanspruchnahme dieses Angebots stellte die Stadt hierfür ein Schullokal zur Verfügung. Im November 1834 erfolgte die Umbenennung dieser privaten Initiative in städtische Gewerbeschule.

In der Frühphase gestaltete sich der Stundenplan wie folgt:

Montag 20–21 Uhr	Geometrisches Zeichnen
Dienstag 20–21 Uhr	Deutsche Sprache und Rechtschreiben, Geschäftsaufsätze
Mittwoch 20 –21 Uhr	Technische Chemie
Donnerstag 20–21 Uhr	Buchführung
Freitag 20–21 Uhr	Rechnen
Samstag 20–22 Uhr	Modellieren in Gips

---

[22] Vgl. hierzu und zu den folgenden Ausführungen „150 Jahre Gewerbeschule Mannheim. Zur Jubiläumsfeier am 11.10.1985." Hrsg.: Stadt Mannheim – Schuldezernat. Mannheim 1985

[23] Vgl. hierzu und zu den folgenden Ausführungen „1828–1978. 150 Jahre Gewerbeschule Heidelberg." Heidelberg 1978

Sonntag 6–8 Uhr	Fachzeichnen und Konstruieren
9–12 Uhr	Darstellende Geometrie
13–16 Uhr	Architektonisches oder freies Handzeichnen

Die ungünstigen Unterrichtszeiten, Schulgeldforderungen sowie Unverständnis hinsichtlich des Nutzens hatten auch in Heidelberg Unregelmäßigkeiten und Schwankungen im Schulbesuch zur Folge. So wird berichtet, dass die Gewerbeschulverordnung vom Jahre 1840 kaum Wirkung zeigte, obwohl sie für bestimmte Gewerbe verschärfte Schulpflichtregelungen einführte. Noch im Jahre 1847 stellte Inspektor Louis fest, dass von 281 Schülern nur 41 volles und 59 halbes Lob, die übrigen aber Tadel ihres „Unfleißes im Schulbesuch" wegen verdienen.[24]

Pforzheim Im Jahre 1767 wurde in Pforzheim die Uhren- und Schmuckherstellung in einer von ausländischen Fabrikanten im örtlichen Waisenhaus eingerichteten Manufaktur aufgenommen. Bereits ein Jahr später trat als Ergänzung der in der Manufaktur vermittelten Ausbildung Zeichenunterricht hinzu. Aus diesen frühen Wurzeln und weiteren Initiativen entwickelte sich eine im Jahre 1833 zur *Handwerkerschule* für die Pforzheimer Gewerbelehrlinge ausgebaute Einrichtung, die im Folgejahr in *Gewerbeschule* gemäß der landesherrlichen Verordnung umbenannt wurde. Ein spezieller Beitrag in Kapitel 4.3 geht näher auf die Schulentwicklung in Pforzheim ein, die zur Entstehung vollzeitschulischer Ausbildungszweige führte, wie sie in die heutige „Goldschmiedeschule mit Uhrmacherschule Pforzheim" einbezogen sind.

Offenburg Die Errichtung der Gewerbeschule in Offenburg erfolgte ebenfalls bereits vor der allgemeinen gesetzlichen Regelung.[25] Grundlage dafür war ein Beschluss der Regierung des Mittelrheinkreises in Rastatt vom Dezember 1832, wonach das Oberamt in Offenburg die bestehende Sonn- und Feiertagsschule erweitern sollte. Dieser Anordnung entsprechend wurde am 17.5.1833 durch Verfügung des Großherzoglichen Bezirksamtes die Offenburger Sonntagsschule in eine Gewerbeschule umgebildet. Im Juni 1833 bestellte man einen Zimmerermeister, einen an einem Gymnasium tätigen Zeichenlehrer und eine dritte Teilzeitlehrkraft. Am 1.9.1833 wurde die erste Klasse der Gewerbeschule Offenburg mit 28 Lehrlingen eröffnet.

Die Einführung der Gewerbeschule in Offenburg stieß – wie die Fülle der Gesuche und Anträge an den Gewerbeschulvorstand veranschaulicht – auf erhebliche Widerstände. So beantragten Meister aus den unterschiedlichsten Gründen die Freistellung der Lehrlinge.[26]

---

[24] „125 Jahre Gewerbeschule Heidelberg" in Die Gewerbeschule. Zeitschrift für das gewerblich-fachliche Unterrichts- und Bildungswesen. 44. Jg., H. 11/1953, S. 265–267; hier S. 266

[25] Vgl. Gewerbeschule Offenburg. Friedrich-August-Haselwander-Schule. 150 Jahre / 1833–1938. Chronik, S. 8ff.

[26] So versuchte z. B. ein Wagnermeister im Jahre 1835 für seinen Lehrling eine Befreiung vom Schulbesuch mit der Begründung zu erwirken, dieser habe das 21. Lebensjahr bereits erreicht. Der Meister führte außerdem an, dass der „Hauptzweck"

Ab 1840 wurden die Teilzeitlehrkräfte abgelöst und eine Hauptlehrerstelle eingerichtet. Mit der Einstellung eines Gewerbehauptlehrers im Jahre 1842 entstand ein dritter Jahrgangskurs; diese Klassen besuchten pro Jahrgang etwa 25 Schüler.

Die Gewerbeschule Karlsruhe wurde wenige Tage vor der Publikation des *Karlsruhe* Gründungserlasses am 8. Mai 1834 eröffnet. Schulvorstand war Prof. Thierry von der Polytechnischen Schule. Zu den ersten Lehrern zählten ein Architekt, ein so genannter Baurevident, ein Sekretär und zwei in der Schulchronik nur als „Lehrer" bezeichnete Personen, alle anfangs unbesoldet. Um 1840 konnte ein ständiger Lehrer mit 800 Gulden Gehalt angestellt werden, und zwar der „bauverständige Volksschulkandidat" Johann Egetmeyer aus Bretten.[27]
Die Schule hatte anfänglich drei Jahreskurse, wenig später dann vier. Es wurde auch noch ein fünfter Kurs für „minder befähigte Jungen, sowie alle jene, welche in ihrem Berufe der graphischen Fertigkeiten nicht bedurften" eingerichtet. Diese Klasse fasste Schuhmacher, Schneider, Bäcker, Metzger, Schirm- und Perückenmacher u. a. zusammen.[28]
Nach Beschluss vom November 1835 ergab sich folgende Situation:
„Die Kurse sind nur halbjährlich zu nehmen, weil je nach den einzelnen Gewerben die Lehrlinge teils leichter im Sommer, teils leichter im Winter abkömmlich sind. ... Es werden gelehrt im ersten Kurs Deutsch, Schreiben, Rechnen und Zeichnen, zusammen 6 Stunden, im zweiten Kurs Freihandzeichnen, geometrisches Zeichnen, deutsche Sprache, Arithmetik und Geometrie, zusammen 6 Stunden, im dritten Kurs Fachzeichnen, Wirtschaftslehre, Geschäftsaufsätze, Physik, ebenfalls 6 Stunden, im vierten Kurs Mechanik, Fachzeichnen und Technologie, zusammen 5 Stunden."[29] Zum vierten Kurs gehörten nur Lehrlinge der so genannten höheren Gewerbe, wozu u. a. das Schlosser- und das Schreinergewerbe zählten.
Trotz großer Schwierigkeiten in der ersten Zeit, in der u. a. auch Lehrer wegen ausbleibender Vergütung kündigten, wuchs die Schülerzahl ständig an und lag 1838 bereits bei 310. Die Frage des Schulbesuchs blieb problematisch; die Meister zeigten nur geringes Verständnis für dessen Notwendigkeit.
Die bereits erwähnte Verordnung vom 7. November 1840 war der Entwicklung der Gewerbeschule Karlsruhe nur wenig förderlich. So sah sich der Schulvorstand im Jahre 1847 veranlasst, in einem Schreiben an alle Handwerksmeister der Stadt den Nutzen des Schulbesuchs darzulegen und die Lehrmeister aufzufordern, den Schulbesuch zu fördern und zu kontrollieren: „So unentbehrlich die Polytechnische Schule für die höheren Gewerbe, ebenso unentbehrlich ist die

---

der Gewerbeschule eigentlich nur das handwerkliche Zeichnen sei, und dies wolle er selbst seinem Zögling am Sonntag beibringen. Vgl. Gewerbeschule Offenburg, a.a.O., S. 9

[27] Vgl. Cathiau, Thomas: Chronik der Gewerbeschule der grossh. bad. Landeshauptstadt Karlsruhe von ihrer Gründung bis zum Jahre 1902, (Beilage zum 52. Jahresbericht für das Schuljahr 1901/02). Karlsruhe 1902: Macklot, S. 4ff.

[28] Cathiau, a.a.O., S. 5

[29] Kuhn, K. F., a.a.O., S. 61

Gewerbeschule für den Handwerker geworden. ... Die Kenntnisse und Übungen, die sich der Lehrling in der Gewerbeschule holt, sind für seine künftige Existenz Bedürfnis, um so mehr, als ihm die Werkstatt nicht immer alles geben kann und doch immer höhere Anforderungen an den Gewerbetreibenden gestellt werden. Es wird darum der Gewerbeschulunterricht als ein wesentlicher Teil der Lehre betrachtet, den der Lehrmeister seinem Lehrling nicht entziehen darf."[30]

Das Jahr 1843 bedeutete für die Schule insofern einen Wendepunkt, als erstmals ein hauptamtlicher Lehrer eingestellt wurde.

Baden-Baden In Baden-Baden bestand bereits um 1830 eine Bauzeichenschule, an der Lehrlinge der Bauberufe an Sonntagen vor dem Gottesdienst unterrichtet wurden, allerdings zunächst mit geringer Frequentierung.[31] Im Jahre 1831 wurde vorgeschlagen, neben oder mit dieser Sonntagszeichenschule eine Feierabendschule mit Unterricht in Arithmetik und Geometrie in Anwendung auf die Gewerbe während der Wintermonate einzurichten.

Die Eröffnung der eigentlichen Gewerbeschule erfolgte erst Ende 1838. Im Schuljahr 1861/62 besuchten etwa 90 Schüler diese Einrichtung. Unterrichtsgegenstände waren zu jener Zeit:
- 1. Klasse: Arithmetik, Aufsatzlehre, geometrisches Zeichnen und Geometrie;
- 2. Klasse: Arithmetik, Aufsatzlehre, Geometrie, Projektions- und Fachzeichnen;
- 1. und 2. Klasse: Fachzeichnen und architektonischer Unterricht, Modellieren und Freihandzeichnen.

Die Bauhandwerker hatten alle Unterrichtsfächer zu besuchen; die Schneider, Schuhmacher, Metzger und Bäcker waren vom Unterricht in Zeichnen und Geometrie befreit.

Modelliert wurde unter Verwendung von Gips, Holz und Ton, und zwar im Winter wöchentlich vier Stunden.

Weitere Schulgründungen Die Gründung der Gewerbeschule *Freiburg* erfolgte 1836. Die *Schwetzinger* Gewerbeschule wurde im Jahre 1846 gemeinsam mit einer Höheren Bürgerschule eingerichtet. Im Bodenseegebiet entstanden frühe Gewerbeschulen bereits 1834 in *Konstanz* und 1837 in *Überlingen*. Im Jahre 1852 gab es im Großherzogtum insgesamt 31 Gewerbeschulen, und zwar im Seekreis vier, im Oberrheinkreis ebenfalls vier, im Mittelrheinkreis sechzehn und im Unterrheinkreis sieben. Die Zahl der Schüler betrug 2.064, die der Lehrer 58.[32] 1856 wurde in *Pfullendorf* eine Gewerbeschule eröffnet, in *Donaueschingen* erst 1868.

---

[30] Zitiert nach Kuhn, K. F., a.a.O., S. 66

[31] Vgl. hierzu und zu den folgenden Ausführungen „Jahresbericht der Gewerbeschule in Baden-Baden für das Schuljahr 1901/1902. Baden-Baden 1902

[32] Vgl. Grüner, Gustav: 150 Jahre badische Gewerbeschule. Erbe und Auftrag. In: Bundesverband der Lehrer an Beruflichen Schulen, Landesverband Baden-Württemberg e. V. (Hrsg.): Gewerbeschulen 150 Jahre in Baden 1834–1984, 75 Jahre in Württemberg 1909–1984. Stuttgart 1984, S. 9–15; hier S. 11

4.3 Entwicklung von Schulmodellen für besondere Bedürfnisse

Vorbildfunktion des Auslands

Schulische Formen beruflicher Qualifizierung wurden in vielen europäischen Staaten mit Vorrang vor der betrieblichen Ausbildung, begleitet durch Teilzeitschulen, gewählt. Im Nachbarland Frankreich reicht ihre Tradition – wie in Kapitel 3.3 dargestellt – bis in die Revolutionszeit zurück. Als weiteres Beispiel für die Einrichtung früher berufsqualifizierender Vollzeitschulen kann Belgien genannt werden, wo insbesondere in Flandern Textilschulen entstanden.

Als sich anlässlich der Weltausstellung in London im Jahre 1851 die geringe Qualität deutscher Erzeugnisse und der Vorsprung der französischen Produkte erkennen ließ, wurde dies auch auf das hochstehende technische Schulwesen Frankreichs zurückgeführt.[33]

Schulgründungen in Deutschland

Auch in Deutschland entwickelte sich vollschulische Berufsqualifizierung, allerdings meist in spezialisierter Form wie im 19. Jahrhundert im Rahmen der Gewerbeförderung. Die folgenden ausgewählten Beispiele belegen dies:

- Im Bergbau waren mit den Bergschulen „schon seit Beginn des 19. Jahrhunderts festumschriebene Aufstiegswege gegeben"; um 1870 wurden diese, um dem Mangel an Elementarwissen abzuhelfen, durch „Bergvorschulen" erweitert.[34]
- Nach 1870 entstand eine neue technische Führungsschicht, und zwar aus Betriebsingenieuren, die an Hochschulen technischer Richtung oder an Ingenieur- und Fachschulen ausgebildet worden waren.[35] Bereits 1856 wurde der Verein Deutscher Ingenieure e. V. (VDI) gegründet, der sich bis 1900 zu einem der größten technischen Vereine entwickelte.
- Die erste Höhere Handelsschule wurde 1868 in Hildesheim gegründet. Diese Schulform breitete sich in allen deutschen Ländern aus. Die Aufnahmebedingungen, die der Erlass des Preußischen Ministeriums für Handel und Gewerbe 1916 festgelegt hatte, gelten teilweise noch heute.[36]
- Mit der Expansion der chemischen Industrie und der einschlägigen Untersuchungsämter wurden schon früh private Handelslaboratorien und Chemieschulen (u. a. in Stuttgart) gegründet; sie bildeten junge Frauen zu Technischen Assistentinnen aus. Dazu kam dann der berufliche Aufstieg für berufserfahrene Facharbeiter etc. aus den Chemiebetrieben.
- Schließlich entstanden im Rahmen der Gewerbeförderung in Baden, Württemberg und Bayern schon im 19. Jahrhundert Uhrmacher-, Feinmechaniker- und Maschinenbauschulen, die im Vollzeitunterricht die Ausbildung in den jeweiligen Berufen durchführten. Die Maschinenbauschule im mittelfränki-

---

[33] Vgl. Stratmann, Karlwilhelm: Probleme der Berufsschule im 19. Jahrhundert. Materialien zur Entwicklung des beruflichen Schulwesens für gewerbliche Lehrlinge. In: Archiv für Berufsbildung, Jahrbuch 1967, Braunschweig 1967, S. 93

[34] Vgl. Kaiser, Gerhard A.; Tenfelde, Klaus: Arbeiter im Deutschen Kaiserreich 1871–1914. Bonn 1992, S. 461

[35] Ebd.

[36] Vgl. Kaiser, Franz-Josef; Pätzold, Günter (Hrsg.): Wörterbuch der Berufs- und Wirtschaftspädagogik, Bad Heilbrunn/Hamburg 1999, S. 114

schen Ansbach beispielsweise wurde im Jahre 1899 als „Königliche Fachschule für Maschinenbau und Elektrotechnik" gegründet und nahm ihre dreijährige die Lehre ersetzende Ausbildung mit 34 Schülern auf. Heute gliedert sie sich in eine Berufsfachschule für Maschinenbau[37], eine Fachschule für Maschinenbautechnik und eine Fachakademie für Medizintechnik.

Schulgründungen dieser Art verfolgten im 19. Jahrhundert weithin wirtschaftliche Interessen und Aktivitäten zur Gewerbeförderung. In Preußen war ab 1885 das Ministerium für Handel und Gewerbe für das gesamte Berufs- und Fachschulwesen zuständig.[38]

Curriculare Besonderheiten Die Lehre ersetzende berufliche Vollzeitschulen sind optimal so angelegt, dass die praktische Ausbildung in enger Verknüpfung mit den anderen Ausbildungsinhalten erfolgt. Sie verfügen über Schulwerkstätten bzw. teilweise Produktionswerkstätten, in denen die Schüler mit ihren Ausbildern Auftragsfertigungen durchführen. In Ansbach wirken bei der Auftragserledigung die in dieser Schule ausgebildeten Techniker mit.

An berufsqualifizierenden Vollzeitschulen werden demzufolge systematisch-praktisches Lernen und die Vermittlung eher theoretisch orientierter Kenntnisse curricular zu einem geschlossenen Ausbildungsgang verbunden.

Der mit der Schulproduktion erwirtschaftete Erlös deckt einen festgelegten Anteil des Schuletats ab. Dies gilt beispielsweise für die schweizerische Metallarbeiterschule in Winterthur, die im Jahre 1889 eröffnet wurde. Sie stellt unter anderem Physikgeräte für den Unterricht an Gymnasien her und vertreibt diese über Lehrmittelmessen.

Der deutsche Nationalökonom und Sozialpolitiker Karl Bücher sprach sich in den 1880er Jahren aufgrund der damals in Erscheinung tretenden Mängel der Lehrlingsausbildung sogar dafür aus, die betriebliche Lehre abzuschaffen und die Ausbildung nach schulischem Modell zu organisieren. In seiner im Jahre 1877 erschienenen Schrift „Die gewerbliche Bildungsfrage und der industrielle Rückgang" verdeutlichte Bücher den engen Zusammenhang von gewerblicher Bildung und wirtschaftlich-industriellem Wohlstand.[39]

Vollzeitschulen Furtwangen und Pforzheim Für Baden wird anhand von zwei traditionsreichen beruflichen Vollzeitschulen die Entwicklung derartiger Einrichtungen aufgezeigt.

Der Beitrag von Günter Besenfelder beschreibt Entstehung und Entwicklung der Uhrmacherschule Furtwangen. In einem weiteren Beitrag geht Ulrike Maus auf die Goldschmiedeschule Pforzheim ein.

---

[37] Der Abschluss der Berufsfachschule für Maschinenbau entspricht dem IHK-Facharbeiterbrief als Industriemechaniker und dem handwerklichen Gesellenbrief als Feinmechaniker im Maschinenbau (vgl. hhttp://www.maschinenbauschule.de/?content=BF (Abruf 29.7.2010)

[38] Lt. Abel, Heinrich: Das Berufsproblem im gewerblichen Ausbildungs- und Schulwesens Deutschlands. Braunschweig 1963, S. 60

[39] Vgl. Stratmann, Karlwilhelm: Probleme der Berufsschule im 19. Jahrhundert, a.a.O., S. 93

Günter Besenfelder
Großherzoglich Badische Uhrmacherschule Furtwangen

Die ersten vier Jahrzehnte des 19. Jahrhunderts bedeuteten für die Schwarzwälder Uhrenindustrie eine Periode bedenklichen Niedergangs. Die Ursache war zunächst besonders bei den Uhrmachern selbst zu suchen, die sich gegen jede Entwicklung – sei es in der Produktion oder beim Einsatz von Maschinen – gesträubt haben. Auch hatte jeder Uhrmacher seine speziellen Werktypen mit eigenen Größenmaßen, was Reparaturen vor allem im Ausland erheblich erschwerte.

Tag und Nacht musste gearbeitet werden, um das Geld für die notwendigsten Lebensbedürfnisse zusammenzubringen. Auch wurde die Qualität der Uhren immer mangelhafter. Dies führte dazu, dass der Ruf der Schwarzwälder Uhren zunehmend gelitten hat.

Dazu kam, dass im Ausland, so z. B. in Frankreich und der Schweiz, bereits viele Uhrenteile maschinell hergestellt wurden. Diese waren auch zur Vereinheitlichung von Uhrenmaßen übergegangen. Die Konkurrenz aus diesen Ländern traf die Schwarzwälder Uhrmacherei sehr empfindlich.

Die immer schlechter werdenden Verhältnisse hatten schließlich zur Folge, dass man anfing darüber nachzudenken, wie den Missständen der Schwarzwälder Wanduhrenfertigung abgeholfen werden könnte.

Am Himmelfahrtstag 1847 wurde in Schönenbach (heute ein Ortsteil von Furtwangen) im Gasthaus Löwen der Gewerbeverein für den Uhren machenden Schwarzwald ins Leben gerufen, der die Hebung der Gewerbetätigkeit überhaupt und namentlich des Uhrengeschäfts bezweckte. 68 Uhrmacher schlossen sich zusammen.

Man suchte vor allem unter den Schwarzwäldern Einigung über die Mittel zur Verbesserung des Uhrengeschäfts zu erzielen. Im Rathaussaal zu Vöhrenbach (benachbarte Kommune) wurde am 28. Juni 1847 ebenfalls eine Versammlung abgehalten, bei der dem Verein 200 weitere Mitglieder beitraten. Eine Uhrengewerbeschule mit Musterwerkstätte schien dringend notwendig, da die Gewerbeschulen in Neustadt, Villingen und Triberg, die schon seit mehr als einem Jahrzehnt Uhrmacherei und Uhrenhandel in den Lehrplänen verankert hatten, den tatsächlichen Verhältnissen nicht zu genügen schienen.

Am Montag, den 27. September 1847, hielt der Gewerbeverein Furtwangen seine zweite, sehr stark besuchte Hauptversammlung ab. Zum ersten Vorsitzenden des Vereins, der schon 700 Mitglieder hatte, wählte man den prakt. Arzt Dr. Josef Duffner von Furtwangen. Der Eisenfarbenfabrikant Georg Schultheiß aus St. Georgen wurde Schriftführer.

Die politischen Ereignisse der Jahre 1848 und 1849 machten fast die ganze bisher geleistete Arbeit zunichte. Von Frankreich kam der Anstoß zu den Revolutionskämpfen, die im südwestlichen Baden bei Kandern, Freiburg und Staufen ihren Höhepunkt erreichten. Diese hinterließen Tote und Verwundete.

Hauptziel des Gewerbevereins war die Gründung einer Uhrmacherschule. Der Plan einer solchen Gründung reichte bis in die Zeiten zurück, in denen Männer wie Nebenius und von Wessenberg für eine gute fachliche Schulbildung der jugendlichen Handwerker eintraten.

Diesen Anregungen folgend regelte die badische Regierung am 15. Mai 1834 das Gewerbeschulwesen, konnte es aber den Bedürfnissen der Schwarzwälder Uhrmacherei wegen einer ungeahnten Fülle von Widerständen nicht ausreichend anpassen. Erst der Schwarzwälder Gewerbeverein zeigte der Regierung einen gangbaren Weg.

In politisch bewegter Zeit nahmen die Landstände eine Regierungsvorlage zu einer Uhrmacherschule, die in Furtwangen eingerichtet werden sollte, an. Eine großherzogliche Entschließung vom 26. Februar 1849 war in diesem Sinne gehalten. Es wurde die Errichtung einer Musterwerkstatt für Uhrenfabrikation in Verbindung mit einer Gewerbeschule geplant.

Die Vorbereitungen erlitten eine ganz empfindliche Störung durch die Mairevolution 1849. Erst nach Rückkehr des Großherzogs Leopold und seiner Familie, die nach Germersheim geflüchtet waren, kehrte wieder

Ordnung im Land ein. Dies ermöglichte die weiteren Vorarbeiten für die Furtwanger Schule, deren Eröffnung am 15. März 1850 erfolgte.

An die Spitze der Uhrmacherschule, der ersten in Deutschland, berief man den erst dreißigjährigen Ingenieur Robert Gerwig (1820–1885), den späteren Erbauer der Schwarzwaldbahn.

Mit der neuen Anstalt erstrebte man auch Pflege und Förderung der Uhrenschildmalerei, der Holzschnitzerei, Strohflechterei, Strohhutnäherei, Bürstenmacherei und der Herstellung von allerlei Holzwaren. Diesen viel zu weit gesteckten Zielen konnte die Schule begreiflicherweise nicht genügen.

Eine Studienkommission bestehend aus Professor Hofrat W. Eisenlohr von der Polytechnischen Schule Karlsruhe, Stockuhrmacher Lorenz Bob von Furtwangen und Taschenuhrmacher Xaver Heine von Vöhrenbach bereiste im Jahre 1849 die wichtigsten Uhrenindustrieplätze der Schweiz und Frankreichs. Sie unterrichteten sich dort genau über die Herstellungsweise der Uhren, kauften neuzeitliche Werkzeuge und Musteruhren an und sahen sich nach geeigneten Lehrkräften um.

Es war nicht leicht, geeignete Lehrkräfte für die Schule zu gewinnen. Auch dies verzögerte die Eröffnung der Schule.

Endlich am 2. März 1850 trafen Ministerialrat Dietz vom Ministerium des Innern, Professor Eisenlohr und der als Schulleiter vorgesehene Ingenieur Robert Gerwig in Furtwangen ein, um letzte Verhandlungen zu führen.

Aus dem Bericht des Ministerialrates ist zu entnehmen, dass seitens der Uhrmacher die baldige Eröffnung der Schule zur raschen Ausbildung tüchtiger Arbeiter erwartet wurde, da es an solchen sehr fehlte.

In dem von der Gemeinde zur Verfügung gestellten Gebäude waren die Einrichtungen für die Taschenuhrmacher- und Stockuhrmacherwerkstätte nahezu vollendet, während in einem benachbarten Gebäude mit vorhandener Wasserkraft noch zusätzlich eine Maschinenwerkstatt einzurichten war.

Am 5. März fand in Gegenwart der Regierungsvertreter die Berufung der vorgesehenen Lehrer statt. Es wurden für die Grundausbildung zwei Lehrer angestellt, die in ihren Werkstätten 18 Zöglinge aufnehmen konnten. Ebenso viele Schüler waren in der Stockuhrenmacherei vorgesehen, als deren Lehrer Lorenz Bob aus Furtwangen vorgeschlagen wurde.

Neben der Berufsausbildung war eine Mustersammlung von Uhren anzulegen und die Festsetzung von Normalkalibern für die gebräuchlichsten Schwarzwälder Uhren herbeizuführen. Heute würde man von einer Normenstelle sprechen.

Als Lehrer für die Gewerbeschulfächer wurde Gewerbeschullehrer Fräßle aus Triberg ernannt, für den Zeichenunterricht der Ornamentzeichner Meyerhuber.

Das Ausbildungsziel der Uhrmacherschule war der tüchtige Facharbeiter, was den Forderungen und den Bedürfnissen der Schwarzwälder Uhrmacherei entsprach. Die Dauer der Ausbildung wurde in das Ermessen der Schulleitung gestellt. Der Schüler wurde entlassen, wenn er nachgewiesen hatte, dass er zu selbständiger Arbeit fähig war.

Die Unterrichtszeit umfasste 60 Wochenstunden, wovon 49 Stunden der praktischen Arbeit und 11 Stunden den theoretischen Fächern gewidmet waren.

Ferien kannte man an der Fachschule nicht, weil sie auch in den Betrieben nicht üblich waren.

Für interessierte Kreise richtete die Uhrmacherschule Lehrgänge für Modellieren, Schildermalen, Lackieren und Vergolden ein.

Zur Förderung der gesamten Uhrmacherei gab die Direktion der Uhrmacherschule das „Gewerbeblatt für den Schwarzwald" heraus, worin Normen für die Schwarzwälder Uhren bekanntgegeben, technische und wirtschaftliche Fragen erörtert und insbesondere Anregungen für neuzeitliche Arbeitsmethoden gegeben wurden.

Die Schule konnte bedauerlicherweise die Idee der von ihr entwickelten Normaluhren nicht in dem Umfang umsetzen, wie dies im Interesse des Schwarzwaldes wünschenswert gewesen wäre. Die außerordentlichen Leistungen der Anstalt auf dem Gebiet der Taschenuhrmacherei blieben ebenfalls ohne nachhaltigen Erfolg.

In der historischen Uhrensammlung des Deutschen Uhrenmuseums, die auf die Lehrmittelsammlung der Uhrmacherschule zurückgeht, sind Zeugnisse der großartigen

Kenntnisse von Lorenz Bob und des Taschenuhrmacherlehrers J. H. Martens heute noch zu bestaunen.

Man suchte von der Schule aus auch auf die Gestaltung der Uhren Einfluss zu nehmen. Baurat Gerwig erließ einen Aufruf „an die vaterländischen Künstler und Kunstfreunde" zur Einsendung von Entwürfen für Künstlergehäuse. Die besten Modelle dieses Wettbewerbs u. a. von Luzian Reich und Johann Laule sind in die historische Uhrensammlung aufgenommen worden.

Baurat Gerwig war schon während seiner Tätigkeit an der Uhrmacherschule als Beamter der badischen Staatseisenbahn mit der Planung und dem Bau der Schwarzwaldbahn beschäftigt und erbat wiederholt von der Regierung um Enthebung von seinen Verpflichtungen in Furtwangen.

Im Jahre 1857 wurde dem Wunsch Gerwigs entsprochen. Nach dem Ausscheiden Gerwigs aus der Uhrmacherschule erwog die Regierung die Aufhebung der Furtwanger Anstalt. Es waren weniger sachliche Gründe für die Überlegungen maßgebend, vielmehr scheinen, soweit sich dies heute noch rekonstruieren lässt, persönliche Unstimmigkeiten zwischen maßgebenden Männern die Hauptursache gewesen zu sein.

Ein Nachfolger von Gerwig berichtete trotz der erfolgreichen Arbeit der Anstalt 1861 an das vorgesetzte Handelsministerium, dass die Aufhebung der Schule wohl zweckmäßig sei, weil sie ihre Aufgabe erfüllt und eine genügende Anzahl tüchtiger Uhrmacher herangebildet habe. Die Aufhebung der Schule erfolgte dann im Jahre 1864. Die Werkstatteinrichtungen wurden z. T. an die bisherigen Lehrer abgegeben oder sonst wie veräußert.

Es dauert nicht lange, bis von allen Seiten der Regierung Klagen über die nun zu erfolgende Uhrmacherausbildung an den Gewerbeschulen in den Furtwangen umgebenden Städten wie Villingen oder Neustadt vorgetragen und der Uhrenindustrie eine düstere Zukunft vorhergesagt wurde. Eine Eingabe des Gemeinderates Furtwangens aus dem Jahre 1867 auf Wiedereinrichtung der Schule wurde abgelehnt.

Da die Klagen über die Unfähigkeit der Gewerbeschulen, die Uhrmacherlehrlinge auf ihren künftigen Beruf vorzubereiten nicht aufhörten, startete die Regierung bei den in Betracht kommenden Gemeinden und Gewerbevereinen eine Umfrage, ob diesem offensichtlichen Übel nicht durch einen weiteren Ausbau der Gewerbeschulen mit den notwendigen Werkstätten sowie durch die Einstellung neuer Lehrkräfte abgeholfen werden könnte.

Da erhebliche finanzielle Auswirkungen auf die Gemeinden zukamen, waren die Zustimmungen nur zögernd. Die Gemeinde St. Georgen verhielt sich direkt ablehnend, Villingen äußerte Bedenken.

Es ist zweifelhaft, ob das Ministerium diesen Anregungen näher getreten wäre, wenn nicht die im Jahre 1873 in Wien abgehaltene Weltausstellung in aller Öffentlichkeit gezeigt hätte, wie sehr die Schwarzwälder Uhrenindustrie in Rückstand geraten war.

Nunmehr wurde die Filiale der Karlsruher Gewerbehalle, welche auf Betreiben des Gewerbevereins Furtwangen hier errichtet wurde und die Sammlung der Musteruhren und Werkzeuge aus den Beständen der früheren Uhrmacherschule zu verwalten hatte, beauftragt, einen eingehenden Bericht über den Stand des Uhrmachergewerbes auf den Schwarzwald zu erstatten.

Aus diesem ist als besonders interessant hervorzuheben, dass es zu jener Zeit nur wenige Uhrmacher gab, die etwas von der Theorie des Uhrenbaus verstanden. Diese waren aber Absolventen der früheren Uhrmacherschule.

In diesem Bericht wurde dargelegt, dass dem Schwarzwald viel zu wenige ausgebildete Uhrmacher zur Verfügung standen, vor allem im Hinblick auf die fortschreitende Entwicklung der Uhrentechnik.

Die vorhandenen Gewerbeschulen, die von den Uhrmacherlehrlingen überdies kaum besucht wurden, seien nicht im Stande, diesem Übel abzuhelfen. Es fehlten ihnen die erforderlichen Lehrmittel, auch die Ausbildung der Gewerbelehrer ließ Wünsche offen. Aus Furtwangen wurde der Vorschlag gemacht, die Übelstände abzustellen.

Eine neue Uhrmacherschule sollte die Verbindung des theoretischen und praktischen Unterrichts nach dem Vorbild der ersten Uhrmacherschule und der entsprechenden Fachschulen im Ausland ermöglichen, mit dem Ziel, fehlerhafte Konstruktionen zu vermeiden und dem Uhrmacher die theoretischen Kenntnisse über den Aufbau der Uhren zu vermitteln.

Diese Schule sollte einjährige Kurse im Anschluss an den Unterricht der Gewerbeschule haben. Ihre Zöglinge müssten zuvor die Meisterlehre durchlaufen haben, um sich dort die erforderlichen technischen Handgriffe anzueignen.

Die Schule selbst musste mit den besten Werkzeugen und Lehrmitteln ausgerüstet sein. Nebenbei sollten Gastvorträge stattfinden, wie sie in der Schweiz mit gutem Erfolg eingeführt waren.

Die badische Regierung entschied sich für diesen Vorschlag. Die Gemeinde Furtwangen übernahm es wiederum, die erforderlichen Räumlichkeiten unentgeltlich zur Verfügung zu stellen. Im Staatshaushalt 1876/77 wurden endlich die für die Einrichtung der Schule erforderlichen Mittel in Höhe von 13.000 Mark vorgesehen.

Beim Start hatte die Schule nur einen bescheidenen Umfang. Der vorhandene Raum gestattete nur die Einrichtung einer Werkstätte mit 6 Schülerplätzen, während ursprünglich 12 vorgesehen waren.

Der Ausbildungsplan sah nur einen einjährigen Kurs vor, zu dem nur solche jungen Leute zugelassen werden sollten, die das 16. Lebensjahr vollendet, zwei Jahre Meisterlehre absolviert und nebenbei die Gewerbeschule besucht hatten.

Es waren je 24 Stunden theoretischer und praktischer Unterricht geplant. In den Abendstunden war den Schülern Gelegenheit geboten, in den Schulräumen ihre Hausaufgaben zu erledigen und die einschlägigen Fachzeitschriften und Bücher zu studieren.

Der Schule wurde ein Aufsichtsrat beigegeben. Dieser bestand aus zwei vom Ministerium ernannten Mitgliedern, aus je einem Vertreter der Kreise Freiburg und Villingen, zwei Vertretern der Gemeinde Furtwangen sowie aus dem Vorstand und den Hilfslehrern der Anstalt. Die Amtsdauer betrug drei Jahre, der Vorsitzende wurde vom Ministerium ernannt.

Die Wiedereröffnung erfolgte am 10. Juni 1877.

Durch eine erfolgreiche Entwicklung im nächsten Jahrzehnt, in dem die Schule ihren Aufgabenkreis mehrfach erweiterte – hier vor allem in der zunehmend im Uhrenbau an Bedeutung gewinnenden Elektrotechnik und Feinmechanik – war ein Neubau unerlässlich.

Am 15. September 1891 wurde ein neu erstelltes Schulgebäude in Betrieb genommen, das bis in die 90er Jahre des 20. Jahrhunderts Generationen von Schülern eine qualifizierte Ausbildung ermöglichte. Es wurde 1995 durch einen Neubau ersetzt, an dem sich das Land Baden-Württemberg mit 60 % und der Schwarzwald-Baar-Kreis mit 40 % beteiligten.

Auch 160 Jahre nach der Ersteröffnung im Jahre 1850 existiert die Schule noch als Teil der heute nach ihrem ersten Direktor genannten Robert-Gerwig-Schule mit der Besonderheit, dass sie nach wie vor einen staatlichen Kern mit der beruflichen Vollzeitausbildung in den Berufen Uhrmacher, Technische Zeichner, Feingerätemechaniker und Systemelektroniker hat.

Im Landeshaushalt von Baden-Württemberg hat sie einen eigenständigen Haushaltstitel.

Als weitere Besonderheit gilt, dass sie auch das Prüfungsrecht für den Lehrabschluss besitzt. Die Schule weist damit nach, dass auch eine schulische Vollzeitausbildung in Theorie und Praxis ohne Ausbildungsbetrieb zur Berufsreife führt.

Als Besonderheit ist noch nachzutragen, dass viele Absolventen hoch motiviert sind und sich der vielen Weiterbildungsaktivitäten, die im Bildungsbereich angeboten werden, bedienen.

Literaturhinweise

Festschrift zur Feier des 75-jährigen Bestehens der Badischen Uhrmacherschule zu Furtwangen
100 Jahre Staatliche Uhrmacherschule Furtwangen 1850–1950
Furtwangen 1179–1873 Beiträge zur Geschichte einer Stadt, Bd. 1
Dr. Helmut Kahlert: Von der Uhrmacher- zur Ingenieurausbildung. 100 Jahre Schulentwicklung von 1850–1950

Ulrike Maus
Goldschmiedeschule Pforzheim

Begründung der Pforzheimer Uhren- und Schmuckindustrie

Die heutige „Goldschmiedeschule mit Uhrmacherschule Pforzheim", die verschiedene in Vollzeitform geführte Schularten und eine Teilzeit-Berufsschule in sich vereint, führt ihre Entstehung auf das Jahr 1768 zurück und ist somit fast ebenso alt wie die Pforzheimer Schmuck- und Uhrenherstellung selbst.

Im Jahre 1767 stellte Markgraf Karl Friedrich von Baden-Durlach dem aus Orange stammenden Franzosen François Autran und seinen beiden Schweizer Mitunternehmern Amédé Christin und Jean Viala ein Privileg zur Fabrikation von Schmuck und Uhren in Pforzheim aus. Die Produktionsstätte wurde im örtlichen Waisenhaus eingerichtet. Knaben und Mädchen aus der Anstalt wurden als Arbeitskräfte in dieser Manufaktur eingesetzt und dort auch ausgebildet.

Die Gründerväter der Pforzheimer Schmuck- und Uhrenindustrie strebten eine schulische Ergänzung der in ihrer Manufaktur vermittelten Berufsausbildung an. Es gelang ihnen, den Markgrafen zur Gründung einer Zeichenschule zu bewegen, um „diese Branche zu einem Grad von ausreichender Vollkommenheit zu führen", wie es in einer Werbebroschüre für die Schule vom Jahre 1771 heißt. In der so genannten Zeichenakademie wurden täglich zwei Unterrichtsstunden erteilt. Besonders begabte Knaben erhielten Unterweisung in der damals sehr beliebten Miniatur- oder Emailmalerei. Die Schulbroschüre hob hervor: „Mit solcher Sorgfalt werden im Laufe der Zeit ausgezeichnete Graveure, gute Goldschmiede und andere für das Wohlergehen des Etablissements erforderliche Künstler ausgebildet."

Als Lehrkraft wurde der Miniaturmaler Koessler gewonnen, dessen Ernennungsurkunde der Markgraf im Juli 1768 unterzeichnete. Seine regelmäßige Vergütung erhielt Koessler aus der markgräflichen Kasse; hinzu kam eine einmalige Abfindung, die die Stadt Pforzheim und das Waisenhaus aufbrachten. Doch Koessler, mit Gehalt und Arbeitsbedingungen unzufrieden, erfüllte nur einen Jahresvertrag. Die Zeichenschule allerdings hatte sich bewährt „zum Besten derer armen Waisen, die in Ansehung derer Fabriquen dieses Unterrichts mehr als andere bedürften". Als Koesslers Nachfolger gewann die Waisenhauskommission den in der Uhrenfabrikation angestellten Maler Blaremberg. Offenbar wurde die Zeichenschule nicht nur von Waisenkindern besucht, denn die Chronik berichtet, dass Blaremberg die Erlaubnis erhielt, getrennten Unterricht für Stadt- und Waisenhauskinder abzuhalten.

Ausbau des Zeichenunterrichts

Ab 1771 bestand für die Pforzheimer Lehrlinge die Möglichkeit, Unterricht im architektonischen Zeichnen zu nehmen, wofür die Stadt den Werkmeister Arlet beschäftigte. Sein Unterricht wurde in den Berichten der Kirchenbehörde, die die Aufsicht über die städtischen Schulen führte, ausnahmslos gelobt. Auch geometrisches Zeichnen wurde in der Pforzheimer Zeichenschule gelehrt. Dafür zuständig war der „Praeceptor" Zandt. In einem Schulbericht vom Dezember 1775 an den Markgrafen wurde der „schlechte Fortgang" der Schule beklagt. Von den Lehrjungen, die den geometrischen Zeichenunterricht abends von 6 bis 7 Uhr besuchen sollten, sei bisher keiner erschienen.

Der Handzeichnungsschule, an der zuerst der Maler Koessler unterrichtet hatte, wurde in den Jahren 1783 und 1784 „ein guter Fortgang" bestätigt. Als Lehrer war in jenen Jahren der Maler Pannoff tätig.

Seit dem Jahre 1805 bestand in Pforzheim eine Freihand-Zeichenschule für die Schüler des Pädagogiums (der ehemaligen Lateinschule) und der Volksschule sowie für sonstige Freiwillige. Im Jahre 1833 regte ein Erlass des damaligen Murg- und Pfinzkreises der großherzoglichen Regierung an, die Freihandzeichenschule als „Handwerkerschule" für die Pforzheimer „Gewerbelehrlinge" auszubauen. Der Unterricht erfolgte an Sonntagen vormittags. Den Chroniken zufolge nahm Pforzheim damit eine Vorreiterrolle ein und wurde Vorbild für andere Schulen des Großherzogtums.

Gewerbeschule 1834

Ein Jahr später ordnete die großherzogliche Regierung die Einrichtung von Gewerbeschulen in den gewerbereichen Städten an. So wurde 1834 aus der Handwerkerschule die Gewerbeschule. Der Unterrichtsplan wurde erweitert und ein Schulvorstand gebildet, an dessen Spitze der Oberbürgermeister stand. 1835 kam als neues Fach für die Lehrlinge und Gehilfen aus der Schmuckindustrie „Freihandzeichnen" hinzu, das ein Graveur unterrichtete. Ansonsten unterrichteten nebenamtliche Lehrkräfte, Baupraktikanten, Gymnasiallehrer, Theologen und Volksschullehrer.

Das Fehlen einer wirksamen Organisation stellte sich jedoch schon bald als nachteilig heraus, so dass immer weniger Fächer unterrichtet wurden; 1838 war es nur noch das Freihandzeichnen. Eine Konsolidierung trat erst ein, als 1842 der technisch gebildete Baupraktikant Seeger als Gewerbehauptschullehrer eingestellt wurde. Nun hatte die 1. Klasse Linearzeichnen, Rechnen und deutsche Sprache (6 Std.), die 2. Klasse Fachzeichnen, Geometrie u. industrielle Wirtschaftslehre (5 Std.), die 3. Klasse Fachzeichnen, Naturlehre u. Mechanik (5 Std.) und außerdem alle Klassen 3 Stunden Freihandzeichnen. Vollends Kontinuität kehrte dann 1844 ein, als Gewerbeschulkandidat Philipp Huber, ein Absolvent der Polytechnischen Schule in Karlsruhe, die Leitung der Gewerbeschule übernahm. Er hatte dieses Amt bis zum Jahre 1887 inne.

Im Jahre 1846 wurde Modellierunterricht mit je drei Wochenstunden für die zweite und dritte Klasse der Graveure und Goldschmiede eingeführt.

Der schon seit längerem für Knaben der obersten Volksschulklasse bestehende vorbereitende Zeichenunterricht, den der Hauptlehrer der Gewerbeschule erteilte, wurde 1848 als Vorbereitungskurs der Gewerbeschule angegliedert und für verbindlich erklärt.

Ausbau nach 1848/49

Nach den Revolutionsjahren 1848/49 nahm die Pforzheimer Schmuckwarenindustrie einen starken Aufschwung. Dies spiegelte sich in den Schülerzahlen wider. Betrug die Zahl der Schüler der Schmuckindustrie im Jahr 1844 noch 47 Klassenschüler und 30 Zeichengäste („Bijoutiers"), so stieg sie in den folgenden Jahren kontinuierlich an: 1858/59 auf 375, 1870 waren es 441. Der wirtschaftliche Aufschwung von 1871 bis 1873 ließ die Zahlen von 579 auf 1.024 schnellen. Die folgende Rezession bewirkte jedoch, dass im

Jahre 1878 nur noch 530 Schüler angemeldet waren. Während der 1880er Jahre besserte sich die wirtschaftliche Lage und brachte 1885 einen vorläufigen Höchststand von 1.090 Schülern aus der Schmuckindustrie.

Der erste gedruckte Jahresbericht erschien für das Schuljahr 1851/1852. Die Gewerbeschule bestand damals aus drei Jahrgangsklassen, die von Handwerker- und Bijouterielehrlingen besucht werden mussten („Klassenschüler"). Wer sich die nötigen Kenntnisse in dieser Zeit nicht erwarb, war zu weiterem Schulbesuch verpflichtet. Unterrichtsfächer der Bijouterielehrlinge waren: Freihandzeichnen, Ornamentmodellieren, deutsche Sprache und Aufsatzlehre, industrielle Wirtschaftslehre, Arithmetik und Naturlehre. Die Graveure besuchten zusätzlich den Unterricht im Projektionszeichnen. Schüler, die in der Volksschule nicht die erforderlichen Vorkenntnisse erworben hatten, erhielten (bis 1908) nur Zeichen- und Modellierunterricht, der auf der Sonntagsfortbildungsschule durch Realienunterricht ergänzt wurde.

Im Jahre 1857 erhielt die Schule Räume im Rathaus; 1859 konnte ein Erweiterungsbau des Pädagogiums bezogen werden.

Im Schuljahr 1868/69 wurde als weiteres Fach das Entwerfen von Ornamenten mit je drei Stunden wöchentlich in die zweite und dritte Klasse aufgenommen. Neu war ebenfalls die Einführung eines Abendmodellierunterrichts für Gäste.

Von Anfang an gab es für Lehrlinge der Schmuckindustrie zwei nach Lehrbefähigung unterschiedene Gruppen von Lehrern: solche für Freihandzeichnen und Modellieren und solche für Projektionslehre, geometrisches Zeichnen und Realfächer.

Selbständige Kunstgewerbeschule Pforzheim

Die schon seit 1868 bestehende Absicht, den Bedürfnissen der Schmuckindustrie nach einem künstlerisch qualifizierten Nachwuchs Rechnung zu tragen, führte schließlich zur Erweiterung der Schule um eine rein kunstgewerbliche Klasse. Aus dieser „Künstlerklasse" entstand 1877 mit dem Bezug eines Neubaus an der Jahnstraße als selbständige Einrichtung die „Kunstgewerbeschule Pforzheim". Zum Direktor wurde Architekt Waag ernannt, der auch Freihandzeichnen und Modellieren an der Gewerbeschule unterrichtete.

Die Gewerbeschule unter Direktor Rücklin

Im Jahre 1887 wurde der seit zwanzig Jahren an der Gewerbeschule tätige Friedrich Rücklin zum Direktor ernannt. Er erarbeitete Unterrichtspläne, die „die Gründung einer Goldwarenfabrik bis zum flotten Gange derselben" zum Ziel hatten. Während die Handwerkerberufe infolge ihres Kleinbetriebs Fächer wie Geschäftskunde und Buchführung benötigten, lag es im Interesse der Schmuckindustrie, bei der eine Trennung zwischen dem kaufmännischen Bereich und der Herstellung bestand, den Zeichen- und Modellierunterricht auszubauen. Doch auch die Teilung der Gewerbeschule in eine Handwerkerabteilung (361 Schüler) und eine Goldschmiedeabteilung (874 Schüler) unter gemeinsamer Leitung führte nicht zum gewünschten Erfolg. Es war ohnehin nur eine äußerliche Trennung – die Lehrer unterrichteten jeweils in beiden Abteilungen. Die Änderung der Organisationsform erfolgte mit dem Umzug der Gewerbeschule in ein modernes Schulgebäude im Jahre 1892. Das Schulhaus an der Jahnstraße verblieb der Kunstgewerbeschule und dem Kunstverein.

Eigenständige Goldschmiedeschule 1905

Kommerzienrat H. Gesell veröffentlichte im Jahre 1902 unter dem Titel „Neuorganisation der Goldschmiedeabteilung bzw. der Goldschmiedeschule" eine Denkschrift über eine Lehrplanrevision mit dem Ziel einer stärkeren Betonung des Freihandzeichnens und Modellierens. Bereits im Jahre 1903 kam es zu einer entsprechenden Umarbeitung des Lehrplans der Goldschmiedeabteilung. Im selben Jahr trat der Bildhauer Pfeiffer die Zeichenlehrerstelle an. Seine spezielle Aufgabe war der Ausbau des Modellierunterrichts.

Die Neuausrichtung des Lehrplans wurde auch vom neuen Referenten im Karlsruher Landesgewerbeamt, Regierungsrat Maier, unterstützt, der zudem gegenüber dem Vorschlag aufgeschlossen war, die Goldschmiedeabteilung von der Gewerbeschule zu trennen und selbständig zu machen. Der Gemeinderat unterstützte dies ebenfalls. So entstand im Jahre 1905 eine eigenständige Goldschmiedeschule mit 1.016 Schülern. Zum Direktor wurde ein herausragender Kenner der Schmuckgeschichte, der Schmuckentwerfer und Journalist Prof. Rudolf Rücklin (Sohn von Friedrich Rücklin) berufen. Er hatte zuvor zwölf Jahre an der Kunstgewerbeschule unterrichtet.

Ein Nachteil lag im fehlenden Schulzwang. Erst 1908/09 wurde aufgrund eines Ortsstatutes für die Schmuckindustrielehrlinge die dreijährige Schulpflicht eingeführt.

Nachdem die Goldschmiedeschule zunächst Räume in mehreren Schulgebäuden nutzen musste, konnte sie 1912 das umgebaute frühere Gebäude der Kunstgewerbeschule an der Jahnstraße beziehen. Diese hatte 1911 das Jugendstilgebäude in der Holzgartenstraße erhalten. Die Schülerzahl erreichte mit nahezu 2.300 Schülern ihren Höchststand.

In der Zeit des Ersten Weltkriegs

Der erste Weltkrieg setzte dieser Entwicklung ein Ende. Die Hälfte der Lehrer wurde eingezogen. Da die Militärverwaltung im Spätjahr 1914 das Gebäude als Lazarett einrichtete, fand der Lehrbetrieb in Räumen der Kunstgewerbeschule statt. Im November 1915 erreichte die Schülerzahl einen Tiefstand von 770 Schülern. Für Schüler ohne Lehrstelle wurden Montierkurse eingerichtet. Daran nahmen erstmals auch Mädchen teil.

Unmittelbar nach Kriegsende fanden Fortbildungskurse für Kriegsbeschädigte und Kriegsteilnehmer statt. Vorübergehend musste die Schule wegen Kohlenmangels und einer Typhusepidemie geschlossen werden.

Für weibliche Goldschmiedelehrlinge wurde ebenfalls die Schulpflicht eingeführt und 1929 auf die Berufe Zeichnerin, Guillocheurin, Emailleurin und Laborantin ausgedehnt.

Mit dem Schuljahr 1920/1921 wurde der Werkstattunterricht in den Pflichtunterricht aufgenommen. Bereits seit 1905/06 hatte in freiwilligen Abendkursen Werkstattunterricht im Metalltreiben und Ziselieren stattgefunden. Die Bedeutung des Werkstattunterrichts fand angesichts der spezialisierten Produktionsverhältnisse in der Uhren- und Schmuckindustrie allgemeine Anerkennung.

Anfänge der Berufsfachschule für Goldschmiede

Im Schuljahr 1920/21 wurde an der Goldschmiedeschule erstmals eine Klasse mit Vollzeitunterricht für Goldschmiede eingerichtet. Dies war Ausgangspunkt der heutigen Berufsfachschule. Die damals zehn Schüler hatten zunächst 43 Wochenstunden Unterricht, später 49 Stunden. Nach zweijährigem Schulbesuch waren sie von der weiteren gesetzlichen Schulpflicht befreit.

Kurz nach Ausbruch des Zweiten Weltkriegs wurde die Berufsfachschule am 2.1.1940 aufgelöst; bereits 1944 wurde diese Entscheidung wieder zurückgenommen.

Weiterentwicklung der Goldschmiedeschule

Den höchsten Schülerstand erreichte die Schule im Schuljahr 1924/25 mit 2.401 Schülern. Wieder musste der Unterricht auf andere Schulhäuser ausgedehnt werden, bis 1926 ein Erweiterungsbau bezogen werden konnte. Allerdings trat 1926/27 infolge der wirtschaftlichen Rezession ein Rückgang der Schülerzahl ein, die im Schuljahr 1928/29 noch 1.067 betrug. Die Schmuckindustrie erholte sich nur langsam; die Schülerzahlen stiegen zwar wieder, erreichten jedoch nicht mehr den Stand von Anfang der 1930er Jahre. Die Erweiterung der Schulpflicht fand im Jahre 1929 ihren vorläufigen Abschluss, als sie durch Ortsstatut auf nahezu alle Lehrberufe ausgedehnt wurde.

Bildung der Staatlichen Meisterschule der deutschen Edelmetall- und Schmuckindustrie

Am 20. Januar 1940 wurde aus den beiden Institutionen „Kunstgewerbeschule" und „Goldschmiedeschule" die „Staatliche Meisterschule der deutschen Edelmetall- und Schmuckindustrie Pforzheim, angegliedert die Gewerbeschule 3 (Goldschmiedeschule) Pforzheim". Die Leitung dieser Anstalt übernahm Oberstudiendirektor H. Frank, der zuvor längere Zeit in der Industrie tätig gewesen war.

Nach einem Brandbombenangriff im Dezember 1944 musste der Unterricht eingestellt werden. Im Februar 1945 wurde das Schulgebäude völlig zerstört.

Nach dem Zweiten Weltkrieg

Unter der Leitung von P. P. Pfeiffer begann bereits 1946 im alten Volksschulgebäude von Niefern der Neuaufbau. Direktion und Sekretariat waren andernorts untergebracht. 1949 zog man in die ehemalige Trautz'sche Maschinenfabrik nach Dillstein.

Durch einen Vertrag zwischen der Stadt Pforzheim und dem Landesbezirk Baden wurde 1947 eine gemeinsame Leitung der Goldschmiedeschule und der Kunstgewerbeschule, die 1940 – wie bereits erwähnt – in „Staatliche Meisterschule" umbenannt worden war, vereinbart. Mit dem 1.4.1952 wurden beide Schulen unter der Bezeichnung „Vereinigte Goldschmiede-, Kunst- und Werkschule Pforzheim" zusammengefasst. Die Leitung der Gesamtanstalt lag bei Prof. Egon Gutman. Die Abteilung Goldschmiedeschule wurde von einem Fachvorsteher betreut. Sie bestand aus drei Bereichen: Pflichtschule für Lehrlinge, Berufsfachschule mit 45 Stunden Vollzeitunterricht sowie Kurse für Gästeschüler zur Vorbereitung auf die Facharbeiter- und Gesellenprüfung.

Im Jahre 1953 trat eine neue Ortssatzung für die Abteilung Goldschmiedeschule in Kraft, die die alte von 1929 ablöste. Damit sollte der technischen Entwicklung und Spezialisierung der Berufe Rechnung getragen werden. 36 Lehrberufe und 12 Anlernberufe, die der Schulpflicht unterlagen, wurden darin ausgewiesen, darunter heute fast unbekannte Berufe wie Gürtler, Emailmaler oder Metallbrillenmacher, dazu Anlernberufe wie Diamantsäger, Dosenmacher, Rohrzieher und Zifferblattdrucker.

Das Provisorium Trautz'sche Fabrik erwies sich als zunehmend unzulänglich. Am 20. Mai 1960 konnte schließlich ein Schulneubau eingeweiht werden.

Erneute Selbständigkeit der Goldschmiedeschule

Am 1. Januar 1966 erhielt die Goldschmiedeschule ihre erneute Selbständigkeit.

Bemühungen der Schulleitung, frühere Ansätze wieder aufzugreifen, um das schulische Angebot zu erweitern, führten schließlich auf Antrag des Gemeinderates zur Errichtung einer dreijährigen Berufsfachschule und zu einer 1977 vom Kultusministerium erlassenen Schul- und Prüfungsordnung für die Berufsfachschule an der Goldschmiedeschule. In den Schuljahren 1977/78 und 1978/79 wurde die dreijährige Berufsfachschule für Goldschmiede erprobt.

Die Verlegung der Abteilung Uhren und Zeitmesstechnik von der Gewerbeschule I an die Goldschmiedeschule im Januar 1973 führte zu einer Namenserweiterung in „Goldschmiedeschule mit Uhrmacherschule".

Zur Abrundung des schulischen Angebots wurde 1976/77 die „Meisterschule für Goldschmiede und Graveure" eingerichtet.

Das Schuljahr 1988/89 brachte die Einrichtung des „Berufskollegs für Formgebung – Schmuck und Gerät" und der „Fachschule für Schmuck und Gerät – Werkkunstschule".

Gestaltung der vollzeitschulischen Bildungsgänge
Nachfolgend ist die heutige Gestaltung der eine berufliche Erstausbildung vermittelnden vollzeitschulischen Zweige der Pforzheimer Schule im Detail dargestellt. Gemeinsam ist ihnen, dass das erste Schulhalbjahr als Probezeit gilt. Wer diese nicht besteht, muss die Schule verlassen.

Bei ausländischen Bewerbern sind ausreichende Deutschkenntnisse, in einem offiziellen Zeugnis bestätigt, erforderlich. Die Schule behält sich einen zusätzlichen Sprachtest vor.

Berufsfachschule für Goldschmiede

Zielsetzung: Die zweijährige Berufsfachschulausbildung ist ein von den Kammern voll anerkannter Teil der dreieinhalbjährigen Ausbildung zum Gold- und Silberschmied. An die Ausbildung in der Berufsfachschule, in der sowohl vielseitige handwerkliche als auch gründliche fachtheoretische Kenntnisse vermittelt werden, schließt sich eine eineinhalbjährige betriebliche Ausbildung in Handwerk oder Industrie an. Diese schließt mit der Gesellenprüfung im Gold- und Silberschmiedehandwerk vor den entsprechenden Kammern des Handwerks bzw. der Industrie ab. Den Angaben der Schule zufolge übersteigt das Angebot an Ausbildungsstellen für die Anschlusslehre die Zahl der Abgänger deutlich. Die Berufsschulpflicht sowie der theoretische Teil der Gesellenprüfung sind durch die zweijährige Schulzeit abgegolten.

Aufnahmebedingungen: Hauptschulabschluss oder gleichwertiger Bildungsstand. Da die Zahl der Bewerber die Aufnahmekapazität der Schule bei weitem übersteigt, entscheidet ein Eignungstest über die Aufnahme. Dabei kommt es auf kreativ-gestalterische Fähigkeiten sowie manuelles Geschick an.

Das *Unterrichtsangebot* gliedert sich in Pflichtfächer, Wahlfächer und Arbeitsgemeinschaften. Pflichtfächer des allgemeinen Bereiches sind Deutsch, Gemeinschaftskunde, Wirtschaftskunde und Religionslehre. Im berufsbezogenen Bereich umfasst das Bildungsangebot fachtheoretische, gestalterische und fachpraktische Pflichtfächer. Fachtheorie wird in den Fächern Mathematik, Technologie und Edelsteinkunde gelehrt. Gestalterische Bildungsinhalte werden durch die Fächer Gestaltungslehre, Entwurf und Darstellung, Computerdesign, Naturzeichnen sowie Räumliches Gestalten vermittelt und durch Kunst- und Stilgeschichte ergänzt. Der fachpraktische Unterricht umfasst Goldschmieden und spezielle Techniken wie Silberschmieden, Gravieren, Edelsteinfassen, Edelsteinschleifen und Emaillieren und wird durch weitere fachpraktische Unterrichtsangebote in den Arbeitsgemeinschaften ergänzt.

Kosten: Der Schulbesuch ist schulgeldfrei. Kosten in Höhe von zurzeit etwa 1400.- € entstehen für die Beschaffung von Arbeitskleidung und eigener Werkzeuge; davon 800.- € gleich zu Ausbildungsbeginn.

Weiterbildung: Begabte Absolventen können an einer Fachhochschule für Gestaltung – z. B. in Pforzheim – studieren, wenn sie Fachhochschulreife oder Abitur besitzen und die dortigen allgemeinen Aufnahmebedingungen erfüllen.

Nach einer dreijährigen Berufspraxis als Goldschmied kann die Meisterprüfung im Goldschmiedeberuf abgelegt werden. Auf diese Prüfung kann man sich vorbereiten:
- an der einjährigen Fachschule (Meisterschule)
- an der zweijährigen Fachschule für Schmuck und Gerät
- in einem zweijährigen Abendkurs

Alle drei Fortbildungsmaßnahmen werden an der Goldschmiedeschule mit Uhrmacherschule Pforzheim angeboten. Bei den beiden erstgenannten Fortbildungsmaßnahmen wird der Fachschulbesuch mit einem Jahr auf die grundsätzlich geforderte dreijährige Berufspraxis angerechnet.

Berufsfachschule für Uhrmacher

Zielsetzung: Die Schule bildet in drei Jahren in Vollzeit zum Uhrmacher/in aus. Sie vermittelt vertiefte fachpraktische und fachtheoretische Kenntnisse. Das Spektrum reicht von der Wartung und Reparatur mechanischer Uhren, der Restauration alter Uhren mit der Anfertigung von Ersatzteilen und deren computergestützten Rekonstruktion bis hin zur Quarz- und Funkuhrtechnologie.

Aufnahmebedingung: Guter Hauptschulabschluss oder gleichwertiger Bildungsstand.

Das *Unterrichtsangebot* gliedert sich in sechswöchig wechselnde Unterrichtsblöcke (fachpraktische und fachtheoretische Unterrichtsfächer). Pflichtfächer des allgemeinen Bereichs sind Deutsch, Gemeinschaftskunde, Wirtschaftskompetenz und Religionslehre. Im berufsbezogenen Bereich umfasst das Bildungsangebot fachtheoretische und fachpraktische Pflichtfächer. Fachtheorie wird in den Fächern Fachtheoretische Kompetenz und Projektkompetenz gelehrt.

Neben der Vermittlung der aktuellen elektronischen Uhrentechnik hat die Schule einen besonders guten Ruf in der Reparatur moderner und speziell alter mechanischer Uhren. Zusätzlich zum Unterricht in Berechnung, Konstruktion (u. a. am Computer) und Anfertigung von fehlenden Uhrteilen erhalten die Schüler einen ergänzenden praktischen Unterricht durch Fachlehrer der Goldschmiedeschule im Fach Uhrgehäuse und Schmuck.

Über den Förderverein der Schule können zusätzlich Abendkurse zu allen Goldschmiedetechniken und der Edelsteinkunde belegt werden.

Abschlussprüfung: Am Ende der Schulzeit findet die Gesellenprüfung vor der Handwerkskammer Karlsruhe statt. In Kooperation mit der Handwerkskammer Straßburg ist der Gesellenbrief zweisprachig ausgestellt – Deutsch und Französisch – und wird auch in Frankreich anerkannt.

Fachhochschulreife: Bei genügender Teilnehmerzahl kann ein Zusatzunterricht in den Fächern Chemie, Englisch II und Mathematik II zum Erwerb der Fachhochschulreife angeboten werden. Teilnehmen kann, wer die Fachschulreife, den Realschulabschluss, das Versetzungszeugnis in Klasse 11 eines Gymnasiums oder den Nachweis eines gleichwertigen Bildungsstandes erbringt. Die Prüfung zur Fachhochschulreife findet am Ende der dreijährigen Ausbildungszeit gemeinsam mit der Abschlussprüfung der Berufsfachschule statt.

Kosten: Schulgeld wird nicht erhoben. Die Schüler haben jedoch die notwendigen eigenen Werkzeuge anzuschaffen. Die Kosten betragen insgesamt ca. 1.400.- €. Davon entfallen gleich auf den Beginn des ersten Jahres etwa 1.200.- €. An Prüfungsgebühren der Handwerkskammer fallen ca. 250.- € an.

Weiterbildung: Nach einer dreijährigen Berufspraxis als Uhrmacher kann die Meisterprüfung abgelegt werden. Zur Prüfungsvorbereitung bietet die Schule einen eineinhalbjährigen Abendkurs.

Berufskolleg für Design, Schmuck und Gerät

Ausbildungsziel: Diese dreijährige schulische Vollzeitausbildung führt zum Abschluss „Staatlich geprüfte/r Designer/in". Gleichzeitig kann parallel dazu die Fachhochschulreife erworben werden. Ausbildungsziel ist es, handwerkliche Technik und Gestaltung miteinander zu verbinden.

Aufnahmebedingungen: Vorausgesetzt werden Fachschulreife, Realschulabschluss, Versetzungszeugnis in Klasse 11 eines Gymnasiums oder ein gleichwertiger Bildungsstand. Zudem erfolgt eine Aufnahmeprüfung. Es ist eine Mappe mit selbstgefertigten graphischen Arbeiten einzureichen. Bei zu großer Bewerberzahl erfolgt aufgrund dieser Mappe eine Vorauswahl zur Aufnahmeprüfung.

Das *Unterrichtsangebot* gliedert sich in Pflichtfächer, Wahlfächer und Arbeitsgemeinschaften. Pflichtfächer des allgemeinen Bereichs sind Deutsch, Englisch I, Wirtschafts- und Sozialkunde und Religionslehre. Im berufsbezogenen Bereich umfasst das Bildungsangebot gestalterische, fachtheoretische und fachpraktische Pflichtfächer. Gestalterische Bildungsinhalte werden durch die Fächer Allgemeine Gestaltungslehre, Darstellungstechniken, Naturzeichnen und Räumliches Gestalten vermittelt und durch Computertechnik sowie Kunst- und Stilgeschichte ergänzt. Fachtheorie wird in den Fächern Mathematik I, Technologie sowie Edelsteinkunde gelehrt. Schwer-

punkt des fachpraktischen Unterrichts ist das Fach Entwurf und Realisation. Dabei werden neben der Entwurfsarbeit grundsätzlich alle Gold- und Silberschmiedetechniken gelehrt und angewendet. Spezielle Techniken wie Gravieren, Edelsteinfassen, Edelsteinschleifen, Emaillieren und Silberschmieden bilden eine wichtige Ergänzung der praktischen Ausbildung.

Fachhochschulreife: Bei genügend großer Teilnehmerzahl wird Zusatzunterricht in Chemie, Mathematik und Englisch zum Erwerb der Fachhochschulreife angeboten. Die entsprechende Prüfung findet gemeinsam mit dem Abschluss des Berufskollegs statt.

Prüfung: Die bestandene Abschlussprüfung berechtigt zur Berufsbezeichnung „Staatlich geprüfte/r Designer/in (Schmuck und Gerät)".

Kosten: Schulgeld wird nicht erhoben. Für die Beschaffung eigener Werkzeuge sowie für nicht durch die Lernmittelfreiheit gedeckte Lern- und Hilfsmittel und Exkursionen entstehen insgesamt Kosten in Höhe von zurzeit etwa 1.800,- €.

Fortbildung: Absolventen des Berufskollegs können, sofern sie die entsprechenden Aufnahmebedingungen erfüllen, unmittelbar an einer Fachhochschule für Gestaltung (z. B. in Pforzheim) ein Studium aufnehmen.

Ferner kann nach erfolgreich abgelegter Prüfung zum Staatlich geprüften Designer zusätzlich mit einer ein- bis eineinhalbjährigen Lehre in Handwerk oder Industrie die Gesellenprüfung im Goldschmiedehandwerk absolviert werden. Diese kann auch ohne Zusatzlehre nach mindestens dreijähriger einschlägiger Berufstätigkeit abgelegt werden.

Nach dreijähriger Berufspraxis kann die Meisterprüfung im Goldschmiedeberuf abgelegt werden. Auf diese Prüfung kann man sich vorbereiten:

- in einer einjährigen Fachschule (Meisterschule)
- an einer zweijährigen Fachschule für Schmuck und Gerät
- in einem zweijährigen Abendkurs

Die Pforzheimer Schule bieten alle genannten Fortbildungsmaßnahmen an. Bei den beiden erstgenannten wird der Fachschulbesuch mit einem Jahr auf die grundsätzlich geforderte dreijährige Berufspraxis angerechnet.

Quellen:

CREATIV. Das Magazin der Goldschmiedeschule mit Uhrmacherschule Pforzheim 1992–1993. Jubiläumsausgabe: 225 Jahre! Goldschmiedeschule mit Uhrmacherschule Pforzheim
CREATIV. Extraausgabe 2005
75 Jahre Goldschmiedeschule (Festschrift). Pforzheim o. J. (1980)
Infoblätter zu den Fachbereichen unter http://www.uhrmacherschule.de/de_version/fachbereiche/bfs_goldschmiede.php

5. Curriculare Gestaltung durch Professoren des Polytechnikums

Wie bereits erwähnt, hatte sich Staatsrat C. F. Nebenius anlässlich der von ihm erarbeiteten Konzeption für die badischen Gewerbeschulen eingehend mit Einrichtungen gewerblich-technischer Ausbildung im Ausland befasst, und zwar insbesondere mit den berufsqualifizierenden Vollzeitschulen Frankreichs sowie mit Angeboten lehrgangsmäßiger Ausbildung nach dem Modell der *Mechanics' Institutes* in England. Die neu errichteten Gewerbeschulen Badens könnte man daher als Synthese dieser beiden Vorbilder bezeichnen. Die curriculare Gestaltung orientierte sich weitgehend am Fächerspektrum der französischen Schulen; hinsichtlich des Charakters als Teilzeitschulen lehnte sich das von Nebenius vorgelegte Modell an Großbritannien an.
Orientierung im Ausland

In den Schulwerkstätten Frankreichs, auf die etwa zwei Drittel der Unterrichtszeit entfiel, wurde, wie Nebenius berichtete, im Drehen von Holz und Metall, im Zusammensetzen von Maschinen, im Modellieren sowie im Metallgießen unterwiesen. Vom Niveau her waren die in der Revolutionszeit gegründeten französischen Vollzeitschulen oberhalb der Ebene der traditionellen handwerklichen Lehre angesiedelt. Ausbildungsziel war vornehmlich die Heranbildung von Vorarbeitern, Aufsehern und Werkmeistern, jedoch nicht als auf der Lehrlingsausbildung aufbauend, sondern als grundständiger Bildungsgang.
Französische Vollzeitschulen

In England konnten Lehrlinge und Gesellen ihre Ausbildung über freiwillig zu besuchende Kurse ergänzen. So entstand im 19. Jahrhundert eine größere Zahl von *Mechanics' Institutes* mit der Zielsetzung, Bildung und Berufsbildung der Arbeiterklasse sowie der Gewerbetreibenden zu heben. Neben Kursen boten sie auch Fachliteratur und Modellsammlungen.
Mechanics' Institutes in England

In seiner 1833 erschienenen Denkschrift über die Einrichtung technischer Lehranstalten betonte Nebenius, es seien nur wenige Handwerke so geartet, dass ein besonderer technischer Unterricht zu ihrem „tüchtigen Betrieb" nicht notwendig oder zumindest nützlich wäre. Die von ihm vorgeschlagenen Unterrichtsfächer zeigen neben der Nähe zum französischen Vorbild auch die Ausrichtung auf eine spätere eigenständige handwerkliche Betriebsführung.[1] So führte er in seiner Planung folgende Lehrgegenstände auf: Elementargeometrie und Mechanik in ihren Anwendungen auf die Gewerbe, Zeichnen mit Modellieren sowie Anleitung zur industriellen Geschäftsführung.
Lehrgegenstände gemäß Nebenius

Die badischen Gewerbeschulen bauten auf der absolvierten Pflichtschule auf und wandten sich allein an bereits in Ausbildung stehende Jugendliche. Nach heutiger Begrifflichkeit wären sie der Sekundarstufe II zuzuordnen. Die damaligen Sonntags- und Fortbildungsschulen verstanden sich als auf niedrigerer Stufe liegend. Im Gegensatz dazu sollten die Gewerbeschulen Jugendliche be-
Einstufung der badischen Gewerbeschulen

---

[1] Vgl. Nebenius, Carl Friedrich: Über technische Lehranstalten in ihrem Zusammenhange mit dem gesammten Unterrichtswesen und mit besonderer Rücksicht auf die Polytechnische Schule zu Karlsruhe. Karlsruhe 1833, S. 79

fähigen, Qualifikationen für relativ anspruchsvolle berufliche Tätigkeitsfelder zu erreichen; so vor allem in konstruierenden Berufszweigen.

Zusammenwirken mit den Professoren des Polytechnikums

Errichtung, Ausbau und Arbeitsweise der badischen Gewerbeschule waren von vornherein durch ein enges Zusammenwirken mit der Polytechnischen Schule Karlsruhe geprägt. Zum einen begründete sich dies durch die Übertragung der Fachaufsicht über die neu errichteten Gewerbeschulen an Professoren des Lehrkörpers der Polytechnikums und zum anderen durch die Verpflichtung der Polytechnischen Schule, Lehrkräfte für diese Einrichtungen auszubilden.

Nach den im Generallandesarchiv Karlsruhe verwahrten Aufzeichnungen besuchten einige Professoren in den Jahren 1853 bis 1855 andere höhere technische Lehranstalten, um die Situation an Schwestereinrichtungen an weiteren Standorten kennenzulernen: Gießen, Darmstadt, Stuttgart, München, Hannover, Berlin, Dresden, Kassel und Braunschweig.[2]

Ministerielle Zuordnung und Aufsichtsgremien

Die oberste Zuständigkeit für die Gewerbeschulen Badens lag beim Innenministerium. Dies stand im Zusammenhang mit der starken Verflechtung der neuen Anstalten mit der Gewerbeförderung. Die zunächst gebildete „Gewerbeschul-Commission" besaß vor allem Beratungscharakter. Auf Betreiben von Nebenius wurde sie bereits 1835 aufgelöst und eine „Gewerbeschul-Conferenz" geschaffen, die erstmals konkrete Aufsichtsfunktionen erhielt. Ihre Leitung lag beim Direktor der Polytechnischen Schule, der zuvor der Gewerbeschulkommission nicht angehört hatte.

Am 27. Juli 1857 konstituierte sich als Nachfolge der Gewerbeschulkonferenz ein dem Ministerium des Innern unmittelbar unterstellter „Gewerbeschulrath", der die Oberaufsicht ausübte. Mitglieder des Gewerbeschulrats waren drei Professoren und der jeweilige Direktor der Polytechnischen Schule.[3] Den Vorsitz führte ein Angehöriger des Innenministeriums. Die betreffenden Paragrafen der Gewerbeschulverordnung vom Mai 1857 sind in Anlage 11 wiedergeben.

Kurzzeitige Zuständigkeit des Handelsministeriums

In der Folgezeit wurde der Gewerbeschulrat kurzzeitig dem neu errichteten Handelsministerium unterstellt, was anscheinend nicht den erhofften Erfolg brachte; denn noch im Jahre 1862 wurde eine dem Innenministerium untergeordnete zentrale Stelle, der *Oberschulrath*, eingesetzt. Damit bestand in Baden eine allgemeine Oberschulbehörde, der teilweise auch die Mitglieder des aufgelösten Gewerbeschulrates angehörten.

Richtungsweisende Funktion des Polytechnikums

Die Aufgaben der Professoren des Karlsruher Polytechnikums erscheinen auch mit Blick auf die derzeitige Situation als richtungsweisend. Es dürfte in Deutschland bisher noch nicht vorgekommen sein, dass Vertreter der höheren Berufsbildungsebene auf die darunter liegende in dieser Weise konstruktiven Einfluss ausübten. Dem Teil 5 kommt daher besondere Bedeutung zu.

---

[2] Archivalie 448/6
[3] Vgl. Kuhn, Karl Friedrich: Die Gewerbeschule der Landeshauptstadt Karlsruhe in Vergangenheit und Gegenwart. Karlsruhe 1927, S. 72

Anl. 11:
Oberaufsicht über die Gewerbeschulen gemäß Verordnung vom 26.5.1857

§ 50 Die obere Aufsicht und Leitung der Gewerbeschulen wird einer Centralstelle übertragen, welche ihren Sitz in Unserer Residenzstadt nimmt und den Namen „Gewerbeschulrath" führt. Den Vorsitz im Gewerbeschulrath hat jeweils ein Mitglied Unseres Ministeriums des Innern.

§ 51 Der Gewerbeschulrath ist Unserem Ministerium des Innern unmittelbar untergeordnet.

§ 52 Zum Wirkungskreise des Gewerbeschulraths gehört:
1. Die Sorge für die Vollziehung der auf die Gewerbeschulen bezüglichen Gesetze und Verordnungen; die Ertheilung der hiezu nöthigen Instructionen und Verfügungen, die Berathung und Entwerfung neuer allgemeiner auf diese Schulen bezüglichen Verordnungen;
2. die Genehmigung der Schulgeldtarife, der Lehr- und Stundenpläne, sowie der Anschaffung der Hülfsmittel des Unterrichts;
3. die Prüfung und Verbescheidung der jährlichen Berichte der Schulvorstände über den Zustand der Schulen und die Anordnung von periodischen Visitationen der Gewerbeschulen durch Mitglieder des Gewerbeschulraths.
4. die Anordnung der Prüfung und Rezeption der Gewerbeschulkandidaten;
5. die Dienstpolizei über die Lehrer der Gewerbeschulen, die Anträge auf deren Anstellung, Besserstellung, Versetzung und Entlassung an das Ministerium des Innern. Der Gewerbeschulrath ist überdies berufen, den Staatsbehörden auf Verlangen auch über Fragen aus dem Gebiete des Gewerbewesens überhaupt Gutachten zu erstatten und in den geeigneten Fällen bei der Ausführung von Maßregeln zur Förderung der Gewerbe Beihülfe zu leisten.

§ 55 Der Gewerbeschulrath erledigt seine Geschäfte kollegialisch und verkehrt mit den Schulvorständen durch Vermittlung der Bezirksämter. Er kann bei dem Ministerium des Innern veranlassen, daß der Vorstand des betreffenden Bezirksamtes oder ein anderer Beamter als Regierungskommissar bestellt werde, um den Berathungen des Schulvorstandes regelmäßig oder bisweilen beizuwohnen.

§ 54 In allen die Gewerbeschulen berührenden polizeilichen und ökonomischen Angelegenheiten hat der Gewerbeschulrath sich je nach den Umständen an das betreffende Bezirksamt oder die Kreisregierung zu wenden.

§ 55 Die näheren Anordnungen, welche nöthig sind, um die bestimmungsgemäße Verwendung der für die Gewerbeschulen ausgemittelten Fonds zu überwachen, hat das Ministerium des Innern zu erlassen.

§ 56 Das Ministerium des Innern ist mit dem Vollzug dieser Verordnung beauftragt.

Quelle: Großherzoglich Badisches Staats- und Regierungsblatt 1857, Nr. 22

5.1 Fachaufsicht über die Gewerbeschulen in den badischen Städten

Nach Auffassung des Staatsrats Nebenius sollte sich der Staat nicht darauf beschränken, den Städten die Errichtung von Gewerbeschulen zu empfehlen oder zu dekretieren, finanzielle Unterstützung zu leisten und den Schulbesuch zu reglementieren; vielmehr war diesen Schulen die gleiche „ununterbrochene Aufmerksamkeit" zu widmen wie dem „allgemeinen Volksunterricht". Dies bedeutete kontinuierliche Aufsicht über den Fortgang des Unterrichts, Überwachung der öffentlichen Prüfungen, periodische Visitation der Schulen sowie die Beobachtung „des allmählichen Einflusses der Unterrichtsanstalten auf den Zustand der Gewerbe". Es sollte also möglich sein, „vorhandene Mängel zu

Kontinuierliche Aufsicht

verbessern, unfruchtbare Zweige des Unterrichts abzuschneiden oder fühlbare Lücken ausfüllen zu lassen, und die besonderen Bedürfnisse einzelner Gegenden zu berücksichtigen". Als Fazit hielt Nebenius fest: „In all diesen Beziehungen wird die höhere technische Centralanstalt die Mittel zu einer wirksamen Ausübung der obern Aufsicht und Leitung darbieten."[4]

Kommission für das Gewerbeschulwesen

Der Gründungserlass der badischen Gewerbeschulen vom 15. Mai 1834 legte in § 55 fest, dass aus Lehrkräften der Polytechnischen Schule eine „Commission für das Gewerbeschulwesen" zu bilden ist. Diese hatte „über die Festsetzung und Abänderung der Lehrpläne, über die Wahl der Lehrbücher und über die Anschaffung der Hülfsmittel des Unterrichts zu berathschlagen, und ihre Vorschläge hierüber dem Ministerium des Innern vorzulegen" (§ 56). Darüber hinaus wurden die Aufgaben dieses Gremiums wie folgt beschrieben:

- Mitwirkung bei der ministeriellen Entscheidung über die Anstellung von Lehrkräften in Form von *Gutachten* über die von der Kreisregierung vorgeschlagenen Kandidaten (§ 55).
- Prüfung sämtlicher Jahresberichte der Schulen, „um die zweckmäßig erachteten Verbesserungen in Antrag zu bringen" (§ 57).
- Unterstützung der Kreisregierungen in allen Angelegenheiten, die „den Vollzug der über den Unterricht und dessen Hülfsmittel ertheilten Vorschriften" betreffen (§ 58).

Hilfestellung bei den Schulgründungen

Das Ministerium des Innern sollte aus dem Kreis der Professoren des Polytechnikums je einen oder zwei Commissäre in sämtliche Kreise des Großherzogtums abordnen. Diese hatten die Aufgabe, über die Einrichtung der Schulen, deren Ausstattung sowie die Anstellung der Lehrer mit den Kreisregierungen und den lokalen Autoritäten zu beraten. Hierbei waren „Gewerbsleute" hinzuzuziehen. Daraufhin sollten die Commissäre erforderliche Vorschläge machen und gemäß § 9 der Vollzugsbestimmungen zum Gründungserlass entsprechende Anordnungen treffen.

Als wissenschaftlicher Sachverständiger bei der Organisation der Gewerbeschulen fungierte Guido Schreiber. Er zählte zu den treibenden Kräften bei der Errichtung der Karlsruher Gewerbeschule und war wohl auch intellektueller Urheber und Verfasser des technischen Teils der Gewerbeschulverordnung. Schreiber lehrte ab 1827 am Polytechnikum das „gebundene Zeichnen", war seit 1829 Professor für Geometrie und wurde im November 1834 zum Vorstand der Gewerbeschulkommission ernannt.[5] Zu seinen Aufgaben gehörte die Beratung der Kreisregierungen und der Städte bei Errichtung der Schulen, hinsichtlich der Gestaltung des Unterrichts sowie der Auswahl der Lehrkräfte.[6]

---

[4] Nebenius, C. F., a.a.O., S. 87

[5] Vgl. Badische Biographien, herausgegeben von Friedrich v. Weech. Zweiter Teil, Heidelberg 1875, S. 280

[6] So ist beispielsweise in der Geschichte der Gewerbeschule Ettlingen vermerkt, dass Schreiber mit der Lokalbehörde über die Einrichtung der örtlichen Schule verhandel-

Die folgende Bestimmung des Gründungserlasses erscheint hinsichtlich der Gewinnung von Lehrkräften für die Gewerbeschulen von Bedeutung:

„Die polytechnische Schule ist ermächtigt, solchen aus der Bauschule, Ingenieurschule oder höheren Gewerbschule austretenden Zöglingen, welche sich einem bürgerlichen Gewerbe widmen und sich vorzügliche Kenntnisse erworben haben, Fähigkeitszeugnisse auszustellen, welche ihre Tauglichkeit zur Übernahme einer Lehrerstelle bei einer städtischen Gewerbschule unter Bezeichnung der Lehrfächer, wofür sie sich vorzugsweise gebildet haben, beurkunden. Diejenigen, welche solche Zeugnisse erlangt haben, können nach dreijähriger praktischer Übung in ihrem technischen Zweige ohne weitere Prüfung als Lehrer angestellt werden." (§ 29)

Die Gewerbeschule Bruchsal beispielsweise berichtet in ihrer Chronik über eine intensive Begutachtungs- und Beratungstätigkeit seitens des Karlsruher Polytechnikums. Es unterstützte die Schule bei der Suche nach einer geeigneten Lehrkraft, so dass dort im Jahre 1843 der erste hauptamtliche Lehrer eingestellt werden konnte. Auf Empfehlung des Direktors der Polytechnischen Schule fiel die Wahl auf Damian Barth, der zu den ersten Lehrkräften gehörte, die sich nach einer Lehrtätigkeit im Volksschuldienst durch Besuch des Polytechnikums auf das Gewerbelehramt vorbereitet hatten. Barth bewirkte einen Aufschwung der Bruchsaler Gewerbeschule; ein Visitationsbericht von Prof. Eisenlohr aus dem Jahre 1844 erwähnte sein Geschick und seinen Fleiß lobend.[7] Das Polytechnikum unterstützte Barths Anstrengungen zur Verbesserung der räumlichen Situation, die keine vollständige Erteilung des Unterrichts ermöglichte, durch Eingaben bei der Bruchsaler Stadtverwaltung.

Die Polytechnische Schule ergriff, wie am Beispiel der Gewerbeschule Bruchsal belegt, auch Initiativen zur Steigerung des Schulbesuchs, der dort nach einem Bericht von Prof. Eisenlohr aus dem Jahre 1848 von den Lehrmeistern so stark behindert wurde wie an kaum einem anderen Schulstandort. Eisenlohr stellte darüber hinaus fest, dass das örtliche Bürgermeisteramt keinen Sinn für die Hebung der Gewerbe zu haben scheine. Eine Verbesserung der Situation sah Eisenlohr und mit ihm die Direktion der Polytechnischen Schule darin zu bestimmen, dass auch in Bruchsal wie an anderen Orten die Eltern ihre Kinder

---

te: „Der Ministerialkommissar Guido Schreiber, Professor an der Polytechnischen Schule in Karlsruhe, wird vom Ministerium des Inneren beauftragt, u. a. auch die Errichtung der Gewerbeschule Ettlingen an Ort und Stelle mit der Lokalbehörde zu besprechen. Am 12. August 1834 findet auf die mündliche Unterredung mit Professor Schreiber eine Sitzung unter Vorsitz des Oberamtmannes Deller in Ettlingen statt, bei welcher der nach § 40 der landesherrlichen Verordnung vom 15. Mai 1834 zu bildende Gewerbeschulvorstand versammelt ist. Ihm gehören Bürgermeister Jakob Ullrich, Stadtpfarrer Götz, Fabrikinhaber Franz Buhl, Apotheker Katzenberger, Kaufmann Becker und Zimmermeister Groß an. Der Ausbau der Ettlinger Handwerkszeichnungsschule zu einer Gewerbeschule ... erfolgte im Jahre 1834." Quelle: http://www.aes-ettlingen.de/Geschichte_der_Aes.pdf, Abruf 03.03.09

[7] Vgl. 100 Jahre Gewerbeschule Bruchsal. Bruchsal 1935, Kapitel III, S. 4f.

„nur unter der Bedingung in die Lehre geben, daß sie die Erlaubnis erhalten, die Gewerbeschule zu besuchen".[8]

Initiativen zur Einführung von Tagesunterricht Aus der Chronik der Heidelberger Gewerbeschule geht hervor, dass das Karlsruher Polytechnikum in den 1850er Jahren die Verlegung des Unterrichts in die Tagesstunden anstrebte, was jedoch zunächst am Widerstand der Zunftobermeister wie auch des Gewerbeschulvorstandes selbst scheiterte. In jener Zeit galt es als selbstverständlich, dass die Arbeitszeit durch einen zu besuchenden Unterricht nicht reduziert wird. In einem Rückblick anlässlich des 125-jährigen Bestehens der Schule wird hierzu ausgeführt:

> „Auf Grund eines Prüfungsbescheides vom Jahre 1853 sollte ein Teil der Unterrichtszeit in die Tagesstunden verlegt werden. Die Zunftobermeister, vom Gemeinderat zur Stellungnahme aufgefordert, sprachen sich einstimmig gegen die Verlegung aus; auch der Gewerbeschulvorstand lehnte sie ab.
>
> Die Direktion der polytechnischen Schule Karlsruhe, die hinter dieser Neuerung stand, schrieb in einem Gutachten: Man könne nur beklagen, daß Heidelberg noch so wenig Einsicht in den Nutzen einer Gewerbeschule habe, daß es dem Beispiel der meisten Gewerbeschulvorstände nicht nachfolgen wolle. Im gleichen Gutachten wurde auch beanstandet, daß der Unterricht an der Heidelberger Schule auf zu viele Lehrer verteilt sei. Die Erfahrung lehre, daß viele Lehrer an einer Gewerbeschule weniger nützten als einer oder zwei, welche für sie verantwortlich seien."[9]

Im folgenden Jahr bemühte sich die Polytechnische Schule Karlsruhe erneut, den Gewerbeschulvorstand und die Vertreter des Gewerbestandes von der Notwendigkeit einer Verlegung des Unterrichts auf die Tagesstunden zu überzeugen. Viele Meister erklärten daraufhin, es wäre dann vorzuziehen, keine Lehrlinge mehr „zu halten". Auch der Gewerbeschulvorstand blieb bei seiner ablehnenden Haltung. Im Jahre 1860 kam er schließlich doch noch zu der Ansicht, dass die bisherigen Nachtstunden im Sommer auf die frühe Zeit von 6 bis 8 Uhr, im Winter auf 5 bis 8 Uhr verlegt werden sollten.

Professoren als Gewerbeschul-Visitatoren Schulaufsicht und Visitationen verstehen sich als besonderer Teilbereich im Zusammenwirken der Polytechnischen Schule mit den badischen Gewerbeschulen. Professoren des Polytechnikums waren als Aufsichtsorgane des Gewerbeschulwesens verpflichtet, die Ausstellungsarbeiten der Schüler zu begutachten und ihr Urteil allen Lehrern zur Kenntnis zu bringen. Gutachten dieser Art enthielten auch Ausführungen zu grundsätzlichen fachdidaktischen Fragen sowie detaillierte Unterrichtsanleitungen.

Bedeutung der Schulinspektionen Als Beispiel für die frühe Inspektionstätigkeit des Polytechnikums kann der Chronik der Karlsruher Gewerbeschule entnommen werden, dass am 1.7.1838 die erste „öffentliche Prüfung" stattfand, durchgeführt vom Großherzoglichen

---

8   Zitiert nach 100 Jahre Gewerbeschule Bruchsal, a.a.O., Kapitel III, S. 5
9   125 Jahre Gewerbeschule Heidelberg. In: Die Gewerbeschule. Zeitschrift für das gewerblich-fachliche Unterrichts- und Bildungswesen. 44. Jg., H. 11/1953, S. 265–267; Fortsetzung in H. 12/1953, S. 295-297; hier S. 295f.

Oberbaurat und Professor am Polytechnischen Institut Heinrich Hübsch.[10] Der Prüfungsbescheid sprach volle Befriedigung über die Leistungen der Schüler aus, beanstandete allerdings den nachlässigen Schulbesuch und das fehlende Interesse der Meister.[11]

Im Jahre 1840 wurde die Schule vom Direktor der Polytechnischen Schule, Hofrat Dr. Wilhelm Ludwig Volz, einer Inspektion unterzogen. Diese fiel negativ aus, insbesondere wegen des Missverhältnisses von Ausgaben und Einnahmen im Schuletat.

Im Jahre 1845 sprach sich Prüfungskommissar Weinbrenner hingegen wiederum anerkennend über die Schule aus, insbesondere über die Leistungen im geometrischen Zeichnen und im Fachzeichnen.[12] Im Jahre 1847 attestierte Professor Redtenbacher der Karlsruher Gewerbeschule anlässlich seiner Visitation sogar, sie sei „eine der besten des Landes".[13] Er trat noch im gleichen Jahr in den Vorstand der Schule ein.

Ausstellung von Schülerarbeiten

Große Bedeutung hatte die bereits erwähnte Begutachtung von ausgestellten Schülerarbeiten durch Professoren des Polytechnikums. So fand beispielsweise im Sommer 1867 auf Anordnung des Oberschulrats eine Ausstellung von Schülerarbeiten in der Landesgewerbehalle Karlsruhe statt, die von drei Professoren des Polytechnikums (Christian Wiener, Josef Hart und Heinrich Lang) begutachtet wurden. Das Gutachten, das die Unterrichtsgegenstände der Gewerbeschulen, deren Aufgaben und Methodik ausführlich behandelte, wurde allen badischen Gewerbeschulen zur Kenntnis gebracht. Es gab, wie E. Gutman im Rückblick betonte, einen Einblick in die Arbeitsweise des damaligen Gewerbeschulunterrichts, mit grundsätzlichen Gesichtspunkten, die ihm über den engeren Zeitbezug hinaus von Bedeutung erschienen. Die Beurteilung durch die Professoren der Polytechnischen Schule erfolgte unter technischen wie auch insbesondere unter künstlerischen Gesichtspunkten.[14] Solche Ausstellungen hatten auch die Aufgabe, eine gegenseitige „Belehrung der Lehrer durch Vergleich ihrer eigenen Leistungen, ausgeprägt in den Arbeiten ihrer Schüler" zu ermöglichen.

Gutachten mit Unterrichtsanleitungen

Im Gutachten des Jahres 1867 wurde zunächst festgehalten, dass die ausgestellten Arbeiten Zeichnungen und Modelle umfassten, letztere wiederum geometrische Zeichnungen, Freihandzeichnungen und Fachzeichnungen. Die Schrift setzt sich u. a. detailliert mit den Themen geometrische Zeichnungslehre, Projektionszeichnen, Freihandzeichnen, Fachzeichnen und Modellieren auseinander. Die entsprechenden Passagen sind in Anlage 12 wiedergegeben.[15]

---

[10] Vgl. Cathiau, Thomas: Chronik der Gewerbeschule der grossh. bad. Landeshauptstadt Karlsruhe von ihrer Gründung bis zum Jahre 1902, (Beilage zum 52. Jahresbericht für das Schuljahr 1901/02). Karlsruhe 1902: Macklot, S. 5ff.

[11] Vgl. Cathiau, a.a.O., S. 5f.

[12] Spiegel, F., in: Die Gewerbeschule, 50. Jg. (1959), H. 5, S. 98

[13] Cathiau, a.a.O., S. 7

[14] Vgl. Kuhn, K. F., a.a.O., S. 68

[15] Zitiert nach Kuhn, K. F., a.a.O., S. 68–72

Anl. 12: **Unterrichtsanleitung gemäß Gutachten von 1867**

Die *geometrische Zeichnungslehre* umfaßt die elementaren Konstruktionen ... Dabei wird der Schüler ... auch im exakten Linearzeichnen geübt. ... Auf die geometrischen Konstruktionen stützt sich teilweise die Projektionslehre, welche ... den Techniker instandsetzt, die in seinem Gebiete vorkommenden Aufgaben durch Zeichnung zu lösen. Damit ... die dabei notwendige Ausbildung des Raumanschauungsvermögens stattfinde, ist es notwendig, mit der Abbildung geometrischer Körper zu beginnen; die Aufgaben über die abstrakten Gebilde, nämlich über Punkt, Linien und Flächen, können in den Gewerbeschulen entweder ganz weggelassen oder erst später ... zugefügt werden.

Das *Projektionszeichnen* sollte stets im ersten Jahre angefangen werden, sobald nur in der geometrischen Zeichnen die ersten Elementarkonstruktionen ausgeführt sind; ja wenn die Vorschule nur einiges in dieser Richtung geleistet hat, können beide Lehrgegenstände gleichzeitig beginnen und nebeneinander herlaufen. Zweck dieses Unterrichts ist ja die Befähigung zum Fachzeichnen, der Spitze und dem eigentlichen Ziele des graphischen Unterrichts. ...

Wird das *Freihandzeichnen* als allgemeines Bildungsmittel für Auge und Hand angesehen, so erfüllt es hier noch den speziellen Zweck der Geschmacksausbildung ... Im Freihandzeichnen liegt ... im allgemeinen der Schwerpunkt der künstlerischen Ausbildung unserer Schüler ... Das Ideal unserer Gewerbeschule ist eine gut organisierte Kunstindustrie-Schule, in welcher das Freihandzeichnen einen wesentlichen Bestandteil des Unterrichts ausmachen dürfte. ...

Unter den Übungen im Zeichnen nimmt der *Fachzeichenunterricht* die erste Stelle ein ... Der Fachzeichenunterricht gewährt am meisten Reiz, weil sein Nutzen so augenfällig ist, weshalb mit demselben möglichst frühe begonnen werden sollte. Das Fachzeichnen hat das selbständige Schaffen, Erfinden oder Entwerfen nach richtigen Prinzipien zum Ziel. Um dahin zu gelangen, ist das ... mechanische Kopieren von Vorlagen zu vermeiden und darauf zu sehen, daß sich der Schüler über jede Linie Rechenschaft geben kann. Insbesondere empfehlen wir das Zeichnen gut durchdachter Details von Konstruktionen, womöglich nach Modellen und in großem Maßstabe. So wünschenswert es ist, daß auch die Fachzeichnungen möglichst schön dargestellt werden, so möchten wir doch vorziehen, in Anbetracht der karg bemessenen Unterrichtsstunden, sich mit reinen und korrekten Konturen zu begnügen und mehr den Kern der Sache zu verfolgen als den Schüler mit zeitraubenden Ausführungen hinzuhalten, wodurch er ... im Verständnisse des Wesens der Sache nur gehemmt wird. ...Was speziell das Zeichnen von Maschinen, Instrumenten, Werkzeugen usw. betrifft, so sind wir der Ansicht, daß es mit seltenen Ausnahmen von gar keinem Nutzen ist, Dispositionspläne von kompletten Maschinenanlagen ... zeichnen zu lassen, wie z. B. Turbinenanlagen, Dampfkrane, Lokomotiven u. dgl. ... Von Nutzen wird es dagegen immer sein, die normalen, sich oft wiederholenden ... Maschinenbestandteile zeichnen zu lassen. Die Zeichnungen müssen aber in größerem Maßstab gefertigt und jedes Stück in den für eine Ausführung notwendigen Ansichten und Schnitten dargestellt sowie mit den Hauptmaßen versehen werden. Die Zeichnungen sind kräftig auszuziehen und die Querschnitte mit klaren, das Material bezeichnenden Farben anzulegen. Als geeignetes Material für eine derartige detaillierte Darstellung können unter anderen folgende Gegenstände bezeichnet werden: Gewindprofile, ... Blechverbände, die gangbaren Walzeisenprofile, ... T-Eisen und deren Anwendung als verbindende oder verstärkende Teile, Zapfenlager, glatte Transmissionswellen, ... Zahnräder, ... Kurbeln, Hebel u. dgl. mehr. An diese Normalkonstruktionen lassen sich dann bei geübteren Schülern einige einfachere Maschinen anschließen ... Oft wird es auch von Nutzen sein, einfachere Maschinen aufzunehmen, in den nötigen Ansichten und Querschnitten darzustellen und die Hauptabmessungen einzutragen. Bei vorgeschrittenen Schülern kann selbstverständlich der einschlägige Stoff in erweitertem Maße verarbeitet werden.

Das *Modellieren* endlich zerfällt zunächst in zwei Abteilungen, in das Modellieren von Ornamenten und das von Konstruktionen. Zum ersteren gehört künstlerische, zum letzteren technische Befähigung. Das erstere ist Sache des Bildhauers und kann nur von diesem allseitig unterrichtet werden, während das letztere von einem erfahrenen Konstrukteur gelehrt werden kann. Das Ornamentmodellieren ist wie das Freihandzeichnen wesentliches Bildungsmittel des Geschmacks, indem es den Sinn für plastische Formgebung entwickelt und das Gefühl für schöne Formen bildet. Hat das Ornamentmodellieren künstlerische Bildung zum Zweck, so hat dagegen das Modellieren von Konstruktionen technische Befähigung zum Ziel und ist insbesondere solchen anzuraten, welchen es an Anschauung fehlt oder bei denen diese Seite des Geistes noch nicht gehörig ausgebildet ist. Das Modellieren geschieht auf Grund von Zeichnungen meist von der Größe des auszuführenden Modells. Soll das Modell für den Schüler fruchtbringend sein, so muß es die Ausführung in verjüngtem Maßstabe darstellen. ... Schließlich mag nur noch bemerkt werden, daß es bei dem Anfertigen von Maschinenmodellen in der Regel auch von viel größerem Nutzen ist, einzelne Organe und Verbindungen ... exakt und sauber herzustellen, als ganze Maschinerien zu modellieren ...

In gleicher Weise wurde über die Gewerbeschularbeiten im Jahre 1873 von den Professoren Wiener, Hart und Ratzel Bericht erstattet. Die Karlsruher Gewerbeschule war in dieser Ausstellung „mit Ehren" vertreten.[16] Von jedem Schüler wurden bis zu drei Zeichnungen präsentiert. In den ersten acht Tagen war die Ausstellung nur für die Lehrkräfte der Gewerbeschulen geöffnet. Später hatte auch das Publikum Zutritt. Die Gewerbelehrer des ganzen Landes wurden aufgefordert, die Ausstellung zu besuchen.

Präsentation von Schülerarbeiten im Jahre 1873

5.2 Erarbeitung von Lehrplänen, Lehrbüchern und Lehrmitteln

Ein offizieller Lehrplan für die badischen Gewerbeschulen wurde erst 1881 aufgestellt. Dessen ungeachtet erhielten die Gewerbeschulen von Anfang an vom Polytechnikum Unterstützung in der curricularen Gestaltung.

Lehrplanerstellung

So wurden beispielsweise der Bruchsaler Gewerbeschule im Jahre 1839 von der Polytechnischen Schule verbindliche Lehrpläne vorgelegt. Mit diesem Schritt wollte man den in jenen frühen Jahren sehr unbefriedigenden Zustand der Schule verbessern, nachdem es nicht gelungen war, qualifiziertere Lehrkräfte zu rekrutieren und die Einrichtung auch hinsichtlich ihrer provisorischen Räumlichkeiten und mangelhaften Ausstattung mit erheblichen Schwierigkeiten konfrontiert war.[17] Auch ist in der Bruchsaler Chronik verzeichnet, dass die Polytechnische Schule im Jahre 1854 die Einführung des Gips- und Holzmodellierens als Ergänzung des schon bestehenden Tonmodellierens an der dortigen Gewerbeschule forderte, was sich jedoch mangels eines geeigneten Raumes noch nicht realisieren ließ.[18]

Besondere Aufgaben bei der Unterstützung der niederen technischen Lehranstalten durch die Polytechnische Schule waren der Entwurf erster Lehrpläne sowie die Erarbeitung von Lehrbüchern durch ihre Professoren.[19] Bei der Erstellung von Lehrbüchern tat sich insbesondere der bereits erwähnte Prof. Schreiber hervor. Nach gründlichem Studium einschlägiger französischer Abhandlungen, insbesondere von Werken des Mathematikers G. Monge (vgl. Kap. 3.2), gab er schon 1828 das erste umfassende Lehrbuch der darstellenden Geometrie in deutscher Sprache heraus.

Abfassung von Lehrbüchern

Im Jahre 1832 informierte sich Schreiber in Paris über Unterrichtsmethoden und Ausstattung der dortigen gewerblichen Lehranstalten. Nebenius beauftragte ihn, Vorschläge für Lehrbücher und Zeichenvorlagen zu erarbeiten. In diesem Zusammenhang besuchte er beispielsweise die „Industrieschule" in Metz, die er im Hinblick auf die dort verwendeten Lehrbücher als weit fortgeschritten ansah. Als Mitglied der 1835 an die Stelle der Gewerbeschulkommission getretenen Gewerbeschul-Conferenz blieb er bis zu seinem Ausscheiden aus diesem Gremium im Jahre 1847 im genannten Aufgabenbereich besonders aktiv.[20]

---

[16] Vgl. Cathiau, a.a.O., S. 8
[17] Vgl. 100 Jahre Gewerbeschule Bruchsal, a.a.O., Kapitel III, S. 4
[18] Ebenda, S. 6
[19] Nebenius, a.a.O., S. XIV
[20] Vgl. Gutman, E.: Die Gewerbeschule Badens 1834/1930. Bühl: Konkordia 1930, S. 180ff.

Arithmetik

für die

Gewerbschulen

des

Großherzogthums Baden

Auf Veranlassung des hohen Ministeriums des Innern

verfaßt von

Guido Schreiber,

öffentlicher Lehrer der Mathematik an der Polytechnischen
Schule in Karlsruhe

Erste Abtheilung

Zweite unveränderte Auflage

Karlsruhe,
Ch. Fr. Müller'sche Hofbuchhandlung
1837

**G. Schreibers
Lehrbuch für
Arithmetik**

Guido Schreiber gab im Jahre 1835 ein Buch über die Arithmetik für Gewerbeschulen heraus.[21] Anlage 13 zeigt das Titelblatt der Neuauflage des Arithmetik-
lehrbuches von 1837. Das knapp 400 Seiten starke Werk umfasste folgende
Kapitel:

I. Vom Numerieren
II. Die vier Spezies mit ganzen Zahlen
III. Von den Dezimalbrüchen
IV. Von den gemeinen Brüchen
V. Von der Rechnung mit mehrfach benannten Zahlen
VI. Von den Potenzen und den Wurzeln der Zahlen
VII. Von den Gleichungen
VIII. Von den Verhältnissen und Proportionen

Dieses Lehrbuch enthielt auch Rechenaufgaben mit gewerblichem Bezug wie
beispielsweise Aufgabenstellungen aus dem Abschnitt „Lösung verschiedener
Aufgaben durch Gleichungen".[22]

---

[21] Vgl. Kuhn, K. F., a.a.O., S. 64
[22] Dafür folgendes Beispiel: „Ein Meister hatte mit seinem Gehülfen folgenden Vertrag
      eingegangen. Er verköstigt den Gehülfen und zahlt ihm noch für jeden Arbeitstag

Zu den weiteren Lehrbüchern Schreibers gehörte ein 1865 erschienenes, für Bau- und Gewerbeschulen bestimmtes Werk über das technische Zeichnen (Anlage 14). Wie der Autor einführend erläuterte, war das Lehrbuch auf die Bedürfnisse von Zeichnern ausgerichtet, die „ihre Schulstudien mit der Absolution einer Gewerbschule, eines Realgymnasiums oder einer ähnlichen Anstalt beschließen". Es beschäftigte sich vorwiegend mit der Anwendung der geraden Projektion zur Darstellung von körperlichen Formen, die u. a. der Geometrie, der Architektur und der Maschinistik entlehnt waren. Als wesentlichen Zweck des Unterrichts stellte Schreiber die „Vorstellungskraft in Bezug auf räumliche Gegenstände und Verhältnisse" heraus, bei gleichzeitiger Übung der „Hand des Lernenden", und empfahl grundsätzlich den Gebrauch von Modellen oder Mustern der zu zeichnenden Körper.

Lehrbuch für technisches Zeichnen

Anl. 14:
Titelblatt eines Zeichenlehrbuchs für Bau- und Gewerbeschulen

Das technische Zeichnen

Praktische Anleitung

für

Architekten, Techniker, Mechaniker und Bauhandwerker

insbesondere für

Bau= und Gewerbschulen

Bearbeitet von

Guido Schreiber,

öffentlicher Lehrer der Mathematik an der Polytechnischen Schule zu Karlsruhe und Vorstand der Kommission für das Gewerbschulwesen im Großherzogtum Baden

Zweiter Theil
oder
Zweiter Klasse: Projektives Zeichnen.
Erste Abtheilung:
Darstellender Teil (Projektionslehre).

mit zahlreichen Holzschnitt-Illustrationen, Titelbildern u. s. w.

Leipzig
Verlag von Otto Spamer

1865

---

40 kr. Für jeden Tag aber, an welchem der Gehülfe nicht für den Meister arbeitet, rechnet ihm dieser 20 kr. für die Kost an. Nach 24 Tagen rechnen sie ab, und der Gehülfe hatte ein Guthaben von 6 fl. Wie viele Tagen von den 24 hatte er für den Meister gearbeitet?"

Der Abschnitt „Gebrauch der Durchschnitte und Profile bei gerader Projektion" befasste sich u. a. mit der Darstellung einer Freitreppe mit Zargen, eines gotischen Strebepfeilers sowie Maschinenteilen wie Zahnrädern. In Anlage 15 ist als Beispiel die Projektion eines Stirnrades mit Erläuterungen wiedergegeben.

Anl. 15:
Darstellung eines Stirnrads

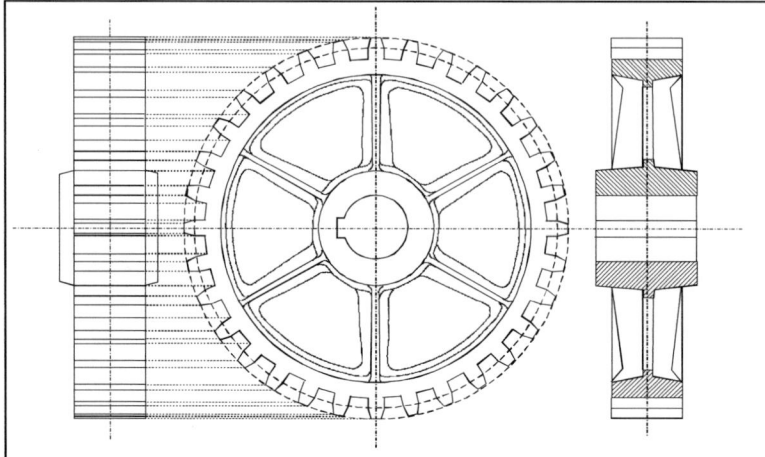

Fig. 46. Ein Stirnrad.

„Die äußere Fläche des Rades soll vertikal stehen, und wir wollen annehmen, sie diene in ihrer Verlängerung als Bildfläche. Unsere mittlere Figur ist somit die Vertikalprojektion. Rechts davon steht ein vertikaler Durchschnitt, in dessen Fläche die geometrische Axe des Rades liegt, und die Figur links ist eine Seitenansicht des Rades oder eine Vertikalprojektion desselben auf einer Fläche, welche der vorigen Durchschnittsfläche parallel steht. ..."

Weitere Unterrichtsmaterialien

Den Auftrag zur Verfassung eines Lehrbuchs über industrielle Wirtschaftslehre und einfache Buchführung erteilte das Innenministerium im März 1834 an Professor Leopold C. Bleibtreu, der am Polytechnikum seit 1825 Handelswissenschaften und Mathematik lehrte.[23] Dabei empfahl das Ministerium den Rückgriff auf französische Fachbücher.[24]

Mit der Erstellung von Lehrbüchern für die Gewerbeschulen beauftragte das Ministerium bei Bedarf auch Fachleute außerhalb des Kreises der Professoren des

---

[23] Vgl. Badische Biographien, herausgegeben von Friedrich v. Weech. Erster Teil, Heidelberg 1875, S. 87

[24] „Der Direction der polytechnischen Schule wird eröffnet, daß man unter die Lehrgegenstände der Gewerbschulen die industrielle Wirthschaftslehre nebst einer Anleitung zur einfachen Buchführung aufgenommen habe. Wir halten zur näheren Bestimmung des Lehrstoffes die Einführung eines zweckmäßigen Lehrbuches für nothwendig. Da uns aber kein in deutscher Sprache verfaßtes populäres Werk dieser Art bekannt ist, so sind wir der Meinung, daß die Bearbeitung eines solchen dem Professor Bleibtreu zu übertragen sein möchte, wobei die Schriften von Bergery, insbesondere Economie de l'ouvrier und Economie du fabricant benutzt werden könnten." Schreiben des Ministeriums des Innern an die Direktion der Polytechnischen Schule v. 21. März 1834. Generallandesarchiv Karlsruhe (GLA), 448/114

Polytechnikums. So verfasste Lyzeumsprofessor Gockel für den Unterricht im Schreiben von Aufsätzen und Geschäftsbriefen etc. eine „Anleitung zu deutschen Aufsätzen für Gewerbe- und Bürgerschulen", die im Jahre 1837 erschien.[25]

Nach dem ab 1836 publizierten Verzeichnis der vom Innenministerium zur Verwendung an Gewerbeschulen genehmigten Lehrbücher und Vorlageblätter gab es in den 1840er Jahren bereits eine Reihe von Spezialwerken für einzelne Berufe, so unter anderem für Maurer, Steinmetze, Zimmerleute, Schreiner, Schlosser, Maler/Tapezierer, Blechner und Mechaniker.[26]

Im Jahre 1833 wurde an der Polytechnischen Schule Karlsruhe eine „mechanische Werkstätte" eingerichtet. Als deren Vorbild diente die von Karl Karmarsch 1831 mit der höheren Gewerbeschule in Hannover gegründete mechanische Werkstatt, die einerseits Modelle herstellte und zum anderen den Schülern Anleitung in praktisch-mechanischen Arbeiten gab.[27] Die Karlsruhe Werkstätte hatte laut dem Maschinenbau und Mathematik unterrichtenden Professor Volz folgende Aufgaben:

Modellbau für die Gewerbeschulen

> „Die mechanische Werkstätte der polytechnischen Schule hat die Hauptaufgabe, den Schülern Gelegenheit zu geben, sich in mechanischen Arbeiten zu üben. Sie soll denselben auch die Verfahrungs-Art lehren, die man in verschiedenen Zweigen der practischen Mechanik befolgt, und dient noch insbesondere zur Unterstützung der Vorträge über Maschinenbau, dadurch, dass in ihr von den Eleven Maschinen Modelle angefertigt werden können."[28]

Geleitet wurde die Werkstatt von dem Mechaniker Jakob Friedrich Meßmer, der außerdem als Mitglied der Gewerbeschulkommission sowie Vorstandsmitglied des Karlsruher Gewerbevereins fungierte.

Da sich die Möglichkeiten einer dem Polytechnikum angegliederten Werkstatt hinsichtlich der Vermittlung praktischer Erfahrungen an die Maschinenbauschüler als begrenzt erwiesen, gründete Meßmer noch im Jahre 1833 eine private Werkstatt, in der er mit Genehmigung von C. F. Nebenius auch Schüler der Polytechnischen Schule unterrichtete.

Auf Veranlassung der Professoren des Polytechnikums gründete Meßmer 1835 eine neue private Werkstatt, um Unterrichtsmodelle für die Gewerbeschulen, mathematische und physikalische Instrumente für die Polytechnische Schule sowie Maschinen für die Industrie herzustellen. Er verließ Karlsruhe allerdings bereits im Jahre 1836 und wurde Teilhaber einer Straßburger Maschinenfabrik. Seine private Werkstatt trat Meßmer an Emil Keßler und Theodor Martiensen ab. Diese gehörten zu Meßmers ersten Schülern in der mechanischen Werkstatt an der Polytechnischen Schule. Keßler wurde gleichzeitig auch Assistent für Maschinenbau an der Polytechnischen Schule und Leiter der dortigen mechanischen Werkstatt, deren Aufgaben sich zunehmend auf den Modellbau beschränkten.[29]

---

25 Vgl. Kuhn, K. F., a.a.O., S. 65
26 Vgl. ebd.
27 Vgl. Haverkamp, Frank: Staatliche Gewerbeförderung im Großherzogtum Baden. Freiburg/München 1979, S. 95
28 Ebd.
29 Vgl. Haverkamp, a.a.O., S. 98

Zur Ausstattung mit Lehrmitteln hielt Emil Gutman für die Zeit um 1881, als die erste behördliche Unterrichtsanleitung für die Gewerbeschule erschienen war, Folgendes fest:

> „Ein einheitliches Lehrmittelmaterial haben die badischen Gewerbeschulen um diese Zeit nicht. Für das Freihandzeichnen ist eine Vorlagensammlung von der Großh. Oberschulbehörde in Aussicht gestellt. Die größeren Schulen besitzen meist für spezielle Zwecke eigens bearbeitete Lehrmittel (Wandtafeln, Modelle u. dgl.). Die zunehmende Erkenntnis, daß das Zeichnen nach dem Körperlichen (Modell) bessere Resultate erziele, als dies durch Arbeiten nach der Vorlage der Fall ist, führte dazu, daß sich einzelne Schulen schon recht ansehnliche Modellsammlungen aus allen Gebieten des praktischen Handwerks angelegt hatten.
>
> Bestimmte Lehrbücher für die Hand der Schüler sind nur behördlich empfohlen, nicht eingeführt. Namentlich für Arithmetik, Geometrie und Mechanik werden kleinere Leitfäden in einzelnen Schulen gebraucht. In einzelnen Fächern sollen, wenn es die Zeit gestattet, Diktate gemacht werden; kurze Anleitungen in den einzelnen Disziplinen nach Maßgabe des oben erwähnten Lehrplans bearbeitet, welche solche Diktate ersetzen könnten, sind bis dahin nur wenige (z. B. für geometrisches Zeichnen, Mechanik usw.) vorhanden. Über eigene Schüler- und Lehrerbibliotheken – die Bücherzahl schwankt zwischen 40 und 500 – verfügen bereits ca. 25 Schulen.“[30]

5.3 Förderung des *räumlichen Sehens* über die Fächer Zeichnen/Modellieren

Mit der Verbreitung technischer Hilfsmittel und neuer Arbeitsverfahren erlangte das Zeichnen eine immer größere Bedeutung; es versteht sich als universelle Sprache, in der technische Sachverhalte verschiedener Art festgehalten und kommuniziert werden konnten. Daher erforderte dieser Bereich eine besondere Berücksichtigung in der Berufsausbildung.

Frühe Anstöße für den deutschsprachigen Raum gingen zudem von den Bemühungen der französischen Enzyklopädisten aus. Deren Anliegen war es, in ihrem auf *Vernunfterkenntnis gegründeten Lexikon der Wissenschaften, der Kunst und des Handwerks* das gesamte Wissen der damaligen Zeit darzustellen. Im Jahre 1751 erschienen die ersten beiden Bände dieses auf Diderot, d'Alembert und weitere bedeutende französische Philosophen zurückgehenden Werkes mit insgesamt 35 Bänden. Die umwälzende Neuerung bestand in der Einbeziehung von Naturwissenschaften und Technik als gleichberechtigte Disziplinen. Fachkenntnisse und Fertigkeiten von Handwerkern und Gewerbetreibenden sollten ebenso detailliert dargelegt werden, wie man seit langem die Erkenntnisse der Philosophie, der Rechtswissenschaften und der Heilkunde publizierte.[31]

---

[30] Gutman, E., a.a.O., S. 243
[31] Vgl. Feldhaus, Franz Maria: Geschichte des technischen Zeichnens. Wilhelmshaven 1959, S. 39

Zu den frühen Einrichtungen zur Vermittlung des Komplexes Zeichnen gehörten in Baden die im ausgehenden 18. Jahrhundert gegründeten so genannten Architektonischen Zeichenschulen, Handzeichenschulen sowie Schulen anderer Bezeichnung.

Die folgenden Ausführungen von Kreisrat von Stockhorn und Oberbaudirektor Keßlau umreißen die breite Aufgabenstellung für das Unterrichtsfach Zeichnen. Der Kreisrat, dem die Förderung der Architektonischen Zeichenschule in Durlach ein besonderes Anliegen war und der ihr selbst gefertigte Vorlagen zur Verfügung stellte, fasste die verschiedenen Facetten des Zeichenunterrichts wie folgt zusammen:

> „Durch den Zeichenunterricht, wenn er, wie es sein muß, recht eifrig nach dem Bedürfnis des Gewerbestandes eingerichtet ist, wird das Schönheitsgefühl gebildet, das Augenmaß geschärft, Aufmerksamkeit und Scharfsinn geübt, Kunstsinn und Erfindungsgeist gelehrt, eine Menge von Anschauungen dem Begriffe zugeführt, eine geübte Hand geschafft und Ordnung und Reinlichkeit gefördert." [32]

Oberbaudirektor Keßlau, der Erbauer des Karlsruher Schlosses, äußerte sich in einem Bericht an den Markgrafen Karl Friedrich zum Bildungszweck der Architektonischen Zeichenschulen wie folgt:

> „Gute Handwerker zu erziehen, nicht nur auf eine bloße Zeichnung und Kopierung der Risse als vielmehr auf die Konstruktion derselben und deren Bestandteile müsse gesehen werden; ingleiche wie solche mit aller Vorsicht und Menage in Ausübung gebracht, die Kosten berechnet und die dazu erforderlichen Materialien überschlagen, endlich wie auch die Materialien beschaffen und bearbeitet werden müssen." [33]

Während sich diese Zeichenschulen vorwiegend an Lehrlinge und Gesellen der Bauhandwerke richteten, dienten die Freihandzeichenschulen mehr der künstlerischen Erziehung und damit jungen Leuten aller Stände.

Nachstehend wird versucht, auf die Vermittlung von Kenntnissen und Fertigkeiten im Zeichnen in ihrer Gesamtheit einzugehen und speziell – wie man damals sagte – auf das räumliche Sehen, also die Zielsetzung, das Vorstellungsvermögen sowie das technische Verständnis weiterzuentwickeln.

Laut Gründungserlass vom 15. Mai 1834 hatte die badische Gewerbeschule den sich bereits einem Gewerbe oder Handwerke widmenden jungen Leuten „diejenigen Kenntnisse und graphischen Fertigkeiten" zu vermitteln, „die sie zum verständigen Betriebe dieses Gewerbes geschickt machen" (§ 2). Als Unterrichtsgegenstände wurden unter anderem genannt:

- Handzeichnen geometrischer Figuren und Körper sowie Ornamentzeichnen,
- Geometrie mit Einschluss des geometrischen Zeichnens.

---

[32] Zitiert nach „Gewerbeschule Durlach. 225jähriges Jubiläum. Der Neubau 1994." Karlsruhe-Durlach 1994, S. 34

[33] Zitiert nach „100 Jahre Gewerbeschule Bruchsal", a.a.O., Kapitel I, S. 2

Wo das Bedürfnis und die Mittel hierzu vorhanden waren, konnte außerdem Naturkunde und Mechanik bezogen auf die Gewerbe unterrichtet werden. Je nach den gewerblichen Verhältnisse der betreffenden Stadt und ihrer Umgebung konnte auch spezieller Unterricht für einzelne Gewerbe oder für einzelne Hauptzweige von Gewerben angeordnet werden.

Richtlinien für den Zeichenunterricht In den ersten Jahren des Bestehens der Gewerbeschulen erarbeitete das Ministerium des Innern Unterrichtsrichtlinien, die den Gewerbeschulvorständen und Lehrern wiederholt in Erinnerung gebracht wurden. Der in Anlage 16 wiedergegebene Erlass vom 9. April 1844 gibt neben den anderen Fächern Einblick in Intention und Ausprägung des Zeichenunterrichts, der zweifelsfrei einen besonderen Schwerpunkt bildete.

Beispiel eines Lehr- und Stoffplans Ein spezieller „Lehr- und Stoffplan" aus dem Jahre 1854 ist für die Gewerbeschule Schwetzingen überliefert.[34] Zu jener Zeit bestand die Schule aus zwei Klassen mit Gewerbeschülern und einer Vorbereitungsklasse.
Die erste Gewerbeschulklasse erhielt folgenden Unterricht:

A. *Rechnen*: Die vier Rechnungsarten in ganzen, unbenannten und benannten Zahlen. Die gemeinen und Dezimalbrüche. Anwendung der Dezimalbrüche auf die badischen Maße. Zweisatzrechnungen. Aufgaben aus dem Gewerbsleben.

B. *Deutsche Sprache*: Kleine Aufsätze als Beschreibungen, Briefe und Scheine, teils diktiert, teils selbst gefertigt. Dabei Übung in Rechtschreibung, Satzbau und Schönschrift.

C: *Freihandzeichnen*: Gerade und krumme Linien, geometrische Figuren, Körper in Perspektive und einfache Ornamente ...

D: *Linearzeichnen*: Kenntnis, Prüfung und Gebrauch des Reißzeugs, Lineals, Winkels, Maßstabes. Zeichnen architektonischer Formen ... Schnitte und Abwicklungen, Schattenkonstruktionen, Perspektive ...

Für die zweite Klasse wurde angegeben:

A. *Rechnen*: Das Nötigste über Potenzen und Wurzeln. Gleichungen des ersten Grades in Zahlen. Proportionen. Zins-, Arbeiter-, Waren-, Mischrechnungen.

B. *Geometrie*: Das Nötigste über Linien, Winkel, Körper und Flächen. Inhaltsberechnungen. Aufgaben aus dem Gewerbsleben. Feldmessen.

C: *Mechanische Naturlehre*: Kräfte und ihre Wirkungen. Schwerpunkt. Fall, Hebel, Rolle, Wellrad, schiefe Ebene. Keil und Schraube. Zusammensetzung des Wassers und der Luft. Druck der beiden Naturelemente. Beschreibung einiger zusammengesetzter Maschinen.

D. *Industrielle Wirtschaftslehre*: Benutzung der Lehrzeit in Werkstätten und Schule. Benutzung der Gesellenjahre. Wirtschaftsregeln für den Meister. Buchführung. Übungsaufgaben.

E. *Deutsche Sprache*: Mündliche und schriftliche Übungen im Aufsetzen von Geschäftsbriefen, Verträgen, Eingaben an Behörden.

F. *Geometrisches Zeichnen*: Projektion von Punkten, Linien und Flächen sowie auch von Kegeln.

---

[34] 150 Jahre Gewerbeschule Schwetzingen 1846–1996. Schwetzingen 1996, S. 34f.

Anl. 16:
Unterrichtserlass für die Gewerbeschulen vom 9. April 1844

1. Unterricht in der deutschen Sprache
Es bleibt festgesetzt, daß in den Gewerbschulen keine grammatikalischen Übungen vorgenommen werden, weil es genügt, daß die Schüler den Sprachgebrauch kennen. Dagegen stellt es sich unerläßlich heraus, daß bei dem Sprachunterricht auf Recht- und Schönschreiben gesehen wird.

2. Zeichnungsunterricht
Dieser begreift die größern Abteilungen
a) das Frei-Handzeichnen,
b) das geometrische Zeichnen,
c) das Fachzeichnen.
Mit dem ersten sollen alle Schüler ohne Ausnahme beginnen, und zwar zuerst an der schwarzen Tafel und dann auf dem Papier, wie es für die erste und zweite Classe in dem „Zeichnungsunterricht für die Gewerbeschulen" vorgeschrieben ist.
Die drei dahin gehörigen Originalblätter bilden nun den Anfang, von da werden die Blätter von *Laurent*, dann die Ornamente von *Weilbrecht* etc. vorgelegt. Das Zeichnen an der schwarzen Tafel soll aber keineswegs mit jenen drei ersten Blüten aufhören, vielmehr auch das Ornamentenzeichnen an der schwarzen Tafel geübt werden, weil es für die meisten Gewerbsleute von vielem Nutzen ist, wenn sie in größerem Maßstabe aus freiem Handzeichnen können.
Das geometrische Zeichnen begreift
a) das Linearzeichnen,
b) das Projektieren.
Das erste soll nicht nur dazu dienen, Fertigkeit im Handhaben von Zirkel, Lineal und Reißfeder zu gewähren, sondern es soll auch Gelegenheit sein zur Kenntnis geometrischer Figuren und mancher ihrer Eigenschaften durch unmittelbare Beschauung.
Der Lehrer hat zunächst auf Richtigkeit und Sauberkeit der Arbeit zu sehen, und es ist sehr wünschenswert, wenn alle Schüler stets gleiches Papier verwenden. Wie weit die Darstellung der Körper durch ihre Projektionen getrieben werden soll, ist in dem „Zeichnungsunterricht" deutlich gesagt.

3. Rechnungsunterricht
Es soll der Gang des „Lehrbuches der Arithmetik" unverändert beibehalten werden, und die Schulinspektoren sollen darauf sehen, daß die unter der Aufschrift „Wiederholung" gegebenen Fragen und Antworten von allen Schülern memoriert werden. Die erste Abteilung des Lehrbuches soll in dem ersten Schuljahr durchgemacht werden. Die Schüler erhalten hier wieder Gelegenheit, geometrische Berechnungen auszuführen, die gesetzlichen Maße und Gewichte vollständig kennen zu lernen und erhalten in der Behandlung des sogenannten Zweisatzes die nötige Übung.
Die Gegenstände der zweiten Abteilung werden da gelehrt, wo ein zweiter Jahreskurs zur Weiterbildung tunlich geworden. Wo dies nicht der Fall ist, kann die Quadrat- und Kubikrechnung in den Unterricht der Geometrie verwebt werden.

4. Unterricht in Geometrie
Hiezu sind die Schüler während des ersten Jahres durch den Unterricht im Linearzeichnen und im Rechnen schon vorbereitet worden und können jetzt ohne große Anstrengung zum Verständnis der Regeln über die Berechnung der Linien, Flächen und Körper gebracht werden. Dieser Teil der Geometrie ist für den Gewerbsmann der wichtigste, und die Schüler können nie zu viel Übung darin erhalten. Wo in der ebenen Geometrie Konstruktionen vorkommen, sollten dieselben reinlich mit Zirkel und Lineal ausgeführt werden, und zwar von allen Schülern auf dem Papier und von einigen auf der schwarzen Tafel.
Dies letzteres ist ein vortreffliches Unterrichtsmittel. Während des Unterrichts in der Geometrie und im Rechnen sollen die Lehrer niemals versäumen, wichtige Sätze aus der Naturlehre und Mechanik zu berühren, so oft sich beispielsweise dazu Gelegenheit gibt, und dies nicht nur darum, damit die Schüler Kenntnis dieser Sätze erhalten, sondern vorzüglich auch, damit sie zum Studium jener Gegenstände vorbereitet werden, wenn dieselben in einem dritten Jahreskurs behandelt werden.

Quelle: Gutman, E., a.a.O., S. 234–236

Frühe Einbindung des Modellierens Das Zeichnen stand in enger Beziehung zum Modellieren. Schon bei der Planung zur Einrichtung der Architektonischen Zeichenschule in Karlsruhe war vorgesehen, den Unterricht im Zeichnen durch Anfertigung von Modellen (z. B. Gipsmodellen) zu veranschaulichen.[35] Es galt demnach, die didaktischen Vorzüge einer Verflechtung von grafischer und modellhafter Darstellung zu nutzen, also das räumliche Vorstellungsvermögen zu entwickeln.

Auch Nebenius schloss in diesem Sinne das Modellieren in seiner Planung in den Aufgabenkatalog der badischen Gewerbeschule ein. In der Gründungsverordnung der Gewerbeschulen ist dieses Fach zwar nicht erwähnt; es geht allerdings aus zahlreichen Quellen hervor, dass de facto schon sehr früh Modellierunterricht erteilt wurde. So bezogen die Gewerbeschulen eine systematische, nach pädagogischen Gesichtspunkten geordnete praktische Unterweisung in ihr Curriculum ein.

Der Direktor der Karlsruher Gewerbeschule, J. Th. Cathiau, charakterisierte das Modellieren in einem Bericht zum Schuljahr 1897/98, in dem er auf die Aufgaben der Schulwerkstätten einging, rückblickend wie folgt:

„Von Anfang an, – und einzelne, wie die Thon-, Gyps- und Holz-Modellierwerkstätte bestehen seit Gründung der Anstalt – war der leitende Gedanke, die Schüler in das körperliche Sehen, d. h. in das völlige Erkennen des Gegenstandes aus der Zeichnung einzuführen, sie zu lehren, wie jedes Erzeugnis der handwerklichen Praxis in der Zeichnung wurzelt und wie es in der Bildform dargestellt werden kann; es wird darum strengstens darauf gehalten, dass jeder Arbeit ... eine in der Schule selbstgefertigte Zeichnung zu Grunde liegt."[36]

Modellieren als Umkehrung des Zeichnens Modellieren nach einer Zeichnung versteht sich als didaktische Umkehrung des Zeichnens nach Modell. Der in Kap. 5.1 bereits erwähnte Bericht der Professoren der Karlsruher Polytechnischen Schule, in ihrer Eigenschaft als Gewerbeschul-Visitatoren, aus dem Jahre 1867 geht auf das Modellieren von Konstruktionen ein (vgl. Anlage 12), womit vor allem die Ausbildung des technischen Verständnisses angesprochen ist. Die Professoren hoben hervor:

> Das Modellieren von Konstruktionen hat „technische Befähigung zum Ziel und ist insbesondere solchen anzuraten, welchen es an Anschauung fehlt oder bei denen diese Seite des Geistes noch nicht gehörig ausgebildet ist. Das Modellieren geschieht auf Grund von Zeichnungen meist von der Größe des auszuführenden Modells."

Modellierunterricht mit Überleitungsfunktion Das Modellieren diente also im Wesentlichen der Entwicklung des räumlichen Vorstellungsvermögens und des Gefühls für die richtige und geschmackvolle Formgebung. A. Stocker weist ihm auch die Aufgabe zu, vom theoretischen Unterricht zum praktischen Tätigsein überzuleiten: „Das Modellieren bildet den Übergang vom Unterricht zur praktischen Betätigung im Handwerk, wobei sich es aber weniger um eine handwerksmäßige Ausführung in einem be-

---

[35] Vgl. Kuhn, K. F., a.a.O., S. 3

[36] Gewerbeschule zu Karlsruhe, 48. Jahresbericht, Schuljahr 1897/98. Karlsruhe 1897, S. 6

stimmten Material, als um die richtige Anschauung und Formengebung handelt."[37]

Ferner betont er die enge Beziehung zwischen Zeichnen und Modellieren: „Bei vielen Gewerben wird mit dem Zeichenunterricht der Modellierunterricht unmittelbar verbunden. Die Konstruktionen werden auf dem Reißbrett nur so weit aufgerissen, als es notwendig ist, und sodann auf zur Ausführung bestimmtem Material zu Ende geführt. Die Modellierung eines Gegenstandes bildet dann in vielen Fällen gewissermaßen die Probe auf die Konstruktion und soll gleichzeitig zur Erlangung einer vollständig klaren räumlichen Auffassung dienen."[38]

Aus der Gewerbeschule *Durlach*, die auf eine lange Vorgeschichte als Architektonische Zeichenschule zurückblickte, berichtete der Lehrer Christian Hengst im Jahre 1834 über erfreuliche Fortschritte im Modellieren, hier bereits speziell ausgerichtet auf die Förderung des technischen Verständnisses:

> „So wurden von Maurergesellen und -lehrlingen ein Tonnengewölbe mit doppelter Wiederkehr, in der Mitte auf einem Pfeiler ruhend, mit einem Kellerhals und zwei Kellerlichtern, ein Kreuzgewölbe, auf vier Pfeilern ruhend, und ein dreieckiges Gewölbe, auf drei Pfeilern ruhend, gemauert. Zimmergesellen lieferten ein Modell einer gesprengten Brücke für 92 Fuß Sprengweite, ein kleines rechtwinkliges Dachwerk mit einem Walmen, Schreinerlehrlinge ein gesamtes Türchen mit vier Füllungen, eine gestemmte eichene Brustlamperie mit drei Füllungen."[39]

In der Festschrift zum 150-jährigen Bestehen der Gewerbeschule *Konstanz* wird z. B. auf die Tatsache hingewiesen, dass „praktische Unterweisungen" schon bald nach Eröffnung der dortigen Gewerbeschule im Herbst 1835 als freiwilliger und unentgeltlicher Modellierunterricht angeboten wurden. Die Schüler arbeiteten hauptsächlich mit den Materialien Gips, Ton, Holz und Backstein und formten u. a. Holzverbindungen und Gewölbemodelle.[40] Der Stundenplan des Jahres 1857 weist es als reguläres Fach an einem Wochentag in der Zeit von 19 bis 21 Uhr aus.[41]

In der Gewerbeschule *Heidelberg* war im Stundenplan des Jahres 1838 Modellieren in Gips samstags von 20 bis 22 Uhr vorgesehen.[42] In der Gewerbeschule *Bruchsal* wurde den Schülern um 1850 die Möglichkeit geboten, sich außerhalb der regulären Schulstunden unter Aufsicht ihres Lehrers im Modellieren von

Förderung des technischen Verständnisses

---

[37] Stocker, August: Das allgemeine und fachliche Fortbildungsschulwesen in Baden in seiner geschichtlichen Entwicklung, nebst einer Sammlung der maßgebenden gesetzlichen und verordnungsmäßigen Bestimmungen. Lahr/Baden 1916, S. 65

[38] Zitiert nach Stocker, a.a.O., S. 64 f.

[39] Geschichte der Gewerbeschule Durlach. Januar 2009, S. 12 f. http://www.gsd.ka.schule-bw.de/dateien/geschichte.pdf

[40] Der Begriff Modellierunterricht stellte das Pseudonym für diesen praktischen Unterricht dar, da dieser viele Gegner hatte und man sich scheute, ihn beim Namen zu nennen. Vgl. 150 Jahre Zeppelin-Gewerbeschule Konstanz. Konstanz 1984, S. 26f.

[41] Vgl. 150 Jahre Zeppelin-Gewerbeschule Konstanz, a.a.O., S. 15

[42] Vgl. „1828–1978. 150 Jahre Gewerbeschule Heidelberg." Heidelberg 1978, S. 8

Ornamenten in Ton zu üben. Die Schüler waren überwiegend Lehrlinge des Holzgewerbes, insbesondere Schreiner und Küfer.[43]

**Gewerbeschul-
verordnung 1868** Die am 16. Juli 1868 erlassene neue Verordnung „Die Einrichtung und Leitung der Gewerbeschulen betreffend" legte als Unterrichtsgegenstände fest:
- – Handzeichnen geometrischer Figuren und Körper und Ornamentzeichnen,
- – Arithmetik und algebraische Grundbegriffe,
- – Geometrie mit Einschluss geometrischen Zeichnens und der Projektionslehre,
- – Fachzeichnen,
- – industrielle Wirtschaftslehre mit Anleitung zur einfachen Buchhaltung.

Zusätzlich konnte, „wo das Bedürfnis und die Mittel hierzu vorhanden sind", Naturkunde, Mechanik und Modellieren unterrichtet werden. Damit waren gegenüber der Verordnung von 1834 Fachzeichnen und Modellieren expressis verbis einbezogen. In Anhang B 2 ist diese Verordnung im Wortlaut wiedergegeben.

---

[43] Vgl. 100 Jahre Gewerbeschule Bruchsal, a.a.O., Kapitel III, S. 6

6. Ausbau von Schulwerkstätten und ihre Bedeutung für die Ausbildung

Lehrwerkstätten in beruflich ausgerichteten Schulen sind im Laufe der Entwicklung in verschiedenartigen Formen erprobt und realisiert worden. In Anlehnung an eine systematische Darstellung der Schulwerkstätten von Kurt Hahn aus dem Jahre 1929 lassen sich drei Kategorien unterscheiden[1]:

- Ausbildungsdungwerkstätten,
- Vorbereitungswerkstätten und
- Ergänzungswerkstätten.

Werkstatt-Kategorien

Ausbildungswerkstätten sind vornehmlich in beruflichen Vollzeitschulen ausgebaut. Als erste derartige Einrichtung, die nach heutigem Verständnis als Berufsfachschule zu bezeichnen wäre, gilt die im Jahre 1850 gegründete Uhrmacherschule in Furtwangen. Zu weiteren frühen Schulgründungen dieser Art zählen die Geigenbauerschule in Mittenwald 1858, die Holzschnitzerschule Oberammergau 1877 sowie die Fachschule für Metallindustrie Iserlohn 1879.

Vorbereitungswerkstätten hingegen dienen der technischen Grundbildung, und zwar entweder in allgemein bildenden Schulen für den Werkunterricht oder in beruflichen Schulen zur Durchführung von Maßnahmen der Berufsvorbereitung.[2]

Die dritte Kategorie versteht sich als mit bestimmten Fächern der Teilzeitschule korrespondierend und bietet eine in systematischer Form angelegte Ergänzung des Erfahrungslernens im Ausbildungsbetrieb.

Paul Scheven, der sich für den Ausbau der letztgenannten Werkstattkategorie besonders einsetzte, schlug einige Jahre vor der Wende zum 20. Jahrhundert vor, Ergänzungswerkstätten für alle Fachrichtungen einzurichten und einem über das Land gespannten Netz gleich mit den gewerblichen Fortbildungsschulen oder auch Innungsfachschulen zu verbinden. Er begründete die Notwendigkeit dieser Einrichtungen damit, dass im Betrieb die Zufälle der Auftragslage die Arbeit bestimmen und daher bei der Unterweisung der Lehrlinge die gebotene „Stufenfolge in der Überwindung der verschiedenen technischen Schwierigkeiten" kaum eingehalten werden könne. Daher würde es den Lehrmeistern schwerfallen, eine methodische Unterweisung mit vorgegebener Abfolge einzuhalten.[3]

Ergänzungswerkstätte nach P. Scheven

Mit dem Erfordernis des methodischen Vorgehens sprach Scheven bereits die eine der beiden Grundformen berufsbezogenen Lernens an, die systematische Unterweisung sowohl im Unterricht als auch in der Schulwerkstatt; die andere Komponente bildet das Erfahrungslernen in der Ernstsituation des Betriebs.

Der Darmstädter Berufspädagoge Gustav Grüner befasste sich intensiv mit Fragen der Aufgabenteilung zwischen Betrieb und Teilzeitberufsschule und gebraucht für das Lernen bei Mitarbeit in der betrieblichen Produktion Termini wie *akzidentelles*

Grundformen des Lernens nach G. Grüner

---

[1] Vgl. Hahn, Kurt: Die Schulwerkstatt. Frankfurt a. M. 1929

[2] Vgl. Rothe, Georg: Werkstattarbeit in beruflichen Schulen. Zur Entwicklung des berufspraktischen Unterrichts. In: Jahresbericht 1981/82 des Instituts für Berufspädagogik der Universität Karlsruhe (TH), S. 1ff.

[3] Vgl. Scheven, Paul: Die Lehrwerkstätte. Bd. 1: Technik und qualifizierte Handarbeit in ihren Wechselwirkungen und die Reform der Lehre. Tübingen 1894, S. 409

und *inzidentelles* (beiläufiges) Lernen; die Aufgabe der Schule versteht er als Lehr-/Lernprozess im Sinne *vom Leichten zum Schweren, vom Einfachen zum Zusammengesetzten, vom Nahen zum Fernen* und *vom Teil zum Ganzen*. Er charakterisiert die spezifischen Aufgaben der beiden Institutionen wie folgt:

– „In der Berufsschule geht es ... um Zusammenhänge, um Begründungen, um Wesentliches, Fundamentales, letztlich um Systematisches. Im Betrieb geht es um das Lernen von Feinheiten, Einzelheiten, um Umgang, um das Gewinnen von festhaftenden Erfahrungen.

– Berufsschule wäre aus dieser Sicht der *Lernort*, wo all dies gelernt werden muß, das für die Berufsausübung wichtig ist und die Berufstätigkeit mit größerem Verständnis auszuüben ermöglicht, das am effektivsten systematisch erlernt werden muß."[4]

Grüners Überlegungen führen für das Zusammenwirken von Schule und Betrieb zu folgendem Schluss:

„Das konfliktfreie Zusammenspiel von systematischem Lernen in der Berufsschule und situations- und produktionsgebundenem Lernen im Famulus-System und durch Selbstinstruktion im Betrieb dürfte das Optimum in der Berufsausbildung darstellen."[5]

Theorie und Praxis als überholte Aufgabenteilung Ausdrücklich weist er darauf hin, dass Systematik nicht nur Berufstheorie bedeutet, sondern dass auch die (Grund-)Fertigkeiten – das „systematische Gerippe der Werkverrichtungen eines Berufes"[6] – adäquater in systematischer Weise erworben werden sollen. Als Argument für eine solche Aufgabenteilung führt Grüner u. a. an, dass sie die Gefahr der Lernortzersplitterung bannen ließe, da überbetriebliche Ausbildungseinrichtungen weitgehend überflüssig wären. Grüner löste sich somit schon damals vom heute noch verbreiteten Schema, wonach die *Theorie* der Schule und die *Praxis* dem Betrieb zuzuordnen sei. In der Entwicklung der badischen Gewerbeschulen wurde die Unterscheidung nach Theorie und Praxis nicht angewandt.

6.1 Systematisch-praktische Ausbildung parallel zum Unterrichtsfach Zeichnen

Wechselspiel von Zeichnen und Modellieren Ein Spezifikum der badischen Gewerbeschulen liegt darin, dass sie aufgrund der Einbeziehung von Schulwerkstätten schon früh als richtungsweisend für das Modell der betriebsgebundenen Ausbildung gelten können.

Die Einrichtung von Schulwerkstätten in Baden entwickelte sich aus den Erfahrungen der Unterrichtsarbeit, und zwar dem Wechselspiel von Zeichnen und Modellieren, also der Herstellung von Werkstücken nach Zeichnungen und umgekehrt dem Zeichnen vorgegebener Modelle. So entstanden, wie in Abschnitt 5.3 erläutert, die ersten Werkstätten als Modellierwerkstätten, die später als Schulwerkstätten ausgebaut wurden.

---

[4]   Grüner, Gustav: Die Berufsschule im ausgehenden 20. Jahrhundert. Ein Beitrag zur Berufsbildungspolitik. Bielefeld 1984, S. 60
[5]   A.a.O., S. 61
[6]   A.a.O.

In der Gewerbeschule Karlsruhe lag der Modellierunterricht mit Schwerpunkt Gips, Ton und Holz bis in die 1880er Jahre noch in der Hand eines Lehrers. In der Folgezeit musste jedoch differenziert werden. So richtete man im Jahre 1889 z. B. einen separaten Holzmodellierraum ein und übergab ihn einem Schreinermeister. Es folgte ein spezieller Modellierraum für Metall und bald darauf für Bauschlosserei und Blechnerei; ein Maleratelier kam im Jahre 1896 hinzu.

Nach Fachrichtungen differenzierte Schulwerkstätten

Bei den Werkstätten der Karlsruher Gewerbeschule um 1900 dürfte es sich um eines der ersten Modelle handeln, bei denen die Ergänzungswerkstatt ganz auf das Zeichnen im fachtheoretischen Unterricht bezogen war.

Bis zum Jahre 1881 bestand für die badischen Gewerbeschulen noch kein auf Landesebene übereinstimmender Lehrplan; vorgegeben waren lediglich Unterrichtsrichtlinien. Die erste Anleitung für die Erteilung des Unterrichts in den Lehrfächern der Gewerbeschulen gab der großherzogliche Oberschulrat am 6. Mai 1881 bekannt. Darin finden sich detaillierte Angaben zu den Zielen und den Methoden der Unterrichtsfächer:

Lehrplanbestimmungen von 1881

„Von allen Unterrichtsfächern nimmt der technische Fachunterricht in der Gewerbeschule eine besondere Stellung ein; er ist es, der der Schule ihr eigenes Gepräge gibt. Man versteht darunter das Fachzeichnen, das Modellieren und den von der Schule geleiteten Werkstattunterricht. Der Fachunterricht wird im allgemeinen vorbereitet und unterstützt durch das gewerbliche Rechnen, die angewandte Geometrie und die Materialienlehre, im besondern durch das Freihandzeichnen und die Projektionslehre, durch die der Schüler vom 1. Jahreskurs an stufenweise eingeführt wird in das Verständnis der eigentümlichen Sprache der Technik. Der Zeichenunterricht ... soll den Schüler befähigen, Werkzeichnungen so gründlich zu verstehen, daß er imstande ist, ... den dargestellten Gegenstand danach auszuführen. ... Bei vielen Gewerben wird mit dem Zeichenunterricht der Modellierunterricht unmittelbar verbunden. Die Konstruktionen werden auf dem Reißbrett nur so weit aufgerissen, als es notwendig ist, und sodann auf dem zur Ausführung bestimmten Material zu Ende geführt. Die Modellierung des Gegenstandes bildet dann in vielen Fällen gewissermaßen die Probe auf die Konstruktion und soll gleichzeitig zur Erlangung einer vollständig klaren räumlichen Auffassung dienen. ... Die Schulwerkstätte kann nicht den Zweck verfolgen, die einfache Handfertigkeit und die landläufige Handwerkstechnik in der Schule auszuüben, sondern ihr bleibt es vorbehalten, in einem geordneten Unterricht ergänzend das zu zeigen, was zur Berufsausbildung etwa noch nötig ist, und dem Schüler Gelegenheit zu geben, das zu lernen und zu üben, was die Meisterlehre nicht zu leisten vermag."[7]

Im Jahresbericht der Gewerbeschule Freiburg im Breisgau von 1899/1900 wird von der Einrichtung einer Reihe „praktischer Kurse" zur Ergänzung der Lehre beim Meister, „wo jene Lücken zeigt", gesprochen. Geleitet werden sie von

Beispiel Gewerbeschule Freiburg

---

[7] Zitiert nach Stocker, A.: Das allgemeine und fachliche Fortbildungsschulwesen in Baden in seiner geschichtlichen Entwicklung, nebst einer Sammlung der maßgebenden gesetzlichen und verordnungsmäßigen Bestimmungen. Lahr/Baden 1916, S. 64 f.

bewährten Handwerksmeistern. Im Einzelnen handelte es sich um Holzmodellieren (Kunstschreinerei), Metallmodellieren (Kunstschlosserei), Handvergoldung (in der Buchbinderei) und Dekorationsmalen. Die technische Einrichtung der betreffenden Werkstätten, so wird betont, „ist derart getroffen, daß sie zugleich vorbildlich für unsere Handwerksmeister sein kann".[8]

Gewerbeschul-
verordnung
von 1907

Die Landesherrliche Verordnung vom 20. Juli 1907, „Die Gewerbeschulen betreffend" (Gesetzes- und Verordnungsblatt 1907, Nr. XXIII) stellte die Gewerbeschulen auf eine neue gesetzliche Grundlage. Danach wurden die Aufgaben dieser Schulen wie folgt festgelegt:

„§ 1. Die Gewerbeschulen haben die Aufgabe, die gewerblichen Arbeiter – Gesellen, Gehilfen und Lehrlinge beiderlei Geschlechts – in unmittelbarer Fühlung mit der Meisterlehre theoretisch auszubilden und ihnen tunlichst diejenigen praktischen Kenntnisse und Fertigkeiten für die Ausübung ihres Gewerbes zu vermitteln, zu deren Aneignung in den Gewerbebetrieben nach den allgemeinen oder örtlichen Verhältnissen nicht genügend Gelegenheit geboten ist. Neben der beruflichen Ausbildung der Schüler hat die Schule auch auf die Stärkung des Charakters sowie auf die Hebung des Standesbewußtseins der Schüler hinzuwirken."

Den Gewerbeschulen war damit auch ausdrücklich praktische Unterweisung übertragen. So gilt Baden als das erste Land, das den Werkstattunterricht im Sinne der Ergänzung der Lehre im Betrieb allgemein einführte.

Der Werkstattunterricht hatte im Fach Modellieren seinen Vorläufer.[9] Der Übergang vom Typ *Modellierwerkstatt* aus den 1890er Jahren zu dieser neuen Form gestaltete sich fließend und setzte schon Jahre zuvor ein. Nach Auffassung K. Hahns hatte man die Bezeichnung *Modellierwerkstatt* zunächst beibehalten, „weil man sich vor den Schulwerkstattgegnern scheute, den rechten Namen zu nennen".[10]

Fächer der
Berufs- und
Geschäftskunde

Für das Curriculum der Gewerbeschulen legte die Verordnung von 1907 im Einzelnen fest:

§ 5. Das Mindestmaß des Pflichtunterrichts an einer Gewerbeschule umfaßt folgende Fächer:

A. Berufskunde: 1. gewerbliches Rechnen, 2. angewandte Geometrie, 3. Materialien- und Werkzeuglehre, 5. Naturlehre, 5. Freihandzeichnen, 6. Projektionszeichnen, 7. technischer Fachunterricht: a) Zeichnen, b) Modellieren, c) Werkstattunterricht, soweit hierfür ein Bedürfnis und die Möglichkeit seiner Einrichtung besteht.

B. Geschäftskunde: 1. Geschäftsrechnen, 2. Geschäftsaussatz, 3. Buchführung, 4. Kostenberechnen, 5. Wirtschaftslehre, 6. Bürgerkunde.

---

[8] Vgl. Jahresbericht über die Gewerbeschule in Freiburg im Breisgau für das Jahr 1899/1900. S. 5

[9] Vgl. Grüner, Gustav: 150 Jahre badische Gewerbeschule. Erbe und Auftrag. In: Bundesverband der Lehrer an Beruflichen Schulen, Landesverband Baden-Württemberg e. V. (Hrsg.): Gewerbeschulen 150 Jahre in Baden 1834 – 1984, 75 Jahre in Württemberg 1909 – 1984, Jubiläumsschrift, Stuttgart 1984, S. 9–15, hier S. 12.

[10] Hahn, K., a.a.O., S. 46

§ 7. Soweit die gewerblichen Verhältnisse am Sitz der Schule oder in dessen Umgebung es wünschenswert erscheinen lassen, sollen für einzelne oder verwandte Gewerbe Fachabteilungen eingerichtet werden.

Für die Berufskunde insgesamt legte die Verordnung fest, dass ihre Unterrichtsgegenstände den Schüler soweit fördern sollen, dass er bei der Entlassung aus der Schule nicht nur den Anforderungen, die in seinem Beruf an ihn gestellt werden, gewachsen ist, sondern auch der fortschreitenden Entwicklung der Technik mit Verständnis zu folgen vermag. Den vollständigen Wortlaut der Verordnung enthält Anhang B 3.

Emil Gutman kommentierte die Aufgabe der Schulwerkstätten nach der Gewerbeschulverordnung von 1907 wie folgt:

Schulwerkstätten mit Ergänzungcharakter

„Die Frage der Einrichtung von Schulwerkstätten war durch die Verordnung vom 20. Juli 1907 durch die Stellung der den Gewerbeschulen zufallenden Aufgaben entschieden. Die Schule sollte den gewerblichen Arbeitern auch praktische Kenntnisse und Fertigkeiten für die Ausübung ihres Gewerbes vermitteln. Doch sollte die handwerksmäßige Ausbildung nicht der Meisterlehre, deren Sache sie ist, abgenommen werden. Die Schulwerkstätte sollte diese nur ergänzen und dazu dienen, in seltener vorkommenden Arbeiten, die der Lehrling in der Meisterwerkstatt zu erlernen keine Gelegenheit hat, oder in neuen Techniken den Schüler zu unterweisen und zu üben. Unter dem Begriff ‚Modellieren' war dieser Unterricht für einzelne Berufe seit langem gepflegt worden, doch standen dem systematischen Ausbau von Schulwerkstätten als Ergänzung der Meisterlehre die damit verbundenen hohen Kosten hindernd im Wege."[11]

Konkrete Angaben zur Zahl der zu jenem Zeitpunkt in Baden bestehenden Schulwerkstätten nennt Gutman nicht. Es kann aber davon ausgegangen werden, dass der allgemeine Aufschwung des Gewerbeschulwesens auch für die Schulwerkstätten einen positiven Effekt hatte. Nach Stocker haben sich die Schulwerkstätten bewährt, wurden aber aus Kostengründen im Wesentlichen nur in größeren Städten eingerichtet und seien „in jeder Hinsicht noch sehr der Entwicklung fähig".[12]

Kostenüberlegungen

Die Zahl der Gewerbeschulen selbst und auch die Schülerzahlen hatten sich auf der Grundlage der neuen gesetzlichen Bestimmungen beträchtlich erhöht: „War die Zahl der Schulen im Jahre 1905 noch 47 gewesen, so betrug sie im Jahre 1912 bereits 60. Die Gesamtschülerzahl hat sich im gleichen Zeitraum nahezu verdoppelt (1905: 10.433, 1912: 19.524)."[13] Durch den Ersten Weltkrieg erfuhr diese Entwicklung jedoch einen tief greifenden Einschnitt.

---

[11] Gutman, a.a.O., S. 542
[12] Stocker, a.a.O., S. 65
[13] Gutman, a.a.O., S. 540

6.2 Badische Gewerbeschulen von G. Kerschensteiner als Modell empfohlen

Kerschensteiners
Beobachtungen
in Karlsruhe

Georg Kerschensteiner, der 1895 das Amt des Münchner Stadtschulrats übernommen hatte, befasste sich intensiv mit dem gewerblichen Fortbildungsschulwesen. Um Einblick in die Situation des gewerblichen Erziehungswesens außerhalb Bayerns zu gewinnen, führte er über mehrere Jahre hinweg Informationsreisen nach Österreich und der Schweiz durch; danach nahm er gewerbliche Bildungsanstalten in Preußen, Sachsen, Württemberg und Baden in Augenschein. Anlässlich seines Besuchs in Karlsruhe im Schuljahr 1898/99 richtete Kerschensteiner sein besonderes Augenmerk auf die angetroffenen Schulwerkstätten. Den Bericht über den Besuch der Karlsruher Gewerbeschule, an der er positiv anmerkte, dass sie nur nach geschlossenen Lehrlingskursen organisiert ist, schloss er mit Ausführungen zu den dortigen Schulwerkstätten (vgl. Anlage 17) und betonte u. a. die enge Verbindung zwischen dem Werkstättenunterricht und dem gesamten übrigen Unterricht. Er hob hervor, dass die Gewerbeschüler hier zu ihrem Fachzeichenunterricht die nötige praktische Ergänzung finden sollen.[14]

Kerschensteiners
Reformkonzept

Ohne Zweifel wurde Kerschensteiner von den Eindrücken seiner ausgedehnten Reisen bei der 1901 in München eingeleiteten Reform der Fortbildungsschule beeinflusst. Wie zuvor schon Nebenius in Baden und Ferdinand von Steinbeis in Württemberg setzte er sich grundsätzlich für die Fortführung der betrieblichen Lehre als der zweckmäßigsten Form beruflicher Erstausbildung ein. Aufgrund seines umfassenden Überblicks über die schon ausgangs des 19. Jahrhunderts bestehenden ganz verschiedenartigen Formen beruflicher Bildungsgänge in Mitteleuropa bemühte sich Kerschensteiner um eine zukunftsweisende Lösung und fügte die aus seiner Sicht als unabdingbar erachteten Details zu einer geschlossenen Konzeption zusammen.

Anregungen erfuhr Kerschensteiner auch durch den amerikanischen Pädagogen und Philosophen John Dewey, der dem vorwiegend verbalen Lernen den Handfertigkeitsunterricht entgegenstellte.

Handfertigkeits-
unterricht

Der Handfertigkeitsunterricht erhielt auch durch Entwicklungen in Österreich Impulse. Dort wurde in der zweiten Hälfte der 1880er Jahren der neue Schultyp *Allgemeine Handwerkerschule* eingerichtet. Es handelte sich um zwei- bis dreiklassige Schulen, die Kenntnisse und praktische Fertigkeiten als Vorbildung für eine Handwerkslehre vermittelten. Handfertigkeitsunterricht und Zeichnen bildeten dabei Schwerpunkte. In der ersten Klasse sollten im Handfertigkeitsunterricht von wöchentlich vier bis acht Stunden erste Handgriffe in Holz- und Metallbearbeitung erlernt werden. Im Anschluss daran erhielten die Schüler je nach gewähltem Gewerbe praktischen Unterricht in Fachgruppen. Der Initiator dieser Schulen, Ministerialreferent Freiherr v. Dumreicher, verfolgte u. a. das Ziel, Knaben frühzeitig an die gewerbliche Handarbeit heranzuführen und sie noch im volksschulpflichtigen Alter durch systematische berufliche Vorbildung auf die Absolvierung der Lehre vorzubereiten.[15]

---

[14] Kerschensteiner, G.: Beobachtungen und Vergleiche über Einrichtungen für gewerbliche Erziehung außerhalb Bayern. München 1901, S. 229

[15] Vgl. Schermaier, Josef: Die Allgemeine Handwerkerschule, eine Schule der beruflichen Vorbildung. Wien 1981, S. 70f.

Anl. 17:

G. Kerschensteiner zu den Werkstätten der Gewerbeschule Karlsruhe

„Der Lehrwerkstättenunterricht steht ... in engster Verbindung mit dem gesamten übrigen Unterricht. Er ist trefflich, wenn auch in der bescheidensten Weise organisiert und soll keineswegs etwa die Meisterlehre ersetzen, die (insoweit sie gut ist) auch nach Rektor Cathiaus Ansicht unersetzbar ist, und solange ein Erziehungsfaktor bleiben soll, als sie ihre Aufgabe erfüllen kann. Der Schüler ... soll hier zu seinem Fachzeichenunterricht die nötige praktische Ergänzung finden ...

In der Schlosserwerkstätte werden unter Anleitung eines Karlsruher Meisters einfache Fachzeichnungen des Klassenunterrichts direkt ausgeführt, und zwar ist auch hier ein ganz systematischer spezieller Lehrgang zu Grunde gelegt. Eine Feldschmiede, sieben Schraubstöcke bilden die Ausstattung der ganzen Werkstätte. Jeder Schüler hat einmal in der Woche teilzunehmen; ist Platz vorhanden, so kann er auch öfter kommen. In der Spenglerwerkstätte ist eine Börtelmaschine, eine Gasflamme zum Löten, ein Gaslötofen und eine Drehbank, um Rotationskörper nicht bloß mit der Hand zu klopfen, sondern auch durch Metalldrucken herstellen zu lernen, die ganze Ausstattung. Auch hier wird nach einem besondern offiziell genehmigten Lehrplan gearbeitet. In der Schreinerwerkstätte bilden sechs kleine Hobelbänke und eine Drehbank die Vorrichtungen, um die von den Schülern gelieferten Werkzeichnungen in Modelle umzusetzen. In der Malerwerkstätte werden von den Lehrlingen nach dem Muster, das der Lehrer vorarbeitet, direkt auf grundiertem Papier Maueranstriche, Gesimsimitationen, Marmorierübungen etc. ausgeführt. Besonders interessant war mir die Maurerwerkstätte. Hier wurden thatsächlich Häuser gebaut, und zwar in Fünftelbacksteinen aus Gips, die das Thonwarengeschäft Mayer in Karlsruhe ... liefert. Da mir der Unterricht keineswegs den Eindruck der Spielerei machte, wie er einmal von anderer Seite bezeichnet wurde, so möchte ich ihn ausführlicher schildern. Im ersten Jahr werden vor allem die Backsteinverbände geübt ... Dann werden Leibungen gebaut ... Im dritten Jahr endlich einfache Gewölbe ... und endlich ein ganzes, wenn auch einfaches Haus nach selbst entworfenem Plane, an dem dann selbstverständlich die Schlosser-, Spengler- und Schreinerwerkstätten mitarbeiten, und für das in den entsprechenden Rechenkursen die Kostenvoranschläge ausgearbeitet werden.

Ich hatte den besten Eindruck von diesen Übungen gewonnen; nicht nur, daß der Maurerlehrling hier thatsächlich systematisch in diese Elemente seines Handwerks eingeführt wird, die Fachzeichenklassen gewinnen hier auch treffliche und anschauliche Modelle, die nicht in Endlose aufgestapelt werden, sondern jederzeit wieder in ihre Elemente zu neuen Übungen aufgelöst werden können. ...

Wir schieden mit einem sehr guten Eindruck von der anspruchslosen Schule, die ihrem Zwecke für elementare gewerbliche Erziehung in so vollkommener Weise dient. Hier fanden wir zum ersten Mal auf unseren Reisen alle fünf Grundbedingungen einer guten Fortbildungsschule vereinigt: Der Ausschluß des Abend- und Sonntagsunterrichtes für die theoretischen und zeichnerischen Fächer, geschlossene in sich zusammenhängende Unterrichtspläne für die einzelnen Hauptgewerbegruppen (Fachschulsystem), das System der Berufsgewerbelehrer in Verbindung mit Gewerbsmeistern, das eigene Gebäude mit den zweckentsprechenden Einrichtungen und einen selbständigen, beruflich geeignet vorgebildeten Leiter.“

Quelle: Kerschensteiner, Georg: Beobachtungen und Vergleiche über Einrichtungen für gewerbliche Erziehung außerhalb Bayern, München 1901, S. 228 ff.

Die österreichischen Allgemeinen Handwerkerschulen stießen bei ausländischen Experten auf großes Interesse; Kerschensteiner und auch ein Karlsruher Gewerbeinspektor als Vertreter der badischen Kultusverwaltung informierten sich vor Ort in Linz, wo im Jahre 1889 eine solche Schule eröffnet worden war.[16] Die positiven

Rezeption des österreichischen Modells

---

[16]   Vgl. a.a.O., S. 194ff.

Erfahrungen mit diesen Einrichtungen bewogen Kerschensteiner, sich für die Einführung von Handfertigkeitsunterricht für Knaben in Holz- und Metallbearbeitung in den achten Klassen der Münchner Volksschulen einzusetzen, was im Jahre 1900 realisiert werden konnte. Kerschensteiner betrachtete den Handfertigkeitsunterricht als Unterrichtsmittelpunkt und hob insbesondere dessen Wechselbeziehungen mit den Fächern Zeichnen, Mechanik, Geometrie sowie Rechnen hervor.

Auf Seiten des Karlsruher Gewerbeinspektors Theodor Krauth, der die Linzer Schule im Jahre 1892 im Auftrag des badischen Ministeriums für Justiz, Kultus und Unterricht besuchte, fand der Handfertigkeitsunterricht in den Schulwerkstätten hohe Anerkennung. Krauth beobachtete die Herstellung einer von ihm in Auftrag gegebenen Probearbeit und stellte fest, die Knaben würden „in aller Gründlichkeit" in die Elemente des Handwerks eingeführt und wären nach einem Jahr mindestens so weit wie in der Meisterlehre nach zwei Jahren.[17]

Die eingehende Beschäftigung mit der Werkstattarbeit im Rahmen des österreichischen Handfertigkeitsunterrichts dürfte Kerschensteiner auch in seiner Überzeugung bestärkt haben, dass Fortbildungsschulen ebenfalls grundsätzlich über Schulwerkstätten verfügen sollten, um die Ausbildung im Lehrbetrieb zu ergänzen und die Effizienz der Teilzeitschule selbst durch das Wechselspiel der praktischen Unterweisung mit den theoretischen Fächern zu erhöhen.

Werkstattarbeit als Kristallisationspunkt
Die Schulwerkstatt als Ergänzungswerkstatt im ursprünglichen Sinne bildet den Kristallisationspunkt von Kerschensteiners Reform. Damit erhielt die gewerbliche Fortbildungsschule eine anspruchsvolle Zielsetzung. Die von Kerschensteiner konzipierte Schule ist nicht mehr nur die Begleiterin der betrieblichen Lehre, sondern vielmehr in die Ausbildung integriert. Ausgangspunkt der Reform war die Erkenntnis, dass zwischen Theorie und Praxis ein innerer Zusammenhang bestehen muss, denn nach Kerschensteiners Auffassung lassen sich diese beiden Bereiche nicht verselbständigen, sondern müssen einander durchdringen. Entschieden wandte er sich gegen die Überbewertung des Wissens. Bildung ist „immer Sache des sinngefüllten Könnens, das freilich ein bestimmtes Maß von Wissen einschließt".[18]

Die Schulwerkstätten waren für Kerschensteiner der didaktische Mittelpunkt seiner beruflich gegliederten Fortbildungsschule. Er charakterisierte den Auftrag der Werkstätten als „systematische, lückenlos vorwärtsschreitende, vom beständigen Überlegen begleitete, und, wo notwendig, von wissenschaftlichen Gründen durchleuchtete technische Schulung."[19]

Konkretisierung in München
Für das Schuljahr 1906/07 erschien Kerschensteiners erster Jahresbericht der Lehrlingsabteilung der männlichen Fortbildungsschulen Münchens. Darin sind 21 Leitsätze enthalten, die die Grundlage der im Jahre 1900 eingeleiteten Neu-

---

[17] A.a.O., S. 197

[18] Kerschensteiner, G.: Das Grundaxiom des Bildungsprozesses und seine Folgerungen für die Schulorganisation. Zitiert nach: Müllges, Udo: Bildung und Berufsbildung. Ratingen 1967, S. 26

[19] Kerschensteiner, G.: Die Schulwerkstatt als Grundlage der Organisation der Fortbildungsschule. In: Kerschensteiner, G.: Berufsbildung und Berufsschule. Ausgewählte pädagogische Schriften Bd. 1. Hg. von G. Wehle. Paderborn 1966, S. 120f.

gestaltung des Münchner Fortbildungsschulwesens bildeten. Diese sind nachfolgend auszugsweise wiedergegeben[20]:

- „Die Erziehung zur gewerblichen Tüchtigkeit muß die rein technische, die kaufmännisch-wirtschaftliche und die staatsbürgerliche Seite ins Auge fassen.
- Die berufliche Erziehung des Lehrlings durch den Meister bedarf der Ergänzung durch Fortbildungsschulen oder Innungsfachschulen.
- Die Fortbildungsschule darf aber nicht allgemeinen Charakter haben, sondern einen fachlichen; wo immer es daher die Verhältnisse erlauben, ist die Fortbildungsschule streng nach Gewerben zu gliedern.
- Zu dem Zwecke und zur Ergänzung der vielfach einseitigen Meisterlehre ist für jede gewerbliche Fortbildungsschule die Einrichtung von Lehrwerkstätten des betreffenden Gewerbes unbedingt notwendig.
- Wo der Lehrwerkstättenunterricht den Zeichnungsunterricht ersetzen kann, soll er an dessen Stelle treten. Im übrigen ist der Zeichnungsunterricht möglichst an den Lehrwerkstättenunterricht anzuschließen.
- Nicht nur im Interesse der allgemeinen, sondern auch im Interesse der gewerblichen Erziehung liegt es, mit der obersten Knabenklasse der Werktagsschule einen sorgfältig durchgeführten Handfertigkeitsunterricht zu verbinden und ihn mit dem Zeichnungsunterrichte zu verknüpfen.
- Der obligatorische Unterricht umfaßt in mindestens acht Wochenstunden deutsche Literatur und Geschäftsaufsatz, gewerbliches Rechnen mit Buchführung, Waren-, Werkzeug- und Maschinenkunde und Bürger- und Lebenskunde, Zeichnen und praktischen Unterricht. Die Lehrlinge jener Gewerbe, für welche Zeichnen und praktischer Unterricht noch nicht eingerichtet sind, haben mindestens sechs Stunden Wochenunterricht. Außerdem ist der Lehrling noch christenlehrpflichtig. Der gesamte Unterricht ist den einzelnen Gewerbegruppen anzupassen.
- Nach 7 Uhr abends darf kein obligatorischer Unterricht mehr stattfinden; es ist anzustreben, daß aller Unterricht Tagesunterricht werde; auch die Sonntage sind immer mehr freizuhalten.
- In allen Gewerben, in welchen sich der Zeichenunterricht durch praktischen Unterricht ersetzen läßt, soll der Zeichenunterricht so weit beschränkt werden, daß er nur mehr in den Dienst des praktischen Unterrichts tritt, etwa als Werkzeichnen zu den in den Werkstätten herzustellenden Arbeiten oder als skizzenhafter Entwurf für eine kunstgewerbliche Darstellung auf echtem Material, wobei die Details gleich im Material auszuführen sind.
- In dem gesamten Unterrichts-, besonders aber im Werkstättenbetrieb sind tunlichst Einrichtungen zu schaffen, die eine gewisse freie Selbstregierung der Schüler möglich machen. Nur auf diesem Wege wird sich das später so notwendige Bewußtsein der Verantwortlichkeit praktisch entwickeln lassen."

Kerschensteiners Reform war im Jahre 1910 zu einem gewissen Abschluss gekommen: In 52 Fachabteilungen wurden zu diesem Zeitpunkt 9.000 Fortbildungsschüler unterrichtet; 1.100 Jugendliche im Fortbildungsschulalter, die noch nicht im Beruf standen oder als Tagelöhner, Laufburschen usf. beschäftigt waren, blieben ausgeklammert oder besuchten die allgemeine Fortbildungsschu-

---

[20] Zitiert nach Stillcke, F.: Die Lehrlingsabteilung der männlichen Fortbildungsschulen Münchens. In Zeitschrift für gewerblichen Unterricht. Zentralblatt für das deutsche Fach- und Fortbildungsschulwesen. 23. Jg., Nr. 6/15. Juni 1908, S. 71f.

le.[21] Für den praktischen Unterricht waren wöchentlich im Allgemeinen bei gewissen Unterschieden von Beruf zu Beruf zwei bis drei Stunden angesetzt.

Schwierigkeiten der Umsetzung Waren bis 1900 an die Fortbildungsschulen angeschlossene Werkstätten noch die Ausnahme, so brachte das Münchner Beispiel einen kräftigen Impuls. Es folgten Neueinrichtungen von Werkstätten in anderen Städten. Einem entscheidenden Durchbruch standen jedoch erhebliche Schwierigkeiten entgegen. In den kleinen und mittleren Städten gelang es nämlich nicht, bei der Klassenbildung fachlich entsprechend zu gliedern und die für die Ausstattung der Werkstätten sowie die Durchführung des fachpraktischen Unterrichts selbst erforderlichen erheblichen finanziellen Mittel aufzubringen.

6.3 Für und wider Schulwerkstätten ab 1900

Funktion der Teilzeitschule Wie in Kap. 6.1 dargestellt, sollten die badischen Gewerbeschulen nach der Verordnung vom Jahre 1907 auch jene praktischen Kenntnisse und Fertigkeiten vermitteln, die die betriebliche Lehre aufgrund allgemeiner oder örtlicher Verhältnisse nicht hinreichend bieten konnte. So kam der Unterweisung in den Schulwerkstätten eine wichtige Ergänzungsfunktion zu und ihre Position zur Ausbildung im Betrieb war definiert.

Auf nationaler Ebene hatte sich allerdings mit der Reichsgewerbeordnung vom Jahre 1897, die 1900 in Kraft trat, eine neue Grundlage für das Handwerk und dessen Ausbildungsaktivitäten ergeben (vgl. Kap. 7.1). Hierbei fand die Fortbildungsschule nur insofern Berücksichtigung, als der Lehrmeister den Lehrling zum Schulbesuch anzuhalten und dies zu überwachen hatte (§ 127). Den neu zu errichtenden Handwerkskammern oblagen nach § 103e der Reichsgewerbeordnung u. a. folgende Aufgaben:
– nähere Regelung des Lehrlingswesens,
– Überwachung der Durchführung der für das Lehrlingswesen notwendigen Vorschriften,
– Bildung von Prüfungsausschüssen zur Abnahme der Gesellenprüfung.

Die Gesellenprüfung hatte „den Nachweis zu erbringen, daß der Lehrling die in seinem Gewerbe gebräuchlichen Handgriffe und Fertigkeiten mit genügender Sicherheit ausübt ..." (§ 131 b).

Bedeutung der Schulwerkstätten Der Karlsruher Gewerbeschuldirektor Kuhn äußerte sich anlässlich des 75-jährigen Bestehens dieser Schule im Jahre 1909 über die Schulwerkstätten wie folgt[22]:
> „Der Meister muß im Interesse einer gründlichen Ausbildung seines Lehrlings in Kauf nehmen, daß die Schule auf sein Gebiet, in die Praxis, hinübergreift, das er nicht selten in Verkennung des Zieles als seine ureigenste Domäne betrachtet. Ebenso unerläßlich wie die Theorie ist auch die Praxis in der Schule; ohne Schulwerkstätte kann heute nichts Ersprießliches mehr geleistet werden. Heute, wo die Arbeitsteilung so groß ist, wo fast jeder sich zum Spezialisten ausbildet, ist es nicht immer möglich, daß der Lehrling ohne Schulwerkstätte einen allgemeinen Über-

---

[21] Vgl. Organisation und Lehrpläne der obligatorischen Fach- und Fortbildungsschulen für Knaben in München. Mit einer Einleitung von G. Kerschensteiner. München 1910, S. 11

[22] Kuhn, Karl Friedrich: Die Gewerbeschule der Landeshauptstadt Karlsruhe in Vergangenheit und Gegenwart, hrsg. v. d. Stadt Karlsruhe. Karlsruhe 1927, S. 156

blick über sein Handwerk gewinnt. ... In der Schulwerkstätte, wo nur berufene Fachmänner und fachkundige Meister lehren dürfen, muß ihm im Anschluß an die Theorie das vor Augen geführt werden, was ihm die Werkstätte nicht bieten kann. An Stelle der oft gedankenlosen Überlieferung soll eine von rationellem Denken geleitete Arbeitsweise treten. Der Ausbau der Schule muß auf fachlicher und zwar theoretischer und praktischer und auch auf kaufmännischer Grundlage erfolgen."

Bis zum ersten Weltkrieg setzte sich der Ausbau der Werkstätten an den badischen Gewerbeschulen fort. Die Kriegszeit brachte allerdings einen erheblichen Rückschlag. Die maschinelle Ausstattung wurde größtenteils zum Einsatz in der Rüstungsindustrie abgezogen und konnte nach Kriegsende nicht zurückerlangt werden, wie es u. a. der Karlsruher Gewerbeschuldirektor Kuhn schilderte. Diese schwierige Situation veranlasste die Schulleitung im Frühjahr 1921 zur Verfassung einer Denkschrift über die Schulwerkstätten und einer Druckschrift „Die Gewerbeschule Karlsruhe", welche an Industrielle und Privatpersonen mit der Bitte um Unterstützung versandt wurden. Die Denkschrift fasste nach Kuhn alle für den Werkstättenunterricht sprechenden Gesichtspunkte zusammen und ist Anhang B 4 wiedergegeben. So begründet der Schulleiter Notwendigkeit und Nutzen eines derartigen Unterrichts vor allem mit folgenden Argumenten:

- Eine gründliche Ausbildung erfordere einen Hand in Hand mit der Theorie gehenden Unterricht in der Schulwerkstätte.
- Da eine methodisch aufgebaute, planmäßige Berufsausbildung des Lehrlings beim Meister nur selten erfolge, müsse die Gewerbeschule ergänzend tätig werden, um die dem Lehrling drohende Gefahr der Einseitigkeit und Mechanisierung in seinem Beruf zu bannen.
- Der Werkstättenunterricht weckt Arbeitsfreude und zum Liebe Handwerk; er spornt den Leistungswillen an. Der Lehrling formt nach Grundsätzen der Qualitätsarbeit etwas Eigenes, das für ihn hohen emotionalen Wert besitzt.

Der Denkschrift angefügt waren wohlwollende Stellungnahmen der Handwerkssowie der Handelskammer für die Kreise Karlsruhe und Baden-Baden, die der Gewerbeschule auch selbst finanzielle Zuwendungen gewährten bzw. ihren Mitgliedsbetrieben empfahlen, Unterstützung zu leisten. Der „Verein deutscher Maschinenbau-Anstalten" empfahl seinen Mitgliedern ausdrücklich die Förderung des Werkstättenunterrichts durch Überlassung von Maschinen oder Geldmitteln; der „Verband der Metall-Industriellen Mittelbadens" sprach sich ebenso aus.[23] So war der Initiative von Direktor Kuhn ein recht guter Erfolg beschieden. Dank Unterstützung aus der Wirtschaft und Zuwendungen der Stadt konnten in den Jahren 1921 und 1922 mehrere Werkstätten neu eingerichtet bzw. besser ausgestattet werden. Anlage 18 zeigt eine Reihe von Werkstätten der Karlsruher Schule im Neubau am Lidellplatz, der im Jahre 1914 bezogen worden war.

Auch wenn in den genannten Stellungnahmen von Kammern und Verbänden mit Blick auf die Karlsruher Gewerbeschule eine grundsätzlich positive Haltung gegenüber den Schulwerkstätten zum Ausdruck kam, darf dies nicht darüber hinwegtäuschen, dass die Diskussion um den Werkstättenunterricht insgesamt kontrovers geführt wurde.

---

[23] Vgl. Kuhn 1927, a.a.O., S. 162ff.

Anl. 18: **Einige Werkstätten der Gewerbeschule Karlsruhe um 1925**

Schlosser

Buchbinder

Eisendreher

Blechner- und Installateure

Holzbildhauer und Marketeure

Fein- und Elektromechaniker

Quelle: Kuhn, Karl Friedrich: Die Gewerbeschule der Landeshauptstadt Karlsruhe in Vergangenheit und Gegenwart, hrsg. v. d. Stadt Karlsruhe. Karlsruhe 1927, S. 79, 85, 87, 93, 123 u. 139

Ministerialerlass vom Januar 1924 In einem Runderlass des badischen Ministeriums des Kultus und Unterrichts vom 22. Januar 1924 wurde darauf hingewiesen, dass dem Werkstättenunterricht, sofern dadurch eine zielbewusste und systematische Ausbildung nach besonderen Lehrgängen erfolge, eine nicht zu unterschätzende Bedeutung für die gesamte Ausbildung und Erziehung des Nachwuchses in Industrie und Handwerk zukomme. Es sei jedoch angesichts der schwierigen finanziellen Lage nicht zu vertreten, Staat und Gemeinden zur Durchführung dieses Unterrichts weitere Lasten aufzubürden zur Unterstützung solcher Industrie- und Handwerkszweige, die von ihren Betriebseinrichtungen her und finanziell leistungsfähig genug wären, um ihre Lehrlinge selbst auszubilden. Es erscheine angebracht, eine Neuregelung des Werkstättenunterrichts herbeizuführen, durch die vor allem die Staats- und Gemeindekassen entlastet würden.

Der Erlass schien zunächst für die Weiterentwicklung des Werkstättenunterrichts nicht gerade förderlich. Er trug allerdings dazu bei, die Frage der Schulwerkstätten zu klären, denn das Handwerk und seine Vertretungen waren genötigt, erneut Position zu beziehen. Das Ministerium des Kultus und Unterrichts holte Stellungnahmen vom badischen Landesgewerbeamt und der Handwerkskammer Karlsruhe ein. Das Landesgewerbeamt betonte in seiner Stellungnahme die Ergänzungsfunktion der Schulwerkstätten sowie die Notwendigkeit, die dortigen Unterweisungen in engste Verbindung mit dem Fachzeichnen sowie mit dem einschlägigen theoretischen Unterricht der Gewerbeschule zu bringen. Es seien drei bis vier Wochenstunden Werkstättenunterricht anzusetzen, um „etwas Ersprießliches" leisten zu können.[24] Der Unterricht sei außerhalb der üblichen Zeit zu legen. Angesichts der Finanznot von Staat und Gemeinden war sich das Landesgewerbeamt allerdings dessen bewusst, dass sich eine derartige Neuregelung kaum durchführen ließe. Daher schlug es vor, diesen Unterricht vorerst nur auf diejenigen Berufe zu beziehen, die vorrangig einer Ergänzung der Meisterlehre bedürfen. Im Übrigen nahm das Amt an, die gewerblichen Organisationen würden aus Einsicht und eigenem Interesse finanzielle Unterstützung leisten.

Die Handwerkskammer Karlsruhe brachte hohe Anerkennung des Werkstättenunterrichts zum Ausdruck und stellte heraus:

> „Soweit wir in gewerblichen Organisationen feststellen konnten, legt man den größten Wert auf die Erhaltung des Werkstättenunterrichts, ja man wünscht allgemein dessen weiteren Ausbau, um die Lehrlinge zu vielseitig ausgebildeten Qualitätsarbeitern heranzuziehen; denn nur hochwertige Qualitätsarbeit kann der deutschen Wirtschaft zur Eroberung des Weltmarktes und zur Erlangung neuen Absatzes im Auslande helfen."[25]

Allerdings sollte nach Auffassung der Kammer der Aufwand für den Werkstättenunterricht in der Hauptsache von Staat und Gemeinden getragen werden. Die öffentliche Hand dürfe auf keinen Fall finanzielle Kürzungen vornehmen.

Mit einem Erlass vom 12. Juni 1924 regelte das badische Ministerium des Kultus und Unterrichts den Werkstättenunterricht schließlich wie folgt[26]:

Ministerialerlass vom Juni 1924

> „Mit Bezug auf den an die Direktionen der Gewerbeschulen ergangenen Runderlaß vom 22. Januar 1924 ... wird gemäß § 1 der landesherrlichen Verordnung vom 20. Juli 1907, die Gewerbeschulen betreffend, und nach Anhörung der beteiligten Kreise für die praktische Ausbildung der gewerblichen Arbeiter ... folgendes angeordnet:

---

[24] Vgl. Kuhn, a.a.O., S. 165
[25] Zitiert nach Kuhn, a.a.O., S. 166
[26] Zitiert nach Kuhn, a.a.O., S. 166f.

1. Im Hinblick auf die Wichtigkeit und die große Bedeutung der Erziehung und Ausbildung eines tüchtigen Nachwuchses in Industrie und Handwerk ist der Werkstättenunterricht ... als Ergänzung der Meisterlehre bei gegebenen Voraussetzungen auch in Hinkunft einzurichten und durchzuführen.

2. Soll der Werkstättenunterricht als Pflichtfach für die durch Ortsstatut zum Besuch der Gewerbeschule verpflichteten Schüler eines Gewerbes eingerichtet werden, so muß eine genügende Anzahl solcher Schüler vorhanden sein. Im gegebenen Falle ist dieser praktische Unterricht außerhalb des übrigen Unterrichts und mit mindestens 3 bis 4 Wochenstunden im Stundenplan anzusetzen.

3. Die Vergütungen für die Erteilung des Werkstättenunterrichts nach dem vom Ministerium genehmigten Stundenplan gehören zum persönlichen Aufwand der Schule und regeln sich nach den hierfür geltenden Bestimmungen.
...

6. Bei Vorlage des Stundenplanes ... ist ... unter jeweiliger Angabe der Teilnehmerzahl über Ziel und Umfang des Werkstättenunterrichts eingehend zu berichten und besonders darzulegen, welche Arbeitsgebiete hierbei in Betracht gezogen werden. Nach Möglichkeit sollte nach besonderen methodisch aufgebauten Lehrgängen vom Leichten zum Schwereren fortschreitend gearbeitet werden.

7. Bei Ausarbeitung solcher Lehrgänge, die im Benehmen mit den Fachorganisationen aufzustellen sind, werden die vom Badischen Landesgewerbeamt für die praktische Berufsausbildung in der Meisterlehre aufgestellten Lehrpläne gute Dienste leisten. ...

8. Wie in jeglichem Fachunterricht, so ist insbesondere im Werkstättenunterricht auf ein wirksames Zusammenarbeiten von Schule und Werkstatt, desgleichen auf eine organische Verbindung des Werkstättenunterrichts mit dem übrigen fachlichen Unterricht großer Wert zu legen.

9. Das Ministerium wird zu Besichtigungen des Werkstättenunterrichts erfahrene Praktiker aus Arbeitgeber- und Arbeitnehmerkreisen heranziehen."

Erziehungsauftrag der Gewerbeschule

Das badische Ministerium des Kultus und Unterrichts stand in den Jahren 1922 bis 1925 unter der Leitung von Willy Hellpach, der von 1924 bis 1926 auch als badischer Staatspräsident fungierte. Sein besonderes Anliegen bei der curricularen Weiterentwicklung der Gewerbeschulen war die Stärkung ihrer bisher wenig beachteten Erziehungsaufgabe, und zwar über die Einführung der Fächer Deutsch, Staatskunde und Religion, die zur Förderung von Sittlichkeit, Pflichtbewusstsein, Gemeinsinn und Liebe zum deutschen Volkstum beitragen sollten. Es ging Hellpach dabei auch um eine „Wiedervergeistigung und Ethisierung der Arbeit"; beim „werdenden Arbeiter" sollte ein „modernes Berufsethos" entwickelt werden, gleichsam als Entgegnung auf die zunehmende Rationalisierung, die zu einer Sinnentleerung in der Arbeitswelt führte.[27]

Gewerbeschulverordnung von 1925

Am 6. März 1925 verordnete das badische Ministerium des Kultus und Unterrichts eine Novellierung von § 5 der Gewerbeschulverordnung des Jahres 1907 und legte damit folgende Unterrichtsfächer fest: Religion, Deutsch mit Schrift-

---

27 Vgl. Nickolaus, Reinhold: Politischer Unterricht an gewerblichen Berufsschulen in Baden und Württemberg im gesellschaftlichen Kontext. Hg.: Prof. Dr. K.-H. Sommer, (Stuttgarter Beiträge zur Berufs- und Wirtschaftspädagogik Bd. 6). Esslingen 1987, S. 248f.

verkehr, Staatskunde, Werkstofflehre mit technischer Chemie, Werkzeug- und Maschinenlehre, Naturlehre, Geometrie, Projektionslehre, Freihandzeichnen, Techn. Zeichnen und Skizzieren, Modellieren, Werkstattunterricht (soweit hierfür ein Bedürfnis und die Möglichkeit seiner Einrichtung besteht), Rechnen mit Preisbildung sowie Buchhaltung. Zu diesen Fächern konnten auf Antrag der Gemeindebehörden für einzelne Schulen noch weitere der gewerblichen und industriellen Ausbildung dienende Fächer hinzutreten sowie Gesang, Turnen und Kochunterricht für Mädchen.[28] Werkstattunterricht war demnach mit denselben Einschränkungen wie in der Fassung von 1907 einbezogen.

Den neuen Gewerbeschullehrplan selbst enthielt die Bekanntmachung des Ministeriums des Kultus und Unterrichts vom 21. März 1925.[29] In § 1 dieser Bestimmungen war festgeschrieben: „Werkstattunterricht zur Ergänzung der Meisterlehre ist bei gegebenen Voraussetzungen jedoch außerhalb des übrigen Unterrichts als Pflichtfach einzurichten und durchzuführen." Nähere Angaben enthielt § 13 „Werkstattunterricht":

„*Lehrziel:* Unterstützung und Vervollständigung des technologischen und fachtechnischen Unterrichts durch fachwissenschaftliche Unterweisung und praktische Ausführung als Ergänzung der Meisterlehre. Aneignung gewisser Techniken und Konstruktionen. Hinwirkung auf eine wirtschaftliche Betriebsweise.

Lehrstoff: Erste, zweite und dritte Klasse. Die Auswahl des Lehrstoffes richtet sich im Sinne des Lehrziels nach den einzelnen Berufen und den örtlichen Verhältnissen auf Grund methodisch aufgebauter Lehrgänge."[30]

Die Definition des Lehrziels des Modellierens gemäß diesem Lehrplan lautete:

„*Lehrziel:* Praktische Ausführung einer Zeichnung als Ergänzung des fachtechnischen Zeichnens und zur Förderung des körperlichen und räumlichen Auffassungsvermögens sowie der Handfertigkeit.

Lehrstoff: Erste Klasse. Der Lehrstoff wird den Gebieten der Geometrie, der Projektionslehre und des Freihandzeichnens entnommen auf Grund von Modellen und Zeichnungen; das Modellieren aus dem Gedächtnis wird insbesondere für kunstgewerbliche Berufe geübt. Der dazu verwendete Werkstoff muß nicht unbedingt dem im Beruf verwendeten entsprechen. Zweite und dritte Klasse: Je nach Beruf Erweiterung und Vertiefung des Lehrstoffes im Anschluß an das technische Skizzieren und Zeichnen."[31]

Der Haushaltsausschuss des Badischen Landtags beschäftigte sich am 2. März 1928 mit dem Voranschlag des Ministeriums des Kultus und Unterrichts für die Gewerbeschulen. Bei dieser Debatte wurde auch das Thema Werkstattunterricht in den Gewerbeschulen angesprochen. Nach einem Bericht des *Badischen Beobachters*[32] brachte die Deutsche Volkspartei in dieser Landtagsdebatte vor, es sei

Debatte im Badischen Landtag 1928

---

28 Vgl. Gutman, a.a.O., S. 584f.
29 Gesetzes- und Verordnungsblatt 1925, S. 51–56
30 Zitiert nach Gutman, a.a.O., S. 596
31 Zitiert nach Gutman, a.a.O., S. 596 f.
32 Nr. 64, vom 3. März 1928

zu fragen, „ob nicht die Gewerbeschule allzu sehr Aufgaben der Lehrmeister übernommen und sich damit überlastet habe". Der Minister erwiderte, die gewerbliche Schulung der Jugend müsse eine möglichst gute sein. Man müsse immer mehr Fachklassen bilden. Der Werkstattunterricht werde vom Gewerbe selbst dringend verlangt. Das liege in der gewerblichen Entwicklung begründet.[33] Diese Landtagsdebatte kann als beispielhaft dafür gelten, dass die Aufgabenverteilung zwischen Lehrbetrieb und Gewerbeschule immer wieder zur Diskussion stand, selbst wenn im Großherzogtum eine im Großen und Ganzen positive Grundhaltung zur Schulwerkstatt zu verzeichnen war. Auch in Württemberg und Bayern verhielt sich dies ähnlich, wobei allerdings dort wie in Baden finanzielle Beschränkungen dem Werkstattausbau Grenzen setzten.

Abkehr vom Leitbild selbständiger Meister Eine weitere Entwicklung im badischen Gewerbeschulwesen in den 1930er Jahren war die Umorientierung hinsichtlich des traditionellen Leitbilds selbständiger Meister bzw. Geschäftsinhaber. Bereits um 1925 hatte die Gewerbeschule, wie der Karlsruher Schulleiter feststellte, „den Charakter der ausschließlichen Kleinmeisterausbildung verloren".[34] Dem Umbildungsprozess der ganzen Wirtschaft folgend, stellte sie sich auf die Anforderungen einer dauerhaften Tätigkeit als Vorarbeiter, Werkführer und Werkmeister, als Maschinist usf. in größeren Betrieben ein. In Karlsruhe wurde diese Anpassung vollständig verwirklicht in besonderen Lehrplänen für die industriellen Facharbeiter der Abteilung Maschinenbau mit über 1.000 Schülern. In dieser Abteilung waren auch die Lehrlinge einzelner industrieller Großbetriebe in sogenannten *Werkklassen* zusammengefasst. Solche bestanden u. a. für die Maschinenschlosserlehrlinge des badischen Eisenbahnausbesserungswerks Karlsruhe sowie für die Mechanikerlehrlinge der Karlsruher Nähmaschinenfabrik.

Situation in anderen Ländern Außerhalb des süd- bzw. südwestdeutschen Raums stießen die Schulwerkstätten auf erheblich größere Widerstände. Als Beispiel kann auf die Fortbildungsschule in Magdeburg verwiesen werden, deren Direktor um 1900 einen modifizierten Lehrplan aufstellte, orientiert am Grundsatz, den Beruf des Schülers zum zentralen Bezugspunkt des Unterrichts zu machen. Das Magdeburger Modell ist von besonderem Interesse, da es erheblichen Einfluss auf die preußischen Lehrplanbestimmungen von 1911 hatte und diese wiederum in hohem Maße die didaktische Struktur der Berufsschule bis zur Gegenwart bestimmten, wie es Dietrich Pukas herausstellte.[35] An der Magdeburger Schule bestanden Klassen für einzelne Gewerbe, für verwandte Gewerbe sowie für ungelernte Arbeiter. Die Fächer Gewerbekunde mit Lesen und Aufsatz (Deutsch), Rechnen mit Geometrie sowie Zeichnen wurden mit je zwei Wochenstunden in der Unter-, Mittel- und

---

[33] Quelle: „Die Gewerbeschulen im Haushalts-Ausschuß des Bad. Landtags." In: Die Gewerbeschule. Zeitschrift des Verbandes badischer Gewerbeschulmänner, 33. Jg., Heft 2, Februar 1928, S. 61–65, hier S. 62

[34] Vgl. Kuhn, a.a.O., S. 144

[35] Vgl. Pukas, D.: Die gewerbliche Berufsschule der Fachrichtung Metalltechnik: Ihre Entstehung um die Jahrhundertwende und ihre Entwicklung bis zur Gegenwart. Hrsg.: G. Grüner (Darmstädter Beiträge zur Berufspädagogik Bd. 10), Darmstadt 1988, S. 161

Oberstufe unterrichtet. Werkstätten nach dem Vorbild Kerschensteiners wurden trotz allgemeiner Anerkennung des Münchner Fortbildungsschulreformers nicht verwirklicht. Neben der Kostenfrage und dem Mangel an geeigneten Lehrkräften bestanden vor allem Grundsatzprobleme; Schulwerkstätten wurden vom Handwerk als Eingriff in dessen ureigenste Rechte betrachtet. Sogar ein Mitglied des Magdeburger Lehrerkollegiums sah es als eine Verkennung der Unterrichtsaufgabe und der schulischen Möglichkeiten an, vom angeblich bewährten Grundsatz abzuweichen, wonach der Betrieb die praktische Ausbildung leiste und die Schule die *theoretische Ergänzung*.[36]

Als weiteres Beispiel für die Ablehnung des Unterrichts in Schulwerkstätten seitens der Fortbildungsschulen selbst lässt sich die Auffassung von Max Mehnert anführen, Direktor der Fortbildungsschule im sächsischen Döbeln und Verfasser eines im Jahre 1903 erschienenen Handbuchs für Fortbildungsschullehrer. Darin stellte er fest, der Unterricht in Schulwerkstätten ginge zu Lasten des Theorieunterrichts. Hinsichtlich Kerschensteiners Prinzip der Erziehung durch Arbeit müsse auf die Erfahrungen der Schüler in der Meisterwerkstatt bzw. im Betrieb zurückgegriffen werden.[37]

Ab Ende der 1920er Jahre zeigte sich ein Trend zu anderen Werkstattformen, und zwar in Richtung auf *Anschauungs-* und *Vorführwerkstätten*. Gegen diese Art der Schulwerkstatt erhob sich von Seiten des Handwerks kein Widerstand. So entwickelt sich rasch ein neuer Werkstattyp: **Trend zur Demonstrationswerkstatt**

> „Demonstrationswerkstatt und berufsschulgerechter Demonstrationsunterricht werden ... zum Betätigungsfeld der fachkundlichen Fertigkeits- und Fertigungslehre. Sie ermöglichen, die Arbeitsschulung der Praxis durch das methodisch aufgebaute Arbeitsexperiment und die versuchsartige Darbietung des Arbeitsvorgangs zu ergänzen und zu vertiefen."[38]

Die Demonstrationswerkstatt als Sammelbegriff für diese verschiedenartigen Formen von Schulwerkstätten verbreitete sich vor allem im mitteldeutschen und norddeutschen Raum, während die südwestdeutschen Länder an der ursprünglichen Form der Ergänzungswerkstatt festhielten und diese sogar weiter ausbauten.

In Österreich folgte man dem Vorschlag Kerschensteiners, Schulwerkstätten in die gewerblichen Fortbildungsschulen einzubeziehen, um ein konstruktives Zusammenwirken von Ausbildungsbetrieb und Schule zu ermöglichen. Seit jenen Jahren versteht sich die Schulwerkstatt in Österreich bis heute als wichtiges Element des Teilzeitunterrichts mit etwa einem Drittel der wöchentlichen Stundenzahl. Der folgende Beitrag von Peter Schlögl geht auf die Bedeutung des fachpraktischen Unterrichts in den österreichischen Berufsschulen ein. **Schulwerkstätten in Österreich**

---

[36]   Vgl. Pukas, a.a.O., S. 164
[37]   Vgl. Pukas, a.a.O., S. 167
[38]   Monsheimer, Otto: Drei Generationen Berufsschularbeit. Gewerbliche Berufsschulen. Weinheim o.J., S. 77

Peter Schlögl
Fachpraxis im Berufsschulwesen Österreichs

1. Entstehung und Bildungsziel der Berufsschule

Das seit 1882 entwickelte Schulreformprogramm systematisierte Schritt für Schritt Fachschulen, Lehrwerkstätten, gewerbliche Fortbildungsschulen (heutige Berufsschulen), die Staatsgewerbeschulen sowie weitere Bildungseinrichtungen (etwa auch die Lehreraus- und Fortbildung). Ein Regulativ für die Abteilung für gewerbliche Fortbildungsschulen (Zentralblatt, Bd. XXV, 326f.) listet bereits Ausstattungsanforderungen für den Unterrichtsbetrieb auf, der bis hin zu Wanderausstellungen, Publikationen, Vortragstätigkeiten bzw. museumspädagogischen Aspekten reichte. Neben den unterrichtlichen Erfordernissen wie Wandtafeln, Diapositiven etc. wurden Modelle und Lehrbehelfe für den fachpraktischen Unterricht unterschiedlicher Berufe genannt.

Dies hatte nachhaltige Wirkung auf die zunehmende Verfachlichung des Fortbildungs- bzw. Berufsschulwesens, die mit der Gewerberechtsnovelle des Jahres 1907 befördert wurde und letztlich durch das große Schulregelwerk von 1962, das auch das Berufsschulwesen (als Teilzeitschule der dualen Ausbildung) bundesweit einheitlich reglementierte, zwingend wurde. Der § 46 des Schulorganisationsgesetzes (SchOG) regelt als Aufgabe der Berufsschule den „fachlich einschlägigen Unterricht", der „die grundlegenden theoretischen Kenntnisse zu vermitteln hat", die „betriebliche Ausbildung zu fördern und zu ergänzen" sowie die „Allgemeinbildung" der Schulpflichtigen zu erweitern hat. Hinsichtlich des berufsspezifischen Lehrplans, der in die Verordnungszuständigkeit des Bundesministeriums für Unterricht fällt und bundesweite Gültigkeit hat, sind für einzelne Lehrberufe erforderliche theoretische und praktische Unterrichtsgegenstände vorzusehen.

Die Unterscheidung von Allgemeinbildung und Berufsbildung ist im österreichischen Schulwesen bis zum heutigen Tag durch eine gesetzliche Schultypensystematik klar festgelegt. Das berufsbildende Schulwesen kennt wiederum – in innerer Differenzierung des Fachunterrichts – Fachpraxis und Fachtheorie, unabhängig davon, ob es als Teilzeitschule oder als Vollzeitschule organisiert ist.

2. Beispiele fachpraktischen Unterrichts im Berufsschulwesen

Alle (Rahmen-)Lehrpläne für die rund 250 reglementierten Lehrberufe (Ausbildungsberufe) weisen Unterrichtsgegenstände aus, die dem fachpraktischen Unterricht zuzurechnen sind und hinsichtlich des Zielparagrafen des SchOG die betriebliche Ausbildung fördern und ergänzen sollen. Im Folgenden wird überblicksmäßig für ausgewählte (überwiegend dreijährige) Lehrberufe gezeigt, wie dies in der Stundentafel sowie in den entsprechend formulierten Bildungs- und Lehraufgaben zum Ausdruck kommt. Es wurden zum Vergleich Berufe aus den Feldern Gewerbe/Produktion, Dienstleistung und kaufmännisch-administrativ ausgewählt.

2.1 Lehrberuf Tischlerei

Die Gesamtstundenzahl für diesen Lehrberuf sieht 1.260 Unterrichtsstunden (ohne Religionsunterricht) vor. Davon sind die beiden Gegenstände „Computertechnisches Labor" (120 UStd.) und „Holztechnisches Praktikum" (240 UStd.) dem fachpraktischen Unterricht zuzuordnen und machen damit insgesamt etwa 29 % der Gesamtstunden oder 43 % des Fachunterrichts aus. Die Bildungs- und Lehraufgabe des holztechnischen Praktikums wird wie folgt beschrieben:

- Die Schülerinnen und Schüler sollen die Werk- und Hilfsstoffe fachgerecht auswählen, verwenden, bearbeiten und entsorgen können.
- Sie sollen die berufsspezifischen Werkzeuge, Maschinen, Vorrichtungen und Geräte handhaben, pflegen und instand halten können.
- Sie sollen die Arbeitsverfahren und -techniken unter sachgemäßer und wirtschaftlicher Verwendung des Materials anwenden können.
- Sie sollen Werkstücke zusammenbauen und anfertigen sowie Beschläge montieren können.
- Die Schülerinnen und Schüler sollen im Rahmen der Gefahrenunterweisung mit der Unfallverhütung und den Schutzmaßnahmen vertraut sein.

2.2 Maurer/Maurerin

Für diesen Lehrberuf sind ebenfalls insgesamt 1.260 Unterrichtsstunden (ohne Religionsunterricht) vorgesehen. Dabei machen die Gegenstände „Projektpraktikum" (240 UStd.) und

„Laboratoriumsübungen" (40 UStd.) zusammen etwa 22 % der Gesamtstunden oder 29 % des Fachunterrichts aus. Wird das Fachzeichnen auch dem fachpraktischen Unterricht zugeschrieben, verschiebt sich dieses Verhältnis noch hin zu 35 % bzw. 52 %. Die Bildungs- und Lehraufgabe des Projektpraktikums wird wie folgt beschrieben:

- Die Schülerinnen und Schüler sollen unter Einbeziehung von Maßnahmen der Qualitätssicherung mehrere berufsspezifische Aufgaben als komplexe, gesamthafte Arbeiten projektieren, durchführen und darstellen können.
- Sie sollen dabei der Berufspraxis entsprechend durch Verknüpfung von allgemein bildenden, sprachlichen, betriebswirtschaftlichen, technischen, mathematischen und zeichnerischen Sachverhalten Analysen und Bewertungen durchführen sowie berufsorientierte Lösungen dokumentieren und präsentieren können.

2.3 Maschinenmechanik

Bei diesem vierjährigen Lehrberuf sind insgesamt ebenfalls 1.620 Unterrichtsstunden (ohne Religionsunterricht) vorgesehen. Somit entfällt auf die Gegenstände „Fertigungstechnische und prozessorientierte Laboratoriumsübungen" (480 UStd.) und das „Projektpraktikum" (80 UStd.) zusammen genommen etwa 35 % der Gesamtstunden oder 50 % des Fachunterrichts. Das Projektpraktikum hat folgende Bildungs- und Lehraufgabe:

- Die Schülerinnen und Schüler sollen unter Einbeziehung von Maßnahmen der Qualitätssicherung mehrere berufsspezifische Aufgaben als komplexe Arbeiten planen, durchführen, präsentieren und kontrollieren können.
- Sie sollen dabei der Berufspraxis entsprechend durch Verknüpfung von allgemein bildenden, sprachlichen, betriebswirtschaftlichen, technisch-mathematischen und zeichnerischen Sachverhalten Analysen und Bewertungen durchführen sowie berufsorientierte Lösungen dokumentieren, darstellen und evaluieren können.

2.4 Lehrberuf Reisebüroassistent/in

Bei wiederum insgesamt 1.260 Unterrichtsstunden (ohne Religionsunterricht) machen bei diesem Lehrberuf die Gegenstände „Verkaufspraktikum" (240 UStd.) und „Computerunterstützte Touristik" (100 UStd.) etwa 27 % der Gesamtstunden oder 65 % des Fachunterrichts aus. Dem Verkaufspraktikum kommt folgende Bildungs- und Lehraufgabe zu:

- Die Schülerinnen und Schüler sollen theoretische Kenntnisse über die Verkaufspsychologie haben und selbständig Beratungs- und Verkaufsgespräche führen sowie passende Serviceleistungen anbieten können.
- Sie sollen Sicherheit beim Umgang mit den berufsspezifischen Arbeitsunterlagen haben und spezielle Kommunikationstechniken beherrschen.
- Sie sollen touristische Kenntnisse über Österreich, Europa und Übersee haben, bei der Kundenberatung einsetzen können und praxisbezogene Geschäftsfälle durchführen.
- Die Schülerinnen und Schüler sollen die für die Berufsausübung notwendigen berufsspezifischen Kenntnisse und verkaufstechnischen Fertigkeiten besitzen und in der Kundenberatung anwenden können.

2.5 Lehrberuf Bürokaufmann/-frau

Die Gesamtstundenzahl ist auch bei diesem Beispiel identisch wie bei den zuvor genannten Lehrberufen. Die festgelegten 200 UStd. „Fachpraktikum" und 120 UStd. „Text- und Informationsverarbeitung" machen zusammen etwa 25 % der Gesamtstunden oder 67 % des Fachunterrichts aus. Die Bildungs- und Lehraufgabe des Verkaufspraktikums wird wie folgt beschrieben:

- Der Schüler soll seine in anderen Unterrichtsgegenständen erworbenen Kenntnisse und Fertigkeiten sowie seine persönlichen Erfahrungen auf praxisorientierte Aufgabenstellungen seines Lehrberufes anwenden können.
- Er soll dadurch betriebswirtschaftliche Ziele, organisatorische Strukturen und Zusammenhänge sowie Arbeitsabläufe kennen lernen, bewerten und entsprechend handeln können.
- Er soll komplexe Geschäftsfälle als zusammenfassende Arbeit computerunterstützt durchführen und präsentieren können.

3. Lehrerausbildung

Die Lehrerbildung befindet sich in Österreich seit 1999 im Umbruch. Mit der Implementierung von Pädagogischen Hochschulen (als Nachfolgeeinrichtungen der Pädagogischen Akademien und Pädagogischen Institute) im Jahre 2006 wurde die Aus- und Weiterbildung aller Pflichtschullehrer und damit auch der Berufsschullehrer in den tertiären Sektor eingegliedert und in die Bologna-Studienarchitektur integriert. Im ent-

143

sprechenden Hochschulgesetz 2005 wird die Berufspädagogik explizit erwähnt, was zur Schaffung von berufspädagogischen Zentren an vier Hochschulen (Wien, Graz, Linz und Innsbruck) geführt hat (vgl. Mathies 2009, S. 113).

In den Studiengängen für das Lehramt für Berufsschulen sind gemäß der Hochschul-Curriculaverordnung – HCV § 17 – folgende Fachgruppen vorgesehen:

1. Fachgruppe I für allgemein bildende und betriebswirtschaftliche Unterrichtsgegenstände,
2. Fachgruppe II für fachtheoretische Unterrichtsgegenstände,
3. Fachgruppe III für fachpraktische Unterrichtsgegenstände.

Die Zugangsvoraussetzungen für die Fachgruppen müssen durch Schul- oder Berufsabschlüsse und berufliche Praxis erbracht werden und lehnen sich an die dienst- und besoldungsrechtlichen Regelungen für Berufsschullehrer an. Jede der Fachgruppen weist hier spezifische Voraussetzungen auf. Als ein Beispiel wird im Folgenden die Zulassung zu den Studiengängen für Lehrämter im Bereich der Berufsbildung laut Verordnung der Studienkommission vom 25.06.2007 der Pädagogischen Hochschule Wien in Auszügen angeführt:

Eignungsvoraussetzungen zum Lehramtsstudium Berufspädagogik nach Fachgruppen (Auszug)

	Fachgruppe I	**Fachgruppe II**	**Fachgruppe III**
Besondere Eignung Ausbildung	erfolgreiche Ablegung einer Reife- und Diplomprüfung einer einschlägigen berufsbildenden höheren Schule (Alternativen möglich)	erfolgreiche Ablegung einer Reife- und Diplomprüfung einer einschlägigen berufsbildenden höheren Schule (Alternativen möglich)	erfolgreiche Ablegung einer einschlägigen Meisterprüfung (Alternativen möglich)
Besondere Eignung Berufspraxis	3 Jahre einschlägige Berufspraxis nach der Reifeprüfung bei Vollbeschäftigung, bei Teilbeschäftigung entsprechend länger	3 Jahre einschlägige Berufspraxis nach der Reifeprüfung bei Vollbeschäftigung, bei Teilbeschäftigung entsprechend länger	3 Jahre einschlägige Berufspraxis nach dem 18. Lebensjahr und der Lehrabschlussprüfung oder einer gleichwertigen einschlägigen Befähigung bei Vollbeschäftigung, bei Teilbeschäftigung entsprechend länger

Quelle: PH Wien

Quellen:

BMUKK (Hg.) (2001): Rahmenlehrplan für den Lehrberuf Tischlerei. BGBl. II Nr. 334/2001, Anlage A/10/1. Online verfügbar unter: http://www. abc.berufsbildendeschulen.at/upload/1662_Tischlerei. pdf [Stand 9.2.2011]

BMUKK (Hg.) (2004): Rahmenlehrplan für den Lehrberuf Bürokaumann/Bürokauffrau und verwandte Berufe. BGBl. Nr. 430/1976 i.d.F. 148/1984, 555/1990, 497/1996, BGBl. II Nr. 389/1999, 461/2003, 313/2004, Anlage A/9/3. http://www. abc.berufsbildendeschulen.at/upload/1585_B%Fcro kaufmann-frau.pdf [Stand 9.2.2011]

BMUKK (Hg.) (2004): Rahmenlehrplan für den Lehrberuf Maschinenmechanik. BGBl. II Nr. 313/2004. Anlage A/15/19. http://www.abc. berufsbildendeschulen.at/upload/1725_Maschinenme chanik.pdf [Stand 10.2.2011]

BMUKK (Hg.) (2004): Rahmenlehrplan für den Lehrberuf Reisebüroassistent/Reisebüroassistentin. BGBl. II Nr. 313/2004, Anlage A/9/9. http://www. abc.berufsbildendeschulen.at/upload/1689_Reiseb%F Croassistent.pdf [Stand 9.2.2011]

BMUKK (Hg.) (2006): Verordnung der Bundesministerin für Bildung, Wissenschaft und Kultur über die Grundsätze für die nähere Gestaltung der Curricula einschließlich der Prüfungsordnungen (Hochschul-Curriculaverordnung – HCV), BGBl. II Nr. 495/2006

BMUKK (Hg.) (2008): Rahmenlehrplan für den Lehrberuf Maurer/Maurerin. BGBl. Nr. 430/1976 i.d.F. 148/1984, 268/1989, 555/1990, 582/1995, BGBl. II Nr. 234/2008, Anlage A/1/1. http://www. abc.berufsbildendeschulen.at/upload/1718_Maurer-Maurerin.pdf [Stand 10.2.2011]

Mathies, Regine (2009): Die österreichische Berufsschullehrer/innen-Ausbildung im europäischen Umbruch. Einblicke und Ausblicke. In Entrepreneurship. Europa als Bildungsraum. Europäischer Qualifikationsrahmen, edited by M. Stock. Wien: MANZ.

Pädagogische Hochschule Wien (Hg.) (o.J.): Besondere Eignung gemäß § 3 Abs. 2 Z. 1 HZV (BGBl. II, Nr. 112/2007 vom 15. Mai 2007) für die Zulassung zu den Studiengängen für Lehrämter im Bereich der Berufsbildung laut Verordnung der Studienkommission vom 25.06.2007. Lehramt für Berufsschulen. http://www.phwien.ac.at/fileadmin/phvie/users/19/do cuments/Aufnahmsvor_BSP_110209.pdf [Stand 9.2.2011]

7. Studiengänge und Prüfungen für die benötigten Lehrkräfte

Die Polytechnische Schule Karlsruhe war bereits seit ihrer Gründung auch als Lehrerbildungsstätte für die niederen gewerblichen Schulen konzipiert. Dies brachte Staatsrat Nebenius wie folgt zum Ausdruck:

Polytechnikum mit Aufgabe Lehrerbildung

> „Die großherzogliche Regierung hat aus Gründen, die jedem Sachkundigen einleuchtend sind, die Organisation der polytechnischen Schule der Gründung der niederen technischen Lehranstalten vorausgehen lassen; sie hat in jener ... Maßregel, mit Recht die ... Bedürfnisse der niederen Gewerbe erblickt, indem sie die polytechnische Schule als eine Pflanzschule für die Lehrer an den niederen technischen Anstalten ausdrücklich bezeichnete.“[1]

Als Lehrkräfte bezog der entsprechende Passus im Gründungserlass vom Jahre 1834 für die Gewerbeschulen verschiedenartige Fachkräfte ein. So kamen in Frage[2]:

- Angehörige des betreffenden Gewerbsstandes, sofern sie die erforderlichen theoretischen und praktischen Kenntnisse besitzen,
- Lehrkräfte der am Ort bestehenden höheren Lehranstalten, besonders für die naturwissenschaftlichen Fächer,
- technische Beamte für Lehrgebiete, die ihren speziellen Aufgaben entsprechen.

Die Lehrkräfte der Pioniergeneration besaßen also noch keine für diese Tätigkeit maßgeschneiderte Vorbildung. In der frühen Phase handelte es sich in der Regel um die Vergabe von Lehraufträgen. Die Anstellung hauptamtlich tätiger Lehrer wurde als Besetzung von „Lehrerstellen“ verstanden; sie sollten in der Lage sein, alle Pflichtfächer zu unterrichten. Hier schlägt der Erlass die Brücke zur Polytechnischen Schule Karlsruhe und bezieht ausdrücklich deren Absolventen in den Kreis der benötigten Lehrer für Gewerbeschulen ein. Als Amtsbezeichnung war damals „Gewerbeschulhauptlehrer“ vorgesehen.

Gewerbelehrer der ersten Generation

Über die Anstellung hatte das Ministerium des Innern auf Vorschlag der Kreisregierungen „nach erhobenem Gutachten einer aus Lehrern der polytechnischen Schule für das Gewerbschulwesen gebildeten Commission“ zu entscheiden. (§ 55). Die ersten Ernennungen von Lehrkräften dieser Art erfolgten Anfang der 1840er Jahre.

Bei dem von Nebenius formulierten Modell der Lehrerbildung für niedere gewerbliche Schulen an einer höheren technischen Bildungsstätte handelt es sich um die erste Initiative auf Landesebene, Lehrkräfte für berufliche Teilzeitschulen auszubilden. Allerdings ergab sich zunächst in dieser Angelegenheit keine konsequente, den ursprünglichen Zielsetzungen entsprechende Fortentwicklung.

Ausbildung von Gewerbelehrern in der Entwicklung

---

[1] Nebenius, C. F.: Über technische Lehranstalten in ihrem Zusammenhange mit dem gesammten Unterrichtswesen und mit besonderer Rücksicht auf die Polytechnische Schule zu Karlsruhe. Karlsruhe 1833, Verlag der Chr. Fr. Müller'schen Hofbuchhandlung, S. XIII

[2] §§ 25 bis 27 des Gründungserlasses der Gewerbeschulen

Für die Gewerbelehrerbildung am Karlsruher Polytechnikum wurde keine spezielle Studienordnung entwickelt. Absolventen einiger Abteilungen konnten gemäß § 29 des Gründungserlasses Fähigkeitszeugnisse für das Lehramt an Gewerbeschulen ausgestellt werden (vgl. Anlage 19). Prüfungsvorschriften gab es erstmals im Jahre 1857. Schließlich erfolgte im Jahre 1882 eine temporäre Verlagerung der Ausbildung an die 1878 eingerichtete Baugewerkschule. Erst im Jahre 1922 kehrte die Ausbildung der Gewerbelehrer wieder an die Technische Hochschule zurück.

Unbefriedigender Status der Lehrkräfte Statusmäßig waren die Lehrkräfte an den badischen Gewerbeschulen in der ersten Zeit nicht einmal den Volksschullehrern gleichgestellt. Dies bedeutete nicht nur, dass das Gewerbelehramt als wenig attraktiv galt, sondern dürfte letztlich auch das Interesse der Polytechnischen Schule, sich in diesem Sektor der Lehrerbildung stark zu engagieren, geschmälert haben. Die Professoren in ihrer Eigenschaft als Fachaufsicht über die örtlichen Gewerbeschulen unterstützten diese zwar bei der Gewinnung geeigneter Lehrkräfte (vgl. Kapitel 5.1); sie ergriffen aber kaum Initiativen, um direkten Einfluss auf die Gestaltung der Lehrerbildung im Lande zu nehmen. In der Zeit, in der sich das Polytechnikum um die Erlangung des Hochschulrangs bemühte, was im Jahre 1865 erreicht wurde (vgl. Kap. 3.2), sank das Interesse an einer aktiven Einflussnahme auf die Ausbildung von Gewerbelehrern.

7.1 Frühe Phase und erste Gewerbelehrerprüfungen am Polytechnikum

Frühphase der Ausbildung von Gewerbelehrern Die Anfänge der Gewerbelehrerbildung in Karlsruhe beschrieb Emil Gutman wie folgt:

> „Bald begann eine Anzahl Volksschulkandidaten, die ihre Lehrtätigkeit im Volksschuldienste bereits praktisch erprobt hatten, neben wenigen angehenden Technikern sich durch einen mehrjährigen Besuch der polytechnischen Schule in Karlsruhe für das Gewerbeschullehramt vorzubereiten, teilweise unterstützt und begünstigt von der Staatsregierung. Diese Volksschulkandidaten besuchten während drei, zum Teil auch während vier und fünf Jahren die mathematische Klasse der Bauschule, einige die Bau- und Maschinenbauschule oder auch die Ingenieurschule des polytechnischen Instituts. Erstmals im Jahre 1838 bezogen acht Schulamtskandidaten ... die polytechnische Schule in Karlsruhe. Bestimmte Studienvorschriften für diese Lehramtskandidaten bestanden keine und der Ausbildungsgang war nicht behördlich geregelt. ... Nach Absolvierung ihrer Studien und kurzer provisorischer Verwendung erhielten diese in der genannten Weise und mit Erfolg ausgebildeten Lehrkandidaten Anstellung als ‚Gewerbeschulhauptlehrer' ... Die ersten Ernennungen ... fallen in den Anfang der 1840er Jahre."[3]

Im Jahre 1841 trug eine Deputation von Lehrkräften dem Direktor der Polytechnischen Schule als Vorsitzendem der Gewerbeschulkonferenz den Wunsch vor,

---

[3] Gutman, Emil: Die Gewerbeschule Badens 1834/1930. Konkordia A.-G. für Druck und Verlag, Bühl-Baden 1930, S. 186

die Staatsbehörde möge eine Studienordnung für die angehenden Gewerbelehrer festlegen. Diesem Antrag wurde allerdings nicht entsprochen.[4]

Anl. 19: Lehrkräfte der Gewerbeschule laut Gründungserlass 1834

Art. VIII

§ 25. In der Regel sollen die Lehrer der Gewerbschulen aus den Angehörigen des Gewerbestandes gewählt werden.

§ 26. Fehlt es an Gewerbsmännern, welche die erforderlichen theoretischen und praktischen Kenntnisse besitzen und zugleich geneigt sind, ein solches Lehramt zu übernehmen, so können Praktikanten technischer Fächer hierzu verwendet werden.

§ 27. Die Theilnahme der am Ort der Gewerbschule bei höheren Unterrichtsanstalten angestellten Lehrer der mathematischen und der Naturwissenschaften, sowie der technischen Beamten, an dem Unterrichte der Gewerbschulen, durch Übernahme einzelner Lehrverträge oder durch nachhelfende Einwirkung auf den Unterricht, soll möglichst gefördert werden.

§ 28. Wo der Unterricht auf die im § 3 bezeichneten Lehrgegenstände beschränkt ist, kann die Anstellung e i n e s Lehrers genügen, welcher mindestens diejenigen Kenntnisse in sich vereinigt, die in den beiden mathematischen Classen der polytechnischen Schule gelehrt werden.

§ 29. Die polytechnische Schule ist ermächtigt, solchen aus der Bauschule, Ingenieurschule oder höheren Gewerbschule austretenden Zöglingen, welche sich einem bürgerlichen Gewerbe widmen und sich vorzügliche Kenntnisse erworben haben, Fähigkeitszeugnisse auszustellen, welche ihre Tauglichkeit zur Übernahme einer Lehrerstelle bei einer städtischen Gewerbschule unter Bezeichnung der Lehrfächer, wofür sie sich vorzugsweise gebildet haben, beurkunden.

Diejenigen, welche solche Zeugnisse erlangt haben, können nach dreijähriger praktischer Übung in ihrem technischen Zweige ohne weitere Prüfung als Lehrer angestellt werden.

In jener Zeit besaßen Gewerbelehrer noch nicht die so genannte „Staatsdienereigenschaft", die etwa dem heutigen Beamtenstatus entspricht. Die Anstellung als Gewerbeschulhauptlehrer erfolgte widerruflich. Pensionsansprüche sowie eine Versorgung von Witwen und Waisen bestanden ebenfalls nicht.

Die Frage der Gewinnung von Lehrkräften erwies sich, wie auch aus § 5 und folgenden der Vollzugsbestimmungen zum Gründungserlass der Gewerbeschulen hervorgeht, von zentraler Bedeutung: Beim Fehlen geeigneter Lehrer in einer Gemeinde sollte sogar die Errichtung der Gewerbeschule temporär zurückgestellt werden. Der bewilligte Staatszuschuss konnte in diesen Fällen zur Unterstützung „für talentvolle junge Leute, die sich einem Baugewerbe widmen, verwendet werden, um sie in den Stand zu setzen, sich bei der polytechnischen Schule die zur Übernahme einer Lehrerstelle erforderlichen Kenntnisse zu erwerben". Bei mehreren Bewerbern um eine solche Förderung sollte „derjenige den Vorzug erhalten, der bereits practische Übung besitzt, und zur Vervollständigung seiner theoretischen Kenntnisse und graphischen Fertigkeit die polytechnische Schule besucht".

Schwierigkeiten bei Gewinnung von Lehrkräften

---

[4] Vgl. Gutman, a.a.O., S. 186

Eingabe zur Begutachtung von Gewerbelehrerkandidaten:

Carlsruhe den 18<u>ten</u> April 1837
Direction der Polytechnischen Schule
An Großherzogliches Hochpreißliches Ministerium des Innern

Der § 55 der höchsten Verordnung vom 15. Mai 1834 spricht sich darüber aus, daß die Anstellung der Lehrer an den Gewerbschulen des Landes durch Entscheidung des Großherzoglichen Hochpreißlichen Ministerium des Innern auf den Vorschlag der Kreisregierung, nach erhobenem diesseitigen Gutachten zu geschehen habe, und es unterliegt keinem Zweifel, daß hauptsächlich von letzterem Gutachten die gewissenhafteste Gründlichkeit erwartet werde. Eine solche ist aber nur dann möglich, wenn wir die Anzustellenden persönlich kennen, und uns von ihrer Tüchtigkeit möglichst überzeugt haben. Deshalb wünschen wir, daß alle Prüfungen in dem Lehrfach für Gewerbschulen durch uns vorgenommen werden sollen, und wir bitten, Großherzogliches Hochpreißliches Ministerium, diesen unseren Wunsch als ehrerbietigsten Antrag hochgefälligst genehmigen zu wollen. Zugleich erlauben wird uns, Hochdasselbe auf den Uebelstand aufmerksam zu machen, daß eine Menge provisorischer Anstellungen von Lehrern ohne unser Vorwissen stattgefunden hat und noch immerwährend stattfindet, wodurch der Wille des höchsten Organisationsedictes der Gewerbschulen mißachtet wird, indem die Erfahrung nur zu sehr lehrt, wie gerade die Erleichterung provisorischer Anstellungen zu schlechten Acquisitionen führt. Wir fragen daher ehrfurchtsvoll darauf an, Großherzogliches Hochpreißliches Ministerium wolle verordnen: daß die Kreisregierung in Zukunft auch keine Vorschläge über provisorische Anstellungen von Lehrern an den Gewerbschulen des Landes Hochderoselben vorlegen sollen, ohne die diesseitige Stelle vorher hierüber gehört zu haben.

WLVolz.

Antwortschreiben des Innenministeriums:

Ministerium des Innern
Carlsruhe den 24<u>ten</u> April 1837

1. Der Direction der polytechnischen Schule wird auf ihren Bericht vom 18. April d. J. Nr. 414 die Anstellung der Lehrer an Gewerbschulen betreffend erwidert, daß man den Vorschlag derselben, daß alle Prüfungen im Lehrfach für Gewerbschulen dortseits vorgenommen werden möchten, für nicht ausführbar halte, wogegen man die Kreisregierungen anweisen werde jeweils, bevor sie den Antrag auf Anstellung eines bestimmten Individuums stellen, sich deßhalb in Folge der § 55 der Verordnung zum 15<u>ten</u> Mai 1834

mit der Direction der pol. Schule in Communication zu setzten.
2. An die Kreisregierungen: Die Regierung des NN Kreises wird vom Vorstehenden in Kenntniß gesetzt, um sich bei vorkommenden Fällen hienach zu benehmen.

v.H.

Gesuch um Prüfungsbefugnis für Bewerber um Gewerbeschullehramt:

Carlsruhe den 5<u>ten</u> November 1839
Direction der Polytechnischen Schule
Großherzogliches Hochpreißliches Ministerium des Innern
Die Prüfung der Lehramtskandidaten für das Gewerbschulwesen betreffend.

Großherzoglichem Hochpreißlichem Ministerium des Innern erlaubt sei uns die Anfrage zu stellen, ob wir ermächtigt seien, Individuen, welche um Vornahme einer Prüfung bitten, um ihre Befähigung für den Lehrdienst in Gewerbschulen nachzuweisen einer solchen Prüfung zu unterwerfen. Da gerade ein solcher Fall vorliegt, so bitten wir um hochgefällige baldige Entschließung.

WLVolz.

Antwortschreiben des Innenministeriums:

Ministerium des Innern
Carlsruhe den 12<u>ten</u> November 1839
Die Prüfung der Gewerbschulcandidaten betr.
Der Direction der pol. Schule wird auf ihren Bericht zum 5<u>ten</u> November d. Jhr. N. 1434 erwidert:

Die Lehrer der Gewerbschulen sollen nach § 25 der Gewerbschulordnung in der Regel aus den Angehörigen des Gewerbstandes genommen werden und sind keiner besonderen Prüfung zu unterwerfen, vielmehr nur solche zu wählen, die als in ihrem Fache tüchtig, bereits anerkannt sind. Ebenso ist eine Prüfung unnöthig, wenn bereits an deren öffentlichen Schulen angestellte Lehrer, oder technische Beamte oder vormalige mit dem nach § 29 der Gewerbschulverordnung vorgeschriebenen Zeugniß versehene Zöglinge der polytechnischen Schule als Lehrer an der Gewerbschule auftreten wollen.
In den wenigen übrigen Fällen dagegen muß es der Direction der pol. Schule, welche die Anstellung begutachten soll, auch frei stehen, sich durch eine Prüfung des Candidaten von seinen Kenntnissen und Fähigkeiten zu unterrichten, um hierauf ihr Urtheil aufbauen zu können. Hiernach hat sich die Direction in vorliegendem Falle zu benehmen; glaubt aber dieselbe, daß für die Zukunft nähere Bestimmungen namentlich über die Art und Weise und die Gegenstände der Prüfung erforderlich seien, so sieht man ihren motivierten Vorschläge entgegen.

vH.

Der Gründungserlass vom Jahre 1834 hatte bereits festgelegt, dass die Lehrkräfte für die Gewerbeschulen an der Polytechnischen Schule Karlsruhe ausgebildet werden sollten. Ihre Professoren waren – wie bereits erwähnt – aber auch darüber hinaus als Mitglieder der Gewerbeschulkonferenz diesen neuen Schulen verbunden. Den Vorsitz dieses Gremiums nahm der Rektor der Polytechnischen Schule ein.

Bemühungen des Polytechnikums nach 1834

Parallel zu den Bestrebungen, allgemein den Studienabschluss an der Polytechnischen Schule Karlsruhe näher zu regeln, bemühte man sich auch um die Kompetenz, entsprechende Prüfungen für Gewerbelehrer durchzuführen. Als erste Initiative in diese Richtung kann der in Anlage 20 wiedergegebene Brief des Rektors des Polytechnikums an das zuständige Ministerium vom 18.4.1837 gelten.

Das Ministerium antwortete bereits am 24. April 1837. Es wurde genehmigt, dass die Kreisregierungen sich vor der Anstellung von Gewerbeschulbewerbern mit der Polytechnischen Schule in Verbindung zu setzen haben.

Die Direktion der Polytechnischen Schule gab sich mit diesem ersten Bescheid allerdings nicht zufrieden und kam in einem weiteren Schreiben vom 5.11.1839 auf den schon zwei Jahre zuvor geäußerten Wunsch zurück, dem Polytechnikum das ausschließliche Recht einer Prüfung für die Gewerbeschulkandidaten zuzubilligen. In seinem Antwortschreiben vom 12.11.1839 wies das Innenministerium darauf hin, dass sich besondere Prüfungen für Gewerbeschullehrkräfte in der Regel erübrigten, da ohnehin nur befähigte Kandidaten zur Anstellung vorzusehen seien.

Ein Hemmnis für die Entwicklung der Gewerbelehrerbildung an der Polytechnischen Schule dürfte vor allem darin gelegen haben, dass der Einfluss von Nebenius ab Oktober 1839 zurückging, als er aufgrund von Differenzen mit dem konservativen Außenminister von Blittersdorf nach nur eineinhalbjähriger Amtszeit als Innenminister zurücktrat. Er wurde zwar im März 1845 nochmals berufen, doch auch diesmal nur für kurze Zeit, und zwar bis Dezember 1846. Lediglich in der Eigenschaft als Präsident des 1844 neu gegründeten Staatsrats behielt Nebenius Sitz und Stimme im Staatsministerium.

Sinkender Einfluss von Staatsrat Nebenius

Die Einführung der ersten staatlichen Prüfung für das Lehramt an Gewerbeschulen im Jahre 1857 stellte einen wichtigen Schritt bei der Gewinnung geeigneter Lehrkräfte dar. Die Prüfung hatte den Nachweis zu erbringen, dass die im Fächerkanon der Gewerbeschule enthaltenen Lehrgebiete – vor allem die Regelfächer – beherrscht werden. Sie erstreckte sich auf deutschen Aufsatz mit Geschäftsbriefen, wirtschaftliche Fächer, Mathematik, Geometrie einschließlich Trigonometrie, Physik und Elemente der Chemie, Elementarmechanik, darstellende Geometrie, geometrisches und technisches Zeichnen, insbesondere von Maurer-, Zimmermanns-, Schreiner- und Schlosserkonstruktionen, Steinschnitt, Entwerfen, Konstruktionen der Maschinenelemente und einfacher Maschinen, Freihand- und Ornamentzeichnen sowie Modellieren in Holz, Gips und Ton.

Prüfungsgebiete

Vorbereitung der Kandidaten

Für die Gewerbelehrerausbildung bestand im Polytechnikum noch keine eigene Abteilung. Ein entsprechender Antrag der Gewerbelehrerkonferenz des Landes aus dem Jahre 1861 fand keine Zustimmung.[5] Es wurde auch nicht nach einem bestimmten Ausbildungsplan vorgegangen. Vielmehr war es den Kandidaten freigestellt, Vorträge und Übungen in den verschiedenen Abteilungen zu besuchen. Pädagogische Vorlesungen und didaktische Anleitungen gab es ebenfalls noch nicht. Bis zum Jahre 1870 nahm sich einer der Professoren der Polytechnischen Schule, der Mathematiker Spitz, in privaten Kursen der Kandidaten an, was sich günstig auf die Prüfungsergebnisse auswirkte. Darüber hinaus blieb die Vorbereitung zumeist unzureichend:

> „Von den 36 Gewerbeschulkandidaten, die sich zwischen 1871 bis 1881 der Prüfung unterzogen, haben nur 19 dieselbe bestanden; 9 von diesen mußten aber die Prüfung wiederholen."[6]

Dienstrecht und Anspruch auf Versorgung

Die Anstellung der *Gewerbeschulhauptlehrer* erfolgte gemäß § 30 des Gewerbeschul-Gründungserlasses widerruflich. Es bestanden weder Pensionsansprüche noch eine Witwen- oder Waisenversorgung. Daher bemühten sich die Lehrkräfte intensiv um eine Verbesserung ihrer Situation. Im Jahre 1845 beispielsweise erfolgte eine Eingabe an das Innenministerium, um die Verleihung der Staatsdienereigenschaft zu erreichen. Dem wurde nicht stattgegeben. Gegen Ende der 1840er Jahre befand sich dann allerdings ein Gesetzentwurf zur Regelung der Rechtsverhältnisse der Gewerbeschulhauptlehrer in Erarbeitung; doch die politischen Unruhen der Jahre 1848/49 verhinderten dessen Fertigstellung.[7]

Im Jahre 1855 erfolgte eine erneute Eingabe. Diese war zuvor der Gewerbeschulkonferenz vorgelegt worden, und deren Vorsitzender, der Direktor der Polytechnischen Schule, hatte seine Unterstützung zugesagt.

Laut Gewerbeschulverordnung vom 26. Mai 1857 (vgl. Anlage 21) konnten ordnungsgemäß angenommene Gewerbeschulkandidaten nach dreijähriger Unterrichtstätigkeit als Hauptlehrer angestellt werden, was das Recht auf Ruhestandsgehalt einschloss.[8] Schließlich wurden die Gewerbeschulhauptlehrer gemäß gesetzlicher Regelung vom 26. Februar 1858 hinsichtlich ihrer dienstrechtlichen Verhältnisse sowie des Anspruchs auf Pension und Hinterbliebenenversorgung den Volksschullehrern gleichgestellt.[9]

---

[5] Vgl. Baumann, Dieter: Das Ergänzungsstudium für Lehrer des gehobenen Dienstes an beruflichen Schulen in Baden-Württemberg – eine empirische Untersuchung. Magisterarb. TH Darmstadt 1975, S. 21

[6] Hartmann, K. O.: Die Ausbildung des Gewerbelehrers. In: Handbuch für das Berufs- und Fachschulwesen. Hrsg. von A. Kühne. Leipzig o. J. (1923), S. 230–252, hier S. 232

[7] Vgl. Gutman, a.a.O., S. 187

[8] Vgl. Gutman, a.a.O., S. 188

[9] Vgl. Gutman, a.a.O., S. 193

Anl. 21:
Lehrkräfte an Gewerbeschulen gemäß Verordnung vom 26. Mai 1857

§ 1. Die Artikel VIII u. XII der Verordnung vom 15. Mai 1834 über die Gewerbeschulen (Regierungsblatt Nr. 27) sind aufgehoben.

§ 2. An ihre Stelle treten folgende Bestimmungen, und zwar:

Artikel VIII. Lehrer der Gewerbeschulen.

§ 25. Als Hauptlehrer an einer Gewerbeschule können nur diejenigen angestellt werden, welche auf Grund erstandener Prüfung über die im Art. III der Verordnung vom 15. Mai 1834 (Regierungsblatt Nr. 27) bezeichneten Unterrichtsgegenstände unter die Zahl der Gewerbeschulkandidaten aufgenommen worden sind, und sich als solche wenigstens drei Jahre lang im Ertheilen von Unterricht geübt haben.

§ 26. Zu dieser Prüfung werden in der Regel nur diejenigen zugelassen, welche vorher schon als Volksschulkandidaten aufgenommen worden sind.

§ 27. Die näheren Bestimmungen über die Prüfung der Gewerbeschulkandidaten werden von dem Gewerbeschulrathe mit Genehmigung des Ministeriums des Innern getroffen werden.

§ 28. Die Praktikanten technischer Fächer können ohne weitere Prüfung als Gewerbeschulhauptlehrer angestellt werden.

§ 29. Zu einem Hülfs- oder Nebenlehrer an einer Gewerbeschule kann Jeder verwendet werden, der überhaupt seine Befähigung zur Ertheilung von Unterricht in dem ihm zugedachten Lehrgegenstand darzuthun vermag.

§ 30. Die Anstellung der Hülfs- oder Nebenlehrer ist jederzeit widerruflich.

Artikel XII. Oberaufsicht.

§ 50. Die obere Aufsicht und Leitung der Gewerbeschulen wird einer Centralstelle übertragen, welche ihren Sitz in Unserer Residenzstadt nimmt und den Namen „Gewerbeschulrath" führt. Den Vorsitz im Gewerbeschulrath hat jeweils ein Mitglied Unseres Ministerium des Innern.

§ 51. Der Gewerbeschulrath ist Unserem Ministerium des Innern unmittelbar untergeordnet.

§ 52. Zum Wirkungskreise des Gewerbeschulraths gehört:
1. Die Sorge für die Vollziehung der auf die Gewerbeschulen bezüglichen Gesetze und Verordnungen; die Ertheilung der hiezu nöthigen Instructionen und Verfügungen, die Berathung und Entwerfung neuer allgemeiner auf diese Schulen bezüglichen Verordnungen;
2. die Genehmigung der Schulgeldtarife, der Lehr- und Stundenpläne, sowie der Anschaffung der Hülfsmittel des Unterrichts;
3. die Prüfung und Verbescheidung der jährlichen Berichte der Schulvorstände über den Zustand der Schulen und die Anordnung von periodischen Visitationen der Gewerbeschulen durch Mitglieder des Gewerbeschulraths;
4. die Anordnung der Prüfung und Rezeption der Gewerbeschulkandidaten;
5. die Dienstpolizei über die Lehrer der Gewerbeschulen, die Anträge auf deren Anstellung, Besserstellung, Versetzung und Entlassung an das Ministerium des Innern.

Der Gewerbeschulrath ist überdies berufen, den Staatsbehörden auf Verlangen auch über Fragen aus dem Gebiete des Gewerbewesens überhaupt Gutachten zu erstatten und in den geeigneten Fällen bei der Ausführung von Maaßregeln zur Förderung der Gewerbe Beihülfe zu leisten.

§ 53. Der Gewerbeschulrath erledigt seine Geschäfte kollegialisch und verkehrt mit den Schulvorständen durch Vermittlung der Bezirksämter. Er kann bei dem Ministerium des Innern veranlassen, daß der Vorstand des betreffenden Bezirksamtes oder ein anderer Beamter als Regierungskommissar bestellt werde, um den Berathungen des Schulvorstandes regelmäßig oder bisweilen beizuwohnen.

§ 54. In allen die Gewerbeschulen berührenden polizeilichen und ökonomischen Angelegenheiten hat der Gewerbeschulrath sich je nach den Umständen an das betreffende Bezirksamt oder die Kreisregierung zu wenden.

§ 55. Die näheren Anordnungen, welche nöthig sind, um die bestimmungsgemäße Verwendung der für die Gewerbeschulen ausgemittelten Fonds zu überwachen, hat das Ministerium des Innern zu erlassen.

§ 56. Das Ministerium des Innern ist mit dem Vollzug dieser Verordnung beauftragt.

Quelle: Großherzoglich Badisches Staats- und Regierungsblatt 1857, Nr. 22

Aufsicht beim Gewerbeschulrat Die Verordnung vom 26. Mai 1857 stellte auch neue Vorschriften zur Aufsicht über die Gewerbeschulen auf. Diese wurde einer neu geschaffenen, dem Ministerium des Innern unmittelbar untergeordneten Zentralstelle, dem Gewerbeschulrat, zugewiesen, in dem ein Mitglied des genannten Ministeriums den Vorsitz führte. Mitglieder des Gewerbeschulrats waren drei Professoren und der jeweilige Direktor der Polytechnischen Schule.[10] Der Gewerbeschulrat war für die Genehmigung der Lehrpläne, die anzuschaffenden Lehrmittel sowie die Aufsicht über die Gewerbeschulen allgemein zuständig.

Reorganisation des Polytechnikums 1865 In der Nachfolge Weinbrenners widmeten sich zunächst der Österreicher Ferdinand Redtenbacher und später Franz Grashof der Weiterentwicklung der Polytechnischen Schule Karlsruhe.[11] Im Jahre 1863, dem Todesjahr Redtenbachers, wurden die Vorschule am Polytechnikum und die erste mathematische Klasse aufgehoben; die dort wahrgenommenen Aufgaben zur Vorbereitung der Zöglinge gingen an die Höhere Bürgerschule über. Damit vollzog man in Karlsruhe einen Schritt, den die 1855 gegründete Eidgenössische Technische Hochschule in Zürich bereits vorweggenommen hatte; dort hatte man die Vorschule aufgelöst und das Eintrittsalter auf 18 Jahre erhöht.

Grashofs Initiative Grashof war gleichzeitig Direktor des Vereins Deutscher Ingenieure. Auf seine Initiative geht vor allem auch die Aufspaltung des technischen Schulwesens in eine forschende, theoretische Richtung einerseits sowie eine praxisnahe andererseits zurück. Die polytechnischen Schulen sollten nicht mehr im Schlepptau der praktischen Bedürfnisse stehen.[12] Grashof forderte 1864 in einem Vortrag anlässlich der Jahresversammlung des Vereins Deutscher Ingenieure, die polytechnischen Schulen müssten den Charakter von Hochschulen behaupten oder erstreben, also die Ausbildung für untergeordnete und mittlere technische Berufsstellungen den Gewerbeschulen überlassen.

> Die polytechnische Schule „sei eine technische Hochschule und bezwecke die den höchstberechtigten Anforderungen entsprechende wissenschaftliche Ausbildung für diejenigen technischen Berufsfächer des Staatsdienstes und der Privatpraxis, welche die Mathematik, die Naturwissenschaften und die zeichnenden Künste zur Grundlage haben sowie auch die Ausbildung von Lehrern der an der Schule vertretenen technischen und Hilfswissenschaften".[13]

Das Organisationsstatut vom 20. Januar 1865 brachte der Polytechnischen Schule Karlsruhe die volle Hochschulverfassung mit Berufungsverfahren und Selbstverwaltung.

---

[10] Vgl. Kuhn, Karl Friedrich: Die Gewerbeschule der Landeshauptstadt Karlsruhe in Vergangenheit und Gegenwart, hrsg. v. d. Stadt Karlsruhe. Karlsruhe 1927, S. 72

[11] Vgl. Schnabel, Franz: Die Anfänge des technischen Hochschulwesens. In: Festschrift anläßlich des 100jährigen Bestehens der Technischen Hochschule Fridericiana zu Karlsruhe. Karlsruhe 1925, S. 47ff.

[12] Vgl. Grüner, Gustav: Die Entwicklung der höheren technischen Fachschulen im deutschen Sprachgebiet. Braunschweig 1967, S. 23ff.

[13] Schnabel, F., a.a.O., S. 53

Zum Stand der Gewerbelehrerausbildung Anfang der 1880er Jahre kann E. Gutman zufolge festgehalten werden:

> „Der Kandidat macht die Laufbahn eines Volksschullehrers durch; nach Absolvierung des Lehrerseminares durchläuft er am Polytechnikum zu Karlsruhe in der Regel die Bauabteilung, wobei die zeichnerischen Fächer besonders noch berücksichtigt werden. Ein bestimmter Studiengang ist hierbei nicht festgelegt. Nach Ablegung der Staatsprüfung und nach mindestens einjähriger Praxis erscheint er zum Gewerbelehrer qualifiziert."[14]

7.2 Ausbildung von Gewerbelehrern an der Baugewerkschule

Die Verordnung über die Gewerbeschulen vom Jahre 1868 enthielt keinen Hinweis auf nebenamtlich mitwirkende Fachkräfte mehr; vielmehr legte die Neufassung Wert auf Lehrkräfte, die besonders qualifiziert waren. So entstand schrittweise ein weitgehend einheitlicher Lehrerstand für die Gewerbeschulen Badens.

Nach statistischen Angaben aus dem Jahre 1883/84[15] besuchten insgesamt 6.200 Schüler die bestehenden 46 Gewerbeschulen. Zu dieser Zeit überwog bereits das hauptamtliche und entsprechend vorgebildete Lehrpersonal: 53 planmäßig angestellten Lehrkräften standen nur 51 Nebenlehrer gegenüber. Parallel zum Ausbau der Schulwerkstätten traten neben diese beiden Lehrerkategorien bald die Werkstattlehrer.

Im Allgemeinen bestand in jener Zeit ein erheblicher Lehrermangel. Die Schulbehörde versuchte diesem dadurch zu begegnen, dass Volksschullehrer zu einem Aufbaustudium an die Polytechnische Schule Karlsruhe abgeordnet wurden. Für die Ausbildung der Lehrer der zweiten Generation entsprach diese kombinierte Ausbildung der Idealvorstellung. Dabei ist zu berücksichtigen, dass für die Gewerbelehrer während ihres Studiums an der Polytechnischen Schule Karlsruhe damals – wie bereits erwähnt – noch kein besonderer Ausbildungsplan vorlag.

Die maßgeblich von F. Grashof initiierte Strukturierung des technischen Schulwesens führte im Jahre 1878 zur Gründung der Karlsruher Baugewerkschule[16], welche die anwendungsbezogenen Ausbildungsgänge von der Polytechnischen Schule übernahm. Die Baugewerkschule hatte den Zweck, *Baugewerksmeister* (Maurer-, Steinhauer- und Zimmermeister), *Bauhandwerker* (Schreiner, Glaser, Schlosser), *Werkführer* sowie *Zeichner* auszubilden. Auch konnten sonstige

---

[14] Gutman, a.a.O., S. 251f.

[15] Gutman, a.a.O., S. 246

[16] Die Baugewerkschule – in amtlichen Dokumenten und der Literatur finden sich bei uneinheitlicher Verwendung auch die Bezeichnungen Baugewerkeschule und Baugewerksschule – hieß ab 1919 „Badische Höhere Technische Lehranstalt (Staatstechnikum)", ab 1963 „Staatliche Ingenieurschule Karlsruhe"; im Jahre 1971 wurde sie zur Fachhochschule. Zur Verdeutlichung ihrer Zugehörigkeit zum tertiären Bildungssektor führt sie seit 1995 die Bezeichnung „Fachhochschule Karlsruhe – Hochschule für Technik" und nennt sich seit 2005 „Hochschule für Technik und Wirtschaft Karlsruhe".

Gewerbetreibende wie Blechner, Dreher oder Schieferdecker angebotene halbjährige Lehrkurse besuchen.[17]

Im Jahre 1885 erfolgte die Umbenennung der Polytechnischen Schule in Technische Hochschule. Sie führte für die wissenschaftlichen Studiengänge die Diplomprüfung ein. Damit war die Gleichstellung mit den beiden Universitäten des Großherzogtums – Heidelberg und Freiburg – erreicht.

Verlagerung der Lehrerbildung an Baugewerkschule

Die bisherige Ausbildung an der Polytechnischen Schule deckte zahlenmäßig den Bedarf nur unzureichend ab, standen doch – aus damaliger Sicht – den Absolventen attraktivere Laufbahnen offen. Sie konnten nämlich auch an Gymnasien angestellt werden.

Schließlich übertrug die Verordnung vom 4. September 1882 die Ausbildung der Lehrkräfte für die badischen Gewerbeschulen an die Baugewerkschule. Nach § 3 dieser Verordnung sollte, soweit erforderlich, die Baugewerkschule in ihrem Lehrplan für die besonderen Bedürfnisse der sich dem Gewerbelehrerberuf widmenden Volksschulkandidaten Vorsorge treffen. Der Eintritt in die Baugewerkschule mit dem Ziel, Lehrkraft an Gewerbeschulen zu werden, erfolgte in der Regel direkt im Anschluss an das Volksschullehrerseminar; die Ausbildung sollte sich auf mindestens fünf Semester erstrecken. Im Zeichnen besonders Befähigte durften im dritten Studienjahr statt der Baugewerkschule auch die Großherzogliche Kunstgewerbeschule besuchen.

Die schriftliche und mündliche Abschlussprüfung an der Baugewerkschule umfasste u. a. geometrisches, technisches und Freihandzeichnen, Mechanik mit spezieller Berücksichtigung der Bautechnik, Physik und Chemie, Modellieren in Ton, Wirtschaftslehre sowie einen Lehrervortrag (§ 7). Zugelassen waren auch Prüfungskandidaten, die keine Volksschullehrerausbildung absolviert hatten. Diese mussten eine „bessere Schulbildung" nachweisen – zumindest die Absolvierung des sechsten Jahreskurses einer Mittelschule – und sich einem speziellen Prüfungsteil in „Pädagogik und Methodik" unterziehen.

Gemäß § 10 war es „wünschenswert", nach bestandener Prüfung ein halbes oder ein ganzes Jahr „den praktisch-technischen Dienst auf einem Baubureau, in einer Maschinenwerkstätte etc." kennen zu lernen. Der vollständige Wortlaut dieser Verordnung ist in Anhang B 5 wiedergegeben.

Argumente für die Neuordnung der Lehrerbildung

Mit dieser Entscheidung wurde der Studiengang bewusst auf einer niedrigeren Stufe angelegt.[18] Die badische Unterrichtsverwaltung vertrat die Auffassung, dass die Technische Hochschule künftig noch weniger als bisher in der Lage sei, die besonderen Studienbedürfnisse der Gewerbelehrer zu befriedigen und die Baugewerkschule der Erziehungsarbeit der Gewerbeschulen ungleich näher stehe. Zudem gab der badische Oberschulrat als Aufsichtsbehörde für die Ge-

---

17 Bekanntmachungen. Die Großherzogliche Baugewerkschule in Karlsruhe betreffend. Nr. 11052. In: Verordnungsblatt des Großherzogl. Oberschulrats Nr. XI., Karlsruhe, 16. September 1882, S. 89

18 Siehe Seraphin, A.: Geschichte der Fachhochschule Karlsruhe. Karlsruhe o. J. (um 1978.), S. 16

werbeschulen wie für die Baugewerkschule der Ausbildung der Gewerbelehrer an dieser den Vorzug gegenüber der Ausbildung an der Technischen Hochschule, auf die er keinen Einfluss ausüben konnte.[19]

Stellungnahme aus dem Oberschulrat

Im Jahre 1884 nahm Oberschulrat Wallraff zur Verlagerung der Gewerbelehrerausbildung in einem Beitrag im Wiener „Centralblatt für das gewerbliche Unterrichtswesen" wie folgt Stellung[20]:

„Die Kandidaten besuchten in der Regel zwei bis drei Jahre die Baukurse an der polytechnischen Schule in Karlsruhe, lernten aber ... nicht immer das, was sie wesentlich brauchen. Der mehr wissenschaftliche Betrieb der Mathematik und der Naturwissenschaften stand ganz außer Beziehung zu deren praktischen Verwertung an den Gewerbeschulen. Die Methode und der Lehrstoff der technischen Hochschule im ganzen entsprach nicht den Bedürfnissen der Gewerbeschule einer kleineren oder mittleren Stadt.

Dies wurde anders, insofern die Kandidaten in der Baugewerkschule in Karlsruhe sich an eine strenge Schulordnung zu halten hatten, und in einigen Fächern besondere Kurse für dieselben eingerichtet wurden. Hierdurch sollten die theoretischen Forderungen nicht herabgesetzt werden; denn zu eigentlichen wissenschaftlichen Studien war am Polytechnikum die Zeit zu kurz und die Vorbereitung der Kandidaten nicht ausreichend, und durch die Zersplitterung ihrer Kräfte brachten sie es nicht immer zur praktischen Tüchtigkeit.

Die neue Einrichtung ist auch nicht getroffen worden, um die Gewerbelehrer auf niederem Niveau zu halten, damit sie eher mit ihrem Gehalte zufrieden bleiben und nicht in andere Berufsstellungen übertreten. Einzig und allein berufliche Interessen und wirkliche Erfahrungen haben es veranlaßt, daß die Vorbildung der Gewerbelehrer vom Polytechnikum an die Baugewerkschule verlegt worden ist, wo ihre Studien leichter als am Polytechnikum geleitet werden können. ...

Eine allgemein wissenschaftliche Bildung ist gewiß nicht zu unterschätzen. Aber das, was den rechten Lehrer macht, ist eben weit mehr das Können als das Wissen."

Einwände der Lehrerschaft

Die badischen Gewerbelehrer empfanden das Vorgehen als Herabsetzung und bezweifelten die Effizienz einer Ausbildung an der Baugewerkschule. Dies wurde bereits auf der ersten Landesversammlung des „Verbandes der badischen Gewerbe- und Zeichenlehrer" im Jahre 1881 deutlich. Der im Jahr zuvor gegründete Verband hatte Kenntnis von den Plänen zur Verlagerung der Lehrerbildung. So stellte der Vorsitzende heraus, dass die Baugewerkschule keine hinreichende allgemeine und fachwissenschaftliche Ausbildung bieten könne. Er führte aus:

„Die eigenartige Behandlung des Unterrichtsstoffes an den Gewerbeschulen, bei welcher aus dem Gebiete der Wissenschaft, wie z. B. der Geometrie, darstellenden Geometrie, der Naturlehre, Chemie und der Mechanik, das für die Schüler der Gewerbeschule Geeignete ausgewählt und zum Verständnis gebracht werden soll, verlangt, daß der Lehrer den Gegenstand ganz beherrsche. Derjenige, der selbst nicht vollständig Herr des zu behandelnden Stoffes ist, kann unmöglich bei der zu treffenden Auswahl sowie in der Behandlung selbst das Richtige treffen."[21]

---

[19] Hartmann, a.a.O., S. 233
[20] Zitiert nach Gutman, a.a.O., S. 255f.
[21] Zitiert nach Gutman, a.a.O., S. 259

Damit war nach heutiger Begrifflichkeit die Frage einer didaktischen Reduktion angesprochen. Die Stimmung der Lehrerschaft brachte Rücklin, von 1886 bis 1890 Schriftleiter der „Zeitschrift des Verbandes der badischen Gewerbe- und Zeichenlehrer" in diesem Blatt zum Ausdruck.[22] Rücklins Gedanken gibt E. Gutman wie folgt wieder:

> „In einer Zeit, in der man vermehrtes Gewicht auf akademische Bildung legte, wäre es sehr begreiflich, daß derjenige, welcher in seiner Ausbildung von der Technischen Hochschule an die Baugewerkschule verwiesen wurde, dies als eine Degradation empfände, welche mit Genugtuung zu begrüßen er nicht gerade verpflichtet wäre."[23]

Auch finanzielle Gesichtspunkte spielten eine beträchtliche Rolle, denn mit der monierten Herabstufung der Vorbildung hatte die Gewerbelehrerschaft wesentlich geringere Aussichten, die immer wieder vorgebrachten Forderungen nach höheren Dienstbezügen durchzusetzen.

Abteilung für Gewerbelehrer an Baugewerkschule

Die Baugewerkschule richtete für die Gewerbelehrerausbildung eine eigene Abteilung ein. Wegen geringer Schülerzahlen wurde diese allerdings anfangs in mehreren Fächern mit der Hochbauabteilung verbunden, später jedoch eigenständig geführt. Der Mangel an Gewerbelehrerkandidaten ließ sich jedoch auch nach der Verlagerung dieser Aufgabe an die Baugewerkschule und der damit gegebenen systematischen Ausbildung, die im nationalen Vergleich allerdings Maßstäbe setzen konnte, nicht beheben. Von den 311 Besuchern der Baugewerkschule gehörten im Schuljahr 1889/90 lediglich 25 zur Abteilung für die Heranbildung von Gewerbelehrern.[24]

Gliederung des Studiums

Das Studium in den Fachrichtungen Hochbau und Maschinenbau, ab 1903 auch in Elektrotechnik, dauerte sieben Semester. Bei den nachzuweisenden Anteilen Betriebspraxis – insgesamt ein bis zwei Jahre – wurde nach Art der Vorbildung differenziert.

Die unteren drei Halbjahreskurse dienten der grundlegenden Ausbildung in den mathematischen, naturwissenschaftlichen, zeichnerischen und konstruktiven Fächern (Mathematik, darstellende Geometrie, Physik, Chemie, Elemente der Mechanik, Freihandzeichnen und Malen, Grundzüge der Baukonstruktionslehre, Modellieren). In den darauf folgenden vier Semestern wurden die konstruktiven Ausbaufächer behandelt, und zwar getrennt in zwei Abteilungen:

– Eine für Hochbau- und Kunstgewerbe mit Baukonstruktionslehre und Entwerfen in Stein, Holz und Eisen, Grundzüge der Maschinenlehre, Grundzüge der Elektrotechnik, Formenlehre und Grundzüge der Geschichte des Kunsthandwerks und der kunstgewerblichen Techniken, angewandtes Zeichnen und Malen.

---

[22] Vgl. Gutman, a.a.O., S. 317ff.
[23] Gutman, a.a.O., S. 319
[24] Vgl. Hasfeld, Robert: Berufsausbildung im Großherzogtum Baden. Zur Geschichte des „dualen Systems" im Handwerk. Hrsg. v. Christoph Führ und Wolfgang Mitter, Deutsches Institut für Internationale Pädagogische Forschung (Studien und Dokumentationen zur deutschen Bildungsgeschichte Bd. 63), Köln 1996, S. 323

– Die andere Abteilung befasste sich mit dem Maschinenbau (Maschinenlehre in den verschiedenen Zweigen, Grundzüge der Elektrotechnik, Grundzüge der Baukonstruktionslehre).

Dazu kam noch für alle Kandidaten gemeinsam Unterricht in Materialienlehre und mechanischer Technologie, Volkswirtschaftslehre und Gesetzeskunde, Buchführung und Kostenberechnen, Lehrvortrag und Methodik.[25]

Voraussetzung für die Aufnahme in diesen Ausbildungsgang war der vorherige Besuch eines Volksschullehrer-Seminars oder die Obersekundareife, ab 1904 die Unterprimareife (Reife für die achte Klasse einer Mittelschule). Außerdem war spätestens vor dem Eintritt in das vierte Semester die Ableistung einer praktischen Tätigkeit in einem Gewerbetrieb nachzuweisen, und zwar von Volksschullehrern und Vollabiturienten in der Mindestdauer von einem Jahr, von den übrigen von zwei Jahren. **Aufnahmevoraussetzungen**

Nach Hartmann lagen die Vorzüge dieses Ausbildungsgangs in der Wahrung eines nahezu einheitlichen Niveaus der Allgemeinbildung sämtlicher Studierender, im Zuschnitt des Lehrplans auf die Bedürfnisse der Gewerbeschule und in der fortgesetzten Auswertung der an der Baugewerkschule selbst wie auch an den Gewerbeschulen gemachten Erfahrungen. „In dieser Hinsicht muß die badische Einrichtung ... [gegenüber] jeder anderen Form der Ausgestaltung der Gewerbelehrerausbildung als mustergültiger Vorgang gelten."[26]

Bereits im Jahre 1881 war vom Gewerbelehrerverband vorgeschlagen worden, das Freihand- und geometrische Zeichnen einschließlich Projektionslehre, Fachzeichnen und Modellieren zwar an der Baugewerkschule zu unterrichten, die mathematischen Disziplinen, Geometrie, Physik, Chemie, Mechanik und Maschinenbau jedoch an der Polytechnischen Schule.[27] **Kritik an der Baugewerkschule**

Der Verband äußerte wiederholt Kritik daran, dass die künftigen Gewerbelehrer an der Baugewerkschule zusammen mit den Hoch- und Maschinenbaufachschülern unterrichtet wurden, was auch von Seiten der Unterrichtsverwaltung als berechtigte Klage anerkannt wurde.[28]

Die Gewerbelehrer bemühten sich schließlich um eine Zweiteilung der Ausbildung mit einem ersten Abschnitt an der Baugewerkschule und einer zweiten Phase an der Technischen Hochschule Karlsruhe. So legten sie u. a. in einer Denkschrift vom Jahre 1902 zur Eingabe an den Oberschulrat dar, dass die ersten vier Semester der Lehrerbildung an der Baugewerkschule absolviert werden sollten, jedoch völlig getrennt von den anderen Schülern. Nach einem Zwischenexamen sollten sich vier Semester Studium des Hoch- und Maschinenbaus an der Technischen Hochschule anschließen oder ein kunstgewerbliches Studium an der Kunstgewerbeschule.[29] **Initiative zur Teilung der Ausbildung**

---

[25] Vgl. Hartmann, a.a.O., S. 233
[26] Hartmann, a.a.O., S. 233
[27] Vgl. Gutman, a.a.O., S. 260f.
[28] Vgl. Gutman, a.a.O., S. 344
[29] Vgl. Gutman, a.a.O., S. 334f.

Der Gewerbelehrerverband legte auch den badischen Landständen eine ganze Reihe einschlägiger Petitionen vor und argumentierte für eine Umstrukturierung der Lehrerbildung mit der Notwendigkeit einer besseren Fach- und höheren Allgemeinbildung. Die Baugewerkschule vermittle den Gewerbeschulkandidaten nur diejenigen Fachkenntnisse, die für den untergeordneten Hoch- und Maschinenbautechniker als Bauaufseher und Werkmeister erforderlich seien. Der Gewerbelehrerberuf stelle aber weit höhere Anforderungen.[30]

Während der getrennte Unterricht für die angehenden Gewerbelehrer an der Baugewerkschule im Wesentlichen die Zustimmung der Landstände fand, unterstützten diese die Forderung nach Einbeziehung der Technischen Hochschule in den Ausbildungsgang nicht, auch wenn eine gewisse Berechtigung dieses Petitums durchaus anerkannt wurde.

Die Regierung lehnte eine teilweise Rückverlagerung an die Technische Hochschule strikt ab, kündigte jedoch eine allmähliche Loslösung der Gewerbelehrerausbildung von dem Unterricht der übrigen Abteilungen der Baugewerkschule an und verwies zudem auf die Einführung einer neuen Prüfungsordnung, die auch eine teilweise Umgestaltung des Lehrplans zur Folge haben werde.[31]

Ausbildungs- und Prüfungsordnung 1907

Mit der Verordnung des Ministeriums des Innern vom 5. August 1907 wurden Ausbildung und Prüfung der Gewerbelehrer detailliert neu geregelt. Unterschieden wurde nun eine Vorprüfung nach Besuch der drei ersten Klassen der Gewerbelehrerabteilung der Baugewerkschule (§ 3) sowie eine Hauptprüfung nach der siebten Klasse und nachgewiesener praktischer Tätigkeit in einem Gewerbebetrieb (§ 4).

Wer keine Volksschullehrerausbildung absolviert hatte, musste zur Zulassung zur Baugewerkschule die Reife für die achte Klasse einer Mittelschule nachweisen (§ 3).

Das Praktikum war vor dem Besuch der vierten Klasse abzuleisten und dauerte bei den Volksschulkandidaten mindestens ein Jahr, bei Bewerbern, die die Reife für die achte Klasse einer Mittelschule besaßen, mindestens zwei Jahre (§ 5).

§ 11 der Verordnung listet die Anforderungen in den einzelnen Prüfungsfächern der Vor- und Hauptprüfung auf, und zwar bezüglich der Hauptprüfung auch getrennt für die Gebiete Hochbautechnik und Maschinenbautechnik.

Der vollständige Wortlaut dieser Verordnung ist in Anhang B 6 wiedergegeben.

Regelung der praktischen Tätigkeit

Das Landesgewerbeamt ordnete am 6. Dezember 1907 als „Anleitung über die Ableistung der praktischen Tätigkeit" vor Eintritt in die vierte Klasse der Gewerbelehrerabteilung der Baugewerkschule Vorschriften an, deren Detailliertheit auf die Bedeutung schließen lässt, die der Praxiserfahrung beigemessen wurde. Es galt, einen umfassenden Einblick in den jeweiligen Gewerbezweig mit seinen speziellen Techniken und Arbeitsmethoden zu erlangen (vgl. Wortlaut dieser Bestimmungen in Anhang B 7).

---

[30] Vgl. Gutman, a.a.O., S. 339
[31] Vgl. Gutman, a.a.O., S. 351

Hinsichtlich des Zugangs an ausgebildeten Gewerbelehrern kann immer noch von einem beträchtlichen Mangel ausgegangen werden. Die badische Regierung versuchte, das Defizit an regulär ausgebildeten Gewerbelehrern durch Hilfs- und Zeichenlehrer auszugleichen, die häufig nur über einen Volksschulabschluss verfügten und deshalb auch ein relativ geringes Gehalt bezogen.[32]

Absolventen-zahlen

In einer an die badischen Landstände gerichteten Denkschrift vom Jahre 1913 betonte der Gewerbelehrerverband, die bestehende Lehrerbildung und die Gehaltsbezüge „vermochten nicht, einen genügenden Zugang von Gewerbelehrern herbeizuführen". So habe sich der Neuzugang von Lehrkräften nach einer Aufstellung für die Jahre 1906 bis 1913 aus nur 65 regulär ausgebildeten gegenüber 86 nicht ordnungsmäßig qualifizierten Kräften zusammengesetzt. Das Überstundenwesen sei ein weiterer Beleg für einen „bedeutenden Lehrermangel", da manche Kollegen nahezu das Doppelte ihres Pflichtdeputats leisten müssten.[33]

Aufgrund einer Vereinbarung zwischen der badischen und württembergischen Regierung konnten ab dem Wintersemester 1905/06 auch württembergische Gewerbeschulkandidaten die Karlsruher Baugewerkschule besuchen.
Der Bedarf an Gewerbelehrern war mit Einführung des Pflichtunterrichts in beiden Ländern – in den Jahren 1904/07 bzw. 1906/09 – sprunghaft angestiegen. Die nach dem Studienplan der Baugewerkschule ausgebildeten Lehrer hießen fortan auch über die Grenzen des Landes hinaus die „Karlsruher". Ihr guter Ruf hatte zur Folge, dass sie in anderen Ländern ebenfalls Anstellungsmöglichkeiten fanden. Insgesamt wurden in Karlsruhe 96 württembergische Gewerbeschulkandidaten herangebildet.[34]

Lehrerbildung für Württemberg in Karlsruhe

In der Einschätzung dieses Abschnitts der Ausbildung von Lehrkräften für die Gewerbeschulen kann man festhalten, dass aus der Perspektive der badischen Gewerbelehrerschaft und ihres Verbands die Kritik an der Baugewerkschule verständlich erscheint. Sie strebten nach einer Ausbildung an der Technischen Hochschule, denn dieser Einrichtung fühlten sie sich durch die langjährige Kooperation mit den Professoren, die die Fachaufsicht über die Gewerbeschulen führten, verbunden. Im Prinzip hatte sich jedoch die Kombination von pädagogischer und technischer Qualifizierung bewährt; dies zeigte sich auch daran, dass Württemberg sie zur Ausbildung seiner Lehrkräfte in Anspruch nahm.
Nach dem Ersten Weltkrieg wurden wegen des Mangels an ausgebildeten Gewerbelehrern und aus grundsätzlichen Überlegungen verstärkt Diplomingenieure in den Gewerbeschuldienst eingestellt. Diese hatten dann einen Vorbereitungsdienst, wie er auch in anderen Laufbahnen des höheren Dienstes üblich war, zu absolvieren.[35]

Bewährtes Modell

---

[32] Vgl. Hasfeld, R., a.a.O., S. 323f.

[33] Denkschrift des Verbandes Badischer Gewerbeschulmänner zur Gewerbelehrerfrage in Baden. Mannheim, 30. November 1913. In: Generallandesarchiv (GAL) 235/32858

[34] Vgl. Roth, Karl: Die Entstehung und Entwicklung des kaufmännischen und gewerblichen Schulwesens in Württemberg mit besonderer Berücksichtigung der industriellen Entwicklung des Landes. Stuttgart o. J. (etwa 1968), S. 229

[35] Vgl. Wesely, W.: Entwicklung und Stand der Ausbildung für das höhere Lehramt an gewerblichen Schulen in Baden-Württemberg. In: Die Berufsbildende Schule, 29. Jg., H. 1/1977, S. 7–15, hier S. 8

7.3 Rückverlagerung der Ausbildung an die Technische Hochschule

Forderungen des Lehrerverbands Während der Gewerbelehrerverband noch im Juli 1907 in einer Eingabe an das badische Innenministerium zur Beseitigung des quantitativen und qualitativen Gewerbelehrermangels die Absolvierung eines Teiles der Ausbildung an der Technischen Hochschule gefordert hatte, sprach er sich in einer Denkschrift vom April 1910 für eine ausschließliche Hochschulausbildung aus.[36] Als Vorbildung sollte für diejenigen Kandidaten, welche kein Lehrerseminar absolviert hatten, der Besuch einer neunklassigen Mittelschule vorausgesetzt werden.

In der bereits erwähnten umfangreichen Petition vom Jahre 1913 wurde nochmals mit Entschiedenheit eine Verlagerung der Lehrerbildung an die Technische Hochschule verlangt. Der Verband verwies dabei auf die schon 1910 vorgebrachten Feststellungen, wonach „die Fachausbildung der Gewerbelehrer ... dringend der wissenschaftlichen Vertiefung" bedürfte und die Durchführung der Gewerbelehrerausbildung an der Technischen Hochschule „außer allem Zweifel" stehe.[37]

Als Vertreter der Technischen Hochschule selbst mahnte hingegen Prof. von Oechselhäuser vor der ersten Kammer der badischen Landstände, es gelte dem fortwährenden Drängen nach akademischer Bildung entgegenzutreten.[38]

Zugeständnisse der Regierung Für die großherzogliche Regierung nahm anässlich der Hauptversammlung des Gewerbelehrerverbands im Jahre 1914 Ministerialrat Schneider Stellung. Er führte u. a. aus, der Standpunkt der Regierung sei, die Vorbildung der Gewerbelehrer nach den Bedürfnissen des Unterrichts einzurichten und ihre Ausbildung der Praxis anzupassen; über die hierdurch gezogene Grenze könne nicht hinausgegangen werden. Gleichzeitig versicherte er, dass auch das Ministerium des Innern eine Besserstellung der Gewerbelehrer anstrebe, da es ein großes Interesse daran hätte, eine arbeitsfreudige Lehrerschaft zu besitzen.[39]

Wie der Gewerbelehrerverband im Jahre 1918 berichtete, erkannte die Regierung an, dass die Ausbildung der Lehrkräfte Lücken aufweist und sei bereit, dadurch Abhilfe zu schaffen, dass Schülern der obersten vier Klassen der Gewerbelehrerabteilung der Baugewerkeschule der Besuch von Vorlesungen an der Technischen Hochschule, zunächst in Deutsch und Geschichte, an drei bis vier Wochenstunden durch Übernahme der Gebühren durch die Staatskasse erleichtert werde.[40]

Erweiterte Aufgabenstellung der Gewerbeschule Nach dem Ersten Weltkrieg stellte der Gewerbelehrerverband insbesondere die umfassenden wirtschaftlichen, sozialen und kulturellen Aufgaben der Gewerbeschulen als Erziehungsstätten zur produktiven werktätigen Arbeit in den Vorder-

---

[36] Vgl. Gutman, a.a.O., S. 354f. u. S. 371
[37] Denkschrift des Verbandes Badischer Gewerbeschulmänner zur Gewerbelehrerfrage in Baden, a.a.O.
[38] Vgl. Gutman, a.a.O., S. 389
[39] Vgl. Gutman, a.a.O., S. 389
[40] Vgl. Gutman, a.a.O., S. 390f.

grund und leitete daraus die Notwendigkeit einer „vertieften wissenschaftlichen Durchbildung des gesamten Lehrpersonals" ab.[41]

Im Oktober 1919 erhielt der badische Landtag eine Denkschrift des Gewerbelehrerverbands, in der die Argumentation für die Besserstellung der Lehrerschaft hauptsächlich auf soziale und gesamtwirtschaftliche Gesichtspunkte abhob. Die Gewerbeschulen als Bildungsstätten der werktätigen Jugend bräuchten „höchstwertig gebildetes Lehrpersonal", um ihrem Bildungsauftrag gerecht werden zu können. Die Denkschrift führte weiter aus: „Die Bedeutung, Wichtigkeit und Würde der Gewerbeschulen im Staats- und Wirtschaftsleben muß nach außen hin entsprechend zur Geltung kommen, indem ... die genannten sozialen Qualitäten in einer entsprechenden öffentlich-rechtlichen Stellung der Lehrer und Leiter dieser Schulen zum sinnfälligen Ausdruck gebracht werden".[42]

Anlässlich der Badischen Landesschulkonferenz im Jahre 1920 formulierten die einzelnen Lehrerorganisationen Leitsätze. Der Gewerbelehrerverband hob auch auf die staatsbürgerliche Erziehung ab sowie auf den nun geltenden Staatsgrundsatz der politischen Gleichberechtigung aller Bürger, der es erforderlich mache, die „werktätigen" und die „kopfarbeitenden" Berufsstände bildungsmäßig gleichzustellen und ihnen auch hinsichtlich der Qualität der Lehrkräfte gleichartige Bedingungen zu gewährleisten,

Baden erhielt am 21. März 1919 eine neue Verfassung als demokratische Republik und selbstständiger Bundesstaat des Deutschen Reiches. Danach galt: „§ 9. Alle Badener ohne Unterschied des Geschlechts sind vor dem Gesetze gleich. Vorrechte des Standes, der Geburt oder der Religion werden nicht anerkannt." Zugleich war zu berücksichtigen, dass in der Verfassung des Deutschen Reiches (Weimarer Verfassung) vom 11. August 1919 festgelegt wurde: „Die Lehrerbildung ist nach den Grundsätzen, die für die höhere Bildung allgemein gelten, für das Reich einheitlich zu regeln." (Art. 143, Abs. 2). Weiterhin besagte Art. 143, Abs. 3: „Die Lehrer an öffentlichen Schulen haben die Rechte und Pflichten der Staatsbeamten."

Neue badische Verfassung 1919

Anlässlich einer Landtagssitzung im Juni 1920 führte der badische Minister des Kultus und Unterrichts aus, es sei notwendig, die Ausbildung der Gewerbelehrer auf eine neue Grundlage zu stellen. Man habe aber zunächst einen Überblick über das Vorgehen der anderen deutschen Länder in dieser Angelegenheit gewinnen wollen.[43]

Akademische Ausbildung in Württemberg

Württemberg hatte die akademische Gewerbelehrerbildung an der Technischen Hochschule Stuttgart im Wintersemester 1920/21 als sieben Semester umfassenden Studiengang eingeführt.[44] Unter Hinweis auf den im Nachbarland eingeschlagenen Weg erbat eine Reihe badischer Landtagsabgeordneter Anfang des

---

[41] Vgl. Gutman, a.a.O., S. 416
[42] Zitiert nach Gutman, a.a.O., S. 409
[43] Vgl. Gutman, a.a.O., S. 438
[44] Vgl. Deutscher Verband der Gewerbelehrer, Landesverband Württemberg e.V. (Hrsg.): Fünf Jahrzehnte berufsbildendes Schulwesen in Württemberg. Stuttgart o. J, S. 84

Jahres 1921 eine neuerliche Stellungnahme des Kultusressorts. Der Minister erklärte daraufhin, es wäre nicht beabsichtigt, die Gewerbelehrer an einer anderen Einrichtung als der Technischen Hochschule Karlsruhe auszubilden.[45]

Verordnung des Jahres 1922

Die langjährigen Forderungen der Gewerbelehrer wurden schließlich mit der Rückverlegung der Gewerbelehrerausbildung an die Technische Hochschule am 17. Mai 1922 erfüllt. Das badische Staatsministerium erließ eine entsprechende Verordnung.

Danach war zur Anstellung für das höhere Lehramt an einer Gewerbeschule eine staatlichen Prüfung abzulegen (§ 1). Als Zulassungsvoraussetzungen zu dieser Prüfung wurden festgelegt (§ 4):

– Nachweis des Erwerbs des an der Technischen Hochschule Karlsruhe erworbenen Grades eines Diplom-Ingenieurs in der Abteilung für Maschinenwesen oder für Architektur, Fachgruppe „Gewerbelehrfach", sowie
– anschließender praktischer Vorbereitungsdienst an einer Gewerbeschule während zweier Schuljahre.

Für den Erwerb des Diploms war die Diplomprüfungsordnung der Technischen Hochschule maßgebend (§ 5). Die schriftliche und mündliche Prüfung umfasste Allgemeine Pädagogik, Gewerbeschulkunde, Gewerbebetrieb und Betriebswirtschaftslehre (§ 20).

Der vollständige Verordnungstext ist in Anhang B 8 wiedergegeben.

Diplomprüfungs-ordnung

Die Abteilung für Maschinenwesen der Technischen Hochschule Karlsruhe hatte bereits am 6. Mai 1921 die Genehmigung erteilt, dass der Studienplan der Gewerbelehrer als 13. Fachrichtung in ihre neuen Studienpläne aufgenommen wurde. Es wurde eine „Diplomprüfungsordnung der Abteilung für Maschinenwesen für das Lehramt an Gewerbeschulen" erstellt.[46] Für das Sommersemester 1923 gab es die erste Studien- und Prüfungsordnung der Abteilung für Architektur.

Vorbereitungs-dienst

Zum Vollzug der Verordnung vom 17. Mai 1922 erließ das Ministerium des Kultus und Unterrichts am 1. Dezember 1923 detaillierte Bestimmungen für die Ausbildung im Vorbereitungsdienst mit Regelung von Hospitationen, Lehrproben, der praktischer Tätigkeit in Betrieben u. a. Die Gewerbeschulpraktikanten hatten im ersten Vorbereitungsjahr höchsten 9, im zweiten maximal 12 Wochenstunden Unterricht zu erteilen. An den Wochennachmittagen und in den Schulferien sollten sie durch praktische Betätigung in verschiedenen industriellen und gewerblichen Betrieben Einblick in die Techniken, Konstruktionen und Arbeitsmethoden gewinnen.

Unterschiede nach Ländern

Die Gewerbelehrerausbildung als Hochschulstudium wurde auch in anderen deutschen Staaten, wie z. B. Thüringen und Sachsen, eingeführt. Preußen und einige weitere Länder hingegen wandten sich gegen eine solche Lösung. Dort wurden die Gewerbelehrer zu jener Zeit an Akademien bzw. Berufspädagogischen Instituten ausgebildet.

---

[45] Vgl. Gutman, a.a.O., S. 438f.
[46] Wortlaut der Verordnung siehe Gutman, a.a.O., S. 571ff.

Reichseinheitlich konnte damals lediglich der Handelslehrer den Schritt zur Hochschulausbildung vollziehen, und zwar durch Einführung des Studiengangs „Diplom-Handelslehrer" an den wirtschaftswissenschaftlichen Abteilungen der Universitäten oder an den Wirtschaftshochschulen.

In den Jahren nach 1933 griffen die Bestrebungen zur „Gleichschaltung" auch auf das berufliche Schulwesen über. „Für die badischen und württembergischen Gewerbelehrer brachte diese Vereinheitlichung die Abschaffung des höheren Dienstes und damit eine bedeutende Schlechterstellung."[47]

Rückstufung im Dritten Reich

Der Reichserziehungsminister legte schließlich mit Erlass vom 14.8.1942 und mit der Anlage „Grundsätze für die Ausbildung der Gewerbelehrer und Gewerbelehrerinnen" fest, dass die Ausbildung künftig nach dem preußischen Modell erfolgen sollte: Studium an berufspädagogischen Instituten und Anstellungsfähigkeit nach einem praktisch-pädagogischen Jahr als Gewerbeoberlehrer.[48]

Die Länder, die schon vor dem Zweiten Weltkrieg für Gewerbelehrer den höheren Dienst eingeführt hatten, waren nach Kriegsende bestrebt, zur hochschulmäßigen Ausbildung zurückzukehren. Dies galt auch für das damalige Land Württemberg-Baden.

Neubeginn nach 1945

Vor der Gründung des Südweststaates verlief die Entwicklung in den drei neuen Territorien Nordwürttemberg mit Nordbaden, Südwürttemberg-Hohenzollern und Südbaden nicht einheitlich. Dennoch erwies sich die traditionelle Verklammerung zwischen Nord- und Südbaden einerseits und Nord- und Südwürttemberg andererseits als tragfähig. Schon früh kam es deshalb auch im Gewerbeschulsektor zu einer fruchtbaren Zusammenarbeit, und zwar zwischen allen Regionen des späteren Bundeslandes Baden-Württemberg.

Noch unter dem Stuttgarter Kultusminister Theodor Heuss vereinbarte die Kultusverwaltung in Stuttgart mit der verwaltungsmäßig autonomen Landesbezirksdirektion für Kultus und Unterricht in Karlsruhe, den Nachwuchs für die Gewerbeschulen künftig in Stuttgart und den für die Handelsschulen in Mannheim auszubilden.

Der neue Ausbildungsabschluss „Diplom-Gewerbelehrer" war dem Diplom-Handelslehrer nachempfunden. Die Ausbildung erfolgte zunächst teils am Berufspädagogischen Institut (einem Institut mit Hochschulcharakter) und teils an der Technischen Hochschule Stuttgart. Der Studienplan unterschied:

Diplom-Gewerbelehrer

a) technische und naturwissenschaftliche Fächer ,
b) erziehungs- und unterrichtswissenschaftliche Fächer,
c) wirtschafts- und rechtswissenschaftliche Fächer.
Die Prüfungsordnung für Diplom-Gewerbelehrer des höheren Dienstes folgte mit Bekanntmachung des Kultusministeriums vom 11.3.1953.[49] Sie legte in den allgemeinen Bestimmungen fest:

---

[47] Vgl. Baumann, a.a.O., S. 82
[48] Ebenda, S. 80f.
[49] Ebenda, S. 97f.

„Die Diplom-Prüfung bildet den ordnungsmäßigen Abschluß des Gewerbe-
lehrerstudiums an dem Staatlichen Berufspädagogischen Institut in Stuttgart
und der Technischen Hochschule Stuttgart. Durch sie sollen die Bewerber
die fachwissenschaftlich-technische Befähigung zum höheren Lehramt an
gewerblichen Berufsschulen nachweisen."[50]

Im Jahre 1954 folgte die entsprechende Prüfungsordnung für die zweite Dienst-
prüfung, die Assessor-Prüfung. In den folgenden Jahren übernahm die Technische Hochschule dann den gesamten Studiengang.

Studiengang höheres Lehramt an gewerbl. Schulen Einen weiteren Schritt zur Vereinheitlichung der Gewerbelehrerausbildung
brachte die Übereinkunft in der Kultusministerkonferenz vom Jahre 1973 über
die Einführung der Studiengänge für das höhere Lehramt an gewerblichen Schulen. Der dort umrissene Studiengang entsprach im Grundaufbau dem Modell der
Gymnasiallehrerausbildung, also dem Zweifächerstudium. Für die Gestaltung
des erziehungswissenschaftlichen Begleitstudiums ergaben sich dabei von Land
zu Land erhebliche Unterschiede.

7.4 Lehrerbildung für berufliche Schulen über Aufbaustudiengänge

Frühe Modelle gestufter Lehrerbildung Zu den Möglichkeiten der ersten Phase der Lehrerbildung für die badischen
Gewerbeschulen zählte zunächst vor allem der Weg, dass Volksschullehrer eine
Art kurzes Aufbaustudium an der Polytechnischen Schule absolvierten, um als
hauptamtliche Lehrer angestellt werden zu können. Auch die Baugewerkschule
ging bei der Realisierung der Gewerbelehrerausbildung – wie dargestellt – in
gewisser Weise gestuft vor und kombinierte die pädagogische und technische
Qualifizierung.

Hochschulstruktur gemäß Bologna-Beschlüssen Seit den Bologna-Beschlüssen im Jahre 1999 zur Neuordnung der Hochschulstruktur in der Europäischen Union mit der Unterscheidung von Bachelor- und
Masterstudiengängen ist die Möglichkeit gegeben, gestufte Ausbildungsgänge
durchzuführen. Beim Übergang von der Stufe *Bachelor* zum *Master* können
zwei Wege beschritten werden, und zwar ein *konsekutiv* angelegter Masterstudiengang in der gleichen Fachrichtung oder ein auf einer anderen Fachrichtung,
z. B. Ingenieur, aufbauender *nicht-konsekutiver* Studiengang mit Zielsetzung
Lehramt.

Aktuelle Situation Auf die grundlegenden Bedingungen an die Ausbildung für das Lehramt an
beruflichen Schulen ging die KMK mit Beschluss vom 12. Mai 1955 in der
geltenden Fassung vom 20. September 2007 ein. Danach kann das Studium als
konsekutiver oder polyvalenter Bachelor- und Master-Studiengang, als Diplom-
studiengang oder als Lehramtsstudiengang (Staatsexamen) gestaltet werden.[51]

---

[50] Ebenda
[51] Schröder, B. u. Stadelmann, J.: Zehn Jahre Bologna – quo vadis Studium zum/zur
Berufsschullehrer/in? In: Die berufsbildende Schule, Heft 7/8 2009, S. 215-211, hier
S. 215

In der Entwicklung von Studiengängen für die Berufsschullehrerausbildung besteht derzeit insgesamt eine starke Differenzierung[52]:

– 53 Universitäten (79 %) und 11 Fachhochschulen (21 %) haben Bachelor-Master-Studiengänge eingeführt.
– Drei Bundesländer – Baden-Württemberg, Bayern und Nordrhein-Westfalen – bieten daneben auch (noch) die traditionellen Diplom- und Lehramtsstudiengänge an. Hier werden die Bachelor-Master-Studiengänge zum Teil über Kooperationsmodelle mit Fachhochschulen und Pädagogischen Hochschulen realisiert.

Einen Überblick über die im Jahr 2010 bestehenden Studiengänge mit Studierendenzahlen brachte die Zeitschrift „Die berufsbildende Schule". Allerdings zählten dabei neben den (noch) bestehenden Studiengängen „Lehramt an berufsbildenden Schulen" und „Diplom" nur die Masterstudiengänge (Master of Education), die zur Aufnahme in den Vorbereitungs- bzw. Schuldienst berechtigen. Wie erläutert wird, bestehen gegenwärtig gleichberechtigt nebeneinander verschiedenartige Studiengänge, die die Zulassungsvoraussetzungen zum Vorbereitungsdienst erfüllen, und zwar[53]:

– „Lehramt an berufsbildenden Schulen" auch mit additivem Diplomabschluss (Diplom-Ingenieurpädagoge, Diplom-Berufspädagoge, Diplom-Gewerbelehrer, ...),
– „Wirtschaftspädagogik" mit dem Abschluss „Diplomhandelslehrer",
– „Medizinpädagogik" mit dem Abschluss „Diplom-Medizinpädagoge" sowie
– der Studiengang mit dem Abschluss „Master of Education".

Mit den zahlreichen Varianten hochschulspezifischer Lehramts- und Diplomstudiengänge sowie den Angeboten nach dem Modell Bachelor/Master, ergibt sich eine Zersplitterung der Ausbildung von Lehrkräften für berufliche Schulen; dies gilt insbesondere auch für Seiten- und Quereinsteiger. Jedes Bundesland bereitet die Fachleute mit Diplomabschluss in beruflichen Fachrichtungen nach eigenen Studienangeboten auf die Aufgaben des Lehrers an berufsbildenden Schulen vor. Damit sind sowohl die Eingangsvoraussetzungen als auch die Ausbildungsergebnisse verschiedenartig.[54]

Ein detaillierter Vorschlag für die Umstrukturierung der Lehramtsstudiengänge für das gewerblich-technische Schulwesen wurde in einer speziellen Publikation an der Universität Karlsruhe erarbeitet.[55] Nachstehend wird dieses Konzept in knapper Form dargestellt.

Vorschlag zur Umstrukturierung des Studiengangs

---

[52] Die berufsbildende Schule, Heft 7/8 2009, S. 220
[53] Schröder, B. u. Stadelmann, J.: Viele Wege führen nach Rom – aber der Weg zum(r) Berufsschullehrer(in) führt nur über den „Master of Education"? In: Die berufsbildende Schule, Heft 7/8 2010, S. 212-216, hier S. 216
[54] Vgl. ebd.
[55] Rothe, G.: Lehrerbildung für gewerblich-technische Berufe im europäischen Vergleich. Bd. 13 der Reihe Materialien zur Berufs- und Arbeitspädagogik der Projektgruppe Vergleichende Berufspädagogik der Universität Karlsruhe (TH). Universitätsverlag Karlsruhe 2006

- Für die Lehrerbildung im gewerblich-technischen Bereich empfiehlt sich der nicht-konsekutive Weg auf der Basis eines technik-/ingenieurwissenschaftlichen Bachelorabschlusses. Der erste Studienabschluss Bachelor stellt die erforderliche fachwissenschaftliche Qualifikation für das zu unterrichtende Hauptfach sicher.
- Der Masterstudiengang als aufbauende Qualifikation konzentriert sich schwerpunktmäßig auf die fachdidaktischen sowie die erziehungswissenschaftlichen Grundlagen für den Beruf des Lehrers samt Pflicht-, Wahl- und Ergänzungsfächern.
- Ferner ist beim intendierten Masterstudiengang die Einführung in die Schulpraxis mit dem fachdidaktischen Lehrangebot gekoppelt und erfolgt im Zusammenwirken mit bestimmten Ausbildungsschulen, so dass bereits zu Ende des Studiengangs die volle Berufsfähigkeit erreicht ist und die jungen Lehrkräfte lediglich über eine kurze Übergangsphase in ihren Schulen noch von Mentoren begleitet werden. Nach einem Jahr kann dann die Übernahme in die Festanstellung als Beamtenanwärter erfolgen.

Der Vorteil dieses Modells liegt u. a. darin, dass die Entscheidung, Lehrer zu werden, definitiv erst nach einem Bachelorabschluss getroffen wird und nach einem viersemestrigen Masterstudiengang die Anstellung im Schuldienst erfolgen kann. Die Zeitdauer vom Zeitpunkt der Entscheidung für den Lehrerberuf bis zum Eintritt in die Schule beträgt nur zwei Jahre. Dies könnte einen wesentlichen Beitrag zur Verstetigung des Angebots an Studiengängen für gewerblich-technische Berufe darstellen.

8. Teilzeitschulen in ihrer Entwicklung zu Partnern der Ausbildungsbetriebe

Die *Sonntagsschule* gilt als früheste Form von Teilzeitschulen. Unterrichtet wurde am Sonntagvormittag, ohne die Zeit des Gottesdienstes zu belegen. Ihre Aufgabenstellung zielte auf die Festigung von Religion und Grundkenntnissen des Unterrichts der Elementarschule. Auch in den später entstandenen *Fortbildungsschulen* durfte nur außerhalb der Arbeitszeit unterrichtet werden, so z. B. am frühen Morgen oder am Abend.

Sonntags- und Fortbildungsschulen

Selbst nach der Erweiterung des Angebots an Unterrichtsfächern und Lehrinhalten mit beruflich-fachlichem Bezug mussten sich die Fortbildungsschulen zunächst weiterhin auf Zeiten außerhalb der betrieblichen Arbeitsstunden beschränken, bis sich schließlich der Unterricht in der Arbeitszeit durchsetzen konnte. Die Zuständigkeit für die Regelung des Besuchs von Teilzeitschulen dieser Art lag bei den Schulverwaltungen. Im Laufe der Entwicklung ergaben sich verschiedenartige Modelle des Zusammenwirkens von Ausbildungsbetrieb und Teilzeitschule. Als *Partnerschaft* wird hier einmal die Ausrichtung des Curriculums der Teilzeitschule auf die jeweiligen Lehrberufe und andererseits ihre Mitwirkung in der Abschlussprüfung verstanden.

Berufsbezogene Fächer

Als früher Ansatz einer derartigen Partnerschaft zwischen Teilzeitschule und betrieblicher Ausbildung ist, worauf bereits verwiesen wurde, die aus Baden-Durlach bekannt gewordene Verordnung vom Jahre 1769 zu nennen. Danach durften Lehrlinge der Bauberufe nur nach erfolgreichem Abschluss der dortigen Zeichenschule losgesprochen werden. Das Curriculum für dieses Modell beschränkte sich allerdings auf den Komplex Zeichnen und Lesen von Zeichnungen. Bis dahin gab es noch keine auf bestimmte Berufe ausgerichteten Fächer in den Teilzeitschulen. Ebenso fehlten noch speziell für diese Schulen ausgebildete Lehrkräfte.

Zeichenschule und Betrieb in früher Partnerschaft

Die im Jahre 1834 gegründeten badischen Gewerbeschulen stellten insofern eine Besonderheit dar, als der Unterricht in beruflichen Fächern über die gesamte Lehrzeit hinweg im Wesentlichen nach in systematischer Form aufgebauten Lehrgängen erfolgte. Die curriculare Vorarbeit leisteten Professoren der Polytechnischen Schule Karlsruhe. Dazu gehörte der Entwurf von Lehrplänen und Lehrmitteln sowie die Fachaufsicht in den örtlichen Schulen. Von Bedeutung war ebenfalls der bei Schuleintritt verlangte Kenntnisstand. Schon bald kam die Unterweisung in Schulwerkstätten hinzu, und zwar für Aufgabengebiete, die in der Abfolge der im Betrieb zu bewältigenden Aufträge nicht in vollem Umfang berücksichtigt werden konnten. Schließlich standen den Schulen fachlich qualifizierte Lehrkräfte zur Verfügung.

Badische Gewerbeschule als Partner des Betriebs

Wie in einer Schulchronik hervorgehoben, besaßen die badischen Gewerbeschulen „von vornherein Wesensgestalt und Eigenart als technisch-fachberufliche Schulen, waren sie doch aus den besonderen Bedürfnissen des örtlichen Gewerbes ... herausgewachsen".[1]

Bei der badische Gewerbeschule als Teilzeitschule kann von einer Partnerschaft zwischen Ausbildungsbetrieb und Schule ausgegangen werden, und zwar vor al-

---

[1] Quelle: Jörg Zorn Gewerbeschule Überlingen (Chronik), S. 25

lem deshalb, weil sie als eigenständige Schulform speziell für anspruchsvolle Lehrberufe gegründet war.

Vorgehen von Deutschem Reich und den Ländern Die Entwicklung der Beziehungen zwischen Ausbildungsbetrieb und Teilzeitschule erfolgte in den Ländern verschiedenartig. Entscheidend war schließlich die gesetzliche Regelung durch das Deutsche Reich mit der Zuweisung der beruflichen Bildung zum Ressort Handel und Wirtschaft, während sich die Teilzeitschulen im Zuständigkeitsbereich der Kultusverwaltungen befanden. Damit erfolgten in vielen Ländern zwischen Teilzeitschule und Betrieb keine weitergehenden Regelungen oder Absprachen, ohne die eine echte Partnerschaft nicht zustande kommen konnte.

Im Folgenden wird auf Unterschiede in der diesbezüglichen Entwicklung eingegangen. Das vorangestellte Kapitel 8.1 zeigt, wie sich die Beschlüsse des alten Deutschen Reichs sowie die Reichsgesetzgebung nach 1871 mit Schwerpunkt Förderung des Handwerks auf das Nebeneinander von Betrieb und Teilzeitschule auswirkten.

Dabei wird deutlich, dass bei dem Zusammenwirken nach den gesetzlichen Grundlagen des Reichs im Allgemeinen eine lose Kooperation stattfand und nur in wenigen Ländern eine echte Partnerschaft zustande kam. Im Abschnitt 8.2 wird speziell auf die Entwicklung in Baden eingegangen, im Abschnitt 8.3 auf Württemberg und in 8.4 auf die Entwicklung in Nachbarländern.

8.1 Betriebsgebundene Ausbildung im Deutschen Reich und seinen Ländern

Reichstagsbeschlüsse vor 1806 Schon das alte Deutsche Reich ergriff Initiativen zur Reglementierung des Zunftwesens. Noch in den letzten Jahren vor seiner 1806 erfolgten Auflösung erließ es Reichsabschiede zur Beseitigung von Missständen im Handwerk. Für die Mitgliedsstaaten hatten diese Vorgaben unabhängig von ihrem regional recht unterschiedlichen Vollzug richtungsweisende Bedeutung. Es ging beispielsweise um das „Aufdingen und Lossprechen von Lehrjungen" sowie die bei der „Zulassung von Gesellen zur Meisterschaft geforderten persönlichen, sachlichen, geldlichen und formalen Leistungen" (vgl. Kap. 2.2). In der Zeit bis 1871 gab es im deutschsprachigen Raum keine Reichsgewalt; die Länder besaßen eine weitgehende Selbständigkeit. Nachstehend wird insbesondere auf den südwestdeutschen Raum eingegangen.

Enge Kooperation Schule und Betrieb in Württemberg Die württembergische Gewerbeordnung vom Jahre 1828 verlangte erstmals die Durchführung von Prüfungen zum Lehrabschluss. Parallel dazu und vor allem in den Ausführungsbestimmungen vom Jahre 1830 wurde bereits der Besuch der gewerblichen Sonntagsschule in die Prüfungsprotokolle einbezogen. Dem Wirtschaftsreformer Ferdinand von Steinbeis gelang es, auf Landesebene für die Lehrlingsausbildung einen Ausschuss zu bilden, in dem die Wirtschaft, vertreten durch die *Zentralstelle für Gewerbe und Handel*, sowie die Kultusverwaltung zusammenwirkten.

Freiwillige Lehrabschlussprüfung 1881 Nach Einführung der Gewerbefreiheit und der später erfolgten Stabilisierung der Lehrlingsausbildung wurde in Württemberg vom Jahre 1881 an eine Lehrabschlussprüfung unter Beteilung der Teilzeitschule durchgeführt. Von Steinbeis hatte Prüfungen dieser Art anlässlich des Besuchs der Weltausstellung in London im Jahre 1851 kennen gelernt und schließlich erreicht, dass der König von Württemberg deren Übernahme zustimmte.

In Baden gab es Sonntags- und Fortbildungsschulen schon seit der zweiten Hälfte des 18. Jahrhunderts (vgl. Abschnitt 8.2). Die badischen Gewerbeschulen als Teilzeitschulen wurden aufgrund einer speziellen Verordnung der großherzoglichen Regierung vom Jahre 1834 errichtet. Sie lagen nach der Planung auf einer etwas höheren Ebene als die überkommene Lehre und wurden nur in Städten eingerichtet, während der Besuch der Lehrlinge in der Fortbildungsschule und späteren gewerblichen Fortbildungsschule als darunterliegendes Niveau galt. Gustav Grüner sprach in diesem Zusammenhang vom *badischen Dualismus*.[2]

Teilzeitschulen in Baden

Das Besondere lag darin, dass die Gewerbeschule im badischen Bildungssystem eine eigene Stufe bildete und mit Hilfe der Professoren der Polytechnischen Schule ein für diese Teilzeitschule durchgängiges Gesamtkonzept erarbeitet wurde, das alle in systematischer Form durchzuführenden Ausbildungsinhalte präzisierte sowie die schon frühe Verknüpfung von Zeichnen und Modellieren konsequenterweise auf die Fachausbildung übertrug und damit den Schritt von der Vorstufe Erwerb des räumlichen Vorstellungsvermögens bis zum Zeichnen und Herstellen der jeweiligen Objekte vollzog. So entstanden Schulwerkstätten, die Georg Kerschensteiner anlässlich seiner Besuche als mustergültig bezeichnete.

Partnerschaft zwischen Betrieb und Schule

Die Einführung der Gewerbefreiheit wirkte sich auch auf die Ausbildung der Lehrlinge aus, insbesondere auf die Verpflichtung zum Besuch der Teilzeitschule. In der Diskussion um die Gewerbefreiheit verhielt sich die badische Regierung zunächst abwartend und vorsichtig. Damit hob sie sich vom Vorgehen in Preußen ab, denn dort wurde bereits 1810 Gewerbefreiheit eingeführt, diese aber unter dem Druck des Handwerks bis zur Mitte des 19. Jahrhunderts teilweise wieder zurückgenommen. So äußerte beispielsweise der in Tübingen und später an der Universität Heidelberg lehrende Prof. Robert v. Mohl im Jahre 1844, das Handwerk bedürfe der Zünfte, die Industrie der Gewerbefreiheit. Erst im Verlauf der 1850er Jahre vollzogen die südwestdeutschen Liberalen den Bruch mit dem Zunftgeist.[3] Das badische Gewerbegesetz vom 20. September 1862[4] brachte Gewerbefreiheit und Freizügigkeit für das Handwerk. Die bisher durch § 23 und § 24 des VI. Konstitutionsedikts vom 4. Juni 1808 geregelten Zünfte wurden abgeschafft. Im Großherzogtum waren nun alle Staatsangehörigen zum Betrieb von Gewerben berechtigt und konnten Hilfspersonen auch aus verschiedenartigen Gewerbszweigen in beliebiger Anzahl beschäftigen.

Einfluss der Gewerbefreiheit auf die Teilzeitschule

Lehrlinge im vertragsrechtlichen Sinne gab es nach diesem Gesetz nicht mehr. Nach § 21 hatten Lehrverträge wie auch Dienstverträge nur privatrechtlichen Charakter:

Lehrverträge mit privatrechlichem Charakter

---

[2] Vgl. Grüner, Gustav: 150 Jahre badische Gewerbeschule. Erbe und Auftrag. In: Bundesverband der Lehrer an Beruflichen Schulen, Landesverband Baden-Württemberg e. V. (Hrsg.): Gewerbeschulen 150 Jahre in Baden 1834–1984, 75 Jahre in Württemberg 1909–1984, Jubiläumsschrift, Stuttgart 1984, S. 9–15, hier S. 11

[3] Vgl. Boelcke, Willi A.: Wirtschaftsgeschichte Badens von den Römern bis heute. Stuttgart 1987, S. 177f.

[4] Großherzoglich-Badisches Regierungs-Blatt 1862, Nr. XLIV, S. 409–416

„Die Festsetzung der gegenseitigen Rechte und Pflichten zwischen den Gewerbetreibenden und ihrem Hilfspersonal (einschließlich der Lehrlinge) ist
Gegenstand der vertragsmäßigen Uebereinkunft. Zur Verhandlung und Entscheidung deßfalliger Streitigkeiten sind die bürgerlichen Gerichte zuständig."
In § 22 ist zur „Sorge für die Ausbildung des Hilfspersonals" festgehalten:
„Das Hilfspersonal darf nicht in einer Weise beschäftigt werden, durch welche
es von der vorgeschriebenen Benützung der Unterrichtsanstalten abgehalten
oder zur regelmäßigen Versäumung seiner Religionspflichten veranlaßt, oder
in seiner körperlichen, geistigen und sittlichen Entwicklung gefährdet würde."

Schulbesuch nach der Vollzugs-verordnung 1862
Eine zum Vollzug des badischen Gewerbegesetzes erlassene Verordnung vom
24. September 1862[5] enthielt eine Erläuterung zur Schulpflicht der Lehrlinge.
Nach § 43 galt:
„Die Dienstherren sind verpflichtet, ihrem schulpflichtigen Hilfspersonal und
ihren Lehrlingen stets die nötige Zeit zu gestatten, um die im Orte eingeführten Unterrichtsanstalten nach Maßgabe der allfälligen Schulvorschriften vollständig benützen zu können."
Der Eintritt in eine Gewerbeschule war nun dem Ermessen der Eltern der Lehrlinge überlassen. Infolgedessen ging der Schulbesuch stark zurück. Eindringli-
che Appelle an die Meister, die ihnen vor Augen führen sollten, dass das Handwerk in der Konkurrenz zur Industrie ohne fundierte Kenntnisse, die nicht mehr
allein in der Meisterlehre zu vermitteln seien, nicht bestehen könne, fanden
kaum Widerhall.

Schulzwang in der Diskussion
Der Entscheidung über die Einführung eines Schulzwangs waren intensive Debatten vorausgegangen. Das badische Handelsministerium vertrat die Ansicht,
ein Fortbestehen des Gewerbeschulzwangs ließe sich aus dem noch unverändert
gültigen Organisationsedikt von 1803 ableiten (vgl. Abschnitt 3.1) und betonte,
es diene letztlich dem Wohle des Staates, den Gewerbetreibenden zusätzliche
Kenntnisse zu vermitteln. Im Gründungserlass der Gewerbeschule von 1834 war
auf dieses Edikt Bezug genommen worden, und zwar mit dem Hinweis, dass darin bereits die Notwendigkeit eines „besonderen öffentlichen Unterrichts für jene jungen Leute, welche sich einem Gewerbe oder Handwerke widmen, und in
früher Jugendzeit in Arbeit und Lehre treten" anerkannt worden sei.
Das badische Innenministerium hingegen vertrat den gegenteiligen Standpunkt
und wandte ein, niemand könne vom Staat zu einer speziellen Form der Berufsausbildung gezwungen werden. Hinzu kam noch die Befürchtung, bei Aufrecht-
erhaltung des Schulzwangs würden zu viele ungeeignete Schüler Aufnahme finden, die die befähigteren in ihrem schulischen Fortschritt nur behindern könnten.[6]

Strafe für Behinderung des Schulbesuchs
Obwohl sich in einer Befragung von Gewerbeschulvorständen, Bezirksämtern,
Gemeinden und Gewerbevereinen eine mehrheitliche Befürwortung des Gewerbeschulzwangs ergeben hatte, entschied sich die Regierung letztlich dagegen. Durch
gesetzliche Bestimmungen vom 29. Januar 1868 wurden lediglich Lehrherren, die
ihre Lehrlinge, welche nach Anordnung der Eltern oder Fürsorger die Gewerbe-

---

[5] Großh.-Bad. Regierungs-Blatt 1862, Nr. XLV vom 1. Oktober 1862, S. 417–432
[6] Vgl. Kuhn, K. F. 1927, a.a.O., S. 74f.

schule besuchen sollten, daran hinderten, unter Strafe gestellt. Hierzu erhielt § 71 des vom 31. Oktober 1863 datierenden Polizeistrafgesetzbuches folgenden Zusatz: „An Geld bis zu 25 fl. werden gestraft Arbeitgeber, welche ihre Arbeiter unter dem Alter von 17 Jahren, die nach Anordnung ihrer Eltern oder Fürsorger die Gewerbeschule besuchen sollen, an dem Besuch derselben verhindern oder abhalten."

Mit der Verordnung vom 16. Juli 1868 erfolgte eine die neuen Rechtsverhältnisse berücksichtigende Novellierung der Gewerbeschulbestimmungen. Hinsichtlich des allgemeinen Aufbaus lehnte sich die neue Verordnung an den Gründungserlass der Gewerbeschulen von 1834 an. Der volle Text dieser Verordnung ist in Anhang B 2 wiedergegeben.

Gewerbeschulverordnung von 1868

Von den Änderungen gegenüber der ersten Fassung sind besonders hervorzuheben: Das örtliche Aufsichtsorgan wird in „Gewerbeschulrat" umbenannt. Ihm gehört neben dem bereits 1834 genannten Personenkreis als ordentliches Mitglied auch die Lehrkraft an, die in der Gewerbeschule Aufsicht führt. In Abänderung der Oberaufsicht werden diese Schulen der Schulverwaltung, dem „Oberschulrat" beim Innenministerium, unterstellt. Diese Oberschulbehörde hatte weitreichende Kompetenzen im Hinblick auf die innere Ausgestaltung der Gewerbeschulen, u. a. bezüglich der Genehmigung von Lehrplänen und Lehrmitteln, der Anstellung von Lehrern und der Dienstpolizei über diese sowie der Prüfung von Voranschlägen der einzelnen Schulen.

Die finanziellen Mittel für Gründung und Unterhalt der badischen Gewerbeschulen hatten in der Hauptsache die Gemeinden aufzubringen. Gemeinden, in welchen die Errichtung von Gewerbeschulen als dringendes Bedürfnis erkannt wurde, erhielten vom Staat dauernde oder vorübergehende Zuschüsse. Bei den Unterrichtsfächern traten nun auch offiziell die de facto schon länger eingeführten Gegenstände Fachzeichnen und – bei vorhandenem Bedürfnis und gegebenen Mitteln – Modellieren hinzu.

Waren im Schuljahr 1861/62 insgesamt 4.426 ordentliche Gewerbeschüler verzeichnet worden, so betrug deren Zahl im Jahre 1872 lediglich noch 2.767. Während die kleineren Gewerbeschulen ihre Schülerzahl zumeist hielten oder sogar erhöhten, betraf der Rückgang vor allem die Schulen in den größeren Städten. In Heidelberg sank in diesem Zeitraum die Schülerzahl von 310 auf 114 und in Karlsruhe von 281 auf 127.[7] Die Regierung betrachtete die Gewerbeschulen jedoch weiterhin als essenziell zur Hebung der handwerklichen Qualifizierung. So wurden zwischen 1862 und 1872 auch neue Gewerbeschulen errichtet; 16 Anstalten kamen zu den bestehenden 33 hinzu.[8]

Rückgang der Schülerzahlen

Als Staatenbund aller deutschen Länder nördlich der Mainlinie einschließlich der preußischen Territorien südlich des Mains wurde 1867 der *Norddeutsche Bund* gegründet. Dieser Zusammenschluss versteht sich als Vorläufer des Deut-

Gewerberecht des Norddeutschen Bundes

---

[7]   Vgl. Hasfeld, Robert: Berufsausbildung im Großherzogtum Baden. Zur Geschichte des „dualen Systems" im Handwerk. Köln 1996, S. 270f.

[8]   A.a.O., S. 270

schen Reiches von 1871. Mit der Gründung des Norddeutschen Bundes wurde die Voraussetzung für ein einheitliches Gewerberecht geschaffen. Die am 21. Juni 1869 erlassene Gewerbeordnung regelte auch die Frage des Besuchs von Fortbildungsschulen[9]:

> „§ 105. Die Fortsetzung der Verhältnisse zwischen den selbständigen Gewerbetreibenden und ihren Gesellen, Gehülfen und Lehrlingen ist Gegenstand freier Übereinkunft ...
>
> § 106. Die nach den Landesgesetzen zuständige Behörde hat darauf zu achten, daß bei Beschäftigung der Lehrlinge gebührende Rücksicht auf Gesundheit und Sittlichkeit genommen und denjenigen Lehrlingen, welche des Schul- und Religionsunterrichts noch bedürfen, Zeit dazu gelassen werde. ...
>
> Durch Ortsstatut (§ 142) können Gesellen, Gehülfen und Lehrlinge, sofern sie das achtzehnte Lebensjahr nicht überschritten haben, oder einzelne Klassen derselben, zum Besuche einer Fortbildungsschule des Ortes, Arbeits- und Lehrherren aber zur Gewährung der für diesen Besuch erforderlichen Zeit verpflichtet werden.“

Reichsgewerbeordnung 1871 Mit Gründung des Deutschen Reiches 1871 erhielt die Gewerbeordnung des Norddeutschen Bundes für das gesamte Reichsgebiet Geltung. Sie trat gemäß Reichsgesetz vom 10. November 1871 am 1. Januar 1872 in Kraft. Die badische Gewerbeordnung von 1862 wurde aufgehoben, auch wenn im Grunde nur solche Bestimmungen hätten außer Kraft gesetzt werden müssen, die im Widerspruch zur neuen Reichsgewerbeordnung standen.

Die Gewerbeordnung für das Deutsche Reich enthielt nähere Bestimmungen über die Gesellen- und Meisterprüfung. Damit war indirekt eine Voraussetzung zum stärkeren und regelmäßigeren Besuch der Gewerbeschulen gegeben, denn der Unterricht an diesen Schulen stellte die beste Vorbereitung auf die Gesellenprüfung dar.

Nach § 120 der Reichsgewerbeordnung war die Möglichkeit gegeben, durch Ortsstatut den Besuch der Gewerbeschule für alle bzw. für die hauptsächlich in Betracht kommenden Gewerbe verpflichtend zu machen. § 127 verpflichtete den Lehrherrn, den Lehrling zum Schulbesuch anzuhalten. Zugleich wird säumigen Lehrlingen angedroht, dass sie vor Beendigung des Lehrverhältnisses entlassen werden können. Anlage 22 führt die §§ 120 und 127 im Wortlaut auf.

Zuständigkeiten nach der Reichsgesetzgebung Die Zuständigkeit für das Bildungswesen blieb bei den Ländern. Die Ausbildung der Lehrlinge wurde allerdings durch das Reich, und zwar über das Handelsressort geregelt und damit auch die Position der Berufsbildung angesprochen. Die Entscheidung, die berufliche Bildung auf der Ebene des Reiches dem Handelsministerium zuzuordnen, steht inhaltlich im Zusammenhang mit der in Preußen vertretenen neuhumanistischen Sichtweise, wonach dieser Bereich aus dem staatlichen Bildungssystem auszuklammern ist.

---

[9] Bundes-Gesetzblatt des Norddeutschen Bundes. Berlin 1869, S. 269 und S. 277. Zitiert nach Stratmann, Karlwilhelm: Probleme der Berufsschule im 19. Jahrhundert. Materialien zur Entwicklung des beruflichen Schulwesens für gewerbliche Lehrlinge. In: Archiv für Berufsbildung, Jahrbuch 1967, Braunschweig 1967, S. 89–107, hier S. 102

Anl. 22:
§§ 120 und 127 der Reichsgewerbeordnung 1871

§ 120 Die Gewerbeunternehmer sind verpflichtet, ihren Arbeitern unter achtzehn Jahren, welche eine von der Gemeindebehörde oder vom Staat als Fortbildungsschule anerkannte Unterrichtsanstalt besuchen, hierzu die erforderlichen Falles von der zuständigen Behörde festzusetzende Zeit zu gewähren. Am Sonntage darf der Unterricht nur stattfinden, wenn die Unterrichtsstunden so gelegt werden, daß die Schüler nicht gehindert werden, den Hauptgottesdienst oder einen mit Genehmigung der kirchlichen Behörden für sie eingerichteten besonderen Gottesdienst ihrer Konfession zu besuchen. Ausnahmen von dieser Bestimmung kann die Zentralbehörde für bestehende Fortbildungsschulen, zu deren Besuch keine Verpflichtung besteht, bis zum 1. Oktober 1894 gestatten.

Als Fortbildungsschulen im Sinne dieser Bestimmung gelten auch Anstalten, in welchen Unterricht in weiblichen Hand- und Hausarbeiten erteilt wird.

Die Pflicht zum Besuch einer Fortbildungsschule kann, soweit sie nicht nach Landesgesetz besteht, durch statuarische Bestimmungen einer Gemeinde oder eines weiteren Kommunalverbandes (§ 142) für die in Abs. 1 bezeichneten Arbeiter eingeführt werden. Diese Pflicht besteht dann auch für die Zeit ihrer Arbeitslosigkeit. Auf demselben Wege können die zur Durchführung dieser Verpflichtung erforderlichen Bestimmungen getroffen werden. Insbesondere können durch statuarische Bestimmungen die zur Sicherung eines regelmäßigen Schulbesuchs den Schulpflichtigen sowie deren Eltern, Vormündern und Arbeitgebern obliegenden Verpflichtungen bestimmt und diejenigen Vorschriften erlassen werden, durch welche die Ordnung in der Fortbildungsschule und ein gebührliches Verhalten der Schüler gesichert wird. Von der durch statuarische Bestimmungen begründeten Verpflichtung zum Besuch einer Fortbildungsschule sind diejenigen befreit, welche eine Innungs- oder andere Fortbildungs- oder Fachschule besuchen, sofern der Unterricht dieser Schule von der höheren Verwaltungsbehörde als ein ausreichender Ersatz des allgemeinen Fortbildungsschulunterrichts anerkannt wird.

Die in Abs. 3 Satz 1 ausgesprochene Pflicht kann für eine Gemeinde oder einen weiteren Kommunalverband durch Anordnung der höheren Verwaltungsbehörde eingeführt werden, wenn ungeachtet einer von ihr auf Antrag beteiligter Arbeitgeber oder Arbeitnehmer an die Gemeinde oder den weiteren Kommunalverband erlassenen Aufforderung innerhalb der gesetzten Frist das Statut nicht erlassen worden ist. Die im Abs. 3 vorgesehen Bestimmungen werden in diesem Falle von der höheren Verwaltungsbehörde getroffen. Gegen die Aufforderung und die Anordnungen der höheren Verwaltungsbehörde ist Beschwerde an die Landeszentralbehörde zulässig.

Die Unterrichtszeiten werden von der hierfür nach Landesrecht zuständigen Behörde festgesetzt und bekanntgemacht.

§ 127 Der Lehrherr ist verpflichtet, den Lehrling in den in seinem Betriebe vorkommenden Arbeiten des Gewerbes zum Zwecke der Ausbildung entsprechend zu unterweisen, ihn zum Besuche der Fortbildungs- oder Fachschule anzuhalten und den Schulbesuch zu überwachen. Er muß entweder selbst oder durch einen geeigneten, ausdrücklich dazu bestimmten Vertreter die Ausbildung des Lehrlings leiten, den Lehrling zur Arbeitsamkeit und zu guten Sitten anhalten und vor Ausschweifungen bewahren; er hat ihn gegen Mißhandlungen seitens der Arbeits- und Hausgenossen zu schützen und dafür Sorge zu tragen, daß dem Lehrling nicht Arbeitsverrichtungen zugewiesen werden, welche seinen körperlichen Kräften nicht angemessen sind.

Er darf dem Lehrlinge die zu seiner Ausbildung und zum Besuche des Gottesdienstes an Sonn- und Feiertagen erforderliche Zeit und Gelegenheit nicht entziehen. Zu häuslichen Dienstleistungen dürfen Lehrlinge, welche im Hause des Lehrherrn weder Kost noch Wohnung erhalten, nicht herangezogen werden.

§ 127 b ... Nach Ablauf der Probezeit kann der Lehrling vor Beendigung der verabredeten Zeit entlassen werden, wenn einer der im § 123 vorgesehenen Fälle auf ihn Anwendung findet oder wenn er die ihm im § 127 a auferlegten Pflichten wiederholt verletzt oder den Besuch der Fortbildungs- oder Fachschule vernachlässigt ...

Zitiert nach Stocker, August: Das allgemeine und fachliche Fortbildungsschulwesen in Baden in seiner geschichtlichen Entwicklung, nebst einer Sammlung der maßgebenden gesetzlichen und verordnungsmäßigen Bestimmungen. Lahr/Baden 1916, S. 195 f.

Neuhumanistisches Bildungsverständnis

In der Epoche des Neuhumanismus hatte sich eine spezielle Sichtweise von allgemeiner und beruflicher Bildung mit tiefgreifenden Auswirkungen auf das Bildungswesen sowie die Zuständigkeitsverteilung zwischen Staat und Wirtschaft entwickelt. Als maßgeblich erwiesen sich die Vorstellungen von Wilhelm von Humboldt in seiner Funktion als Leiter der preußischen Erziehungsdirektion zu Beginn des 19. Jahrhunderts.

Humboldt war der Frage nachgegangen, in welcher Weise in Deutschland die Bildung reformiert werden könnte und sah die Lösung in der Aufwertung der allgemeinen Bildung. Diese hatte zur umfassenden Entwicklung aller geistigen Anlagen des Menschen beizutragen. Bildungsinhalte mit praktischem und beruflichem Bezug schienen ihm zu diesem Zweck ungeeignet. Der Bildungskanon sollte sich vielmehr auf allgemeine Gegenstände konzentrieren, vor allem alte Sprachen. Das Studium von Griechisch und Latein schulte nach Humboldts Ansicht den Intellekt und eröffnete den Zugang zur antiken Gedankenwelt.

Nach neuhumanistischem Verständnis galt die Beschäftigung primär mit dem antiken Griechenland als idealer Bildungsgegenstand, da die Griechen in vielerlei Hinsicht als vorbildhaft gesehen wurden, u. a. im Hinblick auf ihre republikanische Staatsform und ihre kulturellen Leistungen. Ermöglicht worden seien diese Höchstleistungen unter anderem dadurch, dass sie von niederen Arbeiten befreit waren. So hob Humboldt hervor:

„Die Sklaverei ... überhob den Freien eines großen Theils der Arbeiten, deren Gelingen einseitige Uebung des Körpers und des Geistes – mechanische Fertigkeiten – erfordert. Er hatte nun Muße, seine Zeit zur Ausbildung seines Körpers durch Gymnastik, seines Geistes durch Künste und Wissenschaften, seines Charakters überhaupt durch thätigen Antheil an der Staatsverfassung, Umgang, und eignes Nachdenken zu bilden."[10]

Trennung von Bildung und Berufsbildung

Diese Auffassung lässt unschwer erkennen, dass manuelle Tätigkeiten und sonstige niedere Arbeiten gering geschätzt wurden. Dementsprechend wurde in der Epoche des Neuhumanismus die berufliche Ausbildung abgewertet. Humboldt sprach sich für eine strikte Trennung von Bildung und Berufsbildung aus und stellte im *Litauischen Schulplan* vom Jahre 1809 heraus[11]:

„Alle Schulen aber, deren sich nicht ein einzelner Stand, sondern die ganze Nation, oder der Staat für diese annimmt, müssen nur allgemeine Menschenbildung bezwecken. Was das Bedürfnis des Lebens oder eines einzelnen seiner Gewerbe erheischt, muss abgesondert, und nach vollendetem allgemeinen Unterricht erworben werden. Wird beides vermischt, so wird die Bildung unrein, und man erhält weder vollständige Menschen, noch vollständige Bürger einzelner Klassen."

In seinem Bericht an den preußischen König vom selben Jahr warnte Humboldt ganz in diesem Sinne vor einer Vermischung beider Bildungsbereiche und wies dem Staat die Verantwortung für die allgemein bildenden Unterrichtsanstalten zu.

---

[10] Werke W. v. Humboldts. Hg. A. Flitner/K. Giel, Darmstadt 2010, Bd. II, S. 15
[11] Flitner/K. Giel, a.a.O., Bd. IV, S. 188

Diese Auffassung spiegelte sich zweifelsfrei um die Wende zum 19. Jahrhundert in den Bestrebungen zur Neuordnung des Handwerks und seiner Befugnisse wider. Auch wenn nicht explizit zum Ausdruck gebracht, wirkte diese Einstellung unterschwellig als Grundlage für die Reformmaßnahmen, die schließlich dem Handwerk bzw. seinen Kammerorganisationen weitreichende Kompetenzen in der betriebsgebundenen Ausbildung übertrugen.

Im Rahmen der vorliegenden Untersuchung kann dem neuhumanistischen Einfluss auf die Handwerkspolitik um 1900 nicht weiter im Detail nachgegangen werden. Doch lässt sich festhalten, dass Humboldts Auffassungen nachhaltige Wirkungen hatten und maßgeblich dazu beitrugen, dass der Staat sich in der betriebsgebundenen Ausbildung bis heute auf subsidiäre Funktionen zurückzog.

Die Industrialisierung und insbesondere die den Gründerjahren 1871/73 folgende wirtschaftliche Depression lösten beim Handwerk massive Existenzängste und demzufolge eine verstärkte Protestbewegung aus, die u. a. auf die Wiederherstellung handwerklicher Organisationsstrukturen ausgerichtet war. Dabei vertrat das Handelsministerium weitgehend die Interessen des Handwerks.

Wiederherstellung der Handwerksorganisation

Die „Allgemeine Deutsche Handwerkerversammlung" des Jahres 1882 in Magdeburg sprach sich für Zwangsinnungen und die Einführung des Großen Befähigungsnachweises aus, der die Berechtigung zur Führung eines Handwerksbetriebs an den Meistertitel knüpft. Der anlässlich dieser Tagung gegründete „Allgemeine Deutsche Handwerkerbund" suchte diese Forderungen in den folgenden Jahren durchzusetzen. In Regierung und Parlament erhielt das Handwerk zunehmend Gehör; zugleich versuchte man auch, gesetzliche Vorkehrungen zur Verbesserung der Qualität der handwerklichen Ausbildung zu treffen.

Nach der Novelle zur Reichsgewerbeordnung vom Juli 1878 wurden alle minderjährigen Arbeiter zur Führung eines Arbeitsbuches verpflichtet, das der Arbeitgeber verwahrte. Auf die grundsätzlich schriftliche Abfassung der Lehrverträge suchte man mit der Vorschrift hinzuwirken, dass nur bei Vorhandensein eines schriftlichen Vertrags Regressansprüche geltend gemacht werden konnten. § 126 enthielt die Verpflichtung, den Lehrling in den im Betriebe vorkommenden Arbeiten des Gewerbes in der durch den Zweck der Ausbildung gebotenen Reihenfolge und Ausdehnung zu unterweisen. Diese Regelung blieb allerdings in der Praxis weitgehend wirkungslos, da entsprechende Kontrollinstanzen fehlten.[12]

Gewerberechtsnovellen

Die Gewerberechtsnovelle vom Juli 1881, auch *Innungsgesetz* genannt, ermöglichte die Bildung von Innungen mit weitreichenden Kontrollbefugnissen. Den Innungen oblag u. a. die nähere Regelung des Lehrlingswesens und die Fürsorge für die technische, gewerbliche und sittliche Ausbildung der Lehrlinge. Unter bestimmten Voraussetzungen durften die Innungen Streitfälle im Lehrlingswesen auch dann schlichten, wenn der jeweilige Arbeitgeber selbst kein Innungsmitglied war.[13]

Innungsgesetz 1881

---

[12] Vgl. Hasfeld, a.a.O., S. 301
[13] Vgl. Hasfeld, a.a.O., S. 302

Auch war den Innungen gestattet, Fachschulen für Lehrlinge einzurichten, die Ausbildung von Meistern und Gesellen zu fördern sowie Gesellen- und Meisterprüfungen durchzuführen. Der entsprechende Passus zu den Fachschulen lautete:

> „Insbesondere steht ihnen [den Innungen] zu: Fachschulen für Lehrlinge zu errichten und dieselben zu leiten" (§ 97a Ziff. 1). Das Gesetz verpflichtete die Meister, „ihre Lehrlinge zum Besuch der Fortbildungsschule oder der Fachschule anzuhalten" (§ 98a Ziff. 2c).

Die Reichsgewerbeordnung vom Jahre 1871 geht in § 120 auf die Pflicht zum Besuch der Fortbildungsschule wie folgt ein.

> Insbesondere können durch statuarische Bestimmungen die zur Sicherung eines regelmäßigen Schulbesuchs den Schulpflichtigen sowie deren Eltern, Vormündern und Arbeitgebern obliegenden Verpflichtungen bestimmt und diejenigen Vorschriften erlassen werden, durch welche die Ordnung in der Fortbildungsschule und ein gebührliches Verhalten der Schüler gesichert wird. Von der durch statuarische Bestimmungen begründeten Verpflichtung zum Besuch einer Fortbildungsschule sind diejenigen befreit, welche eine Innungs- oder andere Fortbildungs- oder Fachschule besuchen, sofern der Unterricht dieser Schule von der höheren Verwaltungsbehörde als ein ausreichender Ersatz des allgemeinen Fortbildungsschulunterrichts anerkannt wird.

§ 127 verpflichtet den Lehrherrn,

> „den Lehrling in den in seinem Betriebe vorkommenden Arbeiten des Gewerbes zum Zwecke der Ausbildung entsprechend zu unterweisen, ihn zum Besuche der Fortbildungs- oder Fachschule anzuhalten und den Schulbesuch zu überwachen. Er muß entweder selbst oder durch einen geeigneten, ausdrücklich dazu bestimmten Vertreter die Ausbildung des Lehrlings leiten, ...“

Die Novelle vom Dezember 1884 stärkte die Position der Innungen weiter; denn fortan konnte in Bezirken, in denen sich die Innungen im Lehrlingswesen besonders bewährt hatten, das Recht zur Lehrlingsausbildung auf Innungsmitglieder beschränkt werden. Im Juli 1887 legte eine weitere Gewerberechtsnovelle fest, dass an den Kosten, welche den Innungen durch Einrichtungen zur Förderung der gewerblichen und technischen Ausbildung der Meister, Gesellen und Lehrlinge entstanden, auch Nichtinnungsmitglieder beteiligt werden konnten.

Anlässlich einer Handwerkerkonferenz im Jahre 1891 sagte die Reichsregierung die baldige Inangriffnahme umfassender Maßnahmen zum Schutz und zur Förderung des Handwerks zu. Entsprechende Entwürfe zur gesetzlichen Regelung der beiden Eckpunkte der Handwerksproblematik – Pflichtorganisation und Befähigungsnachweis – lagen bereits 1893 vor.[14] Aufgrund einer Interpellation der Nationalliberalen Partei im Januar 1895 kam es im Deutschen Reichstag zu einer eingehenden Aussprache zum Thema der reichsgesetzlichen Einrichtung von Handwerkskammern.[15] Diese Debatte zeigte deutlich, dass die Sorge um den Erhalt des Mittelstandes als staatserhaltende Kraft in weiten politischen

---

[14] Wernet, Wilhelm: Kurzgefasste Geschichte des Handwerks in Deutschland. Dortmund 1963, S. 172

[15] Vgl. Stenographische Berichte über die Verhandlungen des Deutschen Reichstags. IX. Legislaturperiode. III. Session. 1894/95. Erster Band. Berlin 1895, S. 332–359

Kreisen die Überlegungen zur Gestaltung der handwerklichen Ordnung dominierte. Trotz eingetretener Schwächung stellte das Handwerk noch einen beachtlichen Wirtschaftsfaktor dar. Um einen weiteren Niedergang zu verhindern, schien eine grundlegende Neuordnung erforderlich.

Handwerker-
schutzgesetz
1897

Die Novelle zur Reichsgewerbeordnung vom Jahre 1897[16], *Handwerkerschutzgesetz* genannt, brachte schließlich die entscheidende Neuorganisation des Handwerks und suchte einen Mittelweg zwischen Zwangsorganisation und Gewerbefreiheit einzuschlagen. Sie ermöglichte die Einrichtung von Handwerkskammern als Körperschaften der gewerblichen Selbstverwaltung und zugleich mittelbaren Organen der Staatsverwaltung, die im staatlichen Auftrag öffentliche Aufgaben erfüllen. So wurde den Handwerkskammern die Aufsicht über das Lehrlingswesen übertragen. Sie erhielten unter anderem die Aufgabe, die näheren Bestimmungen für das Lehrlingswesen zu erlassen und Prüfungsausschüsse zur Durchführung der ebenfalls durch dieses Gesetz eingeführten Gesellenprüfung einzurichten.

Die Handwerkskammern erhielten auch die Befugnis, „Veranstaltungen zur Förderung der gewerblichen, technischen und sittlichen Ausbildung der Meister, Gesellen (Gehülfen) und Lehrlinge zu treffen sowie Fachschulen zu errichten und zu unterstützen" (§ 103e). Der Lehrherr war verpflichtet, „den Lehrling ... zum Besuche der Fortbildungs- oder Fachschule anzuhalten und den Schulbesuch zu überwachen" (§ 127). Auch den Innungen war wie schon mit der Gewerberechtsnovelle von 1881 das Recht eingeräumt, „Veranstaltungen zur Förderung der gewerblichen, technischen und sittlichen Ausbildung der Meister, Gesellen (Gehülfen) und Lehrlinge zu treffen, insbesondere Schulen zu unterstützen, zu errichten und zu leiten, sowie über die Benutzung und den Besuch der von ihnen errichteten Schulen Vorschriften zu erlassen" (§ 81b). Es galt weiterhin nach § 120 Abs. 3 der Reichsgewerbeordnung von 1871, dass diejenigen Schüler vom Besuch der staatlichen Fortbildungsschule befreit waren, „welche eine Innungs- oder andere Fortbildungs- oder Fachschule besuchen, sofern der Unterricht dieser Schule von der höheren Verwaltungsbehörde als ein ausreichender Ersatz des allgemeinen Fortbildungsschulunterrichts anerkannt wird".

Ferner wurde der schriftliche Lehrvertrag vorgeschrieben und die Lehrzeit einheitlich geregelt. Die Handwerkskammern konnten erst aufgrund einer kaiserlichen Verordnung des Jahres 1900 eingerichtet werden, so dass das Handwerkerschutzgesetz in diesem Jahr in Kraft trat. Letztlich schrieb es eine Bevorrechtigung des Handwerks in der gewerblichen Berufsausbildung fest.

Kleiner
Befähigungs-
nachweis

Nach Inkrafttreten des Gesetzes von 1897 beschäftigte die Frage des Großen Befähigungsnachweises, wonach die Meisterprüfung nicht nur für die Ausbildung von Lehrlingen, sondern auch für die selbständige Führung eines Gewerbebetriebes vorgeschrieben gewesen wäre, die Spitzenvertretung des Handwerks weiterhin. Der Reichstag hatte im Jahre 1890 der Einführung eines solchen

---

[16] „Gesetz, betreffend die Abänderung der Gewerbeordnung. Vom 26. Juli 1897." Reichs-Gesetzblatt 1897, Nr. 37, S. 663–706

Nachweises zwar zugestimmt, doch kam eine derartige gesetzliche Regelung wegen der Ablehnung durch den Bundesrat nicht zustande.

Schließlich setzte sich in Handwerkskreisen eine gemäßigte Auffassung durch, und auf der Jahrestagung des Handwerks- und Gewerbekammertages in Köln im Jahre 1905 wurde beschlossen, auf die Forderung nach dem Großen Befähigungsnachweis vorläufig zu verzichten. Die Verwirklichung einer solchen Forderung schien unter den gegebenen Verhältnissen ohnehin nicht möglich. Dabei spielte auch eine große Rolle, dass die Handwerkskammern eine Fülle praktischer Aufbauarbeiten zu bewältigen hatten und dies als vordringlich erachteten. Die Novelle zur Gewerbeordnung im Jahre 1908 kann gewissermaßen als „willkommene Frucht dieser Selbstbescheidung" betrachtet werden.[17] So wurde der so genannte *Kleine Befähigungsnachweis* eingeführt, wonach nur geprüfte Meister Lehrlinge ausbilden durften. Triebfeder für die Reichsgesetzgebung war wiederum im Wesentlichen die Förderung des Mittelstandes, wozu insbesondere das Handwerk zählte.

Konsequenzen für die künftige Berufsausbildung
Das Handwerkerschutzgesetz machte „das handwerkliche Modell der Berufsqualifizierung zum Vorbild der nicht-akademischen Ausbildung in Deutschland überhaupt".[18] Es verankerte eine Vorrangstellung des Handwerks mit verbrieften Zuständigkeiten in der Lehrlingsausbildung. Diese privilegierte Position des Handwerks und seiner Kammerorganisationen – in den 1940er Jahren auch den Industrie- und Handelskammern verliehen – blieb im Wesentlichen erhalten und prägt noch heute die Zuständigkeiten in der betriebsgebundenen Ausbildung. Folgen dieser Weichenstellung sind die Fokussierung auf das Konzept der handwerklichen Lehre als einziges Berufsbildungsmodell, das unzureichende Zusammenwirken von Betrieb und Teilzeitschule, das Prüfungsmonopol der Kammern sowie die fehlende Verknüpfung von Erstausbildung und Weiterbildung. Hierauf wird in Abschnitt 9.1 näher eingegangen.

8.2 Badische Gewerbe- und Fortbildungsschulen im Nebeneinander

Entwicklung in Baden
In den Kirchenverwaltungsbezirken Pforzheim und Stein der Markgrafschaft Baden-Durlach entstanden im Jahre 1755 erste Sonntagsschulen für die unverheiratete Jugend im Anschluss an die Volksschulentlassung.[19] Die Altersgrenze für den Besuch dieser Schulen lag bei den jungen Männern bei 18 Jahren, bei den weiblichen Schülern bei 20 Jahren. Im Jahre 1756 wurde die Einrichtung von Sonntagsschulen in der gesamten Markgrafschaft angeordnet. Unterricht fand zunächst nur im Sommer statt, ab 1766 auch im Winter. Zweck des Unter-

---

[17] Vgl. Wernet 1963, a.a.O., S. 185

[18] Vgl. Greinert, Wolf-Dietrich: Berufliche Breitenbildung in Europa. Die geschichtliche Entwicklung der klassischen Ausbildungsmodelle im 19. Jahrhundert und ihre Vorbildfunktion (Cedefop Panorama Bd. 114). Luxemburg 2005, S. 44

[19] Vgl. Schmidt, Franz: Die deutsche Fortbildungsschule in ihrer geschichtlichen Entwicklung unter besonderer Berücksichtigung Badens. Karlsruhe 1929, S. 16; Thyssen, a.a.O., S. 24

richts war, „die religiös-sittliche Bildung mit Benutzung der hierfür vorgeschriebenen Schulbücher und der Heiligen Schrift" fortzusetzen.[20]

In den Städten wurden im Jahre 1774 – als die Markgrafschaften Baden-Durlach
und Baden-Baden wieder eine Einheit bildeten – so genannte *Abend-* oder *Nacht-
schulen* eingeführt, auch als *Realschulen* bezeichnet.[21] Sie waren nur für die
schulentlassene männliche Jugend bis zum 20. Lebensjahr bestimmt, beschränkten
sich auf die Wintermonate und sollten die „weltlichen Unterrichtsgegenstände
besser ausbilden". Der Unterricht umfasste u. a. Rechnen, Lesen, Schreiben, Erdkunde und Geschichte.

Nach Gebietszuwächsen und Aufstieg zum Kurfürstentum bemühte sich Baden **Fortbildungs-**
um eine Vereinheitlichung des Schulwesens. Das entsprechende Organisations- **schulwesen**
edikt vom Jahre 1803 führte im Anschluss an die Volksschule die schon genannten Sonntags- und Realschulen auf.[22]

Der Begriff *Fortbildungsschule* wurde in Baden erstmals in der landesherrlichen
Verordnung vom 15. Mai 1834 gebraucht und dabei gemäß der bereits etablier-
ten Zweiteilung zwischen der Sonntagsschule als einer für beide Geschlechter
gemeinsamen Erziehungseinrichtung für religiös-sittliche Bildung und der
Werktagsfortbildungsschule als nur für Knaben bestimmte und auf den weltlichen Unterricht begrenzte Anstalt unterschieden. Die Schulbesuchsdauer wurde
allgemein auf zwei Jahre festgelegt; dafür sollte die Wochenstundenzahl in der
Werktagsfortbildungsschule auf bis zu vier erhöht werden. Lehrziel der Werktagsfortbildungsschule war die „Festigung und weitere Ausbildung in den Fächern der Volksschule ... mit Berücksichtigung der Landwirtschaft und der ge-
meinsten Sätze der Mechanik".[23] Allerdings stießen beide Schularten bei Eltern,
Lehrherren und Lehrern auf wenig Interesse.

Parallel zu diesen Bestimmungen für das Fortbildungsschulwesen wurden im **Stufung**
Jahre 1834 die badischen Gewerbeschulen gegründet. Sie wären nach der heuti- **Gewerbeschule –**
gen Kategorisierung des Bildungswesens der Sekundarstufe II zuzuordnen. **Fortbildungsschule**

Gemäß § 7 des Gründungserlasses setzte die Gewerbeschule nur diejenigen Vorkenntnisse voraus, welche die allgemeine Volksschule vermittelt. Doch sollten
nach § 8 Lehrlinge, welche die erforderlichen Kenntnisse im Lesen, Schreiben
und Rechnen nicht besitzen, zum Besuch der *Fortbildungsschule* angehalten
werden und bis sie sich entsprechend befähigt haben, in der Gewerbeschule nur
zum Zeichenunterricht zugelassen sein. Diese Vorschrift war von wesentlicher
Bedeutung bezüglich der der Gewerbeschule gestellten Aufgabe, gezielt Fachkenntnisse zu vermitteln und damit als Partner der Lehrbetriebe zu fungieren.

---

[20] Thyssen, a.a.O., S. 24
[21] Vgl. Schmidt, Franz, a.a.O., S. 17f.
[22] Vgl. Schmidt, F., a.a.O., S. 21 sowie Gutman, Emil: Die Gewerbeschule Badens,
     1834/1930. Ihre Entwicklung und ihr gegenwärtiger Stand, im Zusammenhang mit
     der Geschichte ihres Lehrerstandes und des Verbandes badischer Gewerbeschulmän-
     ner dargestellt. Konkordia A.-G. für Druck und Verlag, Bühl-Baden 1930, S. 488
     (dortige Fußnote)
[23] Schmidt, F., a.a.O., S. 22

Wie aus einer Eingabe an den Gemeinderat der Stadt Freiburg vom Jahre 1838 hervorgeht, die der Inspektor der dortigen Gewerbeschule, Universitätsprofessor Dr. L. Oettinger, verfasst hatte, befürchtete man auch negative Einflüsse seitens der für die Gewerbeschule nicht geeigneten Schüler. Oettinger unterstrich die Notwendigkeit der Zuweisung solcher Schüler zur Fortbildungsschule mit dem Argument, es sei „bekannt, daß schwache und nicht gehörig vorbereitete Schüler auf eine Schule sehr schädlich einwirken und nicht nur sich, sondern auch die Schule demoralisieren".[24]

Aufhebung der Fortbildungsschulpflicht 1868
Im Jahre 1868 wurde in Baden die gesetzliche Verpflichtung für die Gemeinden zur Errichtung von Fortbildungsschulen und für die Schulentlassenen zu deren Besuch aufgehoben. Die Regierung trug damit einerseits der allgemeinen Geringschätzung dieser Schulen Rechnung und andererseits einer Stellungnahme aus dem Kreise von Schulmännern, die der im Jahre 1863 neu eingerichtete Oberschulrat eingeholt hatte.[25] Die Gemeinden konnten zwar noch auf freiwilliger Basis Fortbildungsunterricht weiterführen, doch sanken die Schülerzahlen drastisch von ehemals rund 50.000 Schulpflichtigen auf im Jahre 1871 lediglich noch 8.562.

Wiedereinführung der Fortbildungsschule 1874
Im Jahre 1874 kam es zur Wiedereinführung der Fortbildungsschulpflicht mit neuen gesetzlichen Bestimmungen (vgl. Anlage 23). Damit war das Nebeneinander von Gewerbeschule und Fortbildungsschule etabliert.

Das Fortbildungsschulgesetz vom 18. Februar 1874 bot die Möglichkeit, dieser Schule eine stärkere berufliche Ausrichtung zu geben. Nach § 7 des Fortbildungsschulgesetzes zielte der Unterricht darauf, die in der Volksschule erworbenen Kenntnisse derart zu festigen und zu erweitern, „daß diese dem Schüler stets in ihrer unmittelbaren Beziehung auf die Bedürfnisse des Lebens erscheinen und daß er sich ihrer in seiner beruflichen Tätigkeit als Werkzeug zu bedienen lernt". Dies kommentierte A. Stocker wie folgt:

> „Für den schulentlassenen Knaben auf dem Land war die allgemeine Fortbildungsschule gewöhnlich die einzige Gelegenheit zu seiner Weiterbildung. Es lag deswegen nahe, diesen Unterricht so einzurichten, daß er dem Handwerkslehrling zu seiner Fachausbildung im Beruf von Nutzen werden konnte."[26]

Aufnahmeprüfung an Gewerbeschulen
Die badischen Gewerbeschulen unterscheiden sich durch eine Reihe von Merkmalen deutlich von den herkömmlichen Fortbildungsschulen, wie sie in verschiedenartiger Ausprägung auch in den anderen deutschen Ländern entstanden. Teilweise waren schon sehr früh Aufnahmeprüfungen für die Gewerbeschulen zu absolvieren, so beispielsweise in Karlsruhe Anfang der 1840er Jahre eingeführt mit der Maßgabe, dass bei Nichtbestehen die Fortbildungsschule zu besuchen war und daneben der Zeichenunterricht an der Gewerbeschule.[27]

---

[24] Zitiert nach Gutman, a.a.O., S. 484
[25] Vgl. Schmidt, a.a.O., S. 22
[26] Stocker, a.a.O., S. 87
[27] Vgl. Kuhn, Karl Friedrich: Die Gewerbeschule der Landeshauptstadt Karlsruhe in Vergangenheit und Gegenwart, hrsg. v. d. Stadt Karlsruhe. Karlsruhe 1927, S. 65f.

Anl. 23: Gesetz vom 18.02.1874 „Den Fortbildungsunterricht betreffend"

§ 1. Der Elementarunterricht der Kinder nach Maßgabe des Gesetzes vom 8. März 1868 wird dahin ausgedehnt, daß Knaben noch zwei Jahre und Mädchen ein Jahr nach Zurücklegung des schulpflichtigen Alters (§§ 1, 2 des angeführten Gesetzes) verpflichtet sind, in der Gemeinde, in welcher sie sich aufhalten, zur Befestigung und Erweiterung der in der Volksschule erworbenen Kenntnisse wöchentlich einige Unterrichtsstunden (die Fortbildungsschule) zu besuchen.

Der Besuch einer Gewerbeschule, einer höheren öffentlichen Bildungsanstalt oder einer anderen, den gesetzlichen Bestimmungen entsprechenden Lehranstalt sowie der Fortbesuch der Volksschule befreit von der Pflicht zur Teilnahme an dem Fortbildungsunterricht.

Kinder, welche nachweisbar entsprechenden Privatunterricht genießen, ebenso diejenigen, welche sich durch genossenen höheren Unterricht die in der Fortbildungsschule zu erwerbenden Kenntnisse in genügender Weise angeeignet haben, werden durch die Schulbehörden vom Besuch des Fortbildungsunterrichts entbunden.

Aus besonders dringenden Gründen können einzelne durch die Schulbehörden vom Besuch dieses Unterrichts entbunden werden.

§ 2. Eltern oder deren Stellvertreter, Arbeits- und Lehrherren sind verbunden, die unter ihrer Obhut oder in ihrem Dienst stehenden Kinder, sofern sie nach § 1 zum Besuch des Fortbildungsunterrichts verpflichtet sind, zur Teilnahme an demselben anzumelden und ihnen die zum Besuch desselben erforderliche Zeit zu gewähren.

Zuwiderhandlungen werden mit Geldbuße bis zu fünfzig Mark bestraft.

Die Eltern und deren Stellvertreter haben dafür zu sorgen, daß die Kinder, welche die Fortbildungsschule besuchen, die erforderlichen Bücher und sonstigen Materialien besitzen. Im Unterlassungsfall kommen die Bestimmungen des § 4 des Gesetzes vom 8. März 1868 über den Elementarunterricht zur Anwendung.

§ 3. Jede Gemeinde ist verpflichtet, einen Fortbildungsunterricht zu veranstalten. Die Oberschulbehörde kann im Benehmen mit der Staatsverwaltungsbehörde von dieser Verpflichtung aus erheblichen Gründen und namentlich dann entbinden, wenn die zerstreute Lage der Wohnungen die Abhaltung der Fortbildungsschule untunlich macht.

§ 4. Die Gemeinde ist verbunden, die für die Fortbildungsschule erforderlichen Lehrräume zu stellen und für die erforderlichen Schulbedürfnisse zu sorgen. Die §§ 80–84 des Gesetzes vom 8. März 1868 über den Elementarunterricht finden in diesen Beziehungen analoge Anwendung.

§ 5. Die Fortbildungsschule soll sich in der Regel an die Volksschule anschließen. Bestehen in einer Gemeinde mehrere Volksschulen, so wird durch die Gemeindebehörde bestimmt, ob der Fortbildungsunterricht an jeder oder an einer derselben oder getrennt von ihnen erteilt werden soll.

§ 6. Die örtliche Aufsicht über die Fortbildungsschule steht dem Ortsschulrat derjenigen Volksschule zu, an welche jene angeschlossen ist. Wenn die Fortbildungsschule nicht mit der Volksschule verbunden ist, sowie da, wo besondere Umstände es wünschenswert machen, kann die Oberschulbehörde nach Anhören der Gemeindebehörde besondere Bestimmungen über die örtliche Beaufsichtigung treffen.

§ 7. Der Fortbildungsunterricht soll die in der Volksschule erworbenen Kenntnisse in der Art und Richtung befestigen und erweitern, daß dieselben dem Schüler stets in ihrer unmittelbaren Beziehung auf die Bedürfnisse des Lebens erscheinen und daß er sich ihrer in seiner beruflichen Tätigkeit als Werkzeug zu bedienen lernt.

In diesem Sinne soll sich der Unterricht einerseits auf Lesen, Übungen im mündlichen und schriftlichen Ausdruck und Rechnen beschränken, andererseits von diesen Mittelpunkten aus je nach den örtlichen Bedürfnissen die übrigen in der Volksschule behandelten Wissensgebiete in seinen Bereich ziehen.

§ 8. Der Unterricht muß wenigstens zwei Stunden wöchentlich umfassen und soll in der Regel das ganze Jahr hindurch dauern.

Aus besondern Gründen kann die Oberschulbehörde auf den Antrag der Gemeinde im Benehmen mit der Staatsverwaltungsbehörde gestatten, daß der Unterricht auf das Winterhalbjahr beschränkt werde. In diesem Falle muß er aber mindestens drei Stunden wöchentlich umfassen.

§ 9. Der Unterrichtsplan sowie die in der Fortbildungsschule zulässigen Strafen werden durch Verordnung bestimmt.

§ 10. Wenn mehrere Lehrer an einer Volksschule angestellt sind, so bestimmt auf den Antrag der örtlichen Aufsichtsbehörde der Kreisschulrat, welcher oder welche von ihnen den Fortbildungsunterricht zu erteilen haben.

Sollen andere Personen zur Unterrichtserteilung herbeigezogen werden, so ist dazu die Genehmigung der Oberschulbehörde erforderlich.

§ 11. Die Volksschullehrer haben für die Erteilung des Fortbildungsunterrichts mindestens die in § 42 des Elementarunterrichtsgesetzes bestimmte Vergütung für jede Stunde zu beanspruchen, welche, sofern nicht andere hierzu bestimmte Mittel zu Gebote stehen, aus der Gemeindekasse zu bestreiten ist.

Die Gemeinden sind befugt, diese Vergütung unter den Voraussetzungen der §§ 67–74 des Gesetzes über den Elementarunterricht auf die Staatskasse zu überwälzen, jedoch darf hierbei nur der einmalige normale Betrag für einen wöchentlichen zweistündigen oder für einen dreistündigen halbjährlichen Unterricht in Berechnung gezogen werden.

Quelle: Stocker, A: Das allgemeine und fachliche Fortbildungsschulwesen in Baden in seiner geschichtlichen Entwicklung, nebst einer Sammlung der maßgebenden gesetzlichen und verordnungsmäßigen Bestimmungen. Lahr/Baden 1916, S. 177f.

Im Jahresbericht 1880/81 der Karlsruher Gewerbeschule finden sich detaillierte Angaben zur Frage der Aufnahmeprüfungen. Dort ist die Schulordnung von 1879 abgedruckt. Nachfolgend sind im Wortlaut jene Paragrafen wiedergegeben, die Zweckbestimmung der Anstalt, Aufnahme und ggf. Ausschluss bzw. Rückverweisung an die Fortbildungsschule betreffen und somit Hinweise auf die Einstufung dieser Schulgattung geben[28]:

„§ 1. Die Gewerbeschule will auf der Grundlage der Volksschulbildung den Handwerkslehrlingen, welche nicht in der Lage sind, eine Fachschule, wie die Baugewerke- oder Kunstgewerbeschule, zu besuchen, in dreien Jahreskursen Gelegenheit bieten zur Weiterbildung in allen für das gewerbliche Berufsleben nutzbringenden Fächern.

§ 2. Die Aufnahme in die Gewerbeschule befreit vom Besuch der Fortbildungsschule. (Gesetz vom 18. Februar 1874 und Verordnung des Grossh. Oberschulraths vom 4. Juni 1877.)

§ 3. Bei der Aufnahme, welche in der Regel auf Grund eines schriftlichen Gesuches der Eltern oder Fürsorger erfolgt, ist das Zeugnisbüchlein der Volksschule oder ein anderes Befähigungszeugnis vorzulegen.

§ 10. Ausschluß aus der Anstalt, bzw. Rückverweisung an die Fortbildungsschule, erfolgt ... auch bei gänzlicher Unfähigkeit dem Unterrichte oder dem Lehrgange zu folgen.“

Aufnahmepraxis der Gewerbeschulen — Daraus geht hervor, dass die Fortbildungsschule de facto niveaumäßig unterhalb der Gewerbeschule angesiedelt war, was auch die folgenden Bemerkungen zur Aufnahmepraxis der Karlsruher Gewerbeschule und zur Beschulung von Fabrikarbeitern verdeutlichen. Zur Aufnahme in die Schule war um 1880 neben der Vorlage des Volksschulzeugnisses oder eines anderen Befähigungszeugnisses eine Aufnahmeprüfung abzulegen; sie bestimmte auch die Klasseneinteilung.[29] Bei dieser Prüfung, die sich auf Deutsch und Rechnen erstreckte, schied ein nicht geringer Teil der Aspiranten aus: So meldeten sich zu Beginn des Sommerhalbjahres 1880 135 Schüler an, wovon 23 die Prüfung nicht bestanden und sofort der Fortbildungsschule überwiesen wurden. 17 wurden probeweise aufgenommen, wovon jedoch nach Ablauf von 6 Wochen 11 gemäß § 10 der Schulordnung abermals der Fortbildungsschule überwiesen werden mussten.

Allerdings war auch bei den aufgenommenen Schülern die Vorbildung nicht befriedigend; Rektor Cathiau beklagte trotz einer gewissen Verbesserung der Qualität der Schüler u. a. Defizite in Rechnen und Orthografie.[30] Im Jahresbericht 1882/83 wurde wiederum auf dieses Thema eingegangen und konstatiert, das Schülermaterial habe sich verbessert; im vergangenen Schuljahr hätten nur 9 von 170 Neuangemeldeten die Aufnahmeprüfung nicht bestanden.[31]

Beschulung der ungelernten Arbeiter — Im Bericht zum Schuljahr 1880/81 äußerte sich Cathiau kategorisch zur Beschulung der Fabrikarbeiter wie folgt: „Dem künftigen Fabrikarbeiter genügt die Fortbildungsschule.“ Die Gewerbeschule hingegen solle dem in der Lehre be-

---

28 Quelle: Karlsruher Gewerbeschule, Jahresbericht 1880/81, S. 22/23
29 Vgl. ebd., S. 22
30 Vgl. ebd.
31 Vgl. Karlsruher Gewerbeschule, Jahresbericht 1882/83, S. 5

findlichen Handwerker – nicht dem jugendlichen Fabrikarbeiter oder Taglöhner – zur Weiterbildung dienen.[32]

Cathiau hielt es für angebracht, dass in den Städten sowohl fakultative Gewerbeschulen als auch obligatorische Fortbildungsschulen bestehen sollten und sprach sich somit klar für das Freiwilligkeitsprinzip beim Besuch der Gewerbeschule aus. Im Einzelnen äußerte er sich zur Frage des Schulbesuchs von Jugendlichen der gelernten und der ungelernten Berufe wie folgt:

> „Unterscheidet man nämlich zwischen dem eigentlichen Handwerkslehrling und dem sog. jugendlichen Arbeiter, der als Handlanger oder Taglöhner die Werkplätze, die Bahnhöfe und Fabriken bevölkert und ... seine physische Arbeitskraft und seine Zeit dem Brotherrn verkauft hat, der also nicht selten ... auf alle höhere menschliche Entwicklung verzichtet, wenn er nur ... sein Auskommen hat, dem aber auch zur Mehrzahl die Veranlagung zu einer gründlicheren und solideren Weiterbildung abgeht ..., so ist das der Gewerbeschule zufallende Schülermaterial ziemlich rein ausgeschieden. Während nämlich der jugendliche Arbeiter der Fortbildungsschule zufällt, deren Praxis ihm genügt und zu deren regelmäßigem Besuch er gezwungen werden kann, wird der eigentliche Handwerkslehrling freiwillig seine sittliche und intellektuelle Fortentwicklung Hand in Hand mit der Lehrwerkstätte in der Gewerbeschule suchen und finden. Freiwillig soll sich seine Zeit in Werkstätte- und Schulunterricht teilen; es soll nicht der letztere dem ersteren abgerungen und abgetrotzt werden müssen."[33]

Grundsätzlich waren die badischen Gewerbeschulen nicht auf einen Übergang in die Polytechnische Schule ausgerichtet. Sie folgten damit der Planung von Staatsrat Nebenius, der sich in seiner Denkschrift gegen eine solche Möglichkeit ausgesprochen hatte und dies wie folgt begründete:

Übergang von Gewerbeschule zum Polytechnikum

> „Im Allgemeinen ist es klar, daß für jene Classe von jungen Leuten, welche für ihren künftigen Beruf nur wenige Kenntnisse und keinen streng wissenschaftlichen Unterricht bedürfen, dem technischen Unterricht nur wenige Zeit widmen können, und ihre Vorbildung nur in der allgemeinen Volksschule erhalten, eine andere Gattung von Anstalten bestehen muß, als für diejenigen, welche sich einem Zweige widmen wollen, der strenge wissenschaftliche Studien erfordert, oder die bestimmt sind, durch die Uebernahme eine Gewerbes von bedeutendem Umfang, eine höhere Stelle im Gebiete der Production einzunehmen, und ihre volle Jugendzeit auf ihre Bildung verwenden müssen, um sich für ihren künftigen Beruf gehörig zu befähigen. Es ist auch einleuchtend, daß die Anstalt, welche für die Bedürfnisse der letzten Classe zu sorgen hat, nicht auf die niedere technische Schule sich stützen kann, welche den Bedürfnissen der ersten Classe entspricht."[34]

Entscheidend dürfte für Nebenius die Breitenwirkung gewesen sein. Eine große Zahl angehender Gewerbetreibender sollte mit möglichst geringem Aufwand beschult werden. Wie in Abschnitt 3.3 erläutert, gab es in Baden Anfang der 1840er Jahre auch eine andere Konzeption, wonach Gewerbeschulen als Zubringer zur Polytechnischen Schule eingerichtet werden sollten. Bei diesem von Freiherr von Wessenberg angeregten Modell verstand sich die Gewerbeschule jedoch als Vollzeitschule mit Realienfächern als Alternative zur herkömmlichen Bürgerschule.

---

[32] Vgl. Karlsruher Gewerbeschule, Jahresbericht 1880/81, S. 3
[33] Zitiert nach Gutman, a.a.O., S. 484f.
[34] Nebenius, C. F., a.a.O., S. 74

De facto fanden allerdings vereinzelt Übertritte von der Gewerbeschule Karlsruhe ins Polytechnikum statt, wie beispielsweise in den Jahresberichten dieser Schule von 1861/62 und 1862/63 vermerkt.

Übergang von Gewerbeschule zur Baugewerkschule

Auch gab es Übertritte an die Kunstgewerbeschule und die Baugewerkschule in Karlsruhe. Im Jahresbericht 1895/96 stellte Rektor Cathiau von der Karlsruher Gewerbeschule fest, dass die besseren Schüler zum Teil nach zweieinhalb oder auch schon nach eineinhalb Jahren an die Kunstgewerbe- oder die Baugewerkschule überwechseln.

Allgemeine und berufliche Fortbildungsschule

Der Unterricht an den Fortbildungsschulen entwickelte allmählich einen stärkeren gewerblichen Bezug, und zwar zunächst in größeren Schulen, wo die Errichtung von besonderen Klassen für Gewerbetreibende möglich war. Schließlich erhöhte sich die Zahl der gewerblichen Abteilungen an den allgemeinen Fortbildungsschulen derart, dass eine Regelung der Rechtsverhältnisse erforderlich erschien.[35] So wurde mit der Verordnung der großherzoglichen Oberschulbehörde über den gewerblichen Fortbildungsschulunterricht vom 21. Februar 1891 eine Aufspaltung der Fortbildungsschulen in gewerbliche und allgemeine Unterrichtsanstalten vollzogen.[36] Diese Verordnung ermöglichte es den Gemeinden, gewerbliche Fortbildungsschulen unterhalb der Ebene der Gewerbeschulen zu errichten.[37] Es bestand keine Schulbesuchspflicht, doch konnten die Gemeinden per Ortsstatut den Schulbesuch für obligatorisch erklären.

Voraussetzung zur Errichtung einer solchen Schule war, dass mit mindestens zehn Pflichtschülern gerechnet werden konnte und die Gemeinde ein die Schulpflicht regelndes Ortsstatut erließ (siehe Anlage 24). Die Gemeinde hatte auch die Kosten für den laufenden Unterhalt einschließlich der Lehrervergütungen zu tragen; staatliche Zuschüsse konnten gewährt werden.[38]

Rechtlicher Status

In der Anfangsphase waren die gewerblichen Fortbildungsschulen rechtlich gesehen spezielle Abteilungen der allgemeinen Fortbildungsschulen. Doch im Jahre 1892 ging die Aufsicht über die gewerblichen Fortbildungsschulen an den Großherzoglichen Gewerbeschulrat und 1905 an das an dessen Stelle getretene Landesgewerbeamt über.[39] Durch die Gesetze vom 17. August 1904 und 6. März 1924 wurde die gewerbliche Fortbildungsschule in eine selbständige Schule umgewandelt mit der Aufgabe, „die in Gewerbebetrieben beschäftigten jungen Leuten beiderlei Geschlechts in den zur Ausübung ihres Berufs erforderlichen Kenntnissen und Fertigkeiten auszubilden und ihnen gleichzeitig eine den Anforderungen der allgemeinen Fortbildungsschulen entsprechende Allgemeinbildung zu verschaffen". Die Unterrichtszeit sollte in der Regel 9, höchstens 12 Stunden betragen und die Errichtung der Schulen durch statuarische Bestimmungen der Gemeinden erfolgen.[40]

---

[35] Vgl. Stocker, a.a.O., S. 87
[36] Vgl. Nickolaus, a.a.O., S. 77
[37] Vgl. Nickolaus, a.a.O., S. 78
[38] Vgl. Stocker, a.a.O., S. 89
[39] Vgl. Nickolaus, a.a.O., S. 78ff.
[40] Vgl. Schmidt 1929, a.a.O., S. 45

Anl. 24: **Musterstatut für gewerbliche Fortbildungsschulen**

Statut für die gewerbliche Fortbildungsschule in ...

Auf Grund des Landesgesetzes vom 13. August 1904, den gewerblichen und kaufmännischen Fortbildungsunterricht betr. (Gesetzes- und Verordnungsblatt Nr. XXIV), wird für die Gemeinde ..... mit Zustimmung des Bürgerausschusses durch den Bezirksrat bestimmt:

§ 1

Die in den Gewerbebetrieben der Gemeinde .... beschäftigten gewerblichen und kaufmännischen Arbeiter beiderlei Geschlechts (Gesellen, Gehilfen und Lehrlinge usw.) sind verpflichtet, den Unterricht an der gewerblichen Fortbildungsschule in ..... zu besuchen.

Die Schule umfasst ... [1] Jahrgangsklassen.

Der Verpflichtung zum ordnungsgemäßen Besuch dieser Jahresklassen unterliegen die in Absatz 1 bezeichneten Personen, insoweit sie das 18. Lebensjahr noch nicht vollendet haben.

§ 2

Von der Verpflichtung zum Schulbesuch tritt Befreiung in dem Umfang ein, in welchem durch Vorlage von Zeugnissen der Besuch einer vom Landesgewerbeamt als gleichwertig anerkannten Schule nachgewiesen wird.

Einzelne Schüler können durch die örtliche Aufsichtsbehörde (siehe § 11 dieses Statuts), sämtliche Angehörige eines Gewerbes jedoch nur mit Zustimmung des Landesgewerbeamtes vom Besuch des Zeichenunterrichts befreit werden. [2] ...

Die Befreiung eines einzelnen Schülers von der Verpflichtung zum Schulbesuch überhaupt, die nur ausnahmsweise beim Vorliegen besonderer Gründe erfolgen darf, ist nur mit Zustimmung des Landesgewerbeamtes zulässig.

§ 3

Der Besuch der gewerblichen Fortbildungsschule kann von der örtlichen Aufsichtsbehörde auch solchen Personen gestattet werden, die nach dem Statut nicht dazu verpflichtet sind.

Diese Schüler sind mit ihrem Eintritt in die Schule für die Dauer des Besuchs derselben den Bestimmungen des Statuts und der Schulordnung unterworfen.

§ 4

Das Schuljahr läuft von Ostern zu Ostern. Das Winterhalbjahr schließt mit dem Beginn der Osterferien, das Sommerhalbjahr mit dem 31. Oktober. Die Ferien sollen in der Regel mit denen der allgemeinen Fortbildungsschule zusammenfallen.

§ 5

Die Entlassung aus der Schule erfolgt nach ordnungsgemäßem Besuch der Jahresklassen am Ende des Schuljahres.

Die Versetzung in eine höhere Klasse setzt die Erreichung eines genügenden Maßes von Kenntnissen voraus. Im Falle der Nichtversetzung dauert die Schulpflicht (innerhalb der Grenze des 18. Lebensjahres) entsprechend länger.

Schüler, die im Laufe eines Schuljahres das 18. Lebensjahr erreichen, sind auf Verlangen am Schlusse des diesem Zeitpunkt vorangehenden Schulhalbjahres zu entlassen.

§ 6

Die Arbeitgeber haben die zum Schulbesuch der gewerblichen Fortbildungsschule verpflichteten Arbeiter beim Eintritt in die Arbeit oder Lehre binnen drei Tagen, und wenn der Eintritt während der Schulferien geschieht, alsbald beim Wiederbeginn des Schulunterrichts bei dem mit der Leitung der Schule betrauten Lehrer anzumelden sowie spätestens am dritten Tag nach der Entlassung aus der Arbeit oder Lehre abzumelden.

Probezeit oder Beginn der Arbeit oder Lehre im Geschäft der Eltern entbindet nicht von der Anmelde- und Schulpflicht.

§ 7

Der Arbeitgeber bzw. die Eltern oder deren Stellvertreter haben den Schüler, der durch Krankheit am Besuch des Unterrichts verhindert war, bei dessen Wiedererscheinen in der Schule und, falls der Schüler durch die Erkrankung voraussichtlich an mehr als zwei Tagen vom Besuch des Unterrichts abgehalten sein wird, alsbald bei dem Lehrer zu entschuldigen.

Soll ein Schüler aus dringenden Gründen vom Besuch der Schule für einige Stunden entbunden werden, so haben die Arbeitgeber bzw. die Eltern oder deren Stellvertreter vorher unter genauer Angabe der Gründe rechtzeitig, wenn möglich durch den Schüler selbst, beim Lehrer um Befreiung nachzusuchen.

Das im Unterricht Versäumte, insbesondere die schriftlichen und zeichnerischen Arbeiten, sind sobald als möglich nachzuholen. Der Arbeitgeber ist verpflichtet, dem Schüler die hierzu erforderliche Zeit zu gewähren.

§ 8

Die Arbeitgeber haben dafür zu sorgen, daß die Schüler die erforderlichen Bücher und sonstigen Unterrichtsmittel besitzen.

§ 9

Hinsichtlich der Verhängung von Schulstrafen kommen die für die allgemeine Fortbildungsschule maßgebenden Bestimmungen (Verordnungen des Ministeriums des Innern vom 5. Februar 1875, Gesetzes- und Verordnungsblatt Seite 129) zur Anwendung.

Bei fortgesetzter Unbotmäßigkeit oder wegen unsittlichen Verhaltens eines Schülers kann nach vorausgegangener wiederholter Bestrafung desselben seine Ausweisung aus der gewerblichen Fortbildungsschule durch die örtliche Aufsichtsbehörde mit Zustimmung des Landesgewerbeamtes verfügt werden. Ist der Schüler nach seinem Alter noch zum Besuche der allgemeinen Fortbildungsschule verpflichtet, so ist er dieser zu überweisen.

§ 10

Das Schulgeld für den Besuch der gewerblichen Fortbildungsschule wird auf Vorschlag des Gemeinderates und der örtlichen Aufsichtsbehörde durch das Landesgewerbeamt bestimmt.[3] ...

§ 11

Die örtliche Aufsichtsbehörde, welcher die örtliche Aufsicht über die Schule obliegt, besteht aus dem Bürgermeister als Vorsitzendem, dem den Unterricht erteilenden bzw. leitenden Lehrer, zwei weiteren Mitgliedern des Gemeinderats, sowie zwei nach Anhörung der in der Gemeinde bestehenden gewerblichen Vereinigungen vom Gemeinderat zu ernennenden Gewerbetreibenden.

Erstreckt sich die Schulpflicht auf mehrere Gemeinden, so sind diese, falls sie zu den Kosten der Unterhaltung der Schule aus der Gemeinde-kasse regelmäßig Beiträge leisten, berechtigt, je einen Vertreter für die Aufsichtsbehörde durch die Gemeinderäte zu ernennen.

Die Ernennung der Mitglieder der Aufsichtsbehörde erfolgt jeweils auf drei Jahre.

§ 12

Die örtliche Aufsichtsbehörde überwacht den Vollzug der das gewerbliche Fortbildungs-wesen betreffenden Gesetze und Verordnungen sowie der Verfügungen der vorgesetzten Behörden. Sie hat für die genaue Einhaltung des von ihr mit Genehmigung des Landesgewerbe-amtes festgesetzten Stundenplanes Sorge zu tragen und die Lehrer in der Handhabung der Schulzucht zu unterstützen. Sie erläßt mit Genehmigung des Landesgewerbeamtes eine Schulordnung.

Sie ist berechtigt, Vorschläge jeder Art über die inneren und äußeren Verhältnisse der gewerblichen Fortbildungsschule zu machen.

Die Pflege der Schulaufsicht ist als eine allen Mitgliedern gemeinsame Obliegenheit zu behandeln.

§ 13

Wo mehrere Lehrer den Unterricht erteilen, wird einem derselben, tunlichst dem dienstältesten, vom Landesgewerbeamt die Befugnis des leitenden Lehrers übertragen.

§ 14

Zuwiderhandlungen gegen die Bestimmungen dieses Status seitens der Arbeitgeber bzw. der Eltern oder ihrer Stellvertreter werden auf Grund von § 3 des Gesetzes vom 13. August 1904, den gewerblichen und kaufmännischen Fortbildungsunterricht betr., mit Geldstrafe bis zu 20 Mark und im Unvermögensfalle mit Haft bis zu drei Tagen bestraft.

§ 15

Dieses Statut tritt mit der Eröffnung der Schule in Wirksamkeit.

(Ort und Datum)

Der Gemeinderat:

Großh. Bezirksamt:

---

[1] Der Pflichtunterricht hat sich auf mindestens zwei Jahre zu erstrecken.
[2] Hier kann die Befreiung der Angehörigen bestimmter Gewerbe von einzelnen Unterrichtsfächern (Zeichnen) statutenmäßig festgelegt werden.
[3] Hier kann bestimmt werden, daß die Arbeitgeber für das Schulgeld aufzukommen haben.

Quelle: Stocker, A., a.a.O., S. 238–241

Im Badischen Landtag stellte im Jahre 1904 ein Abgeordneter heraus, dass die gewerblichen Fortbildungsschulen sich in ländlichen Bezirken gut eingeführt hätten und führte aus:

Versorgung ländlicher Bezirke

> „Sie treffen ja lediglich solche Gemeinden, in denen keine Gewerbeschulen aus Mangel an größerer Beteiligung von Schülern eingeführt werden können. Wenn auch die Schüler in diesen Schulen in der Ausbildung nicht so weit kommen, daß sie Pläne und Kostenüberschläge selbständig entwerfen können, so lernen sie doch Pläne und Kostenüberschläge zu verstehen und danach zu arbeiten, und das sind schon für den kleinen Handwerker große Vorteile, wenn man bedenkt, wie viele Handwerker heute noch auf dem Lande sich befinden, welche nicht nach Zeichnungen und Plänen arbeiten können, weil sie sie nicht verstehen."[41]

Zum Vollzug von § 9 des Fortbildungsunterrichtsgesetzes vom 18.02.1874 erging vom Großherzoglichen Oberschulrat am 04.12.1906 eine Verordnung, mit der auch einige Verbesserungen der Unterrichtssituation an den allgemeinen Fortbildungsschulen angestrebt wurden. So wurde insbesondere großen Gemeinden empfohlen, die Unterrichtszeit über die vorgeschriebenen minimal zwei Stunden wöchentlich hinaus auszudehnen (§ 7).

Unterricht an allgemeinen Fortbildungsschulen

Als Unterrichtsgegenstände waren Lesen, Schreiben und Rechnen aufgeführt. Beim Schreiben handelte es sich um die Abfassung von Dokumenten, die sich auf „Vorfälle des beruflichen Lebens" beziehen, wie z. B. Bestellungen, Rechnungen und Verträge (§ 17). Jenen Knaben, „die nur deshalb die allgemeine Fortbildungsschule besuchen müssen, weil ihnen die Gelegenheit zum Besuche einer Gewerbeschule oder einer gewerblichen Fortbildungsschule fehlt", sollte zwei Stunden zusätzlicher Zeichenunterricht erteilt werden (§ 29).

Da der Fortbildungsunterricht nach dem Gesetz vom Jahre 1874 unmittelbare Beziehung zur beruflichen Tätigkeit der Schüler haben sollte, wurde in der Verordnung von 1906 davon ausgegangen, dass bei genügend großer Schülerzahl landwirtschaftliche Knabenklassen, gewerbliche Knabenklassen und solche für Lohnarbeiter mit angepasstem des Unterrichtsstoff unterschieden werden können.

Als Beispiel für die differenzierten Regelungen der Verpflichtung zum Besuch der Gewerbeschulen kann Freiburg herangezogen werden. Für die dortige Gewerbeschule galt ab dem Schuljahr 1899/1900 ein Ortsstatut, in dem explizit aufgeführt ist, welche Lehrlinge nicht verpflichtet sind, die städtische Gewerbeschule zu besuchen, und statt dessen die Fortbildungsschule zu besuchen haben. Es waren dies: Bäcker, Bierbrauer, Bürstenmacher, Chirurgen, Cigarrenmacher, Erdarbeiter, Färber, Feilenhauer, Gerber, Hutmacher, Kellner, Korbflechter, Metzger, Pflästerer, Polierer, Schleifer, Siebmacher, Zahntechniker und Ziegler. Falls diese Lehrlinge es wünschten, konnten sie aber auch die Gewerbeschule besuchen; ein unregelmäßiger Unterrichtsbesuch hatte allerdings die Überweisung an die Fortbildungsschule zur Folge.[42]

Ortsstatuarische Regelungen

---

[41] Badischer Landtag, 66. öffentliche Sitzung der Zweiten Kammer am 03. Mai 1904. Abgedruckt in „Karlsruher Zeitung" Nr. 162, 04. Mai 1904, S. 779f. Generallandesarchiv Karlsruhe (GLA) 235/33047

[42] Vgl. Jahresbericht über die Gewerbe-Schule in Freiburg i. Br. 1899/1900, S. 51

Diese Regelung verdeutlicht die Einteilung der Gewerbe in solche, die aufgrund höherer Anforderungen einer Unterstützung durch eine anspruchsvollere Schule bedürfen und solche, bei denen dies nicht als erforderlich erachtet wird.

Wahlmöglichkeit der Gemeinden Im gleichen Sinne führte H. Maier 1912 aus, dass das Lehrziel der gewerblichen Fortbildungsschulen im Hinblick auf die kurze technische Ausbildung der Lehrer und den gemeinschaftlichen Unterricht in beiden Jahreskursen selbstverständlich nicht sehr hoch gesteckt sei und ergänzte: „Werden an den gewerblichen Unterricht höhere Anforderungen gestellt, und ist die Gemeinde bereit, weitergehende Aufwendungen für die Schule zu machen, so kann an Stelle der gewerblichen Fortbildungsschule eine ... Gewerbeschule oder Handelsschule treten."[43]

Entwicklung Anfang des 20. Jahrhunderts Im Verlauf der ersten beiden Jahrzehnte des 20. Jahrhunderts gingen immer wieder einzelne gewerbliche Fortbildungsschulen in Gewerbeschulen über, andere löste man mangels Nachfrage auf. Als Beispiel dafür sei nachfolgend die Entwicklung in Radolfzell dargestellt[44]:

> Die gewerbliche Fortbildungsschule in Radolfzell wurde mit Beginn des Schuljahres 1911 in eine Gewerbeschule umgewandelt. Das neue Gewerbeschulstatut vom 28. April 1911 verpflichtete auch Metzger- und Bäckerlehrlinge zum Schulbesuch. Ihr Unterricht fand nachmittags statt und umfasste wöchentlich 5 Stunden. Alle anderen Schüler wurden wöchentlich 9 Stunden und am Vormittag unterrichtet. Bereits im März 1911 wurde Gewerbeschulkandidat Robert Graf von der Gewerbeschule Konstanz nach Radolfzell versetzt. Unter ihm begann der planmäßige Ausbau zu einer dreiklassigen Gewerbeschule. Mit Schuljahresbeginn Ostern 1913 bestanden an der Gewerbeschule Radolfzell drei Jahresklassen.

Weitere Beispiele sind Achern, dessen gewerbliche Fortbildungsschule bereits 1904 zur Gewerbeschule umgewandelt worden war[45], sowie Haslach, Kehl und Sandhofen, wo die bisherigen gewerblichen Fortbildungsschulen im Jahre 1912 zu *Vollgewerbeschulen* wurden.[46]

Wie aus der Anlage zum Entwurf der landesherrlichen Verordnung über die gewerblichen Fortbildungsschulen vom 18.12.1912[47] hervorgeht, existierten zu diesem Zeitpunkt nur noch vereinzelt Gemeinden ohne gewerbliche Fortbildungsschule, in welchen mehr als zehn gewerbliche Arbeiter bzw. Lehrlinge unter 18 Jahren beschäftigt waren, so dass diese zumeist die Gelegenheit hatten, zumindest eine gewerbliche Fortbildungsschule zu besuchen.

Diskrepanz zwischen Gewerbe- und Fortbildungsschulen Allerdings gab es, wie der Freiburger Stadtrat Bea in der Ersten Kammer des Badischen Landtags im Jahre 1910 beanstandete, immer noch eine Anzahl von Amtsstädten ohne Gewerbeschulen und Gruppen von Orten ohne gewerbliche Fortbildungsschulen. Bea führte in diesem Zusammenhang aus:

---

[43] Maier, Hermann: Einrichtungen und Ziele der Gewerbeschule in Baden. In: Zeitschrift für gewerblichen Unterricht, 27. Jg. 1912, Heft 8, S. 145–153, hier S. 147.

[44] Vgl. Geschichte der Gewerblichen Schule Radolfzell (1894–2001), http://www.bsz-radolfzell.de/infos/geschichte_gewerblich.htm (Abruf 08.01.09)

[45] Vgl. Ausführungen zur Geschichte des gewerblichen Schulwesens in Achern in der Rubrik „Umschau" in „Die Gewerbeschule", H. 5, Mai 1929, S. 93

[46] Vgl. Amtliche Berichte über die Verhandlungen der Badischen Ständeversammlung, II. Kammer, 36. öffentliche Sitzung, 12.03.1912. In GLA 235/32945

[47] GLA 235/29257

„Neben den Gewerbeschulen werden die gewerblichen Fortbildungsschulen stets nur als Notbehelf zu betrachten sein, die Gewerbeschule bleibt das Ideal. Wie groß der Unterschied in der Bewertung der Leistungen der Schüler ist, hat man Gelegenheit bei den Gesellenprüfungen zu sehen, wo auch die Schulnote ausschlaggebend ist. Da sieht man, daß in den gewerblichen Fortbildungsschulen mit viel milderem Maß gemessen wird wie in den Gewerbeschulen. Also diejenigen Gesellen, die aus den gewerblichen Fortbildungsschulen hervorgehen, haben viel bessere Noten, aber weniger Kenntnisse; sie haben aber die Chance, daß sie bei der Bewertung und bei eventueller Zuteilung von Preisen im Vorteil sind gegenüber den Schülern von Gewerbeschulen."[48]

Die Handwerkskammer Freiburg unterbreitete dem großherzoglichen Landesgewerbeamt im Jahre 1911 die Bitte, die Lehrlinge mehr den „Vollgewerbeschulen" zuzuteilen, selbst dann, wenn hierzu ein bis zwei Stunden Weg zurückzulegen seien. Dieser Wunsch war anlässlich einer Vollversammlung der Kammer laut geworden mit der Begründung, die Lehrlinge hätten in den Gewerbeschulen „mehr Gelegenheit zu ihrer Ausbildung" als in den gewerblichen Fortbildungsschulen.[49] Die Freiburger Kammer leitete dem Landesgewerbeamt auch Bitten von Gewerbe- und Handwerkervereinen ihres Bezirks bezüglich einer Verbesserung der Situation an gewerblichen Fortbildungsschulen zu, beispielsweise ein Ersuchen, der Schule in Haltingen einen Gewerbelehrer zuzuteilen, zumindest für den Unterricht im Fachzeichnen. Derartige Anträge zeigen, dass die badischen Gewerbeschulen eine selbst von Kammerseite anerkannte Ergänzung zur Ausbildung im Lehrbetrieb boten und sich eine Partnerschaft zwischen Teilzeitschule und Betrieb entwickelt hatte.

Gesuche von gewerblicher Seite

Zu Beginn des 20. Jahrhunderts wurde eine umfassende Reform des Volks- und Fortbildungsschulwesens in Angriff genommen, welche aber nur für die Volksschulen zu einem vorläufigen Abschluss gebracht werden konnte, und zwar mit Gesetzesnovellen vom 19. Juli 1906 und 7. Juli 1910. Beabsichtigt waren für die allgemeinen Fortbildungsschulen kostenträchtige Änderungen, wie beispielsweise die Anhebung der Unterrichtszeit von zwei auf vier Wochenstunden und die Ausbildung spezieller Lehrer. Als aus Kostengründen kurzfristig nicht verwirklichbar wurden diese Reformgedanken jedoch verworfen; die bereits 1906 und 1907 vorgelegten Verordnungsentwürfe für die gewerblichen Fortbildungsschulen kamen nicht zur Verabschiedung. Daran änderten auch die vielfältigen, im Landtag vorgetragenen Forderungen und Aktivitäten des Landesgewerbeamtes im Sinne einer möglichst weitgehenden Angleichung an die Gewerbeschule nichts.[50]

Reformbestrebungen

---

[48] Badischer Landtag. Erste Kammer, 8. öffentl. Sitzung, 09.04.1910. In: GLA 235/32945
[49] Schreiben der Handwerkskammer Freiburg an das Großh. Landesgewerbeamt vom 30.08.1911. In: GLA 235/32945
[50] Vgl. Nickolaus, a.a.O., S. 81. Nickolaus führt hierzu noch näher aus (S. 81f.): „Dementsprechend wurde im ersten Verordnungsentwurf für die gewerblichen Fortbildungsschulen vom 13.7.1906 den gewerblichen Fortbildungsschulen in nahezu identischem Wortlaut die gleiche Aufgabe wie 1907 den Gewerbeschulen zugewiesen. ‚Die gewerblichen Fortbildungsschulen haben die Aufgabe, die gewerblichen Arbeiter – Gesellen, Gehilfen, Lehrlinge – beiderlei Geschlechts in unmittelbarem Anschluß an die Meisterlehre theoretisch auszubilden. ... Als Pflichtunterricht war nach diesem Entwurf vorge-

Am 19. Juli 1918 trat eine neue gesetzliche Regelung der allgemeinen Fortbildungsschule in Kraft.[51] Deren Bildungsauftrag war laut § 1 wie folgt definiert:

> „Die allgemeine Fortbildungsschule ist eine Fortsetzung der Volksschule. Sie hat den Zweck, die in der Volksschule gepflegten religiös-sittlichen, geistigen und körperlichen Fähigkeiten und Kräfte, sowie die in ihr erworbenen Kenntnisse als Grundlage für das Leben in Staat und Beruf zu festigen und weiter zu entwickeln. Der Fortbildungsunterricht ist unentgeltlich."

Die Fortbildungsschulpflicht erstreckte sich nach den neuen Regelungen bei den Knaben auf drei, bei den Mädchen auf zwei Jahre ab dem Zeitpunkt der Volksschulentlassung; durch statuarische Bestimmungen konnte sie auch für Mädchen auf drei Jahre ausgedehnt werden (§ 9).

Unterrichtsfächer waren Religion, Deutsch, Rechnen und Lebenskunde, dazu noch bei den Knaben Turnen und bei den Mädchen Hauswirtschaftslehre mit Pflege des Kleinkindes (§ 13). Für Religion und Turnen waren wöchentlich je eine Stunde, für die übrigen Unterrichtsfächer vier Stunden pro Woche vorzusehen. Es bestand die Möglichkeit, die Zahl der Wochenstunden durch statuarische Bestimmungen auf bis zu zwölf zu erhöhen (§ 16).

Im Zuge der Durchführung dieses Gesetzes wurde die Schulpflicht auch an den gewerblichen Fortbildungsschulen von zwei auf drei Jahre ausgedehnt.[52]

Gustav Grüner kommt zu dem Schluss, dass der von ihm so benannte „badische Dualismus" zwischen Gewerbeschule und Fortbildungsschule durchaus nicht dem Wunsch von C. F. Nebenius entsprochen hätte, die gesamte badische Handwerksjugend zu erfassen. Allerdings ermöglichte, wie R. Hasfeld bemerkt, gerade das „Nebeneinander von (landesgesetzlicher) Fortbildungsschulpflicht und (ortsstatuarischer) Gewerbeschulpflicht ... die Umsetzung einer nach Gewerben differenzierten Schulbesuchspflicht"; so entstammten die Gewerbeschüler nach einer Statistik von 1882 überwiegend den Bau- und Ausstattungsgewerben sowie den Metallhandwerken, für welche – im Gegensatz zu den Nahrungsmittel- und Bekleidungsberufen u. a. – technisch-konstruktiver Fachunterricht als erforderlich galt.[53]

Grüner weist ferner darauf hin, dass der Dualismus Gewerbeschule – gewerbliche Fortbildungsschule nicht kritiklos akzeptiert wurde; selbst ein Mann des Gewerbeschulwesens, Friedrich Rücklin, Vorstand der Pforzheimer Gewerbeschule,

---

sehen: Gewerbliches Rechnen, angewandte Geometrie, Materiallehre Freihandzeichnen, Projektionslehre, technischer Fachunterricht (Zeichnen, Modellieren), Geschäftsaufsatz, Buchführung und Kostenberechnung (ebenda). Erst in einem weiteren Entwurf vom 13. März 1907 wurde in diesen Pflichtfachkatalog auch das Fach Bürgerkunde aufgenommen ... Inwieweit der damit angestrebte innere Ausbau der gewerblichen Fortbildungsschulen in der Realität vollzogen wurde, läßt sich anhand der im Generallandesarchiv noch zugänglichen Dokumente nicht erschließen."

51 „Gesetz. Die allgemeine Fortbildungsschule betreffend." Vom 19. Juli 1918. In: Gesetzes- und Verordnungs-Blatt für das Großherzogtum Baden. Nr. 44 vom 31. August 1918, S. 269ff.

52 Vgl. Ministerium des Kultus und Unterrichts: Die Gewerbeschulen in Baden. Karlsruhe, November 1923. In GLA 235/32945

53 Hasfeld, Robert: Berufsausbildung im Großherzogtum Baden. Zur Geschichte des „dualen Systems" im Handwerk. Köln 1996, S. 317f.

bemerkte schon in seiner 1888 erschienenen Schrift „Die Volksgewerbeschule. Ihre sozialwirtschaftliche Aufgabe, ihre Methoden und naturgemäße Gestaltung", die Gewerbeschule habe im Hinblick darauf, dass sie für das ganze Volk da sein sollte und nicht nur für eine städtische Elite, die Erwartungen, welche Nebenius von seiner Schöpfung hegte, nur teilweise erfüllt.[54] Rücklins Ziele waren auf eine obligatorische Volksgewerbeschule für alle Lehrlinge gerichtet. Doch nur zögernd wurden Bestrebungen unternommen, die Gewerbeschulen in Baden auch auf das flache Land und auf nichttechnische Berufe auszudehnen.

Nach A. Stocker wurde die gewerbliche Fortbildungsschule immer mehr zu einer ausgesprochenen Fachanstalt und ließ sich „die berufliche Bildung der Handwerker in ähnlicher Weise angelegen sein, wie es die Gewerbeschule tut". Da dies mit einfacheren Mitteln und geringeren Kosten möglich sei, hält er ihre „segensreiche Wirksamkeit" für besonders wichtig für die „Berufsausbildung des Kleinhandwerkers auf dem flachen Land". Stocker fährt fort: „So ist es durch diese Art gewerblicher Schulerziehung fast jedem Handwerker unter 18 Jahren möglich, auch in den entlegensten Orten, die nötige Fachausbildung zu erlangen, wenn nicht in der eigenen Gemeine, so doch in einem Nachbarort."[55]

Versorgung des ländlichen Nachwuchses

Für die Gewerbeschulen ergab sich im Schuljahr 1925/26 neben der Einführung revidierter Lehrpläne auch eine neue Bezeichnung. Wurden sie von 1919 bis 1925 vorübergehend als „Fortbildungsschulen" bezeichnet, so brachte die Staatsministerielle Verordnung über die Einrichtung von Fachschulen vom 18. April 1925 die Umbenennung zu „Fachschulen". „Die Fachschulen haben den Zweck, ihren Schülern die für einen wirtschaftlichen Beruf erforderliche allgemeine und fachliche Ausbildung zu gewähren, ihre sittlichen und religiösen Kräfte zu entwickeln und ihnen den zur verständnisvollen Ausübung ihres Berufs erforderlichen Einblick in die Zusammenhänge der Einzelarbeit mit dem Betriebs- und mit dem Wirtschaftsganzen sowie mit dem Volks- und Staatsleben überhaupt zu vermitteln."[56] Als Fachschulen konnten Gewerbeschulen, Höhere Gewerbeschulen, Handelsschulen sowie Höhere Handelslehranstalten errichtet werden.

Gewerbeschulen als Fachschulen

Die Gewerbeschule erfuhr damit in gewisser Weise eine Aufwertung, die auch auf die Neuregelung der Gewerbelehrerausbildung von 1922 zurückzuführen war (vgl. Kap. 7.3). Zudem war die Frage der Schulgelderhebung tangiert, denn solange Gewerbeschulen rechtlich als Fortbildungsschulen galten, konnten sie kein Schulgeld erheben. Laut Art. 19 Abs. 7 der Badischen Verfassung vom 21. März 1919 war nämlich der Unterricht der Volks- und Fortbildungsschulen unentgeltlich.[57]

E. Gutman kommentiert die Umbenennung der Gewerbeschulen in „Fachschulen" gemäß der genannten Verordnung vom Jahre 1925 wie folgt:

> „Nachdem im Jahre 1922 die Ausbildung der Lehrer der badischen Gewerbeschulen der höheren Aufgabe dieser Anstalten entsprechend neu geregelt worden war, erfolgte der zweite Schritt in der Richtung einer Höherentwicklung der Ge-

---

[54] Vgl. Grüner 1984, a.a.O., S. 11
[55] Stocker, a.a.O., S. 92
[56] Zitiert nach Kuhn, K. F., a.a.O., S. 121
[57] Gutman, a.a.O., S. 561 (Fußnote)

werbe- und Handelsschulen, die sich nämlich zu vollständig selbständigen fachberuflichen Bildungseinrichtungen umgewandelt hatten dadurch, dass sie von den Fortbildungsschulen losgelöst und amtlich zu ‚Fachschulen‘ erklärt wurden. ... Daß wir es bei den hochentwickelten badischen Gewerbe und Handelsschulen nicht mehr mit Fortbildungsschulen im landläufigen Sinn zu tun haben, ist unbestreitbar."[58]

Neuregelung des gewerblichen Unterrichts 1934

Mit dem „Gesetz über die vorläufige Neuregelung des gewerblichen Unterrichtswesens" vom 10. Dezember 1934[59] gab das badische Staatsministerium dem Ministerium des Kultus, des Unterrichts und der Justiz die Ermächtigung, durch Einzelverfügung statuarische Bestimmungen für eine Gemeinde oder für den Bereich mehrerer Gemeinden zu erlassen. Das Ministerium konnte nun bestimmen, dass Fortbildungsschulpflichtige anstelle des allgemeinen Fortbildungsschulunterrichts eine an ihrem Beschäftigungsort oder in einer benachbarten Gemeinde bestehende gewerbliche oder kaufmännische Fortbildungsschule zu besuchen hatten (vgl. § 2). Dabei konnte die Schulpflichtdauer bis zum vollendeten 18. Lebensjahr ausgedehnt werden.

Das Ministerium des Kultus, des Unterrichts und der Justiz erhielt auch die Befugnis, Gewerbe- oder Handelsschulen zu errichten und aufzuheben sowie gewerbliche Fortbildungsschulen aufzulösen, diese in Gewerbeschulen umzuwandeln oder Gewerbeschulverbänden anzugliedern (§ 2). Mit dieser neuen Regelung ging das Initiativrecht von den Gemeinden auf das Ministerium über. Es bedurfte lediglich der Zustimmung des Finanz- und Wirtschaftsministeriums sowie des Einvernehmens mit dem Innenministerium (§ 1).

Wegfall der Fortbildungsschule 1935

Die Schülerzahl allgemeiner und gewerblicher Fortbildungsschulen zusammengenommen ging vor allem nach 1930 zugunsten der Gewerbeschulen zurück. Jedoch erst die „Bekanntmachung über die Neuregelung des gewerblichen Unterrichtswesens" vom 29. August 1935[60] beseitigte die gewerblichen Fortbildungsschulen endgültig zugunsten der Gewerbeschule.[61] Mit dieser Bekanntmachung, herausgegeben vom badischen Minister des Kultus und Unterrichts, wurde Folgendes bestimmt:

„1. Sämtliche am 2. September 1935 vorhandenen gewerblichen Fortbildungsschulen werden zu diesem Zeitpunkt in Gewerbeschulen im Sinne und nach Maßgabe der Verordnung ‚Die Errichtung von Fachschulen‘ vom 18. April 1925 (Gesetz- und Verordnungsblatt Seite 87) umgewandelt.

2. Es werden die in der Anlage näher bezeichneten Gewerbeschulverbände gebildet. Sie werden nach der Gemeinde benannt, in der sich die Verbandsschule befindet (Schulgemeinde).

3. Alle am Ort einer Gewerbeschule oder in einer Verbandsgemeinde eines Gewerbeschulverbandes beschäftigten fortbildungsschulpflichtigen gewerblichen Arbeiter (Gesellen, Gehilfen, Lehrlinge) sind verpflichtet, die sich aus der Anlage zu Ziffer 2 ergebende Gewerbeschule zu besuchen. ...

---

[58] Gutman, a.a.O., S. 578f.
[59] Badisches Gesetzes- und Verordnungsblatt Nr. 17 vom 14. Mai 1935, S. 119–121
[60] Badischer Staatsanzeiger vom 7. September 1935
[61] Vgl. Grüner 1984, a.a.O., S. 12

4. Die Schulpflicht umfaßt den erfolgreichen Besuch der drei Jahresklassen, dauert jedoch nicht über das vollendete 18. Lebensjahr hinaus.

5. Die Betriebsführer sind bei Strafvermeiden verpflichtet, alle in ihren Betrieben gewerblich beschäftigten jungen Leute im fortbildungsschulpflichtigen Alter ... rechtzeitig an- und abzumelden, ihnen die für den Besuch der Schule notwendige freie Zeit zu gewähren, sie zum gewissenhaften und regelmäßigen Besuch der Schule anzuhalten, sowie dafür zu sorgen, daß die Schüler im Besitz der erforderlichen Lernmittel sind ...

6. Vorstehende Verordnung tritt im Wirkung vom 2. September 1935 in Kraft."

Die gesetzliche Neuordnung bewirkte eine Zentralisierung der Schulstandorte mit Bildung von Bezirksgewerbeschulen. Dies gestaltete sich beispielsweise im Bezirk Offenburg wie folgt[62]:

Zentralisierung am Beispiel Offenburgs

„Aufgrund des Gesetzes über die vorläufige Neuregelung des gewerblichen Unterrichtswesens vom 10.12.1934 wurden die gewerblichen Fortbildungsschulen aufgelöst oder in Gewerbeschulen umgewandelt. Außerdem wurden Gewerbeschulverbände gebildet. Die gewerblichen Fortbildungsschulen Appenweier und Altenheim wurden 1934 aufgelöst, ihre Schüler der Gewerbeschule Offenburg zugewiesen, die damit Bezirksgewerbeschule geworden war. Die Straffung und Zentralisierung setzte sich in den folgenden Jahren weiter fort, indem 1937 die Gewerbeschule Ichenheim und 1938 die Gewerbeschule Gengenbach aufgehoben wurden, deren Schüler teilweise bzw. ganz nach Offenburg überwechselten."

Mit welchen Auswirkungen die Umwandlung gewerblicher Fortbildungsschulen in Gewerbeschulen verbunden war, lässt sich nur schwer abschätzen. Es erscheint allerdings fraglich, ob eine wesentliche niveaumäßige Anhebung der Fortbildungsschulen zustande kam.

Pädagogische Konsequenzen

Rückblickend kann festgestellt werden, dass die badischen gewerblichen Fortbildungsschulen teilweise schon dem Ziel des Zusammenwirkens von Teilzeitschule und Ausbildungsbetrieb nahekamen, während die Gewerbeschulen von vornherein entsprechend ausgerichtet waren. Mit lehrgangsmäßiger Unterweisung und Übernahme fachpraktischer Ausbildungsinhalte in den Schulwerkstätten verstanden sie sich als Partner der Ausbildungsbetriebe. Ihr Vorgehen entsprach in den Grundzügen dem Modell der dual-alternierenden Ausbildung, wie sie von der EU in der Empfehlung vom Jahre 1979 den Mitgliedsstaaten vorgeschlagen worden ist.

Im Zuge der Gleichschaltung des Schulwesens im Dritten Reich, abgeschlossen mit dem Reichsschulpflichtgesetz vom Jahre 1938, ergab sich für die Gewerbeschulen Badens allerdings mit Sicherheit ein Rückschritt.

Das kaufmännische Fortbildungsschulwesen Badens durchlief eine spezielle und örtlich verschiedenartige Entwicklung, auf die der Beitrag von Rolf Sitzmann eingeht. Erst im Jahre 1907 wurden die Handelsschulen vereinheitlicht und den Gewerbeschulen gleichgestellt.

Entwicklung kaufmännischer Teilzeitschulen

---

[62] Quelle: 150 Jahre Gewerbeschule Offenburg 1833–1983. Friedrich-August-Hasenwander-Schule, S. 16

Rolf Sitzmann
Entwicklung der Kaufmännischen Berufsschule

Mit dem Gründungserlass vom 15. Mai 1834 wurde der Grundstein für die Entwicklung des beruflichen Schulwesens in Baden gelegt. Mit der in diesem Erlass festgelegten Bezeichnung „Gewerbeschule" ist der Bildungsweg begründet worden, der uns heute als „Gewerbliche Berufsschule" begegnet, d. h. als einem von drei „Typen" der Schulart „Berufsschule".

Allerdings war die Aufgabe der Gewerbeschule begrenzt auf „junge Leute, die sich einem Handwerk oder Gewerbe widmen, ... ", d. h. auf den Berufsbereich, den wir heute mit „Handwerk und Technik" umreißen. Es fehlen damit die Bereiche, die das heutige Schulgesetz der „gewerblichen Berufsschule" als „kaufmännische Berufsschule" und als „hauswirtschaftlich-pflegerisch-sozialpädagogische Berufsschule" zur Seite stellt.

Das wirft die Frage auf, ob auch diese Typen der Berufsschule auf der Grundlage der Badischen Gewerbeschule von 1834 eingerichtet und entwickelt wurden. Was die Entstehung bzw. Einrichtung betrifft, lautet die Antwort nein, für die Entwicklung lautet sie ja, allmählich. Die Einrichtung kaufmännischer Bildungsgänge, auf die sich die folgenden Ausführungen konzentrieren, begann später als die Gründung der Gewerbeschulen und zu örtlich unterschiedlichen Zeiten. Ebenfalls örtlich verschieden verliefen die Entwicklungsschritte hin zur Handelsschule bzw. zur Kaufmännischen Berufsschule. Erst mit der „Landesherrlichen Verordnung vom 20. Juli 1907, die Handelsschulen betr." wurde die Einheitlichkeit der Handelsschulen begründet und die Gleichstellung mit den Gewerbeschulen erreicht. Bis dahin lassen sich in der Entwicklung kaufmännischen Unterrichts – immer in örtlich unterschiedlicher Ausprägung und Zeitfolge – gewisse Stufen erkennen. So begann die Entwicklung häufig mit der Einrichtung Kaufmännischer Fortbildungsschulen (z. B. Karlsruhe) oder von Handelskursen. Die Handelskurse wurden meist an den Gewerbeschulen organisiert, waren von unterschiedlicher Dauer (ein- bis dreijährig) und ihr Besuch war freiwillig. Angestoßen war ihre Einrichtung durch die Stadt oder durch Unternehmerorganisationen: Kaufmännische Berufsgenossenschaften, Vereine, Industrie- und Handelskammern.

Als zweite Stufe folgte häufig die Verbindlichkeit der Teilnahme durch Ortsstatut, einhergehend mit der Verlegung der Kurse von den Gewerbeschulen in den Verbund mit Realschulen.

Als dritte Stufe folgte dann meist die Verselbständigung als Handelsschulen mit eigener Leitung und zum Teil auch schon eigenen Gebäuden. Die 1872 gegründete Handelsschule in Karlsruhe wurde zunächst dem Vorstand der Höheren Bürgerschule unterstellt.

Für diese Anfangsphasen bis 1907 finden sich in Jubiläumsfestschriften kaufmännischer Schulen aufschlussreiche Rückblicke auf die jeweilige Schulgeschichte. So sollen im Folgenden Auszüge aus der

– Festschrift der Friedrich-List-Schule Karlsruhe von 1992 zum 120-jährigen Bestehen
– und „150 Jahre Handelslehranstalt Pforzheim" (Festschrift 2009) sowie der
– Schulchronik der Handelslehranstalt Emmendingen,

die sich allesamt auch auf archivarische Erhebungen stützen, der Veranschaulichung dienen.

Entwicklung der kaufmännischen Berufsschule Friedrich-List-Schule Karlsruhe

Im Jahre 1872 begann nach Ostern der Unterricht an der „Handelsschule zu Carlsruhe". Diese wurde je zur Hälfte von der Stadt und der Handelsgenossenschaft (Vorläufer der Handelskammer) getragen. Der Besuch war freiwillig und erstreckte sich auf drei Jahre mit sechs Wochenstunden Abendunterricht in den Fächern kaufmännische Korrespondenz, Französisch, Englisch, Geographie, Buchführung und kaufmännisches Rechnen.

Ab dem Schuljahr 1902/03 verpflichtete ein städtisches Ortsstatut alle in Karlsruhe beschäftigten männlichen sowie ab 1906 auch alle weiblichen kaufmännischen Lehrlinge unter 18 Jahren zum Besuch der nun rein städtischen Schule; zugleich erfolgte die Erhöhung der Unterrichtszeit auf neun Stunden.

Im Schuljahr 1907/1909 wurden die dreijährige Berufsschulpflicht und Lehrpläne mit 10 bis 11 Wochenstunden eingeführt sowie die Ausbildung der Handelslehrer geregelt. Die Schulaufsicht lag beim Landesgewerbeamt unter Oberaufsicht des Innenministeriums.

Am 02.04.1919 wurde die Zuständigkeit für das Berufsschulwesen dem Unterrichtsministerium übertragen.

Ab dem 21.03.1925 galten neue Lehrpläne. Religion trat als neues Pflichtfach hinzu, und die allgemein bildenden Fächer Deutsch und Staatskunde wurden gestärkt.

Im Schuljahr 1955/56 erfolgte die Umbenennung in Kaufmännische Berufsschule.

Im Oktober 1958 wurden die Fachklassen für Einzelhandel an die neue Handelslehranstalt III (Otto-Sachs-Straße) abgegeben.

Ab dem Schuljahr 1970/71 besteht die Möglichkeit des Blockunterrichts sowie des Stütz- und Erweiterungsunterrichts (S/E-Programm).

Die Zunahme der Schülerzahl und die immer stärkere Gliederung der Fachklassen nach neuen Ausbildungsberufen verlangten die Teilung der Schule. Heute existieren in Karlsruhe neben der Friedrich-List-Schule noch drei weitere Handelslehranstalten: die Ludwig-Erhard-Schule, die Walter-Eucken-Schule und die Engelbert-Bohn-Schule.

Im Schuljahr 1989/90 begann der Schulversuch „Finanzassistent" (Bank oder Versicherung).

Die Friedrich-List-Schule umfasst heute außer der Kaufmännischen Berufsschule die Zweige Wirtschaftsgymnasium mit den Profilen Wirtschaftsinformatik und Finanzmanagement sowie Berufsfachschule Wirtschaft (zweijährige Wirtschaftsschule).

Geschichte der Handelsschulen in Pforzheim
Einführung eines Handelskurses

Die Überzeugungsarbeit, dass ein geregelter Handelsschulunterricht notwendig sei, trug im Jahre 1859 Früchte, als auf Anregung des damaligen Oberbürgermeisters Zerrenner in der Gewerbeschule ein „Handelskurs" für die kaufmännischen Lehrlinge eingerichtet wurde.

Der „Pforzheimer Anzeiger" berichtete am 1. Mai 1860: „Zu den erfreulichen Erscheinungen der jüngsten Zeit, die für den Fortschritt des intelligenten und commerciellen Lebens der hiesigen Stadt sprechen, gehört die Errichtung einer Handelsschule. Dieselbe steht, als zunächst sich an die Gewerbeschule anschließend, unter der Direktion dieser Anstalt und eröffnet in dieser Woche ihren zweiten Jahreskurs."

Die Einführung des Handelskurses ist dem damaligen Oberbürgermeister wohl auch deshalb zu verdanken, weil er selbst seit 1840 in Pforzheim eine Bijouteriefabrik betrieb, also aus der Praxis kam und wusste, dass auch kaufmännischen Lehrlingen eine berufsbegleitende Ausbildung zustehen sollte. Die besondere Ausrichtung auf die Pforzheimer Schmuckindustrie, die damals schon exportorientiert war, schlug sich im Lehrplan des Handelskurses nieder, der die Fremdsprachen Englisch und Französisch verpflichtend machte und Spanisch und Italienisch als Wahlfächer anbot.

Der Besuch der Handelskurse war freiwillig und die Mehrzahl der Prinzipale hatte dafür wenig Verständnis, so dass die Schulstunden außerhalb der Geschäftsstunden gelegt werden mussten, auch an Sonntagen. Der Schulbesuch war sehr unregelmäßig und mangels ausgebildeter Lehrkräfte wenig effektiv.

Vom Handelskurs zur Handelsschule

Als 1891 der Handelskurs aus der Gewerbeschule ausgegliedert und der Realschule angegliedert wurde, war dies ein erster wichtiger Schritt, dem 1895 die Verordnung folgte, die den Besuch der Schule für Handelslehrlinge bis zum 16. Lebensjahr obligatorisch machte. Nun konnte der Unterricht schulmäßig ausgebaut werden.

1898 wurde die Realschule zur Oberrealschule und der integrierte florierende Handelskurs durfte sich nun Handelsschule nennen.

Im Jahre 1898 befand sich das Schulgebäude in der Hohlstraße; es war aber so klein geworden, dass ein Neubau zwingend notwendig wurde. Ein neues Schulgebäude entstand in der Simmlerstraße. Der Flügel an der Zerrennerstraße wurde der Handelsschule zugewiesen.

Mit diesem Umzug war die Handelsschule in der Praxis selbständig geworden und erhielt ihren ersten eigenen Leiter, Direktor Willareth. Gleichzeitig wurde gegen viele Widerstände, auch von Seiten der Industriellen, eine Jahreshandelsschule gegründet, die später auf zwei Jahre erweitert wurde. Den Schülern sollten hier, bevor sie eine praktische Lehre begannen, vertiefte Kenntnisse kaufmännischen Handelns auf allen Gebieten vermittelt werden. Der Streit zwischen Schule und Geschäft um die Anwesenheit der Schüler sollte so durch die zeitliche Trennung vermieden werden, da „dem Schüler bereits vor Eintritt in das Geschäft ein Überblick über das Gesamtgebiet des Handels, seine Einrichtungen und Hilfsgewerbe gegeben wurde."

Öffnung der Schule für Mädchen

Noch größere Vorurteile als bei der männlichen Jugend waren bei der Einrichtung eines Handelsschulunterrichts für Mädchen zu überwinden. Bis 1899 bestand für sie überhaupt keine Gelegenheit zum Besuch eines Handelskurses.

In diesem Zusammenhang und vom jeweiligen Frauenbild abhängig ist wohl auch die Tatsache zu sehen, dass noch nach dem Zweiten Weltkrieg in den 50er Jahren für die Mädchen, um sie auch auf ihre eigentliche Berufung vorzubereiten, in der Handelsschule eine Schulküche und eine Nähstube eingerichtet wurden.

Eigenständigkeit mit fünf Abteilungen

Das Jahr 1911 war sehr bedeutsam für die Pforzheimer Handelslehranstalt. Ganz offiziell wurde die Schule in den Stand einer „selbständigen Anstalt" mit eigener Leitung erhoben. Der Jahresbericht von 1911/12 trug dem Rechnung, da der Titel nun lautete „Städtische Handelsschule Pforzheim". Direktor Willareth blieb Schulleiter. Es bestanden nun fünf Schulabteilungen:
- Pflichthandelsschule für Knaben
- Pflichthandelsschule für junge Leute
- Pflichthandelsschule für Mädchen
- Handelsjahresschule
- Kaufmännische Kurse für nicht mehr handelsschulpflichtige junge Leute

Kriegszeit und Wiederaufbau

Während des Ersten Weltkriegs wurde der Unterricht wohl notdürftig fortgeführt; im Stadtarchiv finden sich für diese Zeit keine Unterlagen. Nach Kriegsende war die Pforzheimer Edelmetallindustrie nicht mehr existent.

Die „goldenen 20er Jahre" waren günstig für einen ruhigen Aufbau der Schule. Die Schülerzahl der gesamten Handelsschule wuchs in dieser Zeit auf 1.400. Es setzte sich die Auffassung durch, dass auch in den berufsbegleitenden Schulen der Schüler als „ganzer Mensch" anzusprechen sei; so wurde auch in der Höheren Handelsschule evangelischer und katholischer Religionsunterricht ordentliches Lehrfach.

Im Jahre 1932 übernahm Dr. Brandt die Leitung der Schule. Er erreichte, dass 1937 den bestehenden Abteilungen eine Wirtschaftsoberschule angegliedert wurde, die auf der 10. Klasse (Untersekunda) einer höheren Lehranstalt aufbaute und nach drei Jahren zum Abitur führte.

Im August 1944 musste der Unterricht ganz eingestellt werden. Am 15. November 1945 wurde in einer Stadtratssitzung eine vorläufige rechtliche Grundlage für den schulischen Neubeginn der Handelsschule festgelegt. Man griff auf die badische Fachschulverordnung vom 9. März 1924 und vom 18. April 1925 zurück; Grundlagen für die neuen Lehrpläne waren die Lehrpläne vom 14. Mai 1929.

Am 13. Oktober 1947 konnte der Unterricht in acht Räumen des alten Gebäudes wieder beginnen. Zuvor war am 23. April 1946 der Schulbetrieb der Handelslehranstalt in der Brötzinger Schule mit sechs Klassen wieder aufgenommen worden.

Ende des Jahres 1947 zählte die Schule schon wieder 1.163 Schüler in 41 Klassen. Ende 1951 war ein Erweiterungsbau fertiggestellt; ein Physiksaal und ein Übungskontor konnten auch eingerichtet werden.

Im Jahre 1954 übernahm Hans Burghardt die Direktion der Schule, in die er bereits 1923 als Lehrer eingetreten war. Er organisierte die Gliederung der Berufsschule in Fachklassen neu.

Wachstum und Teilung in zwei Anstalten

Im Jahre 1958 besuchten schon 2.100 Schüler das Gebäude an der Zerrennerstraße. Schichtunterricht wurde notwendig. Neben der kaufmännischen Berufsschule (vorher Pflichthandelsschule) existierten nun die zweijährige Handelsschule mit einer Fremdsprache und die zweijährige Höhere Handelsschule (mit Vorklasse für die, die eine Eignungsprüfung ablegen mussten) mit zwei Fremdsprachen.

Im Jahre 1964 erzwang die Raumnot der Schule die Teilung in zwei auch verwaltungsmäßig getrennte Handelslehranstalten, was im Sommer 1965 vollzogen wurde. Die Handelslehranstalt II bezog ein neues Gebäude, die Handelslehranstalt I blieb am bisherigen Standort.

Das Bildungsangebot dieser beiden Handelslehranstalten zeigt exemplarisch Komplexität und Differenzierung heutiger kaufmännischer Schulen.

Handelslehranstalt I

Im Jahre 1967 erhielt die Handelslehranstalt I den Namen Fritz-Erler-Schule. Zwei Jahre später wurde ihr das sechsjährige Wirtschaftsgymnasium als neuer Schultyp angegliedert. In der kaufmännischen Berufsschule erfolgte die Einrichtung von Landesfachklassen für Datenverarbeitungskaufleute sowie für Grundstücks- und Wohnungswirtschaft. Die anhaltende Raumnot erforderte einen Schulneubau, dessen Einweihung 1977 stattfand.

Heute umfasst die Fritz-Erler-Schule folgende Schularten:
- Kaufmännische Berufsschule (Bank-, Immobilien- und Industriekaufleute, IT-Berufe)
- Berufsfachschule für Wirtschaft (zweijährig)
- Duales Berufskolleg
- Wirtschaftsgymnasium (drei- und sechsjährig)

Handelslehranstalt II

Für die Handelslehranstalt II wurde 1964 ein eigenes Gebäude errichtet; im Jahr darauf begann der Schulbetrieb mit 17 Berufsschul- und 7 Berufsfachschulklassen. Die Schule erhielt den neuen Namen Ludwig-Erhard-Schule. Im Jahre 1999 konnte ein moderner Erweiterungsbau bezogen werden.

Das aktuelle Spektrum der Schularten an der Ludwig-Erhard-Schule umfasst:

– Berufsschule I – Wirtschaft und Verwaltung (für Steuerfachangestellte, Bürokaufleute, Kaufleute im Groß- und Außenhandel, Kaufleute im Einzelhandel, Verkäufer)
– Berufsschule II – Gesundheit
– Berufskollegs
– Berufsfachschule für Wirtschaft
– Wirtschaftsoberschule
– Fachschule

Handelslehranstalt Emmendingen

Grundlegung im Jahre 1887

Am 08. Juni 1887 sandte der Karlsruher Großherzogliche Oberschulrat an sämtliche Gewerbeschulräte ein Schreiben, „die staatliche Förderung des kaufmännischen Unterrichts betreffend". Im Jahre 1888 reagierte der Leiter der Gewerbeschule Emmendingen, Duffner, auf den Brief des Großherzoglichen Oberschulrats mit einem entsprechenden Antrag an den Gemeinderat.

Im Jahre 1887 wurde auf Initiative der Emmendinger Kaufleute ein Handelskurs für die Lehrlinge aus dem Kaufmannsstand veranstaltet. Man kann also sagen, dass die Anfänge des kaufmännischen Schulwesens in Emmendingen auf das Jahr 1887 zurückgehen.

Der erste Handelsschulkurs an der Gewerbeschule begann am 30. Oktober 1900. An diesem Kurs nahmen acht Schüler teil. Es wurden fünf Unterrichtsstunden in der Woche erteilt.

Im Schuljahr 1901/1902 besuchten 14 Schüler den Handelsschulunterricht in zwei Klassen für den obligatorischen Unterricht; im folgenden Schuljahr waren es 25 in drei Klassen.

Der Kaufmännische Verein Emmendingens forderte den Gemeinderat in einer Eingabe vom 30. Dezember 1903 auf, eine vom Gewerbeschulrat (acht- bis zwölfköpfiges Aufsichtsgremium) unabhängige Handelsschulkommission zu errichten. Im September desselben Jahres bat dieser Verein das Bürgermeisteramt, für die Handelslehrlinge Unterricht in Französisch und Englisch einzuführen.

Im Schuljahr 1903/04 war die Zahl der Schüler auf 37 angewachsen, darunter zum ersten Mal 14 weibliche. Es bestanden drei Klassen für den obligatorischen Unterricht.

Am 2. April 1908 erließ der Emmendinger Gemeinderat Statut und Schulordnung für die örtliche Gewerbeschule mit Handelsabteilung.

Anfang Oktober 1913 wurde das neue Schulgebäude – Markgrafenschule – eingeweiht.

Trennung von Gewerbeschule und Handelsschule

Die Trennung der Gewerbeschule und der Handelsschule Emmendingen erfolgte am 11. April 1921.

Im September 1924 fand eine Besichtigung der Emmendinger Handelsschule durch Engelbert Bohn, den Begründer und Gestalter des modernen kaufmännischen Bildungswesens in Baden, statt. Es erhielt durch ihn die Gestalt, die es im Wesentlichen heute noch hat. Handelslehrer Bohn als Referent für das Handelsschulwesen wirkte tatkräftig an der Verordnung des badischen Staatsministeriums vom 18.04.1925 mit. Diese legte in § 1 den Zweck der Wirtschaftsschulen fest und bestimmte in § 2 die Gliederung der Handelslehranstalten in:

– Handelsschule = Kaufmännische Berufsschule,
– Höhere Handelsschule mit zwei- und einjährigem Lehrgang sowie
– Oberhandelsschulen (Wirtschaftsoberschulen) als dreijährige gymnasiale Oberstufe.

Einrichtung der Höheren Handelsschule

Am 28. April 1927 beschloss der Emmendinger Gemeinderat die Einrichtung der Höheren Handelsschule für das Schuljahr 1927/28. Damit entstand die erste Vollzeitschule an den Kaufmännischen Schulen Emmendingens.

Gemäß den gesetzlichen Bestimmungen erhielten fünf mit der Reife für die Obertertia einer Höheren Lehranstalt in die Höhere Handelsschule eingetretene Schüler der Klasse II nach Bestehen der Abschlussprüfung die Mittlere Reife zugesprochen.

Der Unterricht wurde in fünf Klassen der Pflichthandelsschule und zwei Klassen der Höheren Handelsschule von fünf hauptamtlichen Lehrkräften und drei Religionslehrern erteilt.

Für die Zeit des Dritten Reiches liegen nur spärliche Schulakten bis zum Jahre 1937 vor.

Im Jahre 1938 ging die Trägerschaft der Handelsschule Emmendingen von der Stadt auf den Landkreis über. Grundlage war das badische

Lasten- und Steuerverteilungsgesetz, nach dem die Stadt- und Landkreise die sächlichen Kosten für die Berufsschulen zu tragen hatten.

Entwicklung nach dem Zweiten Weltkrieg

Ab 09. Januar 1946 konnte der Unterricht in einem Ausweichquartier wieder aufgenommen werden. Die Wiedereröffnung der Höheren Handelsschule Emmendingen erfolgte am 1. April 1946. Die Handelslehranstalt Emmendingen führte in den folgenden Jahren nachstehende Schularten:
- Pflichthandelsschule
- zweijährige Höhere Handelsschule mit Vorklasse
- zweijährige Handelsschule

Die Schülerzahlen im Schuljahr 1947/48 betrugen:
- Höhere Handelsschule mit zweijährigem Lehrgang: 29 Schüler
- Höhere Handelsschule mit einjährigem Lehrgang: 7 Schüler (in Kooperation mit zweijährigem Lehrgang)
- Pflichthandelsschule: 45 Schüler

Das neue Schulgebäude in der Jahnstraße wurde 1956 bezogen.

Wirtschaftsschule, Wirtschaftsgymnasium und Berufskolleg

Am 1. August 1967 erfolgte die Zusammenfassung der Höheren Handelsschule und der Handelsschule zu einer neuen zweijährigen Kaufmännischen Berufsfachschule, der sogenannten „Wirtschaftsschule". Am 25. Juli 1968 stimmte das baden-württembergische Kultusministerium gemäß § 14 des Schulgesetzes der Einrichtung eines Wirtschaftsgymnasiums in Emmendingen mit Beginn des Schuljahres 1968/69 zu.

Am 24. Oktober 1973 wurde die Einführung der reformierten Oberstufe beschlossen. Am 12. Juli 1976 genehmigte das Kultusministerium die Einrichtung des Kaufmännischen Berufskollegs I. Es nahm seinen Unterricht zum Schuljahresbeginn 1976/77 auf.

Mit Beginn des Schuljahres 1993/94 begann das einjährige Berufskolleg zum Erwerb der Fachhochschulreife – kaufmännische Richtung – an den Gewerblichen Schulen in Emmendingen. Der Unterricht im Fach Betriebswirtschaftslehre wird in der Kaufmännischen Schule erteilt.

Schlussbemerkungen

Lassen sich die in der Einleitung für die Entwicklung der Handelsschulen skizzierten „Stufen" in den Schulchroniken erkennen? – Wohl nur sehr undeutlich, was sicherlich auch damit

zu begründen ist, dass die staatlichen, in Baden großherzoglichen Regelungen den Gemeinden relativ viele Zuständigkeiten für Gestaltung und Aufsicht über das Schulwesen übertragen hatten. Zudem liefen Vorschriften über das Fortbildungsschulwesen parallel zu der erst später entstandenen Ordnung für die Gewerbeschule und allmählich hinzukommenden Vorgaben für Handelsschulen bzw. Pflichthandelsschulen; denn auch die Schulpflicht entwickelte sich erst. Schließlich führten die verschiedenen Wege jedoch im Jahre 1907 zur Handelsschule, d. h. zur Landesherrlichen Verordnung vom 20. Juli, „die Gewerbeschulen betr." und der Landesherrlichen Verordnung gleichen Datums, „die Handelsschulen betr." Sie regeln die Aufgabe der Gewerbeschule, bzw. der Handelsschule, Schulplicht, Aufsicht u. v. m. Zur Ausführung dieser Verordnungen wurde am 8. August 1907 eine Bekanntmachung erlassen, „Die allgemeine Schulordnung für die Gewerbe- und Handelsschulen betr., nebst Dienstweisung für die Lehrer an Gewerbe- und Handelsschulen".

Wenn auch diese Daten in den Festschriften nicht auftauchen, so kann doch festgestellt werden, dass es in den Jahren danach recht einheitlich weiterging. Damit ist der Weg zur Handelsschule, der heutigen Kaufmännischen Berufsschule beschrieben.

Kaufmännische Vollzeitschulen

Die geschichtlichen Rückblicke in den Festschriften der kaufmännischen Schulen hören aber damit keineswegs auf; vielmehr ist ein oft ausführlicherer Folgeteil der Entwicklung der sogenannten Vollzeitschularten gewidmet, der Handelsschule, jetzt die Bezeichnung für die Berufsfachschule, und der Höheren Handelsschule und schließlich der Oberhandelsschule, dem heutigen Wirtschaftsgymnasium. Eine auch nur halbwegs genaue Beschreibung dieser Bildungswege, ihrer Entstehung und ihrer Weiterentwicklung in die Gegenwart würde weit über den hier gegebenen Rahmen hinausgehen.

So viel sei aber noch angemerkt: Die beruflichen Vollzeit-Bildungsgänge sind heute in allen Bereichen des beruflichen Schulwesens, d. h. im gewerblichen, im kaufmännischen und im hauswirtschaftlich-pflegerischen und sozialpädagogischen Bereich nach weitgehend gleichen Strukturen ausgebaut; die dafür notwendigen Impulse aber gingen besonders vom kaufmännischen Schulwesen aus, und zwar in den 20er Jahren des zwanzigsten Jahrhunderts. So gab es die Anregung, als Alternative zur dualen Berufsausbildung rein schulische ausbildungsvorbereitende oder auch berufsqualifizierende Bildungsgänge zu schaffen. Diese Bestrebungen gibt es bis in die Gegenwart. Eine Anrechnung auf eine Berufsausbildung nach dem Berufsbildungsgesetz (BBiG) oder eine Anerkennung von schulischer Berufsausbildung für den Berufsabschluss in anerkannten Ausbildungsberufen erfolgt bis heute generell nicht.

Neues Verständnis von Berufsbildung

Ein anderer Anstoß mit stärkerer Wirkung ging von bildungstheoretischen Überlegungen aus, dass nämlich Technik, Wirtschaft, Gesellschaft und Staat auch Kulturbereiche sind; eine Sicht, die u. a. auf den Kulturphilosophen Eduard Spranger zurückgeht. Für das Denken, Entscheiden und Handeln in diesen Bereichen werden nicht nur auf Ausführung gerichtete fachliche Kenntnisse und Fertigkeiten benötigt; vielmehr verlangen und vermitteln diese Bereiche erweiterte und vertiefte Bildung, und zwar in dem Sinne, wie sie bisher nur der Beschäftigung mit allgemeiner Bildung zugeschrieben wurde, wie z. B. Befähigung zur Wertebildung und zu ethisch begründeter Verantwortung. Von da aus wurde der Grundsatz der Gleichwertigkeit allgemeiner und beruflicher Bildung postuliert und daraus die Konsequenz gezogen, dass über berufliche Bildungsgänge die gleichen Abschlussberechtigungen erworben werden können, wie sie die allgemeinbildenden Schulen vermitteln: den sogenannten mittleren, dem Realschulabschluss gleichstehenden Abschluss (heute Fachschulreife) sowie das Abitur – was aber auch verlangte, dass die sogenannten allgemeinbildenden Fächer wie Deutsch, Fremdsprachen, Geschichte und Gemeinschaftskunde und naturwissenschaftliche Bildung auch in den beruflichen Bildungsplänen verstärkt werden. Die Festschrift der Friedrich-List-Schule Karlsruhe beschreibt diese Bereitschaft, in der Berufsausbildung eine gesellschaftliche Aufgabe zu sehen, und die daraus sich ergebenden Konsequenzen eindrucksvoll:
„Dieser Umdenkungsprozess führte in den 20er Jahren zu einem entscheidenden Durchbruch, der mit dem Übergang der staatlichen Berufsschulaufsicht auf das Unterrichtsministerium begann und in eine Reihe von Gesetzen und Verordnungen mündete, die das kaufmännische Schulwesen in Baden nachhaltig umgestalteten und zum Vorbild über das Land hinaus werden ließen. Maßgeblich beteiligt daran war Engelbert Bohn. Unserer Schule bis 1920 als Handelslehrer und in der Nachkriegszeit bis 1954 als Schulleiter verbunden, schuf er in seiner Referententätigkeit am Badischen Unterrichtsministerium zwischen 1920 und 1934 nicht nur die rechtlichen und organisatorischen Grundlagen des Kaufmännischen Schulwesens, sondern auch dessen geistiges Profil. Die berufliche Ausbildung sollte berufliche Bildung werden, fachbezogenes Lernen in die Fähigkeit zu ethischer Reflexion wirtschaftlichen Tuns münden."
Im Sinne dieses Programms erging am 18. April 1925 die von Engelbert Bohn maßgeblich gestaltete Verordnung über die Einrichtung von Fachschulen („Badische Fachschulverordnung"). Sie regelte Zweck, Einteilung und Unterrichtsstoff dieser Fachschulen, die errichtet werden können „als 1. Gewerbeschulen, 2. Höhere Gewerbeschulen, 3. Handelsschulen, 4. Höhere Handelsschulen und Oberhandelsschulen" (Ziff. 1. u. 2. sind heute gewerbliche Berufsfachschulen bzw. Berufskollegs, Ziff. 3. u. 4. – Höhere Handelsschulen – sind heute kaufmännische Berufsfachschulen bzw. Berufskollegs, die Oberhandelsschule wurde zur Wirtschaftsoberschule und dann zum heutigen Wirtschaftsgymnasium).
Eine ins Einzelne gehende Beschreibung der Entwicklungsschritte dieser Bildungsgänge bis zu ihrem heutigen Stand in den drei Typenbereichen würde nun endgültig den hier vorgegebenen Rahmen sprengen. Der knappe Exkurs zur Entwicklung der beruflichen Vollzeitschulen erscheint allerdings insofern durchaus angebracht, als der Wandel im Verständnis von Berufsbildung sich auch auf den Bildungsauftrag der Berufsschule ausgewirkt hat. So gehört es zur Aufgabe der Berufsschule nach dem heute geltenden Schulgesetz, auch „die allgemeine Bildung zu vertiefen und zu erweitern". Diese Komponente fand sich im Gründungserlass von 1834 noch nicht.

Quellen:
1872–1992, Festschrift Friedrich-List-Schule Karlsruhe
Chronik der Handelslehranstalt Emmendingen: https://www.chs-em.de/home/schulchronik

Schuljubiläum 2009, 150 Jahre Handelslehranstalt Pforzheim, Ludwig-Erhard-Schule, Fritz-Erler-Schule

8.3 Gewerbliche Sonntags- und Fortbildungsschulen in Württemberg

Berufsbildung als Sozialpolitik

In den deutschen Ländern führte die Entwicklung von Teilzeitschulen im Wesentlichen von der allgemeinen über die fachlich gegliederte Fortbildungsschule, die berufstypische Lehrinhalte aufnahm, zur heutigen Berufsschule.

Im von liberalem Wirtschaftsdenken geprägten Deutschen Kaiserreich gab es widerstreitende Strömungen in Fragen der Berufsausbildung. Es waren eher private Vereinigungen und Initiativen Einzelner, die sich über die Jahrzehnte hinweg für eine Erneuerung der Berufsausbildung einsetzten; dazu zählen etwa die ab 1886 erschienene Zeitschrift „Die Fortbildungsschule" (ab 1892 „Die Deutsche Fortbildungsschule"), Initiativen des „Vereins für Socialpolitik" (gegr. 1872) oder der Verband der Gewerbeschulmänner (gegr. 1892).[63]

Baden und Württemberg beispielhaft

Die Entwicklung in Baden und Württemberg wirkte dabei über Jahre hinweg als beispielgebend, vor allem bei den Erörterungen über die Fortbildungsschule, ihren Charakter als eine die Allgemeinbildung erweiternde oder die praktische Ausbildung im Betrieb fundierende Bildungsstätte. Den höchst unterschiedlichen Entwicklungsstand der gewerblichen Fortbildungsschulen belegten die 1877 vom „Verein für Socialpolitik" in Auftrag gegebenen Gutachten zu sieben Fragen, die das Fortbildungsschulwesen, das Verhältnis dieser Schulen zur Ausbildung im Betrieb sowie das Fachschulwesen betrafen. Heinrich Abel konstatierte: „Die Stellungnahmen zu den Fragen des Vereins zeugen von einem Wirrwarr der Meinungen und Begriffe, der eine Verständigung fast unmöglich machte."[64]

Fortbildungsschulwesen uneinheitlich

Resümierend stellte Heinrich Abel für die Jahre 1871 bis 1914 fest: „Der Ausbau des beruflich gegliederten Fortbildungsschulwesens ... verlief unterschiedlich nach den Inhalten und Schwerpunkten in Preußen, in Bayern ... und im Südwesten, ... Die gesetzlichen Grundlagen für die betriebliche Ausbildung wie auch für die begleitenden oder die Lehre ganz bzw. teilweise ersetzenden öffentlichen Lehrlingsschulen waren sehr uneinheitlich; am stärksten waren sie im Handwerk entwickelt, das aus wirtschafts- und sozialpolitischen Gründen vom Gesetzgeber eine Vorrangstellung erhalten hatte."[65] Dabei lag – zumindest in Preußen seit 1885 – die Regelungshoheit für beide Felder beim Ministerium für Handel und Gewerbe.[66]

Frühe Schulgründungen in Württemberg

In Württemberg erfolgten gemäß der Kirchenordnung von 1559 frühe Gründungen von Sonntagsschulen.[67] Aufgrund des geringen Ausbaustands des Volksschulwesens lässt sich allerdings für jene Zeit nicht eindeutig unterscheiden zwi-

---

[63] Vgl. Abel, Heinrich: Das Berufsproblem im gewerblichen Ausbildungs- und Schulwesen Deutschlands (BRD). Braunschweig 1963, Kap. 1.1. Grundlegung im Kaiserreich. S. 37–42

[64] Ebd., S. 37

[65] Ebd., S. 41

[66] Ebd., S. 38. Erst mit der Errichtung eines Reichsministeriums für Wissenschaft, Erziehung und Volksbildung im Jahre 1934 wurde das Berufs- und Fachschulwesen in das neue Ministerium überführt.

[67] Vgl. Deutscher Verband der Gewerbelehrer, Landesverband Württemberg e.V. (Hrsg.): Fünf Jahrzehnte berufsbildendes Schulwesen in Württemberg. Stuttgart o.J., S. 15

schen Sonntagsschulen, die lediglich als Ersatz fehlender Werktagsschulen dienten, und solchen, die allein von Schulentlassenen zu besuchen waren. Im Jahre 1739 wurden in Württemberg Sonn- und Feiertagsschulen speziell zur „Kontinuation der in der Schule gefaßten Lehre" eingeführt, die junge Leute bis zur Verheiratung besuchen sollten.[68] Diese auf die Christenlehre ausgerichteten Schulen bezogen gegen Ende des 18. Jahrhunderts auch Leseübungen anhand nützlicher nicht-religiöser Texte sowie das Fach Rechnen ein.[69]

Sonntags-gewerbeschulen

Nach 1818 entstanden in Württemberg einzelne gewerbliche Sonntagsschulen. Ab 1825 erfolgte eine planmäßige Förderung der so genannten Sonntagsgewerbeschulen über die Gewerbegesetzgebung. So konnten sie sich schnell ausbreiten: 1826 bestanden 18 Schulen, 1846 über 70 Schulen mit etwa 4.500 Schülern und 1867 133 Einrichtungen mit rund 8.000 Schülern.[70] Der Unterricht erstreckte sich auf Rechnen, Zeichnen, Naturlehre, Geografie, Mechanik (Maschinenlehre), allgemeine Technologie sowie Anleitung zum Entwerfen von Verdienstzetteln und Überschlägen. Als Lehrkräfte wirkten neben Geistlichen und Lehrern der höheren Schulen auch Angehörige des Gewerbestandes. Eine Pflicht zum Besuch der Sonntagsgewerbeschule bestand nicht unmittelbar.[71]

Ab dem Jahre 1853 wurden die württembergischen Sonntagsgewerbeschulen auf Initiative von Ferdinand von Steinbeis zumeist in gewerbliche Fortbildungsschulen umgewandelt, die sich durch Werktagsunterricht, höhere Stundenzahl und erweiterte Unterrichtsgegenstände auszeichneten.

Lehrlings-prüfungen in Württemberg

Die Besonderheit bei der Entwicklung des dualen Systems im Königreich Württemberg bestand in der Zusammenarbeit zwischen Betrieben und Teilzeitschulen anlässlich der Lehrabschlussprüfungen. Bereits im Jahre 1821 wurde in einer Petition der Stuttgarter Ständeversammlung die Verbesserung der Zunftgesetze angesprochen, insbesondere die Einführung von Lehrlingsprüfungen. Auf diese Initiative hin sah die neue Gewerbeordnung von 1828 für Württemberg vor, für alle zünftischen Gewerbe die Lehrlingsprüfung als allgemeines Erfordernis der Freisprechung vom Lehrlingsstande gesetzlich anzuordnen. Der entsprechende Art. 26 legte fest: „Die Anordnung einer Lehrlingsprüfung sowie die Bezeichnung derjenigen Gewerbe, bei welchen sie stattfinden soll, bleibt der Regierung vorbehalten." Zwei Jahre später wurden mit der Instruktion vom 12.1.1830 die Durchführungsbestimmungen wie folgt erlassen:

Anforderungen

„Als das wirksamste Mittel, auf den Gewerbe-Unterricht fördernd einzuwirken, erscheint eine ordentliche Prüfung der Lehrlinge am Schlusse der Lehrzeit, wo-

---

68 Vgl. Thyssen, Simon: Die Berufsschule in Idee und Gestaltung. Essen 1954, S. 22
69 Ebd., S. 23
70 Vgl. ebd., S. 52
71 Es blieb noch bei der früheren Regelung, dass Volksschulentlassene die alten Sonntagsschulen zu besuchen hatten. Auch nach dem Erscheinen des Volksschulgesetzes von 1836 blieben diese Jugendlichen bis zum 18. Lebensjahr zum Besuch der Sonntagsschule verpflichtet. Es wurde nun aber bestimmt, dass nicht nur der Besuch einer höheren Lehranstalt, sondern auch der Besuch einer Sonntagsgewerbeschule von der Pflicht zum Besuch der Sonntagsschule befreite.

zu unter Beziehung auf den Art. 26 der allgemeinen Gewerbeordnung die nachstehenden Vorschriften erteilt werden: Die Prüfung geschieht unter der Leitung des Zunftobmannes durch wenigstens zwei Sachverständige, welche vom Zunftvorstand aus ihrer Mitte oder vom Bezirksamt aus anderen Gewerbekundigen zu bestellen sind (§ 12). Der zu Prüfende hat
- passende Fragen auf Stoffe, Werkzeuge und deren Anwendung schriftlich oder mündlich zu beantworten,
- eine Arbeitsprobe abzulegen,
- wo erforderlich, nach einer Zeichnung etwas anzufertigen,
- ein vollständiges Prädikat seines Gewerbes, das aber nicht mehr als zwei bis drei Tage in Anspruch nehmen darf, zu erstellen (§ 14)."

Von da an nahmen die Lehrbriefe auch den Hinweis auf die abgelegte Prüfung auf. Damit unterschieden sie sich von den früher ausgestellten Abschlussdokumenten und gleichzeitig von denen, die in anderen Ländern üblich waren.

In den in Württemberg vorgeschriebenen Prüfungsprotokollen wurden die dem Prüfling gestellten Fragen festgehalten und vermerkt, inwieweit das Zeugnis der Sonntags- oder Fortbildungsschule Berücksichtigung fand.

Gewerbevereine als Partner der Fortbildungsschule Schon vor Einführung der Gewerbefreiheit im Königreich Württemberg 1862 traten die Gewerbevereine als einflussreiche Partner der Sonntags- und Fortbildungsschulen neben die Zünfte. Diese waren nicht einseitig fachlich und damit eigennützigen Interessen verpflichtet. Durch ihre gemischte Zusammensetzung wurden sie Bundesgenossen der örtlichen gewerblichen Schulen, stets bereit, unterstützend zu wirken. Dies spiegelt sich in den Rechenschaftsberichten der Gewerbevereine wider, so dass zum Beispiel in Ulm der Apotheker des Ortes den Chemieunterricht übernahm oder der Schlossermeister den Lehrlingen freiwilligen Zeichenunterricht erteilte.[72] So hatte schließlich die Auflösung der Zünfte keinen großen Einfluss auf die damals in Württemberg bestehenden Sonntags- und Fortbildungsschulen.

Die Gewerbevereine behielten ihre Bedeutung in Württemberg auch nach der Gewerbeordnungsnovelle vom Jahre 1881, die die Gründung von Innungen ermöglichte. Anlässlich der Einrichtung von Handwerkskammern im Jahre 1900 unterschied sich die Situation in Württemberg von den anderen Ländern daher insofern, als sich in den Kammern mehrheitlich Vertreter der Gewerbevereine und nicht der Innungen befanden.

Zusammenwirken von Betrieb und Schule Das Gesellenprüfungswesen entwickelt sich auf freiwilliger Basis insbesondere im Stuttgarter Raum in den siebziger und achtziger Jahren des 19. Jahrhunderts weiter. Auf Initiative von Ferdinand von Steinbeis wurden ab 1881 Lehrabschlussprüfungen im Zusammenwirken von Betrieb und Schule durchgeführt. Daher nutzte die Stuttgarter Handwerkskammer nach Inkrafttreten des Handwerkerschutzgesetzes im Jahre 1900 die darin eingeräumte Übergangsregelung, die eingeführte Prüfungspraxis noch einige Jahre beizubehalten. Länder, die

---

[72] Vgl. Azone, Walter: Die gewerblichen Berufsschulen in ihrer volkswirtschaftlichen, sozialen und kulturellen Bedeutung. 1924

schon vor 1900 Lehrabschlussprüfungen eingeführt hatten, stand nach § 132a folgende Sonderregelung offen:

> „Die Landes-Zentralbehörden sind befugt, die Bestellung der Prüfungsausschüsse, das Verfahren der Prüfung, die Gegenstände der Prüfung sowie die Prüfungsgebühren abweichend von den Vorschriften der §§ 131 bis 132 zu regeln, dabei darf jedoch hinsichtlich der bei der Prüfung zu stellenden Anforderungen nicht unter das im § 131b Abs. 1 bestimmte Maß herabgegangen werden."

So konnten im Stuttgarter Kammerbezirk Ergebnisse der Gesellenprüfung und der Prüfung der Sonntags- oder Fortbildungsschule nebeneinander im Lehrabschlusszeugnis aufgeführt werden. Dies unterstrich den dualen Charakter der Lehrlingsausbildung in Württemberg mit partnerschaftlicher Einbeziehung der Teilzeitschule. Ein entsprechendes Prüfungszeugnis in der in den Jahren 1902 bis 1909 geltenden Fassung zeigt die folgende Abbildung.

Anl. 25:
Prüfungszeugnis
Handwerkskammer
Stuttgart
1902 bis 1909

Sonderregelung gemäß § 132a Reichsgewerbeordnung 1897

Nach 1908 schloss sich die Stuttgarter Kammer den Regelungen nach der Gewerbeordnung von 1897 an. Von da an gab es auch hier nur das allgemeine Prüfungsprotokoll der Handwerkskammer oder Innung.

8.4 Teilzeitschulen in Nachbarländern

Gemeinsame Wurzeln des Lehrlingswesens Im vorliegenden Abschnitt richtet sich der Blick über die Grenzen der deutschen Länder auf die Nachbarstaaten Österreich und Schweiz. Die frühe Entwicklung der dortigen Lehrlingsausbildung geht wie in Deutschland auf die Zunftzeit zurück. Über mehrere Jahrhunderte hinweg erfolgte die Qualifizierung des handwerklichen Nachwuchses allein im Betrieb des Meisters, gegebenenfalls ergänzt durch die Gesellenwanderschaft.

Aufhebung der Zunftprivilegien In Österreich lockerte sich ab dem 17. Jahrhundert im Rahmen der merkantilistischen Wirtschaftspolitik die Reglementierung der Gewerbeausübung erheblich. Im Jahre 1859 wurden die Zünfte offiziell aufgehoben. Ihre Nachfolge traten freiwillige gewerbliche Genossenschaften an, die für das Kleingewerbe durch die Gewerbeordnungsnovelle von 1883 obligatorisch wurden.

In der Schweiz führte der Zusammenbruch der Alten Eidgenossenschaft im Jahre 1798 im Gefolge der Französischen Revolution auch zur Aufhebung des Zunftwesens und Einführung der Gewerbefreiheit. Mit dem Einsetzen der Restauration erlangten die Zünfte allerdings wieder gewisse Rechte, deren Ausmaß von Kanton zu Kanton verschieden war. Dies ist auch einer der Gründe für das kantonal unterschiedliche Gewicht von betriebsgebundener Ausbildung und vollzeitschulischer Qualifizierung in der heutigen Schweiz.

Schulische Ergänzung der Lehre Die Notwendigkeit einer Ergänzung der Lehrlingsausbildung im Betrieb infolge gestiegener Anforderungen bei gleichzeitiger Stagnation der handwerklichen Lehre kann als länderübergreifende Erscheinung betrachtet werden. Zeichenschulen in verschiedenartiger Trägerschaft und ähnliche Einrichtungen wurden gegründet, um diesem Problem abzuhelfen. Meist entstanden als zweiter Entwicklungsstrang zur beruflichen Teilzeitschule heutiger Ausprägung Fortbildungsschulen, zunächst allgemeinbildend ausgerichtet und allmählich mit Berufsbezug.

Stellung der Berufsschule Entscheidend für die Stellung der heutigen Berufsschule sind ihr Verhältnis zum Ausbildungsbetrieb und ihre Einbindung ins Bildungsgesamtsystem, z. B. hinsichtlich der Aufstiegsmöglichkeiten. Die gesetzlichen Grundlagen für ein Zusammenwirken von Teilzeitschule und Ausbildungsbetrieb im Sinne gleichwertiger Partner sind in Österreich wie auch in der Schweiz gegeben.

In Österreich können Absolventen einer Lehre oder einer mindestens dreijährigen berufsbildenden mittleren Schule seit 1997 über die Berufsreifeprüfung die allgemeine Hochschulzugangsberechtigung erwerben. In der Schweiz kann die Berufsmaturität parallel zur Lehre durch Besuch einer Berufsmaturitätsschule (zweiter Berufsschultag) erreicht werden oder aber nach der Lehre in einem Vollzeitlehrgang bzw. berufsbegleitend. Eine Zusatzqualifikation ermöglicht neuerdings auch den Übertritt in eine Universität oder Eidgenössische Technische Hochschule.

Entwicklung in Österreich und der Schweiz Spezielle Beiträge zur Entwicklung der die Lehre ergänzenden Teilzeitschulen geben nachfolgend Einblick in Anfänge und Ausgestaltung dieses Sektors in den Nachbarländern Österreich und Schweiz. Der Beitrag von Josef Schermaier geht auf die Entwicklung in Österreich ein. Daran schließt sich eine Darstellung zur Schweiz von Emil Wettstein an.

Josef Schermaier
Entwicklung der Berufsschule in Österreich[1]

Christenlehr- und Wiederholungsunterricht

Die Anfänge des Teilzeitunterrichts für Lehrlinge lassen sich bis ins 18. Jahrhundert zurückverfolgen. Die *Christenlehr*, eine Volksbildungsmaßnahme der Gegenreformation, ist hier insofern zu erwähnen, als Maria Theresia 1753 anordnete, dass „kein Lehrjunge ohne Zeugnis, dass er in der Christenlehr genügsam unterrichtet sei unter Strafe von 50 Reichsthalern bei irgend einer Profession solle frei gesprochen werden".[2] Mit dem Christenlehrpatent 1786 wurde die Verpflichtung zum Besuch der Christenlehre neuerlich bestätigt.

Die *Maria Theresianische Schulordnung* 1774[3] hatte zum Ziel, allen Kindern vom 6. bis zum 12. Lebensjahr eine standesgemäße Bildung unter Oberaufsicht des Staates zu vermitteln. Dazu waren auf dem Land einklassige Trivialschulen, in größeren Städten dreiklassige Hauptschulen und in Landeshauptstädten vierklassige Normalschulen einzurichten. Im Artikel 15 wird angeordnet, „für die bereits aus den Schulen ausgetretene Jugend auf dem Lande und in den Städten, besonders für Handwerksburschen", an Sonn- und Feiertagen nachmittags zwei *Wiederholungsstunden* abzuhalten, um das Erlernte aufzufrischen. Neben Religion waren Lesen, Schreiben und Rechnen zu üben.

In der *Politischen Verfassung der deutschen Schulen* (1805) wird die Abhaltung des Sonn- und Feiertagsunterrichtes damit begründet, dass „zur wahren und zweckmäßigen Bildung der Kinder auf dem Lande die vorgeschriebenen Schuljahre nicht ausreichen".[4] Von restaurativer Politik beeinflusst, wurde nun die Leitung und Beaufsichtigung des gesamten „niederen" Schulwesens wieder der katholischen Geistlichkeit unterstellt. Von ganz wenigen Ausnahmen abgesehen (z. B. Gymnasiasten) waren die Wiederholungsstunden für alle der Elementarschule entwachsenen Jugendlichen bis zum 18. Lebensjahr bestimmt. Da dies offenbar nicht einlösbar war, wurde die Besuchspflicht vom 13. bis zur Vollendung des 15. Lebensjahres herabgesetzt. Die Lehrjungen allerdings hatten ohne Rücksicht auf ihr Alter den Wiederholungsunterricht bis zum Ende ihrer Lehrzeit zu besuchen. Sie mussten zu ihrer Freisprechung ein Zeugnis über den vorschriftsmäßigen Besuch der Wiederholungsschule und das „Christenlehrzeugnis" vorlegen.

In der Zeit von 1848 (Märzrevolution) bis zum Reichsvolksschulgesetz (1869) galten nach wie vor die Bestimmungen der Politischen Schulverfassung.

Gewerblicher Unterricht für Lehrlinge

Außer dem Wiederholungsunterricht in Verbindung mit Trivialschulen gab es auch Fortbildungsunterricht für Lehrlinge, Gesellen und Meister an Haupt-, Normal- und Realschulen. Dabei stand das Zeichnen im Vordergrund. Der Unterricht wurde vorwiegend an Sonntagen und teilweise auch an Werktagen abends erteilt.

Einen ersten bedeutenden Aufschwung erhielt das gewerbliche Bildungswesen, als in den 1850er Jahren eine Reihe neuer Realschulen vornehmlich in Landeshauptstädten (1851 Klagenfurt, 1852 Wien, Linz, Salzburg, 1853 Innsbruck, 1855/56 drei weitere in Wien u.a.) entstanden und in organisatorischer Verbindung mit diesen *Handwerker-Sonntagsschulen* zur gewerblichen Fortbildung für Gewerbetreibende, Gesellen und Lehrlinge eingerichtet wurden. Der dort gebotene „populäre Unterricht für Gewerbetreibende" umfasste u. a. Arithmetik, Geometrie und geometrisches Zeichnen, Buchführung, Physik, Chemie und Freihandzeichnen. Er erwies sich allerdings als zu theoretisch, so dass z. B. an der Realschule in Linz der im Schuljahr 1855/56 begonnene Fortbildungsunterricht nach sechs Jahren wegen zu geringer Teilnahme eingestellt werden musste und an den Realschulen in Wien der Unterricht für Gewerbetreibende auf Antrag der Handels- und Gewerbekammer durch einen *gewerblichen Unterricht für Lehrlinge* ersetzt wurde. Die erste derartige „Gewerbeschule" (gewerbliche Fortbildungsschule) in Wien wurde 1857 an der Unterrealschule in Gumpendorf eröffnet. Zwei Jahre später gab es in Wien bereits fünf solche Schulen, die von insgesamt 1.930 Lehrlingen aus 70 Gewerben besucht wurden. Die Mitglieder aller an diesen Schulen beteiligten Gewerbe waren verpflichtet, einen Jahresbeitrag zur Erhaltung der jeweiligen Schulen zu leisten und ihre Lehrlinge zu deren Besuch anzuhalten, sofern sie nicht mehr zum Besuch der Sonntags- und Wiederholungsschule verpflichtet waren. Aufgabe der Gewerbeschule war es, einen „Unterricht zum Zwecke der allgemeinen Bildung der Lehrlinge" und „den eigentlichen technischen Unterricht nach Maßgabe und Erfordernis des speziellen Gewerbes" zu vermitteln. Die Lehrinhalte waren mathematisch-naturwissenschaftlich (Geometrie, Physik, Mechanik), allgemein-gewerblich (Gewerbsbuchführung, Zollkunde, Arithmetik einschließlich Münz- und Gewichtskunde) und fachlich (spezielle technische Technologie, Waren- und Materialienkunde, spezielle mechanische Technologie, Freihandzeichnen und Fachzeichnen).[5]

Initiativen von Gewerbevereinen

Neben den genannten Formen des Teilzeitunterrichts gab es auch Initiativen seitens der Gewerbevereine. Sie errichteten in der ersten Hälfte des 19. Jahrhunderts Zeichenschulen als Sonn- und Feiertagsschulen, wie zum Beispiel in Prag 1839, in Graz 1837 und in Linz 1842. Dazu kamen ab den späten 1850er Jahren einige von Privaten, Gewerbegenossenschaften oder Kaufmannschaften gegründete gewerbliche und kaufmännische Fachschulen, die zunächst als Sonn- und Feiertagsschulen für Lehrlinge und Gehilfen bestimmt waren, ehe sie zu Tagesvollzeitschulen (gewerblichen Fachschulen, Handelsschulen) ausgebaut wurden.

Entwicklung des Gewerbe- und Schulrechts

Für die weitere Entwicklung des Fortbildungsunterrichts waren folgende gewerbe- und schulpolitische Maßnahmen von Bedeutung:

a) Die *Gewerbeordnung* von 1859[6], in deren Rahmen die betriebliche Lehrlingsausbildung geregelt wurde, enthielt keine Verpflichtung zum Besuch der Fortbildungsschule. Dem Lehrherrn wurde lediglich aufgetragen, den Lehrling zum Besuch des gesetzlich vorgeschriebenen Unterrichtes und, wenn in dem Orte eine gewerbliche Fachschule für Lehrlinge besteht, auch zum Besuch der letzteren anzuhalten".[7] Die in der Gewerbeordnung proklamierte Gewerbefreiheit wurde in Gewerbeordnungsnovellen nach und nach wieder eingeschränkt und darin erstmals 1897 die Fortbildungsschulpflicht für Lehrlinge festgeschrieben.

b) Der Gewerbestand verlor mit der im Jahre 1867 eingeleiteten *Reorganisation der Realschule zu einer allgemeinbildenden Mittelschule* seine damals bedeutendste schulische Bildungseinrichtung. Dies, vor allem aber die zunehmende Rückständigkeit der gewerblichen Produktion gegenüber dem Ausland bewirkte, dass sich der Staat (Handels- und Unterrichtsministerium) der gewerblichen Bildung annahm und die Gründung einer größeren Zahl von

Fachschulen für einzelne Gewerbe und Staatsgewerbeschulen veranlasste, in deren Verbindung allgemein-gewerblicher und fachlichgewerblicher Fortbildungsunterricht für Lehrlinge erteilt wurde.[8]

c) Das *Reichsvolksschulgesetz* von 1869 löste die bis dahin geltende „Politische Verfassung der deutschen Schulen" ab, nachdem schon vorher das Verhältnis der Schule zur Kirche neu geregelt und die oberste Leitung des gesamten Unterrichts- und Erziehungswesen wieder dem Staat übertragen worden war. Christenlehre, Wiederholungs- und Fortbildungsunterricht finden im Reichsvolksschulgesetz keine Erwähnung. Es ermöglichte jedoch die Errichtung von speziellen Lehrkursen für die der Schulpflicht entwachsene Jugend (§ 10). Aufgrund dieser Bestimmung wurden in Vorarlberg 1920 *landwirtschaftliche Fortbildungsschulen*[9] und 1929 *hauswirtschaftliche Fortbildungsschulen*[10] zur Wiederholung und Vertiefung des Lehrstoffes der Volksschule und ersten Einführung der schulentlassenen Mädchen in den künftigen Hausfrauenberuf eingerichtet. In erzieherischer Hinsicht war auf die sittlich religiöse Ertüchtigung der weiblichen Jugend besonders Bedacht zu nehmen. Diese Aufgabenbeschreibung erinnert an Wiederholungsunterricht und Christenlehre. Vorarlberg ist das einzige Bundesland, in dem es *hauswirtschaftliche Berufsschulen* gab. Im Oktober 1994 hob der VGH die hauswirtschaftliche Berufsschulpflicht mit 31.10.1995 als verfassungswidrig auf.

d) Mit dem *Staatsgrundgesetz* vom 21.12.1867 wurde die Real- und Gewerbeschulgesetzgebung den Ländern übertragen. Dies ist insofern bedeutsam, als bereits ein Jahr später in Niederösterreich ein *Landesgesetz zur Errichtung und Erhaltung gewerblicher Fortbildungsschulen* beschlossen wurde, das in der novellierten Form von 1873 für die weitere Entwicklung in Österreich richtungsweisend wurde.[11]

Niederösterreich als Vorbild

Dass die Initiative, das gewerbliche Fortbildungsschulwesen umfassend zu regeln, von Niederösterreich ausging, ist nahe liegend. Wien als dessen Landeshauptstadt und Hauptstadt der Monarchie war industrielles und gewerbliches Wirtschaftszentrum. Hier war das Gewerbeschulwesen am weitesten entwickelt. Etwa die Hälfte der insgesamt 22 gewerblichen Fortbildungsschulen (Gewerbeschulen) des Reiches befand sich damals in Wien.[12] Zur Verwaltung und Vereinheitlichung der sehr unterschiedlich organisierten gewerblichen

Fortbildungsschulen verfügte das Staatsministerium im Jahre 1866, eine Kommission aus Vertretern der Handels- und Gewerbekammern, der Landesverwaltung und der Gemeinde Wien einzusetzen und „Regulative" für die Errichtung und Erhaltung der Gewerbeschulen in Wien und auf dem Lande zu erarbeiten, die die Grundlage für das *Niederösterreichische Fortbildungsschulgesetz 1868* bildeten.[13]

Aufgabe der gewerblichen Fortbildungsschulen war, Lehrlingen und Gehilfen der Gewerbetreibenden (und „Handelsbeflissenen") „in den zur Ausübung ihres Berufes erforderlichen Kenntnissen und Kunstfertigkeiten einen theoretischen und soweit es tunlich ist, auch einen praktischen Unterricht zu erteilen".[14] Sie konnten aus allgemein-gewerblichen Kursen (Jahrgängen, Abteilungen), Fachkursen und aus Vorbereitungskursen bestehen und als selbständige Schulen oder in organisatorischem Zusammenhang mit anderen Schulen geführt werden.

Da das gewerbliche Fortbildungsschulwesen in den anderen Kronländern keine Regelung erfuhr, sah sich das Unterrichtsministerium im Zuge der Verwaltungs- und Organisationsreform des gesamten gewerblichen Schulwesens (Reformprogramm 1883) veranlasst, in Anlehnung an das Niederösterreichische Landesgesetz an sämtliche Landesstellen (Niederösterreich ausgenommen) eine Verordnung zu richten, mit der „allgemeine Grundsätze bezüglich der Organisation der gewerblichen Fortbildungsschulen"[15] erlassen wurden.

a) *Vorbereitungskurse* sollten jene Schüler, die über keine ausreichenden Volksschulkenntnisse verfügten, in „Lesen, Sprachübungen, Schreiben, Rechnen und Elementen des Freihandzeichnens" unterrichten.

b) *Allgemein-gewerbliche Fortbildungsschulen* waren so einzurichten, „dass im Lehrplan nach Thunlichkeit auf alle örtlich vertretenen Gewerbe Rücksicht genommen" wurde. Der Unterricht umfasste „Geschäftsaufsätze, gewerbliches Rechnen und Buchführung und Zeichnen in Verbindung mit den Elementen der Geometrie". Andere Gegenstände, wie z. B. Geographie, Naturlehre, Chemie, Warenkunde, Technologie oder Baukonstruktionslehre, durften nur dann in die Lehrpläne aufgenommen werden, wenn der Unterricht mehr als sieben Stunden wöchentlich umfasste und dafür ein besonderes Bedürfnis bestand.

c) *Fachlich-gewerbliche Fortbildungsschulen* hatten die Aufgabe, „den Lehrlingen und Gehilfen eines einzelnen Gewerbes oder einer Gruppe verwandter Gewerbe Gelegenheit zur

Weiterbildung zu gewähren". Die Lehrpläne waren den Bedürfnissen der jeweiligen Gewerbe anzupassen. Zu dieser Gruppe zählten auch die kaufmännischen Fortbildungsschulen.

Statut und Lehrplan für die einzelnen Schulen waren vom Schulausschuss (vom Bürgermeister und Vertretern jener „Faktoren", die regelmäßig zur Erhaltung der Schule beitrugen) auszuarbeiten und dem Ministerium zur Genehmigung vorzulegen. Bei der Erstellung der Lehrpläne war darauf zu achten, dass für den Zeichenunterricht mindesten drei Stunden wöchentlich eingesetzt wurden. Für Berufe, für die das Zeichnen von untergeordneter Bedeutung ist, wie z. B. für Bäcker- oder Fleischerlehrlinge, konnte anstelle des Zeichnens vermehrter Unterricht in den kaufmännischen Fächern erteilt werden. Nur Schulen, deren Statut und Lehrpläne den vom Ministerium erlassenen Grundsätzen entsprachen, wurden staatlich anerkannt und subventioniert.

Obwohl die Zahl der gewerblichen Fortbildungsschulen anstieg, machte der gewerbliche Fortbildungsunterricht bis zu Beginn des 20. Jahrhunderts keine allzu großen Fortschritte.

Verfachlichung der Fortbildungsschule

Die Verfachlichung des gewerblichen Fortbildungsschulwesens ist schon im Niederösterreichischen Fortbildungsschulgesetz 1868 und im Reformprogramm 1883 vorgesehen. Sie erreicht nach der Novellierung der Gewerbeordnung und des Niederösterreichischen Fortbildungsschulgesetzes (1907) einen ersten Aufschwung, gelingt aber landesweit erst nach 1945 mit dem Ausbau der Fortbildungsschule zur Berufsschule.

Mit der *Gewerbeordnungs-Novelle 1907*[16] wurde der Gewerbeantritt für eine größere Zahl von Gewerben erschwert und für alle Lehrlinge handwerksmäßiger Gewerbe, auch wenn sie fabrikmäßig betrieben wurden, die Gesellenprüfung obligatorisch eingeführt. Sie enthält einschränkende Bestimmungen betreffend die Lehrlingshaltung, die die Qualität der betrieblichen Ausbildung sichern sollten (z. B. Festlegung der Verhältniszahl der im Betrieb beschäftigten Lehrlinge zu der der Gehilfen – eine Maßnahme, um der „Lehrlingszüchterei" in fabrikmäßig geführten Betrieben entgegenzuwirken). Gemäß § 99b waren Lehrlinge „verpflichtet, die bestehenden allgemeinen gewerblichen Fortbildungsschulen (bzw. Vorbereitungskurse) sowie die fachlichen Fortbildungsschulen in der durch den bezüglichen Lehrplan vorgeschriebenen Weise bis zur vollständigen Erreichung des Lehrzieles regelmäßig zu besuchen". Dem Lehrherrn oblag die Pflicht, den Lehrlingen die erforderliche Zeit einzuräumen und den regelmäßigen Schulbesuch zu überwachen (§ 100).

Das *Niederösterreichische Fortbildungsschulgesetz 1907*[17] verpflichtet alle Lehrlinge eines Schulsprengels, die allgemein-gewerbliche Fortbildungsschule und, sofern fachlich-gewerbliche bestehen, die der betreffenden Gewerbegattung zu besuchen. Der Unterricht an allgemein-gewerblichen Schulen war auf Gegenstände beschränkt, die „den Lehrlingen verschiedener Gewerbekategorien gleichmäßig zum Nutzen gereichen". Die fachlichen Fortbildungsschulen hingegen hatten eine „eingehendere fachliche Fortbildung in einem bestimmten einzelnen Gewerbe oder für eine Gruppe verwandter Gewerbe" zu bieten und den Unterricht „nach Möglichkeit auf die praktische Betätigung in Lehrwerkstätten zu erstrecken" (§ 2). Alle Schulen mit obligatorischem Besuch für Lehrlinge sind von nun an Pflichtschulen und öffentliche Schulen (§ 4).

Beide Gesetze, Gewerbeordnung und Fortbildungsschulgesetz 1907, die in wesentlichen Punkten aufeinander abgestimmt waren (z. B. Regelung der Fortbildungsschulpflicht), bewirkten, dass das Ministerium für öffentliche Arbeiten, dem das gewerbliche Bildungswesen im Jahre 1908 unterstellt worden war, für 39 einzelne Gewerbe und Gewerbegruppen Normallehrpläne erließ.[18]

Die prozentuelle Verteilung der wöchentlichen Stundenzahl auf die drei Gegenstandsgruppen: „Vorbereitender Sprach- und Rechenunterricht", „Gewerblich-kaufmännischer Unterricht und Bürgerkunde"[19] sowie „Fachunterricht" (Fachzeichnen, Naturlehre und andere berufsbezogene Gegenstände) war lehrberufsmäßig verschieden und davon abhängig, ob Werkstattunterricht erteilt und/oder eine Vorbereitungsklasse geführt wurde. An fachlichen Fortbildungsschulen mit Lehrwerkstättenunterricht und ohne Vorbereitungsklassen entfielen auf den Fachunterricht rund 77 % der gesamten Unterrichtszeit und 23 % auf den „Gewerblichkaufmännischen Unterricht mit Bürgerkunde".

Da die Errichtung beruflich gegliederter Fortbildungsschulen mit Lehrwerkstätten eine größere Zahl von Lehrlingen gleicher oder verwandter Berufe und somit ein größeres Einzugsgebiet voraussetzt und dem § 3 des niederösterreichischen Fortbildungsschulgesetzes zufolge in der Regel jede Gemeinde als Fortbildungsschulsprengel anzusehen war, konnte die Verfachlichung nur in größeren Städten Platz greifen. In Niederösterreich z. B. stieg die Zahl der fachlichen Fortbildungsschulen von 42 im Schuljahr 1907/08 auf 151 im Schuljahr 1910/11. Davon entfielen alleine auf Wien 147. Im übrigen Niederösterreich herrschten nach wie vor die allgemein-gewerblichen Fortbildungsschulen vor.[20]

Die Zwischenkriegszeit (1918 – 1938)

Nach dem Zerfall der Monarchie (1918) und der Ausrufung der Republik war die rechtliche Situation im verbliebenen Restösterreich neu zu regeln. Dies erfolgte mit der Bundesverfassung 1920. Ungeklärt blieben die Kompetenzen des Bundes und der Länder auf dem Gebiet des Schul-, Erziehungs- und Volksbildungswesens. Dies hatte zur Folge, dass die nach 1920 beschlossenen Landes-Fortbildungsschulgesetze, die allesamt das Niederösterreichische Gesetz zum Vorbild hatten, der Zustimmung des Unterrichtsministeriums bedurften, womit in grundsätzlichen Fragen Einheitlichkeit gewährleistet war. Nachdem in Wien bereits 1911 ein gut ausgestattetes Zentral-Fortbildungsschulgebäude in der Mollardgasse errichtet worden war, wurden nun auch in Landeshauptstädten Fortbildungsschulgebäude ausgebaut oder neu errichtet, die mehrere fachliche Fortbildungsschulen beherbergten, so z. B. in Linz 1927 und in Salzburg 1931. Grundsätzlich aber blieb es dabei, dass die Fortbildungsschulen vorwiegend allgemein-gewerblich in Verbindung mit Volks- und Bürgerschulen geführt wurden und relativ niedrige Schülerzahlen aufwiesen. Daran konnte auch die 1921 eingesetzte Studienkommission für pädagogisch-didaktische Angelegenheiten des gewerblichen Fortbildungsschulwesens nichts ändern, deren Aufgabe es sein sollte, Reformlehrpläne für gewerbliche Fortbildungsschulen auszuarbeiten, denen zufolge die praktische Arbeit in Schulwerkstätten die Grundlage für den gesamten Unterricht sein sollte.[21] Die Pläne kamen über das Versuchsstadium nicht hinaus.

Unter nationalsozialistischer Herrschaft

Im Reichsschulpflichtgesetz, das ab 1939 für die „Ostmark" Geltung erlangte, war für alle Jugendlichen, auch für jene, die weder eine weiterführende Schule besuchten noch ein Lehrverhältnis eingegangen waren, die *allgemeine Berufsschulpflicht* bis zum 18. Lebensjahr vorgesehen. Aus Kostengründen und in Ermangelung genauerer Durchführungsbestimmungen trat sie nie in Kraft. Dies gilt auch für die Zeit nach 1945, obwohl diese Thematik bis zum Inkrafttreten der Schulgesetze 1962 mehrmals diskutiert wurde.

Von der Fortbildungsschule zur Berufsschule
Nach dem Zweiten Weltkrieg wird auf die Rechtslage vor 1938 zurückgegriffen. Reichsdeutsche Bestimmungen blieben unter Ausmerzung nationalsozialistischen Gedankengutes zwar weiterhin in Geltung, hatten aber auf die Entwicklung des Fortbildungs- bzw. Berufsschulunterrichtes keinen nachhaltigen Einfluss.
Bis zur Schulgesetzgebung im Jahre 1962 erfolgten Neugestaltung und Ausbau der berufsbildenden Schulen vorwiegend auf administrativem Wege ohne ausreichende gesetzliche Grundlagen. Entscheidend für die Entwicklung der Fortbildungsschulen waren die *Salzburger Empfehlungen* (1946), die Beschlüsse der *Wiener Tagung* (1949)[22] und der *Kuchler Tagungen* (1951 ff.). 1946 wurde zunächst die Umbenennung der Fortbildungsschule zur *Berufsschule* beschlossen und damit zum Ausdruck gebracht, dass Beruf und Berufsbildung Leitidee für die Organisation und Neugestaltung des Teilzeitunterrichtes für Lehrlinge sein sollen. In den Empfehlungen, die mit Erlass des Bundesministeriums für Unterricht allen Landesschulbehörden zur Kenntnis gebracht wurden und damit Anordnungscharakter erhielten, ist die dreijährige Führung aller gewerblichen Berufsschulen vorgesehen und die Berufsschulpflicht vom Beginn der Lehrzeit bis zur Erreichung des Lehrziels der Berufsschule festgelegt.
Einige der Hauptanliegen der Salzburger und der Wiener Tagung waren:
a) die Verfachlichung des Berufsschulunterrichts voranzutreiben,
b) die in den Landesfortbildungschulgesetzen festgeschriebene Schulsprengeleinteilung zu ändern und eine Gemeinde und Regionen übergreifende örtliche Zentralisierung für die Errichtung von Fachberufsschulen und deren lehrgangsmäßige Führung mit angeschlossenen Internaten zu ermöglichen,
c) Prüfungsvorschriften für das Lehramt an gewerblichen Berufsschulen zu erlassen, die Lehrerausbildung zu regeln und den Anteil hauptamtlicher Lehrer zu erhöhen sowie
d) die Stellung der Berufsschule innerhalb des dualen Ausbildungssystems aufzuwerten.
Um die tatsächlichen Veränderungen einigermaßen einschätzen zu können, einige statistische Zahlen zur *Verfachlichung und Zentralisierung des Berufsschulunterrichtes*:
1945/46 z. B. wurde in Oberösterreich an insgesamt 61 Fortbildungsschulen unterrichtet. Davon waren 35 allgemein-gewerbliche, 13 fachlich-gewerbliche und 13 kaufmännische Schulen. 1960/61 gab es nur mehr 35 Berufsschulen, von denen 20 zu den fachlich-gewerblichen und 15 zu den kaufmännischen zählten. Die letzte allgemeingewerbliche Schule wurde im Schuljahr zuvor geschlossen. In Niederösterreich wurde bereits im Oktober 1946 (noch vor der Salzburger Tagung) die erste *Landesberufsschule* Österreichs mit Internat für das Gastgewerbe Niederösterreichs und in Karlstein eine *Bundesberufsschule* für alle Lehrlinge des Uhrenmachergewerbes Österreichs eröffnet. 1954 gab es in Niederösterreich bereits für 15 Gewerbe Landesberufsschulen, 1963 für 27 und 1971 für alle Gewerbe. Von den 26.292 Lehrlingen besuchten damals 97,2 % (25.559) Landesberufsschulen.[23] Im Schuljahr 1953/54 erhielten von den insgesamt 106.758 Berufsschülern bereits 74,5 % Unterricht in Fachklassen, 6 % in allgemein-gewerblichen Klassen, 17,5 % in kaufmännischen und zwei Prozent in hauswirtschaftlichen Klassen. 1966 konnte die letzte allgemeingewerbliche Klasse aufgelöst werden.[24]

Verfachlichung der Lehrpläne
1945 wurde in den Bundesländern entweder nach den Lehrplänen unterrichtet, die während der Anschlusszeit galten, oder auf die Lehrpläne vor 1938 zurückgegriffen. Zur Vereinheitlichung erließ das Unterrichtsministerium 1948 provisorische Stundentafeln für gewerbliche Berufsschulen, die mit Beginn des Schuljahres 1948/49 als Orientierungsgrundlage für die Landeslehrpläne in Kraft traten. Von den neun Jahreswochenstunden entfielen 3,7 % auf Staatsbürgerkunde, 18,5 % auf den Betriebswirtschaftlichen Unterricht (Schriftverkehr, Buchführung) und 77,8 % auf den Fachunterricht (mit oder ohne Werkstättenunterricht).
Im Jahre 1955 gab das Unterrichtsministerium „Unterrichtsorganisationsvorschriften für gewerbliche Berufsschulen"[25] heraus, mit denen, wie bereits in den Wiener Empfehlungen gefordert, Rahmenlehrpläne erlassen wurden. Für die fachlich-gewerblichen Berufsschulen ergab sich danach folgende prozentuale Verteilung der Gesamtstundenzahl:

– Staatsbürgerkunde: 3,7 %
– Betriebswirtschaftl. Unterricht 14,8 – 29,6 %
– Fachunterricht 81,5 – 66,7 %

Der Unterrichtsgegenstand „Lehrwerkstätte", Teil des Fachunterrichtes, hieß nun „Praktische Arbeit", für den an fachlichen Berufsschulen mit Werkstättenunterricht mindestens zwei Jahreswochenstunden zu verwenden waren. Die Mindestunterrichtsdauer an gewerblichen Berufsschulen hatte drei Schuljahre zu je 360

Unterrichtseinheiten zu betragen. Es blieb den Landesschulbehörden überlassen, im Bedarfsfall die Durchführung des Unterrichtes auf eine geschlossene sieben Wochen nicht unterschreitende Zeit pro Lehrjahr zu veranlassen (lehrgangsmäßige Führung). In den Landeslehrplänen, die auf der Basis der Rahmenlehrpläne zu erstellen waren, konnte den jeweiligen regionalen gewerblichen Verhältnissen und Bedürfnissen Rechnung getragen werden. Dies gilt auch für alle in der Folgezeit vom Bund erlassenen Rahmenlehrpläne (1963, 1976/1977).

Das Schulgesetzwerk 1962[26]

Mit dem Schulgesetzwerk 1962 wurden die bis dahin bestehenden Rechtsunsicherheiten durch Regelung der Kompetenzverteilung zwischen Bund und Ländern und der bundeseinheitlichen Organisation des Schulwesens beseitigt und für die bis dahin im Verwaltungswege getroffenen Entscheidungen im „Nachhinein" die gesetzlichen Voraussetzungen geschaffen.

Im *Schulorganisationsgesetz (SchOG)* sind die Aufgabe der österreichischen Schule, ihre Gliederung und die Aufgaben der einzelnen Schulgattungen sowie ihre Organisation geregelt. Für die gewerblichen und kaufmännischen Berufsschulen (berufsbildende Pflichtschulen) sind die §§ 46 bis 51 maßgebend. Gemäß § 46 kommt den Berufsschulen die Aufgabe zu, „die Ausbildung der in einem gewerblichen (einschließlich kaufmännischen) Lehrverhältnis ... stehenden Personen durch einen berufsbegleitenden fachlich einschlägigen Unterricht zu ergänzen und zu fördern". Wie in vorhergehenden Aufgabenbeschreibungen steht auch hier die Ergänzungs- und Förderungsfunktion der betrieblichen Ausbildung im Mittelpunkt. Die 1963 erstellten Rahmenlehrpläne[27] bewirkten eine weitere Verfachlichung des Berufsschulunterrichts, indem die Zahl der Rahmenlehrpläne für fachliche Berufsschulen von 15 im Jahr 1955 um 19 auf 34 vermehrt wurde und für Lehrberufsgruppen zusätzliche Lehrplanbestimmungen für einzelne Lehrberufe aufgenommen wurden. Die Dauer der Berufsschulpflicht wurde mit dem Schulpflichtgesetz 1962 wieder der Dauer der Lehrzeit angepasst.

Berufsausbildungsgesetz 1969

Mit dem Berufsausbildungsgesetz (BAG) von 1969 erhielt die betriebliche Ausbildung eine einheitliche gesetzliche Grundlage, die die bisherigen einschlägigen Regelungen der Gewerbeordnung ersetzte. Dies ermöglichte, auch Lehrberufe für Berufstätigkeiten zu schaffen, die nicht der Gewerbeordnung unterliegen.

Seit Inkrafttreten des Berufsausbildungsgesetzes, das in der Folge mehrmals, zuletzt 2008, novelliert wurde, sind für jeden Lehrberuf *Ausbildungsrichtlinien* (Berufsbilder) zu erarbeiten und im Verordnungswege durch das Handelsministerium zu erlassen. Dies erfordert, die Lehrpläne des Bundes in Abstimmung zur betrieblichen Ausbildung zu überprüfen und neu zu gestalten. Die ersten Vorbereitungsarbeiten dazu setzten bereits 1970 ein. Es wurden fach- und unterrichtsgegenstandsbezogene Lehrer-Arbeitsgemeinschaften und Arbeitskreise gebildet, deren Aufgabe es war, Vorschläge für die Ausarbeitung von Lehrplanentwürfen vorzulegen.

Die 5. Schulorganisationsgesetznovelle[28]

1975 erfolgte eine Neuformulierung der Aufgabenbeschreibung für Berufsschulen, die bis heute Geltung hat. Der § 46 lautet nun: „Die Berufsschulen haben die Aufgabe, in einem berufsbegleitenden fachlich einschlägigen Unterricht den berufsschulpflichtigen Personen die grundlegenden theoretischen Kenntnisse zu vermitteln, ihre betriebliche Ausbildung zu fördern und zu ergänzen sowie ihre Allgemeinbildung zu erweitern". Darin kommt das Bestreben zum Ausdruck, sich von der bloßen Ergänzungs- und Förderungsaufgabe gegenüber der betrieblichen Ausbildung zu distanzieren und die eigenständige Bildungsaufgabe der Berufsschule, die Vermittlung einer praxisorientierten fachtheoretischen Ausbildung und die Erweiterung der Allgemeinbildung zu betonen. Berufsschulpflichtig sind alle Lehrlinge im Sinne des Berufsausbildungsgesetzes. Damit wurde die Unterscheidung nach gewerblichen und kaufmännischen Berufsschulen aufgehoben. Die hauswirtschaftlichen Berufsschulen fanden in einem Sonderparagraphen des SchOG (§ 129) eine vorläufige Regelung und die land- und forstwirtschaftlichen Berufsschulen unterliegen nicht dem Schulorganisationsgesetz. Für sie gilt das Bundesgesetz vom 29.4.1975.[29]

Eine Folge der SchOG-Novelle 1975, des Berufsausbildungsgesetzes und der in den Jahren 1972 und 1973 erlassenen Ausbildungsvorschriften war, dass in den Jahren 1976 und 1977 insgesamt 143 neue Rahmenlehrpläne für insgesamt 225 Lehrberufe erlassen wurden.[30] Beispielhaft dazu die Stundentafel für Lehrberufe im Sinne des Berufsausbildungsgesetzes mit dreijähriger Lehrzeit ausschließlich der kaufmännischen Lehrberufe, für die 1976 ebenfalls neue Lehrpläne erlassen wurden.[31]

Pflichtgegenstände	Stunden-rahmen	Anteil in %
Politische Bildung	80	7,4
Betriebswirtschaftlicher Unterricht Wirtschaftskunde mit Schriftverkehr Wirtschaftsrechnen mit Buchführung	200 – 240	18,5 – 22,2
Fachunterricht Fachkunde Fachrechnen Fachzeichnen Praktische Arbeit	800 – 760	74,1 – 70,4
Gesamtstundenausmaß ohne Religion*	1080	100

* Religion war in Tirol und Vorarlberg (wie heute noch) Pflichtfach, sonst wie Leibesübungen und Lebende Fremdsprache Freigegenstand.

Die Ausdehnung des Stundenausmaßes von „Politischer Bildung" (bisher „Staatsbürgerkunde") auf zwei Jahreswochenstunden für alle Lehrberufe und die Einführung von Leibesübungen und Lebende Fremdsprachen als Freigegenstände kann als Schritt zur Verwirklichung des Bildungsauftrages „Erweiterung der Allgemeinbildung" (SchOG § 46) interpretiert werden.[32] „Wirtschaftsrechnen" und „Buchführung", bisher als getrennte Gegenstände geführt, wurden zusammengefasst, um eine sinnvolle Verschränkung der Inhalte des betrieblichen Rechnungswesens zu erreichen. Die Umbenennung „Schriftverkehr mit Gewerbekunde" in „Wirtschaftskunde mit Schriftverkehr" soll ausdrücken, dass neben dem Vertrautmachen mit Belangen des beruflichen und privaten Schriftverkehrs die Hinführung „zum Verständnis für die Vorgänge im Wirtschaftsleben" und die „Erziehung zu verantwortungsbewusstem wirtschaftlichen Denken und Handeln" Bildungs- und Lehraufgabe ist.[33]

Um den technischen, wirtschaftlichen und gesellschaftlichen Entwicklungen Rechnung tragen zu können und eine zeitgemäße Ausbildung zu gewährleisten, ist es erforderlich, die Berufsbilder, Ausbildungsvorschriften und Lehrpläne daraufhin zu überprüfen und daran anzupassen. Derzeit (2010) gibt es für rund 240 Lehrberufe Rahmenlehrpläne, die korrespondierend zu den Ausbildungsrichtlinien durch Verordnung des Unterrichtsministeriums erlassen wurden. Die Stundentafeln der Rahmenlehrpläne sind nach Dauer der Lehrzeit, der Organisationsform der Berufsschule und Art des Lehrberufes nicht zuletzt aufgrund der Vielfalt der berufsspezifischen Gegenstände des Fachunterrichtes verschieden. Die Grundstruktur der Stundentafel ist aus dem folgenden Beispiel für Lehrberufe mit dreijähriger Lehrzeit ersichtlich:

Pflichtgegenstände	Jahreswochenstd.
Poltische Bildung	80
Deutsch und Kommunikation	120-40
Berufsbezogene Fremdsprache	40-120
Betriebswirtschaftlicher Unterricht Wirtschaftskunde mit Schriftverkehr Rechnungswesen	180
Fachunterricht (Berufsbezogene fachtheoretische und fachpraktische Gegenstände)	840
Gesamtstundenzahl	1260

Ergänzend vorgesehen sind Freigegenstände (Religion, Deutsch, lebende Fremdsprache), Unverbindliche Übungen und Förderunterricht.

In die Landeslehrpläne, die von den Landesschulräten auszuarbeiten sind, können zusätzliche Bestimmungen aufgenommen werden, die der Vorbildung der Schüler und speziellen Bedürfnissen der betrieblichen Ausbildung im betreffenden Bundesland Rechnung tragen.

Besonderheiten neuerer Entwicklungen sind
a) Modularisierung der Ausbildungsvorschriften und Lehrpläne. Die Ausbildung in einem Lehrberuf kann in Grundmodul, berufsverwandte Hauptmodule und Spezialmodule gegliedert werden. Dies lässt nach Absolvierung des mindestens zweijährigen Grundmoduls verschiedene Kombinationen zu Schwerpunktbildungen und die Erwerbung von Mehrfachqualifikationen zu.[34] Die Gesamtlehrzeit darf vier Jahre nicht überschreiten. Die ersten Rahmenlehrpläne modularer Lehrberufe wurden 2008 erlassen.[35]
b) Maßnahmen zur Integration „von benachteiligten Personen mit persönlichen Vermittlungshindernissen" in die betriebliche Ausbildung und in den Berufsschulunterricht (Integrative Berufsausbildung mit verlängerter Lehrzeit und/oder Ausbildung in Teilqualifikationen).[36]
c) Aufnahme zusätzlichen Lehrstoffes in die Lehrpläne zu den Gegenständen „Deutsch und Kommunikation" und „Berufsbezogene Fremdsprache" für Schüler, die sich auf die *Berufsreifeprüfung*[37] vorbereiten. Damit wurde Lehrlingen ein Bildungsweg zur Hochschulreife eröffnet, der bereits während der Lehrzeit eingeschlagen werden kann.

Resümee

Die Aufgaben der schulischen Lehrlingsausbildung haben sich seit dem Niederösterreichischen Fortbildungsgesetz wesentlich verändert. Die Ergänzungs- und Förderungsfunktion der betrieblichen Ausbildung ist wohl noch eine ihrer Aufgaben, allerdings unter dem Gesichtspunkt eines übergeordneten Berufsbildungsverständnisses, das der Berufsschule eine eigenständige dem Betrieb gegenüber gleichwertige Stellung innerhalb des dualen Ausbildungssystems zuweist. Mit dem Berufsausbildungsgesetz 1969, den dazu erlassenen Novellen und deren praktischer Umsetzung wurde eine zunehmende Pädagogisierung der betrieblichen Lehre erreicht und Voraussetzungen geschaffen, die Abstimmung von betrieblicher und schulischer Ausbildung zu verbessern.

Die duale Berufsausbildung ist innerhalb des österreichischen Bildungswesens ein bedeutender Bildungsfaktor, ein Bildungsweg, der von etwa 40 % der Pflichtschulentlassenen eingeschlagen wird.[38] Die ständige Anpassung an wirtschaftliche und gesellschaftliche Weiterentwicklungen garantiert Berufe mit Zukunft.

[1] Die Ausführungen stützen sich weitgehend auf die folgenden beiden Bücher: Schermaier, Josef: Die österreichische Berufsschule der Gegenwart. Wien 1981. Schermaier, Josef: Die Formen der gewerblichen Berufserziehung bis zum Facharbeiterniveau in Österreich. Wien 1970

[2] Zit. in Helfert, Joseph Alexander: Die Gründung der österreichischen Volksschule durch Maria Theresia, Prag 1860, S. 47.

[3] Allgemeine Schulordnung für die deutschen Normal- Haupt- und Trivialschulen. Wien, den 6. Dezember 1774.

[4] Politische Verfassung der deutschen Schulen, § 311.

[5] Provisorisches Statut für die an der selbständigen Wiener Kommunal-Unterrealschule in Gumpendorf zum Zwecke der Lehrlingsausbildung errichtete Gewerbeschule, veröffentlicht in Streinz, Carl Josef: Über die gewerbliche Schulbildung, Linz 1860. Schermaier, Josef: Die Österreichische Berufsschule, a.a.O. S. VIIIf.

[6] Kaiserliches Patent vom 21. Dezember 1859, RGBl. Nr. 227

[7] Gewerbeordnung 1859, § 11, lit. i.

[8] Ausführlich dazu Schermaier, Josef: Die Allgemeine Handwerkerschule, eine Schule der beruflichen Vorbildung, Wien 1881; Wirtschaftsförderung durch zentralstaatliche Bildungsmaßnahmen (Zentralanstalten und Staatsgewerbeschulen), Peter Lang, Frankfurt – Wien 1999; Fachschulen in Österreich – Schulen der Facharbeiterausbildung, Peter Lang, Frankfurt – Wien 2009.

[9] Gesetz vom 22. Juni 1920. Landesgesetz vom 21. Oktober 1920, LGBl. Nr. 88.

[10] Bundesgesetz vom 17. Jänner 1929 betreffend die Errichtung hauswirtschaftlicher Fortbildungsschulen in Vorarlberg, BGBl. Nr. 74 vom 9. Februar 1929.

[11] Landesgesetz vom 28. November 1868, betreffend die Errichtung und Erhaltung der gewerblichen Fortbildungsschulen, wirksam für das Erzherzogtum Österreich unter den Enns, LGBl. Nr. 23.

[12] Onciul, Aurel R.: Zur Geschichte, Organisation und Statistik der gewerblichen Fortbildungsschulen in Österreich, in: Supplement zum Zentralblatt, VI. Band, Wien 1888, S. 4.

[13] Jahresbericht des k.k. Ministeriums für Cultus und Unterricht für 1870, Wien 1871, S. 280f.

[14] § 1 des Niederösterreichisches Fortbildungsschulgesetz i.d.F. des Gesetzes von 1873, LGBl. Nr. 35.

[15] Verordnung des Ministers für Cultus und Unterricht vom 24. Februar 1883, Z. 3674.

[16] Gesetz vom 5. Februar 1907, R.G.Bl. Nr. 26.

[17] Gesetz vom 30. Nov. 1907, LGBL: Nr. 171.

[18] Erlass des Ministeriums für öffentliche Arbeiten vom 17. Oktober betreffend die Ausgabe von Normallehrplänen für fachliche gewerbliche Fortbildungsschulen, in Zentralblatt für das gewerbliche Unterrichtswesen, Bd. 27, Bd. 28. und Bd. 29.

[19] Die Einführung von Bürgerkunde als neuer Unterrichtsgegenstand an fachlichen Fortbildungsschulen war eine Folge des 1907 eingeführten Allgemeinen Wahlrechtes für Männer. In Lehrplänen fachlicher Fortbildungsschulen für Mädchen (z. B. für das Modistengewerbe) war Bürgerkunde nicht vorgesehen (Zentralblatt Bd. 29, S. 310ff.)

[20] Quelle: Frequenz sämtlicher gewerblicher Lehranstalten im Schuljahr 1910/11, zusammengestellt von der k.k. Statistischen Zentralkommission, in: Zentralblatt Bd. XXX. S. 502ff.

[21] Kielhauser, Ernst: Geschichte des gewerblichen Bildungswesens im alten und neuen Österreich, Verlag Artur Kollitsch, Klagenfurt 1931, S. 365.

[22] Siehe dazu Franz Chech (Hrsg.): Zur Neugestaltung der Österreichischen Berufsschule. Berichte und Empfehlungen. Österreichischer Bundesverlag, Wien 1950.

[23] Hanckiewicz, Erich: Die österreichische Berufsschule, Ursprung und Werden. Beiträge zur Pädagogischen Psychologie. Pädagogischer Verlag Eugen Ketterl, Wien 1972, S. 71.

[24] Bundesministerium für Unterricht unter Mitwirkung des Österreichischen Statistischen Zentralamtes (Hrsg.): Österreichische Schulstatistik, Heft 5, Wien 1956, S. 54.

[25] Min. Vdg.Bl. Nr. 67/55.

[26] Dazu zählt das Schulorganisationsgesetz (Bundesgesetz vom 25. Juli 1962, BGBL. Nr. 242), das Schulpflichtgesetz (BGBL. Nr. 241), das Schulaufsichtsgesetz (BGBL. Nr. 240) und das Privatschulgesetz (Nr. 241).

[27] Verordnung des Bundesministeriums für Unterricht vom 4. Juni 1963, mit welcher Lehrpläne für gewerbliche, kaufmännische und hauswirtschaftliche Berufsschulen erlassen werden. BGBl. Nr. 142 ex 1963.

[28] 5. SchOG-Novelle 1975, BGBL. Nr. 323/1975.

[29] BGBl. Nr. 319 betreffend die Grundsätze für land- und forstwirtschaftliche Berufsschulen.

[30] Radlegger, Josef: Die Lehrpläne der Berufsschule, unveröffentlichtes Manuskript, o.J. (Wien 1978).

[31] Schermaier, Josef: Die Österreichische Berufsschule der Gegenwart, a.a.O., S. 122.

[32] Ebenda, S. 225.

[33] Radlegger, Josef a.a.O., S. 3 in: Schermaier, Josef a.a.O., S. 125.

[34] Berufsausbildungsgesetz in der Fassung der Novelle vom 26. Juni 2008, BGBl. Nr. 82/2008, § 8, Abs. 4.

[35] Verordnung d. BM f. Unterricht. BGBl. 75/2008.

[36] BAG, § 8b (bereits seit 01.09.2003 in Kraft).

[37] Siehe dazu: Bundesgesetz über die Berufsreifeprüfung BGBl. Nr. 68 1997 i.d.F. v. 2008, BGBl. Nr. 118.

[38] Von den insgesamt 110.663 Schülern und Schülerinnen der 10. Schulstufe im Schuljahr 2008/009 besuchten 45.025 berufsbildende Pflichtschulen, das sind 40,7 % (Bundesministerium für Unterricht, Kunst und Kultur: Statistik im Bereich Schule und Erwachsenenbildung, Zahlenspiegel 2009, Tabelle 7, S. 19.)

Emil Wettstein
Fortbildungs- und Berufsschulen in der Schweiz

Schaffung von gewerblichen und kaufmännischen Fortbildungsschulen

Wenn die Berufsschulen der Schweiz einmal ihren Geburtstag feiern möchten, dann drängt sich der 27. Juni 1884 als Bezugsdatum auf. An diesem Tag verabschiedete der Bundesrat den „Bundesbeschluss betreffend die gewerbliche und industrielle Berufsbildung". Anlass war ein wirtschaftspolitisches Anliegen: Die handwerklichen Betriebe und verschiedene Kleinindustrien waren infolge von Freihandels-abkommen und dem Aufkommen neuer Transportmittel (Eisenbahn!) erstmals internationaler Konkurrenz ausgesetzt. Sie erwiesen sich als nicht konkurrenzfähig, weshalb der Schweizerische Gewerbeverein den Bund aufforderte zu prüfen, „in welchem Masse zur Hebung dieser Industrien und des Handwerks beigetragen werden könnte, sei es durch die Umarbeitung des Zolltarifs, sei es durch Unterstützung von Handwerker- und Kunstgewerbeschulen, sei es durch andere Mittel".

Grafik 1

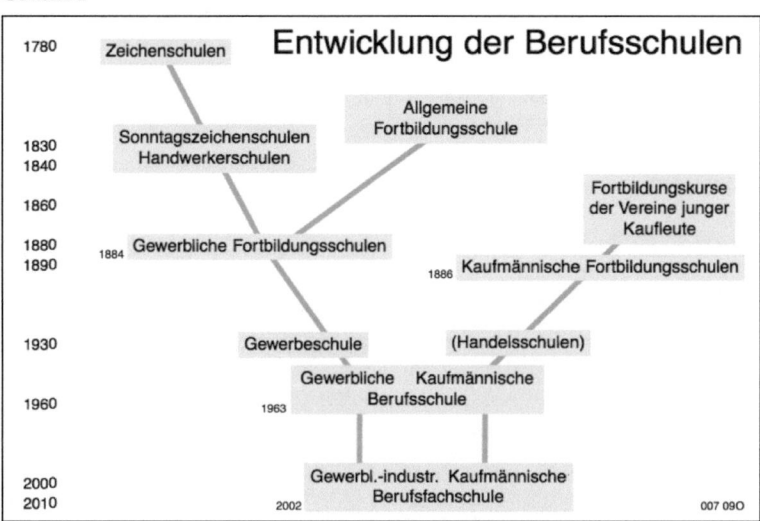

Basierend auf einem Gutachten des Schaffhausers Heinrich Bendel, der sich am Berufsbildungssystem Baden-Württembergs orientierte, beschlossen Parlament und Bundesrat die berufliche Grundbildung zu fördern. Dazu empfahl der Bund im erwähnten Beschluss unter anderem, die „allgemeinen Fortbildungsschulen", Teilzeitschulen für schulentlassene Jugendliche, mit den Gewerbe-, Handwerker- und Zeichenschulen zu „gewerblichen Fortbildungsschulen" zusammenzufassen und die Jugendlichen anzuhalten, zu ihrer Ausbildung in den Betrieben an diesen Schulen ergänzenden Unterricht zu besuchen. Der Bund unterstützte den neuen Schultyp mit Beiträgen von bis zu 33 % der anfallenden Kosten, was viele Neugründungen zur Folge hatte.[1] Der Unterricht fand meist abends oder am Sonntagvormittag statt und sein Besuch war freiwillig. Für die Lehrkräfte (einerseits Volksschullehrer, andererseits Berufsleute) wurden am Technikum Winterthur und in Genf Methodikkurse angeboten. Mit dem Bezug der Staatsbeiträge war die Verpflichtung verbunden, Schülerarbeiten periodisch in nationalen Ausstellungen zu präsentieren als Basis für Qualitätsvergleich und Qualitätsentwicklung.[2] Weiter wurde eine Lehrmittelsammlung angelegt.

Grafik 2

213

In den größeren Städten entwickelten sich in den kommenden Jahrzehnten eigenständige Schulen mit Werkstätten für praktischen Unterricht, orientiert an den Schulen Kerschensteiners in München. Auf dem Land fand der Unterricht in den Schulzimmern von Volksschulhäusern statt. Der Unterricht umfasste Fachzeichnen, Fachrechnen, Geschäftskunde, Muttersprache und Staatskunde (vgl. Grafik 2); in den großen Schulen der Städte bald viele weitere Fächer (vgl. Kasten 1 und 2).

Kasten 1: Programm der Gewerbeschule Zürich im Wintersemester 1883/84

Allgemeine Fächer: Freihandzeichnen, perspektivisches Freihandzeichnen, Linearzeichnen, darstellende Geometrie, Zeichenkurse für Maurer und Steinmetze, Zimmerleute, Bauschreiner, Mechaniker, Schlosser, Gärtner ..., Modellieren, Rechnen, Elemente der Mathematik, Schreiben, Deutsch, Latein, Rundschrift, Buchhaltung für Handwerker
Spezialfächer: Französisch, Englisch, Italienisch, Buchhaltung für Kaufleute

Kasten 2: Schullehrplan der Allgemeinen Berufsschule Basel 1935

Die Allgemeine Gewerbeschule hat die Aufgabe, „den Angehörigen der Gewerbe und Kunstgewerbe, Lehrlingen, Gehilfen und Meistern die für ihren Beruf nötige theoretische, praktische und künstlerische Ausbildung zu bieten, soweit diese in der Werkstatt nicht erlangt werden kann". Der Unterricht dauert einen Halbtag pro Woche, oft ergänzt durch einen Abend.
Wichtigste Fächergruppe ist der berufskundliche Unterricht, umfassend „Berufskunde mit Fachzeichnen, Material- und Werkzeugkunde, neben beruflichem Rechnen und praktischen Arbeiten". Der geschäftskundliche Unterricht findet in der Regel am Abend statt. Weil sich das Gewerbe laufend wandelt und infolge Rationalisierung und Spezialisierung in grossen und kleinen Betrieben, „kann die Meisterlehre die volle Ausbildung des beruflichen Nachwuchses" je länger je weniger übernehmen und bedarf mehr und mehr der Ergänzung durch die Schule. War diese früher mehr auf zeichnerischem und rechnerischem Gebiet, so hat sie sich heute [1935] unzweifelhaft nach der praktischen Seite hin verschoben. Sie kann sich nicht mehr allein auf die Übung einiger berufswichtiger, aber im Betriebe nicht mehr häufig vorkommender ... Spezialarbeiten beschränken, sondern sie muss sich mehr als früher auf die Vermittlung grundlegender Arbeitsvorgänge einstellen und ... dem Lehrmeister einen Teil seiner ursprünglichen Aufgabe abnehmen."

Stundentafel für die elektromech. Berufe (Beispiel)

Physik	4
Elektrizitätslehre	4
Berufskunde und berufliches Rechnen	32
Fachzeichnen	48
Werkzeugschmieden	8
Korrespondenz und Rechnen	8
Buchführung	4
Staats- und Wirtschaftskunde	4
Total Stunden (4 Jahre, 7 Std./Woche)	112

Initianten und Träger der gewerblichen Fortbildungsschulen waren lokale Gewerbevereine, gemeinnützige Gesellschaften und Kommunen. Im Gegensatz dazu entwickelten sich die kaufmännischen Fortbildungsschulen aus Weiterbildungseinrichtungen von jungen Kaufleuten, die sich in den „Verbänden junger Kaufleute" zusammengeschlossen hatten.[3] Regionale kaufmännische Vereine sind teilweise auch heute noch Träger der kaufmännischen Berufsschulen, während die gewerblichen Schulen heute meist staatliche (kantonale) Träger aufweisen.

Verbindliche Regelungen durch das erste nationale Berufsbildungsgesetz

1930 verabschiedete das Parlament das erste eidgenössische Berufsbildungsgesetz, 1933 trat es in Kraft. Unter der neuen Ordnung war jedem Lehrverhältnis ein von einer staatlichen Behörde genehmigter schriftlicher Lehrvertrag zugrunde zu legen. Die Lehre war nun mit einer Lehrabschlussprüfung abzuschließen. Jeder Lernende hatte beruflichen Unterricht zu besuchen, und die Lehrmeister wurden verpflichtet, ihm dafür ohne Lohnabzug die nötige Zeit zur Verfügung zu stellen, in der Regel einen Halbtag pro Woche (vgl. Kasten 3).

Kasten 3: Einige Details zum beruflichen Unterricht nach Inkrafttreten des ersten Berufsbildungsgesetzes 1933

Für die gewerblichen Berufe umfasst der obligatorische Unterricht ... Berufskunde und in der Regel Zeichnen, Muttersprache mit Berücksichtigung der Korrespondenz, Rechnen und Buchführung wie Staats- und Wirtschaftskunde. Für die kaufmännischen Berufe umlasst der obligatorische Unterricht Muttersprache, eine Fremdsprache, Geschäftskorrespondenz, kaufmännisches Rechnen, Buchhaltung und Staats- und Wirtschaftskunde, in der Regel auch kaufmännische Rechtskunde und Wirtschaftsgeografie und in besonderen Fällen außerdem eine weitere Fremdsprache, Maschinenschreiben, Stenografie, Branchen- und Verkaufskunde. Die jährliche Stundenzahl für den Unterricht in den obligatorischen Fächern beträgt für die gewerblichen Berufe 200–320, oder, sofern sie keines Zeichen- oder praktischen Unterrichts bedürfen, 160–240 Stunden. Für die kaufmännischen Berufe beträgt die jährliche Stundenzahl für den Unterricht in den obligatorischen Fächern 240–360 Stunden. Das Bundesamt kann nach Anhörung der Kantone und der beteiligten Berufsverbände ... für bestimmte Berufe die obligatorischen Fächer und die Mindest- und Höchstzahlen für den Unterricht in den einzelnen Fächern festsetzen.
Quelle: Verordnung I zum Bundesgesetz über die berufliche Ausbildung vom 23. Dezember 1932, Art. 12 bis 14 (Dokument Infopartner 010356).

Diese Bestimmungen wurden nicht ohne Widerstand übernommen.[4] Vor allem in den großen Schulen hatte sich eine Schulkultur und eine Didaktik[5] entwickelt, die von den Schulleitungen nicht ohne Gegenwehr aufgegeben wurde: In Basel beispielsweise hatte der berufspraktische Unterricht ein großes Gewicht (vgl. Kasten 2), während dem geschäftskundlichen Unterricht eine geringe Bedeutung zugemessen wurde. Die Schulen verfügten deshalb auch über Werkstätten.

Die Begründung der Schulleiter, die Betriebe seien infolge von Rationalisierung und Spezialisierung nicht mehr in der Lage, die Ausbildung voll zu vermitteln, wurde vom Bund nicht anerkannt. Die praktische Ausbildung sei Sache der Betriebe. Weil sonst die Bundesbeiträge gekürzt worden wären, mussten sich die Schulen nach und nach den Bundesvorschriften anpassen.

Die Vorstellungen der Bundesbehörde zu Organisation und Inhalt des Berufsschulunterrichts wurden in der „Wegleitung für die Organisation des beruflichen Unterrichts an gewerblichen Schulen und deren Subventionierung durch den Bund" und den beigefügten Normallehrplänen festgehalten. Nachfolgend wird daraus zitiert:

„Die Unterrichtszeit wird sich, unter Berücksichtigung der an andern Schulstufen üblichen Ferien, in der Regel über das ganze Jahr zu 40 Schulwochen erstrecken. Unter dieser Voraussetzung wird der Halbtagsunterricht – und als Ergänzung desselben – Abendstunden vor 20 Uhr im Allgemeinen gegeben sein. Der Halbtagsunterricht soll nicht mehr als fünf Unterrichtsstunden umfassen. ...
Die obligatorischen Unterrichtsfächer der gewerblichen Berufsschulen und der Lehrwerkstätten sind:
a   berufskundliche Fächer
*   Zeichnen (geometrisches und Projektionszeichnen, Fachzeichnen)*
*   Berufskunde (gewerbliche Naturlehre, Material-, Werkzeug-, Maschinen- und angewandte Berufskunde, das heisst Berufskunde unter Einbezug praktischer Vorführungen und Übungen).*
b   geschäftskundliche Fächer
*   Muttersprache und Korrespondenz*
*   Rechnen*
*   Buchführung*
*   Staats- und Wirtschaftskunde*
Die berufs- und die geschäftskundlichen Fächer sollen unter sich in gegenseitige Beziehungen gebracht werden. Der Unterricht ist aufgrund eines Programms zu erteilen, das den Normallehrplänen für die gewerblichen Berufsschulen entspricht. ...
Während für die geschäftskundlichen Fächer (inbegriffen Staats- und Wirtschaftskunde) die Normallehrpläne nahezu abschliessend aufgestellt werden können, trifft dies für die berufskundlichen Fächer nicht zu. Hier können nur allgemeine Richtlinien gegeben werden. Der Unterrichtsstoff in diesen Fächern ist für die einzelnen Berufe verschieden. Zu der

vorliegenden Wegleitung werden daher besondere Normallehrpläne für Berufsklassen unter Mitarbeit der interessierten Kreise ausgearbeitet."[6]

Ein neues Element sind die „Normallehrpläne für Berufsklassen". Hatte anfangs des Jahrhunderts noch jede größere Gemeinde eine eigene Fortbildungsschule, in der infolge des kleinen Schülerbestands kein berufsspezifischer Unterricht möglich war, so hatte sich inzwischen eine gewisse Konzentration ergeben. Diese ermöglichte die Umsetzung des Konzepts, wonach der Unterricht in berufsreinen oder mindestens berufsfeldorientierten Klassen zu erfolgen hatte. In den 40er Jahren war es bereits üblich geworden, dass den vom Bund erlassenen Ausbildungsreglementen jedes Berufs ein „Normallehrplan" mit Bestimmungen zu Struktur und Inhalt des beruflichen Unterrichts angefügt wurde, ausgearbeitet von Lehrpersonen der Berufsschulen im Auftrag des zuständigen Berufsverbands und erlassen vom Bundesamt. 1950 bekam dann das Bundesamt die Ermächtigung, diese Ergänzung verbindlich zu erklären.[7]

Konsolidierung und Weiterentwicklung unter den Gesetzen 1963 und 1978

Die erste Revision des Bundesgesetzes nahm fast sechs Jahre in Anspruch, von der Einsetzung einer Expertenkommission 1957 bis zur Verabschiedung des Gesetzes durch das Parlament 1963. Die Verantwortlichen verstanden die Meisterlehre nun klar als duales System: „Die Ausbildung im Betrieb und der berufliche Unterricht bilden gleichwertige Teile der Berufslehre, die einander sinnvoll ergänzen müssen, wenn die Lehre ihr Ziel erreichen soll. Das neue Gesetz möchte die Stellung der Berufsschulen, die sich im Laufe der Jahre zu einem eigenständigen Schultyp entwickelt haben, stärken", führte der Leiter der für die Berufsbildung zuständigen Bundesbehörde aus.[8]

Von der Geschäftskunde zur Allgemeinbildung

Für die Verfasser des Gesetzes 1930 standen noch gewerbliche Arbeitsverhältnisse im Vordergrund. Die Berufslehre wurde damals erst von einer Minderheit der schulentlassenen Jugendlichen besucht, vorwiegend von leistungsfähigen, männlichen Jugendlichen, von denen später viele die Leitung eines handwerklichen Betriebes übernahmen und die mit den geschäftskundlichen Fächern dafür vorbereitet werden sollten. Dreißig Jahre später hatte sich das Gewicht vom Gewerbe zur Industrie verlagert. Die Mehrheit der männlichen Jugendlichen absolvierte nun eine Berufslehre, die meisten im Wissen, später als Arbeitnehmer tätig zu sein.[9] Zudem war inzwischen das Weiterbildungssystem massiv ausgebaut und differenziert worden. Der berufliche Unterricht fand nun durchwegs tagsüber statt.

Diese Veränderungen wirkten sich unter anderem auf Zielsetzung und Inhalt des beruflichen Unterrichts aus: Der geschäftskundliche Teil der gewerblichen und industriellen Berufslehren wurde durch allgemeinbildende Fächer abgelöst. „Die noch in den Normallehrplänen vom Jahre 1941 deutlich zum Ausdruck gelangende Tendenz, dass im geschäftskundlichen Unterricht den Lehrlingen einfache Grundlagen der Geschäftsführung, insbesondere im Doppelfach Muttersprache und Korrespondenz sowie in den Fächern Rechnen und Buchführung, zu vermitteln seien, wurde damit aufgegeben."[10] Der berufliche Unterricht hat „die zur Ausübung des Berufs erforderlichen Kenntnisse im Rahmen der Pflichtfächer ... unter besonderer Berücksichtigung der charakterlichen und staatsbürgerlichen Erziehung sowie der Lebenskunde zu vermitteln."[11] Man wollte von „der blossen Nützlichkeitsschule"[12] wegkommen.

Bereits in den 50er Jahren hatten einzelne Lehrer verlangt, nicht nur „rein zweckhaftes Können, Wissen und Abrichtungen" zu vermitteln[13], sondern vermehrt „Erlebnisse mit Schönem in der Kunst" zu ermöglichen, aber auch Lebenskunde zu betreiben. Der Stoff sollte vermehrt nach „der Lebenssphäre der Lehrlinge" ausgerichtet werden, statt nach einer beruflichen Funktion, die die große Mehrheit der Lehrlinge nie einnehmen würde.

Anstelle der bisherigen geschäftskundlichen Fächer Rechnen, Muttersprache und Korrespondenz sowie Buchführung treten neu als allgemeinbildender Unterricht die Fächer
– Allgemeines Rechnen
– Muttersprache (als selbständiges Fach)
– Geschäftskunde (umfassend Rechtskunde, Buchhaltung und Korrespondenz)
sowie Fachrechnen als berufskundliches Fach. Die Berufskunde sowie der gesamte Kanon der kaufmännischen Berufe waren Teil der berufsspezifischen Normallehrpläne.

Mäßige Ausweitung der Unterrichtsdauer
Die Unterrichtsdauer wurde in der 1965 erlassenen Verordnung zum neuen Gesetz noch offen definiert: „Die jährliche Stundenzahl für

den Unterricht in den Pflichtfächern beträgt für die gewerblichen und industriellen Berufe 200–320 Stunden und für die kaufmännischen Berufe 280–360 Stunden."[14] In den folgenden Jahre, geprägt von den Jugendunruhen ab 1968, wurde aber die Unterrichtsdauer durchwegs auf die Maximalstundenzahl von 320 Stunden angehoben, in der Regel verteilt auf einen 8 Lektionen umfassenden Schultag pro Woche während 40 Wochen pro Jahr. 1971 war bereits von der Möglichkeit eines dritten Schulhalbtags die Rede.[15] Sogar die eher konservativ orientierte Schweizerische Gewerbekammer hatte in ihrem „Berufsbildungsbericht" 1970 eine „Ausweitung des Schulunterrichts, tendenziell in allgemeinbildender Richtung" verlangt.[16]

Neue Lehrpläne
Das Bundesamt beauftragte den Schweizerischen Verband für Gewerbeunterricht und den Schweizer Gewerbeschulverband (Direktoren) mit der Ausarbeitung von neuen Lehrplänen. Im Mai 1967 konnten die Vorschläge dem Bundesamt eingereicht werden. Aufgrund der Vernehmlassung wurden sie bis 1969 nochmals überarbeitet. In Kraft gesetzt wurden sie aber nicht, denn inzwischen zeichnete sich eine neue Form ab, Lehrpläne zu verfassen: die Curriculumentwicklung. Unter der Leitung von Konrad Weber, der bereits vorher maßgebend an der Lehrplanarbeit teilgenommen hatte, und Prof. Rolf Dubs, der damals den Lehrstuhl für Wirtschaftspädagogik in St. Gallen übernahm, wurden die Lehrpläne nochmals überarbeitet und in neuer Form 1972 (Geschäftskunde), 1976 (Deutsch) und 1977 (Staats- und Wirtschaftskunde) in Kraft gesetzt.[17]

Vom „Eintopf" zur dreigliedrigen Grundbildung
Auch bezüglich der Struktur der Berufsschulen zeichneten sich neue Entwicklungen ab. Der Schweizerische Verband für Gewerbeunterricht (SVGU), die Schweizerische Direktorenkonferenz und die Berufsbildungsämter bildeten 1968 eine Kommission unter der Leitung von Paul Sommerhalder, um Vorschläge zur Steigerung der Attraktivität der Berufslehren auszuarbeiten. Sie stellten eine Dreiteilung des „Einheitstopfes Berufslehre" in eine Anlehre oder Kurzlehre, eine Normallehre mit ein bis zwei Tagen Unterricht und eine Lehre mit Berufsmittelschule zur Diskussion. Der Bund ermöglichte es, die neu vorgeschlagenen Gefäße zu erproben. 1978 beschloss das Parlament im Rahmen einer weiteren

Reform des Bundesgesetzes über die Berufsbildung, die berufliche Grundbildung nach dieser Dreiteilung zu erneuern.

Die Anlehre, gedacht als Gefäß für „vornehmlich praktisch begabte Jugendliche", ermöglichte eine weitgehende Individualisierung und damit Anpassung der Ausbildung an die Möglichkeiten von Jugendlichen, die einer klassischen Berufsbildung nicht gewachsen waren. Sie konnte sich aber nicht durchsetzen und wurde mit der bisher letzten Revision des Berufsbildungsgesetzes – erlassen 2002 – wieder abgeschafft.

Die erste Berufsmittelschule wurde bereits 1968 in Aarau eröffnet. Der große Aufschwung ließ allerdings auf sich warten.[18] Die Vorstellung der Gründer, wonach sich viele Jugendliche eine breitere Allgemeinbildung wünschen, traf nur beschränkt zu. Die Wende trat erst ein, als Anfang der 90er Jahre die Berufsmaturität geschaffen und diese als Voraussetzung für den Eintritt in die damals ebenfalls neu definierten Fachhochschulen bezeichnet wurde.

Die Berufsmaturität ist definiert als erweiterte und vertiefte Allgemeinbildung als Ergänzung der beruflichen Grundbildung. Ein eidgenössisches Fähigkeitszeugnis ist integraler Bestandteil des Berufsmaturitätsabschlusses. Die Berufsmaturität erhält also, wer über ein Fähigkeitszeugnis verfügt und die Berufsmittelschule erfolgreich abgeschlossen hat.

Die Berufsmaturität wird seit Mitte der 90er Jahre in fünf Richtungen abgenommen: technisch, kaufmännisch, gestalterisch, gewerblich und naturwissenschaftlich. 2004 kam die Richtung Gesundheit-Soziales dazu.

Der Berufsmaturitätsunterricht – mindestens 1440 Lektionen für die lehrbegleitende Ausbildung – kennt für alle Richtungen die gleichen sechs Grundlagenfächer:
- erste Landessprache
- zweite Landessprache
- dritte Sprache (in der Regel Englisch)
- Geschichte/Staatslehre
- Volkswirtschaft/ Betriebswirtschaft/Recht
- Mathematik

Dazu kommen die richtungsspezifischen Schwerpunktfächer sowie ein Ergänzungsfach.

Die Berufsmaturität kann entweder durch den Besuch eines anerkannten Ausbildungsgangs mit Abschlussprüfungen erworben werden (Berufsmittelschule) oder schulunabhängig anlässlich der eidg. Berufsmaturitätsprüfungen nach einer abgeschlossenen beruflichen Grundbildung.

Der Unterricht kann parallel zur beruflichen Grundbildung an einer Berufsmittelschule, an einer Handelsmittelschule oder in einer Lehrwerkstätte besucht werden (BMS I) oder nach einer abgeschlossenen beruflichen Grundbildung (BMS II), vgl. Grafik 3. Die BMS II wird als Vollzeitlehrgang oder berufsbegleitend als Teilzeitlehrgang angeboten. Es gibt rund 200 Schulen, die die BMS I und/oder die BMS II anbieten: Berufsschulen, Handelsmittelschulen, Lehrwerkstätten, einzelne Privatschulen.

Grafik 3

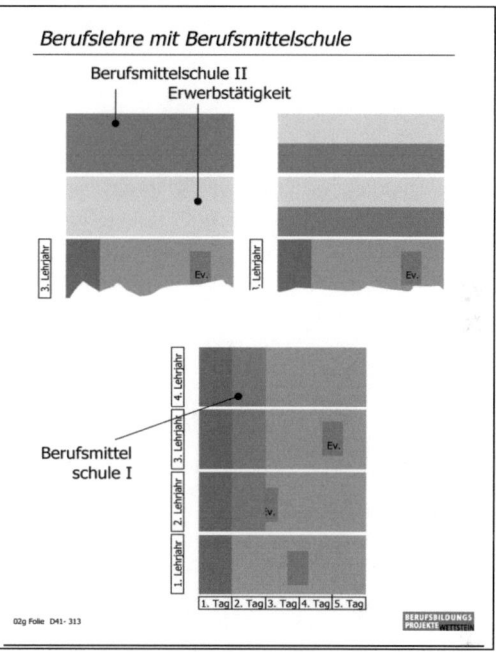

Berufslehre mit Berufsmittelschule

Berufsmittelschule II
Erwerbstätigkeit

Berufsmittelschule I

Berufsfachschulen unter dem Gesetz 2002

Vorweg: *Eine* Neuerung, die das 2002 erlassene und derzeit gültige Berufsbildungsgesetz brachte, waren neue Bezeichnungen: Auf Wunsch der Konferenz der Schulleitungen wurden die Berufsschulen einmal mehr umbenannt: sie heißen heute *Berufsfachschulen* (abgekürzt *BFS*) und nicht mehr Berufsschulen. Weiter ist im Gesetz nicht mehr von Berufslehre sondern von *beruflicher Grundbildung*, nicht mehr von Lehrlingen, sondern von *Lernenden* die Rede. Im Gegensatz zu Deutschland ist also in der Schweiz die Berufsfachschule kein eigener Schultyp, sondern die aktuelle Bezeichnung der bisherigen Berufsschule. Dieses Kapitel, in dem die wichtigsten Merkmale der Berufsfachschulen dargestellt werden[19], folgt der neuen Nomenklatur, die sich ja von Fassung zu Fassung des Berufsbildungsgesetzes verändert hat (vgl. Grafik 1).

Tätigkeitsbereiche der Berufsfachschulen

Die bekannteste Aufgabe von Berufsfachschulen ist die Vermittlung des *obligatorischen Unterrichts* an Lernende in der beruflichen Grundbildung. Er ist Teil der trialen Grundbildung. Dabei hat aber die BFS einen „eigenständigen Bildungsauftrag", dessen Rahmen die vom Bund erlassenen Lehrpläne geben. Das heißt, die Schule ist weder eine Weiterführung der Volksschule, noch ist es ihre Aufgabe, Mängel der praktischen Ausbildung auszugleichen, und sie muss sich ihre Inhalte auch nicht von weiterführenden Schulen vorschreiben lassen.

Stundentafel und Leistungsziele sind Teil der Bildungspläne für die drei Lernorte, eines Anhangs zu den Verordnungen, die der Bund für jeden Ausbildungsberuf erlässt. Damit wird die enge Zusammenarbeit der drei Lernorte betont.[20] Allerdings – die Ausrichtung des Unterrichts auf einen Beruf umfasst nur den Fachkundeunterricht, nicht jedoch den allgemeinbildenden, für den ein für viele Berufe (aber nicht alle) gültiger Normallehrplan existiert.[21]

Ergänzend zum obligatorischen Unterricht bieten die Berufsfachschulen den Lernenden *Zusatzunterricht* an: Freifächer, Stützkurse und die Möglichkeit, sich auf eine Berufsmaturität vorzubereiten.

Eine besondere Bedeutung hat der Berufsmaturitätsunterricht, dessen erfolgreicher Besuch Voraussetzung für den Eintritt in die Fachhochschulen darstellt und – via eine sog. Passerelle – auch den Zugang zu den universitären Hochschulen ermöglicht.

Wie bereits oben dargestellt, kann die Berufsmaturität während oder nach der beruflichen Grundbildung besucht werden. Rund 16 % aller Lernenden oder rund 10 % aller Jugendlichen eines Jahrgangs erwerben heute eine Berufsmaturität.

In der Schweiz ist es zudem üblich, dass Berufsfachschulen auch in der höheren Berufsbildung und der Weiterbildung tätig sind. Wichtige Formen sind die Vorbereitung auf Berufs- und Höhere Fachprüfungen oder die Führung einer Höheren Fachschule (beides Teile der sog. Höheren Berufsbildung) sowie das Angebot von Weiterbildungskursen für Berufsleute. Berufsfachschulen können auch „Koordinationsaufgaben im Hinblick auf die Zusammenarbeit der an der Berufsbildung Beteiligten"

übernehmen, was aber noch wenig geschieht.[22] Hingegen übernehmen manche Berufsfachschulen Spezialaufgaben, beispielsweise Mitarbeiterschulungen für öffentliche Verwaltungen oder den beruflichen Unterricht im Rahmen von Brückenangeboten.

Struktur

Das Schuljahr wird in zwei Semester von je 20 Wochen eingeteilt.

Die Lernenden in der beruflichen Grundbildung besuchen die Schule minimal einen Tag pro Woche (8–9 Lektionen). Eine Lektion dauerte früher 50, heute mehrheitlich 45 Minuten. Sie werden in Klassen unterrichtet, die in der Regel 10 bis 24 Jugendliche umfassen. Nach Möglichkeit werden berufsreine Klassen gebildet, zumindest solche mit Lernenden aus ähnlichen Berufen. Blockunterricht, also der Zusammenzug des Unterrichts auf einen oder mehrere Blöcke pro Semester, ist wenig gebräuchlich.

Die Zahl der Berufsfachschulen schrumpft, wurden doch immer mehr Schulen zu größeren Einheiten zusammengefasst. Eine einschlägige Liste spricht zurzeit von 230 Schulen, doch ist diese Zahl von der Zählweise abhängig.

Die Einzugsgebiete einer Schule werden in den meisten Kantonen über den Beruf und den „Lehrort" bestimmt, dem Ort, wo die Lernenden die betriebliche Ausbildung absolvieren.

Lernende an Berufsfachschulen

An gewissen Berufsfachschulen lernen heute mehr Erwachsene als Jugendliche im Rahmen der beruflichen Grundbildung. Die vorliegende Darstellung beschränkt sich aber auf Aussagen zu den Jugendlichen.

Als Lernende im Rahmen der Sekundarstufe II sind sie mehrheitlich zwischen 16 und 20 Jahre alt.[23] Wer über einen Lehrvertrag verfügt, muss von der Berufsfachschule aufgenommen werden. Die Schulleitung hat also keine Möglichkeit, eine Selektion durchzuführen. Immerhin werden die Lernenden oft vor Eintritt in die Berufsfachschule zu Einstufungstests aufgeboten, die der Einteilung der Klassen dienen und bei denen frühzeitig festgestellt werden soll, wer Stützkurse benötigt.

Im Rahmen des obligatorischen Unterrichts wird kein Promotionsverfahren durchgeführt. Wenn Jugendliche dem Unterricht nicht folgen können, werden die Lehrbetriebe informiert und die Schule kann dem Kanton die Auflösung des Lehrvertrags beantragen.

Kasten 4: Auftrag gemäß Bundesgesetz über die Berufsbildung 2002

Art. 21 Berufsfachschule
[1] Die Berufsfachschule vermittelt die schulische Bildung. Diese besteht aus beruflichem und allgemeinbildendem Unterricht.
[2] Die Berufsfachschule hat einen eigenständigen Bildungsauftrag; sie
a. fördert die Entfaltung der Persönlichkeit und die Sozialkompetenz der Lernenden durch die Vermittlung der theoretischen Grundlagen zur Berufsausübung und durch Allgemeinbildung;
b. berücksichtigt die unterschiedlichen Begabungen und trägt mit speziellen Angeboten den Bedürfnissen besonders befähigter Personen und von Personen mit Lernschwierigkeiten Rechnung;
c. fördert die tatsächliche Gleichstellung von Frau und Mann sowie die Beseitigung von Benachteiligungen von Menschen mit Behinderungen durch entsprechende Bildungsangebote und -formen.
[3] Der Besuch der Berufsfachschule ist obligatorisch.
[4] Die Berufsfachschule kann auch Angebote der höheren Berufsbildung und der berufsorientierten Weiterbildung bereitstellen.
[5] Die Berufsfachschule kann sich in Zusammenarbeit mit den Organisationen der Arbeitswelt und den Betrieben an überbetrieblichen Kursen und weiteren vergleichbaren dritten Lernorten beteiligen.
[6] Sie kann Koordinationsaufgaben im Hinblick auf die Zusammenarbeit der an der Berufsbildung Beteiligten übernehmen.

Art. 22 Angebote an Berufsfachschulen
[1] Die Kantone, in denen die Bildung in beruflicher Praxis erfolgt, sorgen für ein bedarfsgerechtes Angebot an Berufsfachschulen.
[2] Der obligatorische Unterricht ist unentgeltlich.
[3] Wer im Lehrbetrieb und in der Berufsfachschule die Voraussetzungen erfüllt, kann Freikurse ohne Lohnabzug besuchen. Der Besuch erfolgt im Einvernehmen mit dem Betrieb. Bei Uneinigkeit entscheidet der Kanton.
[4] Ist eine lernende Person im Hinblick auf eine erfolgreiche Absolvierung der Berufsfachschule auf Stützkurse angewiesen, so kann die Berufsfachschule im Einvernehmen mit dem Betrieb und mit der lernenden Person den Besuch solcher Kurse anordnen. Bei Uneinigkeit entscheidet der Kanton. Der Besuch erfolgt ohne Lohnabzug.
[5] Das Bundesamt bewilligt auf Antrag der Berufsverbände die Durchführung von interkantonalen Fachkursen, wenn dadurch das Bildungsziel besser erreicht und die Bildungsbereitschaft der Lehrbetriebe positiv beeinflusst wird, keine übermäßigen Kosten erwachsen und für die Teilnehmenden keine erheblichen Nachteile entstehen.

Organisation und Steuerung

Träger der Berufsfachschulen sind meist die Kantone, manchmal auch Vereine und Verbände, in seltenen Fällen (noch) Gemeinden. Die kaufmännischen Berufsfachschulen gehören meist lokalen kaufmännischen Vereinen.

Die Kosten der Schulen werden großenteils von den Kantonen getragen, der Bund richtet pro Lernendem einen Pauschalbeitrag an die Kantone aus, der zurzeit aber weniger als 20 % der Kosten der Kantone beträgt. An einigen Schulen tragen die Lehrmeister freiwillig bescheidene Anteile bei und/oder die Weiterbildung wirft Erträge ab.

Berufsfachschulen sind in der Regel hierarchisch gegliedert mit einem einflussreichen Schulleiter (selten einer Schulleiterin) an der Spitze und – bei mittleren und größeren Schulen – mit Abteilungsleitungen, Fachvorständen usw.

In der Regel untersteht eine Schule einer Aufsichtskommission aus Laien. Sie setzt sich in der Regel aus Vertretungen der Organisationen der Arbeitswelt, der Standortgemeinde und des Kantons zusammen. Ihre Bedeutung liegt eher in der Verbesserung der Akzeptanz der Schulen bei den Betrieben sowie in der Bildung eines Netzwerkes als bei der Steuerung. Einen recht wichtigen Einfluss hat sie auf die Auswahl des Personals der Schulen.

Die Verantwortung für einen ausreichenden Berufsschulunterricht liegt, wie erwähnt, gemäß Bundesgesetz bei den Kantonen. Dort ist in der Regel ein „Berufsbildungsamt" zuständig, in den meisten Kantonen Teil der Bildungsdirektion.

Auf eidgenössischer Ebene ist das Bundesamt für Berufsbildung und Technologie (BBT) zuständig, Teil des Eidg. Volkswirtschaftsdepartements. Es arbeitet mit der Schweizerischen Erziehungsdirektoren-Konferenz (EDK) zusammen, einem Koordinationsorgan der kantonalen Bildungsdirektionen. Weil – wie erwähnt – die Kantone den Großteil der Kosten tragen, findet heute mittels sog. Masterpläne eine Abstimmung zwischen BBT und EDK statt.

Lehrpersonen und deren Ausbildung

Traditionell bestreiten zwei bis drei Personen den Unterricht einer Klasse. An kaufmännischen und immer mehr auch an gewerblich-industriellen Berufsfachschulen setzt sich jedoch ein Fachlehrerprinzip durch.

An gewerblich-industriellen Schulen sind in der Regel Berufsfachschullehrer und -lehrerinnen fachkundlicher Richtung und solche allgemeinbildender Richtung tätig.

Der Lehrkörper von kaufmännischen Berufsfachschulen umfasst in erster Linie Handelslehrer und -lehrerinnen, Sprachlehrerinnen und Bürofachlehrer.

Die Ausbildung von Lehrpersonen gewerblich-industrieller Schulen erfolgt an der Eidg. Hochschule für Berufspädagogik in Zollikofen, Lausanne und Lugano, an den Universitäten Zürich und Genf oder an gewissen Pädagogischen Hochschulen. Handels- und Sprachlehrer/innen werden an den wirtschaftswissenschaftlichen Abteilungen der Universitäten und vor allem an der Universität St. Gallen ausgebildet.

---

1 Emil Wettstein: Die Entwicklung der Berufsbildung in der Schweiz. Aarau (Sauerländer) 1987, S. 17ff.

2 Vgl. die Kataloge dieser Ausstellungen:
Allgemeine Ausstellungskommission (Hg.): Katalog der Ersten schweizerischen Ausstellung der gewerblichen Fortbildungsschulen, Handwerkerschulen und gewerblichen Zeichenkurse 1890 in Zürich.
Allgemeine Ausstellungskommission (Hg.): Katalog der Ersten schweizerischen Ausstellung der kunstgewerblichen und technisch-gewerblichen Fachschulen, Kurse und Lehrwerkstätten 1892 in Basel

3 Diener-Imhof, J. A.: Die Entwicklung der kaufmännischen Berufsschulen in der Schweiz. Zürich (Schweizerischer Kaufmännischer Verein 1950)

4 Vgl. dazu Blätter 1934(59) Nr. 23, Seiten 181 - 183

5 Gustav Frauenfelder, damals Direktor der Gewerbeschule der Stadt Zürich, schreibt über die Aufgabe der Berufsschule: „Die Berufsschule hat den Zweck, die Lehrarbeit des Meisters zu unterstützen, dem Lehrling also dasjenige berufliche Wissen und Können beizubringen, das der Meister in der Regel nicht selbst vermitteln kann.
Jeder Handwerker im Hochbau oder im Maschinenbau muss nach Zeichnungen arbeiten können, das heisst, er muss Zeichnungen seines Berufes verstehen, lesen können. Das lernt der Zeichner während der Lehre. Wollte aber jeder von 20 Meistern seinem Lehrling das berufliche Zeichnen beibringen, so wäre dazu lang dauernde teure Arbeit erforderlich. Viel rationeller und sicherer kann das Ziel erreicht werden, wenn der Gewerbelehrer den 20 Lehrlingen das Zeichnen in einer Klasse lehrt. In gleicher Weise unterstützt die Gewerbeschule die Arbeit des Meisters in den kunstgewerblichen Berufen, indem sie durch berufliches Zeichnen Form und Farbensinn des Lehrlings entwickeln hilft.
In vielen Handwerken kommt während der Berufsarbeit das Rechnen zur Anwendung. ... Hier hilft die Gewerbeschule durch ihr berufliches Rechnen.
Manche Berufe bieten Gelegenheit, später selbständig zu werden. Hierzu ist sicheres Können in Buchführung notwendig; die Grundlage dazu verschafft der Gewerbeunterricht.“
Quelle: Frauenfelder, Gustav: Methodik des gewerblichen Unterrichts, Zürich 1934, S. 11

6 Quelle: Wegleitung für die Organisation des beruflichen Unterrichts an gewerblichen Schulen und deren Subventionierung durch den Bund. Fassung vom 18. August 1941 (Dokument Infopartner 014660)

7 Verordnung I zum Bundesgesetz über die berufliche Ausbildung vom 23. Dezember 1932, Ergänzung gemäss BRB vom 23. April 1950 zu Art. 16. (Dokument Infopartner 010356).

8 Das neue Bundesgesetz über die Berufsbildung. Referat von Fürsprech H. Dellsperger, Chef der Sektion für berufliche Ausbildung im Bundesamt für Industrie, Gewerbe und Arbeit Bern, 20. September 1963

9 Bei den jungen Frauen wurde es erst zwei bis drei Jahrzehnte später üblich, dass ‚man' eine Ausbildung auf Sekundarstufe II absolvierte. Diese findet zudem deutlich häufiger an Schulen statt als bei den jungen Männern.

10 Kreisschreiben des Bundesamts für Industrie, Gewerbe und Arbeit vom 25. Januar 1971 (Dokument Infopartner 0118729)

11 Verordnung zum Bundesgesetz über die Berufsbildung vom 20. März 1965, Art. 15

12 Weber, Konrad: Die Gewerbelehrerausbildung in der Schweiz vor Gründung des SIBP. In Lustenberger, W. 1982, S. 18.

13 H. Keller in Blätter 1954

14 Verordnung zum Bundesgesetz über die Berufsbildung vom 20. März 1965, Art. 16

15 Kreisschreiben des Bundesamts für Industrie, Gewerbe und Arbeit vom 25. Januar 1971

16 Gewerbliche Rundschau 4/1970

17 Primarlehrer – Gewerbelehrer – Lehrerbildner. Gespräch mit Konrad Weber. In: Beiträge zur Lehrerbildung. 1986/1, S. 22-34 (http://www.bzl-online.ch/archivdownload/artikel/BZL_1986_1_22-34.pdf)

18 Sommerhalder, Paul: So entstand die Berufsmittelschule. Berichte aus dem Institut für Bildungsforschung und Berufspädagogik im Amt für Berufsbildung des Kantons Zürich; Bd. 18. Zürich 1989

19 Ausführlicher in Emil Wettstein, Philipp Gonon: Berufsbildung in der Schweiz, Bern (h.e.p.) 2009, S. 155 bis 170, ergänzt durch die Website www.bb09.ch

20 Die gültigen Bildungspläne findet man im „BBT Berufsverzeichnis", vgl. http://www.bbt.admin.ch/bvz/

21 Aktuell gültig: Berufliche Grundbildung: Rahmenlehrplan für den allgemeinbildenden Unterricht, erlassen 2006. Vergleiche auch: Verordnung des BBT über Mindestvorschriften für die Allgemeinbildung in der beruflichen Grundbildung vom 27. April 2006

22 Vgl. Emil Wettstein: Berufsfachschulen sind nicht nur Schulen. In Folio 1/2010 (http://www.bch-folio.ch/public/001/folio-d/2010-01-d.pdf)

23 Wettstein, Emil: Durchschnitt unter 17. Alter beim Eintritt in die berufliche Grundbildung. bbaktuell 142 vom 5. April 2005 (www.bbaktuell.ch/pdf/bba2862.pdf)

9. Bedeutung der badischen Gewerbeschulen als Modell für die Weiterentwicklung des deutschen Berufsbildungssystems

Lücken in der Fachliteratur

Die vorliegende Untersuchung stellt die berufliche Bildung in Baden in ihrer Entwicklung und besonderen Effizienz dar. Parallel dazu ist sie bestrebt, Lücken in der Fachliteratur zum Zusammenwirken von Ausbildungsbetrieb und Teilzeitschule zu schließen sowie die für den südwestdeutschen Raum in der Zeit bis etwa 1920 erarbeiteten Ergebnisse auf die heutige Situation zu projizieren. Dabei handelt es sich zum einen um grundlegende Fragen der Organisation und Aufgabenstellung für Teilzeitschulen, die von Lehrlingen parallel zur Ausbildung im Betrieb besucht werden, und zum anderen um die Darstellung der Förderinitiativen für die im Jahre 1834 errichteten badischen Gewerbeschulen durch Professoren des Lehrkörpers der Polytechnischen Schule Karlsruhe.

Zusammenwirken von Schule und Betrieb

Zur anzustrebenden Partnerschaft von Teilzeitschule und Ausbildungsbetrieb, also dem so genannten Dualsystem, gibt es Beiträge, die sich über Baden hinaus mit der Entwicklung der betriebsgebundenen Ausbildung befassen, sowie andere, die einzelne Aspekte der Vorgehensweise in den badischen Gewerbeschulen ansprechen. Erfolgversprechende Konzepte für die Kooperation von Betrieb und Schule, welche auch die in jüngerer Zeit gestiegenen Anforderungen berücksichtigen, fehlen bisher, was als gravierendes Defizit anzusehen ist.

Unterstützung durch das Polytechnikum

In Beiträgen zur geschichtlichen Entwicklung der Polytechnischen Schule Karlsruhe, der späteren Technischen Hochschule, wurde auf die damals vom badischen Innenministerium angeordnete Unterstützung der Gewerbeschulen in der Aufbauphase bislang nicht eingegangen. So fehlen Informationen, wie die Mitglieder des Lehrkörpers der Polytechnischen Schule diese Aufgabe über Jahrzehnte hinweg bewältigt haben. In der dafür von der Regierung gebildeten Kommission fungierte der Rektor der Polytechnischen Schule über längere Zeit als Vorsitzender. Es handelte sich also um einen umfassenden und kontinuierlich durchgeführten Auftrag, der zu beachtlichen Ergebnissen führte.

Eigenständige Schulform

Die Errichtung und Weiterentwicklung der badischen Gewerbeschulen als Teilzeitschulen und als eigenständige Schulform steht im Mittelpunkt der Studie. In anderen Ländern besuchten die Lehrlinge bestehende Sonntags- oder Fortbildungsschulen. Auf Initiative des Großherzogs wurde damals, wie bereits dargestellt, den badischen Gewerbeschulen speziell die Aufgabe übertragen, die betriebliche Ausbildung zu fördern. Dafür hatten die Professoren der Polytechnischen Schule Lehrpläne zu erarbeiten, Lehrgänge in systematischer Form zu entwickeln und die Fachaufsicht in den örtlichen Schulen zu übernehmen.
Die Anfang des 19. Jahrhunderts in den beiden Landständen als badischem Parlament intensiv geführte Diskussion um den Ausbau der beruflichen Bildung unterschied vor allem die Ebenen Polytechnische Schule und Gewerbeschule und war insgesamt im Gedankengut der Aufklärung verankert. Man betrachtete es in Baden als staatliche Aufgabe, die berufliche Bildung mit Zielsetzung Gewerbeförderung zu entwickeln.

Vergleiche mit anderen Ländern

Für die Planung dieses Schulzweigs hatte der badische Staatsrat und Reformer C. F. Nebenius Vergleiche mit anderen Ländern durchgeführt. So lehnte sich seine fachlich-inhaltliche Konzeption für die Gewerbeschulen an die berufsqualifizierenden Vollzeitschulen Frankreichs an, während er sich für die Organisation als Teilzeitschulen auf englische Vorbilder bezog, und zwar die Mechanics' Institutes.

Die damaligen Initiativen im südwestdeutschen Raum orientierten sich also keineswegs am in Preußen vorherrschenden neuhumanistischen Bildungsverständnis. Wilhelm von Humboldt als Leiter der dortigen Erziehungsdirektion versuchte, die berufliche Bildung aus dem allgemeinen Bildungssystem auszuklammern, was in Teilbereichen noch heute nachwirkt.[1]

Konsequenzen der Reichsgewerbeordnung 1897

Aus der historischen Entwicklung erwuchs mit der Verabschiedung der Novelle zur Reichsgewerbeordnung des Jahres 1897, dem so genannten Handwerkerschutzgesetz, und den zeitgleich errichteten Handwerkskammern, denen entscheidende Befugnisse im Bereich der betriebsgebundenen Ausbildung übertragen wurden, eine gänzlich neue Situation.

Im abschließenden Teil dieser Untersuchung erscheint es daher erforderlich, in knapper Form auf die Konsequenzen und auf negative Entwicklungen aus diesen Beschlüssen für die berufliche Bildung in Deutschland einzugehen, zumal damals eine derartige Entscheidung allein auf deutscher Seite getroffen wurde und die anderen europäischen Länder bei der Zuständigkeit staatlicher Stellen blieben. Es ist also aufzuzeigen, welche Auswirkungen diese gesetzliche Initiative des Deutschen Reiches in den Folgejahren sowie bis in die heutige Zeit hatte; dies umso mehr, als sich sowohl die derzeitigen berufsbildungspolitischen Entscheidungsträger als auch die deutsche Öffentlichkeit dieser bedeutenden Weichenstellung offensichtlich bis heute nicht bewusst sind.

Ursachen für Fehlentwicklungen

Im Teil 9, der insbesondere das Untersuchungsergebnis darzustellen hat, geht Abschnitt 9.1 auf Auswirkungen ein, die sich gemäß Handwerkerschutzgesetz mit der Übertragung der Kompetenzen für die betriebliche Ausbildung als eigenständigem Sektor an die Handwerkskammern im Laufe der Zeit ergeben haben. Staatlicherseits bestehen danach offensichtlich nur noch begrenzte Möglichkeiten, diesen wichtigen Bildungsbereich zu steuern. Infolgedessen unterscheidet sich das deutsche System beruflicher Bildung grundlegend vom Vorgehen und dem erreichten Stand in anderen europäischen Staaten.

Ineffizientes Zusammenwirken Schule - Betrieb

Abschnitt 9.2 des Untersuchungsergebnisses geht vor allem auf das mit dem Berufsbildungsgesetz (BBiG) vom Jahre 1969 unverändert fortbestehende unzureichende Zusammenwirken von Ausbildungsbetrieb und Teilzeitschule ein. Es

---

[1] So äußerte sich v. Humboldt im Litauischen Schulplan vom Jahre 1809 wie folgt: „Alle Schulen aber, deren sich nicht ein einzelner Stand, sondern die ganze Nation, oder der Staat für diese annimmt, müssen nur allgemeine Menschenbildung bezwecken. Was das Bedürfnis des Lebens oder eines einzelnen seiner Gewerbe erheischt, muss abgesondert, und nach vollendetem allgemeinen Unterricht erworben werden. Wird beides vermischt, so wird die Bildung unrein, und man erhält weder vollständige Menschen, noch vollständige Bürger einzelner Klassen." Werke W. v. Humboldts in fünf Bänden, Hg. A. Flitner/K. Giel, Darmstadt 2010, Bd. IV, S. 188

bestätigte, dem Handwerkerschutzgesetz vom Jahre 1897/1900 folgend, den dort verankerten Verantwortungsbereich der Kammern. Das BBiG berücksichtigte allerdings nicht die laut Reichsgewerbeordnung 1871 sowie den Novellen 1881 und 1897 hervorgehobene Bedeutung der von den Lehrlingen zu besuchenden Teilzeitschulen, gleich ob als Innungsfachschulen oder staatliche Fortbildungsschulen, die damit als Bestandteil des Gesamtcurriculums betriebsgebundener Ausbildungsgänge einen festen Platz zugewiesen erhielten.

Abschnitt 9.3 befasst sich mit den in Deutschland bestehenden Zuständigkeiten für Bildung und Berufsbildung. Festgestellt wird, dass notwendige und umfassende Reformen nur über entsprechende staatliche Zuständigkeiten durchführbar sind. Abschließend ist aufzuzeigen, welche Anstöße aus der frühen Entwicklung im Großherzogtum Baden für heute notwendige Reformen abgeleitet werden können.

Staatliche Zuständigkeit erforderlich

Auf Schlussfolgerungen aus der durchgeführten Untersuchung im Sinne von Reformanstößen geht Abschnitt 9.4 ein. Zur Sicherstellung der Zukunftsfähigkeit der beruflichen Bildung in Deutschland erscheint eine grundlegende Neujustierung erforderlich. Vordringliche Reformvorschläge richten sich auf Berufsorientierung und -vorbereitung in der Schule, Veränderungen in der Ausbildung in Schule und Betrieb sowie die Schaffung eines Gesamtsystems mit Übergängen in den Tertiärbereich.

Vordringliche Reformschritte

9.1 Fehlentwicklungen infolge der Novelle zur Gewerbeordnung 1897/1900

Mit dem Handwerkerschutzgesetz wurde „das handwerkliche Modell der Berufsqualifizierung zum Vorbild der nicht-akademischen Ausbildung in Deutschland überhaupt".[2] Mit dieser Neuordnung entfiel de facto ganz im Sinne der neuhumanistischen Auffassung die Aufgabe, staatlicherseits für Ausbildungsmöglichkeiten zu sorgen.

Handwerkliches Modell als Vorbild

Die Bestrebungen des Handwerks zur Wiedererlangung früherer Rechte und Organisationsstrukturen fallen in die Zeit nach der gesetzlichen Verankerung des Grundsatzes der Gewerbefreiheit im Jahre 1862. Die übergeordneten Initiativen zur Förderung des Handwerks betrafen die Wiedereinführung von Befähigungsnachweisen. Daneben ging es um Regelungen für die Ausbildung von Lehrlingen. Die letztendlich angestrebte Wiedereinführung des Großen Befähigungsnachweises verfolgte das Ziel, Bestimmungen der Zunftzeit wieder herzustellen.

Rückfall in die Zunftzeit

Nachstehend gilt es aufzuzeigen, welche Fehlentscheidungen sich aus der Weichenstellung durch die Novelle zur Gewerbeordnung 1897/1900 für den Sektor Berufsausbildung im Zuge der Weiterentwicklung in Deutschland ergeben haben und noch heute wirksam sind. Dies ist anhand der folgenden fünf Sachverhalte darzustellen:

Eingetretene Konsequenzen

---

[2] Vgl. Greinert, Wolf-Dietrich: Berufliche Breitenbildung in Europa. Die geschichtliche Entwicklung der klassischen Ausbildungsmodelle im 19. Jahrhundert und ihre Vorbildfunktion (Cedefop Panorama Bd. 114). Luxemburg 2005, S. 44

- Handwerkliche Lehre als einziges Berufsbildungsmodell (a)
- Vernachlässigung des Ausbaus von Teilzeitschulen (b)
- Allein auf den betrieblichen Teil bezogene Ausbildungsordnungen (c)
- Kammerprüfungen stehen einem umfassenden Prüfungsgesamtsystem entgegen (d)
- Fehlende Verknüpfung von Erstausbildung und Weiterbildung (e)

a) Handwerkliche Lehre als einziges Berufsbildungsmodell

Modell der Zunftzeit Betriebliche Lehrverhältnisse entstanden in der Zeit der Zünfte. Mit dem Eintritt in die Ausbildung fand damals der Jugendliche Aufnahme in die jeweilige Lebens- und Arbeitsgemeinschaft. Die Ausbildung selbst war immer auf Lebensberufe ausgerichtet. Vom Grundsatz her wird nach dem traditionellen handwerklichen Modell auch heute noch ausgebildet.

Im Gegensatz dazu verlangt die Arbeitswelt bereits seit längerer Zeit von den Ausbildungsberufen eine gewisse Öffnung, um sich ohne wesentlichen Mehraufwand an veränderte Anforderungen anpassen zu können. Erstausbildungsgänge müssen daher verstärkt Flexibilität und Mobilität berücksichtigen.

Enge Berufsprofile Das Ausbildungsziel *Lebensberuf* bezog sich damals auf die exakt eingegrenzten Arbeitsgebiete der Zünfte. Trotz der später erfolgten Öffnung der Betätigungsfelder wurde das enge Berufsprofil nach Übertragung der Kompetenzen für die Berufsausbildung an die Handwerkskammern beibehalten.

Dies beanstandete G. W. Ware schon im Jahre 1952 in einem im Auftrag des amerikanischen Hochkommissars erstellten Gutachten. Er hob hervor, dass in Deutschland eine äußerst hohe Zahl von Einzelberufen bestehe und „jede Funktion als ein unabhängiges Spezialgebiet" verstanden werde, das einen vollen dreijährigen Ausbildungsgang erfordert.[3]

Die Zahl der anerkannten Ausbildungsberufe betrug um 1970 rund 600, sank allmählich und liegt seit einem Jahrzehnt fast unverändert bei ca. 350.[4]

Struktur der Erstausbildung Im Ablauf der handwerklichen Lehre zur Zunftzeit wurden grundsätzlich keine Ausbildungsabschnitte unterschieden. So verhinderte das Festhalten am überkommenen Modell die Entwicklung hin zu einer Strukturierung der Ausbildungsgänge nach Teilbereichen oder Bausteinen. In den 1970er Jahren wurde zwar eine derartige Gliederung von Berufsbildungsgängen im Rahmen des deutsch-französischen Modellversuchs *contrôle continu* erfolgreich erprobt, konnte sich auf deutscher Seite aber nicht durchsetzen.[5]

Mit der Übernahme der betriebsgebundenen Ausbildung besteht auch trotz komplexer technologischer Entwicklung und fortschreitendem Wandel weiterhin

---

[3] Ware, G. W.: Berufserziehung und Lehrlingsausbildung in Deutschland. Frankfurt a. M. 1952, S. 22

[4] Vgl. Übersicht unter http://www.bibb.de/dokumente/pdf/Entwicklung-der-Zahl-anerkannter-Ausbildungsberufe-1971-2010r.pdf

[5] Vgl. Sitzmann, Rolf: Modellversuch zur Erprobung einer neuen Ausbildungsform „Contrôle continu" in den Ländern Baden-Württemberg, Rheinland-Pfalz, Saarland – 1975 bis 1980. In: Rothe, G.: Berufliche Bildung in Deutschland. Das EU-Reformprogramm „Lissabon 2000" als Herausforderung für den Ausbau neuer Wege beruflicher Qualifizierung im lebenslangen Lernen. Karlsruhe 2008, S. 473-477

keine strukturelle Anpassung, wie etwa eine Stufung im Sinne von Grundbildung und Aufbau. Der Vorschlag des baden-württembergischen Kultusministers Hahn vom Jahre 1968, in der beruflichen Bildung nach *Grundstufe* auf der Ebene Berufsfeld und darauf aufbauenden *Fachstufen* im Sinne der Facharbeitebene zu strukturieren, wurde von der Wirtschaft nicht übernommen.[6]

Berufsprinzip als Dogma

Im Grund genommen bleibt das deutsche Berufsbildungssystem dem *Berufsprinzip* im Sinne einer der Eingangsphase des Arbeitslebens vorgeschalteten Qualifizierung verhaftet. Dieser Grundsatz wird in Deutschland wie ein Dogma verstanden. Andere Wege zu den in der Berufsbildung und im Tertiärbereich vermittelten Berechtigungen sind nur sporadisch ausgebaut und soweit sie bestehen nur mit zusätzlichem zeitlichen Aufwand zu bewältigen.

Mobilität und Flexibilität eingeschränkt

Die derart eng auf Erstqualifizierung zugeschnittene deutsche Berufsausbildung ohne modulare Struktur behindert die nötige Mobilität und Flexibilität der Arbeitskräfte und verstärkt die Fachkräftelücke. Sichtbaren Ausdruck findet dies darin, dass nach einer BIBB-Untersuchung[7] 40 % der Ausgebildeten sagten, „ihre gegenwärtige Tätigkeit habe mit der Ausbildung nichts mehr zu tun", und fast drei Viertel dieser Berufswechsler am Arbeitsplatz „wenig bis gar nichts von den in der Ausbildung erworbenen Kenntnissen verwerten". Besonders hohe Quoten an Berufswechslern sind bei Textil-, Leder-, Bekleidungsberufen (76 %), Ernährungsberufen (49 %) und in der Metallbearbeitung (47 %) zu verzeichnen.[8]

Konzentration auf die Lehre als Fehlentwicklung

Die alleinige Ausrichtung auf Lehrberufe meist dreijähriger Dauer ist eine deutsche Besonderheit. In allen anderen Systemen der EU bestehen berufsqualifizierende Vollzeitschulen und Lehrverhältnisse nebeneinander; sie ergänzen sich oder konkurrieren.

In früherer Zeit gab es einmal den unmittelbaren Eintritt in die Arbeitswelt als Jungarbeiter und zum anderen die Lehre. Der Anteil Schulentlassener, der unmittelbar in die Arbeitswelt integriert werden kann, schrumpfte kontinuierlich auf nur noch wenige Prozentpunkte. Auch von den nicht in ein Lehrverhältnis Eintretenden wird eine Berufsausbildung und womöglich auch ein Berufsabschluss erwartet. Abweichend von der Zeit um 1900 mit Verabschiedung des Handwerkerschutzgesetzes müssen neben die Lehre andere Formen der Ausbildung treten. Diese auszubauen, ist zweifelsfrei Aufgabe des Staates

Andererseits versteht sich das deutsche System betrieblicher Ausbildung als der Sekundarstufe II im Sinne einer Qualifikationsstufe zugeordnet, obwohl bestehende Niveauunterschiede zwischen den Ausbildungsberufen unverkennbar sind. Ein immer größer werdender Anteil der Jugendlichen strebt eine höhere

---

[6]   Vgl. Rothe, Georg: Berufliche Bildung in Stufen. Modellstudie zur Neuordnung der Berufsschulen in Baden-Württemberg, dargestellt am Raum Schwarzwald-Baar-Heuberg. Hrsg.: Kultusministerium Baden-Württemberg. (Bildung in neuer Sicht: Reihe A, Nr. 7), Villingen 1968

[7]   Vgl. Bundesministerium für Bildung und Forschung: Berufsbildungsbericht 2007. Bonn, Berlin 2007, S. 211ff.

[8]   A.a.O., S. 211

Qualifikation als die der Standardlehre an, so dass auch aus diesem Grund staatliche Initiativen erforderlich werden.

Attraktivität des Dualsystems lässt nach

Die in jüngerer Zeit vermehrt gemeldeten offenen Lehrstellen, die nicht besetzt werden können, zeigen deutlich, dass die Attraktivität der Lehre – wie noch dargestellt wird – nachgelassen hat.

Ein weiterer Aspekt kommt hinzu. Die Ausbildungsmöglichkeiten der Betriebe sind nicht generell gleich. So können, bedingt durch spezielle Fertigungsstrukturen, Großbetriebe weniger ausbilden als im Handwerksbereich die kleineren Betriebe. Auch aus derartigen Gründen kann ein Lehrstellendefizit entstehen.

Vollzeitschulen abgewertet

Mit dem Handwerkerschutzgesetz 1897/1900 verbunden war die vorherrschende Auffassung, Berufsausbildung sei nur in Form der betriebsgebundenen Lehre durchzuführen, was in Deutschland eine pauschale Abwertung berufsqualifizierender Vollzeitschulen zur Folge hatte, so dass nur in geringem Maße Vollzeitschulen entstanden.

Dabei muss unterschieden werden zwischen Vollzeitschulen mit berufsqualifizierendem Abschluss, z. B auf Facharbeiterebene, und solchen, die nur eine Grundbildung zum Ziel haben, wie z. B. für schulschwache Jugendliche, die früher ohne Ausbildung von der Schule unmittelbar in die Arbeitswelt übertreten konnten.[9]

In allen Industriestaaten bestehen berufsqualifizierende Vollzeitschulen. Sie beziehen zunehmend Betriebspraktika ein. Die betriebsgebundene Ausbildung versteht sich als eine besondere Form der Nachwuchsgewinnung aus der Zeit der Zünfte, bei der der Lernende bereits eine Ausbildungsvergütung erhält und dem Betrieb entsprechende Kosten entstehen. Die in Deutschland mit dem Handwerkerschutzgesetz 1897/1900 eingeführte Sonderform ohne curriculare Einbeziehung von Teilzeitschulen für die in systematischer Form zu bewältigenden Aufgaben erweist sich seit den letzten Jahrzehnten als nicht anpassungsfähig genug und führt zu Ausbildungsplatzmangel als einem Hauptgrund für die bestehende defizitäre Situation.

b) Vernachlässigung des Ausbaus von Teilzeitschulen

Fachschulen von Innungen und Kammern

Bereits die Reichsgewerbeordnung des Jahres 1871 und ebenso die Novellen von 1882 und 1897 beziehen vom Lehrling zu besuchende Teilzeitschulen ein, und zwar derart, dass entweder Innungen oder Kammern Fachschulen ausbauen oder die staatlichen Fortbildungsschulen besucht werden.

Im Vergleich dieser beiden Formen kann davon ausgegangen werden, dass sich Fachschulen in Regie der Wirtschaft durch einen stärkeren Fachbezug auszeichnen. Nach der Weichenstellung vom Jahre 1900 erfolgten allerdings kaum noch Gründungen von Innungsfachschulen; die Lehrlinge hatten vielmehr staatliche Fortbildungsschulen zu besuchen.

---

[9] Es gibt auch vollzeitschulische Qualifizierung in anerkannten Ausbildungsberufen nach Berufsbildungsgesetz bzw. Handwerksordnung. In dieser Weise wurden im Schuljahr 2008/09 35.800 Schüler an Berufsfachschulen ausgebildet. Vgl. BIBB: Datenreport zum Berufsbildungsreport 2010. Bonn 2010, S. 239

Die Entwicklung der Teilzeitschulen ist den beiden Ländern Württemberg mit dem Wirtschaftsreformer Ferdinand von Steinbeis und Baden mit Staatsrat Carl Friedrich Nebenius eng verbunden. Sie bezogen in ihre Planungen Erfahrungen aus anderen Ländern ein.

Steinbeis besuchte in Flandern entsprechende Schulen, Nebenius orientierte sich hinsichtlich der Ausbildungsinhalte an den Vollzeitschulen Frankreichs, so dass in beiden Ländern das konstruktive Zusammenwirken von Schule und Betrieb bereits um die Wende zum 20. Jahrhundert erreicht worden war. Für die badische Gewerbeschule erarbeiteten auf Anordnung des Innenministeriums Professoren der Polytechnischen Schule Karlsruhe das Curriculum, das in Anlehnung an das französische Vorbild die Gesamtheit der in systematischer Form zu erarbeitenden Lehrinhalte einbezog.

Von diesen Sonderwegen im Südwesten abgesehen, wurde in Deutschland von der betrieblichen Seite eine nur geringe Mitwirkung der Teilzeitschule gefordert. Nach der vom *Deutschen Ausschuss für das Erziehungs- und Bildungswesen* im Gutachten vom Jahre 1964 dargelegten Einschätzung ist eine derartig unzureichende Kooperation zu beanstanden. Der von Kultusminister Hahn geleitete Ausschuss verlangte vielmehr, dass die Teilzeitschulen bei der Abschlussprüfung mitwirken.

Das Berufsbildungsgesetz (BBiG) vom Jahre 1969 bezog allerdings die Teilzeitschule nicht ins Curriculum der betriebsgebundenen Ausbildung ein und missachtete damit die Festlegungen der Reichsgewerbeordnung von 1871 sowie der folgenden Novellen; es wies der Teilzeitschule keine Verantwortung für bestimmte Aufgaben zu. Vielmehr übertrug dieses Gesetz den Betrieben und den Kammern die alleinige Zuständigkeit für die Ausbildung und das Prüfungswesen.

In jüngerer Zeit erhoben die Kultusminister der Länder die Forderung, die Berufsschulleistungen in der Lehrabschlussprüfung zu berücksichtigen. Sie verwiesen darauf, dass aufgrund der von der Kultusministerkonferenz (KMK) getroffenen Vereinbarungen auch für die Berufsschule bundeseinheitliche Standards gelten. Somit sei die Argumentation der Kammern, dass die Berufsschulleistungen in den Ländern nicht vergleichbar seien und nur die Kammerprüfungen bundeseinheitlichen Vorgaben entsprächen, nicht stichhaltig.

Einen neuen Anlauf nahm die KMK bei der Neufassung des BBiG. Sie sprach in einem Forderungskatalog vom Jahre 2003 eine „Neue Partnerschaft im dualen Ausbildungssystem" an und verlangte die „Einbeziehung der berufsschulischen Leistungsfeststellungen ... in das Gesamtergebnis der Abschluss- oder Gesellenprüfung".[10] Die Kultusminister begründeten ihre Forderung damit, dass

> „die Leistungen, die Berufsschüler über mehrere Jahre hinweg kontinuierlich erbringen, ... keinerlei Berücksichtigung bei der Feststellung der Prüfungsergebnisse von Zwischen- und Abschlussprüfung (finden). Zu einer gleichbe-

---

[10] „Forderungskatalog zur Sicherung der Berufsausbildung und Qualifizierung junger Menschen sowie zur effektiven Nutzung aller Ressourcen in der Berufsausbildung" vom 4.12.2003

rechtigten Partnerschaft gehört auch, dass wesentliche Leistungsfeststellungen im Lernort Berufsschule gleichwertig in die gemeinsam zu verantwortende Abschlussprüfung eingehen."

Regelungen gemäß BBiG 2005

Die Tatsache, dass im neuen Berufsbildungsgesetz von 2005 zur Frage der Berücksichtigung von Berufsschulleistungen bei der Kammerprüfung lediglich geregelt wurde, dass
– der Prüfungsausschuss bei der Bewertung einzelner nicht mündlich zu erbringender Prüfungsleistungen gutachterliche Stellungnahmen Dritter, insbesondere beruflicher Schulen einholen kann,
– sowie auf Antrag des Auszubildenden „das Ergebnis berufsschulischer Leistungsfeststellungen auf dem Kammerzeugnis ausgewiesen werden kann,
lässt darauf schließen, dass die Kultusministerkonferenz ihre Forderung im Gesetzgebungsverfahren nicht durchsetzen konnte. In ihrer Empfehlung zur Umsetzung des Berufsbildungsreformgesetzes vom 02.06.2005 wird lediglich davon ausgegangen, dass die Länder entsprechende Regelungen treffen.[11]

Einheitliche Festlegung des Unterrichtsvolumens

Eine weitere Problematik der Berufsschule besteht in der für alle Ausbildungsberufe einheitlich festgelegten Unterrichtszeit. Diese starre Regelung berücksichtigt nicht, dass die überkommenen Ausbildungsgänge in ihrem Anforderungsniveau de facto stark differieren und dementsprechend ein unterschiedliches Maß an in systematischer Form zu vermittelnden Ausbildungsinhalten erforderlich wird. Das Volumen dieser Ausbildungsinhalte der Teilzeitschule ist auch ausschlaggebend für die niveaumäßige Einstufung von Berufsbildungsgängen insgesamt, was im Zusammenhang mit dem Europäischen Qualifikationsrahmen von Bedeutung ist.

Teilzeitschule verlangt Aufwertung

Teilzeitschulen im dualen System tragen ein höheres Maß an Verantwortung als die überkommenen Fortbildungsschulen übernehmen konnten. Zur Förderung der Durchlässigkeit sind sie in das Berechtigungssystem einzubeziehen. Außerdem erfordert die technologische Entwicklung in den Arbeits- und Geschäftsprozessen eine systematischere Vermittlung beruflicher Qualifikationen.

Für eine Neuregelung der Aufgabenverteilung von Schule und Betrieb kann hier die Erstellung des Curriculums für die badischen Gewerbeschulen angeführt werden. Nebenius lehnte sich in seiner Planung für diese Schulen an die französischen Vollzeitschulen an. Der Gründungserlass für die Gewerbeschulen übernahm die wichtigsten Inhalte; die mit der Realisierung beauftragten Professoren der Polytechnischen Schule erstellten dementsprechend die Lehrpläne. Dabei entstand das, was die EU im Jahre 1979 mit *Gesamtheit der in systematischer Form zu vermittelnden Ausbildungsinhalte* bezeichnete.

c) Allein auf den betrieblichen Teil bezogene Ausbildungsordnungen

Ausbildungsordnung auf den Betrieb fokussiert

Als weitere Besonderheit der deutschen beruflichen Bildung gilt die Erstellung von Ausbildungsordnungen. In früherer Zeit genügten knapp gefasste Ausbildungspläne, die für Betrieb und Schule in gleicher Weise galten.

---

[11] http://www.kmk.org/fileadmin/veroeffentlichungen_beschluesse/2005/2005_06_02-Empfehlungen-BBRG.pdf

Heute liegt die Erstellung von Ausbildungsordnungen in der Zuständigkeit des Bundesinstituts für Berufsbildung (BIBB) unter Hinzuziehung von Fachkräften. Das Besondere der derzeitigen Vorgehensweise besteht darin, dass primär ein Gesamtausbildungsplan erstellt wird, den der Ausbildungsbetrieb umzusetzen hat. Parallel dazu werden von der KMK Lehrkräfte hinzugezogen, um die Themen für die Teilzeitschule gesondert zu formulieren.

Nach einer zwischen der Bundesregierung und der KMK im Jahre 1972 getroffenen Vereinbarung, dem so genannten „Gemeinsamen Ergebnisprotokoll"[12], werden die Ausbildungsordnungen einschließlich der Ausbildungsrahmenpläne mit den Lehrplänen für den berufsbezogenen Unterricht in der Berufsschule abgestimmt. Damit ist auf dieser Ebene zwar eine erste Voraussetzung für das zielgerichtete Ausbilden in Betrieb und Berufsschule gegeben. Einem konstruktiven Zusammenwirken steht allerdings die dem Ausbildungsbetrieb gesetzlich zugewiesene alleinige Verantwortung für den Ausbildungserfolg entgegen.

In anderen Ländern sind Kommissionen aus Praktikern von Betrieb und Schule unter Leitung der beiden Ministerien für Kultus einerseits und Wirtschaft bzw. Arbeit andererseits mit der Erarbeitung von Ausbildungsordnungen beauftragt. Die erstellten Pläne müssen von beiden Auftraggebern akzeptiert werden. **Vorgehen in anderen Ländern**

Nach EU-Konzeption 1979 soll die Ausrichtung der Ausbildungspläne mit folgender Aufgabenteilung erfolgen: **Aufgabenteilung nach EU-Empfehlung**
- Erfahrungslernen als Schwerpunkt der Ausbildung im Betrieb,
- systematisch zu erarbeitende Ausbildungsinhalte der Teilzeitschule zugeordnet.

Dies erfordert der Verantwortlichkeit entsprechend strukturierte und eng abgestimmte Ordnungsmittel für beide Ausbildungspartner. So wurde von der EU formuliert:

„Die Mitgliedstaaten fördern die Entwicklung effektiver Verbindungen zwischen der Ausbildung [in der Teilzeitschule] und der am Arbeitsplatz gewonnenen Erfahrung. Diese Verbindung erfordert die Aufstellung koordinierter Programme sowie die Errichtung von Strukturen, die eine Zusammenarbeit zwischen den betreffenden Verantwortlichen ermöglichen."

Die Struktur der Ausbildungspläne hat entscheidende Bedeutung für erforderliche Ergänzungen der Ordnungsmittel, sofern sich in der Arbeitswelt veränderte Anforderungen ergeben. Eine Strukturierung im Sinne des bereits angesprochenen Modells *contrôle continu* mit Unterscheidung von Ausbildungsabschnitten **Struktur der Ausbildungsordnungen**

---

[12] Gemeinsames Ergebnisprotokoll betreffend das Verfahren bei der Abstimmung von Ausbildungsordnungen und Rahmenlehrplänen im Bereich der Beruflichen Bildung zwischen der Bundesregierung und den Kultusministern(-senatoren) der Länder vom 30.05.1972. Vgl. hierzu Illerhaus, Klaus: Die Kultusministerkonferenz – Aufgaben und Bedeutung für die duale Berufsausbildung in Deutschland. In: Die Koordinierung der Berufsausbildung in der Kultusministerkonferenz. Festschrift anlässlich der 250. Sitzung des Unterausschusses für Berufliche Bildung der Ständigen Konferenz der Kultusminister der Länder in der Bundesrepublik Deutschland (UABBi) am 16./17. Juni 2005 in Potsdam. Hg. von Klaus Illerhaus, Senatsrat im Sekretariat der Kultusministerkonferenz. Bonn 2005, S. 10f.

bzw. Bausteinen bietet den Vorteil, dass bei Aktualisierungsbedarf nur der betreffende Sektor der Ausbildungsordnung ersetzt zu werden braucht.

Ein derartiges Vorgehen ist ökonomisch. Der in Deutschland zumeist begangene Weg, in solchen Fällen eine neue Ausbildungsordnung zu erarbeiten, wirkt sich dagegen für Betrieb und Schule als erschwerend aus.

Sonderaufgaben Sofern sich über einen längeren Zeitraum mehrere Veränderungen ergaben, muss ein Änderungspaket erarbeitet werden, über das sich die im betreffenden Beruf tätige Fachkraft, gleich auf welchem Wege, auch autodidaktisch, mit dem neuesten Stand vertraut machen kann. Eine solche Möglichkeit erscheint besonders bedeutsam zum Erhalt der Beschäftigungsfähigkeit und zur Sicherung des Qualifikationsbedarfs der Betriebe.

Betrieb ohne Teilzeitschule überfordert Die Überforderung der Ausbildungsbetriebe mit der Alleinverantwortlichkeit für die Ausbildung zeigte bereits eine Stellungnahme des ehemaligen DIHK-Präsidenten Braun, der die Überfrachtung der Ausbildungsordnungen kritisierte. Er stellte fest:

> „Viele Betriebe können Anforderungen manch stark überfrachteter Ausbildungsordnungen kaum noch bewältigen. Die Modernisierung von Berufsbildern ist offensichtlich aus dem Ruder gelaufen, wenn sich beispielsweise ein Betrieb, der zum Anlagenmechaniker ausbildet, mit 72 Seiten Ausbildungsverordnung auseinandersetzen muss."[13]

Diese Problematik führt dazu, dass die Betriebe hauptsächlich besonders befähigte Jugendliche oder Erwachsene für eine Ausbildung auswählen.

Ausbildung im deutschen System nicht dual Der alleinige Bezug der Ausbildungsordnung auf den Betrieb galt in früherer Zeit für die Ausbildung der Zünfte. Aber schon über die Gewerbeordnungen der Jahre 1871, 1881 und 1897 war im Gesamtcurriculum die Teilzeitschule einzubeziehen. Bei der Regelung der betrieblichen Ausbildung über das Berufsbildungsgesetz vom Jahre 1969 wurde versäumt, die Teilzeitschule entsprechend zu berücksichtigen. Die Übertragung der Gesamtverantwortung an den Betrieb, wie es das BBiG festlegte, versteht sich als *Monosystem* und kann nicht als echte duale Ausbildung gelten.

d) Kammerprüfungen stehen einem umfassenden Prüfungsgesamtsystem entgegen

Berücksichtigung bestehender Prüfungsmodelle Das Handwerkerschutzgesetz von 1897/1900 übertrug den neu einzurichtenden Handwerkskammern die Durchführung der Lehrabschlussprüfungen. Es berücksichtigte allerdings, dass in einzelnen Ländern schon vor 1900 Gesellenprüfungen durchgeführt worden waren.

Sonderweg Württembergs nach 1900 Eine solche Situation bestand in Württemberg, wo nach Einführung der Gewerbefreiheit auf Initiative von Ferdinand von Steinbeis bereits ab 1881 Lehrabschlussprüfungen durchgeführt worden waren. Daher nutzte Württemberg nach 1900 die Sonderregelung, für eine Übergangszeit noch an landesspezifischen

---

[13] Statement von DIHK-Präsident Ludwig Georg Braun zur Zukunft der betrieblichen Ausbildung am 22. Januar 2007 in Berlin

Bestimmungen festzuhalten. So konnten im Bezirk der Handwerkskammer Stuttgart Ergebnisse der Gesellenprüfung und der Prüfung der Fortbildungsschule nebeneinander im Lehrabschlusszeugnis aufgeführt werden (vgl. Anlage 25 in Abschnitt 8.3).

Zudem unterschied sich die Situation in Württemberg anlässlich der Gründung von Handwerkskammern dadurch, dass hier im Gegensatz zu den anderen Ländern, in denen laut Gesetz vom Jahre 1881 *Innungen* gegründet worden waren, traditionell *Gewerbevereine* bestanden. Demzufolge befanden sich in den neuen Kammern mehrheitlich Vertreter der Gewerbevereine, die dem Zusammenwirken mit der Fortbildungsschule gegenüber aufgeschlossen waren.

In der Folgezeit prüften Kammern bzw. Innungen ohne Kooperation mit der Teilzeitschule. Dies hatte zu Folge, dass die in der Schule bewältigten Inhalte nicht entsprechend berücksichtigt wurden und daher auch keine Anrechnung in den Abschlusszeugnissen erfolgte.

In jüngerer Zeit gibt Baden-Württemberg wieder ein positives Beispiel für die Kooperation von Schule und Betrieb (vgl. 9.3 d).

Kompetenzbereich Wirtschaft

Die Realisierung der EU-Vorschläge *Lissabon 2000* sowie der anlässlich von Folgetreffen gefassten Beschlüsse verlangt in den Mitgliedstaaten der Gemeinschaft jeweils ein integriertes Bildungsgesamtsystem. Die Ausklammerung von Teilbereichen wie in Deutschland hinsichtlich der Zuständigkeit der Kammern für die betriebliche Ausbildung steht also den Plänen der EU entgegen. Anlage 26 zeigt den Bereich ihrer alleinigen Zuständigkeit als Sonderposition im Vergleich zum Gesamtsystem des gestuften Europäischen Qualifikationsrahmens.

Lebenslanges Lernen bedingt Prüfungsgesamtssystem

Als wesentliche Neuerung in der beruflichen Bildung wird nach dem EU-Gipfel Lissabon 2000 der Ausbau des lebenslangen Lernens gefordert. Einbezogen sind damit auch Lernformen im Baustein- oder Modulsystem sowie der Komplex informelles Lernen. Diese Ergänzung der Berufsbildungssysteme verlangt zwingend ein modular strukturiertes Prüfungsgesamtsystem ohne Unterscheidung von Aus- und Weiterbildung.

e) Fehlende Verknüpfung von Erstausbildung und Weiterbildung

Bedeutungszuwachs der Weiterbildung nicht beachtet

Während in Deutschland die betriebsgebundene Ausbildung nach Verabschiedung des Handwerkerschutzgesetzes 1897/1900 unverändert auf Lebensberufe ausgerichtet blieb, haben sich die Anforderungen in der Arbeitswelt sowie die Ausbildungsaufgaben aufgrund oft rascher technologischer Veränderungen im Sinne von Flexibilität und Mobilität gewandelt. Demzufolge kommt dem Komplex Weiterbildung größere Bedeutung zu, was sich parallel zur EU-Forderung nach lebenslangem Lernen noch verstärkt. Dessen ungeachtet gilt Deutschland immer noch als Land der Erstausbildung.

Im Berufsbildungsgesetz sind Fortbildung und Umschulung nur knapp behandelt. Berufliche Fortbildung im Sinne des BBiG §§ 53 – 57 u. a. der Meister in der Industrie, der Fachwirte etc. wird wie die Erstausbildung unter die Regie der Wirtschaft gestellt. Die Initiative für den Erlass einschlägiger Regelungen liegt primär bei den vor Ort zuständigen Kammern.

Anl. 26:
Auswirkungen der Trennung von Bildung und Berufsbildung in Deutschland

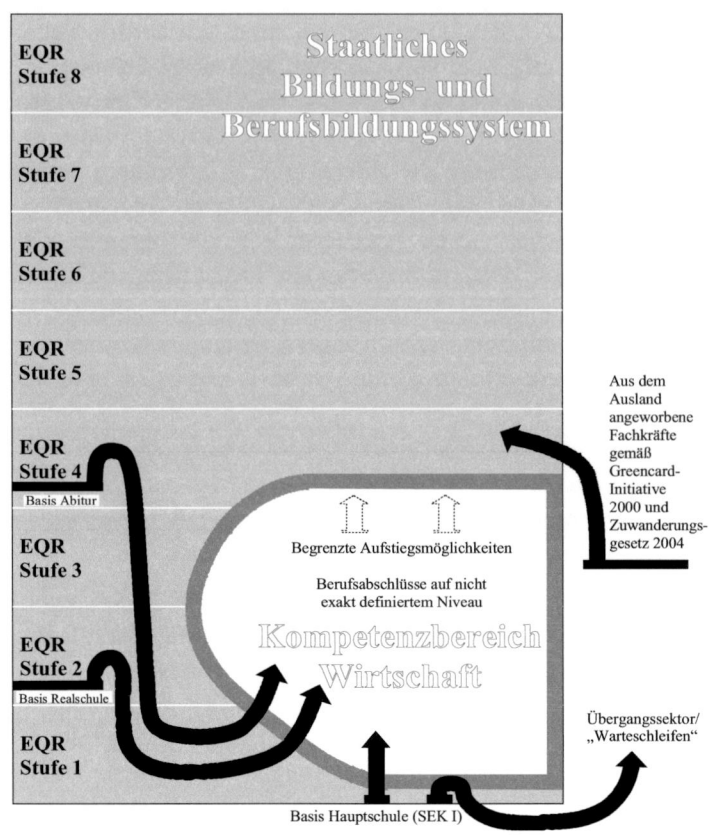

Hinsichtlich der offiziell dokumentierten Weiterbildungsbeteiligung verzeichnete Deutschland z. B. im Jahre 2007 eine Quote von 26 %, was eine Stagnation seit dem Jahre 2003 bedeutete.[14] Im internationalen Vergleich stellt dieses Ergebnis einen geringen Anteil dar.

Ausdruck des ungeregelten Weiterbildungsgeschehens ist das Nebeneinander von 419 Rechtsverordnungen des Bundes, der Länder und der Kammern, der für 555 Fortbildungsberufe, Umschulungsberufe und dergleichen nach § 54 BBiG/§ 42 Handwerksordnung (HwO) von den Kammern erlassenen Regelungen und der von der Datenbank KURS der Bundesagentur für Arbeit verzeichneten rund 403.000 Veranstaltungen zur Anpassungsweiterbildung.[15]

Strukturiertes Weiterbildungssystem fehlt Die Weiterbildungslandschaft der Bundesrepublik gleicht von jeher einem Flickenteppich. Im Grunde genommen werden – ob von beruflicher Fortbildung oder beruflicher Weiterbildung die Rede ist – formale Regelungen bis heute primär mit Aktivitäten des *beruflichen Aufstiegs* gleichgesetzt. Der Aspekt der

---

[14] Vgl. Bundesinstitut für Berufsbildung (BIBB): Datenreport zum Berufsbildungsbericht 2010. Bonn 2010, S. 281

[15] Vgl. Rothe, G.: Berufliche Bildung in Deutschland. Das EU-Reformprogramm „Lissabon 2000" als Herausforderung für den Ausbau neuer Wege beruflicher Qualifizierung im lebenslangen Lernen. Karlsruhe 2008, S. 274ff.

fortlaufenden Anpassung an die sich ändernden Anforderungen tritt demgegenüber eher zurück.

In der Praxis hat dies zu einem inflationär aufgeblähten Angebot an Weiterbildungskursen und Weiterbildungslehrgängen geführt, die laut Datenbank der Bundesagentur für Arbeit nicht klar im Stufenaufbau der Statusgruppen und Bildungsniveaus verortet sind. Insbesondere fehlen Regelungen der Zuerkennung höherer Abschlüsse und die Gleichstellung der Diplome/Berechtigungen des Berufsbildungssystems insgesamt. Das Handikap Deutschlands in dieser Hinsicht zeigt sich neuerdings besonders deutlich an der ins Stocken geratenen Diskussion um die Zuordnung der in der Weiterbildung erworbenen Zertifikate im achtstufigen *Europäischen Qualifikationsrahmen*, der expressis verbis auf das lebenslange Lernen hin konzipiert ist.

Das derzeitige Weiterbildungsangebot in Deutschland erweist sich mit Blick auf die Programmatik des lebenslangen Lernens als völlig unzureichend. Zur Realisierung dieses Grundsatzes sind Qualifizierungseinheiten erforderlich, die Brücken von der Erstausbildung zur Weiterbildung zu schlagen vermögen. **Brücke von Erstausbildung zur Weiterbildung**

Der Weiterbildungssektor ist so zu gestalten, dass sich die erworbenen beruflichen Kompetenzen – ohne Unterbrechung der Berufstätigkeit – auch über thematisch eng begrenzte Einheiten beruflicher Qualifizierung z. B. im Sinne von Modulen rasch aktualisieren und weiter ausbauen lassen. Auf diese Weise können die Voraussetzungen geschaffen werden, um die Beschäftigungsfähigkeit zu erhalten, gegebenenfalls auch eine Tätigkeit in anderen Fachrichtungen zu eröffnen oder auf die nächsthöhere Qualifikationsstufe aufzusteigen.

Im Zuge des lebenslangen Lernens stellt das informelle Lernen ein Kernelement für den Ausbau beruflicher Qualifizierung dar. Es erfordert Prüfungsverfahren zur Zertifizierung der erworbenen Kenntnisse und Fertigkeiten, auch um Anreize für ein entsprechendes Aktivwerden des Einzelnen sowie Transparenz zu schaffen. Letztlich ist ein übergreifendes Prüfungssystem in staatlicher Regie einzurichten, das betriebsgebundene und vollzeitschulische Angebote der Erstausbildung ebenso einbezieht wie den Weiterbildungssektor. **Zertifizierung des informellen Lernens**

Der vom BMBF eingesetzte *Innovationskreis berufliche Bildung* hatte im Jahre 2007 bereits *10 Leitlinien zur Modernisierung der beruflichen Bildung* vorgelegt, deren Umsetzung in die Berufsbildungspraxis aber bis heute nur zögernd vorankommt. Dies betrifft insbesondere die in *Leitlinie 7 „Zweite Chance" für Qualifizierung – Nachqualifizierung junger Erwachsener vorantreiben!* vorgeschlagenen Schritte der „Kombi-Lehre" und der bausteinorientierten Nachqualifizierung von Ausbildungsabbrechern.[16] **Initiativen zur Systemergänzung stocken**

Die heutige Form des deutschen Berufsbildungssystems ist geprägt durch die Abhängigkeit von der Gesetzgebung 1897/1900, dem Handwerkerschutzgesetz, und wurde bisher noch kaum über echte Reformschritte an neue Anforderungen angepasst oder weiterentwickelt. **Einbeziehung der beruflichen Bildung ins Gesamtsystem**

---

[16] Vgl. BMBF (Hrsg.): 10 Leitlinien zur Modernisierung der beruflichen Bildung – Ergebnisse des Innovationskreises berufliche Bildung. Bonn, Berlin 2007, S. 22f.

Es konnte gezeigt werden, dass durch die Abhängigkeit vom überkommenen System der handwerklichen Ausbildung der Zunftzeit die Anpassung des deutschen Systems an neue Anforderungen und die immer stärkere Kooperation innerhalb der EU-Staaten erschwert oder verhindert wird. Im deutschen Berufsbildungssystem erscheint der Block betriebsgebundene Ausbildung auch nach Verabschiedung des BBiG ein Relikt aus früherer Zeit zu sein, das bisher auf Veränderungen kaum reagieren kann.

Überfällig ist die Einbeziehung der betriebsgebundenen Ausbildung in ein umfassendes staatliches System, über das die nötige Flexibilität und Mobilität sichergestellt wird.

9.2 Ineffizientes Zusammenwirken von Ausbildungsbetrieb und Teilzeitschule

Kooperation als Qualitätsmerkmal

Die Kooperation von Teilzeitschule und Betrieb bestimmt die Qualität der betriebsgebundenen Ausbildung. Die Schwäche des deutschen Systems liegt im amtlicherseits unzureichend geregelten Zusammenwirken von Betrieb und Teilzeitschule. Im folgenden Abschnitt wird gezeigt, wie sich dieses Zusammenwirken entwickelt hat und welche Gründe und Besonderheiten im Einzelnen die derzeitigen Defizite verursachten.

Definition des Deutschen Ausschusses

Das Zusammenwirken von Betrieb und Schule wurde in früherer Zeit kaum erörtert. Erst im Jahre 1964 befasste sich der Deutsche Ausschuss für das Erziehungs- und Bildungswesen, geleitet von Prof. Hahn, dem Kultusminister Baden-Württembergs, mit dieser Aufgabe. Speziell dafür hatte er Prof. Heinrich Abel als Mitglied gewonnen. Der Ausschuss prägte den Terminus *Dualsystem* und stellte als Leitbild für das von ihm als wesentlich erachtete Zusammenwirken von Betrieb und Schule wie folgt heraus:

> „In der dualen Ausbildung tragen Betrieb und Berufsschule eine gemeinsame Verantwortung. Ihr Beitrag ist verschieden, aber er begründet gleichgewichtige Pflichten und Rechte. Um die Gemeinsamkeit der Verantwortung zu verstärken und sichtbar zu machen, veranstalten beide Partner zum Abschluß der beruflichen Ausbildung am Ende der obligatorischen Berufsschulzeit eine gemeinsame Prüfung und erteilen das Abschlußzeugnis gemeinsam."[17]

Der Ausschuss geht allerdings nicht detailliert auf spezielle Aufgaben der beiden Ausbildungspartner ein. Als Beispiel für das von ihm erwartete enge und konstruktive Zusammenwirken nennt er die Ausbildung in Großbetrieben mit Werkschulen in Kooperation mit den Fertigungsabteilungen des gleichen Unternehmens. Im Jahre 1911 bestanden in 75 deutschen Großbetrieben eigene Berufsschulen[18], was Heinrich Abel bekannt war. Mit diesem Hinweis grenzte sich

---

[17] Empfehlungen und Gutachten des Deutschen Ausschusses für das Erziehungs- und Bildungswesen 1953 – 1965. Gesamtausgabe 1966, S. 493

[18] Vgl. Fenger, Herbert: Betriebsberufsschulen in der Bundesrepublik Deutschland. In: Jahrbuch für Wirtschafts- und Sozialpädagogik 1969. Hrsg.: Dr.-Kurt-Herberts-Stiftung zur Förderung von Forschung und Lehre der Wirtschafts- und Sozialpädagogik e. V. Köln, S. 69–168

der Ausschuss von den zeitgleich im deutschen System praktizierten Vorgehensweisen der alleinigen Verantwortung des Betriebs für die Ausbildung ab, denn dies entsprach nicht seinen Vorstellungen.

Dessen ungeachtet etablierte sich der Begriff Dualsystem in der Zeit nach 1964 in Deutschland vor allem auf Seiten der Wirtschaft als eine Art Gütesiegel für die betriebsgebundene Ausbildung. Man hinterfragte allerdings nicht, inwieweit de facto zwei gleichwertige Ausbildungspartner kooperieren. Die Art des Zusammenwirkens im methodisch-didaktischen Bereich wird bis heute kaum diskutiert. **Dualsystem als „Gütesiegel"**

Mit der Übertragung der betrieblichen Ausbildung an die im Jahre 1900 über die Reichsgewerbeordnung neu errichteten Handwerkskammern erhielten die Betriebe de facto die Zuständigkeit für die Gesamtausbildung. Die Verpflichtung zum Besuch der Fortbildungsschule blieb unverändert. Die mit der Gewerbegesetzgebung von 1871, 1881 und 1897 gegebene Möglichkeit der Gründung so genannter Fachschulen als Teilzeitschulen durch Handwerksorganisationen wurde allerdings bis auf seltene Ausnahmen nicht realisiert. Es erfolgte also weiterhin keine Festlegung des curricularen Anteils der Teilzeitschule in der betriebsgebundenen Ausbildung.

Die den Handwerkskammern und später auch den Industrie- und Handelskammern übertragene Zuständigkeit galt ohne weitere gesetzliche Regelungen auch noch in der Zeit der neu gegründeten Bundesrepublik.

Nach Ende des Zweiten Weltkriegs beurteilten ausländische Experten die Sonderentwicklung der beruflichen Bildung in Deutschland äußerst kritisch. **Kritische Stimmen**

Ein im Auftrag des amerikanischen Hochkommissars im Jahre 1952 von G. W. Ware erstelltes Gutachten – worauf bereits verwiesen wurde – wandte sich gegen die große Zahl dreijähriger Lehrberufe. Er äußerte sich kritisch zum Nebeneinander von vielen Einzelberufen nach dem Modell der Zunftzeit und stellte heraus, dass „in Übereinstimmung mit der in Deutschland vorherrschenden Neigung zur beruflichen Spezialisierung ... jede Funktion als ein unabhängiges Spezialgebiet" und als entsprechender Ausbildungsberuf verstanden werde.[19]

Im Jahre 1993 wandte sich das französische Institut CIRAC, als von Prof. Alfred Grosser (Sorbonne, Paris) gegründetes, sich speziell mit Deutschland befassendes Forschungs- und Dokumentationszentrum, rückblickend gegen die dominierende Handwerksorientierung des deutschen Systems. Es kritisierte die Vorrangstellung der Kammern der Wirtschaft wie folgt:

„Der ihnen gewährte Status einer Körperschaft des öffentlichen Rechts begründet die seither ungebrochene Trägerschaft der betrieblichen Berufsausbildung durch Organisationen der Wirtschaft in Selbstverwaltung." Und ferner: „Diese Institutionalisierung der betrieblichen Berufsbildung steht zwar am Ursprung des dualen Systems, verdeutlicht aber auch, daß es sein Entstehen einer paradoxen Ausgangslage verdankt, nämlich der Privilegierung der

---

[19] Ware, G. W., a.a.O., S. 22

handwerklichen Tradition in einer Situation, in der die industrielle Entwicklung des Landes voll in Schwung kam."[20]

Gegen Ende der 1960er Jahre wurde auch in Deutschland die betriebsgebundene Ausbildung kritisiert, insbesondere die Trennung von *praktischer* und *theoretischer* Berufsausbildung sowie die Art des Zusammenwirkens mit den Teilzeitberufsschulen. So verabschiedete der Deutsche Bildungsrat Anfang 1969 ein Gutachten zur Lehrlingsausbildung, in dem er u. a. deren unzureichende theoretische Fundierung wie folgt bemängelte[21]:

> „Das ohnehin bescheidene Soll von mindestens acht Wochenstunden Berufsschulunterricht wird infolge von Lehrer- und Raummangel an vielen Orten nicht erfüllt, und in den Flächenstaaten wird nur ein Teil der Schüler in Fachklassen unterrichtet. Die theoretische Unterweisung in manchen Betrieben dient daher vielfach der Vervollständigung des Berufsschulunterrichts, so daß der theoretische Unterricht insgesamt über ein Minimum an notwendigen Kenntnissen kaum hinausgeht. Zu diesem Mangel in der theoretischen Fundierung der Ausbildung tritt erschwerend hinzu, daß die Theorie überwiegend getrennt von der Praxis vermittelt wird, so daß im praktischen Teil der Ausbildung das Vor- und Nachmachen mit oft unzureichender theoretischer Unterweisung vorherrscht."

Hieran zeigt sich einmal, dass es nicht gelang, die grundsätzlichen Aufgaben der beiden so genannten Lernorte im Neben- und Miteinander deutlich zu fixieren, und dass zum anderen in der Öffentlichkeit immer wieder pauschal auf Unzulänglichkeiten der Berufsschule verwiesen wird, ohne sich mit Schwierigkeiten der deutschen Teilzeitschulen zu befassen, wie z. B. bei der Fachklassenbildung für 350 Ausbildungsberufe, wovon ein großer Teil sehr schwach besetzt ist und andere kaum noch aktuell sind.

Nach Auffassung des Deutschen Bildungsrats war der gesamte Bereich der Lehrlingsausbildung durch eine erhebliche Ungleichheit in den Anstrengungen und Leistungen der einzelnen Betriebe gekennzeichnet. Daher forderte er auch für den Betrieb die Vollständigkeit und Planmäßigkeit der Ausbildung sowie ihre theoretische Fundierung. Die letztgenannte Forderung formulierte er wie folgt:

> „Der während der Lehrzeit in Betrieb und Schule zu erteilende theoretische Unterricht hat den gesamten Zusammenhang der Ursachen und Wirkungen des beruflichen Handelns zu umfassen und zu ihrer kritischen Reflexion hinzuführen. Eine solche Vertiefung des Verständnisses für die eigene berufliche Tätigkeit und die Zusammenhänge und Veränderungen in der Berufs- und Arbeitswelt ist notwendig in der fachtheoretischen Unterweisung der Be-

---

[20] Lasserre, R.; Lattard, A.: Berufliche Bildung in der Bundesrepublik Deutschland. Spezifika und Dynamik des dualen Systems aus französischer Sicht. Hrsg.: G. Rothe (Materialien zur Berufs- und Arbeitspädagogik Bd. 11), Villingen-Schwenningen 1994, S. 4

[21] „Zur Verbesserung der Lehrlingsausbildung." Verabschiedet auf der 19. Sitzung der Bildungskommission am 30./31. Januar 1969. In: Deutscher Bildungsrat: Empfehlungen der Bildungskommission 1967–1969, Stuttgart 1970, S. 87–131, hier S. 100

rufsschule und am Ausbildungsplatz im Betrieb sowie in den sprachlichen, natur- und gesellschaftswissenschaftlichen Fächern der Berufsschule."[22]

Den Mitgliedern des Bildungsrats, nahezu zeitgleich mit der Vorbereitung des Berufsbildungsgesetzes mit Ausbildungsfragen befasst, waren offensichtlich die Grundvoraussetzungen für ein konstruktives Zusammenwirken im Sinne einer Partnerschaft zwischen Ausbildungsbetrieb und Teilzeitschule nicht bekannt. So versuchte der Bildungsrat, die Ausbildung im Betrieb auch auf den Bereich *Erwerb von Kenntnissen* auszuweiten und unterstrich damit – gewollt oder nicht gewollt – die Gesamtverantwortung des Betriebs.

Das Zusammenwirken von Ausbildungsbetrieb und Teilzeitschule ist durch bestimmte Entwicklungsabschnitte gekennzeichnet, mit denen sich die nachfolgenden Gliederungspunkte befassen: **Entwicklungs-abschnitte**
– Das BBiG geht inhaltlich nicht auf die Mitwirkung der Teilzeitschule ein (a)
– EU-Empfehlung 1979 definiert Aufgaben von Betrieb und Teilzeitschule (b)
– Die badische Gewerbeschule war für alle in systematischer Form
 zu erarbeitenden Aufgaben zuständig (c)
– Reformvorschläge gemäß EU-Sondergipfel Lissabon 2000 (d)

a) Das BBiG geht inhaltlich nicht auf die Mitwirkung der Teilzeitschule ein

Auf Drängen der Gewerkschaften wurde im Jahre 1969 gegen Ende der damaligen Großen Koalition das Berufsbildungsgesetz (BBiG) noch in Eile verabschiedet. Es bestätigte die alleinige Verantwortung des Ausbildungsbetriebs sowie die überkommenen Funktionen der Kammern und bezog weitere Organisationen dieser Art ein, wie z. B. Rechtsanwaltskammern, Ärztekammern usf. **Verabschiedung des BBiG 1969**

Es berücksichtigte allerdings nicht, dass über die Reichsgesetzgebung 1871 sowie die Novellen 1881 und 1897 zweifelsfrei die Teilzeitschule – gleich ob als Innungsfachschule oder als staatliche Fortbildungsschule – in das Curriculum der betriebsgebundenen Ausbildung einzubeziehen ist. Die Aufgaben der Teilzeitschule bleiben also im Berufsbildungsgesetz unerwähnt.

Nach dem Regierungswechsel zielte die neue Bundesregierung unter Kanzler W. Brandt und später H. Schmidt darauf, das BBiG zu ändern, um vor allem einen stärkeren Einfluss des Staates in der beruflichen Bildung sicherzustellen. Als Grundlage dafür legte die Regierung im November 1973 die so genannten Markierungspunkte vor.[23] Die Arbeitgeberverbände protestierten dagegen und drohten, bei den geplanten Änderungen die Ausbildung insgesamt einzustellen.[24] **Markierungspunkte 1973**

---

[22] Ebd., S. 104
[23] Vgl. Rothe, G.: Neue Wege beruflicher Qualifizierung zur Stärkung der wirtschaftlichen Prosperität. Berufliche Bildung im Kontext des lebenslangen Lernens. Herausforderungen an Staat und Unternehmen. Karlsruhe 2010, S. 40f.
[24] W.-D. Greinert beschreibt dies wie folgt: „Die Reaktionen reichten von entschiedenen Stellungnahmen über offene Androhung von Rechtsbruch, bis hin zu verklausulierten Drohungen, keine Lehrstellen mehr zur Verfügung zu stellen". Greinert 2003, a.a.O., S. 126

Unrichtige Daten zur Jugendarbeitslosigkeit

Letztendlich scheiterte die Initiative der Regierung aufgrund der ab 1974 länderübergreifend vorgelegten Angaben zur Jugendarbeitslosigkeit. Die Kammern stellten hierzu unrichtig interpretierte Statistiken erstmals als Beweis für die Qualität des deutschen Berufsbildungssystems heraus mit dem Ziel, die Reformversuche abzuwehren. Auf die Fehlerhaftigkeit dieser Angaben wies die Bundesanstalt für Arbeit schon damals hin. Später wurde noch mehrfach dazu Stellung genommen, so z. B. in der Publikation *Dreiländervergleich*.[25] Dort ließ sich aufzeigen, dass beispielsweise im Jahre 1995 die Jugendarbeitslosenquote bei Hinzuzählung der Lehrlinge zu den Erwerbspersonen 8,8 % betrug, während sie ohne Einbeziehung der Lehrlinge mit 12,1 % recht hoch lag.

Martin Baethge stellte heraus, dass man beim internationalen Vergleich der Jugendarbeitslosenquote „die statistische Verzerrung zugunsten Deutschlands im Auge behalten" müsse.[26]

Die Jugendarbeitslosenquote bezieht sich auf die Altersgruppe der 15- bis unter 25-Jährigen und wird über den aus *arbeitslos Gemeldeten* und *Erwerbspersonen* gebildeten Quotienten errechnet. Im Ländervergleich ergeben sich allerdings Unterschiede, insbesondere dann, wenn bei der Kategorie Erwerbspersonen Lehrlinge im dualen System mitgezählt werden. Dadurch vergrößert sich in der Berechnungsformel der Nenner und das Ergebnis weist eine deutlich geringere Quote arbeitsloser Jugendlicher aus. Dies ist im Unterschied zu den Ländern, die im Vollzeitsystem ausbilden, in Deutschland mit der quantitativ vorherrschenden betriebsgebundenen Ausbildung der Fall.

Unkoordiniertes Nebeneinander

Im Jahre 1974 sprach sich Gustav Grüner gegen das mit dem Berufsbildungsgesetz festgeschriebene unkoordinierte Nebeneinander von Schule in Zuständigkeit der Länder und Ausbildungsbetrieb in Zuständigkeit des Bundes aus. Er wies gleichzeitig auf die unreflektierte und in anderen Staaten nicht in dieser Weise geäußerte Kritik an vollzeitschulischen Ausbildungsgängen hin[27]:

„Das duale System hat sich inzwischen zum Wortfetisch gemausert; es wurde sogar tabuisiert. Wer heute noch wagt, am Wert des dualen Systems zu zweifeln, stellt sich außerhalb einer hehren Gemeinschaft von angesehenen Bildungspolitikern, die alle feierlich betonen: Duales System, was denn sonst?"

Er fuhr fort:

„Uns dünkt, als rette diese vokalreiche Worthülse eine schon fast verlorene Sache, nämlich die völlig beziehungslos nebeneinander herlaufende Ausbildung von Lehrlingen in Betrieben und Berufsschulen. Das Wort wurde ein Signal, wurde ein Symbol, wie eine Fahne, um die sich alle scharen, die ständig ekstatisch rufen: „Hie gut duales System allerwegen", und die voller Verachtung mit dem Zeigefinger auf die bösen Buben der Verschulung wei-

---

[25] Rothe, G.: Die Systeme beruflicher Qualifizierung Deutschland, Österreichs und der Schweiz im Vergleich, Wien/Luzern/Villingen-Schwenningen 2001, S. 14

[26] Baethge, M.; Solga, H.; Wieck, M.: Berufsbildung im Umbruch. Signale eines überfälligen Aufbruchs. Berlin 2007, S. 61

[27] G. Grüner in: Die berufsbildende Schule, Nr. 7/8 1974, S. 472

sen, denen man längst die Schelle der impertinenten Systemveränderer umgehängt hat."

Ungeachtet der Bezeichnung Dualsystem gibt es bis heute außer den Zeitanteilen von Schule und Betrieb nach bestimmter Anzahl von Wochenstunden keine verbindliche Regelung dafür, in welcher Weise und mit welcher Zielsetzung die beiden Partner als *Lernorte* fachlich-inhaltlich zusammenwirken sollen.

Bedeutsam ist dies beispielsweise hinsichtlich der Zuordnung der Zertifikate nach dem Europäischen bzw. Deutschen Qualifikationsrahmen (EQR und DQR). Hierbei wäre eigentlich zumindest zu klären, ob und wie das Curriculum der Berufsschule zur Kompetenzkategorie „Fachkompetenz" bezogen auf die Dimensionen „Wissen" und „Fertigkeiten" beitragen soll. Die Einstufung allein vom Ausbildungsberufsbild und dem Ausbildungsgeschehen im Betrieb her zu bestimmen, widerspricht den Zielvorgaben des EQR.[28]

b) EU-Empfehlung 1979 definiert Aufgaben von Betrieb und Teilzeitschule

In den Jahren nach 1970 befasste sich die EU-Kommission, unterstützt vom Beratenden Ausschuss für Berufsbildung, in dem alle Mitgliedsstaaten vertreten sind, mit dem Zusammenwirken von Ausbildungsbetrieb und Teilzeitschule; sie verwendete dabei den in Frankreich eingeführten Terminus „alternierendes System".

EU-Empfehlung zur Alternanz

Die daraufhin im Jahre 1979 verabschiedete EU-Empfehlung legt den Mitgliedsstaaten nahe, die *alternierende Ausbildung* verstärkt einzuführen. Darunter versteht die EU die Kopplung von Erfahrungslernen im Betrieb mit der *Ausbildung*, d. h. mit der Gesamtheit der in systematischer Form zu vermittelnden Lerninhalte in der Teilzeitschule. In ihren Leitlinien beschrieb sie dies wie folgt:

> „Die Mitgliedstaaten fördern die Entwicklung effektiver Verbindungen zwischen der Ausbildung und der am Arbeitsplatz gewonnenen Erfahrung. Diese Verbindung erfordert die Aufstellung koordinierter Programme sowie die Errichtung von Strukturen, die eine Zusammenarbeit zwischen den betreffenden Verantwortlichen ermöglichen."[29]

Schon zuvor ging eine Reihe von Ländern in dieser Weise vor, wie z. B. Frankreich, Dänemark und Österreich. Nach Verabschiedung der EU-Empfehlung wurde – wie aus den Statistiken ersichtlich – das alternierende System in den EU-Mitgliedsstaaten neben den dort traditionell bestehenden Systemen berufsqualifizierender Vollzeitschulen quantitativ weiter ausgebaut.

Der in Deutschland gebrauchte Begriff *Dualsystem* geht zwar von der Existenz zweier *Lernorte* aus, deren Aufgaben und Vorgehensweisen in der Ausbildung jedoch weitgehend unverbunden nebeneinander stehen blieben. Außerdem ist

Alternanz versus Dualsystem

---

[28] Vgl. Arbeitskreis Deutscher Qualifikationsrahmen: Diskussionsvorschlag eines Deutschen Qualifikationsrahmens für lebenslanges Lernen, Februar 2009, S. 4 und Europäische Kommission: Der Europäische Qualifikationsrahmen für lebenslanges Lernen (EQR). Luxemburg 2008, S. 8 (Ziff. 3)

[29] Entschließung des Rates vom 18.12.1979 über die alternierende Ausbildung von Jugendlichen. Amtsblatt der Europäischen Gemeinschaften Nr. C 001 vom 03.01.1980, S. 1

die Gewichtung des Lernortes Betrieb mit der in Deutschland alleinigen Verantwortung für die Ausbildung gegenüber der Konzeption der *Alternanz* grundverschieden. Bei der Alternanz steht zweifelsfrei die enge Verzahnung von Erfahrungslernen und Ausbildung in systematischer Form im Ausbildungsablauf im Vordergrund. Erst das Zusammenspiel bzw. Hand in Hand gehen der beiden Lernbereiche und Lernformen begründet den besonderen pädagogischen Wert des Prinzips „betriebsgebundene Ausbildung". Zielsetzungen und Anwendungsmöglichkeiten der alternierenden Ausbildung wurden in einer Publikation der Projektgruppe Vergleichende Berufspädagogik an der Universität Karlsruhe detailliert dargestellt.[30]

Mitwirkung der Berufsschule ohne Verantwortung Die Festlegung im deutschen Berufsbildungsgesetz stimmt in ihren Grundzügen nicht mit der EU-Empfehlung von 1979 überein. In Deutschland wirkt zwar die Berufsschule mit, allerdings ohne dass sie für bestimmte Teilbereiche der beruflich-fachlichen Ausbildung Verantwortung zu tragen hat. Nach dem Berufsbildungsgesetz von 1969 entspricht ihre Aufgabe inhaltlich dem Programm der früheren Fortbildungsschule, worauf bereits mehrfach hingewiesen worden ist.[31]

Bei Übertragung der Zuständigkeit für die Ausbildung durch das BBiG allein an die Betriebe brauchte ganz offensichtlich die Art der Mitwirkung der Teilzeitschule überhaupt nicht geregelt zu werden. Die in Deutschland immer wieder genannte Formel für das Zusammenwirken

– Praxis als Aufgabe des Ausbildungsbetriebs und
– Theorie als Aufgabe der Schule

geht an der Realität der nötigen Aufgabenteilung vorbei.

Betriebsgebundene Ausbildung auf allen Ebenen Die EU-Vorschläge zur alternierenden Ausbildung können auf allen Ebenen angewandt werden. In zunehmendem Maße wird dieses Vorgehen auch im tertiären Bereich eingeführt. Hierzu gehört z. B. die in Baden-Württemberg entwickelte *Berufsakademie*, bei der der Betrieb das Erfahrungslernen übernimmt und die systematische Ausbildung bei der Berufsakademie liegt. Das gleiche gilt für die ausbildungsintegrierenden Studiengänge an Hochschulen (Studium im Praxisverbund – Kombipack).

Ebenso ist in anspruchsvollen Berufen der betriebsgebundenen Ausbildung eine derartige Aufgabenteilung zwischen Betrieb und Teilzeitschule zwingend erforderlich. Ferner lassen sich nach den EU-Vorschlägen auch kürzere Bildungsgänge einbeziehen, die beispielsweise zum Eintritt in die Arbeitswelt auf unterer

---

[30] Rothe, G.: Alternanz – die EU-Konzeption für die Berufsausbildung. Erfahrungslernen Hand in Hand mit Abschnitten systematischer Ausbildung. Dargestellt unter Einbeziehung von Ergebnissen aus Ländervergleichen. Karlsruhe 2004

[31] So stellte Antonius Lipsmeier fest: „Bei strenger Auslegung des BBiG könnte die Berufsschule zur allgemeinen Fortbildungsschule zurückentwickelt werden." Lipsmeier, A.: Die Ausbildung von Lehrern für das berufliche Schul- und Ausbildungswesen unter besonderer Berücksichtigung des Theorie-Praxis-Problems. In: F. Rauner; R. Drechsel u. a. (Hrsg.): Berufliche Bildung. Perspektiven für die Weiterentwicklung der Berufsschule und die Ausbildung ihrer Lehrer. Materialien und Ergebnisse des Workshops „Lehrer für Theorie und Praxis in berufsbildenden Schulen" an der Universität Bremen vom 15.–17. März 1979. Braunschweig/Wiesbaden 1980, S. 342–360

Qualifikationsebene führen, also nicht allein die meist dreijährige Lehre nach dem Modell der Zunftzeit. Die Zeitanteile für das Miteinander von Teilzeitschule und Betrieb sind je nach Erfordernis des betreffenden Ausbildungsgangs und des Standorts im Stufensystem der beruflichen Bildung einvernehmlich zu bestimmen.

Vollzeitschulen mit integrierter Betriebspraxis

Nach dem EU-Vorschlag können die Zeitanteile für das Erfahrungslernen im Betrieb und die Ausbildung in systematischer Form in der Teilzeitschule je nach Ausbildungsgang von 20 bis zu 80 Prozent der insgesamt verfügbaren Ausbildungszeit variieren. Von besonderer Wichtigkeit ist damit einmal, dass der Zeitanteil für die systematische Ausbildung in der Teilzeitschule weitgehend die Niveaustufe des jeweiligen Berufsbildungsgangs bestimmt, und zum anderen auch berufsqualifizierende Vollzeitschulen mit eingeplanten betrieblichen Praktika den Voraussetzungen des alternierenden Systems entsprechen. Die in Deutschland immer wieder herausgestellte Gegensätzlichkeit zwischen der betriebsgebundenen Ausbildung und der als nicht in vollem Umfang effizient betrachteten vollzeitschulischen Qualifizierung wird damit überwunden.

Aspekte der Lernortkooperation

Bei der Lernortkooperation geht es um das geplante, abschnittsweise abgestimmte Zusammenspiel der beiden grundlegenden Lernformen: Erfahrungslernen im Betrieb und systematisches Lernen in der Teilzeitschule.

In der Berufsbildungsgesetzgebung ist die erforderliche Lernortkooperation lediglich insofern angesprochen, als das novellierte BBiG vom Jahre 2005 diesen Begriff zwar nennt, aber inhaltlich nicht ausfüllt. So heißt es in § 2 Abs. 2 BBiG nach der Aufzählung der Lernorte lapidar:

> „Die Lernorte nach Absatz 1 wirken bei der Durchführung der Berufsbildung zusammen (Lernortkooperation)."

Diese Formulierung lässt erkennen, dass sich der Gesetzgeber außer Stande sah, die Art des Zusammenwirkens in der dualen Ausbildung exakt festzuschreiben.

Dessen ungeachtet muss hervorgehoben werden, dass in der Schulpraxis durchaus Beispiele einer fruchtbaren Kooperation im Sinne einer Partnerschaft von Berufsschullehrern und Ausbildern anzutreffen sind. Diese können aber kein Ersatz für klare gesetzliche Vorgaben sein.

Kritik und Empfehlungen der OECD

Selbst die jüngste OECD-Länderstudie zur beruflichen Bildung in Deutschland weist auf die mangelnde Abstimmung zwischen Schule und Betrieb hin. Sie stellt fest:

> „Während des Besuchs des OECD-Prüfungsteams verwiesen verschiedene Akteure – insbesondere die Gewerkschaften, aber auch die Berufsbildungsforscher – ganz allgemein auf die Notwendigkeit einer besseren Koordinierung zwischen den Berufsschulen und den ausbildenden Betrieben. Ferner wurde Kritik an der Qualität der betrieblichen Ausbildung geäußert, insbesondere in kleineren und weniger gut ausgestatteten Ausbildungsbetrieben."[32]

---

[32] Hoeckel, Kathrin und Schwartz, Robert: Lernen für die Arbeitswelt. OECD-Studien zur Berufsbildung. Deutschland. OECD, September 2010, S. 37

Ein weiterer Ansatzpunkt zur Stärkung der Kooperation liegt nach Auffassung der OECD im Prüfungswesen. Empfohlen wird:

„Es sollte vorgeschrieben werden, dass die in der Berufsschule erzielten Abschlussnoten auch im Kammerzeugnis vermerkt werden und die Abschlussprüfung der Berufsschulen sollte eine explizite Beurteilung der Lese-, Schreib- und Rechenkompetenzen beinhalten. Auf längere Sicht sollte die Prüfung der Kammern mit der Abschlussprüfung der Berufsschulen zusammengelegt werden. Durch einen integrierten Beurteilungsprozess sollte die Zusammenarbeit zwischen Schulen und Arbeitgebern gestärkt werden."[33]

„Eine Zusammenlegung der Berufsschulprüfung und der Kammerprüfung würde einen Rahmen bieten, um die Zusammenarbeit zwischen Schule und Betrieb zu systematisieren, wodurch die Tatsache betont würde, dass beide Lernorte die Verantwortung für die Vorbereitung der Schülerinnen und Schüler auf ein gemeinsames Ziel teilen."[34]

Lehreintritt nach Schulentlassung erschwert Das deutsche Berufsbildungssystem ist derzeit dadurch gekennzeichnet, dass es nur etwa einem Drittel der Schulentlassenen gelingt, ohne Verzug eine Ausbildung zu beginnen, während dies in der Zeit der Verabschiedung des Berufsbildungsgesetzes nahezu der Gesamtheit der entsprechenden Jahrgänge möglich war. Von Seiten der Wirtschaft wird dies zumeist damit erklärt, dass ein erheblicher Teil der Schulentlassenen nicht ausbildungsreif sei. Deutschland kennt bisher keine Ausbildungsform speziell für Schwachbegabte, wie z. B. Österreich. Dort baute man eine Ausbildungsform aus, die diese Jugendlichen auf einem Sonderweg in etwas längerer Zeit zu einem Berufsabschluss führt.

Mittlerer Lehrantritt mit 19,7 Jahren Die deutschen Betriebe interessieren sich demzufolge immer stärker für Jugendliche, von denen anzunehmen ist, dass sie die Ausbildung, deren Anforderungen zweifelsfrei gestiegen sind, bewältigen können. Daher nimmt der Anteil von Realschulabgängern und Abiturienten in der Lehrlingsausbildung permanent zu. Inzwischen erhöhte sich das Alter bei Lehreintritt von im Mittel 16,3 Jahren (1975) auf 19,7 Jahre (2008). Für den größeren Teil der Lehranfänger hat demzufolge die Ausbildung eigentlich den Charakter der Weiterbildung.[35] In anderen Ländern, wie z. B. Großbritannien, wird grundsätzlich nach Lehrverhältnissen im Jugendalter und für Erwachsene unterschieden.

Folgen der betrieblichen Gesamtverantwortung Geht man den Gründen für diese Veränderung nach, erscheint die bereits erwähnte Aussage des ehemaligen DIHK-Präsidenten Braun, die die Art der derzeit geltenden Ausbildungsordnungen betrifft, von Bedeutung.[36] Er wendet sich

---

[33] Hoeckel/Schwartz, a.a.O., S. 37
[34] A.a.O., S. 39
[35] Vgl. Rothe 2010, a.a.O., S. 57ff.
[36] „Viele Betriebe können Anforderungen manch stark überfrachteter Ausbildungsordnungen kaum noch bewältigen. Die Modernisierung von Berufsbildern ist offensichtlich aus dem Ruder gelaufen, wenn sich beispielsweise ein Betrieb, der zum Anlagenmechaniker ausbildet, mit 72 Seiten Ausbildungsverordnung auseinandersetzen muss." Statement von DIHK-Präsident Ludwig Georg Braun zur Zukunft der betrieblichen Ausbildung am 22. Januar 2007 in Berlin

gegen die zu hohen Anforderungen der vom Bundesinstitut für Berufsbildung (BIBB) erarbeiteten offiziellen Ausbildungsordnungen und weist darauf hin, dass die Betriebe vor großen Schwierigkeiten stehen, nach diesen Ordnungsmitteln vorzugehen. Nicht erwähnt wird allerdings dabei eine Aufgabenteilung mit der Teilzeitschule. Von der Organisation und der Kompetenz gemäß Berufsbildungsgesetz sowie der übertragenen Gesamtaufgabe laut Ausbildungsordnung her ist immer noch der Betrieb allein zuständig.

Deutschland ist das einzige Land, in dem die betriebsgebundene Ausbildung nur vom Betrieb verantwortet wird. Daraus erklärt sich, dass eine gewisse Teilverantwortung seitens der Berufsschule gar nicht zur Diskussion steht. Die dem Betrieb übergebenen Ausbildungsordnungen beinhalten jeweils die Gesamtausbildung. Der Betrieb erhält von amtlicher Seite nicht die Aufgabe zugewiesen, sich gemäß EU-Empfehlung vom Jahre 1979 primär auf den Aufgabenbereich Erfahrungslernen zu konzentrieren.

Das Berufsbildungsgesetz legt in § 1 zwar in übergreifendem Sinne fest, dass es zu den Zielen der Berufsausbildung zählt, den „Erwerb der erforderlichen Berufserfahrungen" zu ermöglichen. Andererseits ist den Ausbildungsbetrieben die Aufgabe zugewiesen, „dafür zu sorgen, dass den Auszubildenden die berufliche Handlungsfähigkeit vermittelt wird, die zum Erreichen des Ausbildungsziels erforderlich ist, und die Berufsausbildung in einer durch ihren Zweck gebotenen Form planmäßig, zeitlich und sachlich gegliedert so durchzuführen, dass das Ausbildungsziel in der vorgesehenen Ausbildungszeit erreicht werden kann" (§ 14 Abs. 1). Die Art der Mitwirkung der Berufsschule wurde nicht erwähnt, was sich offensichtlich aus der Kompetenzverteilung zwischen Bund und Ländern erklärt.

c) Die badische Gewerbeschule war für alle in systematischer Form zu erarbeitenden Aufgaben zuständig

Im Vergleich mit der badischen Gewerbeschule, curricular durch die Professoren des Karlsruher Polytechnikums entwickelt, wird ein gravierender Unterschied sichtbar:

Vergleich zur badischen Gewerbeschule

– Die Teilzeitschule übernimmt im Zusammenwirken von Unterricht und auch der Unterweisung in Schulwerkstätten alle Ausbildungsinhalte, die in *systematischer Form* erarbeitet werden müssen.
– Die Betriebe sind primär für den Komplex *Erfahrungslernen* zuständig.

Die Stellungnahme der EU zur betriebsgebundenen Ausbildung vom Jahre 1979 versteht sich auch als Korrektur der in Deutschland allein dem Betrieb übertragenen Verantwortung.

Mit dem Grundsatz des lehrgangsmäßigen, systematischen Vorgehens in Unterricht und Unterweisung auch in Schulwerkstätten setzte sich die badische Gewerbeschule deutlich vom Modell der Fortbildungsschulen ab.

Gegenüberstellung von Fortbildungs- und Gewerbeschule

Fortbildungsschulen standen nur in loser Verbindung zur betrieblichen Ausbildung. Hauptsächlich waren sie auf Wiederholung und Festigung der in der Volksschule erworbenen Kenntnisse ausgerichtet. Auch wenn allmählich ein stärkerer Berufsbezug angestrebt wurde, konnte sich die Fortbildungsschule und später auch die *gewerbliche Fortbildungsschule* nicht zu einem anerkannten Ausbildungspartner des Betriebs entwickeln; im Bereich der beruflich-fachlichen Ausbildung gab es kaum ein fruchtbares Zusammenwirken mit den Betrieben.

Oft verfolgten die Fortbildungsschulen, die alle Jugendlichen nach der Pflichtschule zu besuchen hatten, gleich ob sie in der Lehre oder im Arbeitsverhältnis standen bzw. arbeitslos waren, auch andersartige Zielsetzungen. So galt es, in der Phase zwischen dem Austritt aus der Pflichtschule mit 14 Jahren und dem Wehrdienstbeginn mit 18 Jahren erzieherischen Einfluss auf die Jugendlichen auszuüben, wovon sich die staatstragenden Schichten eine bessere Sozialisation und Integration in den bürgerlichen Nationalstaat erhofften.[37]

Abhilfe über das badische Modell der Gewerbeschule
Das Modell der badischen Gewerbeschule stellt eine Gegenposition zur Regelung des heutigen BBiG dar; alle Lehr-/Lernbereiche, die in systematischer Form zu realisieren sind, fielen dort nämlich in die Zuständigkeit dieser Teilzeitberufsschule. Die umfassenden curricularen Aufgaben, die von den badischen Teilzeitschulen bewältigt wurden, entsprechen in den Grundzügen den Empfehlungen der EU zur Reform der betriebsgebundenen Ausbildung in den Mitgliedsstaaten vom Jahre 1979. Die vorliegende historische Untersuchung ist also in erheblichem Maße bedeutsam für das Zusammenwirken von Schule und Betrieb in heutiger Zeit.

Den badischen Gewerbeschulen gelang es bereits im 19. Jahrhundert, den spezifischen curricularen Ansatz auszubauen und sich weiter zu profilieren, unter anderem durch ihren Beitrag zur praktischen Ausbildung in systematischer Form in Schulwerkstätten. Dieses Ausbildungssystem lässt sich charakterisieren als Verzahnung von Erfahrungslernen aus praktischer Mitarbeit im Betrieb und systematischer Unterweisung in schulischer Form in Unterrichtsfächern und in Schulwerkstätten. Die Übernahme des Modells der badischen Gewerbeschule könnte in Deutschland eine Wende in der derzeit immer noch anhaltenden unzureichenden Versorgung mit Ausbildungsmöglichkeiten herbeiführen.

Anteil ausbildender Betriebe rückläufig
In den letzten Jahren nahm in Deutschland der Anteil der ausbildungsberechtigten Betriebe, die tatsächlich ausbilden, stetig ab. Waren es im Jahre 1985 noch 34,3 % und 1990 – bezogen auf die alten Länder – 28,7 %[38], so lag diese Quote zwischen 1999 und 2008 bei nur rund 24 %.[39] Es kann davon ausgegangen werden, dass der Betrieb, sofern er durch die Schule wirkungsvoll entlastet würde und sich auf seine Kernfunktion *Erfahrungslernen* konzentrieren könnte, eher bereit wäre, in der Ausbildung aktiv zu bleiben.

Paramedizinische Ausbildungsgänge als Dualsystem
In diesem Zusammenhang ist darauf zu verweisen, dass bei den Ausbildungsgängen im paramedizinischen Bereich in Deutschland Erfahrungslernen und systematische Unterweisung effizient verbunden sind. Die Krankenpflege-/Ge-

---

[37] Vgl. Blankertz, Herwig: Bildung im Zeitalter der großen Industrie. Pädagogik, Schule und Berufsbildung im 19. Jahrhundert. Hannover 1969, S. 128

[38] Vgl. http://www.bibb.de/dokumente/pdf/a12pr_dokumentation_bibb-forum_didacta 2007_22.pdf

[39] Bildung in Deutschland 2010. Ein indikatorengestützter Bericht mit einer Analyse zu Perspektiven des Bildungswesens im demografischen Wandel. Hrsg.: Autorengruppe Bildungsberichterstattung. Bielefeld 2010, Tab. E3-2A, S. 275

sundheitsberufe heißen in Deutschland in der offiziellen Statistik fälschlicherweise *Schulberufe*, de facto sind sie alternierende Ausbildungsgänge gemäß EU-Empfehlung von 1979: Die Verantwortung liegt bei der Schule; sie steuert den Ausbildungsablauf über den phasenweisen Wechsel zwischen Stationen des Klinikums, das für das Erfahrungslernen zuständig ist, und schulischen Ausbildungsabschnitten. Die staatliche Prüfung bezieht beide Aufgabenbereiche ein.

In Deutschland gibt es also neben dem System der Kammern gemäß Berufsbildungsgesetz mit alleiniger Zuständigkeit der Betriebe auch ein echtes dual-alternierendes System, geregelt nach Grundsätzen, die die EU im Jahre 1979 den Mitgliedsländern empfohlen hatte.

d) Reformvorschläge gemäß EU-Sondergipfel Lissabon 2000

Die jüngste länderübergreifende Entwicklung der beruflichen Bildung in den Jahren um 2000 geht allerdings weiter als das Modell der badischen Gewerbeschule aus der Zeit des ausgehenden 19. Jahrhunderts.

Lebenslanges Lernen als Grundvoraussetzung

Mit den EU-Beschlüssen des Sondergipfels von Lissabon im Jahre 2000, die auf die Steigerung der wirtschaftlichen Prosperität in der Union zielten, war ein bis 2010 angelegtes Programm initiiert worden, das dem Bereich der beruflichen Bildung eine besondere Bedeutung zumaß. Als Leitprinzip der beruflichen Bildung galt dabei – wie auch bei den nun laufenden Folgeinitiativen der EU – das *lebenslange Lernen*.

Bei sich ständig verändernden Anforderungen ist die Beschäftigungsfähigkeit sicherzustellen, die berufliche Mobilität zu fördern und dem Einzelnen sind Aufstiegsmöglichkeiten zu eröffnen.

Zu den Grundvoraussetzungen für die Realisierbarkeit des lebenslangen Lernens zählen das alle Zweige umfassende Bildungsgesamtsystem sowie eine klare Stufung der Berufsbildungsangebote mit Übergangsmöglichkeiten von Stufe zu Stufe. Inzwischen wurden im Zusammenwirken mit den Mitgliedsstaaten entsprechende Empfehlungen und Beschlüsse verabschiedet, wie u. a. die Einführung des Europäischen Qualifikationsrahmens und der darauf zu beziehenden nationalen Qualifikationsrahmen sowie ein Leistungspunktesystem für die berufliche Bildung.

In der deutschen Erstausbildung wie auch in der Weiterbildung fehlt grundsätzlich die Strukturierung nach Teilbereichen, Bausteinen oder Modulen. Dies zeigt sich u. a. bei den Ausbildungsordnungen, wenn sie an Entwicklungen der Arbeits- und Geschäftsprozesse anzupassen sind. Dabei entsteht derzeit meist eine neue Ausbildungsordnung, anstatt nur die erforderlichen Teilbereiche zu novellieren oder durch aktuelle Schwerpunkte zu ergänzen. Dies erschwert zweifelsfrei die Arbeit der Betriebe, die die Ausbildungsordnungen vor Ort umsetzen sollen.

Strukturierung des Gesamtsystems nach Modulen

Veränderungen empfahlen der Innovationskreis zur beruflichen Bildung des Bundesministeriums für Bildung und Forschung 2007 und der Bildungsgipfel der Regierungschefs von Bund und Ländern – Aufstieg durch Bildung – 2008 in Dresden. Zu diesen Empfehlungen zählten die Strukturierung von Ausbildungsordnungen in anrechnungsfähige Ausbildungsbausteine oder auch die Flexibilisierung der dualen Berufsausbildung durch die Definition von gemeinsamen Kernqualifikationen verwandter Berufe und darauf aufbauenden Spezialisierungsmöglichkeiten; eine Umsetzung steht noch aus.

Aus- und Weiterbildung als Einheit

Nach dem Prinzip des lebenslangen Lernens darf sich die berufliche Erstausbildung nicht allein auf die Anforderungen von Lebensberufen ausrichten, sondern bildet primär die Grundlage für aufbauende weitere Qualifizierungsschritte während der gesamten Phase des Erwerbslebens. Dies erfordert als Basis breiter angelegte Grundbildungsgänge, z. B. auf der Ebene von Berufsgruppen mit Qualifizierung für den Eintritt in die Arbeitswelt.

Die berufliche Weiterbildung hat in jüngerer Zeit europaweit im Zuge der technischen Entwicklung gegenüber der Erstausbildung an Bedeutung gewonnen; dieser Trend setzt sich noch weiter fort. In Deutschland gibt es jedoch bisher keine zeitgerechten Weiterbildungsstrukturen im Sinne modularer Angebote, die bereits mit der Erstausbildung verzahnt sein sollten. Daher gilt es, flexible Angebote zu konzipieren, die je nach vorhandener Qualifikationsbasis und Bedarf die Anpassung an neue Anforderungen bzw. den Aufstieg zur nächsthöheren Qualifikationsstufe ermöglichen. Erforderlich ist also ein Gesamtsystem, das Aus- und Weiterbildung einschließt.

9.3 Staatliche Zuständigkeit für die dual-alternierende Ausbildung

Ausbildungswege im Ländervergleich

Die betriebliche Lehre mit Besuch einer Teilzeitschule ist in nahezu allen europäischen Staaten ausgebaut. Unterschiedlich ist allerdings ihr Anteil, gemessen an der Zahl der Schulentlassenen, die diesen Weg der Erstausbildung beschreiten:

– Im Nachbarland Österreich sind es 40 %; ein etwas größerer Teil besucht berufsqualifizierende Vollzeitschulen als mittlere und höhere berufsbildende Schulen (BMS und BHS). Die BMS entspricht auch nach der Vereinbarung des Jahre 2005 zwischen Österreich und Deutschland[40] der Lehre, bietet aber breiter gefasste Ausbildungsgänge an; die BHS führt zu einem arbeitsmarktfähigen Abschluss mit integrierter Hochschulzugangsberechtigung.

– In Frankreich umfassen die im dual-alternierenden System absolvierbaren Berufsbildungsgänge mit den Abschlüssen CAP, BEP und Bac. Pro.[41] einen Anteil von ca. 20 % der eine berufliche Erstausbildung absolvierenden Jugendlichen; der überwiegende Anteil dieser Abschlüsse wird in berufsqualifizierenden Vollzeitschulen erworben.

– In Deutschland fiel der Anteil der unmittelbar nach der Schulentlassung erfolgenden Übergänge in eine betriebliche Ausbildung von ca. 70 % im

---

[40] Liste der gleichwertigen Berufsbildungsabschlüsse Deutschland – Österreich. Hrsg.: BMBF, BMWi, BMWA, BMUKK, Bonn/Berlin 2005, S. 44

[41] CAP (Certificat d'Aptitude Professionnelle) und BEP (Brevet d'Etudes Professionnelles) sind Abschlüsse auf Facharbeiterebene; das Bac. Pro. (Baccalauréat Professionnel) verbindet eine berufliche Qualifizierung mit dem Erwerb der Hochschulzugangsberechtigung.

Jahre 1980 auf derzeit ca. 30 %. Dem Rest gelingt es nicht, eine Ausbildung zu beginnen. Diese Jugendlichen werden zu einem großen Anteil im so genannten Übergangssystem, das auch Warteschleifen einschließt, auf eine Ausbildung vorbereitet (vgl. Abschnitt c).

Der größte Teil der laut Statistik 502.411 in den westlichen Bundesländern ausgewiesenen Lehranfänger im Jahre 2008 ist bereits 18 und mehr Jahre alt, befindet sich also im Erwachsenenalter und durchläuft eigentlich eine postsekundäre Bildungsphase. Diese als negativ zu bewertende Entwicklung wird bisher in der Öffentlichkeit kaum wahrgenommen.

Erstausbildungsgänge für Schulentlassene in berufsqualifizierenden Vollzeitschulen beschränken sich in Deutschland auf wenige Ausnahmen und Berufsbereiche.[42]

Das Ausbildungsangebot im betriebsgebundenen System wird erfahrungsgemäß von konjunkturellen Schwankungen und längerfristigen strukturellen Entwicklungen beeinflusst. Unabhängig davon nehmen in Deutschland die Betriebe in jüngerer Zeit offensichtlich weniger Jugendliche unmittelbar nach der Schulentlassung als Lehrlinge an. Dies spiegelt sich im kontinuierlich ansteigenden Alter der Lehranfänger wider. Das mittlere Eintrittsalter in eine Lehre lag früher bei etwa 16 Jahren. Die nachfolgende Übersicht zeigt die Entwicklung vom Jahre 1975 bis 2008. **Später Ausbildungsbeginn**

Anl. 27: Mittleres Eintrittsalter in die betriebliche Lehre

Jahr	1975	1980	1985	1990	1995	2000	2005	2008
Durchschnittsalter	16,3	16,8	17,7	18,2	18,6	18,9	19,3	19,7

Quellen: Jahre 1975 bis 1990: aus Tabellen des IAB Nürnberg zur Bildungsgesamtrechnung. Ab 1995: BIBB: Datenreport zum Berufsbildungsbericht 2010. Bonn 2010, S. 180

Für das frühere Bundesgebiet veranschaulicht Anlage 28 parallel dazu die quantitative Entwicklung der Lehranfänger und weist den Anteil der unter 18-Jährigen gesondert aus. Vom Jahre 1993 an erfasst die Statistik auch das Alter der Lehranfänger. Um die Altersverschiebung in der Zeit davor aufzeigen zu können, wurden Näherungswerte für die Anteile der unter 18-jährigen Lehranfänger ermittelt. Dieser Anteil lag in der Zeit von 1975 bis 1985 bei etwa der Hälfte der Neueintritte; er sank bis zum Jahre 1990 auf ca. 30 %. **Entwicklung der Lehrantritte**

Im früheren Bundesgebiet umfasste bei zwischen 600.000 und 700.000 Lehrantritten in den Jahren 1980 bis 1985 der Anteil der in eine Ausbildung im Alter bis 18 Jahre Eintretenden etwa 300.000. Die Gesamtheit der Lehrantritte liegt in jüngerer Zeit zwischen 400.000 und 500.000 mit einem Anteil der unter 18-Jährigen von nur ca. 130.000.

Beim nun schon Jahre anhaltenden Eintrittsverhalten in eine Lehre ergeben sich also zwei Veränderungen: **Zwei Veränderungen**

---

[42] Es handelt sich hauptsächlich um Erziehungs- und Gesundheitsberufe sowie Assistentenberufe unterschiedlicher Fachrichtungen.

- Rückgang der Eintritte in eine Ausbildung insgesamt,
- immer weiter hinausgeschobenes Eintrittsalter der Lehranfänger.

Die schon über Jahrzehnte bestehenden Lücken an Ausbildungsmöglichkeiten für Schulabgänger bereiten den regionalen Arbeitsagenturen zunehmend Schwierigkeiten, Jugendlichen ohne Ausbildung bei der Eingliederung ins Beschäftigungssystem Hilfestellung zu leisten.

Anl. 28: Neu abgeschlossene Ausbildungsverträge in Westdeutschland von 1975 bis 2009 mit Anteilen unter 18-jähriger Lehranfänger

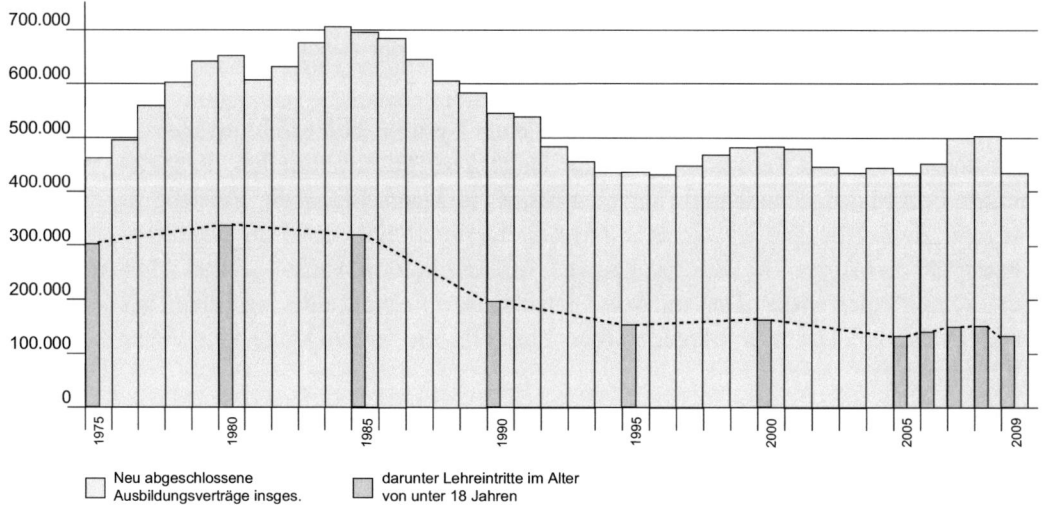

Zunehmender Fachkräftemangel

Diese Entwicklung bewirkt, dass der Nachwuchs zur Abdeckung des Fachkräftebedarfs spürbar geringer wird.

Bei drei bis vier Jahre verspätetem Ausbildungsantritt und -abschluss ergibt sich bei beispielsweise 48-jähriger Erwerbstätigkeit ein Defizit an Fachkräften von ca. 8 %. Bezogen auf eine Gesamtzahl von etwa 40 Mio. Erwerbstätigen erwächst daraus ein Mangel von schätzungsweise bis zu zwei Millionen Fachkräften, die wegen des bereits bestehenden Fachkräftemangels aus dem Ausland angeworben werden müssten. Bei den in Deutschland sinkenden Geburtenzahlen ist ohnehin von geringeren Nachwuchsquoten auszugehen.

Das oft gebrauchte Schlagwort vom Fachkräftemangel besagt nicht mehr und nicht weniger, als dass das deutsche Berufsbildungssystem bei den bereits bestehenden Defiziten im Ausbildungsangebot nicht mehr in der Lage ist, den Fachkräftebedarf der Wirtschaft abzudecken; die Lücke wird immer größer.

Fehlender Berufsabschluss

Im Jahre 2007 gab es nach den Daten des Mikrozensus 1,45 Mio. junge Erwachsene im Alter zwischen 20 und 29 Jahren ohne abgeschlossene Berufsausbildung. Ihr Anteil an der entsprechenden Wohnbevölkerung lag bei 15,2 %.[43] Eine

---

[43] BIBB: Datenreport zum Berufsbildungsbericht 2009. Bonn 2009, S. 216

im Auftrag der Friedrich-Ebert-Stiftung mit Beteiligung von Mitarbeitern des BIBB erstellte Studie führt hierzu aus[44]:

> „Somit gelingt es etwa jedem siebten Jugendlichen nicht, die formellen Voraussetzungen für eine qualifizierte Beteiligung am Erwerbsleben zu erwerben. ... Ausbildungslosigkeit ... ist auch für die Gesellschaft teuer, und sie wird für die Gesellschaft in Zukunft von Jahr zu Jahr kostspieliger. Denn die negativen Folgen der demografischen Entwicklung sind nun auch bei der Rekrutierung des Fachkräftenachwuchses zu spüren. ... Der Fachkräftemangel ist somit vorprogrammiert, und er kann nur dann gelindert werden, wenn es gelingt, den Anteil der Jugendlichen mit einer qualifizierten Berufsausbildung zu erhöhen."

Auf die hier angerissene Problematik gehen die folgenden Abschnitte ein: Zunächst werden die amtlichen Berufsbildungsberichte sowie die neue Berichterstattung eines Expertengremiums betrachtet. Es folgt der Rückblick auf die Entwicklung im südwestdeutschen Raum. Danach werden die Zuständigkeiten im Bereich der beruflichen Bildung angesprochen. So ergibt sich folgende Gliederung: **Klärungsbedarf**

- Berufsbildungsberichte im Sinne einer Kontrollfunktion durch das BMBF (a)
- Voten aus dem BBIB-Hauptausschuss zum Berufsbildungsbericht (b)
- Berichterstattung durch ein Expertengremium (c)
- Entwicklung badischer Gewerbeschulen in staatlicher Zuständigkeit (d)
- Zentrale Zuständigkeit für die berufliche Bildung gefordert (e)

a) Berufsbildungsberichte im Sinne einer Kontrollfunktion durch das BMBF

Das Berufsbildungsgesetz fordert vom Bundesministerium für Bildung und Forschung (BMBF) die Beobachtung des Ausbildungsmarktes und verpflichtet das Ministerium, bei erkannten Defiziten Vorschläge für Gegenmaßnahmen zu unterbreiten. **Anspruch des Berufsbildungsgesetzes**

Die eingetretene Situation, gekennzeichnet durch das Ansteigen des Eintrittsalters in eine Ausbildung, erscheint besorgniserregend. Um bei derartigen Missständen Gegenmaßnahmen einleiten zu können, hatte bereits das Ausbildungsplatzförderungsgesetz vom Jahre 1976 dem Bundesministerium für Bildung und Forschung eine Kontroll- und Planungsfunktion übertragen und folgende Verpflichtung verankert:

> „Der zuständige Bundesminister hat die regionale und sektorale Entwicklung des Angebots an Ausbildungsplätzen und der Nachfrage ständig zu beobachten und darüber bis zum l. März jeden Jahres der Bundesregierung einen Bericht (Berufsbildungsbericht) vorzulegen. In dem Bericht ist die voraussichtliche Weiterentwicklung des Ausbildungsplatzangebotes der kommenden Jahre darzustellen. Erscheint die Sicherung eines ausgewogenen Ange-

---

[44] Krekel, Elisabeth M./Ulrich, Joachim Gerd (Bundesinstitut für Berufsbildung): Jugendliche ohne Berufsabschluss. Handlungsempfehlungen für die berufliche Bildung. Kurzgutachten. Copyright by Friedrich-Ebert-Stiftung, Berlin 2009, S. 5

bots als gefährdet, sind in den Bericht Vorschläge für die Behebung aufzunehmen." (§ 5 Abs. 3)

Eine nahezu identische Formulierung übernahmen das darauffolgende Berufsbildungsförderungsgesetz vom Jahre 1981 sowie das novellierte BBiG vom Jahre 2005 (§ 86 Abs. 1.)

Das BMBF hat also die Aufgabe, auf die Sicherung eines hinreichenden Ausbildungsplatzangebots zu achten und bei auftretenden Defiziten Vorschläge für Gegenmaßnahmen zu unterbreiten.

Aussagen zum Lehreintrittsalter Im Berufsbildungsbericht bzw. ab 2009 im *Datenreport zum Berufsbildungsbericht* wird die Altersentwicklung der Lehranfänger ausgewiesen. In Anlage 29 sind Aussagen zur Altersstruktur der Lehranfänger wiedergegeben.

Außer der einbezogenen Erläuterung gibt der Bericht an dieser Stelle keinen weiteren Kommentar.[45] Das hohe und noch ständig steigende Durchschnittsalter bei Lehreintritt wird vom BMBF anscheinend nicht als besonders problematisch wahrgenommen[46], was auch für die deutsche Öffentlichkeit gelten dürfte.

Anl. 29: **Berufsbildungsbericht 2008 zur Altersentwicklung der Lehranfänger**

> „Die Berufsbildungsstatistik erfasst seit 1993 auch das Alter der Auszubildenden mit neu abgeschlossenem Ausbildungsvertrag. Insgesamt errechnet sich für sie im Jahr 2006 ein durchschnittliches Alter von 19,3 Jahren. Die größte Gruppe unter den Jugendlichen mit neu abgeschlossenem Ausbildungsvertrag bilden die 17-Jährigen mit 20,0 Prozent, gefolgt von den 18-Jährigen (17,8 Prozent), die 24-Jährigen und älteren stellen 5,8 Prozent der Jugendlichen mit neu abgeschlossenem Ausbildungsvertrag."[47]
>
> „Für Jugendliche, die nicht direkt in eine vollqualifizierende Berufsausbildung einmünden, verlängert sich der Übergangsprozess in die Berufsausbildung, da sie sich in der Regel erst wieder für das nächste Ausbildungs- bzw. Schuljahr bewerben können. In der Folge steigt das Alter der Ausbildungsanfänger und Anfängerinnen im dualen System und der Anteil der Ausbildungsstellenbewerber und -bewerberinnen, die bereits in früheren Jahren die allgemeinbildende Schule verlassen haben (Altbewerber/Altbewerberinnen)."[48]

In seinem Bericht 2008 und auch später ging das BMBF nicht auf die Brisanz des verspäteten Eintritts in Ausbildungsverhältnisse ein, obwohl es sich in diesem Zusammenhang wortwörtlich um die ihm übertragene Aufgabe handelt: „Stand und voraussichtliche Weiterentwicklungen der Berufsbildung darzustellen".

Im System des Bildungswesens schließt die duale Berufsausbildung an die Erfüllung der allgemeinen Schulpflicht zu Ende der Sekundarstufe I an. Der Zugang zu einer Berufsausbildung nach BBiG ist allerdings formal an keinen

---

[45] Auf Maßnahmen zur Verringerung der Zahl der Altbewerber geht der Berufsbildungsbericht an anderer Stelle ein.

[46] Die im Jahre 2006 begonnene neue Experten-Berichterstattung „Bildung in Deutschland" befasst sich überhaupt nicht mit dem Altersanstieg der Lehranfänger.

[47] Bundesministerium für Bildung und Forschung: Berufsbildungsbericht 2008. Bonn, Berlin 2008, S. 139

[48] Ebd., S. 80

bestimmten Schulabschluss gebunden.[49] In der Praxis soll sich die Erarbeitung von Ausbildungsordnungen am Niveau des Hauptschulabschlusses orientieren.

Zur Bewertung der dualen Berufsausbildung liegen zwar Jahr für Jahr statistische Ergebnisse vor; das Ministerium beschäftigt sich jedoch nicht mit den Hintergründen der offensichtlichen Fehlentwicklungen.

Ferner wäre auch eingehend der Behauptung nachzugehen, die Jugendlichen seien nicht ausbildungsreif, um eventuelle Verbesserungern der schulischen Berufsvorbereitung vorschlagen zu können.

Nach den gesetzlichen Bestimmungen hätte das BMBF sich schon früher mit der genannten Problematik befassen müssen, um in Erfahrung zu bringen, welche Ursachen für diese Entwicklung verantwortlich sind. Bei näherer Betrachtung stößt man darauf, dass die Ausbildungsbetriebe ganz offensichtlich bei der Bewältigung der ständig gestiegenen Anforderungen in der Ausbildung überfordert sind. Es stellt sich also die Frage, inwieweit die Teilzeitschulen die Ausbildungsbetriebe unterstützen können. **Forderung des BBiG nicht erfüllt**

Die Beauftragen der Arbeitnehmer hoben in ihrer Stellungnahme zum Berufsbildungsbericht 2011 hervor:

> „Die Wirtschaft wählt nach wie vor die besten Schulabgänger aus und schreibt den Rest als nicht ausbildungsfähig ab, ruft aber gleichzeitig nach ausländischen Fachkräften. Es ist an der Zeit, dass die Unternehmen umdenken."[50]

Abhilfe könnte die Beachtung der EU-Empfehlung vom Jahre 1979 bringen, denn dort ist verankert, dass die Teilzeitschule für alle Ausbildungsanteile zuständig ist, die in systematischer Form bewältigt werden müssen. In den Vorarbeiten der EU-Kommission zur Empfehlung des alternierenden Systems wirkte der Beratende Ausschuss für Berufsbildung mit, dem auch Vertreter des deutschen Bundesministeriums für Bildung und Forschung angehören.

Alljährlich haben die Berufsbildungsberichte ferner eine Bilanz zu Angebot und Nachfrage nach Ausbildungsplätzen auszuweisen. Gemäß § 86 Abs. 2 BBiG sind **Stellungnahme zur Lehrstellensituation**

> „Berufsausbildungsverträge, die vor dem 1. Oktober des vergangenen Jahres in den vorangegangenen zwölf Monaten abgeschlossen worden sind und am 30. September des vergangenen Jahres noch bestehen" sowie „die Zahl der am 30. September des vergangenen Jahres nicht besetzten, der Bundesagentur für Arbeit zur Vermittlung angebotenen Ausbildungsplätze und die Zahl der zu diesem Zeitpunkt bei der Bundesagentur für Arbeit gemeldeten Ausbildungsplätze suchenden Personen" anzugeben.

Für das laufende Kalenderjahr ist also jeweils eine Einschätzung von Bewerberzahlen und Ausbildungsplatzangeboten vorzunehmen. Daraus errechnet sich eine „Angebots-Nachfrage-Relation" (ANR). In jüngster Zeit wird zusätzlich zu dieser Größe noch die so genannte „Erweiterte Angebots-Nachfrage-Relation"

---

[49] BBIB (Hrsg.): Ausbildungsordnungen und wie sie entstehen. Bonn 2007, S. 8
[50] http://www.bibb.de/dokumente/pdf/HA-Stellungnahmen_zum_BBB_2011_final.pdf

ausgewiesen. Diese Angabe trägt der Tatsache Rechnung, dass die traditionelle ANR den Ausbildungsstellenmarkt nicht vollständig abbildet. Daher bezieht die erweiterte Variante neben den unversorgten Bewerbern auch Jugendliche ein, die zwar eine Alternative zu einer Ausbildung begonnen haben (z. B. berufsvorbereitende Maßnahme, Praktikum), aber weiterhin eine Vermittlung in Ausbildung wünschen.

Als zusätzliche Messgröße der Lehrstellensituation dient die „rechnerische Einmündungsquote", die Neuverträge und Schulabgänger in Relation setzt. Zugleich wird eingeräumt, dass durch die „gesetzliche Definition relevante Nachfragegrößen ... nicht berücksichtigt werden".[51]

Die entsprechenden Angaben der Berufsbildungsberichte 2008 und 2010 sind nachfolgend in knapper Form wiedergegeben.

Anl. 30: Berufsbildungsbericht 2008 zur Lehrstellensituation im Jahre 2007

„Die Bilanz 2007 ist von einer erfreulichen Verbesserung der Ausbildungslage sowie von weithin beachteten, innovativen Reformvorschlägen und -maßnahmen zur Zukunftssicherung der beruflichen Bildung geprägt." (S. 13)

„Mit 625.914 neu abgeschlossenen Ausbildungsverträgen haben die zuständigen Stellen zum Stichtag 30. September 2007 das zweithöchste Vertragsergebnis seit der Wiedervereinigung gemeldet." (S. 13)

„Vor dem Hintergrund langjähriger Vertragsrückgänge in der Vergangenheit ist damit eine erfolgreiche Trendumkehr gelungen, die den Jugendlichen deutlich verbesserte Berufs- und Lebensperspektiven eröffnet, aber auch einen wichtigen Beitrag zur Sicherung des Fachkräftenachwuchses der Wirtschaft leistet." (S. 13)

Nach § 86 Abs. 2 Berufsbildungsgesetz (BBiG) ergibt sich das Angebot an Ausbildungsplätzen aus der Zahl der zum 30. September neu abgeschlossenen Ausbildungsverträge sowie der bei der Bundesagentur für Arbeit gemeldeten noch unbesetzten Ausbildungsplätze ... Nach dieser Definition betrug am 30. September 2007 das Angebot 644.273 Ausbildungsplätze ... Gleichzeitig hat sich die Nachfrage auf 655.016 erhöht ... Das Verhältnis von Angebot je 100 Nachfrager hat sich damit deutlich von 94,6 im Vorjahr auf 98,4 im Jahre 2007 erhöht." (S. 14)

„Die rechnerische Einmündungsquote in Ausbildung (Zahl der Neuverträge je 100 Schulabgänger/Schulabgängerinnen aus allgemeinbildenden Schulen) ist von gut 70 Prozent Anfang der 90er-Jahre auf unter 59 Prozent im Jahr 2005 gefallen. Diese Quote liegt 2007 wieder bei gut 66 Prozent. ... Mit der Einmündungsquote ... ist wieder eine Größenordnung erreicht, die gemessen an dem etwa gleich hohen Ausbildungsinteresse der Jugendlichen einer weitgehend ausreichenden Versorgungsquote für einen Schulabgängerjahrgang entspricht. Eine Versorgungsquote in dieser Größenordnung reicht allerdings nicht aus, um neben den aktuellen Schulabgängern/Schulabgängerinnen auch die gewachsene Anzahl von Altbewerbern/Altbewerberinnen in Ausbildung zu bringen. Hierzu sind zusätzliche Ausbildungsangebote erforderlich, wie sie im Rahmen des Innovationskreises berufliche Bildung und der Qualifizierungsinitiative der Bundesregierung verabredet wurden." (S. 17f.)

---

[51] Berufsbildungsbericht 2008, a.a.O., S. 14

Anl. 31: Berufsbildungsbericht 2010 zur Lehrstellensituation im Jahre 2009

„Die Statistik der BA zeigt, dass die Zahl der bei der BA zum 30. September als unversorgt gemeldeten Bewerber/Bewerberinnen auf bundesweit 9.603 Personen zurückgegangen ist. Das sind -4.912 bzw. -33,8 Prozent weniger als im Vorjahr. ... Gleichzeitig ist auch die Zahl der unbesetzten Ausbildungsstellen gesunken, von 19.507 im Jahr 2008 auf 17.225 im Jahr 2009. Dies entspricht einem Rückgang um -2.252 bzw. -11,5 Prozent. ... Schon zum zweiten Mal in Folge gab es somit mehr unbesetzte Berufsausbildungsstellen als unversorgte Bewerber/Bewerberinnen im Rahmen der BA-Ausbildungsmarktstatistik." (S. 9)

„Seit längerem ist unbestritten, das mit der traditionellen Definition von Angebot und Nachfrage der Ausbildungsstellenmarkt nicht vollständig abgebildet wird. Frühere Berufsbildungsberichte und der Nationale Bildungsbericht weisen daher auch eine „erweiterte" Nachfragedefinition aus, die neben den unversorgten Bewerbern/Bewerberinnen auch Jugendliche einbezieht, die zwar eine Alternative zu einer Ausbildung begonnen haben (z. B. berufsvorbereitende Maßnahme, Praktikum), aber weiterhin eine Vermittlung in Ausbildung wünschen. Da ihre Zahl von 81.810 im Jahr 2008 auf 73.456 im Jahr 2009 gesunken ist, hat sich auch die erweiterte ANR gegenüber dem Vorjahr verbessert. Ihrer Definition folgend fällt sie mit 89,9 (Vorjahr: 89,2) ungünstiger aus als die ‚traditionelle'' ANR." (S. 18)

„Die rechnerische Einmündungsquote bezogen auf den Schulabgangsjahrgang aus allgemeinbildenden Schulen stellt eine starke Vereinfachung der Marktzusammenhänge dar, da sich die Nachfrage nach Ausbildungsplätzen nicht allein aus dem Kreis der aktuellen Schulabgänger/Schulabgängerinnen rekrutiert. Der Vorteil dieser Größe besteht darin, dass sie vergleichsweise gut mit dem Umfang eines Altersjahrgangs korrespondiert und nicht vom Einschaltgrad der BA abhängig ist. 2009 lag die rechnerische Einmündungsquote bei 64,8 Prozent. Dies entspricht einem leichten Rückgang verglichen mit 2008 (67,9 Prozent)." (S. 13)

Die Darstellung in den Berufsbildungsberichten zu Angebot und Nachfrage von Ausbildungsplätzen auf der Basis des § 86 Abs. 2 BBiG gibt keine klaren Antworten zur Situation. Hinzu kommt, dass in diesen Aufstellungen immer die Gesamtzahlen der Ausbildungseintritte einschließlich der erst im Erwachsenenalter eine Lehre Beginnenden genannt werden und somit die präsentierten Ergebnisse nicht in vollem Umfang als relevant gelten dürfen. Zu berücksichtigen ist zwar, dass anlässlich der Einführung der Berufsbildungsberichterstattung im Jahre 1976 Verzögerungen dieser Art noch nicht bekannt waren; bei der Novellierung des BBiG im Jahre 2005 erwies sich die Altersverschiebung jedoch bereits als gravierend. *(Randnotiz: Vernachlässigung des Alters der Lehrlinge)*

Im Berufsbildungsbericht 2009, der hier beispielhaft herangezogen wird, gibt das BMBF an, welche Maßnahmen zur Sicherung eines ausreichenden Ausbildungsplatzangebots bereits ergriffen wurden und welche weiteren Verbesserungen beabsichtigt sind[52]: *(Randnotiz: Maßnahmen anstatt Untersuchungsergebnisse)*

---

[52] Bundesministerium für Bildung und Forschung: Berufsbildungsbericht 2009, Bonn, Berlin 2009, S. 22–30

„Die Bundesregierung hat neben den Regelangeboten nach dem Sozialgesetzbuch (SGB) der BA eine Reihe von Maßnahmen zur Verbesserung der Ausbildungssituation in Angriff genommen. Die bereits eingeleiteten Maßnahmen und Programme setzen dabei an verschiedenen Problemstellungen an." Dabei werden drei Bereiche unterschieden:
– „Maßnahmen und Programme zur Sicherung eines ausreichenden Ausbildungsplatzangebotes"
– „Programme zur Verbesserung der Berufsorientierung"
– „Verbesserung des Übergangsmanagements, des Übergangssystems und innovativer Ansätze in der Nachqualifizierung"

Zur Sicherung eines ausreichenden Ausbildungsplatzangebotes sollen dienen: Fortführung des Nationalen Paktes für Ausbildung und Fachkräftenachwuchs, Ausbildungsstrukturprogramm JOBSTARTER, Ausbildungsbonus zum Abbau des hohen Altbewerberbestandes, Bund-Länder-Sonderprogramme, Förderprogramm des Bundesministeriums für Wirtschaft und Technologie „Passgenaue Vermittlung Auszubildender an ausbildungswillige Unternehmen" sowie „BMBF-Pilotinitiative zur Verhinderung des Ausbildungsabbruchs".

Der Sektor „Programme zur Verbesserung der Berufsorientierung" umfasst: „Programm zur Verbesserung der Ausbildungschancen Jugendlicher im Jahr 2008", „Berufsorientierungsprogramm des BMBF", „Berufseinstiegsbegleitung", „Girls' Day" sowie „Vernetzungsprojekt *Neue Wege für Jungs*".

Im letztgenannten Sektor Übergangsmanagement, Übergangssystem und Nachqualifizierung werden aufgeführt: „Ausbildungsbausteine, JOBSTARTER CONNECT" (u. a. zur Qualifizierung von Altbewerbern), Programm „Perspektive Berufsabschluss", „Neuausrichtung arbeitsmarktpolitischer Instrumente im Bereich Bildung", Initiative „Jugend und Chancen – Integration fördern".

Absichtserklärungen und Prioritäten der Bundesregierung Zu Beginn des Berufsbildungsberichts 2010 wird ein Bekenntnis zum dualen System zum Ausdruck gebracht:

„Die duale Berufsausbildung ist ein Flaggschiff des deutschen Bildungssystems und eine tragende Säule der ökonomischen Stärke Deutschlands. Dies gilt es zu erhalten und auszubauen."[53]

Die derzeitigen berufsbildungspolitischen Prioritäten der Bundesregierung gibt der Berufsbildungsbericht 2010 wieder. Gemäß der *Dresdner Erklärung zur Qualifizierungsinitiative für Deutschland* (QI) „Aufstieg durch Bildung" vom Jahre 2008 soll demnach der Anteil der Ausgaben für Bildung und Forschung bis zum Jahr 2015 auf 10 % des Bruttoinlandsprodukts gesteigert werden.[54]

Der Handlungskatalog für die Berufsbildungspolitik umfasst die nachstehend aufgeführten Schwerpunkte:
– Sicherung ausreichender Ausbildungsplätze
– Bildungsketten bis zum Ausbildungsabschluss
– Bildungsoffensive für Jugendliche mit Migrationshintergrund
– Qualitätssicherung und Modernisierung der beruflichen Bildung
– Berufliche Weiterbildungsallianz

---

[53] Ebd., S. 3
[54] Bundesministerium für Bildung und Forschung: Berufsbildungsbericht 2010. Bonn, Berlin 2010, S. 3

Wie bereits erwähnt, wurde dem BMBF per Gesetz die Aufgabe übertragen, die Situation auf dem Ausbildungsmarkt zu erfassen und bei auftretenden Mängeln Vorschläge zur Beseitigung zu unterbreiten. In den hier exemplarisch herangezogenen Berufsbildungsberichten werden diese Forderungen des BBiG nicht erfüllt, denn es werden keine konkreten Vorschläge unterbreitet, die es den Jugendlichen ermöglichen, unmittelbar nach der Schulentlassung in eine Ausbildung eintreten zu können. Allein über die betriebsgebundene Ausbildung ist dies offensichtlich nicht zu realisieren; es müssen demzufolge neue Wege der Ausbildung bzw. Grundausbildung für die Schulentlassenen außerhalb der sich durch das Berufsbildungsgesetz ergebenden Möglichkeiten eingerichtet werden.

Forderung des § 86 Berufsbildungsgesetz nicht erfüllt

Die differenzierten Angaben zur Lehrstellensituation im Berufsbildungsbericht lassen das unterschiedliche Alter der Ausbildungsanfänger unbeachtet, so dass in Deutschland fälschlicherweise immer der Eindruck entsteht, die Gesamtheit der jeweils genannten Lehreintritte pro anno erfolge unmittelbar nach der Schulentlassung.

Das Ministerium fasst die Aussagen zur Problematik von Angebot und Nachfrage nach Ausbildungsplätzen nicht zu einem Ergebnis zusammen, aus dem Konsequenzen abgeleitet werden könnten. Die in den Aufstellungen enthaltenen positiven Schlüsse erscheinen daher als nicht fundiert.

Der Bericht zu eingeleiteten und beabsichtigten Maßnahmen (vgl. S. 253f.) suggeriert, dass mit diesen Initiativen die Ausbildung als „in Ordnung" angesehen werden kann und kaschiert die bestehenden Defizite.

Der Vergleich mit dem ersten Berufsbildungsbericht vom Jahre 1977 zeigt, dass damals auch von Seiten der Länder expressis verbis die Bereitschaft erklärt wurde, dazu beizutragen, den geforderten Überhang beim Ausbildungsplatzangebot in Höhe von 12,5 % zu erreichen. Die Länder brachten die Absicht zum Ausdruck, die Ausbildung in Vollzeitschulen auszubauen. Ein derartiger Hinweis fehlt in späteren Jahren. Im Einzelnen heißt es hierzu im Berufsbildungsbericht 1977:

Vergleich mit dem erstem Berufsbildungsbericht 1977

> „Die Länder teilten in der Beratung des Berufsbildungsberichtes mit, daß sie das Angebot an vollzeitschulischen Plätzen erheblich erweitern werden. Nach ihren Angaben wird im Jahr 1977 im Vergleich zum Vorjahr ein höherer Anteil von Schulabgängern mit Plätzen in beruflichen Vollzeitschulen versorgt werden können. Dadurch wird der Zugang zur betrieblichen Ausbildung 1977 entlastet."[55]

In jener Zeit gelang es noch dem größten Teil der Schulabgänger, ohne Zeitverzug in eine Lehre einzutreten.

Vom zuständigen Ministerium wird auf den neuen Berufsbildungsbericht eingegangen und ohne spezielle Untersuchungen durchgeführt zu haben, eine positive Stellungnahme zur derzeitigen Situation abgegeben:

Aktueller Bericht 2011

---

[55] Bundesministerium für Bildung und Wissenschaft: Berufsbildungsbericht 1977. Bonn 1977, S. 25f.

„Nachdem in den vergangenen Jahren viele Abgänger Mühe hatten, eine Lehrstelle zu finden, habe sich die Lage am Ausbildungsmarkt inzwischen verbessert. ... Schavan erwartet für dieses Jahr rund 620.000 angebotene Ausbildungsplätze – damit wird der Stand aus dem Jahre 2001 wieder erreicht. Im vergangenen Jahr war das Ausbildungsplatzangebot als Folge der Krise leicht auf 580.000 Plätze zurückgegangen.“[56]

Auch in diesem Vergleich wurde das bei Lehrantritt erreichte hohe Alter nicht erwähnt.

Der in der Stellungnahme auch enthaltene Hinweis auf 185.000 Altbewerber zeigt, dass sich die Situation seit Jahren nicht verbessert hat. Die sich immer deutlicher abzeichnende Entwicklung, dass es mehr offene Lehrstellen gibt als Bewerber, lässt darauf schließen, dass ein zunächst nicht zu beziffernder Anteil Jugendlicher an der Ausbildung gemäß BBiG nicht mehr interessiert ist, weil – wie noch gezeigt werden wird – die betriebsgebundene Ausbildung keine Aufstiegsmöglichkeiten in den tertiären Bereich bietet.

b) Voten aus dem BBIB-Hauptausschuss zum Berufsbildungsbericht

Zuordnung nach Stichworten

Wie bereits seit längerer Zeit praktiziert, nehmen der Hauptausschuss des BIBB sowie die einzelnen Gruppen der Beauftragten von Arbeitgebern, Arbeitnehmern und Ländern zum vorgelegten Berufsbildungsbericht Stellung. Bedeutsam erscheinende Aussagen aus dem Bericht 2010 sowie aus den bereits vorliegenden Stellungnahmen zum Bericht 2011 werden hier auszugsweise wiedergegeben. Die sich auf den Berufsbildungsbericht 2011 beziehenden Voten sind besonders gekennzeichnet. Unterschieden werden einerseits Stellungnahmen zur *Korrektheit des Berufsbildungsberichts* selbst und andererseits Aussagen zu den nachfolgend genannten *Stichworten*:

– Übergangssystem als Problembereich
– Notwendige Durchlässigkeit in den tertiären Bereich
– Zusammenführung überspezialisierter Berufe
– Ausbau der Weiterbildung
– Beseitigung des Fachkräftemangels
– Anspruch der Jugendlichen auf Ausbildung
– Abstimmung zwischen Betrieb und Teilzeitschule
– Informelles Lernen

Korrektheit des Berufsbildungsberichts

Hauptausschuss

„Insgesamt ist die Datenlage zur Situation der unversorgten Bewerberinnen und Bewerber ... nach wie vor unbefriedigend.“

„Selbst nach den offiziellen Zahlen suchten fast 90.000 Jugendliche zum Ende des Ausbildungsberatungsjahres trotz des demografisch bedingten Nachfragerückgangs noch eine Ausbildung.“

„Die Zahl der neu abgeschlossenen Ausbildungsverträge hat 2010 noch nicht wieder das Niveau von 2007 und 2008 erreicht, dennoch konnte eine Steigerung

---

[56] „Regierung: Unternehmen bieten mehr Lehrstellen an. In: Stuttgarter Zeitung vom 07.04.2011, S. 11

der betrieblichen Ausbildungsverträge verzeichnet werden. ... Dennoch kann bundesweit noch nicht von einer Entspannung auf dem Ausbildungsmarkt gesprochen werden."[57]

„Zum zweiten Mal in Folge überstieg bereits Ende September die Zahl der unbesetzten Ausbildungsplätze die Zahl der noch unvermittelten Jugendlichen deutlich. ... Die Bank der Arbeitgeber stimmt der Einschätzung der Bundesregierung zu, dass sich mit einer Angebots-Nachfrage-Relation von 101,3 die Ausbildungsmarktsituation für die Jugendlichen trotz Wirtschaftskrise und Vertragsrückgängen sogar verbessert hat. Auf die widersprüchliche Angabe einer so genannte Erweiterten Angebots-Nachfrage-Relation sollte im Berufsbildungsbericht hingegen verzichtet werden." **Arbeitgeber**

„Wir brauchen eine vollständige und transparente Ausbildungsmarktstatistik. Sie muss darauf abzielen, die Lage ... ungeschönt und realistisch darzustellen. Sie muss den politisch Verantwortlichen klar aufzeigen, wie groß die Versorgungslücke bei der Ausbildung ist ... Die aktuelle Ausbildungsmarktbilanzierung wird diesem Anspruch nicht gerecht. Sie schönt die Lage auf dem Ausbildungsmarkt und täuscht eine entspannte Lage vor, selbst dann, wenn zehntausende Jugendliche nur in Maßnahmen ‚geparkt' werden. ... Die Ausbildungsmarktbilanz ist längst Teil des Problems." **Arbeitnehmer**

„Die erheblichen Rückgänge bei der Zahl der eingetragenen Ausbildungsverhältnisse haben dazu geführt, dass die rechnerische Einmündungsquote bezogen auf den aktuellen Schulentlassjahrgang im Jahr 2009 erstmals seit Jahren wieder gesunken ist. ... Insgesamt ist die Datenlage zur Situation der unversorgten Bewerber und der Bewerber mit Verbleibsalternative aus Sicht der Länder nach wie vor unbefriedigend. Die aktuell dazu verfügbaren Statistiken der Bundesagentur für Arbeit ermöglichen keine Unterscheidung sinnvoller Verbleibsalternativen von Warteschleifen." **Länder**

Übergangssystem als Problembereich

„Gerade auch unter dem Blickwinkel des künftigen Fachkräftebedarfs gilt es, den Fokus von den (weniger erfolgreichen) kurativen Maßnahmen des ‚Übergangssektors' zu verschieben auf präventive Verfahren, die bereits in den 7. oder 8. Klassen einsetzen. ... Ein transparentes ... System der Hilfsangebote, verbunden mit einer individuellen Begleitung der Jugendlichen ... ist aufzubauen, damit die Jugendlichen passgenaue Hilfen bekommen mit dem Ziel der frühzeitigen Integration in Ausbildung."[58] **Hauptausschuss**

„Bei allen Überlegungen zur effizienten Gestaltung des Übergangssystems sollte auch immer der Blick auf die allgemeinbildenden Schulen gerichtet werden. Zu viele Jugendliche verlassen die Schule ohne das erforderliche Rüstzeug für Ausbildung, laut PISA knapp 20 Prozent. Maßgeblich für die Reduktion der Anzahl der Jugendlichen im Übergangsbereich ist eine deutliche Absenkung der Zahl **Arbeitgeber**

---

[57] 2011
[58] 2011

der Schulabgänger ohne Abschluss, wie es Bund und Länder im Rahmen ihrer Qualifizierungsinitiative anstreben."

„Das Übergangssystem soll insgesamt neu strukturiert und effizienter gestaltet werden. Aus Sicht der Wirtschaft muss ein effizientes Übergangssystem präventiv ansetzen, die Instrumente müssen praxisnah ausgerichtet, Maßnahmen individuell und differenziert gestaltet und die Kompetenzen und Qualifizierungswege transparent gemacht werden."[59]

Arbeitnehmer „Der Übergang von der Schule in den Beruf ist für viele zu einem Einstieg in einen überkomplexen und intransparenten Förderdschungel geworden. ... Folglich müssen die Kompetenzen und Zuständigkeiten aller beteiligten Akteure zielgerichtet und transparent gebündelt und vernetzt werden."

„Viele Jugendliche sind nach Verlassen der allgemeinbildenden Schule auf Maßnahmen außerhalb der dualen Ausbildung angewiesen. Auch 2010 münden über 320.000 Jugendliche in die Ersatzmaßnahmen und Warteschleifen des so genannten ‚Übergangssystems' ein. ... Die Gewerkschaften schlagen daher vor, den Maßnahmendschungel zu lichten und den Übergang von der Schule in den Beruf zu systematisieren."[60]

Länder „Um falsche Bildungsentscheidungen, Ausbildungsabbrüche und Warteschleifen mit den damit einhergehenden fehlgeleiteten Bildungsinvestitionen zu vermeiden, müssen Berufsorientierung, Berufsvorbereitung und Berufsausbildung stärker miteinander verzahnt ... werden."

Notwendige Durchlässigkeit in den tertiären Bereich

Arbeitgeber „Es darf im Bildungssystem keine Sackgassen geben. ... Hochschulen müssen beispielsweise ihre Auswahlverfahren so gestalten, dass auch die Kompetenzen von beruflich Qualifizierten anerkannt werden. Zudem müssen verstärkt berufsbegleitende Studienangebote geschaffen werden, die auch Berufstätigen ein Studium ermöglichen."

„Als weiteres, sehr wichtiges Handlungsfeld für die Bildungspolitik kristallisiert sich die nachhaltige Verbesserung der Durchlässigkeit im Bildungssystem heraus."[61]

Arbeitnehmer „Das deutsche Bildungssystem zeichnet sich durch zahlreiche Hürden an den Schnittstellen zwischen den Bildungsbereichen ... aus. ... Insbesondere die Abschottung zwischen beruflichen und hochschulischen Bildungsgängen ermöglicht nur in Ausnahmefällen einen Übergang zwischen diesen beiden Bereichen. Es fehlen transparente standardisierte Verfahren zur Anrechnung beruflich erworbener Kompetenzen auf Studiengänge und umgekehrt Möglichkeiten der Anrechnung hochschulisch erworbener Kompetenzen in der beruflichen Bildung."[62]

---

[59] 2011
[60] 2011
[61] 2011
[62] 2011

„Die Attraktivitätssteigerung der dualen Ausbildung für Leistungsträger durch **Länder**
Verbesserung der Durchlässigkeit zur akademischen Ausbildung (fachgebunde-
ne Hochschulreife)."

Zusammenführung überspezialisierter Berufe
„Eine sehr spezialisierte und nur auf einige Tätigkeiten fokussierte zweijährige **Arbeitnehmer**
Berufsausbildung beeinträchtigt die Flexibilität und Durchlässigkeit des (Be-
rufs-)Bildungssystems und mindert seine Attraktivität und Qualität."
„Bei der Modernisierung der Ausbildungsberufe ist grundsätzlich zu prüfen, ob
die Möglichkeit besteht, Berufe zusammenzulegen. Dabei darf auch die Zusammenlegung von Industrie- und Handwerksberufen kein Tabu sein. Im Mittelpunkt steht die Schaffung von zukunftsorientierten, breit angelegten Ausbildungsberufen, die den Absolventen gute Chancen auf dem Arbeitsmarkt bieten."

„Die schrittweise Zusammenfassung überspezialisierter Berufe zu breitbandigen **Länder**
Berufen mit der Möglichkeit regionaler Ausdifferenzierung."

Ausbau der Weiterbildung
„Besonders bedeutende, fachkräfterelevante Faktoren sind die Bereiche der Aus- **Hauptausschuss**
und Weiterbildung. ... Ein transparenter Weiterbildungsmarkt, nachhaltige Qualifizierungen und individuelle Weiterbildungsberatungen ... sind nur beispielhafte
Handlungsfelder, die eine neue Weiterbildungskultur befördern könnten und damit
einen wichtigen Beitrag zur Deckung zukünftiger Fachkräftebedarfe leisten."[63]

„Um das lebenslange Lernen weiter zu befördern, sollten ... gezielt Beratungs- **Arbeitgeber**
und Begleitangebote gestärkt werden. Hierbei muss es darum gehen, insbesondere jene anzusprechen, die bisher noch wenig an Weiterbildung partizipieren.
Es sollte konkret geprüft werden, wo hier Handlungsbedarf besteht und wo gegebenenfalls gezielte Initiativen sinnvoll sind."
„Internationale Vergleiche deuten eine eher unterdurchschnittliche Weiterbildungsbeteiligung in Deutschland an. Diese Vergleiche berücksichtigen nur unzureichend, dass Deutschland mit der hohen Ausbildungsleistung im dualen
Ausbildungssystem ... längerfristig tragfähige Qualifikationen vermittelt als
andere Ausbildungssysteme. Dennoch bleibt ... wichtig, die berufliche Weiterbildung bedarfsorientiert und zielgruppengerecht weiter auszubauen. Staatliche
Initiativen können Anstöße geben und spezielle Zielgruppen unterstützen. Der
weitaus umfassendste Teil der Weiterbildungsaktivitäten ... muss auch künftig in
privater Regie erfolgen."[64]

„Die Entwicklung von bundesweiten Weiterbildungsregelungen muss verstärkt **Arbeitnehmer**
werden. Deutschland darf keine Weiterbildungswüste bleiben. Lebenslanges
Lernen ist kein Privileg derer, die oberhalb der Facharbeiterebene tätig sind!"

„Für Weiterbildungsmaßnahmen ist eine klare, möglichst modulare Struktur zu **Länder**
entwickeln, damit Teilnehmerinnen und Teilnehmer lebensphasenorientiert einzelne Module belegen und individuelle Schwerpunkte setzen können."

---

[63] 2011
[64] 2011

Beseitigung des Fachkräftemangels

Hauptausschuss „Unternehmen klagen mittlerweile über erhebliche Schwierigkeiten, für freie Ausbildungsplätze geeignete Bewerberinnen und Bewerber zu finden und ihren zukünftigen Fachkräftebedarf zu sichern. Diese Entwicklung in Ostdeutschland nimmt eine Entwicklung vorweg, die in naher Zukunft auch für weite Teile Westdeutschlands Realität werden wird. Vor dem Hintergrund dieser Entwicklung weist der Hauptausschuss darauf hin, dass zur Sicherung des zukünftigen Fachkräftebedarfs die Ausbildungsleistung der Wirtschaft ... auf hohem Niveau gehalten werden muss und dass vermehrt Anstrengungen dafür geleistet werden müssen, das System der dualen Berufsausbildung attraktiv für leistungsfähige Jugendliche zu gestalten. Gleichzeitig muss es zur Integration leistungsschwächerer Jugendlicher fähig bleiben."

„Die Auswirkungen des demografischen Wandels und den damit verknüpften Folgen für den Fachkräftemarkt sind bereits jetzt zu spüren. ... Weiterbildung und Qualifizierung muss sowohl für Unternehmen als auch für Beschäftigte mehr zum Selbstverständnis werden. Ein transparenter Weiterbildungsmarkt, nachhaltige Qualifizierungen und individuelle Weiterbildungsberatungen ... sind nur beispielhafte Handlungsfelder, die ... einen wichtigen Beitrag zur Deckung zukünftiger Fachkräftebedarfe leisten."[65]

Arbeitnehmer „Die Arbeitgeberbeauftragten erwähnen das Thema Fachkräftenachwuchs ebenfalls, jedoch nicht im Sinne einer besonderen Problematik. Sie stellen fest:
„Die Erfahrungen mit dem Krisenjahr 2009 haben gezeigt, dass die Betriebe trotz schwieriger Geschäftsaussichten und vielfach großer Umsatzrückgänge wegen vorausschauender Personalpolitikversuchen, ihr hohes Ausbildungsengagement aufrechtzuerhalten, um sich auch mittelfristig Fachkräftenachwuchs zu sichern."

Arbeitnehmer „Das Ausbildungsplatzangebot mit insgesamt 580.000 Plätzen ist auf den drittniedrigsten Stand der vergangenen zehn Jahre gefallen. Der seit Monaten positive Arbeitsmarkttrend ist somit am Ausbildungsmarkt nicht angekommen. Diese Entwicklung zeigt: Der von den Spitzenverbänden der Wirtschaft oft beklagte Fachkräftemangel ist hausgemacht."[66]
„Die Wirtschaft wählt nach wie vor die besten Schulabgänger aus und schreibt den Rest als nicht ausbildungsfähig ab, ruft aber gleichzeitig nach ausländischen Fachkräften. Es ist an der Zeit, dass die Unternehmen umdenken."[67]

Länder Die Länderbeauftragten wiederholen wortwörtlich das oben zitierte Statement des Hauptausschusses und betonen an anderer Stelle nochmals: „Um künftig den Fachkräftebedarf decken zu können, müssen noch stärker als bisher auch schwächere Jugendliche in das duale Ausbildungssystem integriert werden."

Anspruch der Jugendlichen auf Ausbildung

Arbeitgeber „Jeder Jugendliche soll möglichst zum Berufsabschluss geführt werden. Grundsätzlich ist es dabei die Aufgabe der Schule, Ausbildungsreife sicherzustellen

---

[65] 2011
[66] 2011
[67] 2011

260

und damit die Voraussetzungen für einen erfolgreichen Übergang zu schaffen. Wo dies aber nicht gelingt, muss es ein transparentes und kohärentes Übergangssystem zwischen Schule und Ausbildung geben."[68]

„Berufsvorbereitung muss denen vorbehalten sein, die zusätzliche Unterstützung benötigen. Alle anderen brauchen ein Ausbildungsangebot. ... Allen Jugendlichen in Berufsvorbereitung muss ein Anschluss in Ausbildung garantiert werden." **Arbeitnehmer**

„Allen Jugendlichen in der Berufsvorbereitung muss ein Anschluss in eine vollqualifizierende Ausbildung eröffnet werden. Die Länder und die allgemeinbildenden Schulen müssen ihrer Pflicht zur Vermittlung von berufsqualifizierenden Abschlüssen endlich gerecht werden. ... Jugendliche, die nur aufgrund mangelnder Ausbildungsangebote keinen betrieblichen Ausbildungsplatz finden, benötigen keine berufsvorbereitenden Maßnahmen (BvB) und keine Einstiegsqualifizierung (EQ). Sie sollten spätestens sechs Monate nach Beginn des Ausbildungsjahres einen Rechtsanspruch auf eine außerbetriebliche Ausbildung erhalten."[69]

Abstimmung zwischen Betrieb und Teilzeitschule

Zur Erhöhung der Attraktivität des dualen Systems fordern die Ländern eine **Länder** „verbesserte Abstimmung zwischen den zentralen Lernorten des dualen Systems durch verbindliche regionale Kooperation aller Verantwortungsträger, insbesondere die bessere Abstimmung der Lernabläufe zwischen den Ausbildungsverantwortlichen in Unternehmen und Schule".

Informelles Lernen

„Verfahren zur Einordnung non-formal und informell erworbener Kompetenzen **Hauptausschuss** sollen zügig entwickelt werden ..."[70]

„Bei der konkreten Zuordnung von Qualifikationen in den DQR ist zu berück- **Arbeitgeber** sichtigen, dass – unabhängig vom Bildungsbereich – die gleichen Zuordnungsprinzipien angewendet werden. Um den Aufwand zu verringern, empfiehlt sich zunächst eine pauschale Zuordnung nach Qualifikationstypen, die verbunden wird mit der Möglichkeit zur Überprüfung. Ferner sollten möglichst zeitnah noch offene Fragen geklärt werden, beispielsweise die Berücksichtigung non-formal und informell erworbener Lernleistungen."[71]

„Im Zusammenhang mit der Entwicklung des DQR wird deutlich: Die Validie- **Arbeitnehmer** rung nicht formal und informell erworbener Kompetenzen hat in der Bundesrepublik Deutschland noch wenig Gewicht. Berufliche Qualifikationen werden fast ausschließlich über formelle Bildungsgänge erfasst. ... Folgende Kriterien sollten bei der Validierung non-formal und informell erworbener Kompetenzen berücksichtigt werden:

---

[68] 2011
[69] 2011
[70] 2011
[71] 2011

- Die Anerkennung von non-formal und informell erworbenen Kompetenzen sollte als integraler Bestandteil der nationalen Qualifikationssysteme betrachtet werden.
- Umfassende berufliche Handlungskompetenz und moderne Beruflichkeit auf der Basis anerkannter Berufe sollten Bezugsrahmen für die Anerkennung non-formal und informell erworbener Kompetenzen sein.
- Die Sozialpartner müssen Schlüsselakteure bei der Entwicklung von Systemen zur Anerkennung von non-formal und informell erworbenen Kompetenzen sein.
- Notwendig ist ein formeller Rahmen, in dem die Anerkennung non-formal und informell erworbener Kompetenzen vollzogen wird.
- Das Anerkennungsverfahren muss für die Einzelne beziehungsweise den Einzelnen kostenlos sein, es soll aus Steuermitteln finanziert werden."[72]

Länder „Die Messung und Einbindung informell und nonformal erworbener Kompetenzen ist ein nächster Schritt auf dem Weg zur Erhöhung der Durchlässigkeit und Optimierung lebensbegleitenden Lernens. Jedoch wäre eine einheitlichere Handhabung dieses Instruments wünschenswert. Die Länder erwarten, dass die Bundesregierung und das BIBB entsprechende Forschungsaufträge initiieren."

Zusammenfassung der Äußerungen

Korrektheit des Berufsbildungs- berichts Der Hauptausschuss des BIBB sowie die Vertreter der Länder und der Arbeitnehmer betonen in ihren eigenen Stellungnahmen, dass im Gegensatz zu den Feststellungen des Berufsbildungsberichts noch keine Entspannung auf dem Lehrstellenmarkt eingetreten ist. Übereinstimmend kritisieren sie die ungenügende Transparenz der zugrunde liegenden Daten. Die Ländervertreter weisen u. a. auf den besonders wichtigen Aspekt hin, dass bei den unversorgten Lehrstellenbewerbern eine Unterscheidung von Warteschleifen und sinnvollen Verbleibsalternativen nicht möglich sei.

Vehemente Kritik üben die Arbeitnehmerbeauftragten, weil ihrer Auffassung nach nicht der Verpflichtung entsprochen wird, klar aufzeigen, wie groß die Versorgungslücke tatsächlich ist. Stattdessen wird die Situation beschönigt, wodurch der Eindruck entsteht, dass kein besonderer Handlungsbedarf gegeben ist.

Im Gegensatz zu den anderen Gruppen betonen die Arbeitgeber die positive Entwicklung der Lehrstellensituation und die ausgeglichene Bilanz. Sie fordern sogar, auf die Angabe der erweiterten Angebots-Nachfrage-Relation zu verzichten, die jene Lehrstellenbewerber berücksichtigt, die trotz alternativem Verbleib, wie beispielsweise im Übergangssystem, weiterhin eine Lehrstelle suchen.

Abschließend lässt sich festhalten, dass mehrheitlich eine unbefriedigende Datenlage konstatiert wird. Der Berufsbildungsbericht ist somit nicht korrekt; er erfüllt nicht die Verpflichtung, die derzeitige Situation offenzulegen und Vorschläge für die Beseitigung erkannter Defizite zu unterbreiten.

Übergangssystem als Problembereich Alle Gruppen sprechen sich für eine Umstrukturierung und effizientere Gestaltung des Übergangssystems aus. Passgenaue Förderung statt intransparente Viel-

---

[72] 2011

zahl der Maßnahmen sollte das Ziel sein. Weitgehende Übereinstimmung besteht auch darin, dass Berufsorientierung, Berufsvorbereitung und Berufsausbildung stärker miteinander zu verzahnen sind.

Die Stellungnahmen der Arbeitgebervertreter heben sich von den anderen dadurch ab, dass sie das Grundproblem bei der unzureichenden Qualifikation und Ausbildungsreife der Schulabgänger sehen. Die Arbeitnehmerseite hingegen weist darauf hin, dass eine große Zahl Jugendlicher nur deshalb auf Maßnahmen außerhalb des dualen Systems angewiesen ist, weil Ausbildungsplätze fehlen.

Die Verbesserung der Durchlässigkeit von der beruflichen Ausbildung in den tertiären Bereich wird von den Vertretern der Arbeitgeber, der Arbeitnehmer und der Länder gefordert. Die Länder betrachten dies als wichtige Maßnahme zur Steigerung der Attraktivität der dualen Ausbildung. Arbeitgeber und Arbeitnehmer fordern übereinstimmend Verfahren zur Anerkennung beruflicher Kompetenzen bei der Zulassung zu Studiengängen. **Durchlässigkeit in den tertiären Bereich**

Die Problematik überspezialisierter Berufe wird sowohl von Seiten der Arbeitnehmer als auch der Länder angesprochen. Beide Gruppen treten für breiter angelegte Ausbildungsgänge ein. Die Arbeitnehmervertreter widmen dieser Thematik besondere Aufmerksamkeit. Ihre Kritik richtet sich gegen eng spezialisierte zweijährige Berufsbildungsgänge, die sie als Schmalspurausbildungen ohne gesicherte Anschlussmöglichkeiten betrachten. Mindestens dreijährige Ausbildungsberufe sollten nach ihrer Auffassung der Standard sein. Bei der Kritik der Arbeitnehmer wird auch deutlich, dass sie der Modularisierung von Ausbildungsgängen grundsätzlich ablehnend gegenüberstehen. **Zusammenführung überspezialisierter Berufe**

Die Bedeutung der Weiterbildung wird von allen Gruppen hervorgehoben. Die Arbeitnehmervertreter stellen gravierende Defizite im Ausbaustand der beruflichen Weiterbildung fest und sprechen von einer „Weiterbildungswüste". Sie kritisieren, dass Weiterbildung ein Privileg für Beschäftigte oberhalb der Facharbeiterebene sei. Auch die Arbeitgeber räumen ein, dass die Weiterbildungsbeteiligung im internationalen Vergleich unterdurchschnittlich ist. Sie bemühen sich allerdings um eine Relativierung dieses Befundes durch das Argument, dass solche Vergleiche die hohe Ausbildungsbeteiligung im dualen System und die längerfristige Tragfähigkeit der vermittelten Qualifikationen nicht genügend berücksichtigen. Ferner fällt bei den Arbeitgebern auf, dass sie staatliche Aktivitäten beschränken wollen und den Schwerpunkt bei Weiterbildungsinitiativen in privater Regie sehen. Im Gegensatz dazu fordern die Arbeitnehmerbeauftragten die verstärkte Entwicklung von bundesweiten Weiterbildungsregelungen. **Ausbau der Weiterbildung**

Die Sicherung des Fachkräftenachwuchses ist ebenfalls ein Thema, das alle Gruppen ansprechen. Die Länder wiederholen in diesem Zusammenhang die Aussage des Hauptausschusses des BIBB. Danach muss die Ausbildungsleistung der Wirtschaft auf hohem Niveau gehalten werden, wobei es darauf ankommt, sowohl leistungsfähige Jugendliche zu gewinnen als auch Leistungsschwächere zu integrieren. Die Ausbildung schwächerer Schulabgänger scheint **Beseitigung des Fachkräftemangels** den Ländern besonders wichtig zu sein, denn sie betonen nochmals, dass diese stärker als bisher ins duale System einbezogen werden müssen.

Die Arbeitnehmervertreter erheben heftige Vorwürfe gegen die Wirtschaft und betrachten den oft beklagten Fachkräftemangel als hausgemacht, da nur die besten Schulabgänger als Lehrlinge ausgewählt werden, während man den Rest als nicht ausbildungsfähig abschreibt. Der Ruf nach ausländischen Fachkräften scheint den Arbeitnehmern daher völlig unberechtigt zu sein.

Die Arbeitgeber hingegen sprechen den Fachkräftenachwuchs nur insofern an, als sie hervorheben, die Wirtschaft habe bewiesen, dass sie auch bei schwierigen ökonomischen Rahmenbedingungen ihr hohes Ausbildungsengagement aufrecht erhält, um den Fachkräftenachwuchs zu sichern.

Anspruch der Jugendlichen auf Ausbildung Für die Arbeitnehmerbeauftragten stellt sich die grundsätzliche Frage, ob ein Anspruch der Jugendlichen auf Ausbildung besteht. Sie betonen, dass berufsvorbereitende Maßnahmen nur bei tatsächlichem Förderbedarf absolviert werden sollten und im Anschluss daran eine vollqualifizierende Ausbildung eröffnet werden müsse. Bei Jugendlichen, die nur aufgrund mangelnder Ausbildungsangebote keinen betrieblichen Ausbildungsplatz finden, lehnen die Arbeitnehmervertreter berufsvorbereitende Maßnahmen wie auch eine Einstiegsqualifizierung ab. Vielmehr sollten sie spätestens sechs Monate nach Beginn des Ausbildungsjahres einen Rechtsanspruch auf eine außerbetriebliche Ausbildung erhalten.

Die Arbeitgeberbeauftragten stellen hingegen lediglich fest, dass möglichst jeder Jugendliche zum Berufsabschluss geführt werden soll. Im Vordergrund steht ihrer Auffassung nach die Sicherung der Ausbildungsreife durch die Schule.

Abstimmung zwischen Betrieb und Schule Eine verbesserte Abstimmung zwischen Betrieb und Teilzeitschule sprechen nur die Ländervertreter an. Sie fordern dies im Zusammenhang mit einer Attraktivitätssteigerung des dualen Systems. Sie sprechen sich für eine verbindliche regionale Kooperation aller Verantwortungsträger aus und fordern insbesondere eine bessere Abstimmung der Lernabläufe zwischen den Ausbildungsverantwortlichen in Unternehmen und Schule.

Informelles Lernen Die Anerkennung non-formal und informell erworbener Kompetenzen wird von allen Gruppen angesprochen. Im Zusammenhang mit der Erarbeitung des Deutschen Qualifiktionsrahmens sehen sie übereinstimmend entsprechenden Handlungsbedarf. Die Länder erwarten, dass die Bundesregierung und das BIBB Forschungsaufträge in diesem Bereich vergeben.

Die Arbeitnehmervertreter befassen sich intensiv mit der Validierung informell erworbener Kompetenzen. Diese sollten nach ihrer Auffassung als integraler Bestandteil der nationalen Qualifikationssysteme betrachtet werden. Sie legen einen Kriterienkatalog vor, der bei Validierungsverfahren zu berücksichtigen ist. Dabei betonen sie, dass berufliche Handlungskompetenz und moderne Beruflichkeit auf der Basis anerkannter Berufe der Bezugsrahmen sein müsse. Ferner unterstreichen sie die Schlüsselrolle der Sozialpartner, die Notwendigkeit eines formellen Rahmens sowie die Kostenfreiheit für den Einzelnen.

Fazit

Die verschiedenartigen Stellungnahmen zeigen, dass in Deutschland der Sektor berufliche Bildung teilweise unterschiedlich bewertet wird. Zudem fällt auf, dass der verspätete Lehreintritt in den Stellungnahmen überhaupt nicht erwähnt wurde.

Übereinstimmende Stellungnahmen und Unterschiede

Die jährlichen Berufsbildungsberichte regen jeweils zu einer ausführlichen Diskussion an. Die Vorschläge und Beanstandungen bleiben allerdings ohne Auswirkungen auf die Weiterentwicklung der beruflichen Bildung in Deutschland, da daraus zunächst keine konstruktiven und realisierbaren Vorschläge erwachsen. Unschwer erkennbar ist, dass die im Hauptausschuss vertretenen Gruppen nicht ohne Weiteres gemeiname Lösungen finden können.

Die Stellungnahmen beziehen sich einmal auf den Inhalt der Berufsbildungsberichte, zum anderen gehen sie auf Sachverhalte ein, die darin überhaupt nicht angesprochen werden. So weisen sie auf Mängel hin, die von amtlicher Stelle nicht erfasst sind, und zeigen, dass die betreffenden Berufsbildungsberichte relevante Themen und Problembereiche ausklammern.

In den Berufsbildungsberichten fehlen die gemäß § 86 Abs. 1 BBiG vom BMBF verlangten Vorschläge zur Lösung anstehender Probleme und Mängel. Damit erfüllen sie die ihnen gestellten Aufgaben nicht.

Neue Gesetzesinitiative erforderlich

Initiativen seitens der Bundesregierung wie beispielsweise die Einführung eines Bonus für Betriebe, die besonders förderungsbedürftige Altbewerber ausbilden, erscheinen eher als Kurieren an Symptomen, denn als grundlegende Reformansätze. Die starke Betonung der erfolgreichen Fortführung des Nationalen Paktes für Ausbildung und Fachkräftenachwuchs lässt erkennen, dass primär die Wirtschaft als für die Versorgung mit Ausbildungsmöglichkeiten verantwortlich betrachtet wird und der Staat sich auf flankierende Maßnahmen – z. B. Berufsvorbereitung – beschränkt.

Es fehlt in Deutschland eine zentrale, integrierende Kraft, die die verschiedenartigen Interessen im Nebeneinander abzuwägen imstande ist und grundlegend neue Weichenstellungen auch in der Berufsbildungsgesetzgebung initiieren kann (vgl. Abschnitt 9.4).

Die Berufsbildungsberichte gehen nicht darauf ein, dass immer wieder gemeldet wird, Jugendliche seien an der dualen Ausbildung nicht mehr interessiert. Dieser Frage muss nachgegangen werden, denn in einem Bericht wurde von den Ländern vorgebracht, dass vollzeitschulische Angebote, die in Konkurrenz zur dualen Berufsausbildung stehen, zu reduzieren seien.[73] Was hier in jüngerer Zeit immer deutlicher erkennbar wird, ist in anderen Ländern eine Selbstverständlichkeit und hat dort Tradition.

Interesse an Dualausbildung reduziert

Eine andere Stellungnahme zum Berufsbildungsbericht sagt aus, dass die duale Ausbildung dann einen Auftrieb erhalten könnte, wenn sie den Durchstieg in den Hochschulbereich ermöglicht, z. B. über das Programm *lebensbegleitendes*

Aufstiegsmöglichkeiten unzureichend

---

[73] Berufsbildungsbericht 2010, S. 80

Lernen. Das heißt, die Bildungsangebote werden in Deutschland nicht als Gesamtsystem gesehen. Die Ausbildung gemäß BBiG gerät immer mehr in eine Art Randposition.

Zu berücksichtigen ist, dass Vollzeitschulen als Einrichtungen ohne jeglichen Praxisanteil als nicht EU-konform gelten. Es sollte also eine Konkurrenz zwischen attraktiven Ausbildungsgängen bestehen. Dies ist in Deutschland nicht der Fall. Wenn heute von Seiten der Wirtschaft vorgebracht wird, die Jugendlichen wollten nicht mehr ausgebildet werden, liegt der Grund im Fehlen attraktiver Angebote. Es ist nicht zu vertreten, dass, dass der Weg in den Tertiärbereich nur über Sondermaßnahmen führt und nicht über die reguläre Ausbildung.

c) Berichterstattung durch ein Expertengremium

Aufgabenstellung Neben die laut Berufsbildungsgesetz erstellten Berufsbildungsberichte trat im Jahre 2006 eine neue umfassende Berichterstattung zum deutschen Bildungswesen, erarbeitet von einem Konsortium unabhängiger Experten. Auftraggeber für diese in zweijährigem Turnus publizierten Untersuchungen sind das BMBF und die Kultusministerkonferenz. Während für den Berufsbildungsbericht allein der Bund zuständig ist, handelt es ich hier um eine gemeinsame Initiative von Bund und Ländern.

Ihrer Aufgabenstellung nach sind die Publikationen des Expertengremiums als „indikatorengestützte Berichte" angelegt. Sie verstehen sich als problemorientierte Darstellung des Bildungswesens und seiner Leistungsfähigkeit.

Drei Sektoren Das Konsortium für die Erarbeitung dieses Bildungsberichts prägte für die verschiedenartigen Initiativen und Formen der Berufsvorbereitung zwischen Schulentlassung und Ausbildungseintritt den Begriff *Übergangssystem.* Es kennzeichnet damit einen inzwischen angewachsenen und zunächst noch nicht in die Diskussion einbezogenen Sektor neben der dualen Ausbildung und der Ausbildung in berufsqualifizierenden Vollzeitschulen, dem so genannten *Schulberufssystem.* Anlage 32 veranschaulicht die Größenordnung dieser drei Blöcke im Nebeneinander.

Bewertung des Übergangssystems Schon der erste Bericht *Bildung in Deutschland* dieser Expertengruppe vom Jahre 2006 behandelte im Detail Probleme der unzureichenden Versorgung mit Ausbildungsplätzen und das Anwachsen des Übergangssystems. Auch im zweiten Bericht des Jahres 2008 fiel die Bewertung des Übergangssystems kritisch aus:

> „Zwar gelingt es, mit viel Zeit- und Personaleinsatz etwa der Hälfte der Teilnehmerinnen und Teilnehmer am Übergangssystem eine qualifizierende Ausbildungsperspektive zu vermitteln. Auf der anderen Seite steht der nicht erfolgreiche Teil derjenigen, für die aller Zeit- und Lernaufwand vergeblich bleibt."[74]

Das Verdienst der Expertengruppe ist, dass die Diskussion um diesen Problembereich bald darauf nahezu alle Stellen erfasste, die sich mit der Thematik berufliche Bildung beschäftigen.

---

[74] Bildung in Deutschland 2008. Ein indikatorengestützter Bericht mit einer Analyse zu Übergängen im Anschluss an den Sekundarbereich I. Hrsg.: Autorengruppe Bildungsberichterstattung. Bielefeld 2008, S. 168

Anl. 32: **Verteilung der Neuzugänge auf die drei Sektoren des beruflichen Ausbildungssystems 2006**[75]

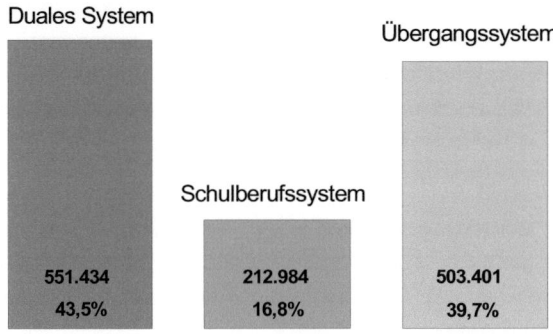

Quelle: Die berufsbildende Schule. Zeitschrift des Bundesverbandes der Lehrerinnen und Lehrer an berufsbildenden Schulen (BLBS). Titelblatt des Heftes 04/09

Ferner wird von diesem Gremium darauf verwiesen, dass das Ausbildungsplatzangebot die jährliche Neunachfrage der Schulabsolventen und die bereits aufgestaute Nachfrage aus den Vorjahren nicht befriedigen kann. Die Expertengruppe stellt eine „Verfestigung von Passungsproblemen an der Schwelle zwischen allgemeinbildenden Schulen und qualifizierter beruflicher Ausbildung" fest.[76]

Im Bericht des Jahres 2010 wird kritisch angemerkt, dass „trotz eines vor allem demografisch bedingt etwas entspannteren Ausbildungsstellenmarktes die Hälfte der Jugendlichen mit Hauptschulabschluss und mehr als drei Viertel von denen ohne Hauptschulabschluss ins Übergangssystem gehen".[77]

Auch ein Teil der Realschulabsolventen mündet ins Übergangssystem ein, also Schulabgänger, die durchaus ausbildungsreif sind. Im Jahre 2008 z. B. besaßen 18,4 % der Neuzugänger in diesem Sektor einen mittleren Bildungsbabschluss.[78]

Überraschenderweise leitete der erste Bericht des Expertengremiums sein Kapitel *Berufliche Ausbildung* mit äußerst positiven Aussagen zum deutschen Berufsbildungssystem ein[79]:

    „Die deutsche Berufsausbildung unterhalb der Hochschulebene gilt bis heute
    in der internationalen Diskussion als vorbildlich. Ihren Ruf verdankt sie ins-

Widersprüchliche Feststellungen

---

[75] In den Jahren 2007 und 2008 verringerten sich die Neuzugänge ins Übergangssystem. 2007 waren es 429.299 (35,4 %) und 2008 397.277 (34,1 %). Bei kaum veränderten Neueintritten ins Schulberufssystem lagen die Zugänge zum dualen System 2007 bei 558.501 (46,9 %) und 2008 bei 569.460 (47,9 %). Vgl. Bildung in Deutschland 2010. Ein indikatorengestützter Bericht mit einer Analyse zu Perspektiven des Bildungswesens im demografischen Wandel. Hrsg.: Autorengruppe Bildungsberichterstattung. Bielefeld 2010, S. 96

[76] Ebd., S. 99

[77] Bildung in Deutschland 2010, a.a.O., S. 99

[78] Ebd., S. 98

[79] Bildung in Deutschland. Ein indikatorengestützter Bericht mit einer Analyse zu Bildung und Migration. Hrsg.: Konsortium Bildungsberichterstattung im Auftrag der KMK und des BMBF. Bielefeld 2006, S. 79

besondere dem dualen System aus betrieblicher und schulischer Ausbildung. Die duale Berufsausbildung schuf und schafft nicht nur ein großes Reservoir gut ausgebildeter Fachkräfte, das als wichtige Voraussetzung für den wirtschaftlichen Erfolg und als komparativer Vorteil der deutschen Wirtschaft im internationalen Wettbewerb angesehen wird. Sie vermittelt auch bis heute der Mehrheit der Jugendlichen wie kaum ein anderes Berufsausbildungssystem einen qualifizierten Berufsabschluss und ermöglicht bisher relativ bruchlose Übergänge von der Schule in den Arbeitsmarkt."

Übereinstimmend positive Stellungnahmen

Es erscheint äußerst schwierig zu ergründen, warum die Expertengruppe die obige Einleitung voranstellte. Zu berücksichtigen ist, dass bis zu diesem Zeitpunkt alle Stellungnahmen zur beruflichen Bildung auf eine äußerst positive Situation in Deutschland hingewiesen haben.

Schon bald dominieren in den Berichten dieser Expertengruppe kritische Stellungnahmen.

Die zitierte Formulierung aus dem ersten Bericht ist fast deckungsgleich mit zahlreichen Stellungnahmen von Verbänden und anderen Institutionen zur beruflichen Bildung in Deutschland. So stellte beispielsweise der Deutsche Industrie- und Handelskammertag (DIHK) fest:

„Die duale Ausbildung ist seit Jahrzehnten eine bewährte und bedeutsame Quelle für den Fachkräftenachwuchs in Deutschland. Die duale Ausbildung garantiert eine qualitativ hochwertige, bundesweit einheitliche berufliche Qualifizierung – und somit die Mobilität von Arbeitskräften und deren Einsatz in Unternehmen. ... Absolventen finden anschließend gut eine Beschäftigung – weit besser als in Ländern, in denen rein schulische Ausbildungsformen dominieren. Derzeit absolvieren hierzulande 60 Prozent eines Jahrgangs eine betriebliche Ausbildung ...".[80]

Das Gleiche gilt für die Aussage im Koalitionsvertrag der neuen Bundesregierung vom Jahre 2009.

Die zahlreichen positiven Stellungnahmen untermauern die Wertschätzung des deutschen Systems, so dass Einzelmeldungen mit negativem Tenor, die pauschale positive Meinung nicht ins Wanken bringen können.

Diskrepanz der Berichterstattung

Die Berichte *Bildung in Deutschland* des Expertengremiums erscheinen bis auf die äußerst positive Eingangsbewertung der deutschen Berufsausbildung im folgenden Aufzeigen von Problemen deutlich schwachstellenbewusster als der Berufsbildungsbericht. Auftragsgemäß legte das Expertengremium zahlreiche kritische Befunde vor. Ihr ist allerdings nicht die Funktion übertragen, Maßnahmen zur Beseitigung erkannter Mängel vorzuschlagen. Bei den Berufsbildungsberichten hingegen zählt es zu den zentralen Aufgaben laut § 86 Abs. 1 Berufsbildungsgesetz, Vorschläge zu unterbreiten, die in der Lage sind, die Defizite zu beheben.

Zusammenfassend kann gesagt werden, dass die Berufsbildungsberichte des BMBF bisher nur ganz wenige konstruktive Ergebnisse erbrachten. Die Berichte

---

[80] „Dual mit Wahl" Ein Modell der IHK-Organisation zur Reform der betrieblichen Ausbildung. Stand: 22. Februar 2007

des Expertengremiums geben im Gegensatz dazu relevante Aufschlüsse, leiten daraus aber keine Reformvorschläge ab.

Seit dem Jahre 1980 schiebt sich der Antritt der Lehre immer weiter hinaus; damit verringert sich der Anteil ausgebildeter Fachkräfte. Vorgeschlagen wird amtlicherseits u. a., diese Lücken über Anwerbung aus dem Ausland zu schließen, wobei zu beachten ist, dass diese Fachkräfte zumeist in berufsqualifizierenden Vollzeitschulen ausgebildet worden sind.

Fehlende Ausbildungsmöglichkeiten

Die Neufassung des BBiG 2005 berücksichtigte die eingetretene Situation im Bereich der beruflichen Bildung nicht. Sie brachte keine Ansätze zur Lösung des Problems fehlender Ausbildungsmöglichkeiten für die Schulentlassenen. Dies wirft die Frage auf, welche staatliche Stelle in Deutschland notwendige Reformen initiieren könnte (vgl. Abschnitt e).

d) Entwicklung der badischen Gewerbeschulen in staatlicher Zuständigkeit

Das Modell Polytechnische Schule in Kooperation mit der badischen Gewerbeschule unterscheidet sich von der heutigen Situation vor allem durch die derzeit fehlende staatliche Zuständigkeit. Im Rückblick ist erkennbar, dass dieses Defizit in der beruflichen Bildung in Deutschland als Ursache für dringenden Reformbedarf gesehen werden muss.

Staat als oberste Zuständigkeit

Nach den Vorschlägen der EU vom Jahre 2000 samt Folgebeschlüssen ist das lebenslange Lernen zu realisieren, was zwingend ein staatliches Prüfungssystem verlangt. Die Situation, dass bisher Ausbildungsberufe nur im Verantwortungsbereich der Wirtschaft geprüft werden, steht im Gegensatz zur EU-Forderung, nach dem Grundsatz lebenslanges Lernen vorzugehen.

Besonders aktiv wurden die staatlichen Stellen in Baden beim Ausbau von Schulwerkstätten, die ein Ministerialerlass vom Jahre 1924 definitiv regelte. Dieser in Abschnitt 6.3 bereits erwähnte Erlass unterstrich die Ergänzungsfunktion des Werkstättenunterrichts und speziell das Vorgehen nach methodisch aufgebauten Lehrgängen sowie die Notwendigkeit einer engen Verbindung der Schulwerkstatt mit dem übrigen Fachunterricht.

Ausbau von Schulwerkstätten

Die badischen Kammern standen den Schulwerkstätten von vornherein positiv gegenüber. Dies zeigte sich beispielsweise anlässlich der Bemühungen von K. F. Kuhn, dem Direktor der Karlsruher Gewerbeschule, nach dem Ersten Weltkrieg die Schulwerkstätten, deren maschinelle Ausstattung größtenteils zum Einsatz in der Rüstungsindustrie abgezogen worden war, wieder einzurichten (vgl. Abschnitt 6.3). Kuhn wandte sich 1921 in einer Denkschrift an Industrielle und Privatpersonen mit der Bitte um Unterstützung. Wohlwollende Stellungnahmen der Handwerks- sowie der Handelskammer für die Kreise Karlsruhe und Baden-Baden verliehen diesem Anliegen Nachdruck. Die Kammern leisteten zudem finanzielle Unterstützung bzw. empfahlen ihren Mitgliedsbetrieben, dies zu tun.

Befürwortung durch die Kammern

Die besondere Situation in Baden und Württemberg erklärt sich aus dem Wirken der beiden Reformer Nebenius und Steinbeis in engem Zusammenwirken mit den jeweiligen Regierungen.

Planung durch Nebenius und Steinbeis

Anl. 33: Prüfungs-Zeugnis für Gesellen- und Schulprüfung in Württemberg (1933–1945)

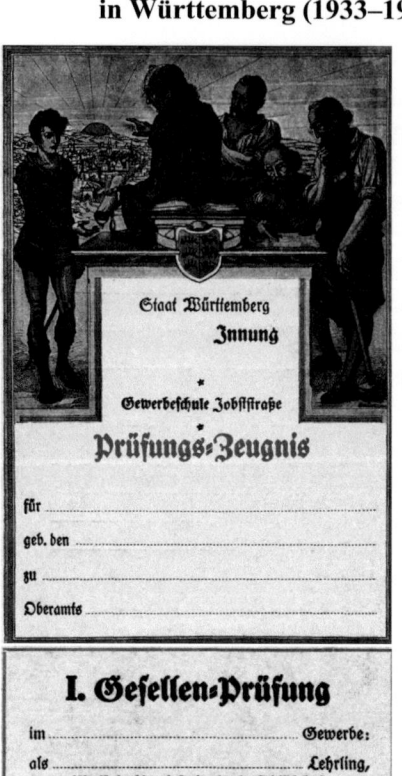

Der Ausbau der beruflichen Bildung unterhalb der Hochschulen erfolgte auf der Basis von Vergleichen mit den Systemen anderer Staaten. Steinbeis besuchte z. B. berufliche Schulen in Flandern und Nebenius Staatsgewerbeschulen in Frankreich. So gelang es, ein leistungsfähiges System betriebsgebundener Ausbildung zu entwerfen, das danach auch in Nachbarländern als richtungsweisend gesehen wurde.

Das Neue der EU-Empfehlung vom Jahre 1979 zur verstärkten Einführung der dual-alternierenden Ausbildung war in Grundelementen also schon etwa hundert Jahre zuvor in den badischen Teilzeitschulen realisiert worden. Diese Vorarbeiten blieben nicht ohne Auswirkungen auf die Zeit danach mit engen Kontakten zwischen Wirtschaft und Schule.

Das Zusammenwirken in der Prüfung war eine Zielsetzung, die es immer wach zu halten galt. Dies veranschaulicht die Anlage 33 mit Vordrucken für die Gesellen- und Schulprüfung in Württemberg in der Zeit von 1933 bis 1945. Anzumerken ist dabei, dass in der Schulprüfung auch das Fach Werkstattunterricht einbezogen und geprüft wurde.

So erklärt es sich, dass später in Baden-Württemberg die Berufsschulen im Gesamtsystem immer eine besondere Position einnahmen und es z. B. wegen des Bestehens von Schulwerkstätten leicht fiel, Grundbildungsjahre für eine Reihe von Handwerksberufen einzurichten.

Aus dieser Tradition heraus wird verständlich, dass auch heute die Schulprüfungen und die Lehrabschlussprüfungen im Verbund erfolgen, und zwar über die „Vereinbarung zwischen dem Kultusministerium und den zuständigen Stellen über die gemeinsame Durchführung des schriftlichen Teils der Schulabschlussprüfung und der Abschlussprüfung in anerkannten Ausbildungsberufen gemäß § 37 und § 64 BBiG" in Baden-Württemberg vom Jahre 1973.

Diese Vereinbarung war nur möglich, weil ein fundiertes Interesse an der gemeinsamen Abschlussprüfung sowohl auf Seiten der Betriebe und Teilzeitschulen als auch der Kammern und des Kultusministeriums bestand.

e) Zentrale Zuständigkeit für die berufliche Bildung gefordert

In einem Bericht an die EU-Kommission vom Jahre 2005 stellte das Bundesministerium für Bildung und Forschung (BMBF) die Zuständigkeiten für Bildung und Berufsbildung in Deutschland detailliert dar. Zu den Kompetenzen der Länder hieß es:

> „Die Länder sind zuständig für das Schulwesen einschließlich der beruflichen Schulen, für die Hochschulen und die Weiterbildung, soweit das Grundgesetz nicht dem Bund Gesetzgebungsbefugnisse verleiht."

Dazu teilte das BMBF abschließend mit, dass es für das Bildungswesen keine zentrale Zuständigkeit gibt und führte aus:

> „Eine verfassungsrechtliche Kompetenz, die eine Koordinierung im Bildungsbereich erzwingen könnte, gibt es in der Bundesrepublik Deutschland nicht. Unbeschadet dessen besteht in Deutschland zwischen den Ländern, ... sowie zwischen Bund und Ländern ein breiter Konsens über die Ziele, die das Bildungswesen ... anvisieren muss."[81]

Hinsichtlich der Zuständigkeit für die berufliche Bildung in Deutschland ist auf der Basis dieser Erklärung des BMBF folgenden Fragen nachzugehen:
- Inwieweit besteht Konsens über die Ziele des Berufsbildungssystems?

---

[81] Deutscher Fortschrittsbericht 2005 zur Umsetzung des Arbeitsprogramms „Allgemeine und berufliche Bildung 2010" der EU. Brüssel 2005, S. 4

- Warum wird das Fehlen einer zentralen, übergreifenden Kompetenz für die Berufsausbildung nicht beanstandet?
- Welche Zuständigkeiten für die berufliche Bildung liegen bei staatlichen Stellen?

Inwieweit besteht Konsens über die Ziele des Berufsbildungssystems?

Zum Ausdruck gebrachte Vorzüge

Aus den oftmals publizierten Aussagen zur Beurteilung des Berufsbildungssystems ergeben sich tatsächlich ganz im Sinne der Feststellung des BMBF Übereinstimmungen.

Im Koalitionsvertrag der neuen Bundesregierung vom Jahre 2009 wurden die Vorzüge der beruflichen Bildung wie folgt dargestellt[82]:

> „Die berufliche Bildung in Deutschland wird weltweit hoch geschätzt. Das duale Ausbildungssystem ist ihr Herzstück. Es ist Garant für gute Übergänge in den Arbeitsmarkt und eine im internationalen Vergleich geringe Jugendarbeitslosigkeit."

Ähnlich äußerten sich auch andere Institutionen auf Bundes- und Landesebene. Gleichlautend wird die Auffassung vertreten, dass Deutschland ein gutes, ja geradezu mustergültiges Dualsystem besitzt. Offensichtlich bleibt unberücksichtigt, dass es in Ausbildungsgängen nach dem BBiG keine Partnerschaft mit der Teilzeitschule gibt und die alleinige Zuständigkeit beim Ausbildungsbetrieb liegt. Deshalb müsste dieser Ausbildungsgang eigentlich als *Monosystem* bezeichnet werden. Auch der Hinweis auf die geringe Jugendarbeitslosigkeit entspricht nicht den tatsächlichen Gegebenheiten (vgl. Abschnitt 9.2 a).

Bei den zahlreichen positiven Stellungnahmen, die jährlich erscheinenden Berufsbildungsberichte eingeschlossen, wird die deutsche Berufsausbildung auch in der Öffentlichkeit in gleicher Weise gesehen.

Negative Stellungnahmen kaum beachtet

Negative Stellungnahmen gibt es nur vereinzelt. Als Beispiele seien genannt:
- *STERN* 3/2009: Von den „Lehrstellensuchenden des vergangenen Berichtsjahres wurde nur knapp jedem zweiten eine Lehrstelle vermittelt."
- *SPIEGEL* 51/2009: „In Zukunft sollen ausbildungsreife Jugendliche ohne Ausbildungsplatz keine Zeit mehr in Übergangsmaßnahmen verlieren."
- ZDF-Magazin *Frontal21* vom 24.3.09: „Maßnahme reiht sich an Maßnahme, ohne dass die Jugendlichen wirklich vorankommen."
- Gewerkschaft Erziehung und Wissenschaft: „Grundsätzlich muss der Staat die Verantwortung für die Ausbildung der nachkommenden Generationen tragen ..."[83]

Die häufig wiederholten positiven Stellungnahmen bewirken, dass von Einzelmeldungen dieser Art kaum Notiz genommen wird.

Auf breiter Basis erarbeitete Vorschläge

Teilweise gibt es Vereinbarungen über längerfristig zu erreichende Zielsetzungen im Bildungswesen. Hier ist als Beispiel die schon erwähnte *Dresdner Erklärung* zu nennen, die u. a. darauf abzielt, den Anteil der Ausgaben für Bildung

---

[82] Wachstum. Bildung. Zusammenhalt. Koalitionsvertrag, 17. Legislaturperiode, S. 61
[83] Neß, H.: Generation abgeschoben. Warteschleifen und Endlosschleifen zwischen Bildung und Beschäftigung. Daten und Argumente zum Übergangssystem. Hg.: Hauptvorstand GEW. Bielefeld 2007, S. 168

und Forschung bis zum Jahr 2015 auf 10 % des Bruttoinlandsprodukts zu steigern und die Zahl der Schulabbrecher zu reduzieren.

Der bereits genannte *Innovationskreis berufliche Bildung* hatte im Jahre 2007 eine Reihe von *Leitlinien zur Modernisierung der beruflichen Bildung* vorgelegt, deren Umsetzung allerdings noch wenig vorangekommen ist.

Warum wird das Fehlen einer zentralen, übergreifenden Kompetenz für die Berufsausbildung nicht beanstandet?

Diese Frage erübrigt sich eigentlich, da nach der auch offiziell positiven Beurteilung des Berufsbildungssystems alles unverändert weiterbestehen könnte. Eine staatliche Stelle mit übergreifender Zuständigkeit wäre demnach nicht erforderlich. So dürfte der Vorschlag zur Installierung einer übergeordneten staatlichen Institution bei zuständigen Stellen der Wirtschaft auf Widerstand stoßen. *(Zentraler Steuerungsbedarf noch nicht erkannt)*

In seiner Mitteilung an die EU im Jahre 2005 erwähnte das BMBF nicht, dass die Zuständigkeit für die betriebliche Ausbildung gemäß Berufsbildungsgesetz 1969/2005 bei den Kammern der Wirtschaft liegt. Diese Kompetenzzuweisung ist offensichtlich Grund dafür, dass die Kultusministerien nicht aktiv werden. Die sich ergebende Situation kennzeichnete der Wirtschaftspädagoge Prof. D. Euler wie folgt: *(Ungeklärte Verantwortlichkeit)*

> „Die Unternehmen und die für die Berufsabschlüsse zuständigen Kammern müssten sich bewegen und es zulassen, dass junge Menschen in Berufsschulen und in außerbetrieblichen Lehrwerkstätten zu vollwertigen Berufsabschlüssen gelangen können."[84]

Das Berufsbildungsgesetz 1969 baute auf der Novelle zur Reichsgewerbeordnung von 1897 auf und übertrug die Kompetenz für die berufliche Bildung dementsprechend den Kammern der Wirtschaft. Die Zuständigkeit der Kultusministerien steht also neben diesem Verantwortungsbereich, womit sich die zwingende Notwendigkeit der Einrichtung einer zentralen staatlichen Koordinierungsstelle ergibt.

Anlässlich des Berufsschultages in Bamberg am 13.11.2009 sprach sich der Vorsitzende des Bundesverbandes der Lehrerinnen und Lehrer an beruflichen Schulen für die Einrichtung einer „staatlichen Koordinierungsstelle für die berufliche Bildung" aus: *(Steuerung aus einer Hand gefordert)*

> „Wir brauchen eine Steuerung aus einer Hand", betonte er. In einer Koordinierungsstelle könnten die bildungspolitischen Vorstellungen der Sozialpartner, der Kammern, der Bundesländer wie auch der Lehrerverbände „zum Ausgleich gebracht und verbindlich für alle Bundesländer geregelt werden".[85]

Der Verband setzt sich außerdem für folgende Zielsetzungen ein:

> „Berufsschulen sollen im Prüfungswesen eigenständig beteiligt sein. Das Prüfungsmonopol der Kammern soll abgeschafft werden."

---

[84] Zitiert nach Heinemann, K.-H.: Zwischen Schule und Beruf. Die Mängel des Übergangssystems. In „Deutschlandradio" 27.04.10, http://www.dradio.de/dlf/sendungen/hintergrundpolitik/1171873/

[85] http://www.blbs.de/aktuell/nachrichten/131109_berufsschultag_gehlert.html (Abruf 3.5.2010)

Welche Zuständigkeiten für die berufliche Bildung liegen bei staatlichen Stellen?

Kompetenz für die Teilzeitschule
Die Mitwirkung der Berufsschule als Teilzeitschule ist im Berufsbildungsgesetz von 1969 nicht geregelt, obwohl die betriebsgebundene Ausbildung in ihrem Curriculum generell die Teilzeitschule einzubeziehen hat.
Die BBiG versäumte dies und übertrug dem Betrieb die alleinige Verantwortung für die Ausbildung. Diese Fehlentscheidung ist letztlich weitgehend für die derzeitigen Defizite in der beruflichen Bildung in Deutschland verantwortlich.

Länderzusage für vollzeitschulische Ausbildung
Im ersten Berufsbildungsbericht vom Jahre 1977, in dem es darum ging festzustellen, ob den Forderungen des Ausbildungsplatzförderungsgesetzes gemäß ein Angebotsüberhang an Ausbildungsplätzen besteht bzw. bei ungenügender Versorgungslage eine Berufsausbildungsabgabe zu erheben sei, erklärten die Länder, dass sie verstärkt Ausbildungsmöglichkeiten in Vollzeitschulen zur Verfügung stellen würden.[86]

Einweisung ins Übergangssystem
In der derzeitigen Situation gelingt es nur einem Drittel der Schulentlassenen, in ein Lehrverhältnis einzutreten. Die Lücke im Ausbildungsangebot wird von den Bundesländern jedoch nicht abgedeckt, sondern die Jugendlichen nur in das so genannte Übergangssystem eingewiesen. Dadurch wird zumindest erreicht, dass die betreffenden Jugendlichen nicht als arbeitslos gelten. Die Gesamtkosten für das Übergangssystem werden auf 4 bis 7 Mrd. € pro anno geschätzt.
Nach dem derzeitigen Stand sind in den beruflichen Schulen des Landes Baden-Württemberg etwa ein Drittel der Lehrkräfte im Teilzeitsystem eingesetzt und der Rest in Maßnahmen der Berufsvorbereitung, wozu auch Warteschleifen gehören. Der mehrfach in Stellungnahmen zum Berufsbildungsbericht vorgebrachten Forderung, berufsqualifizierende Vollzeitschulen einzurichten, wurde bisher nicht entsprochen

Keine Angebote der Kultusministerien
Das anhaltende Dilemma der unzureichenden Versorgung mit Ausbildungsmöglichkeiten ist auch auf fehlende Initiativen der Bundesländer zurückzuführen, denn laut Verfassung sind sie für Bildung und Berufsausbildung mit Ausnahme der Ausbildung im Betrieb zuständig. Auch Schulentlassenen mit nachgewiesener Ausbildungsreife bieten die Kultusministerien keine berufsqualifizierenden Ausbildungsgänge an. Ihre Aktivitäten beschränken sich grundsätzlich darauf, nicht versorgten Jugendlichen Maßnahmen des Übergangssystems bereitzustellen. Der finanzielle Aufwand für diese vollzeitigen Maßnahmen ist ähnlich hoch wie bei einer Berufsausbildung in Form qualifizierender Vollzeitschulen mit einbezogenen Praktika.

Bringschuld der Wirtschaft
Nach wie vor erwarten die Länder von der Wirtschaft, dass sie in ausreichendem Umfang Lehrstellen anbietet, und bringen dies immer wieder über Appelle zum Ausdruck. Die Wirtschaft ist aber offensichtlich nicht in der Lage, diese Erwartung zu erfüllen. Sie weist einerseits auf die geringe Ausbildungsfähigkeit der Schulentlassenen hin und andererseits darauf, dass sie ihrer Selbstver-

---

[86] Vgl. Der Bundesminister für Bildung und Wissenschaft: Berufsbildungsbericht 1977. Bonn 1977, S. 25

pflichtung zur Bereitstellung von Lehrstellen quantitativ bereits nachkomme. Die dabei oft genannten weitgehend ausgeglichenen Bilanzen von Lehrstellenangebot und -nachfrage sind jedoch de facto unrichtig, da der Lehrantritt mit ca. 70 % überwiegend im Erwachsenenalter erfolgt, was das bestehende Problem verschleiert.

Die aus dem Handwerkerschutzgesetz von 1897/1900 abgeleitete Kompetenz der Kammern ist insofern infrage gestellt, als das betriebsgebundene System die laut BBiG erwartete Erstausbildung für die nachwachsende Generation seit Jahren nicht mehr im nötigen Umfang leistet. In Deutschland fehlt eine Bildungsplanung, die normalerweise mit der Bildungskompetenz auf Bundes- und Landesebene in Verbindung stehen müsste. Dabei ist festzustellen, dass die Angebote gemäß traditioneller Handwerksberufe in heutiger Zeit als einziges Bildungsmodell keineswegs mehr ausreichen. Verlangt werden zunehmend Berufe, von denen aus ein Umsteigen auf benachbarte Fachrichtungen bis hin zum Aufstieg in den tertiären Bereich möglich ist. Dieser würde dadurch einen praxiserfahrenen Nachschub erhalten. *(Fehlen einer Bildungsplanung)*

Der in Anlage 34 dargestellte Vergleich zwischen Deutschland und Österreich zeigt, dass in Österreich die dualen Ausbildungsgänge zum größten Teil direkt nach der Schulentlassung beginnen, während sie in Deutschland überwiegend im Erwachsenenalter angetreten werden. Die Angaben in dieser Abbildung vom Jahre 2002/03 sind für Deutschland hinsichtlich der späteren Übergänge noch leicht nach oben zu korrigieren (vgl. Anl. 27). Per Saldo wird also in Österreich im Jugendalter doppelt so viel beruflich ausgebildet wie in Deutschland. *(Fehlende Vergleiche)*

Ein anderer Gesichtspunkt kommt noch hinzu. Während in Deutschland zunehmend angestrebt wird, die allgemeine Schulpflicht auf zehn Jahre zu erhöhen, beginnt in Österreich die Ausbildung traditionell nach der achten Schulstufe. Einen Schulzweig *Realschule* kennt Österreich nicht, so dass die Jugendlichen dort insgesamt früher eine Berufsausbildung antreten. *(Früher Ausbildungsantritt in Österreich)*
Deutsche Experten, die berufliche Schulen in Österreich besuchen, sind erstaunt über das durchweg jüngere Alter der in Ausbildung Stehenden. Dies lässt sich auch durch Vergleiche exakt quantifizieren.

Die Grafik veranschaulicht, dass berufliche und allgemeine Bildung in Österreich miteinander verzahnt sind und die berufsbildenden höheren Schulen weit stärker frequentiert werden als das dortige allgemein bildende Gymnasium. In Deutschland hingegen sind Berufsbildung und Allgemeinbildung weitgehend getrennt. Die in Deutschland immer wieder geforderte Verlängerung der allgemeinen bildenden Schulzweige verzögert auch den Abschluss der Berufsausbildung, so dass per Saldo der Fachkräftebedarf in Österreich wesentlich besser abgedeckt wird als in Deutschland. *(Späterer Übergang in Deutschland)*
Die in Deutschland unschwer festzustellende Trennung zwischen Berufsbildung und Allgemeinbildung erinnert an die Zeit des Neuhumanismus Anfang des 19. Jahrhunderts mit der Aussage Wilhelm von Humboldts:
„Alle Schulen aber, deren sich nicht ein einzelner Stand, sondern die ganze Nation, oder der Staat für diese annimmt, müssen nur allgemeine Menschen-

bildung bezwecken. Was das Bedürfnis des Lebens oder eines einzelnen seiner Gewerbe erheischt, muss abgesondert, und nach vollendetem allgemeinen Unterricht erworben werden. Wird beides vermischt, so wird die Bildung unrein, und man erhält weder vollständige Menschen, noch vollständige Bürger einzelner Klassen."[87]

Mit Sicherheit weisen die deutschen verantwortlichen Stellen den Vergleich mit dem Neuhumanismus entschieden zurück. Dessen ungeachtet fehlt eine Erklärung, weshalb in Deutschland die Berufsausbildung so spät erfolgt und keine Verbindung zu den allgemein bildenden Schulzweigen besteht.

Anl. 34: Eintritte in die Berufsausbildung in Deutschland und Österreich

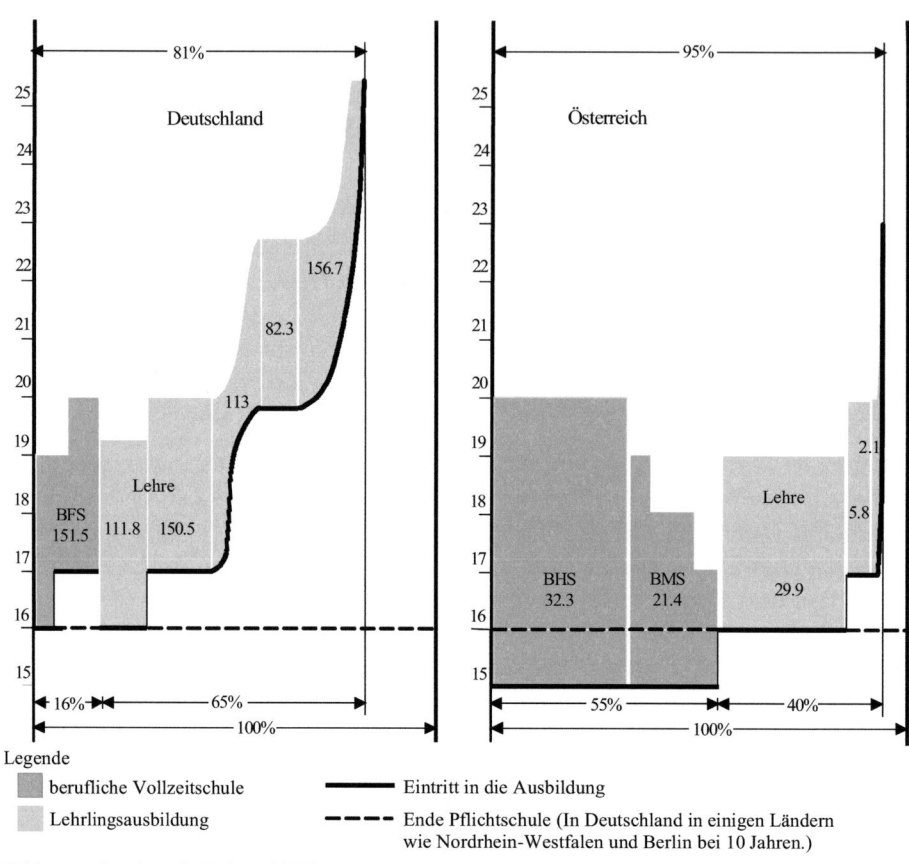

Legende

■ berufliche Vollzeitschule

■ Lehrlingsausbildung

—— Eintritt in die Ausbildung

---- Ende Pflichtschule (In Deutschland in einigen Ländern wie Nordrhein-Westfalen und Berlin bei 10 Jahren.)

Zahlenangaben innerhalb der Abbildung in Tausend (1.000).

Durchschnittlicher Altersjahrgang der 16-20-Jährigen in Deutschland 944.800, in Österreich 98.000.

Quellen:

BMBF, Bonn (Hrsg.): Berufsbildungsbericht 2003, S. 88 u. 330.

STATISTIK AUSTRIA – Berufsschüler/innen der 10. Schulstufe und Schüler/innen der 9. Schulstufe an Berufsbildenden Mittleren Schulen (BMS) und an Berufsbildenden Höheren Schulen (BHS) im Schuljahr 2002/2003.

---

[87] Werke W. v. Humboldts in fünf Bänden, Hg. A. Flitner/K. Giel, Darmstadt 2010, Bd. IV, S. 188

In Deutschland sollten bei Fragen der Entwicklung der beruflichen Bildung grundsätzlich Vergleichsergebnisse berücksichtigt werden. Dann würde sich auch zeigen, dass Bildung und Berufsbildung in Österreich eine Einheit darstellen. Die Weiterentwicklung der Allgemeinbildung in Deutschland sollte deshalb in Verzahnung zur Berufsbildung erfolgen, damit der Zugang zu mittleren und gehobenen Ausbildungsgängen nicht reduziert wird. Eine weitere Verzögerung im Ausbildungsbeginn würde die Fachkräftelücke noch vergrößern. **Bildung und Berufsbildung als Einheit**

Die Abbildung veranschaulicht, dass in Österreich die Gesamtheit der Jugend eine Ausbildung absolviert und nicht wie in Deutschland nur ein Teil davon.

Nicht über die Abbildung gezeigt wird die in Österreich seit Jahren bestehende und wahrgenommene Möglichkeit für Jugendliche, die entweder die berufsbildende mittlere Schule oder eine Lehre absolviert haben, über die Berufsreifeprüfung die Hochschulzugangsberechtigung zu erwerben.

Die Gesamtverantwortung für die berufliche Bildung liegt in Österreich bei den Ministerien für Kultus und Wirtschaft auf Bundesebene. Beide Ministerien wirken bei der Regelung schulischer und betrieblicher Ausbildung zusammen. In die Landeskammern der Wirtschaft bezog der Staat *Lehrlingsstellen* ein, die für die Ausbildung zuständig sind und die Prüfungen durchführen. **Gesamt- verantwortung beim Staat**

Nach Auffassung der Wirtschaft, vertreten durch den baden-württembergischen Industrie- und Handelskammertag, ist die derzeitige Situation am Lehrstellenmarkt als *Trendwende* zu bezeichnen. Während bisher zumeist von nicht zum Zuge gekommenen Lehrstellenbewerbern die Rede war, wird nun von rückläufigen Bewerberzahlen und nicht besetzbaren Ausbildungsplätzen berichtet (vgl. Anl. 35). **Trendwende am deutschen Ausbildungsmarkt**

„Diese Entwicklung bestätigte auch die Agentur für Arbeit, Regionaldirektion Baden-Württemberg, die in ihrem jüngsten Bericht die Gesamtzahl gemeldeter Stellen mit rund 54.700 angab, der rein rechnerisch etwa 50.300 Ausbildungsbewerber gegenüber stünden."

Es muss anerkannt werden, dass sich die Unternehmen bemühen, durch weitgehendes Entgegenkommen den Bewerbern gegenüber vorhandene Ausbildungsplätze zu besetzen. Nicht berücksichtigt wird allerdings, dass die betriebliche Lehre in Deutschland seit Generationen nicht an wichtige Neuerungen angepasst worden ist und derzeit immer noch nach Regelungen der Jahre um 1900, also aus der spätesten Zeit der Zünfte, ausgebildet wird.

Im Kapitel 9.3 b) wurde berichtet, dass die Beauftragten der Arbeitnehmer im BBIB-Hauptausschuss die bestehenden Schwierigkeiten beim Übergang von beruflichen Abschlüssen in den tertiären Bereich kritisierten. Die Ländervertreter sprachen von der Notwendigkeit, durch eine Verbesserung der Durchlässigkeit zur akademischen Ausbildung die Attraktivität der dualen Ausbildung zu steigern. In Österreich können Lehrabsolventen über eine Sonderprüfung die Hochschulzugangsberechtigung erwerben: Diese Möglichkeit gibt es in Deutschland noch nicht. **Wende im Verhalten der Schulentlassenen**

Bei der hier angesprochenen Wende, dass früher zu wenig Ausbildungsplätze zur Verfügung standen und es neuerdings an Bewerbern fehlt, ist man sich nicht bewusst, was die Jugendlichen bewegt, wenn sie vorhandene Ausbildungsstellen nicht annehmen.

Der Hauptgrund ist der unzureichend ausgebaute Übergang in den tertiären Bereich. Die Sonderstellung, dass Lehrlinge eine Ausbildungsvergütung erhalten, erscheint nicht mehr so zugkräftig zu sein wie früher.

Anl. 35: Industrie- und Handelskammertag Baden-Württemberg zum Ausbildungsmarkt[88]

Der Ausbildungsmarkt boomt. Die Unternehmen aus Industrie, Handel und Dienstleistung in Baden-Württemberg bieten in diesem Jahr deutlich mehr Ausbildungsplätze an als im Vorjahr. ... Den Umfrageergebnissen zufolge wollen 86 Prozent der befragten Unternehmen die Zahl der angebotenen Lehrstellen in diesem Jahr beibehalten oder sogar erhöhen – eine deutliche Steigerung im Vergleich zum Vorjahr mit 74 Prozent. ... Dr. Müller, Präsident der IHK Region Stuttgart und Federführer Ausbildung der zwölf baden-württembergischen IHKs: „Das ist ein ausgesprochen gutes Signal ... Die Unternehmen wissen, dass es jetzt noch mehr auf Ausbildung ankommt. Selber den qualifizierten Nachwuchs für den Betrieb auszubilden, das ist der beste Weg gegen Fachkräftemangel." Die Trendwende am Ausbildungsmarkt sei in Baden-Württemberg angekommen, denn nun werden die Bewerber knapp, so Dr. Müller. Diese Entwicklung bestätigte auch die Agentur für Arbeit, Regionaldirektion Baden-Württemberg, die in ihrem jüngsten Bericht die Gesamtzahl gemeldeter Stellen mit rund 54.700 angab, der rein rechnerisch etwa 50.300 Ausbildungsbewerber gegenüber stünden. Laut IHK-Umfrage registriert deutlich mehr als die Hälfte der Betriebe rückläufige Bewerberzahlen und etwa 23 Prozent der Ausbildungsbetriebe rechnen damit, dass sie ihre Lehrstellen nicht besetzen können. Viele Unternehmen haben deshalb selbst die Initiative ergriffen und versuchen durch Kooperationen mit Schulen (31 Prozent der Betriebe), einem verbesserten Ausbildungsmarketing (27 Prozent der Betriebe) und mehr Praktikumsangebote (26 Prozent der Betriebe) Azubis zu gewinnen. Auch machen etwa 11 Prozent der Unternehmen verstärkt Angebote für lernschwache Bewerber, wie zum Beispiel Einstiegsqualifizierung, und erschließen neue Bewerbergruppen, wie etwa Studienabbrecher. Ausbildungshemmnis Nummer eins ist laut Umfrage weiterhin die mangelnde Ausbildungsreife der Schulabgänger. Mehr als drei Viertel der Unternehmen, auf die sich Ausbildungshemmnisse auswirken, beklagen unzureichende Schulbildung und fehlende soziale Kompetenzen bei den Bewerbern. Vor allem sind die Unternehmen unzufrieden mit der Leistungsbereitschaft, der Belastbarkeit und der Disziplin der Bewerber. Eine von Jahr zu Jahr steigende Anzahl von Betrieben registriert diese bedenkliche Entwicklung – versucht aber auch gegenzusteuern ... Etwa 56 Prozent der Betriebe bieten den Azubis eigene Nachhilfe im Unternehmen, rund 36 Prozent der Unternehmen nutzen Nachhilfe-Angebote der Agentur für Arbeit. ... Mit einem neuen Projekt „Azubi gesucht – IHK-Bewerbervermittlung" helfen die Ausbildungsexperten der IHK Region Stuttgart den Betrieben demnächst noch stärker bei der passgenauen Besetzung freier Lehrstellen. ... Die Chance für Jugendliche auf eine interessante berufliche Laufbahn, einen sicheren Job und gute Verdienstmöglichkeiten in Baden-Württemberg seien so gut wie lange nicht mehr. „Jeder Bewerber, der eine Ausbildung oder Qualifizierung absolvieren möchte, bekommt ein Angebot", erklärt Dr. Müller. .. „Jetzt beginnt der Endspurt"... „Greifen Sie zu, bewerben Sie sich!"

---

[88]   Presseinformation 14/2011 vom 11.04.2011, www.bw.ihk.de

In Deutschland nimmt man zu wenig davon Notiz, dass die Realisierung des seit den EU-Beschlüssen von Lissabon 2000 geltenden Grundprinzips des lebenslangen Lernens noch in den Kinderschuhen steckt und eine größere Flexibilität erreicht werden muss. Dies kann nach dem herkömmlichen Modell der Lebensberufe nach dem Berufsprinzip nicht funktionieren.

Wie oft angesprochen, aber nicht im Detail weiterverfolgt, zeigt sich, dass ein wachsender Anteil der Schulabgänger sich nicht für die betriebliche Ausbildung entscheidet. Dabei lässt sich die Frage, welche Bildungswege von diesen Jugendlichen gewünscht würden, nicht beantworten, da es de facto außer dem dualen Ausbildungssystem gemäß BBiG in Deutschland keine alternativen Bildungswege gibt. Auch von amtlichen Stellen wird kein anderer Weg vorgeschlagen.

So zeigt sich, dass die Beschränkung der Berufsbildungsangebote auf die betriebliche Lehre, wie in Abschnitt 9.1 bereits erläutert, für Industriestaaten eine Fehlkonstruktion darstellt, auch wenn in Deutschland übereinstimmend immer noch allein vom Dualsystem ausgegangen wird.

Beschränktes Ausbildungsangebot

Die Dringlichkeit einer grundlegenden Reform im Angebot von Ausbildungsmöglichkeiten in Deutschland veranschaulicht die Pressemitteilung des Industrie- und Handelskammertags Baden-Württemberg vom 11.04.2011.

Der Weg der nachwachsenden Generation in die Berufs- und Arbeitswelt ist bisher nur über das Angebot der Wirtschaft gesehen worden, obwohl in allen anderen Ländern von den Jugendlichen verschiedene Bildungswege beschritten werden können.

Alle Mühen der zuständigen Stellen in Deutschland, um Jugendliche über Lehrverhältnisse zu qualifizieren, können diese Zielsetzung nicht erreichen.

Angesprochen ist der Gesetzgeber, der nach den Vorgaben des Handwerkerschutzgesetzes von 1897/1900 und des BBiG 1969 davon ausging, dass es möglich ist, alle Jugendliche über Lehrverhältnisse zu qualifizieren. Die Vorsorge des Gesetzgebers, dass in der Praxis die Ausbildungsangebote sichergestellt sind, zielte in dieser Hinsicht auf Berufsbildungsberichte des BMBF und verlangte aufzuzeigen, wie der Ausbildungsmarkt beschaffen ist und wenn Notstände eintreten, welche Maßnahmen durchzuführen sind.

Neue Gesetzesinitiative erforderlich

Das BMBF erfüllt, wie in Abschnitt 9.3 a) dargestellt, diesen gesetzlichen Auftrag nicht.

Es ist also eine neue Gesetzesinitiative zu beschreiten, um die Ausbildung für die Gesamtheit der Schulabgänger sicherzustellen.

Der mit den zahlreichen positiven Stellungnahmen in der Öffentlichkeit vorgegaukelte gute Ausbaustand der beruflichen Bildung in Deutschland ist schuld an dem derzeitigen Defizit im System.

Deutschland braucht eine zentrale Stelle, die für die berufliche Bildung zuständig ist.

9.4 Konsequenzen

Als eine der Schlussfolgerungen aus der durchgeführten Untersuchung ist im Rückblick darauf zu verweisen, dass die deutsche Berufsausbildung noch heute durch Weichenstellungen beeinflusst ist, die sich aus den Regelungen des Handwerkerschutzgesetzes 1897/1900 ergeben haben. Das auf dieser historischen Entscheidung aufbauende Berufsbildungsgesetz 1969 wurde unter der Prämisse verabschiedet, dass die berufliche Erstausbildung im Wesentlichen im betriebsgebundenen System erfolgt. Das Gesetz übertrug die Kompetenzen für die berufliche Bildung den Kammern der Wirtschaft und legte gleichzeitig fest, dass Lehrlinge für den Besuch der in Zuständigkeit der Länder liegenden Berufsschulen *freizustellen* sind. Den Teilzeitschulen wurde allerdings keine Verantwortung übertragen; diese erhielt allein der Ausbildungsbetrieb.

Demzufolge erfüllt das deutsche System weder die Anforderungen eines konstruktiven Zusammenwirkens von Schule und Betrieb noch die Voraussetzungen für Prüfungen, durch die sich die jeweilige Qualifikation so zertifizieren lässt, dass alle vermittelten Ausbildungsinhalte erfasst sind.

Im Jahre 1964 befasste sich, wie bereits in Abschnitt 9.2 dargelegt, der Deutsche Ausschuss für das Erziehungs- und Bildungswesen mit der betriebsgebundenen Ausbildung und speziell mit der Teilzeitschule, die seinem Gutachten gemäß vor allem in der Abschlussprüfung gleichberechtigt mit dem Betrieb zusammenwirken soll. Ebenso legten die Empfehlungen der EU vom Jahre 1979 länderübergreifend das effiziente Vorgehen in der betriebsgebundenen Ausbildung fest. Für das Zusammenwirken von Betrieb und Schule sind daher bezogen auf die deutsche Situation nach den Konzepten beider Institutionen weder die Bezeichnungen *dual* noch *alternierendes System* zutreffend.

Spätestens ab den Jahren um 2000 befindet sich die deutsche betriebsgebundene Ausbildung, wie die Abschnitte 9.1 bis 9.3 zeigen, in einem zunehmend defizitären Ausbaustand:

– Von den Schulentlassenen gelingt es nur noch 30 %, ohne Verzug eine Berufsausbildung zu beginnen.

– Lehranfänger werden immer älter; das mittlere Alter bei Ausbildungsantritt lag nach amtlicher Statistik im Jahre 2008 bei 19,7 Jahren, mit steigender Tendenz.

– Der späte Eintritt ins Ausbildungs- und Beschäftigungssystem verschärft den bereits bestehenden Fachkräftemangel zusätzlich.

– Jugendliche, die keine Ausbildungsmöglichkeit finden, werden in das so genannte Übergangssystem eingewiesen und mit zweifelhaftem Erfolg auf eine Ausbildung vorbereitet.

– Ausgebildet wird nach dem Berufsprinzip in 350 im Allgemeinen eng eingegrenzten Fachrichtungen; es fehlen Grundbildungsgänge auf Berufsgruppenebene, darauf aufbauende Qualifikationen sowie Ausbildungsgänge für schwächer begabte Jugendliche.

– Ein den heutigen Anforderungen entsprechendes Weiterbildungssystem wurde bisher nicht ausgebaut; Deutschland blieb im internationalen Vergleich das *Land der Erstausbildung*.

Dessen ungeachtet wird das deutsche Berufsbildungssystem auch von amtlicher Seite als gut beurteilt, wobei zu bemerken ist, dass es in früherer Zeit weitgehend den gestellten Anforderungen entsprach. **Kontrollfunktion nicht erfüllt**

Die seit 1977 mit dem Ausbildungsplatzförderungsgesetz (§ 5 Abs. 3) eingeführten und jährlich erscheinenden *Berufsbildungsberichte* zum Zweck der Kontrolle durch das BMBF, dass Ausbildungsplätze in ausreichender Zahl zur Verfügung stehen und bei eingetretenen Mängeln Abhilfe geschaffen wird, erfüllen bisher ihre gesetzlich festgelegte Aufgabe nicht. Es wurden weder dafür notwendige Untersuchungen durchgeführt noch dringend erforderliche Reformen vorgeschlagen.

Die positive Beurteilung des deutschen so genannten dualen Systems basiert auf unrichtig interpretierten Vergleichsergebnissen zur Jugendarbeitslosigkeit in der OECD (vgl. Abschnitt 9.2 a). Als weiteres Argument wird die angeblich nur über die betriebsgebundene Ausbildung zu erreichende Übereinstimmung von Ausbildung nach Berufen und Anzahl der Ausgebildeten mit dem Qualifikationsbedarf des Beschäftigungssystems herangezogen. Ferner wird ignoriert, dass nach Untersuchungen des BIBB[89] fast die Hälfte der Ausgebildeten nach einem Zeitraum von vier bis fünf Jahren nicht mehr im erlernten Beruf tätig sind. Sich aneinanderreihende Fehlinterpretationen dieser Art verhindern qualifizierte Ausbildungsalternativen und Reformen. **Fehlinterpretierte Fakten verhindern Reformen**

Bei der insgesamt negativen Entwicklung des deutschen Berufsbildungssystems hat sich offensichtlich wegen des quantitativ sehr starken Übergangssystems und eingeschränkter Aufstiegsmöglichkeiten durch fehlende Durchlässigkeit ein Attraktivitätsverlust ergeben, so dass das Interesse vieler Jugendlicher an der dualen Berufsausbildung deutlich nachgelassen hat. Immer häufiger wird versucht, im allgemein bildenden System zu bleiben. Der Bereich beruflicher Bildung auf unterer und mittlerer Ebene schrumpft aufgrund des Fehlens geeigneter Ausbildungsangebote immer weiter. **Attraktivitätsverlust stoppen**

Übergangsmöglichkeiten von qualifizierten Berufsabschlüssen der nationalen Berufsbildungssysteme in den tertiären Bereich sind in den letzten Jahren in den meisten Staaten ausgebaut worden, wie z. B. in Österreich und der Schweiz. In dieser Hinsicht befindet sich die deutsche Berufsausbildung im Rückstand. So fehlen unter den Entscheidungsträgern im Bereich der beruflichen Bildung in der Regel Personen, die selbst eine Berufsausbildung absolviert haben. Dieser Unterschied zeigt sich insbesondere bei entsprechenden Kontakten über die Grenzen hinweg. Verantwortung tragende Experten mit entsprechender Praxiserfahrung sind in Deutschland also kaum vertreten. **Übergangsmöglichkeiten sind erschwert**

Anstöße

Nachstehend werden Anregungen formuliert, die eine Verbesserung der eingetretenen Situation bewirken sollen. Diese sind: **Zielsetzungen**
– Einrichtung einer Bund-Länder-Institution als verantwortliche Stelle
– Durchführung von Vergleichen

---

[89] Vgl. BMBF: Berufsbildungsbericht 2007. Bonn, Berlin 2007, S. 211ff.

- Objektive Bewertung des Berufsbildungssystems
- Umstrukturierung des Übergangssystems
- Konstruktive Partnerschaft von Berufsschule und Betrieb
- Einbindung von Aus- und Weiterbildung ins Gesamtsystem
- Einrichtung eines zentralen Prüfungssystems
- Rückblick auf Baden und Württemberg

Bund-Länder-Institution als verantwortliche Stelle

Primär geht es darum zu erreichen, dass auch in Deutschland eine staatliche Stelle für den Komplex berufliche Bildung eingerichtet wird, um diesen wichtigen Teil des nationalen Bildungssystems planmäßig weiterentwickeln und inhaltlich steuern zu können. Es ist also eine gemeinsame, die Gesamtverantwortung für die berufliche Bildung tragende Bund-Länder-Institution erforderlich.

Die negativen Auswirkungen des Konzepts der betriebsgebundenen Ausbildung in Deutschland zeigen sich am Beispiel des Zusammenwirkens von Ausbildung im Betrieb und Teilzeitschule gemäß BBiG. Die unterschiedlichen Rechtsgrundlagen, für den Betrieb abgeleitet aus dem Recht der Wirtschaft mit der Zuständigkeit des Bundes und für die Berufsschule mit der Zuständigkeit der Länder für das Bildungswesen, führen de facto dazu, dass der Betrieb allein für die Ausbildung verantwortlich ist.

Interessanterweise spielt dieses Problem der aus dem Grundgesetz und den Länderverfassungen abgeleiteten unterschiedlichen Zuständigkeit in der dualen Ausbildung im tertiären Bereich keine Rolle. So wird die Gesamtausbildung der *Berufsakademie* ausschließlich über das Hochschulrecht geregelt. Die Berufsakademie ist also verantwortlich für Durchführung, inhaltliche Gestaltung und Prüfung; der Betrieb konzentriert sich auf das Erfahrungslernen. Die Studierenden schließen mit dem Betrieb einen Ausbildungsvertrag ab und erhalten eine Vergütung.

Am Beispiel der Berufsakademie zeigt sich, dass kein rechtliches Problem dagegen spricht, im Gesamtbereich der betriebsgebundenen Ausbildung auf der Ebene der Sekundarstufe II in gleicher Weise vorzugehen. Um dies sicherzustellen, ist also eine staatliche Stelle für die Berufsausbildung einzurichten, die auch die duale Ausbildung einbezieht und damit ein partnerschaftliches Zusammenwirken von Ausbildungsbetrieb und Berufsschule mit jeweils eigenständigen Verantwortungsbereichen ermöglicht.

Durchführung von Vergleichen

Die unterschiedliche Einschätzung des deutschen Berufsbildungssystems erklärt sich weitgehend aus dem Fehlen von in systematischer Form erarbeiteten Vergleichsergebnissen zur Orientierung an der Situation in anderen Staaten sowie zum Zweck des Erkennens von *best practice* jenseits der Grenzen.

Schon im Jahre 1966 hob der spätere Generalsekretär des 1969 gegründeten Bundesinstituts für Berufsbildungsforschung (BBF), H.-J. Rosenthal, Berufspädagoge der Universität Hannover, hervor:

„Die Entwicklung in der BRD und in Westeuropa fordert den internationalen Vergleich heraus. Die Entwicklung in den einzelnen Ländern der BRD macht den Vergleich geradezu erforderlich." Er unterstrich ferner: „Mit dem internationalen Vergleich – insbesondere im Hinblick auf den EWG-Vertrag – wird der Blick über die Grenzen der BRD gezwungen."[90]

Die Durchführung von Vergleichen erfordert allerdings in der Regel einen beträchtlichen Aufwand. Ihre Vernachlässigung in Deutschland lässt sich auch anhand der äußerst geringen Zahl von amtlicher Seite vergebener Forschungsvorhaben nachweisen, obwohl das novellierte Berufsbildungsgesetz als Ziel der Berufsbildungsforschung u. a. fordert, europäische und internationale Entwicklungen in der Berufsbildung zu beobachten (§ 84 Abs. 2).

Als Kontrollfunktion für die Sicherstellung erforderlicher Ausbildungsangebote verankerte schon das Ausbildungsplatzförderungsgesetz vom Jahre 1976, dass das BMBF alljährlich im Berufsbildungsbericht die derzeitige Situation darlegt und beurteilt. Bei auftretenden Mängeln sind Vorschläge zu deren Behebung zu unterbreiten. **Objektive Bewertung der Berufsbildung**

Diesem gesetzlichen Auftrag kommt das BMBF, wie dargestellt, bisher nicht nach (vgl. Abschnitt 9.3 a). So wird der Berufsbildungsbericht vom BIBB-Hauptausschuss und danach von den Arbeitnehmervertretern wie folgt kommentiert:

– „Insgesamt ist die Datenlage zur Situation der unversorgten Bewerberinnen und Bewerber ... nach wie vor unbefriedigend."[91]

– „Wir brauchen eine vollständige und transparente Ausbildungsmarktstatistik. Sie muss darauf abzielen, die Lage ... ungeschönt und realistisch darzustellen. Sie muss den politisch Verantwortlichen klar aufzeigen, wie groß die Versorgungslücke bei der Ausbildung ist ... Die aktuelle Ausbildungsmarktbilanzierung wird diesem Anspruch nicht gerecht. Sie schönt die Lage auf dem Ausbildungsmarkt und täuscht eine entspannte Lage vor, selbst dann, wenn zehntausende Jugendliche nur in Maßnahmen ‚geparkt' werden. ... Die Ausbildungsmarktbilanz ist längst Teil des Problems."[92]

Dennoch gibt es in Deutschland keine auf breiter Ebene geführte kritische Auseinandersetzung mit dem derzeitigen System. Als Voraussetzung dafür erscheint es dringend erforderlich, objektive Bewertungskriterien anzuwenden.

Probleme beim Übergang von der Pflichtschule in die Berufsausbildung treten in nahezu allen Industriestaaten auf. Daher sind zumeist Einstiegsmöglichkeiten in die Erstausbildung auf unterschiedlichem Niveau vorhanden. **Umstrukturierung des Übergangssystems**

---

[90] Berufliche Bildung in Europa. Viertes bildungspolitisches Gespräch Dortmund, 18. und 19. November 1966. Hrsg.: Arbeitskreis für Europakunde. Bonn 1967, S. 3

[91] Im Berufsbildungsbericht 2010 wird noch weiter ausgeführt: „Selbst nach den offiziellen Zahlen suchten fast 90.000 Jugendliche zum Ende des Ausbildungsberatungsjahres trotz des demografisch bedingten Nachfragerückgangs noch eine Ausbildung." Zum Berufsbildungsbericht 2011 stellt der BIBB-Hauptausschuss fest: „Die Zahl der neu abgeschlossenen Ausbildungsverträge hat 2010 noch nicht wieder das Niveau von 2007 und 2008 erreicht, dennoch konnte eine Steigerung der betrieblichen Ausbildungsverträge verzeichnet werden. ... Dennoch kann bundesweit noch nicht von einer Entspannung auf dem Ausbildungsmarkt gesprochen werden."

[92] Berufsbildungsbericht 2010

In Deutschland werden unverändert diejenigen, denen es nicht gelang, in ein Lehrverhältnis überzuwechseln, ins so genannte Übergangssystem einbezogen.

Schon im Jahre 1963 forderte die EWG in den „Allgemeinen Grundsätzen einer gemeinsamen Politik der Berufsausbildung" die Mitgliedsstaaten auf, dafür Sorge zu tragen, dass keine nachteilige Unterbrechung zwischen dem Abschluss der allgemeinen Schulbildung und dem Ausbildungsbeginn eintritt.

Insgesamt traten in den letzten Jahren jeweils mehr als 300.000 Jugendliche ins Übergangssystem ein. Die Beauftragten der Arbeitnehmer im BIBB-Hauptausschuss und danach die Vertreter der Arbeitgeber nehmen dazu wie folgt Stellung:

– „Auch 2010 münden über 320.000 Jugendliche in die Ersatzmaßnahmen und Warteschleifen des so genannten ‚Übergangssystems' ein. ... Die Gewerkschaften schlagen daher vor, den Maßnahmendschungel zu lichten und den Übergang von der Schule in den Beruf zu systematisieren."[93]

– „Der Übergang von der Schule in den Beruf ist für viele zu einem Einstieg in einen überkomplexen und intransparenten Förderdschungel geworden. ... Folglich müssen die Kompetenzen und Zuständigkeiten aller beteiligten Akteure zielgerichtet und transparent gebündelt und vernetzt werden."

Die Vielzahl der Angebote in der Grauzone zwischen Schulabgang und Ausbildungs- bzw. Erwerbsantritt verursacht erhebliche Kosten. Ihrem Charakter nach stellen diese Maßnahmen keine im Gesamtsystem verankerte Bildungsstufe dar.

Das Übergangssystem besteht in Deutschland nur, weil einerseits Einstiege in die Erstausbildung auf unterschiedlichem Niveau und andererseits Alternativen in beruflichen Schulen mit dem Verweis auf eine angeblich im Vergleich zur dualen Ausbildung mangelnde Qualität und Abstimmung mit dem Arbeitsmarkt fehlen. Berufsfachschulen als Alternative mit in der Regel einbezogenen Betriebspraktika bedürfen in ihren Abschlüssen der Gleichstellung mit dualen Ausbildungsgängen, um sie aus dem Übergangssystem zu lösen und der Investition für Schüler und Länder Nachhaltigkeit zu verschaffen. Sie dürfen nicht nur wie bisher als Vorbereitung auf eine spätere duale Ausbildung missbraucht werden.

Konstruktive Partnerschaft Schule - Betrieb Das überkommene Modell *Fortbildungsschule* als Ergänzung der betrieblichen Lehre reicht in heutiger Zeit nicht mehr aus. Die EU empfahl im Jahre 1979 den Mitgliedsstaaten, das Nebeneinander von betrieblicher Ausbildung und Teilzeitschule inhaltlich wie folgt zu gestalten:

– Der Betrieb konzentriert sich auf das Erfahrungslernen.

– Die Schule übernimmt alle in systematischer Form zu erarbeitenden Inhalte.

Dieses Modell wurde bereits von den Professoren der Polytechnischen Schule Karlsruhe für die badische Gewerbeschule erarbeitet (vgl. Teil 5). Es erscheint also vordringlich, das Zusammenwirken von Schule und Betrieb lernortspezifisch auszurichten.

Aus- und Weiterbildung als Gesamtsystem Bei der übergeordneten Zuständigkeit der Kammern gemäß BBiG wurde die Anpassung an aktuelle Anforderungen vernachlässigt, insbesondere der weitere Ausbau der beruflichen Bildung mit Schwerpunkt Einführung des *lebenslangen Lernens* entsprechend dem EU-Reformpaket *Lissabon 2000*. Flexible Qualifizie-

---

[93] Berufsbildungsbericht 2011

rungsmöglichkeiten über das lebenslange Lernen setzen die Einbindung der beruflichen Aus- und Weiterbildung in das Bildungsgesamtsystem voraus.

In der vorliegenden Untersuchung konnte das genannte EU-Reformvorhaben nur angerissen werden. Ein weiteres Eingehen auf die seit Lissabon erfolgten Planungen war nicht möglich. Besonders hervorgehoben wurde allerdings die EU-Empfehlung 1979 zur alternierenden Ausbildung, die für Deutschland gleichsam als Reformpaket gelten kann. Bei ihrer Verabschiedung hatte der beratende Ausschuss für Berufsbildung der EU, in dem alle Mitgliedsstaaten vertreten sind, mitgewirkt. Es erscheint also erforderlich, dem Zusammenwirken innerhalb der EU in der derzeitigen intensiven Reformphase größere Aufmerksamkeit zu schenken.

Mit der innerhalb der Europäischen Union in Wirtschaft und Gesellschaft immer stärker werdenden Kooperation ist die Notwendigkeit verbunden, berufliche Qualifikationen über die Landesgrenzen hinweg anzuerkennen. *Einrichtung eines zentralen Prüfungssystems*

Die Realisierung der EU-Vorschläge Lissabon 2000 sowie der anlässlich von Folgetreffen gefassten Beschlüsse setzt auf nationaler Ebene ein integriertes Bildungsgesamtsystem voraus. Die Ausklammerung von Teilbereichen wie in Deutschland hinsichtlich der Zuständigkeit der Kammern für die betriebliche Ausbildung steht dem entgegen.

Nach den Empfehlungen der EU sollten generell staatliche Prüfungsämter für die Zertifizierung von Abschlüssen der Aus- und Weiterbildung zuständig sein. Sie müssen auch Teilqualifikationen prüfen, die beispielsweise informell erworben wurden, denn dies ist essenziell für die Förderung des lebenslangen Lernens. Damit entsteht ein aufstiegs- und anpassungsförderndes, zentrales Prüfungssystem. Die alleinige Konzentration auf den Lehrabschluss als Prüfung bei den Kammern ist in diesem Zusammenhang unzureichend und im Vergleich mit anderen Staaten ein Sonderfall.

Die frühe Entwicklung beruflicher Bildung in Baden und Württemberg geht auf die Reformer Carl Friedrich Nebenius und Ferdinand von Steinbeis zurück, die aus ihrer Gesamtübersicht und nach durchgeführten Vergleichen in Nachbarstaaten Anregungen zu ihren Aufgaben erhielten. Während die Durchführung von Prüfungen in Württemberg als beispielhaft gelten kann, war es in Baden die Erarbeitung der Curricula für die im Jahre 1834 gegründeten Teilzeitschulen, die in anspruchsvollen Lehrberufen zu besuchen waren. *Rückblick auf Baden und Württemberg*

Auf die Konzeption für die badischen Gewerbeschulen ging Staatsrat Nebenius bereits in seinem Buch vom Jahre 1833 ein.[94] Die detaillierte Aufgabenstellung für die Erarbeitung der Lehrpläne usf. präzisierte das badische Innenministerium. Mit der Realisierung beauftragt wurden Professoren der Polytechnischen Schule Karlsruhe. Parallel dazu hatten sie die Fachaufsicht über die im Aufbaustadium befindlichen Schulen zu übernehmen, so dass sie ihre eigenen Planungen in der Umsetzung beurteilen konnten. *Konzeption gemäß C. F. Nebenius*

---

[94] „Über technische Lehranstalten in ihrem Zusammenhange mit dem gesammten Unterrichtswesen und mit besonderer Rücksicht auf die Polytechnische Schule zu Karlsruhe."

nius bereits bekannt war. Die Professoren hatten aus den Lehrplänen der Vollzeitschule die wesentlichen Inhalte zu übernehmen und in Form einzelner Lehrgänge auf die Durchführung in Teilzeitschulen zu übertragen. Als methodischer Grundsatz galt die Wechselbeziehung zwischen den Fächern Zeichnen und Modellieren.

– Der andere Gesichtspunkt betrifft die Forderung, dass Vertreter der oberen Ausbildungsebene für die darunter liegende Ausbildungsunterlagen zu erarbeiten hatten. Dabei mussten die zu stellenden Anforderungen niveaumäßig auf die Lehrberufe bezogen werden. Diesem zweiten Aspekt kommt in heutiger Zeit insofern eine erhebliche Bedeutung zu, da im Sinne des achtstufigen Europäischen Qualifikationsrahmens Übergänge zwischen den Ebenen im Zuge des lebenslangen Lernens möglich sowie Anpassung oder Ausbau der Qualifikationen erleichtert sein sollen. Das Kennenlernen der Besonderheiten der verschiedenen Qualifikationsebenen mit ihren Lehr-/Lernschwerpunkten wird also immer wichtiger.

Modellhaftes Vorgehen Aus heutiger Sicht ist die Vorarbeit der Professoren der Polytechnischen Schule Karlsruhe als modellhaft anzusehen. Sie leisteten in beiden Aufgabenbereichen richtungsweisende Arbeit.

Als Ergebnis wurde die Gesamtheit der beruflich-fachlichen Inhalte in Form von Lehrgängen fixiert. Diese Unterrichtsbereiche benötigten entsprechend vorgebildete Lehrkräfte. Es kann daher nicht verwundern, dass die Anfänge der Lehrerbildung für Berufsschulen in Baden liegen.

Wesentlich später befasste sich die EU mit der betriebsgebundenen Ausbildung und erarbeitete in den 1980er Jahren Vorschläge zur Übernahme in den Mitgliedsstaaten. Das Besondere liegt darin, dass beide Modelle – die Gewerbeschule Badens und die Empfehlungen der EU – inhaltlich übereinstimmen.

Die Entwicklung in den deutschen Ländern im 20. Jahrhundert nach dem Handwerkerschutzgesetz 1897/1900 ging auf die Kooperation von Betrieb und Teilzeitschule kaum ein. Dies trat auch später deutlich in der Formulierung des Berufsbildungsgesetzes vom Jahre 1969 in Erscheinung, das zwar die *Freistellung* der Lehrlinge zum Besuch der Teilzeitschule festlegte, sie aber inhaltlich unberücksichtigt ließ. Das unzureichende Zusammenwirken von Betrieb und Schule ist auf dieses unzeitgemäße Gesetz zurückzuführen. Eine Reform erscheint also unabdinglich.

Notwendige Reforminitiativen

Sicherstellung der Zukunftsfähigkeit Die Untersuchung veranschaulicht, in welchen Bereichen aus heutiger Sicht Reformschritte notwendig sind. Diese werden nicht als ein in sich geschlossenes Programm gesehen, sondern verstehen sich als Einzelreformen, wie sie im Rahmen der Untersuchung als Defizite in Erscheinung traten. Es ist also anzustreben, die Zukunftsfähigkeit der beruflichen Bildung in Deutschland über eine grundlegende Neujustierung sicherzustellen.

Knapp zusammengefasst erscheinen für Reformen im Bildungssystem die nachfolgend aufgeführten Schritte vordringlich. Unterschieden werden hierbei die in den Marginalien genannten drei Bereiche.

Im ersten Abschnitt angesprochen sind Initiativen in der Pflichtschule und Maß- nahmen, die derzeit im Übergangssystem zusammengefasst sind.

Berufsorientierung und -vorbereitung in der Schule

- Neben Berufsorientierung in der Pflichtschule frühzeitig Interesse für prakti- sche Tätigkeiten wecken, z. B. über ein stärker praxisorientiertes Unterrichts- fach *Werken*.
- Einbeziehung von Betriebspraktika im Sinne der Berufsvorbereitung im all- gemein bildenden Schulwesen.
- Berufsgrundbildungsjahre an der Berufsschule mit individuell wählbaren Fächern zur Abdeckung bestehender Defizite.
- Einrichtung von schulischen Ausbildungsgängen zur Grundqualifizierung inklusive Betriebspraktika auf Ebene Berufsgruppe.

Die nachfolgenden Reformanstöße beziehen sich sowohl auf die betriebsgebun- dene Ausbildung als auch berufsqualifizierende Vollzeitschulen.

Ausbildung in Schule und Betrieb

- Ausbildung im Zusammenwirken nach EU-Empfehlung: Ausbildungsbetrieb mit Schwerpunkt Erfahrungslernen, Teilzeitschule mit Zuständigkeit für alle Lehr-/Lernbereiche, die in systematischer Form durchgeführt werden müssen.
- Erarbeitung von Ausbildungsordnungen und Prüfungsanforderungen paral- lel für Betrieb und Schule mit Vorschlägen für die Abstimmung beider Lehr-/Lernbereiche.
- Bündelung von Ausbildungsberufen, Berufsgruppen und gemeinsamen Kern- qualifikationen für darauf aufbauende Spezialisierungsmöglichkeiten.
- Ablösung der Vielzahl eng spezialisierter Ausbildungsberufe durch gestufte und modularisierte Strukturen.
- Planung von Ausbildungsgängen für die gemäß EU verabschiedeten Bil- dungsstufen sowohl im Dualsystem als auch in berufsqualifizierenden Voll- zeitschulen mit Betriebspraktika.
- Strukturierung der Ausbildungsgänge nach Bausteinen/Modulen und Ergän- zungsmöglichkeiten nach Wahl- und Wahlpflichtfächern, z. B. auch berufs- bezogenen Fremdsprachen, im Sinne der Zielsetzung Mobilität und Flexibili- tät.
- Allen Jugendlichen sind arbeitsmarktrelevante und ausbaufähige Möglichkei- ten der beruflichen Qualifizierung zu bieten, um den Fachkräftebedarf und damit die wirtschaftliche Prosperität zu sichern.

Die abschließend aufgeführten Reformanstöße zielen auf die Einrichtung eines übergreifenden Systems beruflicher Bildung in modularer Struktur.

Gesamtsystem mit Übergängen in den Tertiärbereich

- Einbeziehung aller beruflichen Bildungsgänge ins Bildungsgesamtsystem mit Übergangs- und Aufstiegsmöglichkeiten.
- Ermöglichung des Aufstiegs in den Tertiärbereich von qualifizierten Berufs- bildungsgängen aus oder nach speziellen über Module absolvierten Bauste- nen.
- Etablierung einer die ganze Breite der beruflichen Bildung umfassenden staatlichen Prüfungshoheit, wobei auch über den Weg des lebenslangen Ler- nens informell erworbene Qualifikationen anzuerkennen sind.

Anhang

A Verzeichnis der Autoren

Besenfelder, Günter, Oberstudiendirektor a. D., Ehrenvorsitzender des BLBS – Bund, Lehrer an der Staatlichen Berufsfachschule Furtwangen von 1969 bis 1982.

Dörflinger, Rolf, Dipl.-Gewerbelehrer, Oberstudiendirektor a. D., früherer Schulleiter der Balthasar-Neumann-Schule I Bruchsal (1993 bis 2004), 1993 bis 2004 Vorsitzender des BLBS-BW, Mitglied verschiedener Beratergremien, Fachbuchautor.

Heinz, Wolfgang, Studiendirektor, seit 1981 an der Gewerbeschule Durlach, Abteilungsleiter Nahrung und BVJ.

Maus, Ulrike, Diplom-Übersetzerin; bis 1989 wissenschaftliche Angestellte am Institut für Berufspädagogik der Universität Karlsruhe (TH), seither freie Mitarbeiterin der Projektgruppe Vergleichende Berufspädagogik.

Schermaier, Josef, Ao. Univ.-Prof., Dr., Universität Salzburg, Fachbereich Erziehungswissenschaft: Allgemeine Pädagogik unter besonderer Berücksichtigung der Berufspädagogik. Von 1992 bis 2008 auch Leiter des Universitätslehrgangs „Psychotherapeutisches Propädeutikum". Zuvor Berufsschullehrer, Studium der Pädagogik, Rechts- und Staatsphilosophie und Psychologie (1964 bis 1969), Lehrtätigkeit an Werkmeisterschulen für Berufstätige und am Berufspädagogischen Institut in Linz (Aus- und Fortbildung von Lehrern an berufsbildenden Schulen).

Schlögl, Peter, Mag. phil., Studium der Biologie und Philosophie. Seit 1998 am Österreichischen Institut für Berufsbildungsforschung und seit 1999 dessen Geschäftsführender Institutsleiter. Aktuelle Forschungsschwerpunkte sind: Bildungsentscheidungen, professionelle Beratungsdienste im Bildungswesen sowie Lebenslanges Lernen.

Sitzmann, Rolf, Dipl.-Handelslehrer, Lehrer an Kaufmännischen Schulen, Referent für Kaufmännische Schulen beim Oberschulamt Karlsruhe, von 1971 bis 1996 Direktor des Staatlichen Seminars für Didaktik und Lehrerbildung (berufliche Schulen) Karlsruhe. Während der Laufzeit des deutsch-französischen Modellversuchs „Contrôle continu" (1974 bis 1980) Leiter der vom federführenden Ministerium für Kultus und Sport Baden-Württemberg am Karlsruher Seminar eingerichteten Geschäftsstelle für die Durchführung und für die wissenschaftliche Begleitung des Vorhabens.

Stooß, Friedemann, Sozialpädagoge, Leiter des Bereichs Berufs- und Qualifikationsforschung im Forschungsinstitut der Bundesanstalt für Arbeit (IAB), Nürnberg, bis 1993. Wirtschaftsabitur, Lehre und Tätigkeit als Industriekaufmann, Studium in Dortmund, 1960 bis 1967 Berufsberater, danach Wechsel zum IAB. Arbeitsschwerpunkte: Wandel der Berufs- und Qualifikationsstruktur, Nutzung neuer Technologien, Raster zu Tätigkeitsmerkmalen, zum Arbeitsmitteleinsatz und zur systematischen Erfassung von Berufen.

Wettstein Emil, Dr. sc. techn., Tätigkeit in Schule, Wirtschaft und Verwaltung, Gründer und Leiter der ABB Technikerschule Baden, später u. a. Gründer der Berufsschullehrerausbildung an der Universität Zürich, Chefredakteur „Panorama Berufsberatung Berufsbildung Arbeitsmarkt", erster Geschäftsführer der Schweizerischen Gesellschaft für angewandte Berufsbildungsforschung. Seit 1997 selbständig als Projektleiter und Publizist für Fragen der Sekundarstufe II und verwandter Gebiete. Neueste selbständige Publikation: Berufsbildung in der Schweiz, Bern (h.e.p.) 2009 (zusammen mit Prof. Ph. Gonon).

B Quellenauszüge

B 1: Gründungserlass der badischen Gewerbeschule vom 15. Mai 1834

Leopold von Gottes Gnaden, Großherzog von Baden, Herzog von Zähringen.

Die Nothwendigkeit eines besonderen öffentlichen Unterrichts für jene jungen Leute, welche sich einem Gewerbe oder Handwerke widmen, und in früher Jugendzeit in Arbeit und Lehre treten, wurde bereits in früheren Landes-Verordnungen und namentlich in dem Edikte vom 13ten Mai 1803, über die gemeinen und höheren Lehranstalten, anerkannt. Die zur Befriedigung dieses Bedürfnisses ertheilten Vorschriften haben sich aber theils in Folge der gestiegenen Forderungen an die Gewerbe als ungenügend erwiesen, theils sind sie aus Mangel an hinlänglichen Fonds zur Bestreitung der Kosten eines solchen Unterrichts unvollzogen geblieben.

In dieser Erwägung und nachdem in dem letzten Finanzgesetz zur Verwendung auf diesen Zweig des öffentlichen Unterrichts ein jährlicher Zuschuß aus Staatsmitteln bestimmt worden ist, haben Wir auf den Vortrag Unseres Ministeriums des Innern beschlossen und verordnen wie folgt:

Art. I. Errichtung der Gewerbschulen.

§ 1. In allen gewerbreicheren Städten des Großherzogtums sollen Gewerbschulen errichtet werden.

Art. II. Zweck der Gewerbschulen.

§ 2. Die Gewerbschule hat den Zweck, jungen Leuten, die sich einem Handwerke oder einem Gewerbe widmen, welches keine höhere technische und wissenschaftliche Bildung erfordert, und das sie praktisch zu erlernen bereits begonnen haben, diejenigen Kenntnisse und graphischen Fertigkeiten beizubringen, die sie zum verständigen Betriebe dieses Gewerbes geschickt machen.

Art. III. Unterrichtsgegenstände.

§ 3. Der Unterricht in der Gewerbschule begreift in der Regel:

Handzeichnen geometrischer Figuren und Körper und Ornament-Zeichnen,

Arithmetik und algebraische Grundbegriffe,

Geometrie, mit Einschluß des geometrischen Zeichnens,

Industrielle Wirtschaftslehre, mit Anleitung zur einfachen Buchhaltung.

Mit dem Unterrichte sind Übungen der Schüler in schriftlichen Aufsätzen und im mündlichen Ausdruck zu verbinden.

§ 4. Wo das Bedürfnis hierzu vorhanden ist, und soweit die gegebenen Mittel reichen, umfaßt der Unterricht ferner:

Naturkunde: einfache Erklärung der wichtigsten Naturerscheinungen und die für einzelne Handwerke und für landwirtschaftliche Gewerbe nützlichen Kenntnisse aus der Naturgeschichte und aus der technischen Chemie;

Mechanik, angewendet auf die Gewerbe, mit Beschreibung, Konstruktion und Berechnung einzelner Maschinen.

§ 5. Nach Verschiedenheit der gewerblichen Verhältnisse in einer Stadt und ihren Umgebungen kann ein specieller Unterricht für einzelne Gewerbe oder für einzelne Hauptzweige von Gewerben angeordnet werden.

Art. IV. Aufnahme in die Gewerbschule.

§ 6. Die Gewerbschule nimmt als ordentliche Schüler alle jungen Leute auf, welche das vierzehnte Lebensjahr zurückgelegt haben, bei einem Meister zur Erlernung eines Gewerbes in die Lehre getreten sind, oder in der nächsten Zeit in die Lehre zu treten beabsichtigen, und die erforderlichen Vorkenntnisse besitzen.

§ 7. Die Gewerbschule setzt nur diejenigen Vorkenntnisse voraus, welche die allgemeine Volksschule lehrt.

§ 8. Lehrlinge, welchen es an hinlänglicher Fertigkeit im Lesen, Schreiben und Rechnen fehlt, sind zum Besuche der Fortbildungsschule anzuhalten, und bis sie sich gehörig befähigt haben, in der Gewerbschule nur zum Zeichenunterrichte zuzulassen.

§ 9. Der Besuch der Schule ist auch allen in Arbeit stehenden Gesellen gestattet, welche die erforderlichen Vorkenntnisse besitzen und über ihre Sittlichkeit und gute Aufführung günstige Zeugnisse aufzuweisen vermögen.

§ 10. Ebenso steht der Zutritt Jedem zu, der sich für ein nicht zünftiges Gewerbe durch den Besuch einzelner hiezu dienlicher Vorträge nützliche Kenntnisse erwerben will, wie namentlich für landwirtschaftliche Gewerbe durch den Besuch der Curse über Naturkunde, wo sie stattfinden.

§ 11. In Städten, wo bei der Volksschule kein Unterricht im Zeichnen ertheilt wird, soll den Stadtschülern ein Jahr vor ihrer Confirmation, nach ihrem zurückgelegten zwölften Jahre, der Besuch des Zeichnungs-Unterrichts gestattet werden.

Art. V. Unterrichtszeit.

§ 12. In der Regel sollen an jedem Sonn- und Feiertage (die hohen Festtage ausgenommen) von Ostern bis November, zwei bis zwei und eine halbe Stunde, und vom 1. November bis Ostern eine bis eine und eine halbe Stunde, sodann an Wochentagen in den Feierabendstunden eine Stunde täglich dem Unterrichte gewidmet werden.

Die Lehrer der Gewerbschulen werden darauf wachen, daß die Gewerbschüler den kirchlichen Gottesdienst nicht versäumen.

§ 13. Nach Vernehmung des Gewerbestandes der einzelnen Städte, bleibt den Kreisregierungen überlassen, durch abändernde Bestimmungen die Wünsche und Bedürfnisse der Arbeitsherren, ohne wesentliche Benachteiligung des Unterrichtszweckes, in der Art zu berücksichtigen, daß in jeder Woche, einschließlich des Sonntags, im Ganzen wenigstens ein sechsstündiger Unterricht erteilt wird.

§ 14. Für die Bauhandwerker soll jedenfalls vom l. November bis l. März ein täglicher, ein und einhalb- bis zweistündiger Unterricht statt finden.

§ 15. Die für jede Stadt getroffene Bestimmung über die Unterrichtsstunden wird in dem Anzeigeblatt bekannt gemacht.

§ 16. Die Bürgermeister und Zunftvorsteher haben darauf zu wachen, daß die Meister die ihnen durch die Verordnung vom 9ten Februar 1808 (Die Wanderschaft der Zunftgenossen betreffend, Regierungsblatt Nro. V.) auferlegten Verpflichtungen gewissenhaft erfüllen, wonach sie ihre Lehrlinge zur Nutzung der vorhandenen Unterrichtsanstalt anhalten sollen.

§ 17. Die Lehrkurse gehen von Ostern bis Ostern.

§ 18. Ferien sind an Ostern drei Wochen, im Oktober vierzehn Tage.

Art. VI. Zahl und Einteilung der Curse.

§ 19. Die Gewerbschule hat in der Regel einen dreijährigen, mindestens zweijährigen Kurs. Die Beschränkung auf einen zweijährigen Kurs tritt nur ein, wo die Mittel zur vollständigen Ausführung des Lehrplans fehlen.

§ 20. Die Abtheilung des Lehrstoffs soll in der Weise getroffen werden, daß jene jungen Handwerker, welche eine Schule mit zweijährigem Curse durchlaufen haben, und sodann in eine andere Stadt, wo ein mehr umfassender Unterricht erteilt wird, in Arbeit treten, daselbst den dritten Jahreskurs mit Nutzen besuchen können.

§ 21. Die Teilnahme der Gewerbschüler an dem gesamten Unterrichte wird nach den Bildungsbedürfnissen der verschiedenen Hauptzweige der Gewerbe, insbesondere der Bauhandwerke und solcher Gewerbe, welche technisch-chemische Kenntnisse erfordern, bestimmt.

In dem gemeinsamen Unterrichte sollen die verschiedenen Bedürfnisse der einzelnen Gewerbe möglichst berücksichtigt werden.

§ 22. Nähere Vorschriften hierüber, sowie über den Inhalt der Lehrverträge und über den Zeichnungsunterricht, werden theils durch allgemeine Instruktionen, theils durch besondere Bestimmungen für einzelne Schüler erteilt werden.

Art. VII. Prüfungen.

§ 23. In jeder Gewerbschule sollen jährliche öffentliche Prüfungen, und zwar am Schlusse des Wintersemesters, stattfinden.

§ 24. Alle Lehrlinge, welche als ordentliche Schüler zum Besuche verpflichtet sind, müssen bei der Prüfung erscheinen.

Den Gesellen und anderen Schülern ist das Erscheinen bei der Prüfung freigestellt.

Art. VIII. Lehrer der Gewerbschule.

§ 25. In der Regel sollen die Lehrer der Gewerbschulen aus den Angehörigen des Gewerbestandes gewählt werden.

§ 26. Fehlt es an Gewerbsmännern, welche die erforderlichen theoretischen und praktischen Kenntnisse besitzen und zugleich geneigt sind, ein solches Lehramt zu übernehmen, so können Praktikanten technischer Fächer hierzu verwendet werden.

§ 27. Die Theilnahme der am Orte der Gewerbsschule bei höheren Unterrichtsanstalten angestellten Lehrer der mathematischen und der Naturwissenschaften, sowie der technischen Beamten, an dem Unterrichte der Gewerbschulen, durch Übernahme einzelner Lehrvorträge oder durch noch helfende Einwirkung auf den Unterricht soll möglichst befördert werden.

§ 28. Wo der Unterricht auf die in § 3. bezeichneten Lehrgegenstände beschränkt ist, kann die Anstellung eines Lehrers genügen, welcher mindestens diejenigen Kenntnisse in sich vereinigt, die in den beiden mathematischen Classen der polytechnischen Schule gelehrt werden.

§ 29. Die polytechnische Schule ist ermächtigt, solchen aus der Bauschule, Ingenieurschule oder höheren Gewerbschule austretenden Zöglingen, welche sich einem bürgerlichen Gewerbe widmen und sich vorzügliche Kenntnisse erworben haben, Fähigkeitszeugnisse auszustellen, welche ihre Tauglichkeit zur Übernahme einer Lehrstelle bei einer städtischen Gewerbschule unter Bezeichnung der Lehrfächer, wofür sie sich vorzugsweise gebildet haben, beurkunden.

Diejenigen, welche solche Zeugnisse erlangt haben, können nach dreijähriger praktischer

Übung in ihrem technischen Zweige ohne weitere Prüfung als Lehrer angestellt werden.

§ 30. Alle Anstellungen bei den Gewerbsschulen sind widerruflich.

Art. IX. Schulgeld.
Unterstützung armer Schüler.

§ 31. Für den Unterricht in den Gewerbschulen soll ein mäßiges Schulgeld entrichtet werden.

§ 32. Der höchste Betrag dieses Schulgeldes wird auf zwanzig Kreuzer für den Monat festgesetzt.

§ 33. Minderbemittelte Schüler zahlen die Hälfte oder ein Viertheil des regulierten Schulgeldes.

Unvermögliche sind von Entrichtung des Schulgeldes befreit.

§ 34. Ganz arme Lehrlinge sollen durch unentgeltliche Verabreichung der Zeichnungsmaterialien und der eingeführten Lehrbücher auf Kosten der hierzu geeigneten Local- und Bezirksfonds und, so weit es daran fehlt, aus dem Ertrag der Lehrgelder unterstützt werden.

Art. X. Unterhalt der Gewerbschule.

§ 35. Die Kosten der Gründung des Unterhalts der Gewerbsschulen werden von der Gemeinde bestritten, soweit die solchen Anstalten speziell gewidmeten Lokal-Stiftungen, Schenkungen und Vermächtnisse, sodann die bereits bewilligten oder noch auszumittelnden Beiträge aus anderem für Unterrichtszwecke verwendbarem Stiftungsvermögen, specielle Dotationen aus der Staatskasse und der Ertrag des Schulgeldes nicht zureichend sind.

§ 36. Diejenigen Städte, in welchen die Errichtung von Gewerbschulen als dringendes Bedürfniß erkannt wird, sollen verhältnißmäßige Zuschüsse aus den für diese Unterrichtszwecke bestimmten Fonds aus der Staatskasse erhalten. Über die Vertheilung dieser Zuschüsse werden nähere Bestimmungen erfolgen.

§ 37. Jedenfalls hat die Gemeinde, wo eine Gewerbschule errichtet wird und welche einen Zuschuß erhält, für das Local, für die innere Einrichtung der Schule, für Schulrequisiten (Tische, Bänke), für den Unterhalt und die Reinigung des Locals und für Feuerung zu sorgen.

§ 38. Sämtliche Zuschüsse zu dem Unterhalt der Gewerbschulen werden an die Gemeindecasse abgeliefert, aus welcher alle Ausgaben bestritten werden. Über die jährlichen Einnahmen und Verwendungen wird jedoch besondere Rechnung geführt.

§ 39. Die Zuschüsse jeder Art, sowie die aus den Gemeindeeinkünften bestimmten Beiträge zum Unterhalt der Schule, dürfen unter keinem Vorwand ihrem Zweck entzogen werden.

Die Überschüsse eines Jahres werden als Aktivum der Schule für das nächste Jahr übertragen.

Art. XI. Aufsicht. Schulvorstand.

§ 40. Die Gewerbschule steht unter Aufsicht eines besondern Schulvorstandes. Den Schulvorstand bilden:

1. der Bürgermeister der Stadt;
2. der erste Stadtpfarrer, und in gemischten Orten, die ersten Geistlichen beider Confessionen;
3. mindestens drei Gewerbsmänner, oder andere, durch ihre Kenntnisse im Gewerbewesen oder im Unterrichtswesen, und durch ihren regen Eifer für die Sache ausgezeichnete Ortseinwohner;
4. an Orten, wo sich technische Beamten befinden, wenigstens ein solcher Beamter.

§ 41. Die Lehrer der Gewerbschulen können zugleich Mitglieder des Vorstandes sein, und wohnen als solche alsdann allen, sie nicht persönlich berührenden, Verhandlungen bei.

§ 42. Jeder, der bei der Schule unentgeldlichen Unterricht ertheilt, ist Mitglied des Vorstandes.

§ 43. Der Vorstand empfängt die Anzeigen der Lehrer über den Zugang und Abgang der Schüler und über Schulversäumnisse. Er entscheidet über die Ausweisung solcher jungen Leute aus der Schule, welche sich ein unsittliches oder ordnungswidriges Betragen zu Schulden kommen lassen.

§ 44. Der Schulvorstand wacht darüber, daß sämmtliche Meister in jenen Gewerbszweigen, für welche die in der Gewerbschule gelehrten Kenntnisse notwendig oder nützlich sind, ihre gesetzliche Verbindlichkeit, ihre Lehrjungen zum Schulbesuche anzuhalten, gehörig erfüllen; er veranlaßt das Bürgermeisteramt, gegen diejenigen Meister einzuschreiten, welche dieser Verpflichtung auf ergangene Erinnerungen nicht nachkommen, und erstattet nach den Umständen hierüber Anzeige an das Bezirksamt.

§ 45. Auf gleiche Weise sorgt er dafür, daß Lehrlinge, welche wegen Mangel an der erforderlichen Fertigkeit im Schreiben, Lesen und Rechnen zum Besuche der Gewerbschule nicht zugelassen werden können, zum Besuche der Fortbildungsschulen angehalten werden.

§ 46. Der Schulvorstand wacht über den Vollzug der genehmigten Unterrichtspläne, ernennt einen oder zwei Schulinspektoren aus seiner Mitte, welche die Lehrstunden wöchentlich wenigstens einmal besuchen, um von dem Fortgang des Unterrichts Kenntniß zu nehmen; er berathschlagt über zweckdienliche Verbesserungen unter Zuziehung der Lehrer; beschließt über die erforderlichen Anschaffungen von Vorlageblättern und anderen Bedürfnissen zur Ausstattung der Schule innerhalb der Grenzen der disponiblen Fonds, und erstattet jährlich nach stattgehabter öffentlicher Prüfung einen Hauptbericht über den Zustand der Schule.

§ 47. Über Anstellung und Entfernung der Lehrer wird der Vorstand mit seinem Gutachten vernommen.

§ 48. Er entwirft jährlich in Gemeinschaft mit dem Gemeinderath den Voranschlag über die Einnahmen und Ausgaben der Schule.

§ 49. Gemeinschaftlich mit dem Gemeinderath schlägt er den Betrag der zu entrichtenden Schulgelder vor. Über ganze oder theilweise Befreiung entscheidet er ausschließlich.

Art. XII. Oberaufsicht.

§ 50. Die Kreisregierungen haben die Oberaufsicht über sämtliche Gewerbschulen ihres Kreises. Sie können anordnen, daß der Vorstand des Bezirksamts oder ein anderer großherzoglicher Beamter den Berathungen des Schulvorstandes als landesherrlicher Commissär regelmäßig oder bisweilen beiwohne.

§ 51. Sie wachen über die bestimmungsgemäße Verwendung der für die Gewerbschulen ausgemittelten Fonds, und lassen sich von den betreffenden Bezirksämtern jährlich eine Nachweisung hierüber vorlegen.

Wo das Bedürfniß hierzu vorhanden ist, werden sie sich die Bildung solcher Schulfonds oder die Vermehrung derselben aus Gemeindemitteln, aus den für Unterrichtszwecke verwendbaren Überschüssen der Stiftungscassen und durch Benutzung jeder schicklichen Gelegenheit zur Erlangung von Beiträgen, angelegen sein lassen.

§ 52. Die Kreisregierungen genehmigen die Schulgeldtarife und sorgen für die genaue Vollziehung aller auf diese Lehranstalten bezüglichen allgemeinen und besonderen Vorschriften.

§ 53. Sie erhalten von den Bezirksämtern die Jahresberichte der Schulvorstände und erstatten jährlich über den Zustand sämtlicher Gewerbschulen des Kreises einen Bericht an das Ministerium des Innern.

§ 54. Jeder Kreisregierung wird aus der Zahl der bei einer hohem Unterrichtsanstalt angestellten Professoren oder der im Kreise angestellten technischen Beamten ein Sachkundiger zur Berathung in allen den Unterricht, die Vollziehung der Lehrpläne, die Verbesserung derselben und die Wahl der Lehrer betreffenden Fragen beigegeben.

§ 55. Über die Anstellung der Lehrer entscheidet das Ministerium auf den Vorschlag der Kreisregierung, nach erhobenem Gutachten einer aus Lehrern der polytechnischen Schule für das Gewerbschulwesen gebildeten Commission.

§ 56. Die Commission für das Gewerbschulwesen hat über die Festsetzung und Abänderung der Lehrpläne, über die Wahl der Lehrbücher und über die Anschaffung der Hülfsmittel des Unterrichts zu berathschlagen und ihre Vorschläge hierüber dem Ministerium des Innern vorzulegen.

§ 57. Es werden derselben jedes Jahr sämtliche eingekommene Jahresberichte zugestellt, um die zweckmäßig erachteten Verbesserungen in Antrag zu bringen.

§ 58. Mit der Commission für das Gewerbschulwesen können die Kreisregierungen in Allem, was den Vollzug der über den Unterricht und dessen Hülfsmittel ertheilten Vorschriften betrifft, in unmittelbare Correspondenz treten.

§ 59. Unser Minister des Innern ist mit dem Vollzug dieser Verordnung beauftragt.

Quelle: Großherzoglich Badisches Staats- und Regierungsblatt Nr. XXVII vom 21. Juni 1834, S. 217-224

B 2: Verordnung 16. Juli 1868, „Die Einrichtung und Leitung der Gewerbeschulen betreffend"

Im Hinblick auf die Bestimmungen des Gewerbegesetzes und des Gesetzes vom 29. Januar d. J., den Besuch der Gewerbeschulen betreffend, haben Wir unter Aufhebung der landesherrlichen Verordnung vom 15. Mai 1834 über die Errichtung von Gewerbeschulen, sowie Unserer Verordnungen vom 26. Mai 1857 und vom 10. Juni 1863, die Errichtung des Gewerbeschulraths beziehungsweise die Leitung der Gewerbeschulen betreffend, auf den unterthänigsten Vortrag Unseres Ministeriums des Innern beschlossen und verordnen wie folgt:

§ 1. Die Gewerbeschule hat den Zweck, jungen Leuten, die sich einem Gewerbe widmen, welches keine höhere technische oder wissenschaftliche Bildung erfordert, diejenigen Kenntnisse und graphischen Fertigkeiten beizubringen, die sie zum verständigen Betriebe dieses Gewerbes geschickt machen.

§ 2. Der Unterricht in der Gewerbeschule begreift in der Regel:

Handzeichnen geometrischer Figuren und Körper und Ornamentenzeichnen,

Arithmetik und algebraische Grundbegriffe,

Geometrie mit Einschluß des geometrischen Zeichnens und der Projektionslehre,

Fachzeichnen,

Industrielle Wirtschaftslehre und Anleitung zur einfachen Buchhaltung.

Mit dem Unterrichte sind Übungen der Schüler in schriftlichen Aufsätzen und im mündlichen Ausdruck zu verbinden.

§ 3. Wo das Bedürfnis hiezu vorhanden ist, und soweit die gegebenen Mittel reichen, umfaßt der Unterricht ferner:

Naturkunde: einfache Erklärung der wichtigsten Naturerscheinungen und die für einzelne Gewerbe oder auch für die Landwirtschaft nützlichen Kenntnisse aus der Naturgeschichte und aus der technischen Chemie;

Mechanik, angewendet auf das Gewerbe mit Beschreibung und Berechnung einzelner Maschinen;

Übungen im Modellieren.

§ 4. Die Gewerbeschule nimmt als ordentliche Schüler alle jungen Leute auf, welche das 14. Lebensjahr zurückgelegt haben, sich bereits einem Gewerbe widmen oder in nächster Zeit sich einem solchen widmen werden, und die erforderlichen Vorkenntnisse besitzen.

§ 5. Die Gewerbeschule setzt nur diejenigen Vorkenntnisse voraus, welche die allgemeine Volksschule lehrt.

§ 6. Für solche junge Leute, welchen es an den zu sofortiger Theilnahme an dem geordneten Unterricht der Gewerbeschule erforderlichen Vorkenntnissen fehlt, oder welche sich erst während des Schuljahres anmelden, kann, wo das Bedürfnis hiezu vorhanden ist, eine besondere Vorbereitungsklasse eingerichtet werden, deren Schüler aber sofort am Unterricht im Freihandzeichnen Theil nehmen.

§ 7. Die Aufnahme des Schülers erfolgt auf schriftliche Anmeldung desselben durch seine Eltern oder Fürsorger bei dem Hauptlehrer der Gewerbeschule.

Der Aufgenommene ist zum ordnungsmäßigen Besuch der Unterrichtsstunden verpflichtet und der Schulordnung unterworfen.

Schulversäumnisse, welche der Gewerbeschüler selbst verschuldet, werden mit den geordneten Schulstrafen (§ 8) bestraft. Ergibt sich, daß der Arbeitgeber den Schüler an dem Besuche der Gewerbeschule verhindert oder davon abgehalten hat, so ist die Bestrafung des Ersteren nach Maßgabe des Gesetzes vom 29. Januar 1868 (Regierungsblatt Nr. 17) bei dem Bezirksamte zu beantragen.

§ 8. Als Disziplinarstrafen sollen zur Anwendung kommen: Verweise, Schularrest, Carcerstrafe und Ausweisung aus der Anstalt. Die beiden letzten Strafarten können nur von dem Gewerbeschulrath ausgesprochen werden. Die Carcerstrafe wird, wo ein Schülercarcer nicht besteht, auf Ersuchen des Gewerbeschulraths durch das Bürgermeisteramt mit Benützung des Ortsarrestes vollzogen.

§ 9. Älteren Personen, welche das regelmäßige Alter für den Besuch der Gewerbeschule, vom vollendeten 14. bis zum vollendeten 17. Lebensjahr (§§ 4 und 15) überschritten haben, kann der Besuch der Gewerbeschule oder einzelner Unterrichtsstunden gestattet werden.

§ 10. Auch Schüler anderer Anstalten können, wenn die Gewerbeschule den erforderlichen Raum bietet, nach zurückgelegtem 12. Lebensjahr die Erlaubnis zum Besuch des Zeichnungs-Unterrichts erhalten.

§ 11. Jede Klasse einer Gewerbeschule erhält einschließlich des Zeichnens und ausschließlich des Modellierens, wöchentlich wenigstens sechs Stunden Unterricht, wovon zwei auf den Sonntag fallen können. An Feiertagen – hohe Festtage ausgenommen – wird stets derselbe Unterricht und zu derselben Zeit gegeben, wie an Sonntagen.

Bei der Anordnung der sonntäglichen Unterrichtsstunden ist darauf Rücksicht zu nehmen, daß die Schüler durch dieselben nicht am Besuche des öffentlichen Gottesdienstes gehindert werden.

§ 12. Für die Bauhandwerker soll jedenfalls vom l. November bis l. März ein täglicher l- bis 1½stündiger Unterricht stattfinden.

Wo immer thunlich, soll die Einrichtung getroffen werden, daß auch außerhalb der Unterrichtsstunden das Gewerbeschullokal für solche bereit gehalten werde, welche unter geeigneter Aufsicht des Lehrers dasselbe zu Schularbeiten, z. B. zum Zeichnen und Modellieren, benützen wollen.

§ 13. Die Lehrkurse gehen von Ostern zu Ostern.

§ 14. Die Dauer der Ferien beträgt in der Regel sechs Wochen, deren Vertheilung nach örtlichen Verhältnissen auf den Vorschlag der Lokalbehörden dem Oberschulrathe zusteht.

§ 15. Die Gewerbeschulen haben in der Regel einen dreijährigen, mindestens aber einen zweijährigen Kurs.

Die Beschränkung auf einen zweijährigen Kurs tritt nur ein, wo die Mittel zur vollständigen Ausführung des Lehrplans fehlen.

§ 16. Die Abtheilung des Lehrstoffes soll in der Weise getroffen werden, daß jene jungen Leute, welche eine Schule mit zweijährigem Kurs durchlaufen haben, und sodann in einer anderen Stadt, wo ein umfassenderer Unterricht ertheilt wird, in Arbeit treten, daselbst den dritten Jahreskurs mit Nutzen besuchen können.

§ 17. Die näheren Vorschriften über Ausdehnung des Unterrichts in den einzelnen Unterrichtszweigen ertheilt der Oberschulrath.

§ 18. In jeder Gewerbeschule sollen alljährlich und zwar am Schlusse des Wintersemesters öffentliche Prüfungen stattfinden, wobei alle ordentlichen Schüler (§§ 4 und 6) zu erscheinen verpflichtet sind.

§ 19. Der Unterricht an der Gewerbeschule wird in der Regel durch Lehrer ertheilt, welche sich hierfür besonders ausgebildet und in den in §§ 2 und 3 dieser Verordnung bezeichneten Lehrgegenständen eine Prüfung bestanden haben.

§ 20. Wo das Bedürfnis es erfordert, können auch Lehrer an einer Volksschule, oder einer höheren Bürgerschule, oder auch dazu geeignete Gewerbetreibende und Künstler für einzelne Fächer als Nebenlehrer beigezogen werden.

Ebenso können den Lehrern der Gewerbeschulen mit Genehmigung des Oberschulraths auch einzelne Unterrichtsgegenstände an anderen Lehranstalten übertragen werden.

§ 21. Zu der in § 19 bezeichneten Prüfung werden in der Regel nur diejenigen zugelassen, welche vorher schon als Volksschulkandidaten aufgenommen worden sind.

§ 22. Die näheren Bestimmungen über diese Prüfung werden von dem Oberschulrath mit Genehmigung des Ministeriums des Innern getroffen werden.

§ 25. Die Ernennung der Hauptlehrer an der Gewerbeschule geschieht durch den Oberschulrath, welcher da, wo der Staatsbeitrag weniger als die Hälfte der Gehalte beträgt, die Gemeindebehörde und den Gewerbeschulrath des Ortes vorher hören und deren Wünsche nach Thunlichkeit berücksichtigen wird.

§ 24. Als Hauptlehrer sollen in der Regel nur Solche ernannt werden, welche die in § 19 der Verordnung erwähnte Prüfung bestanden und sich mindestens drei Jahre im Ertheilen von Unterricht als Gewerbeschullehrer geübt haben.

Bezüglich der Rechtsverhältnisse der nicht mit Staatsdienereigenschaft angestellten Gewerbeschulhauptlehrer (Gesetz vom 4. Juni 1864) ist das Gesetz vom 11. März 1868 (Regierungsblatt Nr. 17) maßgebend.

§ 25. Die Praktikanten technischer Fächer können ohne weitere Prüfung als Gewerbeschulhauptlehrer angestellt werden.

§ 26. Nebenlehrer sind jeder Zeit entlaßbar und werden nach dem Vorschlag des Gemeinderaths und Gewerbeschulraths von dem Oberschulrath ernannt.

§ 27. Für den Unterricht in der Gewerbeschule wird ein mäßiges Schulgeld entrichtet. Der höchste Betrag desselben wird auf 20 Kr. für den Monat festgesetzt. Der wirkliche Betrag wird nach dem Vorschlag des Gewerbeschulraths und des Gemeinderaths der Stadt vom Oberschulrath bestimmt.

§ 28. Minder bemittelte Schüler bezahlen die Hälfte oder ein Viertheil des festgesetzten Schulgeldes. Unvermögliche sind von der Entrichtung des Schulgeldes befreit.

Die Entscheidung hierüber steht dem betreffenden Gewerbeschulrath zu, vorbehaltlich des Rekurses an das Bezirksamt.

§ 29. Ganz arme Schüler sollen durch unentgeltliche Verabreichung der Zeichenmaterialien und der eingeführten Lehrbücher auf Kosten der hiezu geeigneten Lokal- und Bezirksfonds und, soweit es daran mangelt, aus dem Ertrage des Schulgeldes unterstützt werden.

§ 30. Die Kosten der Gründung und des Unterhaltes der Gewerbeschulen werden von den Gemeinden bestritten, soweit die solchen Anstalten besonders gewidmeten Ortsstiftungen, Schenkungen und Vermächtnisse, sodann die bereits bewilligten oder noch auszumittelnden Beiträge aus anderen für Unterrichtszwecke verwendbaren Stiftungsvermögen, besondere Dotationen aus der Staatskasse und der Ertrag des Schulgeldes nicht zureichend sind.

§ 31. Diejenigen Städte, in welchen die Errichtung von Gewerbeschulen als dringendes Bedürfnis erkannt wird, sollen besondere dauernde oder vorübergehende Zuschüsse aus den für Unterrichtszwecke bestimmten Fonds der Staatskasse erhalten.

Die Vertheilung der Zuschüsse auf die einzelnen Gewerbeschulen geschieht durch das Ministerium des Innern.

§ 32. Gemeinden, deren Gewerbeschulen Staatszuschuß erhalten, haben mindestens für das Lokal, für die innere Einrichtung der Schule, für Schulbedürfnisse (Tische, Bänke), für den Unterhalt, die Reinigung, Beleuchtung und Heizung des Lokals selbst zu sorgen. Die hierfür erforderlichen Mittel sind jedoch ebenfalls im Voranschlage der Gewerbeschule aufzuführen.

§ 35. Sämtliche Zuschüsse zu dem Unterhalt der Gewerbeschulen werden in die Gemeindekasse abgeliefert, aus welcher alle Ausgaben bestritten werden.

Über die jährlichen Einnahmen und Verwendungen wird jedoch besondere Rechnung geführt.

§ 34. Die Zuschüsse jeder Art, sowie die aus den Gemeinde-Einkünften bestimmten Beiträge zum Unterhalt der Schule dürfen unter keinem Vorwand ihrem Zwecke entzogen werden.

Die Überschüsse eines Jahres werden als Guthaben der Schule für das nächste Jahr übertragen, wenn die Gemeinde es nicht vorzieht, dasjenige, was nach Abzug des Staatsbeitrags, des Schulgeldes, der Stiftungsbeiträge und der sonstigen Einkünfte der Schule noch fehlt, als Gemeindebeitrag in den Voranschlag aufzunehmen und nach dem Rechnungsergebniß beizuschießen.

§ 35. Keine Gewerbeschule soll errichtet werden, ehe für den mittleren Gehalt der erforderlichen Lehrer, sowie für die Schulbedürfnisse hinreichende Deckung vorhanden ist. So lange der mittlere Gehalt nicht erforderlich ist, wird derselbe zu einem besonderen Reservefonds angesammelt, der für höhere Gehaltsbedürfnisse wieder aufgezehrt werden kann.

§ 36. Die Gewerbeschule eines jeden Orts steht unter der Aufsicht eines besonderen Gewerbeschulraths.

Den Gewerbeschulrat bilden:

1. der Bürgermeister als Vorsizender;

2. der erste Pfarrer und in gemischten Orten der erste Geistliche jeder Konfession;

3. mindestens drei von dem Gemeinderath zu bestimmende Gewerbsmänner oder andere im Gewerbswesen oder im Unterrichtswesen bewanderte und durch ihren regen Eifer für die Sache ausgezeichnete Einwohner;

4. an Orten, wo sich technische Beamte befinden, mindestens ein solcher Beamter, welcher auf den Vorschlag des Gemeinderaths von dem Oberschulrath nach vorhergegangenem Benehmen mit der vorgesetzten Dienstbehörde bestimmt wird;

5. der Hauptlehrer, oder, wo deren mehrere angestellt sind, der erste Hauptlehrer der Schule.

Letzterer ist zu den Sitzungen nicht einzuladen, wenn ihn persönlich betreffende Gegenstände zu verhandeln sind.

§ 37. Der Gewerbeschulrath empfängt die Anzeigen der Lehrer über den Zugang und Abgang der Schüler und über Schulversäumnisse. Er entscheidet über die Ausweisung solcher jungen Leute aus der Schule, welche sich unsittliches oder ordnungswidriges Betragen oder zahlreiche Versäumnisse zu Schulden kommen lassen.

§ 38. Der Gewerbeschulrath veranlaßt die betreffenden Behörden zur Bestrafung der Schüler und Arbeitgeber wegen ungerechtfertigter Schulversäumnisse, beziehungsweise er spricht gegen Erstere die geordneten Strafen aus (§ 8).

§ 39. Der Gewerbeschulrath bestimmt im Einverständniß mit dem Gemeinderath (§ 12) die Unterrichtszeit; er beräth mit den Lehrern die Vertheilung der Unterrichtszeit auf die einzelnen Gegenstände, sowie den Lehrplan, und legt beide dem Oberschulrath zur Genehmigung vor; er entscheidet über die Gesuche um Befreiung von Schulgeld; er ernennt einen oder zwei Schulinspektoren aus seiner Mitte, welche die Lehrstunden wenigstens einmal wöchentlich besuchen, um von dem Fortgang des Unterrichts Kenntniß zu nehmen; er berathschlagt über zweckdienliche Verbesserungen unter Zuziehung der betreffenden Lehrer; er beschließt über die Anschaffung der Schulbedürfnisse innerhalb der Grenzen des Voranschlags und dekretirt die betreffenden Rechnungen auf die Gewerbeschulkasse unter Beisetzung der Rubrik des Voranschlags; er erstattet jährlich nach der öffentlichen Prüfung einen Hauptbericht über den Zustand der Schule an den Oberschulrath unter Vorlage der Schülerlisten, der Prüfungsarbeiten und ein bis dreier Zeichnungen von jedem Schüler, welche letztere nach den Schülerlisten geordnet sein müssen.

§ 40. Der Gewerbeschulrath entwirft jährlich gemeinschaftlich mit dem Gemeinderath den Voranschlag über Einnahmen und Ausgaben der Schule.

§ 41. Wo mehrere Lehrer an einer Gewerbeschule angestellt sind, führt derjenige, welcher Mitglied des Gewerbeschulraths ist, die nächste Aufsicht über Einhaltung der Schulordnung, des Stundenplans und der Disziplin; er übermittelt die Versäumnißlisten an den Gewerbeschulrath.

§ 42. Die oberste Aufsicht und Leitung der Gewerbeschulen steht dem Oberschulrath zu.

§ 43. Zur Befugniß des Oberschulraths gehört:

1. die Vollziehung der auf die Gewerbeschulen bezüglichen Gesetze und Verordnungen; die Ertheilung der hiezu nötigen Instruktionen und Verfügungen; die Berathung und Entwerfung neuer allgemeiner auf diese Schulen bezüglichen Verordnungen;

2. die Genehmigung der Schulgeldtarife, der Lehr- und Stundenpläne, sowie der eingeführten Hilfsmittel des Unterrichts;

3. die Prüfung der Voranschläge der Schulen;

4. der Oberschulrath verbescheidet die Hauptjahresberichte der Gewerbeschulräthe und ordnet von Zeit zu Zeit außerordentliche Visitationen einzelner Gewerbeschulen an;

5. er bestimmt die Prüfung der Gewerbeschulkandidaten und rezipirt dieselben;

6. er führt die Dienstpolizei über die Gewerbeschullehrer und entscheidet, soweit nicht die Staatsdiener-Eigenschaft in Frage kommt, über deren Anstellung, Besserstellung, Versetzung und Entlassung. Soweit hiebei außer den einer Schule bewilligten ständigen Staatsbeiträgen noch weitere Staatsmittel in Anspruch genommen werden, stellt er die erforderlichen Anträge bei dem Ministerium des Innern.

§ 44. Der Oberschulrath kann bei dem Ministerium des Innern veranlassen, daß der Vorstand des betreffenden Bezirksamtes oder ein anderer Beamter als Regierungskommissär bestellt werde, um den Berathungen des Gewerbeschulraths entweder regelmäßig oder von Zeit zu Zeit beizuwohnen.

§ 45. Der Verkehr des Oberschulraths mit den Gewerbeschulräthen wird in Anstellungssachen und in allen finanziellen Angelegenheiten, sowie bei Prüfungsbescheiden durch das Bezirksamt vermittelt.

Quelle: Großherzoglich Badisches Regierungs-Blatt 1868, Nr. 48, S. 732–731.

B 3: Landesherrliche Verordnung vom 20. Juli 1907, „Die Gewerbeschulen betreffend"

§ 1. Die Gewerbeschulen haben die Aufgabe, die gewerblichen Arbeiter – Gesellen, Gehilfen und Lehrlinge – beiderlei Geschlechts in unmittelbarer Fühlung mit der Meisterlehre theoretisch auszubilden und ihnen tunlichst diejenigen praktischen Kenntnisse und Fertigkeiten für die Ausübung ihres Gewerbes zu vermitteln, zu deren Aneignung in den Gewerbebetrieben nach den allgemeinen oder örtlichen Verhältnissen nicht genügende Gelegenheit geboten ist.

Neben der beruflichen Ausbildung der Schüler hat die Schule auch auf die Stärkung des Charakters sowie auf Hebung des Standesbewußtseins der Schüler hinzuwirken.

§ 2. Die Gewerbeschulen sind befugt, ihre Wirksamkeit auf andere der Ausbildung des Handwerkerstandes dienende Einrichtungen auszudehnen.

Insbesondere steht ihnen zu, Veranstaltungen zur Weiterbildung der Gehilfen und selbständigen Gewerbetreibenden sowie zur Vorbereitung auf die Meisterprüfung zu treffen.

§ 3. Die Verpflichtung zum Besuch der Gewerbeschule bemißt sich nach den auf Grund des Gesetzes vom 13. August 1904, den gewerblichen und kaufmännischen Fortbildungsunterricht betreffend, zu erlassenden statutarischen Bestimmungen.

Von der Verpflichtung zum Schulbesuch tritt Befreiung in dem Umfange ein, in welchem durch Vorlage von Zeugnissen der Besuch einer anderen vom Landesgewerbeamt als gleichwertig anerkannten Schule nachgewiesen wird.

§ 4. Der Besuch der Gewerbeschule kann solchen Personen, die nach dem Statut dazu nicht verpflichtet sind, gestattet werden.

Diese Schüler sind mit ihrem Eintritt in die Schule für die Dauer des Besuchs derselben den Bestimmungen des Statuts und der Schulordnung unterworfen.

§ 5. Das Mindestmaß des Unterrichts an einer Gewerbeschule (Pflichtunterricht) umfaßt folgende Fächer:

A. Berufskunde: 1. gewerbliches Rechnen, 2. angewandte Geometrie, 3. Materialien- und Werkzeuglehre, 4. Naturlehre, 5. Freihandzeichnen, 6. Projektionslehre, 7. technischen Fachunterricht: a) Zeichnen, b) Modellieren, c) Werkstattunterricht, soweit hierfür ein Bedürfnis und die Möglichkeit seiner Einrichtung besteht.

B. Geschäftskunde: l. Geschäftsrechnen, 2. Geschäftsaufsatz, 3. Buchführung, 4. Kostenberechnen, 5. Wirtschaftslehre, 6. Bürgerkunde.

Schülerinnen ist auch Unterweisung in Haushaltungskunde unter entsprechender Kürzung ihres sonstigen Schulbesuchs zu erteilen.

Ist mit der Gewerbeschule eine Handelsabteilung verbunden, so finden auf die Unterrichtserteilung an dieser die Bestimmungen über Handelsschulen Anwendung.

§ 6. In den Unterrichtsgegenständen der Berufskunde soll der Schüler soweit gefördert werden, daß er bei der Entlassung aus der Schule nicht nur den Anforderungen, die in seinem Beruf an ihn gestellt werden, gewachsen ist, sondern auch der fortschreitenden Entwicklung der Technik mit Verständnis zu folgen vermag. In der Geschäftskunde soll die Grundlage gelegt werden zur Erlangung derjenigen Kenntnisse, die zum selbständigen, sachgemäßen und erfolgreichen Betrieb eines Geschäfts erforderlich sind.

§ 7. Soweit die gewerblichen Verhältnisse am Sitz der Schule oder in dessen Umgebung es wünschenswert erscheinen lassen, soll ein gesonderter Unterricht für einzelne oder verwandte Gewerbe eingerichtet werden (Fachabteilungen).

§ 8. Der Gewerbeschulrat bestimmt, ob der Unterricht für Schüler und Schülerinnen gemeinsam oder getrennt zu erteilen ist.

§ 9. Für solche Schüler, welchen es an den zur sofortigen Teilnahme an dem geordneten Unterricht der Gewerbeschule erforderlichen Vorkenntnissen fehlt, oder welche erst während der letzten zwei Drittel des Schuljahres in eine Gewerbeschule eintreten, können nach Bedürfnis Vorbereitungsklassen eingerichtet werden.

§ 10. Der Pflichtunterricht (§ 5) hat sich, abgesehen von der Vorbereitungsklasse, auf drei Jahre zu erstrecken und ist in der Regel in drei getrennten Klassen zu erteilen. Er beträgt in der ersten (untersten) Klasse mindestens neun, in den beiden übrigen Klassen mindestens je acht Stunden in der Woche. Der Unterricht ist ganzjährig; jedoch kann für Angehörige solcher Berufsarten, die regelmäßig nur während einer bestimmten Zeit des Jahres Beschäftigung haben, der Unterricht in dieser Zeit unter Erhöhung der Stundenzahl während der beschäftigungslosen Zeit beschränkt werden.

Sämtliche Angehörige einzelner Gewerbe können unter Zustimmung des Landesgewerbeamts von dem Besuche des Zeichenunterrichts befreit

werden, falls dieser für ihr Gewerbe nicht unbedingt nötig ist. Werden für solche Schüler besondere Fachabteilungen mit entsprechender Ausgestaltung eingerichtet, so ist die Beschränkung des Pflichtunterrichts auf zwei Jahreskurse zulässig.

§ 11. Der Unterricht findet Werktags statt und soll nicht vor morgens 6 Uhr beginnen und darf nicht über die neunte Abendstunde ausgedehnt werden.

Für den Pflichtunterricht sind vorzugsweise die Vormittagsstunden zu wählen.

§ 12. Die Arbeitgeber haben die zum Besuche der Gewerbeschule verpflichteten Arbeiter – Gesellen, Gehilfen, Lehrlinge – beim Eintritt in die Arbeit oder Lehre binnen drei Tagen und, wenn der Eintritt während der Schulferien geschieht, alsbald beim Wiederbeginn des Schulunterrichts bei dem mit der Leitung der Schule betrauten Lehrer anzumelden sowie spätestens am dritten Tage nach der Entlassung aus der Arbeit abzumelden. Probezeit oder Beginn der Arbeit oder Lehre im Geschäft der Eltern entbindet nicht von der Anmeldepflicht.

§ 13. Der Arbeitgeber beziehungsweise die Eltern oder deren Stellvertreter haben den Schüler, der durch Krankheit am Besuch des Unterrichts verhindert war, bei dessen Wiedererscheinen in der Schule und, falls der Schüler durch die Erkrankung voraussichtlich an mehr als an zwei Schultagen vom Besuche des Unterrichts abgehalten sein wird, alsbald beim Schulvorstand zu entschuldigen.

Soll ein Schüler aus dringenden Gründen vom Besuch der Schule für einige Stunden oder längere Zeit entbunden werden, so haben der Arbeitgeber beziehungsweise die Eltern oder deren Stellvertreter vorher unter genauer Angabe der Gründe rechtzeitig, wenn möglich durch den Schüler selbst, beim Schulvorstand um Befreiung nachzusuchen. Das im Unterricht Versäumte, insbesondere die schriftlichen und zeichnerischen Arbeiten, sind sobald als möglich nachzuholen. Der Arbeitgeber ist verpflichtet, dem Schüler hierzu die erforderliche Zeit zu gewähren.

§ 14. Einzelne Schüler können, wenn triftige Gründe vorliegen, durch den Gewerbeschulrat vom Besuche einzelner Unterrichtsfächer auf Ansuchen befreit werden. Die Befreiung eines einzelnen Schülers von der Verpflichtung zum Schulbesuch überhaupt, die nur ausnahmsweise aus besonderen Gründen erfolgen darf, ist nur mit Zustimmung des Landesgewerbeamts zulässig.

§ 15. Die Arbeitgeber haben dafür zu sorgen, daß die Schüler die erforderlichen Bücher und sonstigen Unterrichtsmittel besitzen.

§ 16. Das Schuljahr geht von Ostern zu Ostern und wird für Erteilung von Zeugnissen und Schulentlassungen (§ 17) entsprechend den durch die Hauptferien bewirkten Unterbrechungen in Dritteljahre (Ostern, Herbst und Weihnachten) eingeteilt.

§ 17. Die Entlassung aus der Schule erfolgt nach ordnungsmäßigem Besuch derselben in der Regel am Ende des Schuljahres; Schüler, die im Laufe eines Schuljahres die im Statut für die Schulpflicht festgesetzte Altersgrenze erreichen, sind auf Verlangen am Schlusse des diesem Zeitpunkt vorangehenden Dritteljahres zu entlassen.

§ 18. Als Schulstrafen können zur Anwendung kommen: Verweise, Schularrest, Karzer und Ausweisung aus der Anstalt.

Die Ausweisung kann nur bei fortgesetzter Unbotmäßigkeit oder wegen unsittlichen Verhaltens eines Schülers mit Zustimmung des Landesgewerbeamts verfügt werden. Ist der Schüler nach seinem Alter noch zum Besuche der allgemeinen Fortbildungsschule verpflichtet, so ist er dieser zu überweisen.

§ 19. Die Gewerbeschule steht unter der Aufsicht des Gewerbeschulrats.

Dem Gewerbeschulrat sollen mindestens angehören:
1. der Bürgermeister als Vorsitzender;
2. ein weiteres Mitglied des Gemeinderats (Stadtrats);
3. der Schulvorstand;
4. an Schulen mit mehr als sechs Lehrern ein weiterer Lehrer der Gewerbeschule, welcher auf Vorschlag der Lehrerversammlung aus der Zahl der etatmäßig angestellten Lehrer durch das Landesgewerbeamt jeweils auf drei Jahre ernannt wird;
5. je zwei Vertreter der Arbeitgeber und der Arbeitnehmer. Vor deren Ernennung ist hinsichtlich der ersteren die zuständige Handwerkskammer und wegen der letzteren deren Gesellenausschuß zu hören;
6. an Gewerbeschulen, mit denen eine Handelsabteilung verbunden ist, noch je ein Vertreter der kaufmännischen Arbeitgeber und Angestellten. Vor deren Ernennung sind hinsichtlich des ersteren die zuständige Handelskammer und wegen des letzteren die in der betreffenden Gemeinde bestehenden Vereinigungen von kaufmännischen Angestellten zu hören;
7. an Schulen, zu deren Besuch Schülerinnen verpflichtet oder zugelassen werden, eine mit den einschlägigen Verhältnissen vertraute Frau.

Im Ortsstatut kann bestimmt werden, daß noch andere Personen, insbesondere geistliche, technische Beamte und Ärzte sowie weitere Vertreter der Arbeitgeber und Arbeitnehmer dem Gewerbeschulrat angehören.

Die Ernennung dieser sowie der unter Ziffer 2, 5, 6 und 7 bezeichneten Mitglieder erfolgt durch den Gemeinderat (Stadtrat) jeweils auf drei Jahre.

§ 20. Dem Gewerbeschulrat liegt außer den ihm durch besondere Bestimmungen vorbehaltenen Angelegenheiten ob:
1. die Beratung der auf die Organisation der Anstalt, Ausgestaltung des Unterrichts und Veränderungen im Lehrkörper bezüglichen Fragen und Stellung der in dieser Hinsicht beschlossenen Anträge;
2. die Beratung über die hinsichtlich baulicher Beschaffenheit und innerer Einrichtung der Unterrichtsräume nebst Zubehör zu stellenden Anträge;
3. die Aufstellung des Entwurfs zum Voranschlag über Einnahmen und Ausgaben der Anstalt;
4. Schulgeldbefreiungen;
5. die Behandlung der Gesuche um Befreiung vom Schulbesuch oder von einzelnen Unterrichtsfächern in den dem Gewerbeschulrat zur Beratung oder Entscheidung zugewiesenen Fällen, Festsetzung des Stundenplans, Beschlüsse über besondere Regelung der Ferien, Ausweisung von Schülern und Verhängung von Karzerstrafen über zwölf Stunden;
6. Beratung über die Art und Weise der Handhabung der Schulzucht im allgemeinen und Stellung hierauf bezüglicher Anträge;
7. die Erlassung der örtlichen Schulordnung, die dem Landesgewerbeamt zur Genehmigung vorzulegen ist;
8. Verhandlungen über Maßnahmen, welche sich auf die Fürsorge für die Gesundheit der Schüler beziehen;
9. die Beratung aller übrigen, auf die Schule bezüglichen Fragen, die der Vorsitzende wegen ihrer Wichtigkeit zur Verhandlung stellt.

§ 21. Wo mehrere Lehrer angestellt sind, liegt die unmittelbare Leitung der Anstalt dem Vorstand der Schule ob. Dieser hat dafür zu sorgen, daß der Unterricht in den einzelnen Klassen und Abteilungen stetig und gleichmäßig fortschreitet, und daß die die Gewerbeschulen berührenden Gesetze und Verordnungen, die Verfügungen der zuständigen Behörden und die Schulordnung in allen Teilen genau befolgt werden. Endlich hat er darüber zu wachen, daß die Lehrer ihre Pflichten erfüllen und die Würde des Amtes wahren. Er beobachtet die sittlichen Zustände an der Anstalt und sorgt für wirksame Schulzucht.

§ 22. Der Schulbetrieb wird durch eine vom Landesgewerbeamt zu erlassende allgemeine Schulordnung geregelt. Nach Bedürfnis wird das Landesgewerbeamt außerdem besondere Dienstweisungen erlassen.

§ 23. Für Schüler, welche den lehrplanmäßigen Unterricht einer Gewerbeschule besuchen (Vollschüler), kann ein Schulgeld erhoben werden, das, falls sie durch statutarische Bestimmung zum Besuche der Schule verpflichtet sind und letztere am Orte ihrer Beschäftigung errichtet ist, den Betrag von 10 Mk. für das Jahr nicht übersteigen darf.

Das jährliche Schulgeld für solche Schüler, die zum Besuche einer in einer benachbarten Gemeinde bestehenden gewerblichen Schule verpflichtet sind, darf den Betrag von 15 Mk. nicht überschreiten; leistet die Gemeinde des Beschäftigungsortes derjenigen Gemeinde, welche die Kosten der Errichtung und Unterhaltung der Schule trägt, einen Beitrag, so darf das Schulgeld den Betrag von 10 Mk. nicht übersteigen.

§ 24. Von Vollschülern, welche eine gewerbliche Schule besuchen, zu deren Besuch sie nicht verpflichtet sind, darf ein Schulgeld erhoben werden bis zum Höchstbetrag von 15 Mk., wenn die Schule am Orte ihrer Beschäftigung errichtet ist, andernfalls im Höchstbetrag von 20 Mk. Leistet die benachbarte Gemeinde einen Beitrag zu den Kosten der Errichtung und Unterhaltung der Schule, so beläuft sich der Höchstbetrag auf 15 Mk.

§ 25. Von Schülern, welche nur in einzelnen Gegenständen am Unterricht teilnehmen (Gäste), kann ein Schulgeld bis zu 5 Mk., von auswärtigen Gästen bis zu 10 Mk. angefordert werden.

§ 26. Vollschüler, welche an Unterrichtskursen teilnehmen, die über den allgemeinen Lehrplan hinausgehen, können zur Entrichtung eines Schulgeldes von 4 Mk., Gäste zur Entrichtung eines solchen von 8 Mk. für jeden Unterrichtskurs verpflichtet werden.

§ 27. Für Schüler der mit einer Gewerbeschule verbundenen Handelsabteilung finden die Vorschriften über die Erhebung von Schulgeld an Handelsschulen Anwendung.

§ 28. Unvermögende sind von der Zahlung des Schulgeldes je nach dem Grade der Unvermög-lichkeit ganz oder zu bestimmten Teilen zu befreien (§ 20 Ziffer 4).

§ 29. Verlassen Schüler während eines für die Erhebung des Schulgeldes bestimmten Zeitabschnittes die Anstalt, so erwächst hieraus kein Anspruch auf Rückersatz des für den betreffenden Zeitabschnitt bezahlten Schulgeldes.

Für neu eintretende Schüler ist das Schulgeld für den Zeitabschnitt zu entrichten, in welchem ihr Eintritt erfolgt.

Aus Billigkeitsgründen können in beiden Fällen Ausnahmen vom Gewerbeschulrat bewilligt werden.

§ 30. Die Festsetzung des Schulgeldes erfolgt auf Vorschlag des Gemeinderats und des Gewerbeschulrats durch das Landesgewerbeamt. Die Erhebung eines besonderen Eintrittsgeldes ist nicht zulässig.

§ 31. Gewerbeschulen können errichtet werden in Gemeinden, welche sich verpflichten, für den Aufwand jeder Art aufzukommen, der für die ordnungsmäßige Einrichtung und für einen dem Lehrplan und der Schulordnung entsprechenden Betrieb der Anstalt erforderlich ist, soweit nicht dieser Aufwand

a) von der Staatskasse übernommen,
b) durch den Ertrag des Anstaltsvermögens oder aus anderen für derartige Schulen besonders gestifteten oder sonst verwendbaren Fonds aufgebracht,
c) durch das Schulgeld gedeckt wird.

Durch Satzungen, welche zwischen dem Landesgewerbeamt und der Gemeinde für jede Gewerbeschule mit Genehmigung des Ministeriums des Innern zu vereinbaren sind, wird im einzelnen bestimmt, unter welchen Voraussetzungen, in welcher Weise und in welchem Umfange eine Beteiligung der Staatskasse an dem Aufwand für Unterhaltung der Anstalt stattfindet.

§ 32. Die Voranschläge über Einnahmen und Ausgaben der Gewerbeschulen bedürfen bezüglich der Verwendung der Staatsbeiträge und hinsichtlich der satzungsmäßigen Leistungen der Gemeinden der Genehmigung des Landesgewerbeamts, das für die Erlassung näherer Vorschriften über die Rechnungsführung zuständig ist.

§ 33. Sowohl der Gemeinde als auch dem Staate steht das Recht zu, die vereinbarten Satzungen zu kündigen.

Die Kündigung wird mit dem Schluß des auf den Zeitpunkt derselben folgenden Schuljahres wirksam.

Quelle: Großherzoglich Badisches Gesetzes- und Verordnungsblatt 1907, Nr. XXIII

B 4: Vorzüge der badischen Schulwerkstätten (Denkschrift Karl Friedrich Kuhn)

Der in den Jahren 1912 bis 1914 mit einem Kostenaufwand von 1.547.000 Mark erstellte Neubau sollte Mitte Juli 1914 seiner Bestimmung übergeben werden. Die Schule war gerade mit dem Umzug beschäftigt, als der Krieg ausbrach. Das Gebäude mußte alsbald geräumt werden. Zwei Lazarette fanden darin Aufnahme. Während des ganzen Krieges war die Gewerbeschule auf Notunterkünfte in mehreren Schulhäusern und anderen Gebäulichkeiten angewiesen. Erst nach Kriegsende konnte die Schule im Januar 1919 ihren Neubau beziehen. Vor und während des Krieges knüpften sich an die Wiederaufnahme des Unterrichts im Neubau erwartungsfrohe Hoffnungen. Diese schienen mit einem Schlage durch den in seiner furchtbaren Schwere von niemand geahnten Ausgang des Krieges vernichtet. Und doch wollen und dürfen wir nicht mutlos sein, nicht jede Hoffnung aufgeben. Der Gewerbeschule, der Mittelschule des werktätigen Volkes, des gesamten Gewerbe- und Handwerkerstandes, fällt bei dem Wiederaufbau Deutschlands eine hohe, verantwortungsvolle Aufgabe zu; ihrem Erziehungs- und Ausbildungswerk kommt noch mehr als vor dem Kriege sowohl für die Gesundung des Volkes an sich als auch für die Volkswirtschaft eine wesentliche Bedeutung zu. Bis vor etwa 30 Jahren beschränkte sich die Tätigkeit der Gewerbeschulen Badens auf theoretischen Unterricht, technisches Zeichnen und Modellieren. Allmählich erkannte man aber, daß eine gründliche Ausbildung nur erreicht werden kann durch Hand in Hand mit der Theorie gehenden Werkstättenunterricht. Die Ausbildung der Lehrlinge in der Meisterlehre läßt mancherorts zu wünschen übrig. Der heutige Wirtschaftskampf zwingt leider manche Meister, den Lehrling frühzeitig als eine billige Arbeitskraft zu betrachten. Vielfach kommen auch in der Meisterlehre nur Arbeiten vor, die den jungen, aufwärtsstrebenden Lehrling auf die Dauer nicht befriedigen können. Vor allem liegt dies in der Spezialisierung auch kleinerer Handwerksbetriebe und in der Art der Arbeitsaufträge, die oft auf längere Zeit die gleichen bleiben. Die Lehrlinge lernen infolgedessen während ihrer Lehrzeit manche Arbeitstechniken und Arbeitsverrichtungen in der Werkstätte des Meisters gar nicht kennen. Eine methodisch aufgebaute, planmäßige Berufsausbildung des Lehrlings beim Meister gehört daher zu den Seltenheiten. Hier will und muß die Fachschule ergänzend einsetzen, wenn die dem Lehrling drohende Gefahr der Einseitigkeit und Mechanisierung in seinem Berufe gebannt werden soll. Einseitigkeit und Mechanisierung, das Verderben jedes Berufes, müssen aber auch dem Handwerker, namentlich dem jungen, mit Idealen erfüllten Lehrling und dem Gesellen, seine Tätigkeit verleiden. Es ist deshalb eine der schönsten Aufgaben der Gewerbeschule, den Handwerkerberuf wieder begehrenswert zu machen, in dem jungen Lehrling Freude und Liebe für das Handwerk zu wecken und ihn anzuspornen, stets das Höchste in seinem Berufe zu erstreben und zu leisten. Dies zu erreichen ist mit Zweck der Schulwerkstätten. Im Werkstättenunterricht wird dem jungen Handwerker jene Hingabe an seinen Beruf anerzogen, die diesen zum Lebensinhalt des Menschen macht. Was der Lehrling im Werkstättenunterricht arbeitet und formt, ist sein eigenstes Erzeugnis. In ihm liegt sein Denken und Fühlen, seine ganze Seele; das Erzeugnis hat für ihn Persönlichkeitswert. Im Werkstättenunterricht lernt der Lehrling, daß der Beruf, richtig aufgefaßt, nicht mechanisches Können, sondern bewußtes Wollen im Können ist. Gleichzeitig wird auch der Sinn für das Schöne geweckt. Der Lehrling lernt, daß auch die einfachste Arbeit in künstlerische Form gebracht, daß auch die kleinste, äußerlich nur mechanische Arbeit vergeistigt werden kann. Vergeistigte Arbeit ist Qualitätsarbeit. Qualitätsarbeit ist aber in unserem rohstoffarmen Vaterland künftig mehr als je erforderlich. Daß in der Zukunft der Handwerkerstand für unser Wirtschaftsleben eine erhöhte Bedeutung erlangt, dürfte außer Zweifel stehen. Mehr als je wird der Handwerker Träger wichtiger nationaler Arbeit sein. Die Werkstätten sollen auch zugleich den Gesellen und Gehilfen nutzbar gemacht werden, die als Vorarbeiter und Meisteranwärter zu ihrer Weiterbildung Fortbildungskurse, erweiterte Fachkurse oder die der Schule angegliederten Gesellen-Fachschulen besuchen. Ferner besteht die Absicht, mit einigen dieser Lehrwerkstätten dem im badischen Handwerk mancherorts aufgetretenen Verlangen Rechnung zu tragen, die Lehrlinge vor Eintritt in die Meisterlehre versuchsweise bis zu einem vollen Jahre einer Schullehrwerkstätte anzuvertrauen. Hier sollen die Lehrlinge auf ihre Verwendbarkeit zu dem gewählten Beruf geprüft und in die verschiedenen Arbeitstechniken und Arbeitsverrichtungen ihres Berufes planmäßig eingeführt werden Erst nach Zurücklegung des Vorlehrekurses in einer Schullehrwerkstätte hätten dann die Lehrlinge die weiteren Lehrjahre in der Werkstätte des Meisters zu verbringen. Eine solche Einrichtung ist auf dem Gebiete der Lehrlingsausbildung nichts Neues. Die Industrie hat diesen Weg schon seit Jahren mit ihren besonderen Lehrwerkstätten in Verbindung mit sogenannten Werkschulen beschritten. Auch für das Handwerk bestehen schon da und dort derartige Einrichtungen. Die Vorteile einer solchen Vorlehre liegen darin, daß die Erziehungsgrundsätze der Praxis gleich bei Beginn der Lehrzeit zur Anwendung kommen, die Lehrlingsausbildung also im Anfang methodisch aufgebaut wird. Die einzelnen Berufsvertretungen, Handwerkskammern, Innungen, Fachvereine, Gewerbevereine, Gewerkschaften und Gewerkvereine haben in der Erkenntnis der Wichtigkeit der Schullehrwerkstätten schon seit Jahren ihre Einrichtung gefordert und alle darauf zielenden Bestrebungen warm unterstützt. Die Karlsruher Gewerbeschule hat als eine der ersten gewerblichen Lehranstalten dieser Forderung gerecht zu werden versucht. Sie darf für sich in Anspruch nehmen, daß sie auf dem Gebiete des Werkstättenunterrichts einst eine führende Stellung eingenommen hat. Leider konnten die Werkstätten im alten Schulgebäude nur mangelhaft eingerichtet werden. Maschinen waren fast gar nicht vorhanden; soweit solche zur Verfügung standen, genügten sie nicht mehr. Auch gebrach es an Raum. Mehrere größere Fachschulen haben deshalb in dieser Hinsicht die Karlsruher Gewerbeschule inzwischen überflügelt. Die Notwendigkeit und das Bestreben, der Gewerbeschule der Landeshauptstadt den ihr gebührenden Platz auf diesem Gebiete wieder zu sichern, veranlaßte die Direktion im Benehmen mit dem Gewerbe- und Handwerkerstand bei Ausarbeitung der Pläne für den Gewerbeschulneubau für 16 verschiedene Berufe Werkstätten vorzusehen. Um für die Einrichtung dieser Werkstätten möglichst einwandfreie Unterlagen zu erhalten, wurden im Auftrage des Stadtrates für die Werkstätten und Laboratorien der einzelnen Berufe besondere Kommissionen gebildet, deren Mitglieder auf Vorschlag der gewerblichen Vereinigungen berufen wurden. Jede Kommission bestand aus Arbeitgebern, Arbeitnehmern, dem Fachlehrer für das betreffende Gewerbe und dem Direktor der Anstalt. Der Ausführung des frohgehegten Planes stellten sich aber noch

vor Vollendung des Baues Schwierigkeiten entgegen. Schon im Jahre 1913 wurde der Schulleitung bedeutet, daß die Neubaumittel für die maschinelle Einrichtung der Werkstätten nicht ausreichen. Für die gesamte Einrichtung der Werkstätten und Laboratorien standen zu jener Zeit noch 35.000 Mark zur Verfügung, während damals schon bei sparsamster Berechnung 150.000 Mark dafür benötigt wurden. Nach Prüfung der Verhältnisse konnte der Stadt Karlsruhe nicht zugemutet werden, die hohe Summe für die Einrichtungen der Werkstätten und Laboratorien allein zu tragen. Handelt es sich doch hier um Einrichtungen, deren Nutzen dem gesamten badischen und schließlich auch dem außerbadischen Handwerk zugute kommt. Die gewerblichen Vereinigungen besitzen leider keine Mittel zur finanziellen Unterstützung. Da nicht zuletzt auch die Industrie Interesse an der Einrichtung von Schulwerkstätten zeigte, hat sich die Schulleitung schon vor dem Kriege wegen Schenkung, leih- oder mietweiser Überlassung von Maschinen oder Gewährung von Vorzugspreisen an sie gewandt. Das Entgegenkommen war groß, wenn es auch die Bedürfnisse nicht ganz befriedigt hat. Als der Unterzeichnete im November 1918 aus dem Felde zurückkehrte und seinen Dienst wieder übernahm, waren mit einer Ausnahme (Blechnerwerkstätte) sämtliche Schulwerkstätten bis auf die Werkbänke geräumt. Die bereits gekauften Maschinen hatten im Kriege der Rüstungsindustrie überlassen werden müssen, die der Schule schenkungs-, leih- oder mietweise zur Verfügung gestellten Einrichtungen waren von den betreffenden Firmen wieder zurückverlangt worden. Heute besitzt die Schule nur vier Maschinen für eine Schlosserwerkstätte, die wieder zurückgekauft werden konnten, sowie einige Arbeitsmaschinen für die Werkstätte der Blechnerfachschule. Unsere bisherigen Bemühungen, im Interesse einer fruchtbringenden und vorbildlichen Mitarbeit am Wiederaufbau unseres Vaterlandes die baldige Einrichtung der Schulwerkstätten zu verwirklichen, hatten keinen nennenswerten Erfolg. Die erste Denkschrift über die Einrichtung von Schullehrwerkstätten, die wir in den ersten Monaten des Jahres 1919 einigen führenden Männern der Industrie vorlegten, brachte der Schule Stiftungen im Gesamtbetrage von 10.580 Mark. Es wird nicht verkannt, daß die Maschinenfabriken heute nur schwer mehr der Schule das Entgegenkommen zeigen können wie vor dem Kriege. Der Bitte um Gewährung der gleichen Lieferungsbedingungen wie vor dem

Kriege konnte deshalb von den Firmen nicht entsprochen werden. Die 10.580 Mark reichten kaum für die Beschaffung von drei Elektromotoren. Die Stadt Karlsruhe hatte sich, um den Werkstättenunterricht nicht ganz verkümmern zu lassen, bereit erklärt, für die Jahre 1919 und 1920 jährlich 10.000 Mark zu diesem Zweck in dem Voranschlag der Gewerbeschule bereitzustellen. Auch das war nur ein Tropfen auf einen heißen Stein. Nach der Vereinbarung zwischen der badischen Regierung und der Stadt Karlsruhe ist letztere verpflichtet, für die Anstalt die Räumlichkeiten zu stellen und einzurichten, die Lehrmittel zu beschaffen und die Unterhaltung der Baulichkeiten und Einrichtungen, die Heizung und Beleuchtung der Anstaltsräume, die Ausgaben für die Kanzlei, den Hausmeister usw. aus Gemeindemitteln zu bestreiten. Zur Deckung des persönlichen Aufwandes (Lehrergehälter) übernimmt die Staatskasse 50 v. H., die restlichen 50 v. H. fallen der Stadtkasse zur Last. Der Aufwand der Stadt Karlsruhe für die laufenden Kosten der Gewerbeschule beträgt im Rechnungsjahr 1920/21 1.040.000 Mark. Es steht zu befürchten, daß bei der heutigen äußerst schwierigen finanziellen Lage der Stadtgemeinde diese die hohen laufenden Ausgaben künftig nicht mehr wird aufbringen können. Daß unter diesen Umständen von der Stadtgemeinde weitere Hilfe für den Werkstättenunterricht zu erhoffen ist, halten wir für ausgeschlossen. Zur Befriedigung nur der allernotwendigsten Bedürfnisse sind bei den heutigen außerordentlich hohen Preisen mindestens 700.000 Mark erforderlich. Ein Zurückstellen der Ausgabe bedeutet für die Fachschule den Todesstoß. Im Interesse unseres Volksganzen darf die Fachschule deshalb nichts unversucht lassen, um so bald wie möglich ihrem Ziele nahezukommen. Es gilt nicht der Befriedigung örtlicher Bildungsmöglichkeiten, es gilt der Berufsertüchtigung, der Leistungsfähigkeit des gesamten Gewerbe- und Handwerkerstandes und darüber hinaus dem vorbildlichen Arbeiten zum Zwecke der Volksgesundung und des Wiederaufbaues des Deutschen Reiches. Dieser Aufgabe will die Karlsruher Gewerbeschule mit ihren vielgestaltigen Einrichtungen dienen. Einfach, aber würdig, in seinem Innern die Kraft und Stärke der Vorkriegszeit kundgebend, erhebt sich der Gewerbeschulneubau als Wahrzeichen der Bildungsstätte für den gelernten Arbeiter und für den Handwerkerstand. Die angeschlossene Druckschrift, die in unserer nur notdürftig eingerichteten Lehrlingswerkstätte für das Buchdruckergewerbe hergestellt wurde, gibt ein Bild von der ganzen Gebäudeanlage. Es blutet das Herz, wenn wir an die frohen Hoffnungen und Ausblicke zurückdenken, die uns besonders vor und noch beim Umzug in den Gewerbeschulneubau im Juli 1914 beseelten. Wenn nicht weitsichtige und opferbereite Männer und Frauen sich bereit finden, unsere Bestrebungen zu unterstützen, scheinen diese Hoffnungen völlig vernichtet. Die Tatsache, daß noch bis in die letzten Tage opferbereite Männer und Frauen in uneigennütziger Weise Bildungsstätten, unter anderem auch Hochschulen und Universitäten, mit reichlichen Zuwendungen unterstützt haben, läßt uns hoffen, daß sich auch Persönlichkeiten finden, die den angeregten Ausbau der Gewerbeschule Karlsruhe durch Zuwendungen verwirklichen helfen. Möge die Opferwilligkeit industrieller Kreise und weitsichtiger, edeldenkender Männer und Frauen in richtiger Erkenntnis der Bedeutung des Handwerks für die Industrie und das Volksganze trotz der gegenwärtigen schwierigen Verhältnisse uns nicht im Stiche lassen und uns in der Lösung der gestellten Aufgabe auf dem Gebiete der Berufsertüchtigung des jungen strebsamen Handwerkerstandes hilfreich unterstützen. Der Dank der Gewerbeschule soll darin bestehen, daß sie es auch weiterhin als vornehmste Pflicht betrachtet, ihrer Erziehungs- und Bildungsaufgabe zum Segen unseres schwer daniederliegenden Vaterlandes gerecht zu werden durch Förderung der beruflichen Ertüchtigung, durch Erziehung zu sittlichem Wollen und Handeln, durch Heranbildung zu Persönlichkeiten.

Quelle: Kuhn, Karl Friedrich: Die Gewerbeschule der Landeshauptstadt Karlsruhe in Vergangenheit und Gegenwart, hrsg. v. d. Stadt Karlsruhe. Karlsruhe 1927, S. 152–168

B 5: Verordnung zur Ausbildung und Prüfung der Gewerbeschulkandidaten vom 04. September 1882

§ 1 Zöglinge eines Lehrerseminars, welche beabsichtigen, nach erfolgter Aufnahme unter die Volksschulkandidaten sich für den Beruf eines Lehrers an Gewerbeschulen auszubilden, und die beiden ersten Seminarkurse mit gutem Erfolg zurückgelegt haben, können im dritten Kurse von dem Musikunterricht befreit werden, wogegen sie erweiterten Unterricht in der Mathematik sowie im geometrischen und Freihandzeichnen erhalten.

§ 2 Bei der Kandidaten-Prüfung werden hinsichtlich der in § 1 bezeichneten Zöglinge die Anforderungen in der Musik beschränkt und dafür diejenigen in der Mathematik und im Zeichnen nach Maßgabe des vorausgegangenen erweiterten Unterrichts erhöht.

Volksschulkandidaten, welche diesen erhöhten Anforderungen bei der Prüfung genügt haben, werden bei Verwendung der für die Ausbildung von Gewerbelehrern bestimmten Mittel vorzugsweise berücksichtigt.

§ 3 Die dem Gewerbelehrerberuf sich widmenden Volksschulkandidaten schließen in der Regel ihre Fachstudien den Studien im Seminar unmittelbar an. Sie werden zu diese Zwecke der Großh. Baugewerkeschule zugewiesen, welche, soweit erforderlich, in ihrem Lehrplan für die besonderen Bedürfnisse derselben Vorsorge treffen wird. Sie durchlaufen von den derzeitigen fünf halbjährigen Kursen der Baugewerkeschule im ersten Halbjahr den ersten und zweiten kombiniert, den dritten bis fünften in drei weiteren Semestern, und setzen darauf mindestens noch ein weiteres Halbjahr, oder auch ein ganzes Jahr, ihre Studien auf der Baugewerkeschule fort, während welcher Zeit auf Erlangung befriedigender Fertigkeiten im Zeichnen – mehr als im Entwerfen – besonderes Augenmerk zu richten ist.

Im Falle ausgesprochener Befähigung im Zeichnen kann im dritten Studienjahr von den Kandidaten statt der Baugewerkeschule auch die Großh. Kunstgewerbeschule besucht werden.

§ 4 Die Prüfung der Gewerbeschulkandidaten findet jährlich einmal im Spätjahr am Sitz der Oberschulbehörde statt. Die Zeit der Vornahme derselben wird jeweils im Verordnungsblatt bekannt gemacht.

Die Bestellung der Prüfungskommission, in welcher der Vorstand des Oberschulrats den Vorsitz führt und welcher jedenfalls ein weiteres Mitglied dieser Behörde beizugeben ist, geschieht durch den Oberschulrat.

§ 5 Zur Gewerbelehrerprüfung werden jedenfalls diejenigen rezipierten Volksschulkandidaten zugelassen, welche den in § 3 festgesetzten Bildungsgang durchgemacht haben. Solche, die ein Lehrerseminar nicht absolviert haben, können zur Prüfung zugelassen werden, wenn sie den Nachweis besserer Schulbildung, mindestens auf der Höhe des absolvierten sechsten Jahreskurses einer Mittelschule, zu liefern imstande sind. In der Prüfung selbst haben sie darzutun, daß sie genügende pädagogische Befähigung zur Erteilung des Unterrichts besitzen.

§ 6 Die Zulassung zur Gewerbelehrerprüfung erfolgt nicht vor vollendetem 21. Lebensjahre. Die Gesuche um Zulassung sind bei der Oberschulbehörde schriftlich einzureichen. Denselben sind beizufügen:

1. Ein kurzer Lebensabriß des Kandidaten mit Angabe von Vor- und Familiennamen, Zeit und Ort der Geburt, Konfession, Gang und Umfang der vorangegangenen Studien.
2. Nachweis über die Staatsangehörigkeit.
3. Die Urkunde über die Aufnahme als Volksschulkandidat, beziehungsweise die Zeugnisse der Lehranstalten (außer dem Lehrerseminar), an welchen Unterricht genossen oder etwa solcher erteilt wurde.

§ 7 Die Prüfung teilt sich in eine schriftliche und eine mündliche. Sie erstreckt sich auf folgende Fächer:

1. Deutscher Aufsatz über ein allgemeineres, dem Gesichtskreis des Kandidaten entnommenes Thema.
2. Wirtschaftslehre: Geschäftsbriefe und einfache Buchhaltung, Grundbegriffe der allgemeinen Volkswirtschaftslehre.
3. Arithmetik mit Geschäftsrechnen; Algebra bis einschließlich der Gleichungen des zweiten Grades; Logarithmen, Zinseszins- und Rentenberechnungen.
4. Ebene Geometrie; Stereometrie; ebene Trigonometrie.
5. Geometrisches und Projektionszeichnen, Perspektive und Schattenlehre.
6. Elementar-Mechanik mit besonderer Rücksicht auf Bautechnik; Kenntnis der Hauptsätze derselben mit elementarer Begrün-

dung; Fertigkeit im Lösen einschlägiger Aufgaben.

7. Physik: Kenntnis der physikalischen Erscheinungen und der elementaren Begründung ihrer Gesetze; Bekanntschaft mit den wichtigsten physikalischen Apparaten und ihrer Handhabung.

8. Chemie: Grundbegriffe; Eigenschaften der Elemente und ihrer wichtigsten Verbindungen; wichtigste Verwendung derselben zu technischen Zwecken.

9. Ornamentale Formenlehre und Freihandzeichnen.

10. Tonmodellieren.

11. Technisches Zeichnen, insbesondere Zeichnen von Maurer-, Zimmermanns-, Schreiner-, Glaser- und Schlosser-Konstruktionen; Steinschnitt; Konstruktion der Maschinen-Elemente.

12. Kurzer Lehrvortrag über ein vorher anzugebendes Thema.

13. Pädagogik und Methodik für diejenigen Kandidaten, welche die Volksschulkandidatenprüfung nicht bestanden haben.

§ 8 Die Prüfungskommission entscheidet über das Ergebnis der Prüfung und die Aufnahme unter die Gewerbeschulkandidaten mit einem der vier Prädikate „sehr gut", „gut", „ziemlich gut", „genügend" befähigt.

Die Kandidaten, welche bestanden sind, erhalten über ihre Aufnahme als Gewerbelehramtskandidaten eine vom dem Vorsitzenden der Prüfungskommission unterzeichnete Urkunde.

Die Kandidaten, welche nicht bestanden sind, werden auf ein Jahr, und wenn sie zum zweitenmal nicht bestanden sind, für immer zurückgewiesen.

§ 9 Die Liste der Kandidaten, welche die Prüfung bestanden haben, wird im Verordnungsblatte öffentlich gekannt gemacht.

Hinsichtlich der Prüfungsgebühren ist die Verordnung vom 19. November 1874 (Schulverordnungsblatt Nr. XVI, S. 148) maßgebend.

§ 10 Es ist wünschenswert, daß die Kandidaten nach bestandener Prüfung ein halbes oder ein ganzes Jahr den praktisch-technischen Dienst auf einem Baubureau, in einer Maschinenwerkstätte etc. kennen lernen. Sie sollen hierauf womöglich zuerst an einer größeren Gewerbeschule des Landes als Gehilfen des Gewerbeschulhauptlehrers ihre praktische Lehrtätigkeit beginnen, um sich unter dessen Leitung die nötigen praktischen Erfahrungen zu verschaffen.

Quelle: Verordnungsblatt des Großherzoglichen Oberschulrats Nr. XI., Karlsruhe, 16. September 1882, S. 86–89

B 6: Ausbildung und Prüfung der Gewerbelehrer gemäß Verordnung vom 05.08.1907

§ 1. Die Anstellung als Gewerbelehrer ist von dem Bestehen der Gewerbelehrerprüfung abhängig. Diese zerfällt in eine Vorprüfung und eine Hauptprüfung.

§ 2. Die Prüfungen werden alljährlich am Sitze des Landesgewerbeamts durch einen von diesem bestellten Ausschuß abgenommen. Den Vorsitz in dem Ausschuß führt der Direktor des Landesgewerbeamts oder der von diesem zu ernennende Stellvertreter. Der Ausschuß entscheidet durch Mehrheitsbeschluß; bei Stimmengleichheit gibt der Vorsitzende den Ausschlag.

§ 3. Die Zulassung zur Vorprüfung ist bedingt durch den Nachweis:

1. der badischen Staatsangehörigkeit,

2. der Aufnahme unter die Volksschulkandidaten oder der Reife für die achte Klasse einer Mittelschule,

3. des Besuchs der drei ersten Klassen der Gewerbelehrerabteilung der Baugewerkeschule in Karlsruhe.

§ 4. Zur Hauptprüfung werden diejenigen Bewerber zugelassen, welche die Vorprüfung bestanden, die vierte bis siebte Klasse der Gewerbelehrerabteilung der Baugewerkeschule in Karlsruhe besucht haben und den Nachweis der vorgeschriebenen praktischen Tätigkeit in Gewerbebetrieben (§ 5) erbringen.

§ 5. Die praktische Tätigkeit in Gewerbebetrieben hat sich bei Volksschulkandidaten auf mindestens ein Jahr, bei Bewerbern, die die Reife für die achte Klasse einer Mittelschule besitzen, auf mindestens zwei Jahre zu erstrecken und muß abgeleistet sein, bevor der Besuch der vierten Klasse der Gewerbelehrerabteilung der Baugewerkeschule in Karlsruhe erfolgt. In diese praktische

Tätigkeit wird die zur Anfertigung von Ferienarbeiten für die Baugewerkeschule in Gewerbebetrieben zugebrachte Zeit nicht eingerechnet. Eine nähere Anleitung über die Ableistung der praktischen Tätigkeit wird das Landesgewerbeamt erlassen.

§ 6. Das Ministerium des Innern kann von der Erfüllung vorstehender Vorschriften ausnahmsweise Nachsicht erteilen.

§ 7. Die Zulassung zur Prüfung kann versagt und die bereits ausgesprochene widerrufen werden, wenn begründete Zweifel hinsichtlich der Unbescholtenheit des Bewerbers obwalten.

§ 8. Das Gesuch um Zulassung ist an das Landesgewerbeamt schriftlich einzureichen. In demselben ist anzugeben die Art der Prüfung, welcher sich der Bewerber unterziehen will, sowie bei der Meldung für die Hauptprüfung, ob sie sich hauptsächlich auf das hochbautechnische, maschinenbautechnische oder kunstgewerbliche Gebiet erstrecken soll. Dem Gesuch sind beizufügen:

1. ein kurzer Lebenslauf mit Angabe von Zeit und Ort der Geburt, des Bekenntnisses und des Wohnortes des Bewerbers, sowie des Namens, Standes und Wohnorts seiner Eltern;
2. die Nachweise über die vorgeschriebene Vorbildung und Beschäftigung;
3. ein Leumundszeugnis;
4. der Nachweis über die badische Staatsangehörigkeit.

Die Nachweise sind in Urschrift vorzulegen. Auf Grund der Meldung entscheidet das Landesgewerbeamt, ob der Bewerber zur Prüfung zuzulassen ist.

§ 9. Die Zeit für die Abhaltung der Prüfung wird vom Landesgewerbeamt festgesetzt und nebst der Anmeldefrist bekanntgegeben.

§ 10. Die Prüfungen zerfallen in eine schriftliche und eine mündliche; bei der Hauptprüfung findet außerdem eine Lehrprobe statt. Die schriftlichen (graphischen) Arbeiten sind Klausurarbeiten. Die Benützung von Hilfsmitteln (Lehrheften, Tabellen u. dgl.) ist nur gestattet, wenn und soweit dies bei den einzelnen Aufgaben ausdrücklich bestimmt ist.

Die Prüfungen erstrecken sich auf folgende Fächer:

A. V o r p r ü f u n g
1. Deutscher Aufsatz,
2. Mathematik,
3. Darstellende Geometrie,
4. Physik,
5. Chemie,
6. Elemente der Mechanik,
7. Freihandzeichnen u. Malen,
8. Grundzüge der Baukonstruktionslehre,
9. Modellieren.

B. H a u p t p r ü f u n g
I. Für das hochbautechnische Gebiet:
1. Baukonstruktionslehre und Entwerfen in Stein, Holz und Eisen,
2. Grundzüge der Maschinenlehre,
3. Grundzüge der Elektrotechnik.
II. Für das maschinenbautechnische Gebiet:
1. Maschinenlehre,
2. Grundzüge der Elektrotechnik,
3. Grundzüge der Baukonstruktionslehre.
III. Gemeinsam für das hochbautechnische und maschinenbautechnische Gebiet:
1. Formenlehre und Grundzüge der Geschichte des Kunsthandwerks und der kunstgewerblichen Techniken,
2. Materialienlehre und mechanische Technologie,
3. Angewandtes Zeichnen und Malen,
4. Volkswirtschaftslehre und Gesetzeskunde,
5. Buchführung und Kostenberechnung,
6. Lehrvortrag und Methodik.
IV. Für diejenigen, welche auf Grund ihrer Befähigung für das kunstgewerbliche Fach von dem Prüfungsfach „Grundzüge der Maschinenlehre" (I, Ziffer 2) und „Maschinenlehre" (II, Ziffer l) befreit werden, tritt eine Erweiterung der zeichnerischen und kunstgewerblichen Fächer (III, Ziffer l und 3) ein.

§ 11. In den einzelnen Prüfungsfächern werden folgende Anforderungen gestellt:

A. Für die V o r p r ü f u n g.
1. Deutscher Aufsatz:
Schriftliche Bearbeitung eines dem Anschauungskreis der Bewerber nicht ferne liegenden Themas.
2. Mathematik:
Allgemeine Arithmetik. Gewerbliches und Geschäftsrechnen. Gleichungen des ersten und zweiten Grades mit einer und mehreren Unbekannten. Logarithmen. Arithmetische und geometrische Reihen. Zinseszins- und Rentenrechnungen. Kombinationslehre. Binomischer Lehrsatz. Elementare Theorie der Maxima und Minima. Ebene Geometrie.

Stereometrie. Ebene Trigonometrie. Ausgewählte Kapitel aus den Elementen der analytischen Geometrie der Ebene.

3. Darstellende Geometrie:
Gerade Linie und Ebene im Raum. Krumme und windschiefe Flächen. Durchdringungen krummer Flächen mit Ebenen, Kegelschnitte. Gegenseitige Durchdringung krummer Flächen. Tangenten und berührende Ebenen. Bestimmung der wahren Größe von Strecken und ebenen Figuren. Abwicklung krummer Flächen. Verstreckung nicht abwickelbarer Flächen. Anwendung der darstellenden Geometrie auf wichtige praktische Beispiele. Schattenlehre. Perspektive.

4. Physik:
Kenntnis der physikalischen Erscheinungen und Gesetze mit elementarer Begründung, insbesondere Licht, Wärme, Magnetismus und Elektrizität. Kenntnis der physikalischen Instrumente und Übung im Gebrauch der für den Schulunterricht in Betracht kommenden Apparate.

5. Chemie:
Kenntnis der Grundbegriffe, der Darstellung und der Eigenschaften der wichtigsten Elemente und deren Verbindungen auf dem Gebiet der anorganischen und organischen Chemie, soweit sie für das Gewerbe von hervorragender Bedeutung sind. Das Wichtigste aus der chemischen Technologie. Übung im Experimentieren.

6. Elemente der Mechanik:
Lehre vom Gleichgewicht und von der Bewegung der festen, flüssigen und gasförmigen Körper. Die einfachen Maschinen. Graphische Statik und Festigkeitslehre und deren Anwendung auf einfache Konstruktionen aus dem Gebiete des Hochbaues und Maschinenbaues.

7. Freihandzeichnen und Malen:
Fertigkeiten in den verschiedenen Zeichen- und Maltechniken. Einfache Naturaufnahmen. Elemente der Formenlehre.

8. Grundzüge der Baukonstruktionslehre:
Die wichtigsten Rohbaukonstruktionen eines einfachen Gebäudes. Einfache Gewölbe- und Deckenkonstruktion.

9. Modellieren:
Modellieren nach Natur oder eines einfachen Ornaments nach gegebener Zeichnung.

B. Für die Hauptprüfung.
I. Für das hochbautechnische Gebiet:
1. Baukonstruktionslehre und Entwerfen in Stein, Holz und Eisen:
   a) Kenntnis der Rohbauarbeiten, Mauerverbände, Kaminanlagen, Dachdeckung, Maueröffnungen (Fenster, Türen und dergleichen), Gewölbekonstruktionen, Abortanlagen, Treppen in Stein, Holz und Eisen, Holzverbindungen, Balkenlagen, Riegelwände, Häng- und Sprengwerke, Dachkonstruktionen,
   b) Kenntnis der Innenbauarbeiten, insbesondere Schreiner-, Glaser- und Schlosserarbeiten,
   c) Kenntnis der einfachen Eisenkonstruktionen, z. B. der Säulen und Decken,
   d) Bearbeitung von einschlägigen Aufgaben nebst Entwerfen von Gebäudeteilen usw. in Stein, Holz und Eisen.
2. Grundzüge der Maschinenlehre:
   a) Beschreibung der Maschinenelemente und der einfachen Maschinen,
   b) Aufnahme eines Maschinenteils in Skizze und auf Grund derselben in Reinzeichnung,
   c) Bearbeitung von einfachen Aufgaben aus dem Gebiete des Maschinenbaues.
3. Grundzüge der Elektrotechnik:
   Einfache Beschreibung und Berechnung aus dem Gebiete der Hausinstallationen.

II. Für das maschinenbautechnische Gebiet:
1. Maschinenlehre:
   Berechnung und Konstruktion der Maschinenelemente einschließlich der Kurbelgetriebe, der Transmissionen, der Pumpen, der Hebezeuge der Dampfkessel, der Dampfmaschinen und der hydraulischen Motoren, Kenntnis der Gasmotoren und der Werkzeugmaschinen, Berechnung der Übersetzungen, Geschwindigkeiten und dergleichen.
2. Grundzüge der Elektrotechnik:
   Allgemeine Grundzüge. Berechnung einfacher Leitungen für Hausinstalla-

tion. Die bekanntesten Anwendungen des elektrischen Stromes. Kenntnis der einfachen elektrischen Maschinen für Gleichstrom und ihre Wirkungsweise.

3. Grundzüge der Baukonstruktionslehre :
   a) Kenntnis der einfachen Baukonstruktionen
   b) Bearbeitung einfacher Aufgaben aus dem Gebiete der Hochbaukonstruktionen in Stein, Holz und Eisen.

III. Gemeinsam für das hochbautechnische und das maschinenbautechnische Gebiet:

1. Formenlehre und Grundzüge der Geschichte des Kunsthandwerks und der kunstgewerblichen Techniken: Entwerfen von Stein-, Holz- und Metallformen. Geschichtlicher Überblick über die Entwicklung des Kunstgewerbes und der hauptsächlichsten Techniken.

2. Materialienlehre und mechanische Technologie:
   Die wichtigsten im Gewerbe vorkommenden Materialien, deren Eigenschaften, Verwendung und Verarbeitung. Die wichtigsten Werkzeuge und Werkzeugmaschinen.

3. Angewandtes Zeichnen und Malen:
   Entwerfen von einfachen, schmückenden Formen mit und ohne Anwendung von Farben.

4. Volkswirtschaftslehre und Gesetzeskunde:
   Das Wichtigste aus der Volkswirtschaftslehre mit besonderer Berücksichtigung der gewerblichen Bedürfnisse und der auf gewerblichem und sozialem Gebiet in Baden bestehenden Einrichtungen. Reichs- und Landesverfassung. Staats- und Gemeindeverwaltung. Die wichtigsten Bestimmungen aus dem Bürgerlichen Ge-

setzbuch, Handels- und Wechselrecht. Gerichtsverfassung und -verfahren.
Das Wichtigste aus der Gewerbeordnung, namentlich Organisation des Handwerks und Arbeiterschutz. Arbeiterversicherung. Genossenschaftswesen. Landesbauordnung. Die Grundzüge der Steuergesetzgebung des Reichs und des Großherzogtums.

5. Buchführung und Kostenberechnung:
   Die Grundzüge der doppelten Buchführung, der Kostenberechnung und der Kontokorrentlehre.

6. Lehrvortrag und Methodik:
   Die Befähigung, eine gegebene Aufgabe wie im Schulunterricht zu behandeln. Kenntnis der Lehrpläne für den Unterricht an den Gewerbeschulen und der Behandlung der einzelnen Unterrichtsgegenstände.

§ 12. Über das Ergebnis der Prüfung entscheidet das Landesgewerbeamt auf Antrag des Prüfungsausschusses und erteilt denjenigen Bewerbern, die die Prüfung bestanden haben, je nach dem Ergebnis der Prüfung eine der vier Noten: sehr gut, gut, ziemlich gut, hinlänglich.
Die Bestandenen erhalten eine vom Landesgewerbeamt ausgefertigte Urkunde.

§ 13. Die Bewerber, die nicht bestanden sind, können die Prüfung nach Ablauf eines Jahres wiederholen; wenn sie zum zweitenmal nicht bestanden sind, werden sie für immer zurückgewiesen.

§ 14. Die Prüfungsgebühr beträgt 20 Mk. Sie wird gleichzeitig mit der Einberufung zur Prüfung erhoben.
 Unbemittelten kann auf Ansuchen die Gebühr ganz oder teilweise erlassen werden.

§ 15. Die vorstehenden Bestimmungen finden auf diejenigen Bewerber Anwendung, die im Winterhalbjahr 1905/06 oder später die erste Klasse der Gewerbelehrerabteilung der Baugewerkeschule in Karlsruhe besuchten. Für die älteren Bewerber bleiben die bisherigen Vorschriften maßgebend.

Quelle: Schul-Verordnungsblatt 1907, S.147ff.

B 7: Praktikumsregelung für Lehramtsstudenten an der Baugewerkschule gemäß Verordnung vom 6. Dezember 1907

Die praktische Tätigkeit ist in Betrieben der nachstehend verzeichneten Gewerbe annähernd während der beigefügten Dauer abzuleisten:

A. Von Personen, die sich dem Gewerbelehrerberuf widmen wollen und die unter die Volksschulkandidaten aufgenommen worden sind, in folgenden Betrieben:

Maurer	2	Monate
Zimmerer	1	Monat
Bau- und Kunstschlosser	1	"
Bau-und Möbelschreiner	1½	Monate
Blechner	1½	"
Tüncher und Maler	1½	"
Maschinenschlosser (Mechaniker)	1½	"
wahlfreie Betätigung (siehe unten)	2	"
zusammen	12	Monate

B. Von solchen, die die Reife der achten Klasse einer Mittelschule besitzen, in folgenden Betrieben:

Maurer	4	Monate
Zimmerer		"
Bau- und Kunstschlosser	2	"
Bau- und Möbelschreiner	3	"
Blechner	2	"
Tüncher und Maler	2	"
Maschinenschlosser (Mechaniker)	2½	"
Graphische Gewerbe	1½	"
wahlfreie Betätigung	5	"
zusammen	24	Monate

Zur wahlfreien Betätigung wird die Beschäftigung in folgenden Gewerbebetrieben empfohlen: Steinhauer, Glaser, Installateur, Tapezierer, Elektrotechniker, Lithograph, Buchbinder.

Bei der praktischen Betätigung in den verschiedenen Gewerbebetrieben kommt es selbstverständlich nicht darauf an, eine gewisse, vielfach rein mechanische Handfertigkeit zu erlernen; es soll vielmehr möglichst ein klarer und umfassender Einblick in den ganzen Gewerbebetrieb erlangt und den verschiedensten Techniken, Konstruktionen und Arbeitsmethoden besondere Aufmerksamkeit gewidmet werden.

Es wird besonderer Wert darauf gelegt, daß die in der Vorbereitung für den Gewerbelehrerberuf Begriffenen während der Zeit ihrer praktischen Tätigkeit sich genau den Bestimmungen über den Geschäftsbetrieb und die Arbeitszeit, die in den gewählten Gewerbebetrieben für die Arbeiter allgemein üblich sind, unterwerfen.

Die Ableistung der praktischen Tätigkeit nach diesen Gesichtspunkten ist durch Zeugnisse der Betriebsleiter zu belegen.

Zur Erlernung der praktischen Ausbildung in Gewerbebetrieben können staatliche Unterstützungen gewährt werden. Diesbezügliche Gesuche sind unter eingehender Begründung und Vorlage der Schulzeugnisse an die diesseitige Behörde zu richten.

Bezüglich der „Ferienbeschäftigung", die gemäß § 5 der oben erwähnten Verordnung in die praktische Tätigkeit nicht eingerechnet wird, werden folgende Bestimmungen getroffen:

Die Ferienbeschäftigung hat sich in der Regel auf nachstehend aufgeführte Gewerbebetriebe während der beigesetzten Dauer zu erstrecken:

Maurer	1½	Monate
Bau- und Kunstschlosser	1½	"
Bau- und Möbelschreiner	1½	"

Die Direktion der Baugewerkschule wird jeweils Anweisung erteilen, in welcher Weise die praktischen und zeichnerischen Übungen während der Ferien zu erledigen sind. Ferner haben sich die Besucher der Gewerbelehrerabteilung der Baugewerkschule an allen Exkursionen, die von der Direktion der genannten Anstalt zur Förderung ihrer Studien angeordnet werden, zu beteiligen. Für die Ferienbeschäftigung sowie für die Teilnahme an den Exkursionen werden je nach Umständen besondere Unterstützungen gewährt.

Die praktische Vorbereitung schließt auch die Verpflichtung zu seminaristischen Übungen in sich. Zu diesem Zweck sind bei dem Besuch der einzelnen Klassen der Gewerbelehrerabteilung in den mathematischen, naturwissenschaftlichen und schultechnischen Fächern je eine bis zwei Semesteraufgaben nach näherer Anweisung der Schule anzufertigen und nach Ablauf der für die Ausarbeitung gegebenen Frist den betreffenden Lehrern zur Begutachtung einzureichen. Die Direktion der Baugewerkschule wird den Besuchern der Gewerbelehrerabteilung auf Grund der Gutachten der Lehrer mit dem Semesterzeugnis eine Bescheinigung ausstellen, mit welchem Erfolg sie die gestellten Semesteraufgaben bearbeitet haben. Diese Bescheinigung ist bei der Anmeldung zur Prüfung den gemäß § 8 Absatz 3 Ziffer 2 verlangten Nachweisen über die vorgeschriebene Vorbildung und Beschäftigung beizulegen.

Zitiert nach Gutman, Emil: Die Gewerbeschule Badens 1834/1930. Konkordia A.-G. für Druck und Verlag, Bühl-Baden 1930, S. 532f.

B 8: Ausbildung und Prüfung für das höhere Lehramt an Gewerbeschulen Verordnung vom 17. Mai 1922

Das Staatsministerium verordnet im Namen des badischen Volkes, was folgt:

A l l g e m e i n e s.

§ 1. Die staatliche Anstellung für das höhere Lehramt an einer Gewerbeschule ist durch die Ablegung einer staatlichen Prüfung bedingt, für die nachstehende Bestimmungen gelten.

§ 2. Die Prüfung wird in der Regel einmal im Jahr am Sitz des Unterrichtsministeriums durch einen von diesem bestellten Prüfungsausschuß abgenommen. Der Prüfungsausschuß setzt sich zusammen aus Mitgliedern des Unterrichtsministeriums, einem Mitglied des Landesgewerbeamts, Lehrern der Technischen Hochschule, praktischen Schulmännern und zwei Vertretern der Gewerbe- und Handwerkervereinigungen. Den Vorsitz führt ein Mitglied des Ministeriums.

§ 3. Die Zeit für die Abhaltung der Prüfung und für die Anmeldung zu derselben wird jeweils vom Unterrichtsministerium öffentlich bekannt gegeben.

§ 4. Zur Prüfung werden zugelassen deutsche Reichsangehörige mit einem zum Hochschulstudium in Baden berechtigenden Reifezeugnis einer neunklassigen Höheren Lehranstalt, wenn sie

1. an der Technischen Hochschule in Karlsruhe den Grad eines Diplom-Ingenieurs in der Abteilung für Maschinenwesen oder für Architektur, Fachgruppe „Gewerbelehrfach", erworben haben,
2. hierauf durch das Unterrichtsministerium einer Gewerbeschule zum praktischen Vorbereitungsdienst zugewiesen worden sind und diesen während zweier Schuljahre mit Erfolg abgelegt haben.

Die Zulassung zur Prüfung kann bereits am Ende des zweiten Schuljahrs erfolgen.

§ 5. Für die Erwerbung des Diploms (§ 4, 1) ist die Diplomprüfungsordnung der Technischen Hochschule in Karlsruhe maßgebend.

Zu den Diplomprüfungen (Vor- und Hauptprüfungen), in denen Kandidaten geprüft werden, die in den Gewerbeschuldienst eintreten wollen, wird durch das Unterrichtsministerium ein Beauftragter abgeordnet, der befugt ist, von allen die Prüfung der Fachgruppe „Gewerbelehrfach" betreffenden Vorgängen Kenntnis zu nehmen und bei Feststellung des Prüfungsergebnisses mit beratender Stimme mitzuwirken.

§ 6. Das Unterrichtsministerium kann von der Erfüllung einzelner für die Zulassung zu den Prüfungen nachstehend geforderter Bedingungen beim Vorliegen besonderer Verhältnisse ausnahmsweise Nachsicht erteilen.

§ 7. Nach Beendigung der Prüfung entscheidet das Unterrichtsministerium auf Antrag des Prüfungsausschusses darüber, welche Kandidaten und in welcher Reihenfolge letztere für bestanden zu erklären sind, und welche der Bestandenen die Note „sehr gut" oder „gut" erhalten. Die nach der Prüfung für bestanden Erklärten erhalten hierüber eine Urkunde durch das Unterrichtsministerium zugefertigt.

Tritt ein Kandidat nach Beginn der Prüfung ohne zwingende äußere Veranlassung zurück, so kann die Prüfung durch das Unterrichtsministerium für nicht bestanden erklärt werden.

§ 8. Die vom Unterrichtsministerium einer Gewerbeschule zum Vorbereitungsdienst zugewiesenen Diplom-Ingenieure führen die Benennung „Gewerbeschulpraktikant", die auf Grund bestandener Staatsprüfung in den staatlichen Dienst Übernommenen die Benennung „Gewerbeschul-Assessor".

§ 9. Die in der Prüfung Nichtbestandenen können die Prüfung in den folgenden 2 Jahren einmal wiederholen.

§ 10. Für die Prüfung wird eine Gebühr von 200 Mk. erhoben. Die Gebühr muß vor dem Beginn der Prüfung entrichtet sein. Im Falle nachgewiesener Bedürftigkeit kann die Gebühr ganz oder teilweise erlassen werden.

V o r b e r e i t u n g s d i e n s t.

§ 11. Diplom-Ingenieure, die der Voraussetzung des § 4 Absatz 1 entsprochen haben und in den staatlichen Gewerbeschuldienst eintreten wollen, haben innerhalb 4 Wochen nach erfolgter Aufnahme als Diplom-Ingenieur beim Unterrichtsministerium um Zulassung zum Vorbereitungsdienst schriftlich nachzusuchen. Eine Hinausschiebung des Eintritts in den Vorbereitungsdienst ist nur mit besonderer Genehmigung des Unterrichtsministeriums zulässig.

Dem Gesuch sind beizufügen:

1. ein kurzer, selbstgeschriebener Lebenslauf mit Angabe von Zeit und Ort der Geburt, des Wohnorts des Bewerbers sowie des Namens, Standes und Wohnorts seiner Eltern;

2. die Nachweise über die vorgeschriebene Vorbildung (Reifezeugnis, Zeugnis über die bestandene Diplom-Vorprüfung und -Hauptprüfung);
3. ein amtliches Führungszeugnis;
4. ein Nachweis über die Staatsangehörigkeit;
5. ein Zeugnis eines Staatsarztes darüber, daß der Bewerber gesundheitlich sich für das Lehramt an Gewerbeschulen eignet.

Die Nachweise sind in Urschrift vorzulegen.

§ 13. Während der Vorbereitungszeit soll der Gewerbeschulpraktikant womöglich den Unterricht an kleinen, mittleren und größeren Gewerbeschulen kennen lernen. Er ist dabei nach den vom Unterrichtsministerium zu erlassenden näheren Anordnungen in den Unterricht einzuführen. In jedem Schulhalbjahr hat er im Rahmen des ihm zugewiesenen Unterrichts eine Lehrprobe schriftlich auszuarbeiten und vorzuführen.

§ 14. An größeren schriftlichen und zeichnerischen Hausarbeiten sind während der Vorbereitungszeit auszuführen:
1. im ersten Schuljahr:
   ein Lehrgang für Projektionslehre (II. Teil),
2. im ersten und im zweiten Schuljahr:
   a) je eine Aufgabe aus der allgemeinen Erziehungslehre,
   b) je eine Aufgabe aus der Gewerbeschulkunde,
   c) Lehrgänge für die Buchführung der II. und III. Klasse einer Gewerbeschule.
3. im zweiten Schuljahr:
   a) ein Lehrgang für den technischen Fachunterricht eines am Schulort vertretenen Gewerbes (saubere Handskizze). Einige der Aufgaben des Lehrgangs sind jeweils mit allen erforderlichen Werkzeichnungen, Schablonen, Modellen usw. auszuführen; ferner ist ein übersichtlicher Materialauszug und die Berechnung der Selbstkosten aufzustellen;
   b) auf Grund von Werkstättenbesuchen eines beliebigen Gewerbes ein Beschrieb des gesamten Arbeitsvorgangs bei der Herstellung eines angefertigten Gegenstands mit Angabe der verwendeten Werkzeuge und der Aufstellung des erforderlichen Materials (Abfall) und der Arbeitszeit (Handskizze);
   c) Stoffpläne für bestimmte Unterrichtsgebiete.

§ 15. Die Aufgaben für die Hausarbeiten werden jeweils zu Beginn des Schuljahres vom Unterrichtsministerium gestellt. Die gefertigten Hausarbeiten sind durch Vermittlung des Leiters der Gewerbeschule, an welcher der Gewerbeschulpraktikant beschäftigt ist, an das Ministerium auf den von diesem bezeichneten Zeitpunkt unter genauer und vollständiger Angabe der benutzten Hilfsmittel und mit der eidesstattlichen Versicherung, daß sie selbständig ohne fremde Hilfe gefertigt worden sind, vorzulegen.

§ 16. Die abgelieferten Hausaufgaben bilden einen Bestandteil der Staatsprüfung. Bei ihrer Beurteilung soll nicht nur der sich daraus ergebende Wissensstand, sondern auch die Art der sprachlichen und zeichnerischen Darstellung berücksichtigt werden.

Prüfung.

§ 17. Das Gesuch um Zulassung zur Staatsprüfung ist beim Unterrichtsministerium innerhalb der hierfür festgesetzten Zeit schriftlich einzureichen. Dem Gesuch sind beizufügen:
1. ein Verzeichnis der Gewerbeschulen, an denen der Vorbereitungsdienst abgeleistet wurde, unter Angabe der an den einzelnen Schulen zugebrachten Zeit;
2. ein Verzeichnis der abgehaltenen Lehrproben und der angefertigten Hausarbeiten;
3. Angaben darüber, in welcher Weise und in welchem Umfang mit einzelnen Gewerben Fühlung genommen wurde;
4. die Angabe des für den freien Vortrag gewählten Themas (§ 19).

§ 18. Die Zulassung zur Prüfung kann versagt werden,
1. wenn seit dem Abschluß des Vorbereitungsdienstes mehr als 2 Jahre verflossen sind;
2. wegen ungenügender Leistungen im Vorbereitungsdienst. Im letzteren Falle kann dem Bewerber eine entsprechende Ergänzung zur Auflage gemacht werden.

§ 19. Die Prüfung zerfällt in eine schriftliche (zeichnerische) und eine mündliche. Die schriftlichen und zeichnerischen Arbeiten sind Klausurarbeiten.

Die Benützung von Hilfsmitteln (Lehrhefte, Tabellen, Fachkalender u. dgl.) ist nur gestattet, wenn dies ausdrücklich bei den einzelnen Aufgaben bemerkt ist.

Außerdem ist eine Lehrprobe vorzuführen, für die die Aufgabe bei der Zulassung zur Prüfung gestellt wird, und ein selbstgewähltes Thema aus einem Gebiet des praktischen Schuldienstes in freier Rede zu behandeln.

§ 20. Die Prüfungsgegenstände für die schriftliche und mündliche Prüfung sind:

A. Allgemeine Pädagogik,
B. Gewerbeschulkunde,
C. Gewerbebetrieb,
D. Betriebswirtschaftslehre.

§ 21. Für den Umfang der in den einzelnen Prüfungsfächern nachzuweisenden Kenntnisse gelten nachstehende Bestimmungen:

A. Allgemeine Pädagogik:
Geschichte der Pädagogik unter besonderer Berücksichtigung der Geschichte des Gewerbeschulwesens. Erziehungs- und Unterrichtslehre.

B. Gewerbeschulkunde:

1. Kenntnis der Organisation der badischen gewerblichen Unterrichtsanstalten, der einschlägigen Gesetze und Verordnungen;
2. des Lehrplans der Gewerbeschule und der Richtlinien für die Aufstellung besonderer Lehrgänge;
3. des Lehrverfahrens an den Gewerbeschulen;
4. die Aufstellung von methodisch geordneten Lehrgängen für ein bestimmtes Unterrichtsgebiet einer Fachklasse.

C. Gewerbebetrieb:

Auf Grund einer gegebenen Skizze oder Beschreibung eines anzufertigenden Gegenstandes in einem I. Baugewerbe, II. metallverarbeitenden Gewerbe, III. Kunstgewerbe ist anzufertigen:

a) die Werkzeichnung (Austragung, Schablone usw.),
b) die zugehörige Materialliste mit Berechnung des Materialaufwandes und
c) die Schätzung der zur Anfertigung erforderlichen Arbeitszeit.

Ferner ist hierüber eine kurze schriftliche Darstellung der didaktischen Darbietung in einer entsprechenden Gewerbeschulklasse zu liefern.

D. Betriebswirtschaftslehre:

1. Aufstellung einer gewerblichen Buchführung nach gegebenen Aufgaben (Geschäftsvorfälle) mit allen einschlägigen schriftlichen Arbeiten;
2. Aufgaben aus dem Gebiet der Werkstättenbuchführung;
3. Anfertigung einer Selbstkostenberechnung mit Arbeitsbeschrieb nach gegebener Zeichnung aus einem Gewerbe, mit dem sich der Praktikant während seiner Unterrichtszeit eingehender befaßt hat;
4. eine Aufgabe aus dem Gebiet der rationellen Betriebsführung im Handwerk.

§ 22. Die mündliche Prüfung erstreckt sich auf die in § 20 A bis D aufgeführten Gebiete.

§ 23. Der Prüfungsausschuß entscheidet über die Einzelergebnisse der Prüfung und stellt auf Grund seiner Beratung unter Vorlage der Prüfungsakten entsprechenden Antrag an das Unterrichtsministerium.

Übernahme in den staatlichen Dienst.

§ 24. Diejenigen Gewerbeschulpraktikanten, die nach bestandener Prüfung in den öffentlichen Schuldienst an einer Gewerbeschule eintreten wollen, haben binnen zwei Wochen nach erfolgter Eröffnung des Prüfungsergebnisses beim Unterrichtsministerium schriftlich um Aufnahme unter die Zahl der Anwärter für den Gewerbeschuldienst nachzusuchen. Die Aufnahme erfolgt nur nach Bedarf.

Übergangsbestimmung.

§ 23. Die Verordnung tritt mit dem Tage der Verkündung in Kraft. Das Unterrichtsministerium ist ermächtigt, in den Jahren 1923 bis 1927 noch Prüfungen nach der Verordnung des Ministeriums des Innern vom 5. August 1907 in der Fassung der Verordnung vom 4. Dezember 1913 abzuhalten. Nach Beendigung der Prüfung im Jahre 1927 tritt die Prüfungsordnung vom 5. August 1907 außer Wirksamkeit.

Quelle: Badisches Gesetz- und Verordnungsblatt, Nr. 39, 29. Mai 1922

C Literaturverzeichnis

Abel, Heinrich: Das Berufsproblem im gewerblichen Ausbildungs- und Schulwesen Deutschlands (BRD). Braunschweig 1963

Abraham, Karl: Betriebspädagogik. Grundfragen der Bildungsarbeit der Betriebe und der Selbstverwaltungsorgane der Wirtschaft. Berlin 1978

Badische Biographien, herausgegeben von Friedrich v. Weech. Heidelberg 1875

Baethge, M.; Solga, H.; Wieck, M.: Berufsbildung im Umbruch. Signale eines überfälligen Aufbruchs. Studie im Auftrag der Friedrich-Ebert-Stiftung. Berlin 2007

Bannwitz, A.; Rauner, F. (Hrsg.): Wissenschaft und Beruf. Berufliche Fachrichtungen im Studium von Berufspädagogen des gewerblich-technischen Bereichs. Bremen 1993

Baumann, Dieter: Das Ergänzungsstudium für Lehrer des gehobenen Dienstes an beruflichen Schulen in Baden-Württemberg – eine empirische Untersuchung. Magisterarb. TH Darmstadt 1975

Bildung in Deutschland. Ein indikatorengestützter Bericht mit einer Analyse zu Bildung und Migration. Hrsg.: Konsortium Bildungsberichterstattung im Auftrag der KMK und des BMBF. Bielefeld 2006

Bildung in Deutschland 2008. Ein indikatorengestützter Bericht mit einer Analyse zu Übergängen im Anschluss an den Sekundarbereich I. Hrsg.: Autorengruppe Bildungsberichterstattung. Bielefeld 2008

Bildung in Deutschland 2010. Ein indikatorengestützter Bericht mit einer Analyse zu Perspektiven des Bildungswesens im demografischen Wandel. Hrsg.: Autorengruppe Bildungsberichterstattung. Bielefeld 2010

Blankertz, Herwig: Bildung im Zeitalter der großen Industrie. Pädagogik, Schule und Berufsbildung im 19. Jahrhundert. Hannover 1969

Blättner, Fritz; Kiehn, Ludwig u. a. (Hrsg.): Handbuch für das Berufsschulwesen, Heidelberg 1960

Boelcke, Willi A.: Die Erfolgsgeschichte der Wirtschaftsförderung von Steinbeis bis heute – „Glück für das Land". Stuttgart 1992

Boelcke, Willi A.: Wirtschaftsgeschichte Badens von den Römern bis heute. Stuttgart 1987

Bräunche, Ernst Otto/Schnabel, Thomas (Hrsg.): Die Badische Verfassung von 1818. Südwestdeutschland auf dem Weg zur Demokratie. Ubstadt-Weiher 1996

Braunger, Manfred: Baden. Hamm 1991

Budde, Kai: Wirtschaft, Wissenschaft und Technik im Zeitalter der Aufklärung. Mannheim und die Kurpfalz unter Carl Theodor 1743–1799. Hrsg.: Landesmuseum für Technik und Arbeit in Mannheim. Ubstadt-Weiher 1993

Bundesinstitut für Berufsbildung (BIBB): Datenreport zum Berufsbildungsbericht 2010. Bonn 2010

Bundesinstitut für Berufsbildung (BIBB): Datenreport zum Berufsbildungsbericht 2009. Bonn 2009

Bundesministerium für Bildung und Forschung: Berufsbildungsbericht 2007. Bonn, Berlin 2007

Bundesministerium für Bildung und Forschung: Berufsbildungsbericht 2008. Bonn, Berlin 2008

Bundesministerium für Bildung und Forschung: Berufsbildungsbericht 2009, Bonn, Berlin 2009

Bundesministerium für Bildung und Forschung: Berufsbildungsbericht 2010. Bonn, Berlin 2010

Bundesministerium für Bildung und Forschung: 10 Leitlinien zur Modernisierung der beruflichen Bildung – Ergebnisse des Innovationskreises berufliche Bildung. Bonn, Berlin 2007

Cathiau, Thomas: Chronik der Gewerbeschule der grossh. bad. Landeshauptstadt Karlsruhe von ihrer Gründung bis zum Jahre 1902, (Beilage zum 52. Jahresbericht für das Schuljahr 1901/02). Karlsruhe 1902: Macklot

Deutscher Bildungsrat: Empfehlungen der Bildungskommission 1967–1969, Stuttgart 1970

Deutscher Fortschrittsbericht 2005 zur Umsetzung des Arbeitsprogramms „Allgemeine und berufliche Bildung 2010" der EU. Brüssel 2005

Deutscher Verband der Gewerbelehrer, Landesverband Württemberg e.V. (Hrsg.): Fünf Jahrzehnte berufsbildendes Schulwesen in Württemberg. Stuttgart o. J

Die Technische Hochschule Fridericiana Karlsruhe. Festschrift zur 125-Jahrfeier. Karlsruhe 1950

Empfehlungen und Gutachten des Deutschen Ausschusses für das Erziehungs- und Bildungswesen 1953 – 1965. Gesamtausgabe 1966

Engelbrecht, Helmut: Geschichte des österreichischen Bildungswesens. Bd. 3: Von der frühen Aufklärung bis zum Vormärz. Wien 1984

Entschließung des Rates vom 18.12.1979 über die alternierende Ausbildung von Jugendlichen. Amtsblatt der Europäischen Gemeinschaften Nr. C 001 vom 03.01.1980, S. 1

Feldhaus, Franz Maria: Geschichte des technischen Zeichnens. Wilhelmshaven 1959

Fischer, Wolfram: Der Staat und die Anfänge der Industrialisierung in Baden 1800 – 1850. Berlin 1962

Greinert, Wolf-Dietrich: Berufliche Breitenbildung in Europa. Die geschichtliche Entwicklung der klassischen Ausbildungsmodelle im 19. Jahrhundert und ihre Vorbildfunktion (Cedefop Panorama Bd. 114). Luxemburg 2005

Greinert, Wolf-Dietrich: Realistische Bildung in Deutschland. Ihre Geschichte und aktuelle Bedeutung. Hohengehren 2003

Greinert, Wolf-Dietrich: Schule als Instrument sozialer Kontrolle und Objekt privater Interessen. Eine Analyse zur Soziogenese von Berufsschule und politischer Erziehung. Diss., Hannover 1974

Grüner, Gustav (Hrsg.): Quellen und Dokumente zur Entwicklung der österreichischen Staats-Gewerbeschulen. Ein Beitrag zur Geschichte der berufsbildenden höheren Schulen Österreichs und einschlägiger Schulen osteuropäischer Staaten. Köln/Wien 1987

Grüner, Gustav: 150 Jahre badische Gewerbeschule. Erbe und Auftrag. In: Bundesverband der Lehrer an Beruflichen Schulen, Landesverband Baden-Württemberg e. V. (Hrsg.): Gewerbeschulen 150 Jahre in Baden 1834–1984, 75 Jahre in Württemberg 1909–1984. Stuttgart 1984, S. 9–15

Grüner, Gustav: Die Berufsschule im ausgehenden 20. Jahrhundert. Ein Beitrag zur Berufsbildungspolitik. Bielefeld 1984

Grüner, Gustav: Die Entwicklung der höheren technischen Fachschulen im deutschen Sprachgebiet. Braunschweig 1967

Gutman, Emil: Die Gewerbeschule Badens 1834/1930. Ihre Entwicklung und ihr gegenwärtiger Stand, im Zusammenhang mit der Geschichte ihres Lehrerstandes und des Verbandes badischer Gewerbeschulmänner dargestellt. Bühl-Baden 1930

Haebler, Rolf Gustav: Badische Geschichte. Nachdruck der Ausgabe Karlsruhe, Braun 1951. Bad Liebenzell 1987

Hahn, Kurt: Die Schulwerkstatt. Frankfurt a. M. 1929

Hartmann, K. O.: Die Ausbildung des Gewerbelehrers. In: Handbuch für das Berufs- und Fachschulwesen. Hrsg. von A. Kühne. Leipzig o. J. (1923)

Hasfeld, Robert: Berufsausbildung im Großherzogtum Baden. Zur Geschichte des „dualen Systems" im Handwerk. Hrsg. v. Christoph Führt und Wolfgang Mitter, Deutsches Institut für Internationale Pädagogische Forschung (Studien und Dokumentationen zur deutschen Bildungsgeschichte Bd. 63), Köln 1996

Haverkamp, F.: Staatliche Gewerbeförderung im Großherzogtum Baden. Unter besonderer Berücksichtigung der Entwicklung des gewerblichen Bildungswesens im 19. Jahrhundert. Freiburg/München 1979

Hoeckel, Kathrin und Schwartz, Robert: Lernen für die Arbeitswelt. OECD-Studien zur Berufsbildung. Deutschland. OECD, September 2010

Hoepke, Klaus-Peter: Geschichte der Fridericiana. Stationen der Geschichte der Universität Karlsruhe (TH) von der Gründung 1825 bis zum Jahr 2000. Karlsruhe 2007

Hotz, Joachim: Kleine Geschichte der Universität Fridericiana Karlsruhe (TH). Karlsruhe 1975

Hug, Wolfgang: Geschichte Badens. Darmstadt 1998

Humboldt, Wilhelm v., Werke in fünf Bänden. Hrsg.: A. Flitner/K. Giel, Darmstadt 2010

Kaiser, Franz-Josef; Pätzold, Günter (Hrsg.): Wörterbuch der Berufs- und Wirtschaftspädagogik, Bad Heilbrunn/Hamburg 1999

Kaiser, Gerhard A.; Tenfelde, Klaus: Arbeiter im Deutschen Kaiserreich 1871–1914. Bonn 1992

Kerschensteiner, Georg: Beobachtungen und Vergleiche über Einrichtungen für gewerbliche Erziehung außerhalb Bayern. München 1901

Kerschensteiner, Georg: Das Grundaxiom des Bildungsprozesses und seine Folgerungen für die Schulorganisation. Zitiert nach: Müllges, Udo: Bildung und Berufsbildung. Ratingen 1967

Kerschensteiner, Georg: Die Schulwerkstatt als Grundlage der Organisation der Fortbildungsschule. In: Kerschensteiner, G.: Berufsbildung und Berufsschule. Ausgewählte pädagogische Schriften Bd. 1. Hg. von G. Wehle. Paderborn 1966

Klein, Alexander: Armenfürsorge und Bettelbekämpfung in Vorderösterreich 1753–1806. Unter besonderer Berücksichtigung der Städte Freiburg und Konstanz. Freiburg/München 1994

Kocka, Jürgen: Arbeitsverhältnisse und Arbeiterexistenzen. Grundlagen der Klassenbildung im 19. Jahrhundert. Bonn 1990

Koneffke, Gernot (Hrsg.): Zur Erforschung der Industrieschule des 17. und 18. Jahrhunderts. Schriften von Hermann Brödel, Kurt Iven, August Gans u. Robert Alt. Vaduz 1982

König, Karlheinz: Zur Reform der Lehrlingsausbildung im Handwerk von den Anfängen bis zum Jahre 1806. Darmstädter Beiträge zur Berufspädagogik Bd. 9. Alsbach 1985

Krekel, Elisabeth M./Ulrich, Joachim Gerd (Bundesinstitut für Berufsbildung): Jugendliche ohne Berufsabschluss. Handlungsempfehlungen für die berufliche Bildung. Kurzgutachten. Copyright by Friedrich-Ebert-Stiftung, Berlin 2009

Kuhn, Karl Friedrich: Die Gewerbeschule der Landeshauptstadt Karlsruhe in Vergangenheit und Gegenwart. Hg. v. d. Stadt Karlsruhe. Karlsruhe 1927

Lang, Heinrich: Geschichte der Gründung der Polytechnischen Schule. Sonderabdr. aus der Festschrift der Technischen Hochschule zu Karlsruhe zum 40jähr. Regierungsjubiläum Seiner Kgl. Hoheit d. Großherzogs Friedrich von Baden. Karlsruhe 1892

Lasserre, René; Lattard, Alain: Berufliche Bildung in der Bundesrepublik Deutschland. Spezifika und Dynamik des dualen Systems aus französischer Sicht. Hrsg.: G. Rothe (Materialien zur Berufs- und Arbeitspädagogik Bd. 11), Villingen-Schwenningen 1994

Maier, Hans; Press, Volker (Hrsg.): Vorderösterreich in der frühen Neuzeit. Sigmaringen 1989

Marperger, Paul Jacob: Trifolium Mercantile Aureum oder Dreyfaches Güldenes Klee-Blat der werthen Kauffmannschafft. Nachdruck der Ausgabe Dresden und Leipzig 1723. Hrsg.: U. A. Michelsen u. K. F. Pott. Darmstadt 1990

Maschke, Erich: Die Pforzheimer Schmuck- und Uhrenindustrie. Beiträge zur Wirtschaftsgeschichte der Stadt Pforzheim. Pforzheim 1967

Monsheimer, Otto: Drei Generationen Berufsschularbeit. Gewerbliche Berufsschulen. (Beiträge zur Geschichte und Systematik der Berufsschulpädagogik). Weinheim o. J.

Mörz, Stefan: Aufgeklärter Absolutismus in der Kurpfalz während der Mannheimer Regierungszeit des Kurfürsten Karl Theodor (1742–1777). Stuttgart 1991

Müller, Johann Baptist: Ignaz Heinrich von Wessenberg, ein christlicher Pädagoge. Ein Beitrag zur Geschichte der Pädagogik im 19. Jahrhundert. Inaugural-Dissertation, Philosoph. Fakultät der Universität Würzburg. Paderborn 1916

Nebenius, Carl Friedrich: Über technische Lehranstalten in ihrem Zusammenhange mit dem gesammten Unterrichtswesen und mit besonderer Rücksicht auf die Polytechnische Schule zu Karlsruhe. Karlsruhe 1833

Neß, H.: Generation abgeschoben. Warteschleifen und Endlosschleifen zwischen Bildung und Beschäftigung. Daten und Argumente zum Übergangssystem. Hg.: Hauptvorstand GEW. Bielefeld 2007

Nickolaus, Reinhold: Politischer Unterricht an gewerblichen Berufsschulen in Baden und Württemberg im gesellschaftlichen Kontext. Hg.: Prof. Dr. K.-H. Sommer, (Stuttgarter Beiträge zur Berufs- und Wirtschaftspädagogik Bd. 6). Esslingen 1987

Organisation und Lehrpläne der obligatorischen Fach- und Fortbildungsschulen für Knaben in München. Mit einer Einleitung von G. Kerschensteiner. München 1910

Ortloff, Johann A.: Corpus iuris opificiarii, oder Sammlung von allgemeinen Innungsgesetzen und Verordnungen für die Handwerker. Erlangen 180

Proesler, Hans: Das gesamtdeutsche Handwerk im Spiegel der Reichsgesetzgebung von 1530 bis 1806. Berlin 1954

Pukas, Dietrich: Die gewerbliche Berufsschule der Fachrichtung Metalltechnik: Ihre Entstehung um die Jahrhundertwende und ihre Entwicklung bis zur Gegenwart. Hrsg.: G. Grüner (Darmstädter Beiträge zur Berufspädagogik Bd. 10), Darmstadt 1988

Rauner, F.; Drechsel, R. u. a. (Hrsg.): Berufliche Bildung. Perspektiven für die Weiterentwicklung der Berufsschule und die Ausbildung ihrer Lehrer. Materialien und Ergebnisse des Workshops „Lehrer für Theorie und Praxis in berufsbildenden Schulen" an der Universität Bremen vom 15.–17. März 1979. Braunschweig/Wiesbaden 1980

Reuß, Albert: Die Industrieschulen um die Wende des achtzehnten Jahrhunderts. Beiträge zu ihrer Geschichte unter besonderer Berücksichtigung ihrer Entwicklung in Baden und Hessen. Lampertheim a. Rh. 1926

Roth, Karl: Die Entstehung und Entwicklung des kaufmännischen und gewerblichen Schulwesens in Württemberg mit besonderer Berücksichtigung der industriellen Entwicklung des Landes. Stuttgart o. J. (etwa 1968)

Rothe, Georg: Alternanz – die EU-Konzeption für die Berufsausbildung. Erfahrungslernen Hand in Hand mit Abschnitten systematischer Ausbildung. Dargestellt unter Einbeziehung von Ergebnissen aus Ländervergleichen. Karlsruhe 2004

Rothe, Georg: Berufliche Bildung in Deutschland. Das EU-Reformprogramm „Lissabon 2000" als Herausforderung für den Ausbau neuer Wege beruflicher Qualifizierung im lebenslangen Lernen. Karlsruhe 2008

Rothe, Georg: Berufliche Bildung in Stufen. Modellstudie zur Neuordnung der Berufsschulen in Baden-Württemberg, dargestellt am Raum Schwarzwald-Baar-Heuberg. Hrsg.: Kultusministerium Baden-Württemberg. (Bildung in neuer Sicht: Reihe A, Nr. 7), Villingen 1968

Rothe, Georg: Die Systeme beruflicher Qualifizierung Deutschlands, Österreichs und der Schweiz im Vergleich. Kompendium zur Aus- und Weiterbildung unter Einschluss der Problematik Lebensbegleitendes Lernen. Wien/Luzern/Villingen-Schwenningen 2001

Rothe, Georg: Lehrerbildung für gewerblich-technische Berufe im europäischen Vergleich. Bd. 13 der Reihe Materialien zur Berufs- und Arbeitspädagogik der Projektgruppe Vergleichende Berufspädagogik der Universität Karlsruhe (TH). Universitätsverlag Karlsruhe

Rothe, Georg: Neue Wege beruflicher Qualifizierung zur Stärkung der wirtschaftlichen Prosperität. Berufliche Bildung im Kontext des lebenslangen Lernens. Herausforderungen an Staat und Unternehmen. Karlsruhe 2010

Rothe, Georg: Werkstattarbeit in beruflichen Schulen. Zur Entwicklung des berufspraktischen Unterrichts. In: Jahresbericht 1981/82 des Instituts für Berufspädagogik der Universität Karlsruhe (TH)

Rücklin, Rudolf: Die Pforzheimer Schmuckindustrie. Stuttgart 1911

Schermaier, Josef: Die Allgemeine Handwerkerschule, eine Schule der beruflichen Vorbildung. Wien 1981

Schermaier, Josef: Geschichte und Gegenwart des allgemeinbildenden Schulwesens in Österreich. Wien 1990

Scheven, Paul: Die Lehrwerkstätte. Bd. 1: Technik und qualifizierte Handarbeit in ihren Wechselwirkungen und die Reform der Lehre. Tübingen 1894

Schmidt, Franz: Die deutsche Fortbildungsschule in ihrer geschichtlichen Entwicklung unter besonderer Berücksichtigung Badens. Karlsruhe 1929

Schnabel, Franz: Die Anfänge des technischen Hochschulwesens. Aus der Festschrift anläßlich des 100jährigen Bestehens der Technischen Hochschule Fridericiana zu Karlsruhe. Karlsruhe 1925

Schwarzmaier, Hansmartin: Baden. Dynastie – Land – Staat. Stuttgart 2005

Schweickert, Alexander (Hrsg.): Kurpfalz. Schriften zur politischen Landeskunde Bd. 25. Hrsg.: Landeszentrale für politische Bildung Baden-Württemberg. Stuttgart 1997

Seraphin, A.: Geschichte der Fachhochschule Karlsruhe. Karlsruhe o. J. (um 1978.)

Stocker, August: Das allgemeine und fachliche Fortbildungsschulwesen in Baden in seiner geschichtlichen Entwicklung, nebst einer Sammlung der maßgebenden gesetzlichen und verordnungsmäßigen Bestimmungen. Lahr/Baden 1916

Stratmann, Karlwilhelm; Pätzold, Günter; Wahle, Manfred: Die gewerbliche Lehrlingserziehung in Deutschland. Modernisierungsgeschichte der betrieblichen Berufsbildung. Bd. II: Vom Ende der ständischen Epoche bis zum Beginn der Hochindustrialisierung (1806–1878). Frankfurt a. M. 2003

Stratmann, Karlwilhelm: Die Krise der Berufserziehung im 18. Jahrhundert als Ursprungsfeld pädagogischen Denkens. Ratingen 1967

317

Stratmann, Karlwilhelm: Probleme der Berufsschule im 19. Jahrhundert. Materialien zur Entwicklung des beruflichen Schulwesens für gewerbliche Lehrlinge. In: Archiv für Berufsbildung, Jahrbuch 1967, Braunschweig 1967, S. 89–107

Stürmer, Michael: Der Herbst des alten Handwerks. München 1986

Thyssen, Simon: Die Berufsschule in Idee und Gestaltung. Essen 1954

Trefzer, Mathias: Die Gewerbeschulen im Großherzogthum Baden. Versuch einer auf die Natur der Sache gegründeten Darstellung der Lehrgegenstände und des Unterrichts an diesen Anstalten. Offenburg 1833

Universität Karlsruhe (Hrsg.): Die Technische Universität an der Schwelle zum 21. Jahrhundert. Festschrift zum 175jährigen Jubiläum der Universität Karlsruhe (TH). Berlin/Heidelberg/New York 2000

Vögele, Karl: Geschichte des österreichischen Schulwesens unter besonderer Berücksichtigung des berufsbildenden Schulwesens. Bundesministerium für Unterricht und Kunst, Wien 1971

Ware, George W.: Berufserziehung und Lehrlingsausbildung in Deutschland. Frankfurt am Main 1952

Weber, Reinhold; Wehling, Hans-Georg: Geschichte Baden-Württembergs. München 2007

Wernet, Wilhelm: Kurzgefasste Geschichte des Handwerks in Deutschland. Dortmund 1963

Wessenberg, Ignaz Heinrich v.: Die Elementarbildung des Volkes in ihrer fortschreitenden Entwicklung und Ausdehnung. Konstanz 1835

Wessenberg, Ignaz Heinrich v.: Über die Bildung der gewerbetreibenden Volksklassen überhaupt und im Großherzogtum Baden insbesondere. Konstanz 1833

Wettstein, Emil: Die Entwicklung der Berufsbildung in der Schweiz. Aarau 1987

D Stichwortverzeichnis